Vahlens Handbücher
der Wirtschafts- und Sozialwissenschaften

Investitions- und Finanzierungsmanagement

Band I: Investition

von

Dr. Hartmut Bieg

o. Professor der Betriebswirtschaftslehre
an der Universität des Saarlandes

und

Dr. Heinz Kußmaul

o. Professor der Betriebswirtschaftslehre
an der Universität des Saarlandes

Verlag Franz Vahlen München

VERLAG
VAHLEN
MÜNCHEN
www.vahlen.de

Die Deutsche Bibliothek – CIP-Einheitsaufnahme

Bieg, Hartmut:
Investitions- und Finanzierungsmanagement / von Hartmut Bieg und Heinz Kußmaul. – München : Vahlen
(Vahlens Handbücher der Wirtschafts- und Sozialwissenschaften)
Bd. 1. Investition. – 2000
ISBN 3-8006-2624-1

ISBN 3 8006 2624 1

Satz: DTP-Vorlagen der Autoren
Druck und Bindung: Freiburger Graphische Betriebe, Bebelstr. 11, 79108 Freiburg i. Br.

Gedruckt auf säurefreiem, alterungsbeständigem Papier
(hergestellt aus chlorfrei gebleichtem Zellstoff)

Vorwort

Das hier vorgelegte neue Lehr- und Handbuch wendet sich an Leser, die sich umfassend und grundlegend mit den Fragen des Investitions- und Finanzierungsmanagements auseinandersetzen wollen, seien es Lehrende und Studierende an Universitäten, Fachhochschulen, Berufsakademien, Verwaltungs- und Wirtschaftsakademien und ähnlichen Einrichtungen, seien es interessierte Praktiker. In ausführlicher Weise wird der Stand des Faches in drei Bänden wiedergegeben. Auch wenn der Titel des Werkes das Management der Investitionen und Finanzierungen in den Vordergrund stellt und damit die betriebswirtschaftlich gebotene Entscheidungsorientierung in den Mittelpunkt der Überlegungen platziert, erfolgt – wie die folgenden Ausführungen zeigen – eine Analyse auf dem Stand der theoretischen Diskussion.

Dazu wird in **Band I** (Investition) nach einem knapp gehaltenen ersten Kapitel mit einer Darstellung der Aufgaben, Grundprinzipien und Bestandteile der Finanzwirtschaft im zweiten Kapitel sehr ausführlich die Investition (und dort speziell die Investitionsrechnung) mit allen theorie- und praxisrelevanten Facetten behandelt; zur Veranschaulichung dient auch ein durchgehendes Beispiel. Dort wird im letzten Teilkapitel auch eingehend auf die Unternehmensbewertung (inklusive Shareholdervalue-Ansätze und DCF-Methoden) eingegangen. In **Band II** (Finanzierung) wird ebenfalls sehr ausführlich die Finanzierung analysiert. Nach einer allgemeinen Einordnung der Finanzierung werden die Instrumente der Außenfinanzierung (mit Eigen- und Fremdkapital) sowie der Innenfinanzierung mit ihren theorie- und praxisrelevanten Merkmalen allgemein und beispielhaft aufgezeigt; dazu wird auch auf Finanzderivate und -innovationen eingegangen. In **Band III** (Finanzwirtschaftliche Entscheidungen) ist ausgehend von einer entsprechenden theoretischen Fundierung (z. B. ausführliche Darlegung des Capital Asset Pricing Model) die praxisbezogene Entscheidungsaufgabe des Finanzmanagements Thema der Ausführungen. Dabei geht es genauso um das Management von Finanzierungsentscheidungen wie um das Management von Finanzinvestitionen sowie um die Zusammenhänge zwischen den Bereichen, die getragen werden durch die entsprechenden Informationen, die den finanzwirtschaftlichen Entscheidungen zugrunde liegen und im Rahmen der Finanzanalyse zu verarbeiten sind.

Ein derartiges Werk entsteht weder in einem einzigen Schritt noch ist es das Werk zweier Einzelner. Es ist das Ergebnis der in den letzten Jahren an der Universität des Saarlandes sowie zuvor an der Universität Kaiserslautern gehaltenen Veranstaltungen. In den Vorlesungen und Übungen konnten viele Überlegungen zusammen mit den Studierenden, denen an dieser Stelle ganz herzlich gedankt sei, überprüft, verbessert und präzisiert werden. Ganz wesentlich haben unsere wissenschaftlichen Mitarbeiterinnen und Mitarbeiter, mit denen wir in den letzten Jahren zusammengearbeitet haben, zum Abschluss dieses Werkes beigetragen. Bei der Erstellung dieses Werkes konnten wir auch auf zahlreiche Aufsätze zurückgreifen, die wir in den Jahren 1995 bis 2000 in der Zeitschrift „Der Steuerberater“ veröffentlicht haben; für die hervorragende Zusammenarbeit mit deren Chefredakteur, *Herrn Uwe-Karsten Reschke*, möchten wir uns ausdrücklich bedanken.

Die Ausführungen basieren auf dem Rechtsstand des Jahres 2000 und dort speziell jenem in der konkreten Fertigstellungsphase im Sommer 2000. Bewusst haben wir darauf verzichtet, Hinweise auf Änderungen durch das so genannte Steuersenkungsgesetz ab dem Jahr 2001 im steuerlichen Bereich zu berücksichtigen. Dies ist nicht nur deshalb erfolgt, weil wir statt einer nur in Ansätzen bekannten Neuregelung lieber eine verlässliche und konsistente Darlegung auf dem gesicherten Rechtsstand darbieten wollen, sondern auch deshalb, weil der im Verlauf des Jahres 2000 noch endgültig zu fixierende Gesetzestext in den Folgejahren Anlass zu zahlreichen Nachbesserungen geben und sich insofern durch besonders große Diskontinuität auszeichnen wird. Insofern wird eine Darstellung auf dem Rechtsstand der Folgejahre erst nach den Änderungen der Änderungen durch den Gesetzgeber möglich sein.

Unser Dank für zahlreiche Hinweise, Hilfen und Verbesserungsvorschläge gilt unseren derzeitigen und früheren wissenschaftlichen Mitarbeitern, *Herrn Dr. Christopher Hossfeld, Herrn Prof. Dr. Michael Jacob, Herrn Dipl.-Kfm. Thomas Kern, Frau Dipl.-Kffr. Susanne König-Schichtel, Herrn Dr. Gregor Krämer, Frau Dr. Stefanie Meyer-Haberhauer, Herrn Dipl.-Kfm. Andreas Nestel, Herrn Priv.-Doz. Dr. Gerd Waschbusch* sowie *Frau Dipl.-Kffr. Nicole Klein, Herrn Dr. Bernd Leiderer, Frau Dr. Martina Petersen, Herrn Dipl.-Kfm. Lutz Richter* und *Herrn Dipl.-Kfm. Dipl. ESC René Schäfer*. Für die Sorgfalt und Umsicht beim Schreiben der Manuskripte danken wir *Frau Silvia Comtesse* und *Frau Renate Kolp* sowie *Frau Doris Schneider*; dem Lektor des Verlages, *Herrn Dipl.-Volkswirt Dieter Sobotka*, sind wir für die harmonische Zusammenarbeit zu Dank verpflichtet.

Bei der konkreten Fertigstellung dieses Objektes waren koordinierend, formalisierend und Korrektur lesend *Herr Dipl.-Kfm. Lutz Richter* und *Herr Dipl.-Kfm. Dipl. ESC René Schäfer* tätig, die diese Aufgabe mit Bravour, außerordentlichem Einsatz und nie erlahmendem Eifer so gemeistert haben, dass wir dem Verlag ein druckfertiges Manuskript zur Verfügung stellen konnten. Selbstverständlich gehen alle in diesem Werk enthaltenen Fehler ausschließlich zu Lasten der Autoren. Den Lesern sind wir für Anregungen sowie für Verbesserungsvorschläge, die wir gerne berücksichtigen werden, dankbar.

Saarbrücken, im September 2000

Hartmut Bieg
Heinz Kußmaul

Inhaltsübersicht

Band II: Finanzierung

Inhaltsübersicht

Band III: Finanzwirtschaftliche Entscheidungen

Inhaltsübersicht

Inhaltsverzeichnis

Verzeichnis der Abbildungen

Verzeichnis der Abkürzungen

A .... Auszahlungen
AB .... Abzinsungsfaktor
Abs. .... Absatz
AfA .... Absetzung für Abnutzung
AK .... Anschaffungskosten
AktG .... Aktiengesetz
APM .... Arbitrage Pricing Model
APV .... Adjusted Present Value
AUF .... Aufzinsungsfaktor
Aufl. .... Auflage

begr. .... begründet
BewG .... Bewertungsgesetz
BFH .... Bundesfinanzhof
BIB .... Bruttoinvestitionsbasis
bspw. .... beispielsweise
BStbl .... Bundessteuerblatt
bzgl. .... bezüglich
bzw. .... beziehungsweise

C&L .... Coopers & Lybrand
(jetzt: PwC – PricewaterhouseCoopers)
ca. .... cirka
CAPM .... Capital Asset Pricing Model
CFROI .... Cashflow Return On Investment
const. .... konstant
COT .... Cash Operating Taxes
CVA .... Cash Value Added

d. h. .... das heißt
d. Verf. .... der/die Verfasser
DAX .... Deutscher Aktienindex

DCF .... Discounted Cashflow
DVFA/SG .... Deutsche Vereinigung für Finanzanalyse und Anlageberatung e. V./Schmalenbach-Gesellschaft – Deutsche Gesellschaft für Betriebswirtschaft e. V.

E .... Einzahlungen
e. V. .... eingetragener Verein
EBV .... Economic Book Value
EC .... Ersetzungskapitalwert
EDV .... elektronische Datenverarbeitung
EK .... Eigenkapital
ErbStG .... Erbschaftsteuergesetz
ErbStR .... Erbschaftsteuerrichtlinien
ES .... Entwurf Standard
EStG .... Einkommensteuergesetz
EStR .... Einkommensteuer-Richtlinien
etc. .... et cetera
EUR .... Euro
EVA .... Economic Value Added
evtl. .... eventuell

f. .... folgende
FCF .... Free Cashflow
ff. .... fortfolgende
FIFO .... First In, First Out
Fin. .... Finanzierung
FK .... Fremdkapital

gem. .... gemäß
GewStG .... Gewerbesteuergesetz
ggf. .... gegebenenfalls
GmbH .... Gesellschaft mit beschränkter Haftung
GoF .... Geschäfts- oder Firmenwert
GrStG .... Grundsteuergesetz
GuV .... Gewinn- und Verlustrechnung

HFA .... Hauptfachausschuss
Hrsg. .... Herausgeber
hrsg. .... herausgegeben

i .... Zinssatz
i. Allg. .... im Allgemeinen
i. d. R. .... in der Regel
i. e. S. .... im engeren Sinne
i. S. .... im Sinne
i. V. m. .... in Verbindung mit
i. w. S. .... im weiteren Sinne
IDW .... Institut der Wirtschaftsprüfer
IF .... Investitionsförderung
inkl. .... inklusive
InsO .... Insolvenzordnung
Inv. .... Investition
InvZulG .... Investitionszulagengesetz
IZL .... Investitionszulage
IZS .... Investitionszuschuss

JÜ .... Jahresüberschuss

KC .... Kettenkapitalwert
Kfz. .... Kraftfahrzeug
kg .... Kilogramm
km .... Kilometer
KSt .... Körperschaftsteuer
KStG .... Körperschaftsteuergesetz
KWF .... Kapitalwiedergewinnungsfaktor

LIFO .... Last In, First Out
LP .... lineare Programmierung

m^2 .... Quadratmeter
m. a. W. .... mit anderen Worten
MAPI .... Machinery and Allied Products Institute
MVA .... Market Value Added

MWEK .... Marktwert des Eigenkapitals
MWFK .... Marktwert des Fremdkapitals
MWGK .... Marktwert des Gesamtkapitals

NOA .... Net Operating Assets
NOPAT .... Net Operating Profit After Taxes
Nr. .... Nummer

o. g. .... oben genannt
o. V. .... ohne Verfasser

p. a. .... per annum (pro Jahr)

R .... Richtlinie
RB .... Restbuchwert
RBF .... Rentenbarwertfaktor
RBW .... Rentenbarwert
REF .... Rentenendwertfaktor
REW .... Rentenendwert
ROI .... Return On Investment
RVF .... Rückwärtsverteilungsfaktor
RWF .... Restwertverteilungsfaktor
Rz. .... Randziffer

S. .... Seite; Satz
sog. .... so genannte, so genannter, so genanntes
Sp. .... Spalte

TCF .... Total Cashflow
TRM .... *Teichroew*, *Robichek*, *Montalbano*
Tz. .... Textziffer

u. a. .... und andere; unter anderem
u. Ä. .... und Ähnliche, und Ähnlicher, und Ähnliches
u. E. .... unseres Erachtens
U. E. C. .... Union Européenne des Experts Comptables, Economiques et Financiers

u. U. .... unter Umständen
UmwG .... Umwandlungsgesetz
usw. .... und so weiter

v. .... von
v. a. .... vor allem
v. H. .... vom Hundert
VAZ .... Veranlagungszeitraum
vBP .... vereidigter Buchprüfer
VCI .... Verband der Chemischen Industrie e. V.
vgl. .... vergleiche
VoFi .... vollständiger Finanzplan
VR .... Vermögensrentabilität

WACC .... Weighted Average Cost Of Capital
WBK .... Wiederbeschaffungskosten
WestLB .... Westdeutsche Landesbank
WP .... Wirtschaftsprüfer

Z .... Zahlungsüberschuss
z. B. .... zum Beispiel
z. T. .... zum Teil
ZPO .... Zivilprozessordnung

1 Aufgaben, Grundprinzipien und Bestandteile der Finanzwirtschaft[1]

1.1 Die Grundlagen der Finanzwirtschaft

1.1.1 Leistungswirtschaftlicher und finanzwirtschaftlicher Bereich

1.1.1.1 Der ökonomische Bezugsrahmen einer Unternehmung

Jede Unternehmung ist über die Beschaffung der Faktoreinsatzgüter, die eigentliche Leistungserstellung („Produktion") sowie den Absatz der erstellten Güter in die Gesamtwirtschaft eingebunden. Über diesen „Kernbereich" der Unternehmungstätigkeit, dem **leistungs- bzw. güterwirtschaftlichen Bereich,** tritt sie mit anderen in- und ausländischen Wirtschaftssubjekten und mit dem Staat in Kontakt.

Diesen vielfältigen Güter- und Leistungsströmen laufen in einer Geldwirtschaft jeweils Geldströme (Zahlungsströme) entgegen. **Abbildung 1** (Seite 2) zeigt diese Leistungs- und Zahlungsströme einer Volkswirtschaft. Was hinsichtlich der **Leistungs- und Zahlungsströme** allgemein für die Gesamtwirtschaft gilt, lässt sich auch in jeder einzelnen Unternehmung beobachten. Die Einbindung einer Unternehmung in die Leistungs- und Zahlungsströme einer Volkswirtschaft zeigt **Abbildung 2** (Seite 3).

---

[1] Wesentliche Passagen dieses Abschnitts sind entnommen aus *Bieg, Hartmut*: Aufgaben, Grundprinzipien und Bestandteile der Finanzwirtschaft. In: Der Steuerberater 1994, S. 456-460, 499-504, Der Steuerberater 1995, S. 15-19, 53-60 und aus *Kußmaul, Heinz*: Grundlagen der Investition und Investitionsrechnung. In: Der Steuerberater 1995, S. 99-103, 135-139, 179-183.

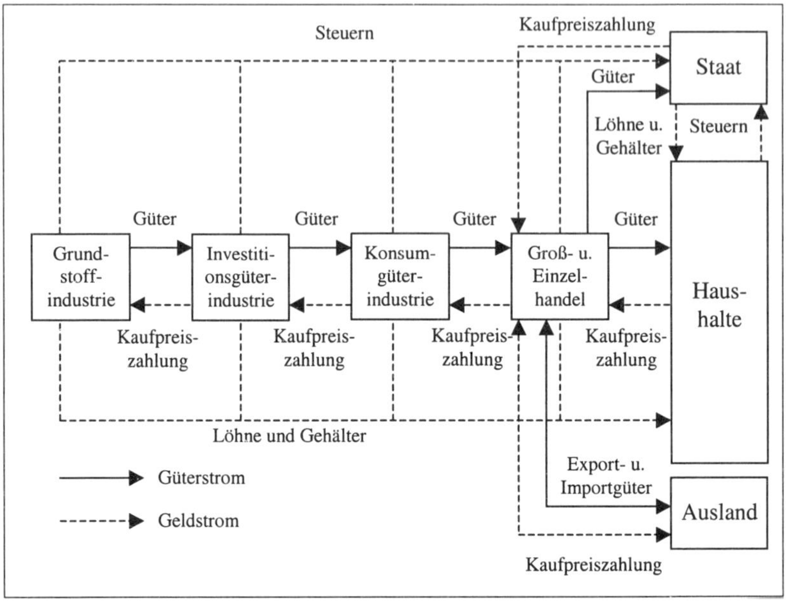

Abbildung 1: Die Unternehmung im volkswirtschaftlichen Güter- und Geldstrom[2]

Die hier getroffene gedankliche Unterscheidung zwischen leistungs- und finanzwirtschaftlichem Bereich sollte jedoch nicht zu der Annahme verleiten, diese beiden Bereiche seien unabhängig voneinander. Die **Abhängigkeit zwischen leistungs- und finanzwirtschaftlichem Bereich** resultiert einerseits aus vorangegangenen vertraglichen Vereinbarungen sowie gesetzlichen Vorschriften. Andererseits bedingen sich diese beiden Unternehmungsbereiche in zweifacher Hinsicht gegenseitig. Zum einen ist der reibungslose Ablauf des leistungswirtschaftlichen Prozesses jeder Unternehmung nur gesichert, wenn genügend finanzielle Mittel zur Beschaffung der Produktionsfaktoren zur Verfügung stehen und durch den Absatz der Betriebsleistungen über den Markt wieder zurückgewonnen werden können; der leistungswirtschaftliche Bereich setzt also generell voraus, dass seine Finanzierung gesichert ist. Zum anderen führen Störungen im leistungswirtschaftlichen Bereich letztlich immer auch zu Störungen im finanzwirtschaftlichen Bereich, da sich der aus dem Absatz der Betriebsleistungen erwartete Zustrom an Zahlungsmitteln nachteilig verändert.

---

[2] Modifiziert entnommen aus *Süchting, Joachim*: Finanzmanagement – Theorie und Politik der Unternehmensfinanzierung. 6. Aufl., Wiesbaden 1995, S. 10.

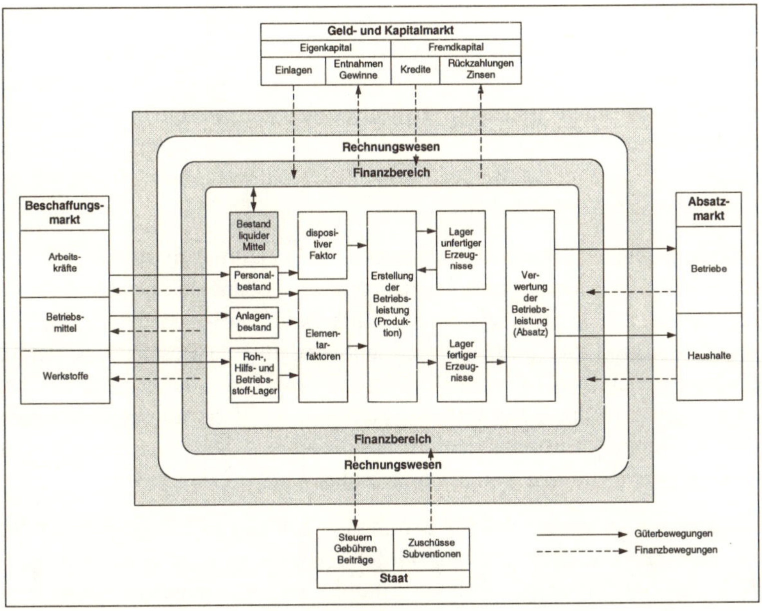

Abbildung 2: Güter- und Finanzbewegungen in der Unternehmung[3]

All dies zeigt die Berechtigung der Vorstellung *Riegers*, wonach der betriebliche Kreislauf im Allgemeinen in Geldform beginnt und über die Umwandlung in Güter bzw. Leistungen in der Wiedergeldwerdung als Folge der Leistungsverwertung endet.[4] Es zeigt auch, dass „jeder güterwirtschaftliche Vorgang zugleich einen Akt der Kapitaldisposition darstellt".[5] Zu den Güter- und Leistungsströmen parallel, aber in entgegengesetzter Richtung, verlaufen die Zahlungsströme (Geldströme). Allerdings müssen die korrespondierenden Ströme nicht zeitgleich fließen (z. B. beim Kauf auf Ziel); außerdem gibt es finanzwirtschaftliche Transaktionen ohne leistungswirtschaftliches Äquivalent. Trotzdem ist es berechtigt, die **Finanzwirtschaft als Spiegelbild der Leistungswirtschaft** zu charakterisieren, so dass den genannten (leistungswirtschaftlichen) „Kernbereichen" der Unternehmung die finanzwirtschaftlichen Äquivalente der Beschaffungsfinanzierung, der Produktionsfinanzierung und der Absatzfinanzierung gegenübergestellt werden können.[6]

---

3 Entnommen aus *Wöhe, Günter*: Einführung in die Allgemeine Betriebswirtschaftslehre. 20. Aufl., München 2000, S. 11.

4 Vgl. *Rieger, Wilhelm*: Einführung in die Privatwirtschaftslehre. 3. Aufl., Erlangen 1964, S. 179.

5 *Gutenberg, Erich*: Grundlagen der Betriebswirtschaftslehre. 3. Band: Die Finanzen. 8. Aufl., Berlin/Heidelberg/New York 1980, S. 2.

6 Vgl. *Hahn, Oswald*: Finanzwirtschaft. 2. Aufl., Landsberg a. L. 1983, S. 37.

Der finanzwirtschaftliche Bereich umfasst diejenigen Vorgänge und Aktivitäten, die **Einzahlungen** und **Auszahlungen** auslösen. Der Saldo der Ein- und Auszahlungen eines bestimmten Zeitraumes entspricht der Veränderung der zugehörigen Bestandsgröße, des **Zahlungsmittelbestandes**. Diesen Bestand liquider Mittel kann man definieren als den an einem bestimmten Zeitpunkt feststellbaren Bestand an Bargeld sowie jederzeit verfügbaren Guthaben bei Kreditinstituten (Sichtguthaben).

Die Auszahlungen des Leistungsbereichs, die **Leistungsauszahlungen**, umfassen die laufend anfallenden Auszahlungen für Löhne und Gehälter, für die Beschaffung von Waren bzw. Roh-, Hilfs- und Betriebsstoffen sowie von Dienstleistungen, aber auch die Auszahlungen für die Beschaffung der im Leistungsbereich benötigten Betriebsmittel wie Gebäude, Maschinen und Werkzeuge. Als Einzahlungen im Leistungsbereich (**Leistungseinzahlungen**) sind vor allem die Einzahlungen aus Umsatzerlösen, aber auch sonstige Einzahlungen, etwa aus dem Verkauf technischer Anlagen, zu nennen.

Man unterscheidet vom soeben definierten Zahlungsmittelbestand den Bestand an **Geldvermögen** (Zahlungsmittelbestand + sonstige Geldforderungen – Geldverbindlichkeiten), der durch **Einnahmen** und **Ausgaben** positiv bzw. negativ verändert wird, sowie den **Rein- oder Nettovermögensbestand (Eigenkapital)**, der definiert ist als Geldvermögen + Sachvermögen + immaterielles Vermögen + verbriefte und unverbriefte Eigentümerrechte – Sachleistungsverpflichtungen. Der Reinvermögensbestand wird durch die erfolgswirksamen **Erträge** und **Aufwendungen** bzw. die erfolgsunwirksamen **Einlagen** (in Kapitalgesellschaften: Kapitalerhöhungen) und **Entnahmen** (in Kapitalgesellschaften: Kapitalherabsetzungen) verändert.

Die verschiedenen **Bestandsdefinitionen** und die **zugehörigen** positiven und negativen **Veränderungen** fasst **Abbildung 3** (Seite 5) zusammen. Da also zwischen dem Zahlungsmittelbestand und dem Reinvermögen (Eigenkapital) einer Unternehmung unterschieden wird, stellt der Saldo der Leistungseinzahlungen und der Leistungsauszahlungen (Leistungssaldo) lediglich einen Maßstab für die leistungswirtschaftlich bedingten Veränderungen des Zahlungsmittelbestandes dar, nicht jedoch für den Periodenerfolg der Unternehmung. So führt der Kauf von Gegenständen des Anlage- und Umlaufvermögens im Lieferungszeitpunkt zu einer Ausgabe, im Zahlungszeitpunkt zu einer Auszahlung (beide Zeitpunkte können identisch sein), also zu den genannten Zeitpunkten zu einer Verminderung des Geldvermögens bzw. des Zahlungsmittelbestandes, dagegen erst in späteren Perioden zu Aufwendungen, etwa in Form von planmäßigen Abschreibungen über die angesetzte Abschreibungsdauer beim zeitlich begrenzt nutzbaren Anlagevermögen, in Form von außerplanmäßigen Abschreibungen beim Anlage- und Umlaufvermögen oder in Form der Verrechnung des Wareneinsatzes in der Periode des Warenverkaufs. Bei Rückstellungen geht die Aufwandsverrechnung der Auszahlung voraus.

Zahlungsmittelbestand	= Kassenbestand + jederzeit verfügbare Guthaben bei Kreditinstituten (einschließlich Deutsche Bundesbank bzw. Landeszentralbank)	
Veränderungen:	Einzahlungen (+) Auszahlungen (–)	
Geldvermögen	= Zahlungsmittelbestand + sonstige Geldforderungen – Geldverbindlichkeiten	
Veränderungen:	Einnahmen (+) Ausgaben (–)	
Reinvermögen	= Geldvermögen + Sachvermögen + immaterielles Vermögen + verbriefte und unverbriefte Eigentümerrechte – Sachleistungsverpflichtungen	
Veränderungen:	Erträge (+) Aufwendungen (–)	erfolgswirksam
	Einlagen/Kapitalerhöhungen (+) Entnahmen/Kapitalherabsetzungen (–)	erfolgsunwirksam

Abbildung 3: Ausgewählte Bestandsgrößen und ihre positiven und negativen Veränderungen

Zweifellos ist der **Leistungssaldo** wesentlicher Bestandteil der in einer Unternehmung anfallenden Zahlungsströme. **Weitere Ein- und Auszahlungen** ergeben sich aber auch aus den **Beziehungen der Unternehmung zu ihren externen Geldgebern**, die Einlagen oder Kredite zur Verfügung stellen. Diese Einlagen und Kreditgewährungen begründen Rechtsbeziehungen, die in der Zukunft Zahlungen von der Unternehmung an die Eigentümer in Form gewinnabhängiger Ausschüttungen und eventueller Kapitalrückzahlungen bzw. an die Gläubiger in Form vertraglich vereinbarter Zins- und Tilgungszahlungen erforderlich machen. Diese Auszahlungen sind ebenso wenig unmittelbar vom Leistungsbereich abhängig wie Auszahlungen, die für den Erwerb von Finanztiteln (z.B. Aktien, GmbH- und Genossenschaftsanteile, festverzinsliche Wertpapiere, aber auch Kreditgewährungen und Festgelder) durch die Unternehmung geleistet werden.

Daneben gibt es **weitere finanzwirtschaftliche Transaktionen**, die nicht unmittelbar vom Leistungsbereich der Unternehmung ausgelöst werden. Dazu zählen Zahlungen, welche die Unternehmungen in Form von Steuern, Beiträgen und Gebühren an den **Staat** leisten bzw. in Form von Subventionen und

Zuschüssen vom Staat erhalten. So lassen sich zumindest nicht alle Steuern als Leistungsauszahlungen dem Leistungsbereich zuordnen. Beispielsweise sind die Bemessungsgrundlagen der Steuern vom Einkommen und Ertrag nicht nur vom Leistungsbereich abhängig; sie werden auch durch finanzwirtschaftliche Dispositionen beeinflusst (z. B. ist der Körperschaftsteuersatz von der Gewinnverwendungsentscheidung abhängig). Wie es nicht vom Leistungsbereich ausgelöste Auszahlungen gibt, so kommen – neben den bereits erwähnten Subventionen und Zuschüssen – auch **Einzahlungen** vor, **die nicht aus dem Leistungsbereich resultieren**, so wenn früher erworbene Finanztitel veräußert werden oder infolge Zeitablaufs zur Rückzahlung gelangen bzw. wenn aus gehaltenen Finanztiteln gewinnabhängige (z. B. Dividenden) oder vertraglich vereinbarte (z. B. Zinsen) Einzahlungen fließen.

1.1.1.2 Die isolierte Betrachtung des finanzwirtschaftlichen Bereichs

Die Finanzwirtschaft beschäftigt sich nur mit denjenigen Vorgängen und Aktivitäten, die Zahlungsmittelbestandsveränderungen, also Ein- und Auszahlungen, auslösen. Dies gilt auch für die unmittelbar leistungswirtschaftlich bedingten Ein- und Auszahlungen. Diese **isolierte Betrachtung der Zahlungsströme** ist berechtigt, da (fast) alle leistungswirtschaftlichen Vorgänge aufgrund des Kreislaufgedankens auf die von ihnen ausgelösten Zahlungsströme reduziert werden können.

So bedeutet eine im leistungswirtschaftlichen Bereich einer Unternehmung vorgenommene Investition unter den für diesen Unternehmungsbereich entscheidenden Aspekten nichts anderes als die Umwandlung von Zahlungsmitteln in materielle und immaterielle Güter, mit denen zur Erstellung der betrieblichen Leistung und zur Aufrechterhaltung bzw. Erhöhung der Leistungsbereitschaft erforderliche Faktorkapazitäten aufgebaut werden bzw. bestehende Faktorkapazitäten besser genutzt werden können. Aus leistungswirtschaftlicher Sicht stehen die technischen und kapazitätsdeterminierenden Eigenschaften des Investitionsobjektes im Vordergrund. Folgerichtig unterscheidet man die Investitionsobjekte bei dieser Sichtweise nach der Art der zu beschaffenden Vermögensobjekte.[7]

Aus leistungswirtschaftlicher Sicht ist es interessant, in welcher Weise das Investitionsobjekt mit den übrigen betrieblichen Produktionsfaktoren zusammenwirkt und welchen Einfluss es auf die Leistungsfähigkeit der Unternehmung ausübt. Diese Zusammenhänge zu untersuchen, ist Aufgabe der Absatz-, Produktions- und Kapazitätsplanung.

---

7 Vgl. dazu **Abschnitt 1.3.1**.

Die Finanzwirtschaft – hier im Speziellen die Investitionsrechnung – hingegen interessiert sich nicht für die leistungswirtschaftlichen Auswirkungen auf den Betriebsprozess, sondern nur für die Zahlungsmittelbewegungen, die durch diese Investitionsprojekte ausgelöst werden.

Für die finanzwirtschaftliche Beurteilung einer Investition sowie für den Vergleich verschiedener Investitionsalternativen ist es daher grundsätzlich völlig unwichtig, ob die betrachteten Investitionen im Leistungsbereich erfolgen, also zu Veränderungen im Leistungsbereich der Unternehmung führen, oder ob es sich um Finanzinvestitionen handelt, die keinerlei Beziehungen zum leistungswirtschaftlichen Bereich der Unternehmung aufweisen.

Im Übrigen lässt sich die beschriebene, für die Finanzwirtschaft typische Reduktion des Betriebsprozesses auf Geldbestände und ihre Veränderungen auch für **Bilanzen** feststellen.

Ein Teil des in der Bilanz ausgewiesenen **Vermögens** ist Ergebnis der leistungswirtschaftlichen Seite der Investitionen. Dazu zählen:

- die bilanzierungsfähigen Einsatzfaktoren,
- das Ergebnis des Kombinationsprozesses dieser Faktoren mit den nicht-bilanzierungsfähigen Einsatzfaktoren (Arbeit, Dienstleistungen fremder Unternehmungen, dispositiver Faktor) sowie
- ein erheblicher Teil des Ergebnisses der Leistungsverwertung (Forderungen).

Daneben finden sich im Vermögen aber auch Teile, die aus Finanzinvestitionen stammen, also dem finanzwirtschaftlichen Bereich angehören.

Das auf der Passivseite ausgewiesene **Kapital** der Unternehmung repräsentiert ihren finanzwirtschaftlichen Bereich. Es beruht auf den Rechtsbeziehungen zwischen der Unternehmung und ihren Geldgebern, welche die Rechtsposition eines Eigentümers oder eines Gläubigers einnehmen.

Der als Vermögen ausgewiesene **Zahlungsmittelbestand** stellt die Verbindung zwischen dem Leistungs- und Finanzbereich einer Unternehmung her. Der Zahlungsmittelbestand dient zur Bezahlung der zur Leistungserstellung benötigten Produktionsfaktoren. Erst beim Eingang der Verkaufserlöse kommt es wieder zu einem Zahlungsmittelzufluss.

1.1.2 Investition und Finanzierung als Elemente der Finanzwirtschaft

Entsprechend der Einteilung des leistungswirtschaftlichen Bereichs in Beschaffung von Produktionsfaktoren sowie Produktion und Absatz der erstellten Leistungen kann man den finanzwirtschaftlichen Bereich in Kapitalbeschaffung (Finanzierung), Kapitalverwendung (Investition) und Kapitaltilgung unterteilen. Die Lehre der **Finanzwirtschaft** umfasst daher **Theorie und Technik der Kapitalaufbringung (einschließlich der Kapitaltilgung) und der Kapitalanlage**, behandelt also sowohl die Akquisition als auch die Disposition finanzieller Mittel.[8] Die Zusammenfassung von Investition und Finanzierung unter dem Begriff Finanzwirtschaft erfolgt, weil zwischen beiden Bereichen aufgrund der ausgelösten Zahlungsmittelbewegungen Interdependenzen bestehen. So entstehen ohne Mittelverwendungsmöglichkeiten keine Finanzierungsprobleme; Finanzierungsfragen lassen sich nicht abschließend klären, solange die Beziehung zur Mittelverwendung nicht berücksichtigt wird. Ebenso braucht man ohne Finanzierungsmöglichkeiten nicht über Investitionsmöglichkeiten nachzudenken; Investitionsfragen können nicht ohne Berücksichtigung der finanziellen Aspekte beantwortet werden.[9]

Diese übergreifende Betrachtung der genannten Teilbereiche in der Finanzwirtschaft weicht von der traditionellen, isolierten Betrachtung der beiden Gebiete ab. Aber nur in einer derartigen ganzheitlichen Betrachtung des Gesamtsystems der Unternehmung lassen sich die Interdependenzen der einzelnen Bereiche berücksichtigen. Anders als der auf die Deskription finanzwirtschaftlicher Sachverhalte beschränkte, traditionelle Ansatz der Finanzwirtschaft ist der moderne Ansatz der Finanzwirtschaft entscheidungsorientiert. Investition und Finanzierung werden nun als Optimierungsvorgang gesehen, in dem Mittelbeschaffung und Mittelverwendung im Hinblick auf die Unternehmungsziele aufeinander abgestimmt werden.[10] Die Charakteristika des traditionellen, des management- und entscheidungsorientierten und des neuerdings betrachteten kapitalmarktorientierten Ansatzes der Finanzwirtschaft sind in **Abbildung 4** (Seite 9) gegenübergestellt.

---

[8] Vgl. dazu auch *Perridon, Louis/Steiner, Manfred*: Finanzwirtschaft der Unternehmung. 10. Aufl., München 1999, S. 3 und 8.

[9] Vgl. *Büschgen, Hans E.*: Grundlagen betrieblicher Finanzwirtschaft – Unternehmensfinanzierung. 3. Aufl., Frankfurt a. M. 1991, S. 17.

[10] Vgl. *Büschgen, Hans E.*: Grundlagen betrieblicher Finanzwirtschaft – Unternehmensfinanzierung. 3. Aufl., Frankfurt a. M. 1991, S. 17.

Charakteristika älterer und neuerer Auffassungen zur betrieblichen Finanzwirtschaft
Traditioneller Ansatz:
(1) Externe Betrachtungsweise
(2) Deskriptive Methode
(3) Isoliertheit der Finanzierungsentscheidungen im Hinblick auf die Kapitalbeschaffung
(4) Effizienzkriterium: Einhaltung bestimmter Bilanzstrukturnormen
Management- und entscheidungsorientierter Ansatz:
(1) Interne Betrachtungsweise
(2) Analytische Methode
(3) Simultaneität der Entscheidungen im Hinblick auf Kapitalbeschaffung und -verwendung
(4) Effizienzkriterien: Beiträge zur Erfolgs- und Risikoposition
Kapitalmarktorientierter Ansatz:
(1) Externe Betrachtungsweise
(2) Analytische Methode
(3) Verständnis der Renditeforderungen von Kapitalgebern als Kapitalkosten der Unternehmung
(4) Effizienzkriterium: Kurswertmaximierung

Abbildung 4: Charakteristika älterer und neuerer Auffassungen zur betrieblichen Finanzwirtschaft[11]

[11] Leicht modifiziert entnommen aus *Süchting, Joachim*: Finanzmanagement – Theorie und Politik der Unternehmensfinanzierung. 6. Aufl., Wiesbaden 1995, S. 7.

1.2 Die Grundprinzipien der Finanzwirtschaft

1.2.1 Die Ziele der Finanzwirtschaft

Erst aufgrund gesetzter **Ziele** als Angabe des gewünschten Zustandes der Realität ist der Entscheidungsträger in der Lage, die zur Verfügung stehenden **Handlungsalternativen zu bewerten** und so zu einer **Entscheidung** zu gelangen. Entscheidungsträger können also erst dann eine rationale Entscheidung treffen, wenn mittels eines vorgegebenen Zielkriteriums festgestellt werden kann, ob die durch die Entscheidung ausgelöste Maßnahme einen Beitrag zur Erreichung dieses Zieles liefert.[12]

In der Realität verfolgen die für eine Unternehmung Verantwortlichen gleichzeitig mehrere Ziele. Man unterscheidet zwischen **Oberzielen**, welche die allgemeinen Zielvorstellungen der Unternehmung beinhalten, und **Unter- bzw. Zwischenzielen**, die aufgrund der fehlenden Operationalität der Oberziele aus diesen abgeleitet und nach- bzw. zwischengeschaltet werden müssen. Die Gesamtheit der nebeneinander existierenden bzw. hierarchisch geordneten – teilweise sogar miteinander konkurrierenden – Ziele wird als **Zielsystem** einer Unternehmung bezeichnet.

Aus Gründen der Operationalität formuliert man manchmal hierarchisch untergeordnete Ziele als Nebenbedingungen in der Weise, dass ein bestimmter Wert nicht unter- oder überschritten werden soll. I. d. R. dominieren in einer marktwirtschaftlich organisierten Volkswirtschaft die **monetären Oberziele** wie Umsatz- und Gewinnstreben. Letzteres wird häufig auch als **das** Oberziel der Unternehmung bezeichnet.[13]

Aus **leistungswirtschaftlicher Sicht** wird angestrebt, bei der Erstellung der betrieblichen Leistungen und bei ihrem Absatz langfristig den Gewinn zu maximieren. Verfolgt die Unternehmungsleitung ausschließlich dieses Ziel, so werden betriebliche Leistungen nur erbracht, wenn sich damit ein Gewinn erzielen lässt, wenn also eine positive Differenz zwischen Erlösen und Kos-

---

12 Vgl. *Süchting, Joachim*: Finanzmanagement – Theorie und Politik der Unternehmungsfinanzierung. 6. Aufl., Wiesbaden 1995, S. 295.

13 Vgl. *Wöhe, Günter*: Einführung in die Allgemeine Betriebswirtschaftslehre. 20. Aufl., München 2000, S. 40-44.

ten, den leistungsbedingten Erfolgsbeiträgen, zu erwarten ist.[14] Die **finanzwirtschaftliche Sicht** ist im Gegensatz dazu kapital- bzw. zahlungsorientiert. Dies zeigt sich in der Formulierung der finanzwirtschaftlichen Zielfunktion im Sinne der Maximierung der Kapitalrentabilität (dies entspricht einer Kapitalorientierung) unter den Nebenbedingungen der Liquidität (dieses Kriterium ist zahlungsorientiert), der Sicherheit und der Unabhängigkeit.[15]

Diese Unterscheidung in leistungs- und finanzwirtschaftliche Sichtweise zeigt sich auch in der Gewinn- und Verlustrechnung nach § 275 Abs. 2 HGB (Gesamtkostenverfahren) und § 275 Abs. 3 HGB (Umsatzkostenverfahren). Dort werden die Erfolgsbeiträge (Erträge, Aufwendungen), die aus dem leistungswirtschaftlichen Bereich stammen (Positionen 1-8 in Abs. 2; Positionen 1-7 in Abs. 3; der Saldo dieser Posten kann als **Betriebsergebnis** bezeichnet werden)[16] getrennt von den aus dem finanzwirtschaftlichen Bereich stammenden Erfolgsbeiträgen (Positionen 9-13 in Abs. 2; Positionen 8-12 in Abs. 3; der Saldo dieser Positionen kann als **Finanzergebnis** bezeichnet werden)[17] ausgewiesen. Häufig ist in den leistungswirtschaftlich geprägten Industrie- und Handelsunternehmungen das Finanzergebnis aufgrund der hohen Fremdkapitalzinsen negativ. Die Schemata des § 275 Abs. 2 bzw. 3 HGB zur Gewinn- und Verlustrechnung nehmen diese Differenzierung des **„Ergebnisses der gewöhnlichen Geschäftstätigkeit"** (Position 14 in Abs. 2 bzw. Position 13 in Abs. 3) entsprechend dem Bereich ihrer Entstehung in Betriebs- und Finanzergebnis allerdings nur insoweit vor, als die zusammengehörenden Positionen unmittelbar aufeinander folgen.

Über die für finanzwirtschaftliche Überlegungen ebenfalls entscheidenden Ein- und Auszahlungen einer Periode informiert die nur für die Erfolgsermittlung zuständige Gewinn- und Verlustrechnung gem. § 266 HGB dagegen nicht. Nur über den wenig aussagefähigen Saldo der Ein- und Auszahlungen des Geschäftsjahres wird man aufgrund der Veränderung der Bestandsgröße „liquide Mittel", also der Aktivposition B. IV. (§ 266 Abs. 2 HGB) informiert. Aus finanzwirtschaftlicher Sicht sind mehrere Nebenbedingungen zu beachten, die leistungswirtschaftlich von untergeordneter Bedeutung, im Rahmen der Gesamtunternehmung aber von existenzieller Bedeutung sind. Ansonsten

---

[14] Auf die wichtige Differenzierung zwischen Leistungen und Erträgen bzw. Kosten und Aufwendungen, wobei die neutralen Erträge und Aufwendungen einerseits und die kalkulatorischen Leistungen und Kosten andererseits zu berücksichtigen sind, sei hier nur hingewiesen; vgl. *Wöhe, Günter*: Bilanzierung und Bilanzpolitik. 9. Aufl., München 1997, S. 21-24.

[15] Vgl. *Bieg, Hartmut*: Betriebswirtschaftslehre 2: Finanzierung. Freiburg i. Br. 1991, S. 18-26.

[16] Vgl. *Bieg, Hartmut/Kußmaul, Heinz*: Grundlagen der Bilanzierung. 4. Aufl., Wiesbaden 2000, S. 136.

[17] Vgl. *Bieg, Hartmut/Kußmaul, Heinz*: Grundlagen der Bilanzierung. 4. Aufl., Wiesbaden 2000, S. 136.

orientieren sich unternehmerische Entscheidungen sowohl im leistungswirtschaftlichen wie im finanzwirtschaftlichen Bereich an der Zielsetzung der (langfristigen) **Gewinnmaximierung**. Auch die Tatsache, dass im finanzwirtschaftlichen Bereich eine relative Gewinngröße (**Kapitalrentabilität**), im leistungswirtschaftlichen Bereich dagegen der absolute Gewinn als Entscheidungskriterium herangezogen wird, kann nicht darüber hinwegtäuschen, dass letztlich eben doch jede Mittelbeschaffung und Mitteldisposition nach ihrem Gewinnbeitrag zu beurteilen ist.[18]

1.2.2 Die finanzwirtschaftlichen Entscheidungskriterien

1.2.2.1 Die Kapitalrentabilität als eigenständige finanzwirtschaftliche Zielsetzung

Die **Kapitalrentabilität** stellt eine besondere Interpretation des Gewinnbegriffs dar. Kapitalrentabilitäten sind Kennzahlen, in denen eine Erfolgsgröße ins Verhältnis zu verschiedenen in der Unternehmung eingesetzten Kapitalgrößen gesetzt wird. Sie geben an, in welcher Höhe sich das eingesetzte Kapital in der betreffenden Periode verzinst hat, und tragen somit dem weit verbreiteten Renditedenken Rechnung. Da das in der Finanzwirtschaft angestrebte Ziel die Rentabilitätsmaximierung ist, orientiert man sich bei finanzwirtschaftlichen Entscheidungen nicht an der absoluten Höhe des Gewinns, sondern an der Relation zwischen Gewinn bzw. Jahresüberschuss und eingesetztem Kapital, also an der relativen Höhe des Gewinns. **Abbildung 5** (Seite 13) enthält Ausprägungsformen der Kapitalrentabilität.

Die Messung der Rentabilität kann zum einen für eine Abrechnungsperiode (Geschäftsjahr) erfolgen, so in den in **Abbildung 5** (Seite 13) aufgeführten Fällen a) - c), sie kann sich zum anderen aber auch auf einen längeren oder kürzeren Zeitraum beziehen, so in dem in **Abbildung 5** (Seite 13) genannten Fall d), wobei man die Gesamtlebensdauer der Unternehmung oder die Laufzeit eines Investitionsprojekts heranzieht. An dieser Stelle soll zumindest erwähnt werden, dass man den Jahresüberschuss (oder in anderer Definition das Betriebsergebnis) einer Unternehmung auch zu ihren Umsatzerlösen in Beziehung setzen kann; man erhält so die **Umsatzrentabilität**.

---

18 Vgl. *Köhler, Richard*: Zum Finanzierungsbegriff einer entscheidungsorientierten Betriebswirtschaftslehre. In: Zeitschrift für Betriebswirtschaft 1969, S. 443.

a) Eigenkapitalrentabilität $= \dfrac{\text{Gewinn (bzw. JÜ)}}{\text{EK}}$

b) Gesamtkapitalrentabilität $= \dfrac{\text{Gewinn (bzw. JÜ) + FK-Zinsen}}{\text{EK + FK}}$

c) Betriebskapitalrentabilität $= \dfrac{\text{Betriebsergebnis}}{\text{betriebsnotwendiges Kapital}}$

d) Rentabilität eines einzelnen Investitionsobjektes $= \dfrac{\text{dem Projekt zurechenbare Einzahlungsüberschüsse}}{\text{für das Projekt erforderlicher Kapitaleinsatz}}$

JÜ = Jahresüberschuss; EK = Eigenkapital; FK = Fremdkapital; EK + FK = Gesamtkapital

Abbildung 5: Ausprägungsformen der Kapitalrentabilität[19]

Eine Modifikation der Kennzahl Gesamtkapitalrentabilität stellt der **Return On Investment** (ROI) dar, der als Quotient aus Jahresüberschuss bzw. Betriebsergebnis und Gesamtkapital gebildet wird. Um die Gründe für einen gegenüber dem Vorjahr verbesserten oder verschlechterten ROI besser analysieren zu können, zerlegt man ihn in die Bestandteile **Umsatzrentabilität** (Jahresüberschuss bzw. Betriebsergebnis : Umsatzerlöse) und **Kapitalumschlagshäufigkeit** (Umsatzerlöse : Gesamtkapital). Das Produkt dieser beiden Größen ergibt wiederum den ROI.[20]

Welche der dargestellten Rentabilitätskennziffern die jeweils „richtige" ist, hängt vom konkreten finanzwirtschaftlichen Entscheidungsproblem ab. So wird man bei einem Investitionsvorhaben zwar stets auch die Rentabilität des insgesamt eingesetzten Eigenkapitals im Auge behalten, vorrangig orientiert man sich aber an der Vorteilhaftigkeit des betreffenden Investitionsprojekts. Dagegen löst man sich bei der finanziellen Steuerung der Gesamtunternehmung weitgehend von der Projektebene und orientiert sich am Periodenergebnis.

Strittig kann allerdings sein, ob bei einer Finanzierungsentscheidung die **Eigenkapital- oder die Gesamtkapitalrentabilität** als Entscheidungskriterium herangezogen werden soll. Dabei ist die Frage zu beantworten, ob der bzw. die Eigentümer einer Unternehmung auf eine betriebliche Maßnahme verzichten soll(en), die zwar die Gesamtkapitalrentabilität vermindern, die Eigenkapitalrentabilität jedoch erhöhen würde. Ein Verzicht auf die Maßnahme hätte zwar zur Folge, dass sich das insgesamt – von Eigentümer(n) und Gläubigern – eingesetzte Kapital besser „verzinst" als dies bei Durchführung der

---

[19] Entnommen aus *Bieg, Hartmut*: Betriebswirtschaftslehre 2: Finanzierung. Freiburg i. Br. 1991, S. 23.

[20] Ausführlich hierzu *Bieg, Hartmut/Kußmaul, Heinz*: Externes Rechnungswesen. 2. Aufl., München/Wien 1998, S. 297-299.

Maßnahme der Fall wäre. Ein Eigentümer kann aus seiner Sicht allerdings eine Verschlechterung der Gesamtkapitalrentabilität durchaus in Kauf nehmen, wenn sich durch die Maßnahme die Verzinsung des von ihm eingesetzten Kapitals verbessert.[21] Das hier angedeutete Zusammenspiel zwischen mehreren Rentabilitätskennziffern ist Grundlage des **Leverage-Effekts**. Dabei geht es um die Frage, inwiefern sich durch Erhöhung des Verschuldungsgrads (Fremdkapital : Eigenkapital) die Eigenkapitalrentabilität steigern lässt.[22]

Letztendlich geht es bei jeder unternehmerischen Betätigung um eine Maximierung des Unternehmenswertes aus der Sicht des Anteilseigners und damit um eine Maximierung des **„Unternehmerwertes"**. Diese aus dem Gewinnmaximierungsprinzip ableitbare Zielsetzung wird als **Shareholdervalue-Ansatz** bezeichnet. Bei dieser konsequent an der Steigerung des Unternehmenswerts ausgerichteten Zielsetzung sind die Interessen der anderen Anspruchsgruppen (**Stakeholder**) als Nebenbedingungen bzw. Unterziele zu berücksichtigen.[23]

1.2.2.2 Die Liquidität

Würde man die Liquidität mit dem Zahlungsmittelbestand (Kassenbestand + jederzeit verfügbare Guthaben bei Kreditinstituten) gleichsetzen, so wäre ihr Umfang eindeutig und ihre Messung unproblematisch. Die Definition der Liquidität als positiver Zahlungsmittelbestand ist aber als finanzwirtschaftliches Kriterium wenig aussagefähig. Nicht die Höhe des Zahlungsmittelbestandes ist ausschlaggebend, sondern ob die Zahlungskraft einer Unternehmung insgesamt ausreicht, die an sie gestellten Anforderungen zu erfüllen. Dem Umstand, dass der Zahlungsmittelbestand nur einen Teil der disponierbaren Zahlungsmittel umfasst, trägt der erste zu erörternde Liquiditätsbegriff Rechnung, wonach Liquidität die Eigenschaft eines Vermögensobjektes ist. Dem Umstand, dass Liquidität nicht nur durch die **Zahlungskraft**, sondern auch durch die **Zahlungsverpflichtungen** bestimmt wird, trägt der zweite Liquiditätsbegriff Rechnung, wonach Liquidität die Eigenschaft eines Wirtschaftssubjektes (in unserem Zusammenhang also einer Unternehmung) ist.

Versteht man Liquidität als eine Eigenschaft von Vermögensobjekten, so geht es im Wesentlichen um die **Liquidisierbarkeit** (oft verkürzt auch als Liquidierbarkeit bezeichnet) einzelner Vermögensgegenstände. Man kann also un-

---

21 Vgl. *Bieg, Hartmut*: Betriebswirtschaftslehre 2: Finanzierung. Freiburg i. Br. 1991, S. 23-24.

22 Vgl. hierzu Band III: Finanzwirtschaftliche Entscheidungen, Abschnitt 1.2.2.

23 Vgl. dazu *Perridon, Louis/Steiner, Manfred*: Finanzwirtschaft der Unternehmung. 10. Aufl., München 1999, S. 15-16; vgl. dazu ausführlich **Abschnitt 2.8.5**.

ter Liquidität die „Eigenschaft von Vermögensobjekten (verstehen), mehr oder weniger leicht als Zahlungsmittel verwendet oder durch Verkauf oder Abtretung in ein Zahlungsmittel umgewandelt werden zu können“[24] (absolute Liquidität). Zahlungsmittel sind dabei dadurch gekennzeichnet, dass durch ihre Übertragung eine Zahlungsverpflichtung mit befreiender Wirkung erfüllt wird. Gesetzliche Zahlungsmittel, für die Annahmezwang besteht, verfügen bei ungestörter Geldwirtschaft über diese Eigenschaft. Inwieweit auch andere als die gesetzlichen Zahlungsmittel hier einzubeziehen sind, hängt von der Annahmebereitschaft der Gläubiger ab.[25]

Zwei Aspekte sind für die angesprochene **Geldnähe von Vermögensobjekten** bestimmend:

- Der Zeitraum, in dem sich die einzelnen Vermögenspositionen im Rahmen des üblichen Umsatzprozesses wieder „verflüssigen“ (self-liquidating period). Im Zusammenhang mit dieser **ursprünglichen oder absoluten Liquidität** spricht *Moxter* von Geldwerdungsabstand, *Stützel* von der Selbstliquidationsperiode.[26] Dieser Zeitraum spielt z. B. auch eine Rolle bei der Gliederung der Aktivseite von Bilanzen.
- Die Möglichkeit, einen Vermögensgegenstand bereits vor Ablauf seiner Selbstliquidationsperiode vorzeitig zu liquidisieren (shiftability). Im Zusammenhang mit dieser **künstlichen oder abgeleiteten Liquidität** ist nicht selten ein – im Voraus mitunter nicht exakt bestimmbares – Disagio in Kauf zu nehmen.[27]

Liquidität wird aber auch als **Eigenschaft von Wirtschaftssubjekten** im Sinne von **Zahlungsfähigkeit** verstanden. Wie bereits angedeutet, kann es sich im Rahmen betriebswirtschaftlicher Untersuchungen bei den in Frage stehenden Wirtschaftssubjekten nur um **Unternehmungen** handeln. Insoweit kann man Liquidität auch als Eigenschaft von Unternehmungen verstehen, „Zahlungsansprüche mehr oder weniger leicht erfüllen zu können“.[28] Dieser Liquiditätsbegriff wurde am prägnantesten von *Witte* formuliert: „Liquidität ist die Fähigkeit der Unternehmung, die zu einem Zeitpunkt zwingend fälligen Zahlungsverpflichtungen uneingeschränkt erfüllen zu können; sie muß während

---

[24] *Stützel, Wolfgang*: Liquidität. In: Handwörterbuch der Sozialwissenschaften. 6. Band, Stuttgart/Tübingen/Göttingen 1959, S. 625.

[25] Vgl. *Bieg, Hartmut*: Schwebende Geschäfte in Handels- und Steuerbilanz. Frankfurt a. M./Bern 1977, S. 180-181.

[26] Vgl. *Moxter, Adolf*: Bilanzlehre. Wiesbaden 1974, S. 99-100; *Stützel, Wolfgang*: Liquidität. In: Handwörterbuch der Sozialwissenschaften. 6. Band, Stuttgart/Tübingen/Göttingen 1959, S. 622.

[27] Vgl. *Perridon, Louis/Steiner, Manfred*: Finanzwirtschaft der Unternehmung. 10. Aufl., München 1999, S. 11.

[28] *Stützel, Wolfgang*: Liquidität. In: Handwörterbuch der Sozialwissenschaften. 6. Band, Stuttgart/Tübingen/Göttingen 1959, S. 622.

des Bestehens der Unternehmung zu jedem Zeitpunkt gegeben sein".[29] Unter zwingend fälligen Zahlungsverpflichtungen versteht man in diesem Zusammenhang solche, die vertraglich oder gesetzlich zwingend bzw. wirtschaftlich unumgänglich sind.

Die Liquidität einer Unternehmung ist also dann gegeben, wenn zwischen den Zahlungsverpflichtungen und der Zahlungsfähigkeit Übereinstimmung besteht. Für die Zahlungsfähigkeit sind nicht nur die vorhandenen Zahlungsmittel entscheidend, sondern die **Zahlungskraft** der Unternehmung, worunter die Summe der Zahlungsmittel verstanden werden soll, über die eine Unternehmung zu einem bestimmten Zeitpunkt verfügen kann. Bei diesem Liquiditätsbegriff, der lediglich auf die Zahlungsfähigkeit im Zeitpunkt des Fälligwerdens einer Zahlungsverpflichtung abstellt, kommt es demzufolge nicht darauf an, ob die Erfüllung durch bereits vorhandene Zahlungsmittel erfolgt oder ob die Zahlungsmittel erst beschafft werden müssen. Entscheidend ist, dass sie rechtzeitig in der erforderlichen Höhe zur Verfügung stehen und dass die Zahlungsfähigkeit während des Bestehens der Unternehmung zu jedem Zeitpunkt gegeben ist (Bonitätsaspekt). Liquidität im Sinne dieses zweiten Begriffs lässt sich nicht allein aufgrund des vorhandenen Zahlungsmittelbestandes ermitteln; vielmehr wird eine Aussage darüber getroffen, ob die Unternehmung zu einem bestimmten Zeitpunkt mindestens die **Zahlungskraft** aufweist, die zur Tilgung ihrer fälligen Zahlungsanforderungen nötig ist.[30] Da es hier offenbar um ein Deckungsverhältnis, eine Relation geht, spricht man auch von **relativer Liquidität**.

Nach *Mellerowicz* ist unter der Liquidität der Tatbestand der **Zahlungsbereitschaft**, also die Fähigkeit einer Unternehmung, allen Zahlungsverpflichtungen und Zahlungsnotwendigkeiten fristgerecht nachkommen zu können, zu verstehen. Diese Formulierung zeigt besonders deutlich, dass die Liquidität immer unter dem Gesichtspunkt einer fortzuführenden Unternehmung zu sehen ist, die das ständige Eingehen neuer Zahlungsverpflichtungen erforderlich macht. Können diese Verpflichtungen ohne Gefährdung der zukünftigen Liquidität eingegangen werden, so wird die Unternehmung vom Zahlungsbereich her nicht behindert.[31]

Der Gelddisponent hat aufgrund des dargestellten Zusammenhangs also Vorsorge zu treffen, dass aus vorhandenen **Zahlungsmittelbeständen und verfügbaren Krediten** ein **Zahlungspotenzial** in der Höhe mobilisiert werden kann, womit alle im Laufe eines Tages auftretenden Verfügungen in voller

---

29 *Witte, Eberhard*: Die Liquiditätspolitik der Unternehmung. Tübingen 1963, S. 15.

30 Vgl. *Perridon, Louis/Steiner, Manfred*: Finanzwirtschaft der Unternehmung. 10. Aufl., München 1999, S. 13.

31 Vgl. *Mellerowicz, Konrad*: Allgemeine Betriebswirtschaftslehre. 3. Band, 10. Aufl., Berlin 1959, S. 23.

Höhe gedeckt werden können. Liquidität ist damit weniger eine Frage ausreichender Zahlungsmittelbestände als vielmehr eine Frage ausreichender **Bonität** der Unternehmung, die zusätzliche Zahlungsmittel beschaffen muss. Die Sicherung der Liquidität ist aber nicht nur ein Problem der täglichen Gelddisposition. Es ist vielmehr sicherzustellen, dass Liquidität (i. S. d. Zahlungsfähigkeit) auch an jedem Tag der Unternehmungszukunft gegeben ist. Die Definition der Liquiditätssicherung als Zukunftsproblem ergibt sich, da es am heutigen Tag eine absolut sichere Liquiditätsdisposition und Liquiditätsvorsorge für den zukünftigen Tag nicht geben kann.

Die **Erhaltung der Liquidität** ist kein ursprüngliches betriebswirtschaftliches Ziel, sondern eine **Nebenbedingung der Rentabilitätsmaximierung**, „die bei allen erwogenen Aktionen zur Realisierung bestimmten Verhaltens streng zu beachten ist".[32] Liquidität ist sogar Existenzbedingung aller Unternehmungen, da (dauernde) Zahlungsunfähigkeit (Illiquidität) nach § 16 i. V. m. § 17 Abs. 1 InsO Insolvenzgrund ist und somit zum Ausscheiden der Unternehmung aus dem Wirtschaftsprozess führt. Berechnet man das Deckungsverhältnis zwischen verfügbaren Zahlungsmitteln einerseits und fälligen Zahlungsverpflichtungen andererseits für einen bestimmten Zeitpunkt, etwa für den Bilanzstichtag, so spricht man von statischer Liquidität. Dagegen bezieht sich die dynamische Liquidität auf einen zukünftigen Zeitraum, z. B. auf das nächste Jahr. Dabei sind z. B. auch die nicht in der Bilanz ausgewiesenen zugesagten und bereitgestellten, aber noch nicht abgerufenen Kredite zu berücksichtigen.

Während die **Erhaltung der Liquidität Voraussetzung für das Rentabilitätsstreben** ist, gilt der **Umkehrschluss** dieser Aussage **nicht**. Denn auch eine rentabel arbeitende Unternehmung kann trotz erzielter Gewinne bei Illiquidität gezwungen sein, das Insolvenzverfahren einzuleiten. Hingegen kann eine unrentable Unternehmung zunächst noch liquide bleiben und durch rechtzeitig eingeleitete sanierende Maßnahmen die Notwendigkeit eines Insolvenzverfahrens wegen Illiquidität oder drohender Illiquidität verhindern. Diese an sich widersprüchliche Situation kann deshalb auftreten, weil für die **Liquiditätsbetrachtung** die genauen **Zahlungszeitpunkte** entscheidend sind, also tägliche Zahlungsfähigkeit gefordert wird, während die **Rentabilitätsbetrachtung über einen (längeren) Zeitraum** erfolgt. Somit ist es für die Erfolgsermittlung nicht entscheidend, wann genau die Aufwendungen zu Auszahlungen und die Erträge zu Einzahlungen werden. Gerade dieses zeitliche Auseinanderfallen von Zahlungszeitpunkt und Zeitpunkt der Erfolgswirksamkeit ist der Grund für die unterschiedliche Beurteilung hinsichtlich der Erfolgs- bzw. Li-

---

32 *Köhler, Richard*: Zum Finanzierungsbegriff einer entscheidungsorientierten Betriebswirtschaftslehre. In: Zeitschrift für Betriebswirtschaft 1969, S. 443.

quiditätslage. **Abbildung 6** beinhaltet eine Übersicht über die verschiedenen Liquiditätsbegriffe.

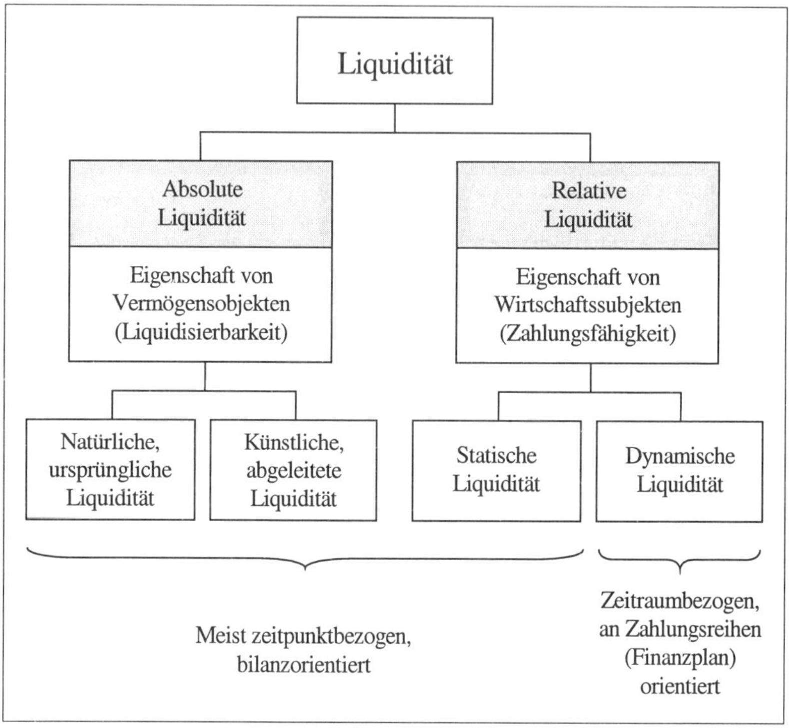

Abbildung 6: Systematisierung von Liquiditätsbegriffen[33]

Nach *Gutenberg* befindet sich eine Unternehmung im **finanziellen Gleichgewicht**, wenn sie zu allen Zeitpunkten genau so viele liquide Mittel zur Verfügung hat, wie sie zur Deckung ihrer fälligen Zahlungsverpflichtungen benötigt.[34] Diese Definition reduziert den Begriff des finanziellen Gleichgewichtes auf die **Zahlungsfähigkeit**, also auf den Liquiditätsaspekt. Da es sich hier um eine ständige Augenblicks- oder Momentanliquidität (**zeitpunktbezogene Liquidität**) handelt, stellt sich das Problem der Aufrechterhaltung der Liquidität für jede Unternehmung zu jedem Zeitpunkt ihres Bestehens. Bei dieser verwendeten Liquiditätsdefinition gibt es nur zwei Möglichkeiten: Entweder liegt Liquidität vor oder nicht. Liquide sein bedeutet im Sinne dieses Liquidi-

---

33 Modifiziert entnommen aus *Vormbaum, Herbert*: Finanzierung der Betriebe. 9. Aufl., Wiesbaden 1995, S. 113.

34 Vgl. *Gutenberg, Erich*: Grundlagen der Betriebswirtschaftslehre. 3. Band: Die Finanzen. 8. Aufl., Berlin/Heidelberg/New York 1980, S. 272-273.

tätsbegriffs also nicht, über einen hohen Bestand an Zahlungsmitteln zu verfügen. Eine größere Zahlungskraft, als sie von den Zahlungsanforderungen her bedingt wird, ist unnötig und unter dem Rentabilitätsgesichtspunkt unwirtschaftlich. Reicht die Zahlungskraft nicht aus, die auftretenden Zahlungsanforderungen zu erfüllen, so liegt Illiquidität vor.

Eine weitere Fassung des Begriffs des finanziellen Gleichgewichts bezieht dagegen das gesamte Zielsystem der Unternehmung in die Betrachtung ein. Demnach ist finanzielles Gleichgewicht gegeben, wenn **zusätzlich zu der** oben geforderten Bedingung jederzeitiger **Zahlungsfähigkeit die Zahlungsströme der Unternehmung im Hinblick auf ihr Zielsystem optimal aufeinander abgestimmt sind**. Dies ist dann der Fall, wenn bei unveränderter Datenkonstellation im finanziellen Bereich keine Entscheidung revidiert werden muss.[35] Das so definierte finanzielle Gleichgewicht ist erreicht, wenn neben der Zahlungsfähigkeit der Unternehmung, die zu jedem Zeitpunkt gegeben sein muss, alle unternehmerischen Entscheidungen in der Weise getroffen werden, dass die Unternehmung dadurch das langfristige Gewinnmaximum erreicht, was im finanziellen Bereich streng genommen bedeutet, dass zu keinem Zeitpunkt mehr liquide Mittel gehalten werden, als zur Bedienung der Zahlungsverpflichtungen erforderlich sind. Man sieht sofort, dass das finanzielle Gleichgewicht in diesem strengen Sinne in der Praxis nie erreicht werden kann, denn i. d. R. wird es – zumindest aus Vorsichtsgründen – am Ende der Geschäftstage „Überbestände“ an liquiden Mitteln geben, deren verzinsliche Anlage die Gewinnsituation der Unternehmung verbessert hätte. Da selten beide Kriterien gleichzeitig erfüllt werden können, wird wohl meistens die Erreichung des Gewinnmaximums bzw. einer möglichst hohen Eigenkapitalrentabilität zugunsten der Bereitstellung eines genügend hohen Zahlungsmittelbestandes verfehlt werden.

1.2.2.3 Die Sicherheit

Unter Sicherheitsstreben versteht man das Ziel der Eigentümer bzw. der für die Unternehmung Verantwortlichen, das zur Verfügung gestellte **Kapital uneingeschränkt zu erhalten**. Konsequent umgesetzt würde dies den Verzicht auf jegliches Risiko bedeuten. Da jedoch letztlich (fast) jede unternehmerische Tätigkeit ein gewisses Risiko in sich birgt, müsste bei strenger Verfolgung dieses Zieles jegliche derartige Tätigkeit eingestellt werden. Dies kann allerdings nicht Sinn und Zweck dieser Zielsetzung sein. Vielmehr muss dieses Ziel zur **Nebenbedingung** modifiziert werden. Kann nicht von vornherein ein Verlust ausgeschlossen werden, so wird ein Risiko nur dann einge-

---

[35] Vgl. *Mülhaupt, Ludwig*: Finanzielles Gleichgewicht. In: Handwörterbuch der Finanzwirtschaft, hrsg. von *Hans E. Büschgen*. Stuttgart 1976, Sp. 404.

gangen, „wenn der Verlustgefahr auch die Chance eines Gewinns gegenübersteht".[36] Dabei ist folgendes Verhältnis zwischen Risiko und Gewinn entscheidend: Je höher das Risiko einer Aktion ist, desto höher kann i.d.R. der Gewinn aus dieser Aktion und damit die Steigerung der Rentabilität ausfallen. Der Eintritt eines Misserfolges wirkt sich dagegen negativ auf die Rentabilität aus. Bei entsprechend hohem Verlust aus der Aktion werden die Gewinne aus anderen Aktionen aufgezehrt; der so entstehende Periodenverlust führt zur Verminderung des Eigenkapitals. Die Rentabilität kann also auch negativ werden.

Das Streben nach Sicherheit hat Einfluss auf die Entscheidungen im leistungswirtschaftlichen wie im finanzwirtschaftlichen Bereich. So ist z.B. bei **Investitionsentscheidungen**, bei denen insbesondere über die aus einer Investition erwarteten Rückflüsse Unsicherheit besteht, die Risikoscheu bzw. Risikoneigung des in der Unternehmung für Investitionen Verantwortlichen, die individuell unterschiedlich ist, zu berücksichtigen. Dies kann pauschal, mit Hilfe subjektiver oder objektiver Wahrscheinlichkeiten oder anderer Gewichtungsfaktoren geschehen. Ex ante ist meist jedoch nur eine Belegung mit subjektiven Wahrscheinlichkeiten möglich. Die in **Abbildung 7** (Seite 21) dargestellten Kapitalanlagealternativen A und B weisen hinsichtlich der Erfolgserwartungen unterschiedliche Wahrscheinlichkeitsverteilungen auf. Investitionsprojekt B verspricht eine höhere maximale Rendite; zugleich weist es aber auch ein wesentlich höheres Verlustrisiko auf als Projekt A. Investitionsalternative A ist somit „sicherer" als Alternative B. Eine rationale Entscheidung zwischen den beiden Kapitalanlagealternativen kann nur unter Berücksichtigung der Risikopräferenzfunktion des Entscheidungsträgers getroffen werden.[37]

Aber auch **Kapitalbeschaffungsmaßnahmen** (Finanzierungsentscheidungen) können Risiken in sich bergen, denn die Aufnahme von Fremdkapital bedeutet immer, dass die an die Fremdkapitalgeber zu leistenden Zins- und Tilgungszahlungen vertraglich fest vereinbart sind. Aufgrund der Unsicherheit bezüglich der Einzahlungen aus der Unternehmungstätigkeit, aus denen die Kreditverpflichtungen erfüllt werden sollen, besteht die Gefahr der Illiquidität. Insofern lassen sich ex ante auch keine Aussagen über die zukünftig erzielbare Gesamtkapitalrentabilität machen. Daraus ergibt sich die Forderung, einen möglichst hohen Anteil an Eigenkapital zu halten, da dieses einerseits keine zwingenden Zahlungsverpflichtungen hervorruft, andererseits als Haftungs- und Risikokapital negative Periodenergebnisse „auffangen" kann. Eigenkapital soll also das Unternehmungsrisiko tragen, damit dieses nicht auf das Fremdkapital abgewälzt werden muss.

---

[36] *Hahn, Oswald*: Finanzwirtschaft. 2. Aufl., Landsberg a. L. 1983, S. 35.

[37] Vgl. *Bieg, Hartmut*: Betriebswirtschaftslehre 2: Finanzierung. Freiburg i. Br. 1991, S. 24-25.

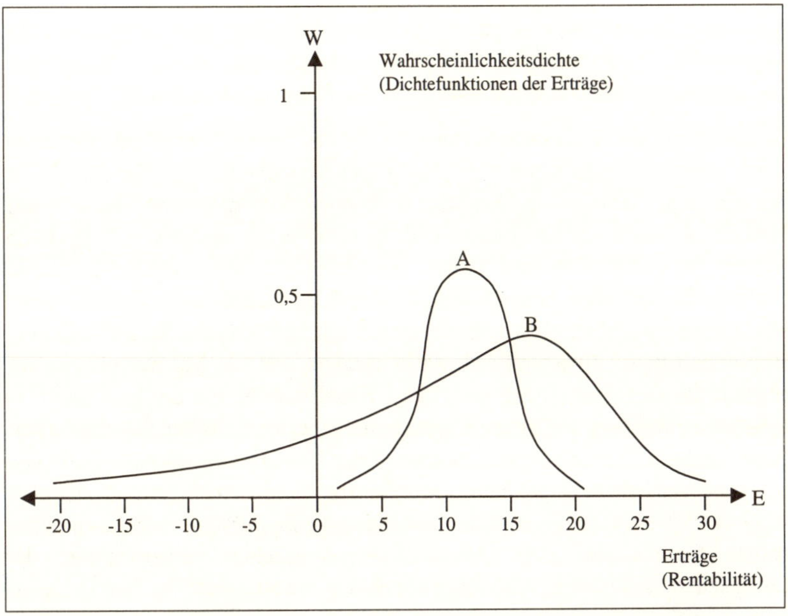

Abbildung 7: Kapitalanlagealternativen mit unterschiedlicher Risikoverteilung[38]

1.2.2.4 Die Unabhängigkeit

Unter dem Unabhängigkeitsstreben versteht man das Ziel der Eigentümer bzw. der Unternehmungsleitung, die Kapitalbeschaffung so zu gestalten, dass das **Unternehmungsgeschehen nicht durch die Einflussnahme Dritter beeinträchtigt wird**. Es geht also konkret um die Möglichkeit der Einflussnahme der (neugewonnenen bzw. ihr bisheriges Engagement verstärkenden) Kapitalgeber auf unternehmerische Entscheidungen. Jede Kapitalaufnahme schafft neue Mitspracherechte, die sich nach der Art des aufgenommenen Kapitals unterscheiden.

Mit der **Zuführung von Eigenkapital** ist üblicherweise die Gewährung von Entscheidungs-, Mitsprache-, Stimm- und Kontrollrechten verbunden. Hierbei sind folgende Fälle zu unterscheiden:

Erfolgt die Beteiligungsfinanzierung durch die **bisherigen Gesellschafter**, so können sich Entscheidungsrechte und das Stimmrechtsverhältnis ändern,

[38] Modifiziert entnommen aus *Perridon, Louis/Steiner, Manfred*: Finanzwirtschaft der Unternehmung. 10. Aufl., München 1999, S. 14.

wenn die Gesellschafter mit einer vom bisherigen Beteiligungsverhältnis abweichenden Quote zusätzliches Eigenkapital zuführen; dies gilt nur für den Fall, dass die Stimmrechtsverteilung von der Anteilsquote abhängt.[39]

Beim Eintritt **neuer Gesellschafter** sind diesen – neben Vermögensrechten in Form einer risikoadäquaten Verzinsung und der Abgeltung stiller Rücklagen bei Ein- und Austritt – auch „Machtbefugnisse" zu gewähren, die sich auf Mitsprache sowie Informations- und Kontrollrechte erstrecken.[40] Dadurch werden die Entscheidungsbefugnisse der bisherigen Gesellschafter geschmälert, was insbesondere bei mittelständischen Unternehmungen, die häufig bewusst nach Unabhängigkeit von fremden Kapitalgebern streben, als nachteilig empfunden wird. Inwieweit sich Auswirkungen auf die Machtstrukturen innerhalb der Gesellschaft ergeben, hängt dabei sowohl von der gesellschaftsrechtlichen Stellung der neuen Eigenkapitalgeber (z. B. stiller Gesellschafter, Kommanditist, Komplementär, Stamm- oder Vorzugsaktionär) als auch von den ihnen zustehenden Rechten nach Gesetz, Gesellschaftsvertrag oder Satzung ab.[41] Durch entsprechende Gestaltung (z. B. durch Konstruktion einer stillen Gesellschaft oder gesellschaftsvertraglicher Beschränkung der Einflussnahmemöglichkeiten) kann somit der Machtverlust der bereits beteiligten Gesellschafter begrenzt werden.

Die tatsächlichen Einflussnahmemöglichkeiten der Eigenkapitalgeber können faktisch auch durch eine breite Streuung der Kapitalanteile, wie sie beispielsweise bei Publikumskapitalgesellschaften vorkommt, beschränkt sein; diese führt dazu, dass für Inhaber kleiner Anteile eine Beteiligung an der Entscheidungsfindung in der Unternehmung organisatorisch unmöglich wird und die Kontrolle der Entscheidungsorgane wenig wirksam vollzogen werden kann.[42]

Insgesamt ist die Mitsprache bei der Aufnahme neuen Eigenkapitals üblicherweise größer als bei der **Kreditfinanzierung**. Bei Letzterer ist der Umfang der Kreditgewährung und die Marktmacht des Gläubigers im Verhältnis zur kreditnehmenden Unternehmung für den Umfang der Mitspracherechte entscheidend.

Das **Unabhängigkeitsstreben kollidiert in starkem Maße mit den übrigen finanzwirtschaftlichen Entscheidungskriterien**. Durch das Zugeständnis,

---

[39] Bei Kapitalgesellschaften ergeben sich analoge Veränderungen beim Bezugsrecht, beim Gewinnverteilungsschlüssel und beim Anspruch auf Liquidationserlös.

[40] Vgl. *Kußmaul, Heinz*: Betriebswirtschaftliche Beratungsempfehlungen zur Finanzierung mittelständischer Unternehmen. In: Steuerberaterkongreß-Report 1990, München 1991, S. 188-189.

[41] Vgl. *Wöhe, Günter/Bilstein, Jürgen*: Grundzüge der Unternehmensfinanzierung. 8. Aufl., München 1998, S. 356-358.

[42] Vgl. *Franke, Günter/Hax, Herbert*: Finanzwirtschaft des Unternehmens und Kapitalmarkt. 4. Aufl., Berlin u. a. 1999, S. 6.

zukünftig in gewisser Weise auf das Unternehmungsgeschehen Einfluss nehmen zu können, werden u. U. insbesondere Fremdkapitalgeber dazu veranlasst, ihrerseits Zugeständnisse bei der Vereinbarung des Zinssatzes zu machen, ihr Kapital langfristig zur Verfügung zu stellen oder sogar risikobereiter zu investieren. Dies mag die kreditnehmende Unternehmung beim Abschluss des Kreditvertrags als außerordentlich vorteilhaft einschätzen. Sie wird diese Vorteile aber möglicherweise mit einer Einflussnahme des Gläubigers „bezahlen" müssen, welche die Dispositionsfreiheit und Flexibilität der Unternehmung so stark einschränkt, dass dadurch der Unternehmungsprozess gestört wird. Auch durch die bei der Kreditaufnahme vielfach notwendigen und durchaus üblichen Sicherheiten in Form von Grundpfandrechten, Sicherungsübereignungen und Verpfändungen wird die unternehmerische Verfügungsgewalt eingeengt, ja sogar die Möglichkeit weiterer Kreditaufnahmen begrenzt,[43] denn diese Vermögensgegenstände stehen zur Absicherung weiterer Kredite nicht mehr zur Verfügung. Letztlich kann die Beherrschung durch einen einzelnen Kapitalgeber sogar die Rentabilität insofern beeinträchtigen, als dieser Preise diktieren und Wachstumsbeschränkungen im leistungswirtschaftlichen Bereich vorschreiben kann.[44]

Die Erhaltung der Dispositionsfreiheit und der Flexibilität der Unternehmung ist von solcher Bedeutung, dass sich das **Unabhängigkeitsstreben** als **wichtige Nebenbedingung bei der Kapitalbeschaffung** darstellt. Es muss allerdings eine überlegte und klare Abwägung vorgenommen werden, ob aus dem Unabhängigkeitsstreben heraus ein Verzicht auf eine weitere Kapitalaufnahme sinnvoll ist, der dann eventuell einen Verzicht auf mögliches Unternehmungswachstum mit sich bringt.[45]

1.2.3 Die finanzwirtschaftlichen Aufgaben und Fragestellungen

Die für die betriebliche Finanzwirtschaft Verantwortlichen müssen die **Geldströme (Zahlungsströme)** einer Unternehmung, die durch betriebliche und außerbetriebliche Prozesse ausgelöst werden, **erfassen, steuern und kontrollieren**. Sie haben dabei insbesondere die termingerechte Erfüllung der Zahlungsverpflichtungen sicherzustellen, müssen dabei allerdings stets darauf bedacht sein, der Unternehmung nicht durch den Bestand zu hoher liquider

---

43 Vgl. *Perridon, Louis/Steiner, Manfred*: Finanzwirtschaft der Unternehmung. 10. Aufl., München 1999, S. 10.

44 Vgl. *Hahn, Oswald*: Finanzwirtschaft. 2. Aufl., Landsberg a. L. 1983, S. 36.

45 Vgl. *Perridon, Louis/Steiner, Manfred*: Finanzwirtschaft der Unternehmung. 10. Aufl., München 1999, S. 15.

Mittel Erträge entgehen zu lassen. Hieraus ergeben sich die folgenden Aufgaben:

- Die für die betriebliche Finanzwirtschaft Verantwortlichen haben langfristig den **Finanzmittelbedarf** zu erkunden, den die Unternehmung in den übrigen betrieblichen Teilbereichen, aber auch im finanzwirtschaftlichen Bereich hat. Sie haben Finanzmittel in ausreichendem Umfang und in der gewünschten Fristigkeit zu beschaffen, um diese dann ihrer speziellen Verwendung, etwa der Anschaffung von Realgütern oder der Beschaffung vorübergehender oder langfristiger Finanzanlagen zuzuführen.

- Der zielgerechte Ablauf der Finanzmittelbeschaffung und -verwendung setzt voraus, dass der **Zahlungsverkehr** kostengünstig und schnell abgewickelt werden kann, d. h., es sind nicht nur die notwendigen Vorkehrungen für den ungestörten Ablauf des Zahlungsverkehrs zu schaffen, sondern es sind auch Neuerungen, die den Ablauf langfristig verbessern können, durchzuführen. Darüber hinaus ist im finanzwirtschaftlichen Bereich das organisatorische Umfeld so zu gestalten, dass die Unternehmung ihre Ziele erreichen kann.

- Schließlich ist zu **kontrollieren**, ob die eingesetzten Instrumente zielgerecht arbeiten, ob die gewählte Organisationsstruktur sinnvoll ist, ob die Finanzierungsform noch zeitgerecht ist, ob die vorgenommenen Investitionen den Erwartungen entsprechen; falls Änderungen des Umweltzustandes eingetreten sind oder Erkenntnisse anderer Art vorliegen, können unverzüglich Anpassungsmaßnahmen vorgenommen werden.

In großen Unternehmungen werden die finanzwirtschaftlichen Entscheidungen häufig dezentral in verschiedenen Abteilungen getroffen. In diesem Falle müssen alle Entscheidungen durch eine Instanz koordiniert werden. Bezeichnet man diese Stelle als das **Finanzmanagement**, so wird der Begriff – wie allgemein üblich – in **institutioneller Sichtweise** verwendet. Er bezeichnet also die Instanz, die für die Koordinierung der Aktivitäten der Unternehmungsführung zuständig ist, die das finanzielle Gleichgewicht der Unternehmung sicherstellen sollen. Gewöhnlich ist das der Finanzvorstand.[46]

Es lässt sich ein **enges Zusammenspiel zwischen Kapitalanlage und Kapitalaufbringung** feststellen. Selbst wer die Investitionsrechnung isoliert betrachtet, hat die Ausgangsfrage zu stellen, welches Investitionsobjekt zu realisieren ist, wenn Mittel in genügend großer Höhe zur Verfügung stehen. Andererseits ist Ausgangsfrage der Finanzierung, wie eine Investition, die zwingend benötigt wird, optimal finanziert werden sollte. Diese Fragestellungen lassen u. U. vermuten, jeweils einer der Teilbereiche sei fix, während der an-

---

[46] Vgl. *Büschgen, Hans E.*: Grundlagen betrieblicher Finanzwirtschaft – Unternehmungsfinanzierung. 3. Aufl., Frankfurt a. M. 1991, S. 25-26.

dere zu optimieren sei. Tatsächlich können aber in der Praxis beide Teilbereiche gestaltet werden. Daraus ergibt sich die Notwendigkeit der gemeinsamen Planung von Investition und Finanzierung. Es gilt folgender Zusammenhang: Jede Mittelverwendung hat eine Mittelbeschaffung zur Voraussetzung. Der beste Investitionsplan ist bedeutungslos, wenn keine Mittel zur Beschaffung der Investition zur Verfügung stehen. Umgekehrt ist die Beschaffung finanzieller Mittel unsinnig, wenn für sie keine ertragbringende Verwendung gefunden werden kann. Daher muss Mittelbeschaffung stets eine Mittelverwendung nach sich ziehen.[47]

Trotz dieser Interdependenzen werden in „Band I: Investition" zunächst die Bereiche der Kapitalanlage und in „Band II: Finanzierung" die Bereiche der Kapitalaufbringung getrennt voneinander behandelt. Diese Vereinfachung ist angebracht, um einen Überblick über die einzelnen Teilbereiche zu erhalten. Erst die Darstellung der grundlegenden Zusammenhänge ermöglicht es, die fließenden Übergänge und somit das komplexe Zusammenspiel zu erkennen; diese Aufgabe kommt „Band III: Finanzwirtschaftliche Entscheidungen" zu.

---

[47] Vgl. *Wöhe, Günter/Bilstein, Jürgen*: Grundzüge der Unternehmensfinanzierung. 8. Aufl., München 1998, S. 3.

1.3 Die Bestandteile der Finanzwirtschaft

1.3.1 Die Investition

Der Investor verfolgt mit einer zum gegenwärtigen Zeitpunkt erfolgenden Geldauszahlung für bestimmte Vermögensgegenstände oder Dienstleistungen das Ziel, dadurch in späteren Perioden höhere Geldeinzahlungen oder Minderauszahlungen zu erwirtschaften.

Charakteristische Merkmale von Investitionen sind demnach die Transformation eines gegenwärtigen Zahlungsmittelbestandes in materielle oder andere immaterielle Güter, sowie das Ziel, dadurch auf direkte bzw. indirekte Weise zusätzliche Einzahlungen oder geringere Auszahlungen zu erreichen.[48] Es lässt sich also eine **enge Verknüpfung zwischen der güter- bzw. leistungswirtschaftlichen und finanzwirtschaftlichen Ebene** einer Unternehmung erkennen. Jedoch kann bei der Beratung, Beurteilung und Entscheidung über eine Investition prinzipiell eine Trennung zwischen leistungswirtschaftlichen und finanzwirtschaftlichen Aspekten vorgenommen werden.

Stehen die technischen und kapazitätsorientierten Eigenschaften der Investitionsobjekte und damit der **leistungswirtschaftliche Aspekt** im Vordergrund, so lassen sich die zu beschaffenden Vermögensgegenstände ihrer Art nach gemäß **Abbildung 8** (Seite 27) unterscheiden.

Auf den leistungswirtschaftlichen Aspekt wird auch abgezielt, wenn in einer Wirtschaftsperiode die Unterteilung der Gesamt- oder Bruttoinvestitionen eines Betriebes in **Ersatz- oder Reinvestitionen** (Ersatzbeschaffung wirtschaftlich verbrauchter Güter) und in **Erweiterungs- oder Nettoinvestitionen** (Vergrößerung der Kapazität) erfolgt. Dieser Kapazitätseffekt der Investitionen erfährt i. d. R. allerdings keine Berücksichtigung im Rahmen des Themengebiets „Investitionsrechnung“, sondern wird in der Literatur im Zusammenhang mit der „Betriebsgrößenplanung“ bzw. generell im Rahmen des Bereiches „Produktion“ diskutiert.

---

[48] Vgl. *Bieg, Hartmut*: Betriebswirtschaftslehre 1: Investition und Unternehmungsbewertung. 2. Aufl., Freiburg i. Br. 1997, S. 1.

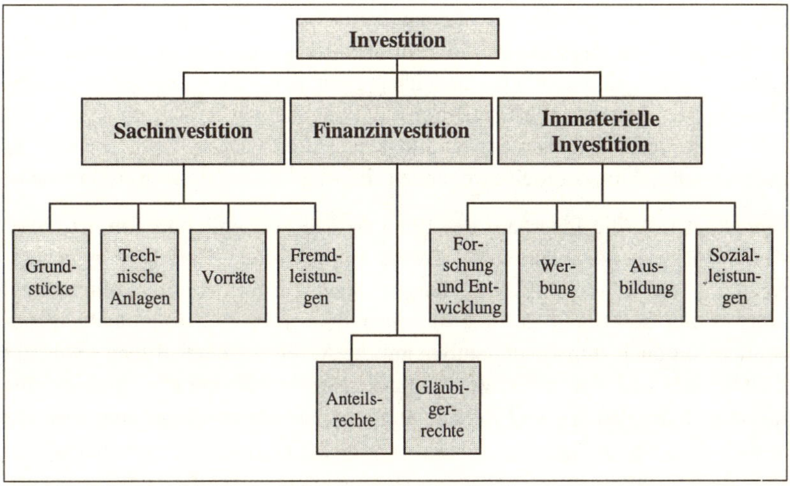

Abbildung 8: Gliederung der Investitionen nach der Art der Vermögensgegenstände[49]

Die Investitionsrechnung interessiert sich jedoch im Allgemeinen nicht dafür, in welcher Weise ein Investitionsobjekt mit den übrigen betrieblichen Produktionsfaktoren zusammenwirkt oder welchen Einfluss es auf die Leistungsfähigkeit der Unternehmung besitzt, sondern für sie ist lediglich der **finanzwirtschaftliche Aspekt** relevant.[50] Ihre Betrachtungsweise reduziert das Investitionsobjekt auf die von ihm ausgelösten Veränderungen des Zahlungsmittelbestandes; dies kommt auch im eingangs erwähnten zweiten Merkmal der Investition zum Ausdruck.

Diesem Tatbestand trägt der **zahlungsorientierte (pagatorische) Investitionsbegriff** Rechnung. Er ist laut *Büschgen* insbesondere eine Folge davon, dass Investition und Finanzierung bei der Investitionsplanung gemeinsam zu betrachten sind.[51] Danach ist eine Investition eine betriebliche Maßnahme, die zu unterschiedlichen Zeitpunkten Ein- und Auszahlungen verursacht. Der erste Zahlungsvorgang ist dabei im Normalfall eine Auszahlung und wenigstens eine der folgenden Zahlungen ist eine Einzahlung.

---

[49] Modifiziert entnommen aus *Bieg, Hartmut*: Betriebswirtschaftslehre 1: Investition und Unternehmungsbewertung. 2. Aufl., Freiburg i. Br. 1997, S. 2.

[50] Vgl. *Büschgen, Hans E.*: Betriebliche Finanzwirtschaft – Unternehmensinvestitionen. Frankfurt a. M. 1981, S. 12; vgl. dazu auch *Kruschwitz, Lutz*: Investitionsrechnung. 8. Aufl., München/Wien 2000, S. 3-4.

[51] Vgl. *Büschgen, Hans E.*: Betriebliche Finanzwirtschaft – Unternehmensinvestitionen. Frankfurt a. M. 1981, S. 11-12.

Das Fachgebiet „Investitionsrechnung“ betrachtet demgemäß nur die **finanzwirtschaftlichen Aspekte** der Investitionen, d.h. ihre Zahlungsströme. Jede Investition lässt sich nämlich – unabhängig von der Art der Investition (Sach-, Finanz- oder immaterielle Investition) und unabhängig davon, ob es sich um eine Ersatz- oder um eine Erweiterungsinvestition handelt – auf die von ihr ausgelösten Zahlungsmittelbewegungen (Ein- und Auszahlungen) reduzieren.

Betrachtet man die innerhalb des Bereichs des **betrieblichen Finanz- bzw. Rechnungswesens** ablaufenden Prozesse hinsichtlich Entscheidungsvorbereitung, Treffen von Entscheidungen sowie Informationserstellung und -verwertung, so wirken sich die mit einer Investition in Zusammenhang stehenden Aktionen zum einen deutlich auf die Aktivseite einer Bilanz sowie auf die Gewinn- und Verlustrechnung und die Finanzrechnung aus, zum anderen macht sich die Planung und Berechnung von realisationsfähigen und auch zur Verwirklichung geeigneten Investitionsobjekten (Investitionsrechnung) im Bereich der mittel- bis langfristigen Unternehmungsplanung bemerkbar (vgl. **Abbildung 9**; Seite 29).

Betrachtet man den Vorgang der Investition vom **Standpunkt der Bilanz**, so kommt er auf der Aktivseite der Bilanz, die Aufschluss über die Verwendung des unternehmerischen Kapitals gibt, zum Ausdruck. Vorausgehen muss der Betrachtung, Beurteilung und Realisierung von Investitionen zunächst die Beschaffung von verwendbarem Kapital.

Bilanztechnisch erkennbar wird die Kapitalbeschaffung auf der Passivseite der Bilanz, die Auskunft darüber gibt, welche Kapitalbeträge dem Betrieb zur Nutzung überlassen worden sind und in welcher Form (Eigen- bzw. Fremdkapital) dies geschehen ist.

Abgesehen von dem Fall der Einbringung von Sacheinlagen durch die Kapitalgeber erscheinen die vermögensmäßigen Gegenwerte des beschafften Kapitals in der Bilanz zunächst als Zahlungsmittel, ehe sie zur Durchführung des Betriebsprozesses verwendet, also investiert werden. Da jedoch die Erwirtschaftung von Kapital auch im Rahmen der Freisetzung investierter Geldbeträge durch den betrieblichen Umsatzprozess vonstatten gehen kann, macht sich die Bereitstellung finanzieller Mittel für erneute Investitionsvorgänge oftmals durch Vermögensumschichtungen auf der Aktivseite (ggfs. ohne Änderung der auf der Passivseite ausgewiesenen Kapitalpositionen) bemerkbar.[52]

---

[52] Vgl. *Wöhe, Günter/Bilstein, Jürgen*: Grundzüge der Unternehmensfinanzierung. 8. Aufl., München 1998, S. 2-5.

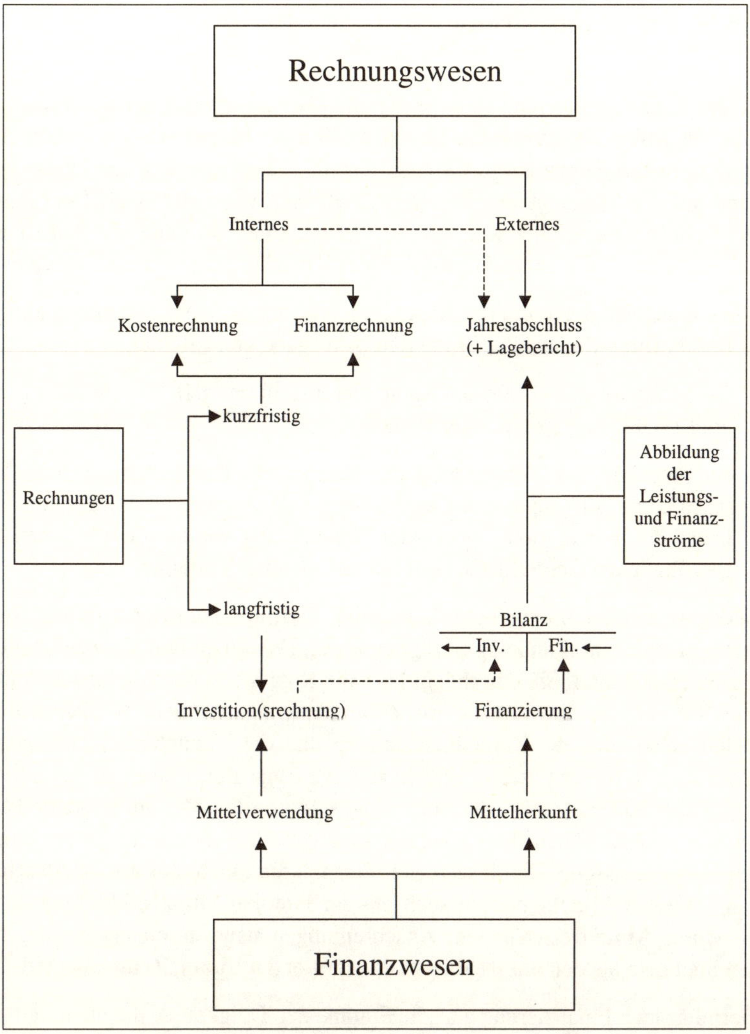

Abbildung 9: Zusammenhänge zwischen betrieblichem Rechnungswesen und Finanzwesen[53]

[53] Entnommen aus *Kußmaul, Heinz*: Grundlagen der Investition und Investitionsrechnung. In: Der Steuerberater 1995, S. 101.

1.3.2 Die Finanzierung

In der Literatur herrscht keine Einigkeit über die Definition des Finanzierungsbegriffes. Die **klassische Interpretation** der Finanzierung orientiert sich an dem in der Bilanz ausgewiesenen Kapital.[54] Finanzierung beschränkt sich dann auf die Vorgänge der Kapitalbeschaffung, wobei der Begriff der Kapitalbeschaffung eng oder weit gefasst werden kann. So kann der Begriff der Kapitalbeschaffung anhand nachfolgender Kriterien eingeschränkt werden:

- entsprechend der Form der Kapitalbeschaffung, z. B. Beschränkung auf die Beschaffung finanzieller Mittel durch Ausgabe von Effekten;
- entsprechend der Dauer der Kapitalbereitstellung, z. B. Beschränkung auf die Beschaffung langfristiger Mittel;
- entsprechend der Verwendung der beschafften Kapitalbeträge, z. B. Beschränkung auf die Kapitalbeschaffung zum Zwecke der Gründung und Erweiterung oder zum Zwecke der Finanzierung von aus dem Rahmen der gewöhnlichen Geschäftstätigkeit herausfallenden Vorhaben.

In der weitesten Fassung dieser klassischen Definition der Kapitalbeschaffung erfolgt keine Einschränkung bezüglich Form, Fristigkeit und Verwendung der finanziellen Mittel. Sie umschließt über die Kapitalbeschaffung hinaus sämtliche Kapitaldispositionen, die im Zusammenhang mit dem Betriebsprozess stehen, also auch die Kapitalrückzahlung und die Kapitalumschichtungen.[55] Aber auch in dieser Fassung bezieht sich der Finanzierungsbegriff nur auf die Vorgänge der Passivseite, die extern ausgelöst werden. Der am abstrakten Kapital orientierte Finanzierungsbegriff wird erweitert durch die Einbeziehung der Vermögensseite. Damit setzt sich Finanzierung nicht nur mit der Beschaffung externer Mittel, sondern auch mit der internen Mittelbeschaffung durch Gewinne, Mittelfreisetzungen, Abschreibungen usw. auseinander. Dies bezeichnet man als den **am Realkapital orientierten Finanzierungsbegriff**.[56]

Definiert man Finanzierung als „die Summe der Tätigkeiten, die darauf ausgerichtet sind, den Betrieb in dem entsprechendem Umfang mit Geld und anderen Vermögensteilen auszustatten, der zur Realisation der betrieblichen Ziele

---

[54] Vgl. *Perridon, Louis/Steiner, Manfred*: Finanzwirtschaft der Unternehmung. 10. Aufl., München 1999, S. 343.

[55] Vgl. ausführlich zur Abgrenzung der einzelnen Finanzierungsbegriffe und ihrer Vertreter *Grochla, Erwin*: Finanzierung, Begriff der. In: Handwörterbuch der Finanzwirtschaft, hrsg. von *Hans E. Büschgen*, Stuttgart 1976, Sp. 413-415.

[56] *Perridon/Steiner* beziehen sich hierbei auf *Beckmann, Liesel*: Die betriebswirtschaftliche Finanzierung. 2. Aufl., München 1956, S. 28 und *Rössle, Karl*: Allgemeine Betriebswirtschaftslehre. 5. Aufl., Stuttgart 1956, S. 105. Vgl. *Perridon, Louis/Steiner, Manfred*: Finanzwirtschaft der Unternehmung. 10. Aufl., München 1999, S. 343.

erforderlich ist",[57] so handelt es sich um einen – weiten – **entscheidungsorientierten Finanzierungsbegriff**. Ebenfalls um einen entscheidungsorientierten – wenn auch engeren und damit möglicherweise operationaleren – Ansatz handelt es sich, wenn Finanzierung als zielgerichtete Gestaltung und Steuerung sämtlicher Zahlungsströme einer Unternehmung verstanden wird. Dies führt zu dem pagatorischen, d. h. an Zahlungsströmen orientierten, Finanzierungsbegriff. *Köhler* definiert diesbezüglich: „Zusammenfassend sei die Finanzierung, Teil der Finanzwirtschaft, definiert als Gesamtheit der Zahlungszuflüsse (Einzahlungen) und der beim Zugang nichtmonetärer Güter vermiedenen sofortigen Zahlungsmittelabflüsse (Auszahlungen)".[58] Diese Definition beinhaltet alle Formen der internen und externen Geld- und Kapitalbeschaffung, einschließlich der Kapitalfreisetzungseffekte.

In Anlehnung an *Vormbaum* und *Wöhe/Bilstein* gehen wir im Folgenden von einer **vier Kernbereiche** umfassenden Auslegung des Finanzierungsbegriffs aus.[59] Danach fallen in den Bereich der Finanzierung als Erstes alle betrieblichen Maßnahmen der Versorgung der Unternehmung mit disponiblem (für unternehmerische Entscheidungen zur Verfügung stehendem) Kapital

- zur Durchführung der betrieblichen Leistungserstellung und Leistungsverwertung (Erfüllung des eigentlichen Betriebszwecks) und
- zur Vornahme bestimmter außerordentlicher finanztechnischer Vorgänge (Unternehmungsgründung, Kapitalerhöhung, Fusion, Umwandlung, Sanierung, Liquidation).

Ergänzend zu dieser Bereitstellung von finanziellen Mitteln jeder Art (**Kapitalbeschaffung** im weitesten Sinne) kommen als Zweites Maßnahmen zur optimalen Strukturierung des Kapitals der Unternehmung hinzu (**Kapitalumschichtung, Umfinanzierung**). Durch die vorgenommene Einbeziehung der Sanierung und Liquidation wird der Finanzierungsbegriff als Drittes auf den Verlust und die Rückzahlung früher beschafften Kapitals ausgeweitet (**Kapitalabfluss** beispielsweise in Form von Kapitalentnahmen, Kredittilgungen, Gewinnausschüttungen, Verrechnungen anfallender Periodenverluste mit Rücklagepositionen). Als Viertes umfasst der verwendete Finanzierungsbegriff schließlich die Freisetzung von in Sach- und Finanzwerten investierten Geldbeträgen in liquide Form durch den sich über den Markt vollziehenden betrieblichen Umsatzprozess. Es handelt sich hierbei um die Wiederbeschaf-

---

[57] *Grochla, Erwin*: Finanzierung, Begriff der. In: Handwörterbuch der Finanzwirtschaft, hrsg. von *Hans E. Büschgen*, Stuttgart 1976, Sp. 414.

[58] *Köhler, Richard*: Zum Finanzierungsbegriff einer entscheidungsorientierten Betriebswirtschaftslehre. In: Zeitschrift für Betriebswirtschaft 1969, S. 451.

[59] Vgl. *Vormbaum, Herbert*: Finanzierung der Betriebe. 9. Aufl., Wiesbaden 1995, S. 26-30; *Wöhe, Günter/Bilstein, Jürgen*: Grundzüge der Unternehmensfinanzierung. 8. Aufl., München 1998, S. 2-5.

fung früher investierter Mittel und deren Bereitstellung für erneute Finanzierungsvorgänge. Derartige **Kapitalfreisetzungen** finden ihren Niederschlag nicht nur auf der Passivseite der Bilanz (wegen der Erfolgswirksamkeit), sondern sie zeigen sich vor allem auf der Aktivseite in Form von Vermögensumschichtungen. Vermögensumschichtungen sind zudem auch möglich, wenn die auf der Passivseite ausgewiesenen Kapitalpositionen konstant bleiben. Dadurch fällt auch die Bereitstellung finanzieller Mittel, die nicht zu einer Vergrößerung des auf der Passivseite ausgewiesenen Kapitals führt, unter den Finanzierungsbegriff.

Der Begriff Finanzierung beschränkt sich darüber hinaus nicht nur auf die reine Geldbeschaffung (liquide Mittel), sondern er umschließt auch die Zurverfügungstellung von Sachgütern in Form von Sacheinlagen oder die Einbringung von Wertpapieren. Kapitalbeschaffung (Finanzierung) und Kapitalverwendung (Investition) erfolgen in diesen Fällen als einheitlicher Vorgang. Finanzierung umfasst infolgedessen nicht nur die Geldbeschaffung, sondern **Kapitalbeschaffung in allen Formen**. Das zur Nutzung überlassene Eigen- oder Fremdkapital findet seinen vermögensmäßigen Gegenwert in Form von Geld, Sachgütern, Wertpapieren oder anderen Vermögensgegenständen.

Der **Kapitalbereich der Bilanz** (Passivseite) gibt demzufolge Auskunft darüber, welche Kapitalbeträge in welcher rechtlichen Form (Eigenkapital oder Fremdkapital) dem Betrieb zur Nutzung überlassen werden, während der **Vermögensbereich der Bilanz** (Aktivseite) zum Ausdruck bringt, in welchen Vermögensarten die von den Kapitalgebern zur Verfügung gestellten Mittel derzeit gebunden sind.

In diesem Zusammenhang lassen sich grundsätzlich vier Arten von Finanzierungsvorgängen, die sich in einer Änderung des Bilanzinhalts niederschlagen, unterscheiden (siehe **Abbildung 10**; Seite 33).

Bilanzverlängernde Finanzierungsmaßnahmen führen zu einer Erhöhung des dem Betrieb zur Verfügung stehenden Vermögens bei gleichzeitiger, gleichgewichtiger Erhöhung des Kapitals. Diese Vorgänge werden in **Abbildung 11** (Seite 34) als **Kapitalbeschaffung** bezeichnet. Mit dem Ausweis des neu aufgenommenen Kapitals (Eigenkapital und/oder Fremdkapital) auf der Passivseite wird der juristische Anspruch dokumentiert. Auf der Aktivseite zeigt sich diese Kapitalerhöhung in ihrer konkreten Form, nämlich als Zufluss von liquiden Mitteln (z. B. Bareinlage, Kreditaufnahme) oder als Erhöhung der Sachgüter (z. B. Sacheinlage, Kauf auf Ziel).

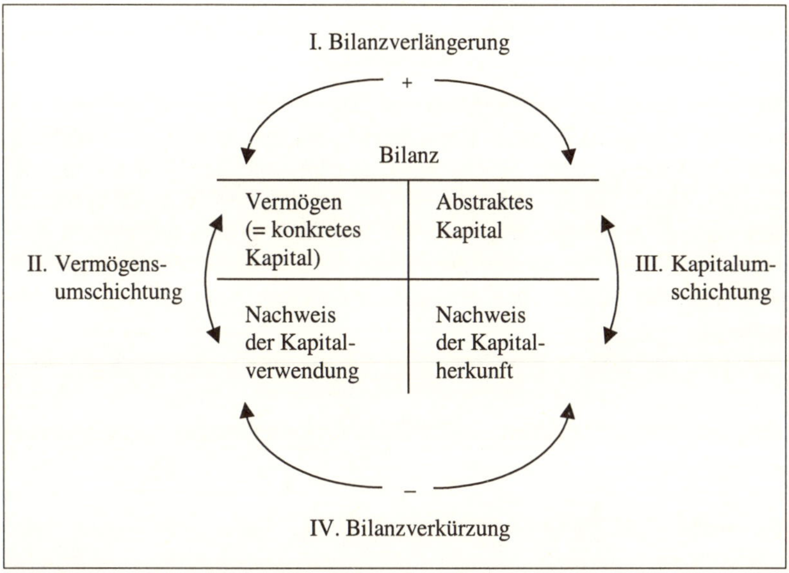

Abbildung 10: Finanzierungsvorgänge und Bilanzinhalt[60]

Vermögensumschichtende Finanzierungsvorgänge (**Aktivtausch**) führen bei gleich bleibender Bilanzsumme zu einer Umstrukturierung des Vermögens, indem z.B. Sachgüter oder Finanztitel in liquide Mittel umgewandelt werden; gebundenes Vermögen wird also durch Veräußerung freigesetzt. Es gibt allerdings Finanzierungsvorgänge, die neben einer Vermögensumschichtung gleichzeitig auch zu einer Bilanzverlängerung oder -verkürzung führen, so, wenn beim Verkauf von Vermögensgegenständen zu einem über dem Buchwert liegenden Preis stille Rücklagen gewinnerhöhend aufgedeckt werden oder wenn durch deren vorherige Überbewertung ein außerordentlicher Aufwand entsteht. Finanzierungsmaßnahmen, die zu einer Vermögensumschichtung führen, werden in **Abbildung 11** (Seite 34) als **Kapitalfreisetzung** bezeichnet.

Bei **kapitalumschichtenden Finanzierungsvorgängen** (**Passivtausch**) kommt es bei gleich bleibender Bilanzsumme zu einer Umstrukturierung der Passivseite. Die Veränderung der Rechtsposition des Kapitalgebers gegenüber der Unternehmung (Eigentümer wird Gläubiger bzw. umgekehrt) zählt ebenso zu dieser **Kapitalumschichtung** wie Strukturveränderungen innerhalb des Eigenkapitals (z.B. Kapitalerhöhungen aus Gesellschaftsmitteln) und des

60 Entnommen aus *Vormbaum, Herbert*: Finanzierung der Betriebe. 9. Aufl., Wiesbaden 1995, S. 27.

Fremdkapitals (z. B. Vereinbarung, einen kurzfristigen Kredit auf langfristige Darlehensbasis umzustellen; vgl. **Abbildung 11**).

Bilanzverkürzende Finanzierungsmaßnahmen führen zu einer Verkleinerung der Bilanzsumme durch Verminderung des dem Betrieb zur Verfügung stehenden Vermögens bei gleichzeitiger, gleichgewichtiger Verminderung des Kapitals. Dieser **Kapitalabfluss** zeigt sich in konkreter Form als Verminderung der liquiden Mittel bzw. von Sachgütern, schlägt sich aber auch in einer entsprechenden Verminderung der die Rechtsansprüche der Kapitalgeber repräsentierenden Eigen- oder Fremdkapitalpositionen nieder (vgl. **Abbildung 11**).

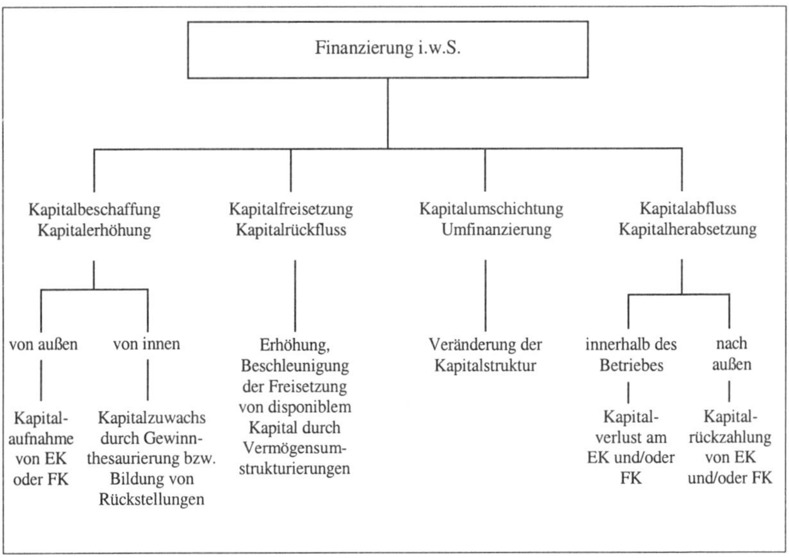

Abbildung 11: Elemente des Finanzierungsbegriffs[61]

[61] Modifiziert entnommen aus *Vormbaum, Herbert*: Finanzierung der Betriebe. 9. Aufl., Wiesbaden 1995, S. 29.

2 Die Investition[62]

2.1 Die betriebliche Einordnung der Investitionsrechnung und Entscheidungen über Investitionen

[62] Wesentliche Passagen dieses Abschnitts sind entnommen aus *Kußmaul, Heinz*: Grundlagen der Investition und Investitionsrechnung. In: Der Steuerberater 1995, S. 99-103, S. 135-139 und S. 179-183; *Kußmaul, Heinz*: Statische Verfahren der Investitionsrechnung. In: Der Steuerberater 1995, S. 221-227 und S. 259-263; *Kußmaul, Heinz*: Dynamische Verfahren der Investitionsrechnung. In: Der Steuerberater 1995, S. 302-308, S. 348-353, S. 381-389 und S. 428-436; *Kußmaul, Heinz*: Berücksichtigung der Steuern und Geldentwertung in der Investitionsrechnung. In: Der Steuerberater 1995, S. 463-473; *Kußmaul, Heinz*: Berücksichtigung der Steuern und Geldentwertung in der Investitionsrechnung. In: Der Steuerberater 1996, S. 16-22; *Kußmaul, Heinz*: Berücksichtigung der Unsicherheit bei Investitionsentscheidungen. In: Der Steuerberater 1996, S. 63-67 und S. 104-112; *Kußmaul, Heinz*: Investitionsprogrammentscheidungen. In: Der Steuerberater 1996, S. 151-154, S. 189-195 und S. 223-230; *Kußmaul, Heinz*: Gesamtbewertung von Unternehmen als spezieller Anwendungsfall der Investitionsrechnung. In: Der Steuerberater 1996, S. 262-268, S. 303-312, S. 350-358 und S. 395-402; *Kußmaul, Heinz*: Investitionsrechnung. In: Saarbrücker Handbuch der Betriebswirtschaftlichen Beratung, hrsg. von *Karlheinz Küting*, 2. Aufl., Herne/Berlin 2000, S. 147-232; *Kußmaul, Heinz*: Darstellung der Discounted Cash-Flow-Verfahren – auch im Vergleich zur Ertragswertmethode nach dem IDW Standard ES 1 –. In: Der Steuerberater 1999, S. 332-347 sowie *Kußmaul, Heinz*: Darstellung der Shareholder Value-Ansätze. In: Der Steuerberater 1999, S. 382-390.

2.1.1 Die betriebliche Einordnung der Investitionsrechnung

2.1.1.1 Die Einordnung der Investitionsrechnung innerhalb des Investitionsprozesses

Die Begriffe Investitionsrechnung, Investitionsplanung und Investitionsprozess stehen zwar von ihrer thematischen und intentionalen Grundausrichtung her eng miteinander in Beziehung, dürfen aber dennoch nicht als gleich bedeutend angesehen werden. Die Investitionsrechnung wird nämlich als Instrument im Rahmen der Investitionsplanung eingesetzt, welche wiederum eine Phase innerhalb des Investitionsprozesses darstellt. Systematisch logisch zerlegen lässt sich ein Investitionsprozess im Allgemeinen – wie in **Abbildung 12** (Seite 37) – in

- **Planungsphase**,
- **Realisations- oder Durchsetzungsphase**,
- **Kontroll- und Überwachungsphase**,

wobei teilweise eine weitere Untergliederung der ersten Phase in die Planungsstufen

- **Problemstellungsphase**,
- **Suchphase**,
- **Beurteilungsphase**,
- **Entscheidungsphase**

vorgenommen wird.[63]

Zu Beginn der **Planungsphase** steht das Erkennen des Problems bezüglich einer möglichen Investition und daran anschließend die Formulierung der Problemstellung (so genannte **Problemstellungsphase**). In dieser ersten Stufe entsteht die Idee zur Durchführung einer bestimmten Investition. Dies setzt voraus, dass der Investor eine Mangellage erkennt und überzeugt ist, diesen Zustand beseitigen zu können. Deshalb muss er zunächst seine Ausgangssitu-

---

[63] Vgl. dazu u.a. *Bieg, Hartmut*: Betriebswirtschaftslehre 1: Investition und Unternehmungsbewertung. 2. Aufl., Freiburg i. Br. 1997, S. 14; *Büschgen, Hans E.*: Betriebliche Finanzwirtschaft – Unternehmensinvestitionen. Frankfurt a. M. 1981, S. 21; *Kruschwitz, Lutz*: Investitionsrechnung. 8. Aufl., München/Wien 2000, S. 6-8; *Olfert, Klaus*: Investition. 7. Aufl., Ludwigshafen (Rhein) 1998, S. 64-83.

ation analysieren und außerdem Kenntnis über die Ziele seiner Investitionstätigkeit besitzen; nur auf diese Weise können nämlich Entscheidungskriterien abgeleitet werden, die es dem Investor gestatten, eine der Investitionsalternativen als die zweckmäßigste bzw. optimale Handlungsweise zu bestimmen.

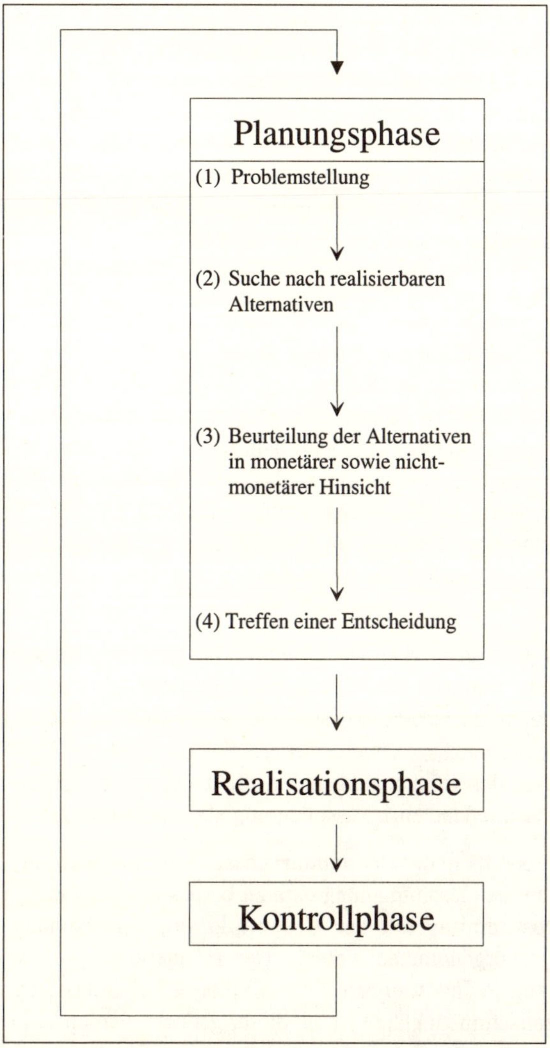

Abbildung 12: Prozessphasen bei Investitionsentscheidungen[64]

---

[64] Modifiziert entnommen aus *Kruschwitz, Lutz*: Investitionsrechnung. 8. Aufl., München/Wien 2000, S. 7.

In der zweiten Stufe der Planungsphase sucht der Entscheidungträger nach Möglichkeiten zur Beseitigung des erkannten Mangels (so genannte **Suchphase**). Nach einer erfolgten Auflistung und Bezeichnung der ihm zur Auswahl stehenden Alternativen wird er deren Konsequenzen zu ermitteln versuchen, wobei aufgrund seiner Zielsetzung bereits eine Vorauswahl getroffen werden kann, bei der nicht realisierbare oder offensichtlich unbrauchbare bzw. ineffiziente Lösungen von vornherein ausscheiden. Da es sich bei den verschiedenen zu selektierenden Möglichkeiten immer um zukünftige Ereignisse handelt, macht die Ermittlung der Handlungskonsequenzen den Einsatz von Prognose- und Schätzungsverfahren notwendig. Die bei der Bestimmung dieser Daten auftretenden Probleme bilden einen zentralen Problembereich der Investitionstheorie. Im Bedarfsfall müssen alternative Zukunftsentwicklungen unterstellt, quantifiziert und verarbeitet werden.

In der dritten Stufe der Planungsphase erfolgt eine Bewertung der nach der Vorauswahl verbleibenden Investitionsalternativen (so genannte **Beurteilungsphase**). Nur auf diese Projekte findet die Investitionsrechnung im eigentlichen Sinne überhaupt Anwendung; die Alternativen werden hinsichtlich der monetären Ziele des Entscheidungsträgers und unter Zugrundelegung der hierfür relevanten Daten in eine kardinale Reihenfolge gebracht. Die grundlegende Vorbedingung dafür ist aber, dass alle Handlungsmöglichkeiten nach derselben Investitionsberechnungsmethode beurteilt werden. Daneben wird eine Beurteilung der Alternativen hinsichtlich der nicht-monetären Ziele vorgenommen; diese wird ohne Heranziehung von Investitionsrechenverfahren durchgeführt.

Im Rahmen der eigentlichen Entscheidung (so genannte **Entscheidungsphase**; vierte Stufe innerhalb der Planungsphase) erfolgt – unter Heranziehung der Investitionsrechnungsergebnisse sowie unter Ergänzung durch verschiedene als Imponderabilien bezeichnete weitere Einflussgrößen – eine Verdichtung der Ergebnisse der vorangegangenen Stufe zu einem endgültigen Werturteil und daran anschließend eine Aussonderung aller nicht-optimalen Alternativen.

Sofern nicht bereits in der Beurteilungsphase eine Eingliederung der Investitionsplanung in die Gesamtplanung explizit berücksichtigt wurde, muss zusätzlich eine **Abstimmung mit der Gesamtplanung**, insbesondere mit der Finanzplanung, vorgenommen werden. Der Finanzplanung kommt besondere Bedeutung zu, da Investitionen einen Kapitalbedarf induzieren und deshalb vor ihrer Realisation zu klären ist, ob dieser gedeckt werden kann.

In der **Realisationsphase** findet die Durchführung der Investition entsprechend dem Beschluss statt. Finanzwirtschaftlich betrachtet ist sie nur insoweit von Interesse, als hier die – für die Beurteilung der Vorteilhaftigkeit eines Projektes entscheidenden bzw. ausschlaggebenden – Anfangsauszahlungen anfallen.

In der **Kontrollphase** wird ein Soll-/Ist-Vergleich durchgeführt; es erfolgt also eine Gegenüberstellung des geplanten und erwarteten Zielerreichungsgrades mit dem tatsächlich realisierten Ergebnis, d.h., es werden die erwarteten Konsequenzen, die zur Entscheidung bezüglich einer bestimmten Alternative geführt haben, mit den tatsächlich eingetretenen Konsequenzen verglichen. Bei Abweichungen von den Planungswerten müssen rechtzeitig geeignete Korrekturmaßnahmen eingeleitet werden; für die Investitionsrechnung ergibt sich somit eine neue Problemstellung. Mit dem Übergang von der Kontroll- zur Planungsphase schließt sich damit der Kreis des Investitionsprozesses.[65] Obwohl in der Kontrollphase bisweilen Investitionskontrollrechnungen eingesetzt werden, liegt das eigentliche Anwendungsgebiet der Investitionsrechnung jedoch in der Planungsphase.

2.1.1.2 Die Investition als Teil der betrieblichen Gesamtplanung

Aufgabe der langfristigen Planung eines Betriebs ist der Versuch der **Beseitigung eines** in einem betrieblichen Teilbereich (Beschaffungs-, Produktions-, Absatz-, Verwaltungs- oder Finanzierungsbereich) eventuell bestehenden **Engpasses**. Kurzfristige Pläne (Planungsperiode i.d.R. kürzer als ein Jahr) müssen dagegen diesen Engpasssektor als gegeben und nahezu unveränderlich ansehen. Die daraus entstehende Notwendigkeit, alle kurzfristigen Pläne am Minimumsektor auszurichten, wird als Ausgleichsgesetz bzw. -prinzip der Planung bezeichnet.[66]

Die Ausrichtung der **Investitionsplanung** ist im Allgemeinen **langfristiger Natur**, da mit der Durchführung von Investitionen das Geschehen in anderen unternehmerischen Teilbereichen (z.B. im Beschaffungs- und Produktionsbereich) für einen längeren Zeitraum vorbestimmt wird. Eine Änderung der durchgeführten Maßnahmen (z.B. Liquidierung betrieblich genutzter Maschinen bei gleichzeitigem Kauf neuer Produktionsanlagen) kann oftmals nur unter Inkaufnahme erheblicher finanzieller Verluste vollzogen werden, da der Reversibilitätsgrad von bereits getätigten Investitionen i.d.R. gering ist. Soweit Investitionen fixe Kosten verursachen, resultiert aus ihnen eine Erstar-

---

[65] Vgl. v.a. *Bieg, Hartmut*: Betriebswirtschaftslehre 1: Investition und Unternehmungsbewertung. 2. Aufl., Freiburg i. Br. 1997, S. 14-17; *Büschgen, Hans E.*: Betriebliche Finanzwirtschaft – Unternehmensinvestitionen. Frankfurt a. M. 1981, S. 21-23; *Kruschwitz, Lutz*: Investitionsrechnung. 8. Aufl., München/Wien 2000, S. 6-8; *Olfert, Klaus*: Investition. 7. Aufl., Ludwigshafen (Rhein) 1998, S. 64-83.

[66] Vgl. *Bieg, Hartmut*: Betriebswirtschaftslehre 1: Investition und Unternehmungsbewertung. 2. Aufl., Freiburg i. Br. 1997, S. 17; *Büschgen, Hans E.*: Betriebliche Finanzwirtschaft – Unternehmensinvestitionen. Frankfurt a. M. 1981, S. 24.

rung der Kostenstruktur. Dieser Effekt erlangt insbesondere dann Bedeutung, wenn durch die Investition die Anlageintensität wesentlich zunimmt, da dann die Gewinnschwelle in Bereiche höherer Umsätze verlagert wird.[67]

Des Weiteren ist eine **Abstimmung der Investitionspolitik mit anderen betrieblichen Bereichen** notwendig, da sämtliche lang- und kurzfristigen Planungen einer Unternehmung über den Finanzplan in engem Zusammenhang miteinander stehen und somit eine gegenseitige Beeinflussung gegeben ist. Investitionsprojekte, die im Regelfall viel Kapital binden, konkurrieren in besonderer Weise mit anderen Unternehmungsbereichen um die i. d. R. knappen liquiden Mittel. Bei der Aufstellung der unternehmungsbereichspezifischen Teilpläne ist jede einzelne Betriebsabteilung bestrebt, die ihr im Rahmen der Gesamtplanung zugeteilte Aufgabe möglichst optimal zu lösen. Jedoch bedeutet eine optimale Lösung vom Standpunkt eines einzelnen Betriebsbereichs aus nicht immer zugleich auch eine optimale Lösung der Gesamtaufgabe. Aufgabe der Betriebsleitung ist es daher, eine Koordinierung der Teilpläne zu erreichen, um im Interesse des Gesamtbetriebes bzw. des Investors eine optimale Lösung zu finden.[68]

Nimmt man eine Analyse des Phasenschemas des Investitionsentscheidungsprozesses vor, so lässt sich erkennen, dass neben den in der Investitionsrechnung ausschließlich verwendeten finanzwirtschaftlichen Kriterien noch eine Vielzahl anderer Einflussgrößen eine Investitionsentscheidung beeinflussen; die Investitionsrechnung stellt also nur „einen Baustein im gesamten Entscheidungsprozeß dar“.[69]

Da lediglich der quantifizierbare Teil der zur Verfügung stehenden Informationen in der Investitionsrechnung berücksichtigt wird, kann sie zur Vorbereitung von Entscheidungen über zur Auswahl stehende Handlungskonsequenzen eingesetzt werden. Sie soll den Entscheidungsträger bestmöglichst unterstützen, eine rational richtige Entscheidung zu treffen; eine Präjudizierung von Entscheidungen kann hingegen nicht von ihr verlangt werden. Aus diesem Grund ist von wesentlicher Bedeutung, dass der Entscheidungsträger Kenntnis über das Zustandekommen des Ergebnisses der Investitionsrechnung erlangt. Dies setzt die Beurteilungsfähigkeit der Zuverlässigkeit der in die Berechnung eingehenden Prognosedaten sowie des zu verwendenden Investitionsrechenverfahrens seitens des Entscheidungsträgers voraus; insbesondere

---

[67] Vgl. dazu u. a. *Altrogge, Günter*: Investition. 4. Aufl., München/Wien 1996, S. 1-4; *Bieg, Hartmut*: Betriebswirtschaftslehre 1: Investition und Unternehmungsbewertung. 2. Aufl., Freiburg i. Br. 1997, S. 17; *Büschgen, Hans E.*: Betriebliche Finanzwirtschaft – Unternehmensinvestitionen. Frankfurt a. M. 1981, S. 24.

[68] Vgl. dazu insbesondere *Bieg, Hartmut*: Betriebswirtschaftslehre 1: Investition und Unternehmungsbewertung. 2. Aufl., Freiburg i. Br. 1997, S. 17-18.

[69] *Kruschwitz, Lutz*: Investitionsrechnung. 8. Aufl., München/Wien 2000, S. 8.

muss er über dessen Schwächen und die damit verbundene Begrenztheit der Aussagefähigkeit des Ergebnisses Bescheid wissen.[70]

2.1.2 Die Entscheidungen über Investitionen

2.1.2.1 Die Ziele der Investoren

Vor der eigentlichen Entscheidung des Investors über ein zu realisierendes Investitionsprojekt ist es erforderlich, die späteren Konsequenzen des Vorhabens im Rahmen der Investitionsrechnung möglichst exakt zu bestimmen, zu beurteilen und gegen andere Handlungsalternativen abzuwägen. Bestehen mehrere sinnvoll realisierbare Alternativen, so sollte diejenige ausgewählt werden, die der Zielpräferenzstruktur des Entscheidungsträgers am nächsten kommt. Aus diesem Grund ist schon bei der Auswahl der anwendbaren Methoden der Investitionsrechnung zu beachten, dass mit ihr eine an den Zielen des Investors orientierte Beurteilung der Projekte möglich sein muss. Deshalb besteht das Erfordernis, dass der Entscheidungsträger Kenntnis über seine **Zielstruktur** besitzt und diese in klarer, mathematisch umsetzbarer Weise formuliert wird.

Während nicht-monetäre Zielsetzungen, die durchaus eine bedeutende Rolle bei der Entscheidungsfindung über zur Auswahl stehende Alternativen spielen können (vor allem dann, wenn sich der Investor bezüglich quantitativer Elemente nahezu indifferent in seiner Wahl zwischen mindestens zwei Handlungsmöglichkeiten verhält), keine Berücksichtigung im Rahmen der Investitionsrechnung finden, gehen monetäre Zielvorstellungen primär in folgenden Ausprägungen in das Entscheidungskalkül der Investitionsrechnung ein:[71]

- Vermögensstreben,
- Einkommensstreben,
- Wohlstandsstreben.

---

[70] Vgl. *Bieg, Hartmut*: Betriebswirtschaftslehre 1: Investition und Unternehmungsbewertung. 2. Aufl., Freiburg i. Br. 1997, S. 18; *Büschgen, Hans E.*: Betriebliche Finanzwirtschaft – Unternehmensinvestitionen. Frankfurt a. M. 1981, S. 25-27; *Kruschwitz, Lutz*: Investitionsrechnung. 8. Aufl., München/Wien 2000, S. 8.

[71] Vgl. insbesondere *Schneider, Dieter*: Investition, Finanzierung und Besteuerung. 7. Aufl., Wiesbaden 1992, S. 65-67.

Ist eine **Vermögensakkumulation** Grundlage der Überlegung, so strebt der Investor ein möglichst hohes Vermögen am Ende des Planungszeitraumes an. Aus diesem Grunde möchte er in jedem der Planungszeiträume einen in seiner Höhe eindeutig festgelegten Geldbetrag zu Konsumzwecken aus seinem Vermögen entnehmen. Der Entnahmebetrag kann im Zeitablauf konstant bleiben oder aber variieren, d. h., er kann steigen, fallen, schwanken oder auch für jede Periode mit null angesetzt werden.

In Abgrenzung dazu möchte der Entscheidungsträger bei **Streben nach Einkommen** möglichst hohe jährliche Konsumentnahmen erhalten. Es ist deshalb erforderlich, dass das zum Ende des Planungszeitraums gewünschte Endvermögen als Nebenbedingung mit einem festen Betrag angesetzt wird, der wertmäßig auch null sein kann. In diesem Fall sind die Investitionsvorhaben nach der Höhe des aus ihnen erzielbaren Entnahmeniveaus zu bewerten. Auch hier kann unterstellt werden, dass die Konsumentnahmen in zeitlicher Hinsicht steigenden, fallenden oder wechselnden Verlauf aufweisen sollen. Zu beachten ist jedoch unbedingt, dass der hier dargelegte Einkommens- (= Entnahme-)begriff nicht den des Steuerrechts oder den Gewinnbegriff aus dem Handels- und Steuerrecht widerspiegelt.

Weiterhin wäre es denkbar, dass ein Investor eine gleichzeitige Maximierung seines jährlichen Einkommens und seines Vermögens am Ende des Planungshorizontes anstrebt. Grundgedanke dieser Zielsetzung ist das **Streben nach Wohlstand**. Hier muss sich der Investor dann allerdings vor Beginn der Rechnung entscheiden, welchen Wert er einer Steigerung des Einkommens um eine Geldeinheit beimisst, d. h., er muss, um zu einer operablen Zielfunktion zu gelangen, zwischen Vermögens- und Einkommensstreben gewichten. Das Wohlstandsstreben kann deshalb als Verknüpfung der beiden übrigen Zielsetzungen aufgefasst werden und stellt somit kein grundsätzlich neues Ziel dar.[72]

2.1.2.2 Die Entscheidungssituationen

Möchte man in der Investitionsrechnung eine Charakterisierung der Entscheidungen nach der **Art der Entscheidungssituation** vornehmen, so kann eine Aufteilung in Einzel- und Programmentscheidungen erfolgen (vgl. dazu **Abbildung 13**; Seite 43). Diese Unterscheidung erweist sich ebenso wie die

---

[72] Vgl. *Bieg, Hartmut*: Betriebswirtschaftslehre 1: Investition und Unternehmungsbewertung. 2. Aufl., Freiburg i. Br. 1997, S. 7-10. Eine weiterreichende, umfassendere Darstellung der charakteristischen Kennzeichen der verschiedenen Formen des monetären Strebens, die im Entscheidungsfindungsprozess mittels der Investitionsrechnung optimiert werden können, lässt sich u. a. finden bei *Kruschwitz, Lutz*: Investitionsrechnung. 8. Aufl., München/Wien 2000, S. 10-13 und *Schneider, Dieter*: Investition, Finanzierung und Besteuerung. 7. Aufl., Wiesbaden 1992, S. 65-70.

weitere Differenzierung der Einzel- und Programmentscheidungen als durchaus sinnvoll, da in jeder Situation die Fragestellung eine andere ist. Somit sind jeweils unterschiedliche Methoden der Problemlösung und der Investitionsrechnung zweckadäquat.

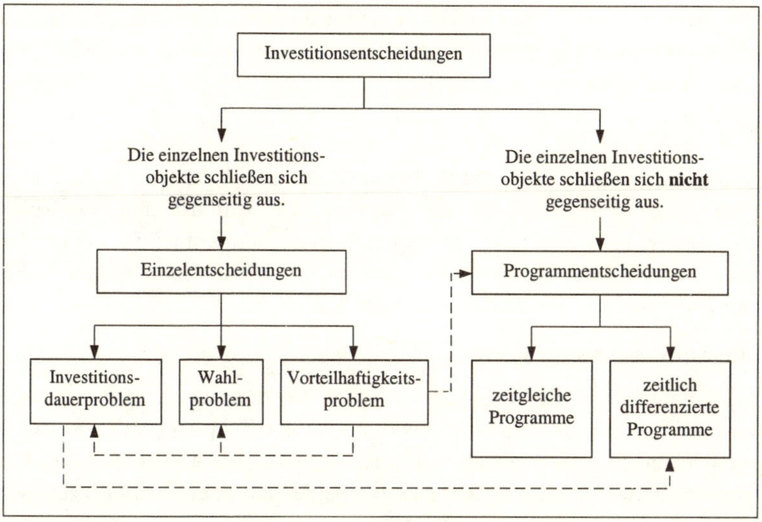

Abbildung 13: Entscheidungen über Investitionen[73]

Bei **Einzelentscheidungen** schließen sich die gegebenen Investitionsalternativen gegenseitig vollständig aus. Fällt die Entscheidung eines Investors zugunsten einer bestimmten Alternative, so besteht keine Möglichkeit mehr, ein anderes oder mehrere andere Projekte zur gleichen Zeit zu realisieren. Man bezeichnet derartige Investitionsprojekte deshalb als echte Alternativen. Bei Einzelentscheidungen wird im Allgemeinen eine Unterscheidung vorgenommen zwischen folgenden Arten der Problemstellung:[74]

- **Vorteilhaftigkeitsproblem**:

  Hierbei geht es um die Beurteilung einer einzigen Investitionsmöglichkeit; es herrscht folgende Entscheidungssituation: Durchführung der Investition oder Verzicht darauf (Wahl der so genannten Null-Alternative). Das Inves-

---

[73] Geringfügig modifiziert entnommen aus *Bieg, Hartmut*: Betriebswirtschaftslehre 1: Investition und Unternehmungsbewertung. 2. Aufl., Freiburg i. Br. 1997, S. 13.

[74] Vgl. dazu u.a. *Bieg, Hartmut*: Betriebswirtschaftslehre 1: Investition und Unternehmungsbewertung. 2. Aufl., Freiburg i. Br. 1997, S. 10-12; *Busse von Colbe, Walther/Laßmann, Gert*: Betriebswirtschaftstheorie. Band 3. 3. Aufl., Berlin 1990, S. 117-118; *Mellwig, Winfried*: Kompendium für das Examen zum vBP/WP, Band 2: Betriebswirtschaft. 2. Aufl., Hamburg 1994, S. 173-174.

titionsvorhaben sollte realisiert werden, wenn dadurch die Zielgröße des Investors positiv beeinflusst wird, wenn also sein Einkommensniveau und/oder der Endwert seines Vermögens dadurch ansteigt.

- **Wahlproblem**:

  Mehrere Investitionsmöglichkeiten sind technisch realisierbar, der Investor muss sich aber für eine einzige Alternative entscheiden. Mögliche Ursachen hierfür können u.a. die Begrenztheit des für die Anschaffungsauszahlung zur Verfügung stehenden Geldbetrags oder der Verwendungszweck der Projekte (technische Alternativen mit gleichem Verwendungszweck) sein. Eine Überprüfung auf absolute Vorteilhaftigkeit, d.h. im Vergleich zum Verzicht auf jegliche Investitionsmaßnahme (Null-Alternative), ist bei einer derartigen Entscheidungssituation – abgesehen von Investitionen, die aufgrund gesetzlicher Vorschriften in jedem Fall durchgeführt werden müssen – unerlässlich.

- **Investitionsdauerproblem**:

  Hier geht es um die Frage der optimalen Nutzungsdauer eines neu anzuschaffenden Investitionsgutes sowie um die des Zeitpunktes des Ausscheidens einer gegenwärtig sich in Betrieb befindlichen Anlage aus dem Produktionsprozess. Investitionsdauerentscheidungen können als Einzel- oder Programmentscheidungen auftreten.

Investitionsprogrammentscheidungen lassen sich dadurch kennzeichnen, dass die alternativen Investitionsprojekte einander nicht in jedem Fall ausschließen, sondern gemeinsam verwirklicht werden können, d.h., sie stellen keine echten Alternativen dar. Bei Programmentscheidungen hat der Investor also die Möglichkeit, sich für verschiedene Kombinationen aus einer bestimmten Anzahl von Einzelprojekten zu entscheiden. Auch in dieser Situation hat eine Überprüfung der relativ besten Handlungsmöglichkeit auf absolute Vorteilhaftigkeit im Hinblick auf die Zielsetzung des Investors zu erfolgen.

Die **Struktur von Programmentscheidungen** ist im Vergleich zu Einzelentscheidungen von wesentlich **komplexerer Art**. Deshalb müssen hinsichtlich der Lösung solcher Probleme im Allgemeinen auch wesentlich kompliziertere Rechenmethoden (z.B. lineare Programmierung) eingesetzt werden. Es wird zwar i.d.R. versucht, den Problembereich so zu reduzieren, dass nur noch Einzelentscheidungen getroffen werden müssen; jedoch gelingt dies erstens nicht immer, und zweitens ist dabei regelmäßig – wie bei jeder modellhaften Abstraktion von der komplexen Wirklichkeit – mit Informationsverlusten zu rechnen, so dass die Gefahr von Fehlentscheidungen besteht.[75]

---

[75] Vgl. *Bieg, Hartmut*: Betriebswirtschaftslehre 1: Investition und Unternehmungsbewertung. 2. Aufl., Freiburg i. Br. 1997, S. 12; *Büschgen, Hans E.*: Betriebliche Finanzwirtschaft – Unternehmensinvestitionen. Frankfurt a. M. 1981, S. 28.

2.1.2.3 Die Daten und Datenbeschaffungsprobleme

Auswirkungen eines Investitionsprojekts auf die Ziele des Entscheidungsträgers machen sich vom Entscheidungszeitpunkt aus betrachtet immer erst in der Zukunft bemerkbar; im Allgemeinen sind sie daher mit Unsicherheiten behaftet. **Probleme** treten **bei der Investitionsrechnung weniger** unmittelbar **in der Rechnung selbst als** vielmehr **in der Beschaffung der** hierzu **notwendigen Daten** auf. Die Datenbeschaffung stellt das eigentliche praktische Problem bei der Investitionsrechnung dar; in der Folge werden die wichtigsten bei der Investitionsrechnung auftretenden Probleme erörtert.

Generelle Schwierigkeiten bereitet zunächst die Entwicklung eigener Ideen für realisierbare Investitionen. Nur wenn ein Mangelzustand erkannt wird und sich als Folge daraus die Notwendigkeit ergibt, die zu seiner Beseitigung bestehenden Möglichkeiten zu überprüfen, werden Investitionsrechnungen überhaupt erst notwendig. Zwangsläufig können allerdings nur der Unternehmungsleitung bekannte Alternativen berücksichtigt werden.

Die Darstellung der Investitionsalternativen durch die von ihnen ausgelösten Ein- und Auszahlungen setzt die Beschaffung derjenigen Daten voraus, die eine Bestimmung der zukünftigen Zahlungsentwicklung ermöglichen; sie resultieren zum einen aus den **für einzelne Investitionsvorhaben gesondert anzustellenden Prognosen** und zum anderen aus der **kurz- und langfristigen betrieblichen Planung sowie den Entscheidungen in anderen Unternehmungsbereichen**, die ebenfalls auf bestimmten Zukunftserwartungen basieren. Außerdem sind Interdependenzen zu den Dispositionen in anderen betrieblichen Teilbereichen zu beachten.Die Gesamtplanung der Unternehmungsleitung dient also einerseits für jedes bedeutsame Investitionsvorhaben als unbedingt notwendige, unverzichtbare Datenquelle; auf der anderen Seite müssen für jedes Investitionsvorhaben eigene Prognosen auf der Basis der Gesamtplanung angestellt werden.[76]

In die Investitionsrechnung eingehen müssen alle durch eine Investitionsentscheidung ausgelösten zusätzlichen Zahlungsmittelbewegungen (so genannte **entscheidungsrelevante Zahlungen**):

- **Auszahlungen**: Anschaffungsauszahlungen; laufende Auszahlungen für Löhne und Gehälter, Werkstoffe, Reparaturen; Auszahlungen für die Beschaffung höherer Bestände an Rohstoffen oder Vorprodukten; Auszahlungen für erhöhten Lagerhaltungsaufwand; Demontage- und Beseitigungsauszahlungen am Ende der Nutzungsdauer; außerdem Steuerzahlungen.

---

[76] Vgl. *Bieg, Hartmut*: Betriebswirtschaftslehre 1: Investition und Unternehmungsbewertung. 2. Aufl., Freiburg i. Br. 1997, S. 18-19.

- **Einzahlungen**: Umsatzerlöse aus dem Verkauf der mittels des Investitionsobjekts erzeugten Erzeugnisse (Problem der direkten Zurechenbarkeit der Umsatzerlöse auf bestimmte maschinelle Anlagen); erzielter Liquidationserlös am Ende der Nutzungsdauer.

Besonders schwierig gestaltet sich die Bestimmung der entscheidungsrelevanten Zahlungen, wenn das Investitionsobjekt in eine bereits bestehende Unternehmung eingebracht wird. In dieser Situation ist eine Beachtung des kompletten und damit komplexen Systems von Interdependenzen mit anderen Unternehmungsbereichen erforderlich.[77] Erschwert wird die Prognose der relevanten Zahlungen darüber hinaus noch dadurch, dass Investitionen häufig ihrerseits diverse inner- und außerbetriebliche Veränderungen auslösen, die selbst wieder Zahlungswirksamkeit besitzen.

Die **Beschaffung** der in die Investitionsrechnung einfließenden **Daten** erfolgt aufgrund der Unvorhersehbarkeit der in der Zukunft liegenden zahlungswirksamen Vorgänge im Allgemeinen unter Zuhilfenahme von qualitativen und/oder quantitativen **Prognoseverfahren**.

- **Qualitative Prognoseverfahren**:

  Hier handelt es sich um Methoden, die subjektive Einschätzungen von Personen zugrunde legen, nicht auf Vergangenheitswerten aufbauen und ohne die Verwendung mathematischer Operationen auskommen.

  Man differenziert dabei in **Befragungstechniken**, bei denen Sachverständige oder Personen, deren Verhalten man voraussagen will, direkt nach ihren geplanten Verhaltensweisen befragt werden, und in **Methoden des strukturierten Nachdenkens**, die zum Ziel haben, das eigene Erfahrungswissen und die eigene Intuition systematisch zu entfalten und für Prognosezwecke nutzbar zu machen.

- **Quantitative Prognoseverfahren**:

  Diese Verfahren bedienen sich vorhandener Zeitreihen von Vergangenheitswerten (z.B. Umsatzstatistiken der vergangenen Jahre). Eine weiter gehende Klassifizierung dieser Art von Prognoseverfahren kann dahingehend vorgenommen werden, dass eine systematisch logische Trennung erfolgt zwischen **nicht-kausalen Prognosemethoden**, bei denen der Versuch unternommen wird, eine Gesetzmäßigkeit aus einer bestimmten Zeitreihe in der Vergangenheit abzuleiten, deren Gültigkeit dann für die Zukunft unterstellt wird, und **kausalen Prognosemethoden**, die die zu prognostizierende Größe als abhängige Variable von einer oder mehreren sachlichen Ein-

---

[77] Vgl. *Bieg, Hartmut*: Die Verfahren der Investitionsrechnung und ihre Verwendung in der Praxis. In: Der Steuerberater 1985, S. 19-20.

flussgrößen sehen. Im letzten Fall erfolgt die Verwendung immer mindestens zweier Zeitreihen.[78]

Investitionsrechnungen basieren immer auf unvollkommenen Informationen, da die Möglichkeiten der Beschaffung von Informationen über die Konsequenzen der zur Auswahl stehenden Handlungsalternativen in geforderter guter Qualität beschränkt sind. Das Problem der Beschaffung zuverlässiger Daten wird umso größer, je länger der zugrunde gelegte Planungszeitraum ist. Eine besondere Bedeutung kommt dem Problem der **Unsicherheit** bezüglich der Zukunftserwartungen zu. Hierbei lässt sich zwischen **Risiko- und Ungewissheitssituationen** unterscheiden (vgl. dazu auch **Abbildung 14**; Seite 48).

- **Risikosituationen**:

  Es können Wahrscheinlichkeiten für das Eintreten aller möglichen Zukunftsereignisse bestimmt werden. Die Einschätzung des Investors ist also unsicher dahingehend, welcher alternative Umweltzustand tatsächlich eintreten wird; allerdings ist ihm mittels der Höhe der Wahrscheinlichkeiten eine Aussage darüber möglich, dass ein bestimmtes Ereignis wahrscheinlicher ist als ein anderes. **Objektive Wahrscheinlichkeiten** können dann zugrunde gelegt werden, wenn statistisch gesicherte Aussagen über das Eintreffen der Zukunftssituationen möglich sind. **Subjektive Wahrscheinlichkeiten** sind heranzuziehen, wenn zwar keine statistisch gesicherten Aussagen über das Eintreffen von Zukunftssituationen vorliegen, der Entscheidungsträger aber aufgrund seiner individuellen Erfahrung oder Intuition unbekannten Entwicklungen „subjektive Wahrscheinlichkeitswerte" zuordnen kann.

- **Ungewissheitssituationen**:

  Bei Vorliegen einer derartigen Situation lassen sich die Eintrittswahrscheinlichkeiten bestimmter zukünftiger Umweltzustände nicht in Zahlen ausdrücken. Es wird nun auf verschiedene Arten versucht, das bei der Investitionsrechnung in solchen Fällen vorhandene Unsicherheitsproblem sinnvoll berücksichtigen zu können; die denkbaren Lösungsansätze sind u. a. folgende:[79]

---

78 Vgl. dazu u. a. *Bieg, Hartmut*: Betriebswirtschaftslehre 1: Investition und Unternehmungsbewertung. 2. Aufl., Freiburg i. Br. 1997, S. 21-23; *Kruschwitz, Lutz*: Investitionsrechnung. 8. Aufl., München/Wien 2000, S. 15-18.

79 Vgl. dazu *Bamberg, Günter/Coenenberg, Adolf G.*: Betriebswirtschaftliche Entscheidungslehre. 10. Aufl., München 2000, S. 128-145; *Bieg, Hartmut*: Betriebswirtschaftslehre 1: Investition und Unternehmungsbewertung. 2. Aufl., Freiburg i. Br. 1997, S. 24-26; *Büschgen, Hans E.*: Betriebliche Finanzwirtschaft – Unternehmensinvestitionen. Frankfurt a. M. 1981, S. 113-114; *Kruschwitz, Lutz*: Investitionsrechnung. 8. Aufl., München/Wien 2000, S. 255-258; *Perridon, Louis/Steiner, Manfred*: Finanzwirtschaft der Unternehmung. 10. Aufl., München 1999, S. 97-127.

- Ausgehen von sicheren Entwicklungen, Berücksichtigung der tatsächlich bestehenden Mehrdeutigkeiten außerhalb der Rechnung.
- Einbeziehung der Unsicherheit bzw. des Risikos in die Investitionsrechnung:
  - Risikozuschläge auf zukünftige Auszahlungen oder auf Kalkulationszinssätze bzw. Abschläge auf Einzahlungen,
  - explizite Verarbeitung unsicherer bzw. risikobehafteter Daten durch nicht-deterministische Methoden.

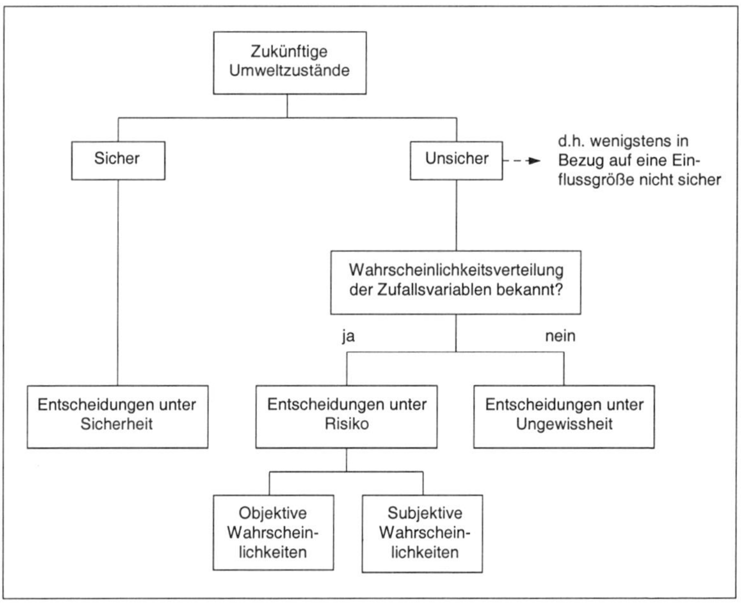

Abbildung 14: Zukünftige Umweltzustände[80]

[80] Vgl. *Bieg, Hartmut*: Betriebswirtschaftslehre 1: Investition und Unternehmungsbewertung. 2. Aufl., Freiburg i. Br. 1997, S. 25.

2.1.2.4 Die Beurteilung der Handlungsmöglichkeiten

In der Beurteilungsphase werden die Handlungsmöglichkeiten anhand ihrer erwarteten Konsequenzen in Bezug auf ein vorgegebenes Zielsystem bewertet. Die **Bewertung** erfolgt dabei im Allgemeinen **in drei Stufen**:[81]

(1) Bewertung der quantifizierten Konsequenzen in Bezug auf monetäre Ziele (Aufgabe der Investitionsrechnung);

(2) Beurteilung der nicht-quantifizierten Konsequenzen in Bezug auf monetäre und nicht-monetäre Ziele;

(3) Verknüpfung der Ergebnisse der ersten und der zweiten Stufe (z.B. mittels Nutzwertanalyse bzw. Scoring-Modell oder Preis-Leistungs-Modell).

Die Vorgehensweise bei der Bewertung der quantifizierten Konsequenzen in Bezug auf monetäre Ziele (**Stufe 1 der Bewertung**) ist folgende: Unter Zugrundelegung einer bestimmten Entscheidungssituation, die gekennzeichnet ist durch Ziele, Alternativen, Handlungskonsequenzen und ggfs. Handlungsbeschränkungen, lässt sich ein Entscheidungsmodell (abstrahierende Abbildung einer Entscheidungssituation) aufstellen. Dabei besteht die Notwendigkeit, dass das Modell Isomorphie (Gleichgestaltigkeit zwischen Abbildung und Abzubildendem) aufweist; Vereinfachungen sind hierbei im Hinblick auf die Überschaubarkeit und Beherrschbarkeit des Modells allerdings zulässig, d.h., man wird sich in der Praxis mit partieller Isomorphie begnügen.

Zur Umsetzung des Entscheidungsmodells in mathematische Symbolik bedient man sich der Investitionsrechnung. Auch sie kann nur dem Anspruch nach partieller Isomorphie gerecht werden, denn sie betrachtet immer nur einen mehr oder minder unvollständigen Ausschnitt aus der betrieblichen Wirklichkeit und beschränkt sich auf die Betrachtung derjenigen Elemente und Zusammenhänge, die besonders wichtig und auch gut abbildungsfähig erscheinen.

Da die Investitionsrechnung lediglich zur Bewertung quantifizierter Handlungskonsequenzen in Bezug auf monetäre Ziele geeignet ist, ergibt sich – um die Beurteilung der nicht-quantifizierten Konsequenzen in Bezug auf monetäre und nicht-monetäre Ziele (**Stufe 2 der Bewertung**) durchführen zu können – die Notwendigkeit, eine Reihe von Informationen außerhalb der Investitionsrechnung zu berücksichtigen. Diese zusätzlich zu verarbeitenden Daten werden als **Imponderabilien** bezeichnet. Einen Überblick über die verschiedenen Arten von Imponderabilien gibt **Abbildung 15** (Seite 50).

---

[81] Vgl. diesbezüglich v.a. *Kruschwitz, Lutz*: Investitionsrechnung. 8. Aufl., München/Wien 2000, S. 19-23.

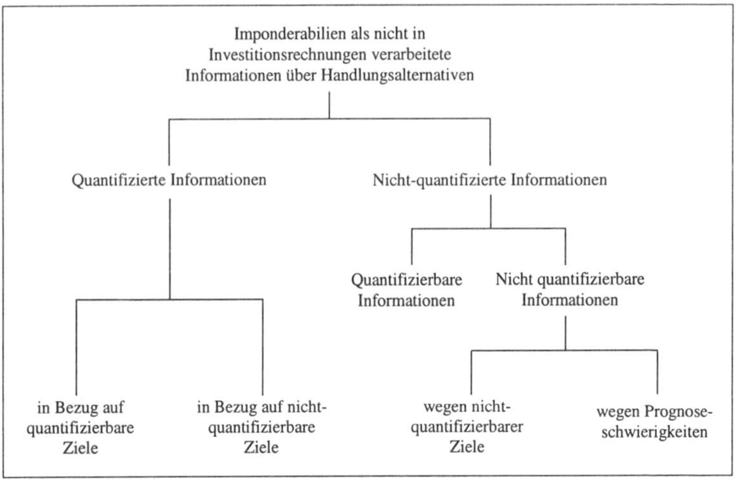

Abbildung 15: Arten von Imponderabilien[82]

Um die Ergebnisse der ersten und der zweiten Stufe miteinander verknüpfen zu können (**Stufe 3 der Bewertung**), zieht man im Allgemeinen qualitative Planungstechniken heran, da quantitative Planungsmethoden aufgrund des Vorliegens von Strukturdefekten und nicht metrisch quantifizierbarer Daten in zahlreichen praktischen Problemstellungen versagen. Qualitative Planungstechniken stellen dann Instrumente dar, um zumindest einigermaßen klare Vorstellungen über die Problemsituation und/oder die Qualität von Lösungsvorschlägen zu erlangen; sie ermöglichen eine nützliche Strukturierung von Problemen bzw. eine Vorselektion von Alternativen und verbessern dadurch das Problemverständnis beim Planenden.

Wichtige **qualitative Methoden** zur Handhabung der oben angesprochenen Probleme sind u. a. Checklisten (zur Vorbereitung von Nutzwertanalysen), Nutzwertanalysen bzw. Scoringmodelle sowie Preis-Leistungs-Modelle.[83]

Checklisten stellen im strengen Sinne kein Planungsverfahren dar, sondern ein Instrument der Problemstrukturierung und Entscheidungsunterstützung, denn in einer Checkliste werden die zur Beurteilung einer Investition relevanten Kriterien zusammengetragen, an Hand derer Experten die Investition

---

82 Vgl. *Kruschwitz, Lutz*: Investitionsrechnung. 8. Aufl., München/Wien 2000, S. 21.

83 Vgl. dazu insbesondere *Adam, Dietrich*: Investitionscontrolling. 3. Aufl., München/Wien 2000, S. 89-105; *Schneeweiß, Christoph*: Kostenwirksamkeitsanalyse, Nutzwertanalyse und Multi-Attributive Nutzentheorie. In: Wirtschaftswissenschaftliches Studium 1990, S. 13-18; *Zangemeister, Christof*: Nutzwertanalyse in der Systemtechnik. 4. Aufl., München 1976, S. 45-54.

einstufen. Erst durch die Erweiterung der Checkliste zu einem Merkmalsprofil zeigt dieses Instrument Ansätze eines Planungsverfahrens.

In einer Checkliste wird die Auflistung aller für ein Investitionsproblem relevanten Aspekte vorgenommen. Die Intention einer Checkliste besteht in der Durchführung einer geschlossenen, systematischen Analyse über die Kriterienausprägungen einer Investition. Der eigentliche Vorteil von Checklisten liegt in dieser geschlossenen Sichtweise.

Eine Analyse von Checklisten erfolgt im Allgemeinen in zwei Stufen. Die erste Stufe bezieht sich auf die Erstellung der Checkliste, das Zusammentragen der für ein Problem relevanten Merkmale. In dieser Stufe kann oftmals auf veröffentlichte Checklisten zurückgegriffen werden. Derartige Checklisten bergen jedoch meist die Gefahr, nicht problemspezifisch zu sein, da u. U. mehrere für das spezielle Problem relevante Merkmale fehlen können. Um eine nicht geschlossene Sichtweise der Probleme zu vermeiden, müssen solche Checklisten auf Relevanz der Merkmale und Ergänzungsbedürftigkeit untersucht werden.

In der zweite Stufe geht es um den Einsatz der Checkliste für ein spezielles Problem. Es hat eine Untersuchung des Problems durch Experten nach allen in der Liste festgelegten Dimensionen zu erfolgen. Dabei sollen Vorstellungen darüber gewonnen werden, ob ein Problem die Merkmale erfüllt (Ja/Nein-Entscheidungen), bzw. wie gut die zu erwartende Ausprägung der einzelnen Merkmale bei einem bestimmten Lösungsvorschlag für ein Problem ist (Erfüllungsgrad des Merkmals durch die Problemlösung z. B. sehr gut, gut, befriedigend, ausreichend, etc.). Auf diese Weise entsteht dann ein relativ geschlossenes Bild von der Problemsituation bzw. der Eignung von Lösungen.

Checklisten können für einmalige Probleme ebenso eingesetzt werden wie für wiederkehrende Fragestellungen strukturähnlicher Probleme. Vor allem im Wiederholungsfall ist deren Effizienz sehr hoch, da der Aufwand zur Entwicklung oder Überprüfung einer Checkliste entfällt oder aber zumindest gering ist.

Insbesondere sind Checklisten sehr gut geeignet für eine transparente Darstellung von Gegensätzen zwischen konträren Bewertungsgesichtspunkten bzgl. der Entscheidungsalternativen. Allerdings muss darauf geachtet werden, dass in der Checkliste nur Einflussfaktoren aufgenommen werden, die bei mindestens einer der zu beurteilenden Investitionsalternativen von Bedeutung sind. Darüber hinaus sollte eine völlige Überschneidungsfreiheit der in die Checkliste aufzunehmenden Kriterien gewährleistet sein.[84]

---

[84] Vgl. *Adam, Dietrich*: Investitionscontrolling. 3. Aufl., München/Wien 2000, S. 89-93.

Eine **Nutzwertanalyse (Punktbewertungs- bzw. Scoringmodell)** basiert i.d.R. auf einer Checkliste und verdichtet die mehrdimensionale Bewertung eines Investitionsobjektes zu einer eindimensionalen Kennziffer, d.h., es handelt sich um ein formalisiertes Verfahren zur Entscheidungsfindung oder -vorbereitung, wenn es um eine Auswahl von Handlungsmöglichkeiten unter Berücksichtigung eines mehrdimensionalen Zielsystems geht. Häufig existiert eine große Anzahl von Alternativen, für die konkrete Daten für quantitative Planungsverfahren nicht oder nur mit hohen Kosten bestimmt werden können. Die Nutzwertanalyse erlaubt dann mit vergleichsweise geringem Aufwand eine erste, grobe Beurteilung von Investitionen.[85]

Im Rahmen der Vorgehensweise bei der Nutzwertanalyse werden den Investitionsvorhaben ersatzweise für den eigentlichen Beitrag zum Unternehmungsziel Punktwerte zugeordnet, die aus den Ausprägungen einer Reihe von Beurteilungskriterien abgeleitet werden. Der resultierende Punkt- oder Nutzwert drückt dann zahlenmäßig die subjektive Vorziehenswürdigkeit eines Vorhabens aus.

Die Nutzwertanalyse bringt folglich einzelne Handlungsalternativen bei den ausgewählten Kriterien in eine „Besser-Schlechter-Anordnung"; sie verdichtet die Informationen über die Merkmale in einer Checkliste zu einem dimensionslosen Wert. Erfolgbringend einsetzen lässt sich eine Nutzwertanalyse nur, wenn gewährleistet ist, dass ein hoher Unternehmungserfolg eng mit hohen Nutzwerten korreliert.

Die Ausprägungen des Vorgehensprinzips „Nutzwertanalyse" sind vielfältig. Die unterschiedlichen Varianten ergeben sich aus den unterschiedlichen Möglichkeiten, den Kriterienausprägungen Punkte zuzuweisen, Gewichte zu vergeben und die Kriterien miteinander zu verknüpfen; zusätzlich kann die Nutzwertanalyse mit Mindestbedingungen (Restriktionen) für einzelne Kriterien arbeiten, die einzuhalten sind.[86]

Das Konstruktionsprinzip der einfachsten Variante einer Nutzwertanalyse lässt sich formelmäßig folgendermaßen darstellen:

$$\boxed{N_i = \sum_j w_j \cdot P_{ij}}$$

85 Vgl. *Adam, Dietrich*: Investitionscontrolling. 3. Aufl., München/Wien 2000, S. 89.

86 Vgl. *Adam, Dietrich*: Investitionscontrolling. 3. Aufl., München/Wien 2000, S. 93-94; *Blohm, Hans/Lüder, Klaus*: Investition. 8. Aufl., München 1995, S. 176-177; *Schneeweiß, Christoph*: Kostenwirksamkeitsanalyse, Nutzwertanalyse und Multi-Attributive Nutzentheorie. In: Wirtschaftswissenschaftliches Studium 1990, S. 13-14.

wobei:

N_i: Nutzwert der Investitionsalternative i;

P_{ij}: Punktwert, den eine Alternative i beim Beurteilungskriterium j aufgrund eines Expertenurteils erreicht;

w_j: Gewicht, das dem Kriterium j beigemessen wird.

Der Nutzwert ergibt sich als Summe der gewichteten Punkte; die Grundvariante der Nutzwertanalyse arbeitet also mit einer additiven Verknüpfung der Teilnutzenwerte. Es existieren jedoch auch Verfahren mit einer multiplikativen Verknüpfung der Kriterienausprägungen. Zu bemerken ist, dass die Grundvariante bei den Kriterien nur mit einer zulässigen Ausprägung je Kriterium arbeitet. Denkbar sind darüber hinaus auch Verfahrensweisen, die für eine Strategie mehrere Ausprägungen der Kriterien zulassen und von bestimmten Wahrscheinlichkeiten für den Eintritt dieser Ausprägungen ausgehen; derartige Verfahren bestimmen dann einen Erwartungswert des Nutzens.

Im Weiteren erfolgt eine kurze Darstellung der Grundvariante der Nutzwertanalyse mit additiver Verknüpfung der Kriterien. Die Verfahrensschritte dieser Variante sind:[87]

(1) Auswahl von Zielkriterien; Aufbau eines Zielsystems;

(2) Gewichtung der Zielkriterien;

(3) Ermittlung der Zielerträge der Kriterien für jede Alternative;

(4) Abbildung der Zielerträge auf dimensionslose Zielerfüllungsskalen;

(5) Berechnung der Teilnutzenwerte;

(6) Berechnung der Nutzwerte;

(7) Ordnung der Alternativen in eine Rangfolge.

- **Auswahl von Zielkriterien; Aufbau eines Zielsystems**:

  Im ersten Schritt der Nutzwertanalyse müssen die Kriterien bestimmt werden, die zur Beurteilung der Alternativen herangezogen werden sollen. Eine richtige Bewertung der Alternativen ist nur möglich, wenn alle relevanten Kriterien berücksichtigt werden. Die Vollständigkeit der Zielkriterien und das Erkennen mehrfach berücksichtigter, gleichartiger Zielkriterien ist am leichtesten durch Ordnung aller Ziele in einem hierarchischen System

---

[87] Vgl. dazu u.a. *Blohm, Hans/Lüder, Klaus*: Investition. 8. Aufl., München 1995, S. 177-191; *Schneeweiß, Christoph*: Kostenwirksamkeitsanalyse, Nutzwertanalyse und Multi-Attributive Nutzentheorie. In: Wirtschaftswissenschaftliches Studium 1990, S. 14-15; *Zangemeister, Christof*: Nutzwertanalyse in der Systemtechnik. 4. Aufl., München 1976, S. 69-75.

zu erreichen. Dabei werden umfassende, übergeordnete Ziele zergliedert, bis ihr Erfüllungsgrad messbar oder zumindest eindeutig beurteilbar ist. Untergeordnete Ziele werden systematisch ergänzt, bis sie ihr gemeinsames Oberziel voll abdecken.

- **Gewichtung der Zielkriterien**:

  Da im Allgemeinen nicht alle Kriterien die gleiche Bedeutung für die Bewertung der Alternativen haben, müssen die Ziele entsprechend den Präferenzen der Entscheidungsträger gewichtet werden. Die Gewichtung erfolgt am besten durch schrittweises Vorgehen innerhalb der Zielhierarchie, indem jeweils die Unterziele eines gemeinsamen Oberzieles gewichtet werden. Der Vorteil der Trennung von Einstufung nach Rangzahl und Gewichtung liegt vor allem darin, dass bei den unterschiedlichen zu bewertenden Lösungen die einzelnen Eigenschaften auch ein unterschiedliches Gewicht aufweisen können. Als Beispiel seien unterschiedliche Qualitätsanforderungen genannt, die auf dem Markt zu unterschiedlichen Preisniveaus führen und z.B. Normalbedarf, gehobenen Bedarf und Luxusbedarf kennzeichnen. In diesen drei Fällen werden die Eigenschaften eines Gutes unterschiedlich bewertet, d.h., der Käufer legt auf jeweils andere Dinge sein Hauptgewicht.

- **Ermittlung der Zielerträge der Kriterien für jede Alternative**:

  Die Ermittlung der Zielerträge erfolgt in der dem Kriterium eigenen Dimension, d.h. beispielsweise in technisch-physikalischen Größen wie km, kg, m^2 etc., in Geldgrößen oder in verbalen Beschreibungen wie sehr gut, gut, befriedigend, usw.

- **Abbildung der Zielerträge auf dimensionslose Zielerfüllungsskalen**:

  Im nächsten Schritt werden die Zielerträge auf dimensionslosen Skalen abgebildet, um sie durch die Beseitigung unterschiedlicher Dimensionen aggregierbar zu machen. Dabei muss gleichzeitig angegeben werden, wann ein Kriterium optimal bzw. wann es unzureichend erfüllt ist. Üblicherweise verwendet man dazu eine 10-Punkte-Skala. Im einfachsten Fall – wie dem in **Abbildung 16** (Seite 55) zugrunde gelegten – ist der Zusammenhang zwischen Zielertrag und Zielerfüllungsgrad linear, doch kann auch jeder andere nachgewiesene oder plausible Verlauf eingesetzt werden.

- **Berechnung der Teilnutzenwerte**:

  Die Teilnutzenwerte eines jeden Kriteriums bei allen Alternativen ergeben sich durch Multiplikation von Zielerfüllungsgrad mit zugehörigem Gewicht des Kriteriums.

Zielertrag		Zielerfüllungsgrad
sehr gut	(Kriterium wird sehr gut erfüllt)	10 Punkte
...		
durchschnittlich	(Kriterium wird durchschnittlich erfüllt)	5 Punkte
...		
nicht ausreichend	(Kriterium wird nicht ausreichend erfüllt)	0 Punkte

Abbildung 16: Ermittlung des Zielerfüllungsgrades bei Punkteskala

- **Berechnung der Nutzwerte**:

  Der Nutzwert einer jeden Alternative ergibt sich durch Zusammenfassung der Teilnutzenwerte nach einer definierten Wertsyntheseregel; in der Grundvariante der Nutzwertanalyse ist dies die Addition aller Teilnutzenwerte einer Alternative.

- **Ordnung der Alternativen in eine Rangfolge**:

  Entsprechend der Höhe der Nutzwerte der Alternativen lassen sich die analysierten Alternativen in eine Rangreihe einordnen.

Das Verfahren der Nutzwertanalyse ist bei sinnvoller Anwendung durchaus zur Informationsverdichtung bei mehrdimensionalen Zielen geeignet, wenn sich der Benutzer der Anwendungsproblematik (subjektive Einflüsse bei der Wahl der Kriterien, Problem der Unabhängigkeit der Kriterien, Probleme bei der Festlegung der Gewichte und der Beschreibung der Kriterienausprägungen) bewusst ist.[88] Jedoch gibt es – wie bei jeder wissenschaftlichen Vorgehensweise – eine Reihe von Kritikpunkten, die im Wesentlichen auf die Problematik der Quantifizierung qualitativer Sachverhalte zurückzuführen sind.[89]

Da eine Nutzwertanalyse metrische und nicht-metrische Informationen verarbeitet und dabei im Falle der metrischen Informationen als Folge des formalisierten Verfahrens ein Informationsverlust eintritt, fand eine Weiterentwicklung dieses Verfahrens zu so genannten Preis-Leistungs-Modellen statt. **Preis-Leistungs-Modelle** sehen eine Beurteilung von Investitionsobjekten in zwei Phasen vor. In der ersten Phase wird der Kriterienkatalog einer Nutzwertanalyse nur für die nicht metrisch messbaren Kriterien eingesetzt, und es werden Investitionsalternativen aussortiert, die bestimmten Mindestanforderungen bei

---

88 Vgl. dazu u. a. *Brauckschulze, Ute*: Die Produktelimination. Münster 1983, S. 236.

89 Vgl. diesbezüglich z.B. *Adam, Dietrich*: Investitionscontrolling. 3. Aufl., München/Wien 2000, S. 89.

diesen Kriterien nicht genügen. Für die verbleibenden Investitionsalternativen wird dann in einer zweiten Beurteilungsphase auf der Basis der metrischen Informationen eine Investitionsrechnung durchgeführt.[90]

2.1.2.5 Das Investitionscontrolling

Der Begriff „Controlling" in seiner allgemeinen Form wird sowohl in der Literatur als auch in der Praxis mit unterschiedlichen Inhalten belegt und auch in verschiedenen Zusammenhängen benutzt.[91] Die eigentliche Schwierigkeit hinsichtlich einer übergreifenden Erfassung des Begriffs liegt wohl darin, dass Controlling i.d.R. als Zusammenfassung von Aufgaben angesehen wird, die von anderen Bereichen bzw. Funktionen nicht hinreichend erfüllt werden können. Ein prinzipieller Ansatz zur Festlegung des unklaren Begriffs kann in der Weise erfolgen, dass man **Controlling** als **zielbezogene Erfüllung von Führungsaufgaben** ansieht, die der systemgestützten Informationsbeschaffung und Informationsverarbeitung zur Planerstellung, Koordination und Kontrolle dient.[92]

Um nun die Führungsaufgaben tatsächlich ziel- und zweckorientiert erfüllen zu können, ist es notwendig, dass die Unternehmung über ein funktionierendes Planungs-, Kontroll- und Informationssystem sowie über ein geeignetes Motivations- und Personalführungssystem verfügt. Das Controlling soll die verschiedenen Bestandteile des Führungssystems auf eine gemeinsame Aufgabe hin ausrichten und die Koordination dieser Teilbereiche „zur Sicherstellung einer zielgerichteten Lenkung"[93] bewirken. Insbesondere soll es zu einer rationalen Entscheidungsfindung beitragen, die Interdependenzprobleme bei arbeitsteiligen Prozessen verkleinern und eine Anpassung der Unternehmungstrategie an Umweltveränderungen herbeiführen bzw. beschleunigen. Die Koordination des Führungsgesamtsystems als primäre Zwecksetzung des

---

90 Vgl. dazu ausführlich *Adam, Dietrich*: Investitionscontrolling. 3. Aufl., München/Wien 2000, S. 104-105.

91 Bezüglich einer ausführlichen Diskussion des Begriffs und der Inhalte des Controlling vgl. *Sierke, Bernt R. A.*: Investitions-Controlling im Controlling-System – Darstellung eines integrierten Ansatzes mit Hilfe ausgewählter linearer Dekompositionsverfahren. Korbach 1990, S. 7-70.

92 Vgl. dazu u.a. *Götze, Uwe/Bloech, Jürgen*: Investitionsrechnung. 2. Aufl., Berlin u.a. 1995, S. 33; *Küpper, Hans-Ulrich/Weber, Jürgen/Zünd, André*: Zum Verständnis und Selbstverständnis des Controlling. In: Zeitschrift für Betriebswirtschaft 1990, S. 281-293; *Reichmann, Thomas*: Controlling mit Kennzahlen – Grundlagen einer systemgestützten Controlling-Konzeption. 4. Aufl., München 1995, S. 26.

93 *Küpper, Hans-Ulrich/Weber, Jürgen/Zünd, André*: Zum Verständnis und Selbstverständnis des Controlling. In: Zeitschrift für Betriebswirtschaft 1990, S. 283.

Controlling beruht also letztendlich auf der Arbeitsteilung und den Interdependenzen zwischen den einzelnen Organisationseinheiten.[94]

Aus diesem grundlegenden Aufgabenbereich des Controlling lassen sich die **spezifischen Funktionen bzw. Teilaufgaben** ableiten:[95]

- Ausgestaltung und Überwachung des Planungs-, Kontroll- und Informationssystems sowie Koordination zwischen diesen Systembereichen,
- Koordination zwischen den o. g. Systembereichen und der Organisation bzw. Personalführung,
- Koordination zwischen Informationsbedarf, -erzeugung und -bereitstellung,
- Mitwirkung bei Planungs- und Kontrollprozessen,
- Beratung der Unternehmungsleitung.

Aufbauend auf dieser Interpretation des allgemeinen Controlling-Begriffs lässt sich **Investitionscontrolling** zunächst grundlegend interpretieren als **Maßnahme zur Erfüllung von Controlling-Zielen in den Phasen der Planung, Koordination und Kontrolle von Investitionen** (Unterstützung des gesamten Führungsprozesses im Investitionsbereich). Investitionscontrolling stellt daher einen Teilbereich eines mehrstufigen, entscheidungsebenenbezogenen Controlling-Gesamtsystems dar.[96]

Als spezielle **Aufgabenbereiche des Investitionscontrolling** lassen sich daher

- Beteiligung an der Investitionsplanung und Investitionskoordination,
- Kontrolle der Investitionsprojekte in der Realisationsphase sowie
- Investitionskontrolle nach Verwirklichung der Investition

anführen (vgl. auch **Abbildung 17**; Seite 58).[97]

---

[94] Vgl. *Adam, Dietrich*: Investitionscontrolling. 3. Aufl., München/Wien 2000, S. 16.

[95] Vgl. z.B. *Götze, Uwe/Bloech, Jürgen*: Investitionsrechnung. 2. Aufl., Berlin u.a. 1995, S. 33-37; *Reichmann, Thomas/Lange, Christoph*: Aufgaben und Instrumente des Investitions-Controlling. In: Die Betriebswirtschaft 1985, S. 454-455.

[96] Vgl. diesbezüglich *Lücke, Wolfgang* (Hrsg.): Investitionslexikon. 2. Aufl., München 1991, S. 166-167; *Reichmann, Thomas/Lange, Christoph*: Aufgaben und Instrumente des Investitions-Controlling. In: Die Betriebswirtschaft 1985, S. 454-466; *Schaefer, Sigrid*: Datenverarbeitungsunterstütztes Investitions-Controlling. München 1993, S. 7-21.

[97] Vgl. darüber hinaus *Reichmann, Thomas*: Controlling mit Kennzahlen – Grundlagen einer systemgestützten Controlling-Konzeption. 4. Aufl., München 1995, S. 217-222; *Reichmann, Thomas/Lange, Christoph*: Aufgaben und Instrumente des Investitions-Controlling. In: Die Betriebswirtschaft 1985, S. 455-458; *Schwellnuß, Axel G.*: Investitions-Controlling. München 1991, S. 8-12.

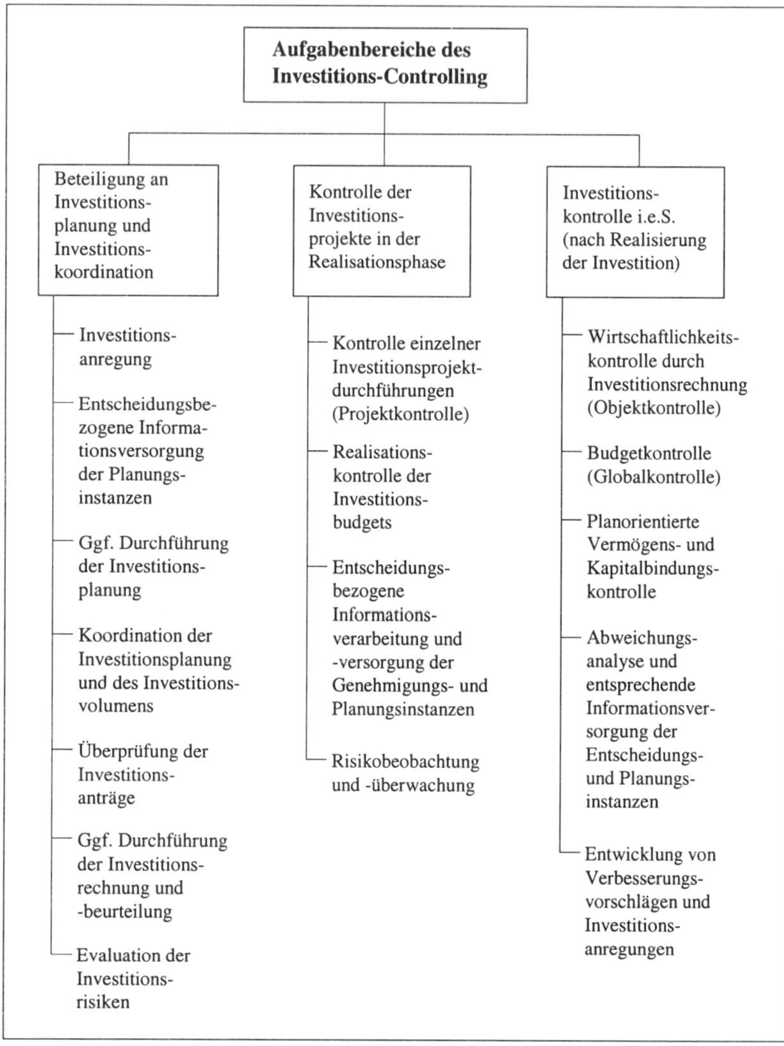

Abbildung 17: Aufgabenbereiche und Einzelaufgaben des Investitions-controlling[98]

Als Instrumentarium für einen effektiven Einsatz des Investitionscontrolling werden die im Rahmen des bereichs- und funktionsübergreifenden Gesamt-controllingkonzeptes verwendeten Verfahren zur Prognose, Entscheidung,

---

[98] Entnommen aus *Eilenberger, Guido*: Betriebliche Finanzwirtschaft. 6. Aufl., München/Wien 1997, S. 145.

Bewertung und Analyse von Sachverhalten investitionszweckspezifisch und zielorientiert herangezogen.[99]

2.1.2.6 Die Einordnung der Methoden der Investitionsrechnung

Unter dem Stichwort „Investitionsrechnung" werden alle Rechenverfahren zusammengefasst, die im Rahmen des Entscheidungsprozesses die Beurteilung isolierter Investitionsvorhaben bzw. die Vorteilhaftigkeit von mehreren Investitionsvorhaben ermöglichen. Nach dem Genauigkeitsgrad und dem Rechenaufwand unterscheidet man die folgenden drei Gruppen der Investitionsrechnungsverfahren.

Die **statischen Methoden** gehen nicht vom zahlungsorientierten Investitionsbegriff aus, d. h., sie ziehen zur Beurteilung nicht die Ein- und Auszahlungen eines Investitionsobjektes heran, sondern beurteilen die Investitionsobjekte mit Hilfe der **Erfolgsgrößen** Kosten bzw. Aufwendungen oder Erlöse bzw. Erträge, die aus dem Rechnungswesen bekannt sind. Die in diese Verfahren eingehenden Maßgrößen sind also für andere Zwecke konzipiert; dies lässt ihre Tauglichkeit für Investitionsentscheidungen fraglich erscheinen.

Diese Methoden werden als **statisch** bezeichnet, weil sie den **Zeitfaktor nicht bzw. nur unvollkommen berücksichtigen**, also i. d. R. die im Zeitablauf eintretenden Veränderungen der Ertrags-, Aufwands- und Kostengrößen ebenso unbeachtet lassen, wie den genauen Zeitpunkt ihrer Entstehung.[100] Die Zeitstruktur der in die Beurteilung einbezogenen Strömungsgrößen geht unter, da bei den statischen Verfahren nur mit **Durchschnittswerten** des gesamten Investitionszeitraums gearbeitet wird; man spricht deshalb auch von **einperiodigen Verfahren**. Vereinfachend wird vielfach sogar nur das erste Nutzungsjahr des Investitionsprojektes als repräsentativ für die gesamte Nutzungsdauer angesehen.

Die **dynamischen Methoden** berücksichtigen die durch eine Investition ausgelösten **Ein- und Auszahlungsströme**, die bis zum Ende der wirtschaftlichen Nutzungsdauer des Investitionsobjektes bzw. bis zu einem bestimmten Planungszeitpunkt erwartet werden.

---

[99] Bezüglich genauerer Erläuterungen zu den verschiedenen Instrumenten des Investitionscontrolling vgl. *Adam, Dietrich*: Investitionscontrolling. 3. Aufl., München/Wien 2000, S. 29-36; *Reichmann, Thomas/Lange, Christoph*: Aufgaben und Instrumente des Investitions-Controlling. In: Die Betriebswirtschaft 1985, S. 458-464; *Witt, Frank-Jürgen*: Investitionscontrolling. In: Handbuch Finanz- und Rechnungswesen, hrsg. von *Joachim S. Tanski*, Band 1, 2. Aufl., Landsberg a. L. 1992, S. 9-11 und S. 16-17.

[100] Vgl. *Wöhe, Günter*: Einführung in die Allgemeine Betriebswirtschaftslehre. 20. Aufl., München 2000, S. 628-634.

Die **Simultanmodelle** gehen noch einen Schritt weiter als die dynamischen Verfahren, indem sie die Interdependenzen der Investitionsplanung mit den Plänen in den anderen betrieblichen Bereichen, insbesondere der Finanzierung, der Produktion und dem Absatz, berücksichtigen. Mit Hilfe der Methoden der Unternehmensforschung, insbesondere der linearen Programmierung, wird versucht, gleichzeitig alle entscheidungsrelevanten Faktoren dieser Bereiche zu berücksichtigen und so simultan das Optimum dieser Aktionsvariablen unter Berücksichtigung verschiedener Nebenbedingungen zu ermitteln.[101]

---

[101] Vgl. *Wöhe, Günter*: Einführung in die Allgemeine Betriebswirtschaftslehre. 20. Aufl., München 2000, S. 657-658.

2.2 Die statischen Verfahren der Investitionsrechnung

2.2.1 Die Gemeinsamkeiten der statischen Verfahren

Statische Verfahren der Investitionsrechnung dienen zur Vorbereitung von Einzelentscheidungen, insbesondere der Lösung des Vorteilhaftigkeits- und Wahlproblems; es sollen keine Lösungen für Investitionsprogrammentscheidungen gefunden werden.[102]

Als Grundzielsetzung der statischen Verfahren gilt nicht Einkommens-, Vermögens- oder Wohlstandsmaximierung; angestrebt wird hier vielmehr Kostenminimierung, Gewinn- und Rentabilitätsmaximierung sowie in bestimmten Situationen auch noch eine Verringerung des Risikos (Realisation einer möglichst geringen Amortisationszeit). Es werden aus diesem Grund nicht Aus- und Einzahlungen für die Rechnung herangezogen, sondern die periodisierten Größen Kosten bzw. Aufwendungen und Erlöse bzw. Erträge.[103]

Als typische Verfahren angesehen werden in der investitionstheoretischen Literatur

- die **Kostenvergleichsrechnung**,
- die **Gewinnvergleichsrechnung**,
- die **Rentabilitätsvergleichsrechnung** und
- die **statische Amortisations(dauer)rechnung**.[104]

---

[102] Vgl. bzgl. des Verständnisses der dargelegten Begriffe **Abschnitt 2.1.2.2**.

[103] Vgl. dazu u. a. *Bieg, Hartmut*: Die Verfahren der Investitionsrechnung und ihre Verwendung in der Praxis. In: Der Steuerberater 1985, S. 20; *Bieg, Hartmut*: Aufgaben, Grundprinzipien und Bestandteile der Finanzwirtschaft. In: Der Steuerberater 1995, S. 19; *Kruschwitz, Lutz*: Investitionsrechnung. 8. Aufl., München/Wien 2000, S. 28-40; *Lücke, Wolfgang* (Hrsg.): Investitionslexikon. 2. Aufl., München 1991, S. 361; *Walz, Hartmut/Gramlich, Dieter*: Investitions- und Finanzplanung. 5. Aufl., Heidelberg 1997, S. 131.

[104] Vgl. dazu u.a. *Adam, Dietrich*: Investitionscontrolling. 3. Aufl., München/Wien 2000, S. 105-118; *Bieg, Hartmut*: Betriebswirtschaftslehre 1: Investition und Unternehmungsbewertung. 2. Aufl., Freiburg i. Br. 1997, S. 26-53; *Blohm, Hans/Lüder, Klaus*: Investition. 8. Aufl., München 1995, S. 157-175; *Büschgen, Hans E.*: Betriebliche Finanzwirtschaft – Unternehmensinvestitionen. Frankfurt a. M. 1981, S. 35-51; *Busse von Colbe, Walther/Laßmann, Gert*: Betriebswirtschaftstheorie. Band 3. 3. Aufl., Berlin 1990,

Im Wesentlichen laufen die Berechnungen hierbei auf der **Basis einer Durchschnittsperiode** ab; es handelt sich also um einperiodige Verfahren, bei denen die genannten Größen für Investitionsprojekte mit mehrjähriger Nutzungsdauer nicht für alle zukünftigen Perioden errechnet werden, sondern eine Orientierung an durchschnittlichen Erfolgsgrößen erfolgt, indem eine „Durchschnittsperiode" herangezogen wird, diese Durchschnittswerte als charakteristisch für die gesamte Investition angesehen werden und eine Entscheidungsfindung anhand dieser Durchschnittswerte erfolgt. **Zeitliche Unterschiede im Entstehen der** in die Rechnung einbezogenen **Größen finden keine Berücksichtigung**.[105]

Die Gefahr bei der Heranziehung statischer Verfahren als Entscheidungsunterstützungsmodell liegt darin, dass u. U. falsche bzw. unvollständige Alternativen formuliert und als logische Konsequenz deshalb **„unvollständige Vergleiche"** durchgeführt werden.

S. 21-28; *Däumler, Klaus-Dieter*: Grundlagen der Investitions- und Wirtschaftlichkeitsrechnung. 10. Aufl., Herne/Berlin 2000, S. 159-201 und S. 206-215; *Eilenberger, Guido*: Betriebliche Finanzwirtschaft. 6. Aufl., München/Wien 1997, S. 150-158; *Götze, Uwe/Bloech, Jürgen*: Investitionsrechnung. 2. Aufl., Berlin u.a. 1995, S. 52-69; *Heinhold, Michael*: Investitionsrechnung. 8. Aufl., München/Wien 1999, S. 45-74; *Kruschwitz, Lutz*: Investitionsrechnung. 8. Aufl., München/Wien 2000, S. 28-40; *Lücke, Wolfgang* (Hrsg.): Investitionslexikon. 2. Aufl., München 1991, S. 361; *Mellwig, Winfried*: Kompendium für das Examen zum vBP/WP, Band 2: Betriebswirtschaft. 2. Aufl., Hamburg 1994, S. 180; *Olfert, Klaus*: Investition. 7. Aufl., Ludwigshafen (Rhein) 1998, S. 137-154; *Perridon, Louis/Steiner, Manfred*: Finanzwirtschaft der Unternehmung. 10. Aufl., München 1999, S. 39-58; *Schierenbeck, Henner*: Methodik und Aussagewert statischer Investitionskalküle. In: Wirtschaftswissenschaftliches Studium 1976, S. 217-223; *Walz, Hartmut/Gramlich, Dieter*: Investitions- und Finanzplanung. 5. Aufl., Heidelberg 1997, S. 131-157.

[105] Vgl. *Bieg, Hartmut*: Betriebswirtschaftslehre 1: Investition und Unternehmungsbewertung. 2. Aufl., Freiburg i. Br. 1997, S. 26-27; *Götze, Uwe/Bloech, Jürgen*: Investitionsrechnung. 2. Aufl., Berlin u.a. 1995, S. 52; *Kruschwitz, Lutz*: Investitionsrechnung. 8. Aufl., München/Wien 2000, S. 29-30; *Perridon, Louis/Steiner, Manfred*: Finanzwirtschaft der Unternehmung. 10. Aufl., München 1999, S. 38 und S. 39; *Schierenbeck, Henner*: Methodik und Aussagewert statischer Investitionskalküle. In: Wirtschaftswissenschaftliches Studium 1976, S. 219; *Walz, Hartmut/Gramlich, Dieter*: Investitions- und Finanzplanung. 5. Aufl., Heidelberg 1997, S. 131.

2.2.2 Die Kostenvergleichsrechnung

2.2.2.1 Allgemeine Bemerkungen und Detaildarstellung

Hat der Entscheidungsträger die Wahlmöglichkeit zwischen mindestens zwei realisierbaren Alternativen, so kann eine Kostenvergleichsrechnung durch Gegenüberstellung der Kosten der einzelnen Investitionsprojekte zum Zweck der Ermittlung der kostengünstigsten Alternative durchgeführt werden. In den Kostenvergleich einzubeziehen sind alle durch das jeweilige Investitionsvorhaben verursachten zusätzlichen Kosten, die zum einen aufwandsgleich (Löhne und Gehälter einschließlich Nebenkosten, Materialkosten einschließlich Materialnebenkosten, Energiekosten, Raumkosten, Werkzeugkosten, Instandhaltungskosten) und zum anderen kalkulatorischer Art (kalkulatorische Abschreibungen, kalkulatorische Zinsen) sein können.[106]

Nicht unbedingt in die Entscheidung miteinbezogen werden müssen solche Kostenarten, die für alle Alternativen in gleicher Höhe anfallen, da sie keinen Einfluss auf das Ergebnis des Vergleichs haben. Möchte der Investor allerdings nicht nur Kenntnis über die Vorteilhaftigkeit der Projekte erlangen, sondern auch über die relative Bedeutung der Kostenunterschiede, so ist von dieser Vernachlässigung abzusehen.[107]

Nachdem eine Kostenvergleichsrechnung die positive Erfolgsgröße **Erlöse vollkommen unberücksichtigt** lässt, kann sie konsequenterweise nur folgende Investitionsentscheidungen unterstützen:

- Investitionsvorhaben, bei denen die Höhe der Erlöse unabhängig davon ist, welche der Investitionsalternativen ausgewählt wird, da infolge der Realisierung gleicher Qualität der hergestellten Produkte alle Alternativen zu gleichen Absatzmengen und Absatzpreisen führen. Derartige Vorhaben können u. a. Ersatz- bzw. Rationalisierungsinvestitionen sein, eventuell aber auch Erweiterungsinvestitionen, sofern die verschiedenen realisierbaren Investitionsalternativen Umsatzsteigerungen in gleichem Umfang zur Folge haben.

---

[106] Vgl. dazu u. a. Betriebswirtschaftlicher Ausschuß des VCI: Unternehmerische Investitionskontrolle. Herne/Berlin 1974, S. 78; *Bieg, Hartmut*: Die Verfahren der Investitionsrechnung und ihre Verwendung in der Praxis. In: Der Steuerberater 1985, S. 20; *Blohm, Hans/Lüder, Klaus*: Investition. 8. Aufl., München 1995, S. 157; *Walz, Hartmut/Gramlich, Dieter*: Investitions- und Finanzplanung. 5. Aufl., Heidelberg 1997, S. 133.

[107] Vgl. *Bieg, Hartmut*: Die Verfahren der Investitionsrechnung und ihre Verwendung in der Praxis. In: Der Steuerberater 1985, S. 20.

- Investitionsvorhaben, die aufgrund von Gesetzesbestimmungen oder von Anordnungen übergeordneter Entscheidungsorgane in jedem Fall durchgeführt werden müssen, obwohl nicht mit Erlösen zu rechnen ist oder die Erlöse nicht quantifiziert werden können.[108]

Die Ausrichtung einer Investitionsentscheidung an der Kostenvergleichsrechnung impliziert, dass sich der Investor darüber im Klaren ist, dass auch bei einer Entscheidung für die kostengünstigste Alternative wegen der Vernachlässigung der Erlöse nicht gewährleistet ist, dass diese Investition einen Beitrag zur Erwirtschaftung eines positiven Erfolgs mit sich bringt.

Zu den Kosten, die sich infolge der Realisierung eines bestimmten Investitionsprojekts neu ergeben oder die die laufenden Betriebskosten ändern, die also variabel in Bezug auf Durchführung oder Unterlassung des Investitionsvorhabens sind, zählen auch die kalkulatorischen Abschreibungen und die kalkulatorischen Zinsen, da sie hinsichtlich der Investitionsentscheidung – unabhängig von der Tatsache, dass sie nach Durchführung der Investitionsmaßnahme im Allgemeinen als fixe Kosten in Bezug auf Ausbringungsänderungen gelten – variable Kosten darstellen, also durch eine entsprechende Entscheidung verhindert werden könnten.

Die **kalkulatorischen Abschreibungen** pro Periode ergeben sich als Quotient aus Anschaffungskosten (vermindert um den erwarteten Restveräußerungserlös oder Schrottwert) und der Anzahl der Jahre der Nutzung:

$$\varnothing \text{ Abschreibung pro Periode} = \frac{\text{Anschaffungskosten } (A_0) - \text{Restverkaufserlös } (L_n)}{\text{Anzahl der Nutzungsperioden } (n)}$$

Von der Vorgehensweise her entspricht dies der in der Finanzbuchhaltung angewendeten linearen Abschreibungsmethode; dort richtet sich die Nutzungsdauer allerdings nach den handelsrechtlich bzw. steuerrechtlich (AfA-Tabellen) gebotenen bzw. zugelassenen Werten, während hier eine Rechnung im Sinne der Kostenrechnung mit der unter wirtschaftlichen Gesichtspunkten ermittelten voraussichtlichen Nutzungsdauer durchgeführt wird. Die Anwendung anderer Abschreibungsmethoden (v.a. degressive Abschreibung bzw. Abschreibung nach Leistungseinheiten) bzw. die Einbeziehung von etwaigen, in einer bestimmten Periode gewährten Sonderabschreibungen ist bei der

[108] Vgl. *Bieg, Hartmut*: Betriebswirtschaftslehre 1: Investition und Unternehmungsbewertung. 2. Aufl., Freiburg i. Br. 1997, S. 28; *Büschgen, Hans E.*: Betriebliche Finanzwirtschaft – Unternehmensinvestitionen. Frankfurt a. M. 1981, S. 36.

Kostenvergleichsrechnung, die ja Durchschnittswerte zugrunde legt, nicht möglich.

Die **kalkulatorischen Zinskosten** werden ermittelt, indem das während der Nutzungsdauer durchschnittlich gebundene Kapital mit dem zugrunde gelegten Kalkulationszinssatz multipliziert wird. Dabei liegt der Bestimmung der Höhe des durchschnittlich gebundenen Kapitals die Überlegung zugrunde, dass bei abnutzbaren Gütern die Hälfte der Anschaffungskosten des Investitionsobjekts als durchschnittlich gebunden gilt. Unterstellt wird dabei allerdings eine kontinuierliche Kapitalfreisetzung über den Absatzmarkt; eine Berücksichtigung von auftretenden Verlusten, von zeitlichen Verschiebungen im Kapitalrückfluss und von vorgezogenen Tilgungen des aufgenommenen Kapitals unterbleibt völlig. Wird am Ende der wirtschaftlichen Nutzungsdauer des Investitionsobjektes ein Liquidationserlös erzielt, so ist dieser als über die gesamte Nutzungsdauer gebunden anzusehen, was letztendlich auf die durchschnittliche Kapitalbindung in der Weise Einfluss hat, als diese nun nicht mehr $A_0 : 2$, sondern $(A_0 + L_n) : 2$ beträgt.

Die kalkulatorischen Zinskosten lassen sich danach formal berechnen als hälftige Summe aus den Anschaffungskosten und dem Restveräußerungserlös, multipliziert mit dem von der Finanzierung abhängigen Kalkulationszinssatz:

$$\varnothing \text{ Zinskosten pro Periode} = \left(\frac{\text{Anschaffungskosten } (A_0) + \text{Restverkaufserlös } (L_n)}{2}\right) \cdot \text{Zinssatz } (i)$$

Bei Fremdfinanzierung des Objektes wird eine Rechnung unter Verwendung der Zinskosten des aufgenommenen Fremdkapitals durchgeführt, bei Eigenfinanzierung zieht man die aufgrund der Investition entgangenen Zinsen (kalkulatorische Zusatzkosten) heran.[109]

Grafisch veranschaulicht wird die durchschnittliche Bindung des eingesetzten Kapitals ohne bzw. bei Erzielung eines Liquidationserlöses am Ende der wirtschaftlichen Nutzungsdauer (n) in **Abbildung 18** (Seite 66) und **Abbildung 19** (Seite 66).

[109] Vgl. dazu insbesondere *Bieg, Hartmut*: Betriebswirtschaftslehre 1: Investition und Unternehmungsbewertung. 2. Aufl., Freiburg i. Br. 1997, S. 30; *Götze, Uwe/Bloech, Jürgen*: Investitionsrechnung. 2. Aufl., Berlin u.a. 1995, S. 55-59; *Perridon, Louis/Steiner, Manfred*: Finanzwirtschaft der Unternehmung. 10. Aufl., München 1999, S. 40-42; *Walz, Hartmut/Gramlich, Dieter*: Investitions- und Finanzplanung. 5. Aufl., Heidelberg 1997, S. 133-135.

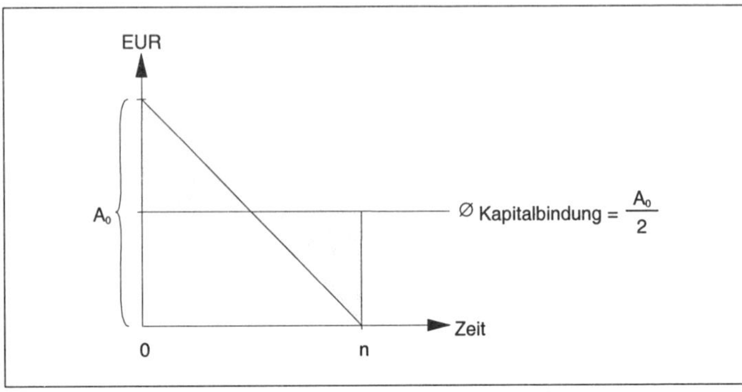

Abbildung 18: Durchschnittlich gebundenes Kapital, kein Liquidationserlös

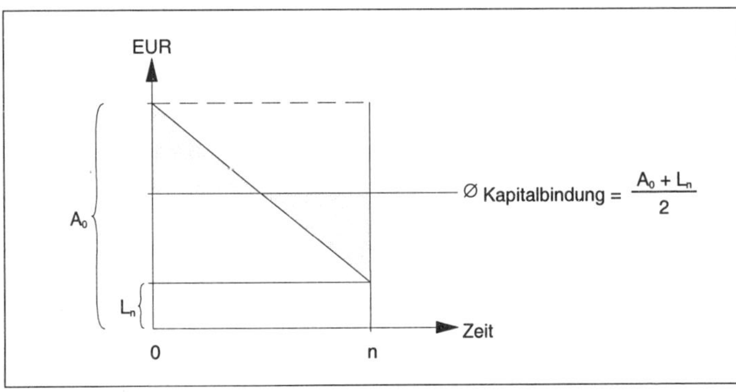

Abbildung 19: Durchschnittlich gebundenes Kapital, Liquidationserlös

Durchgeführt werden kann eine Kostenvergleichsrechnung zum einen als **Gesamtkostenvergleich** (Vergleich der für die einzelnen Investitionsprojekte ermittelten Gesamtkosten je Durchschnittsperiode) und zum anderen als **Stückkostenvergleich** (Vergleich der für die einzelnen Investitionsprojekte ermittelten vollen Stückkosten je Leistungseinheit). Verfügen die verglichenen Investitionsprojekte über die gleiche Leistungsabgabe, so führen beide Rechnungen bezüglich der Vorteilhaftigkeit der Investitionsprojekte immer zur gleichen Reihenfolge; eine unterschiedliche Reihenfolge kann sich dagegen bei Zugrundelegung verschiedener Ausbringungsmengen ergeben.[110]

Wann im Einzelfall eine Kostenvergleichsrechnung auf Gesamt- bzw. auf Stückkostenbasis durchgeführt werden kann, ist aus **Abbildung 20** (Seite 67) ersichtlich.

---

[110] Vgl. *Bieg, Hartmut*: Betriebswirtschaftslehre 1: Investition und Unternehmungsbewertung. 2. Aufl., Freiburg i. Br. 1997, S. 30.

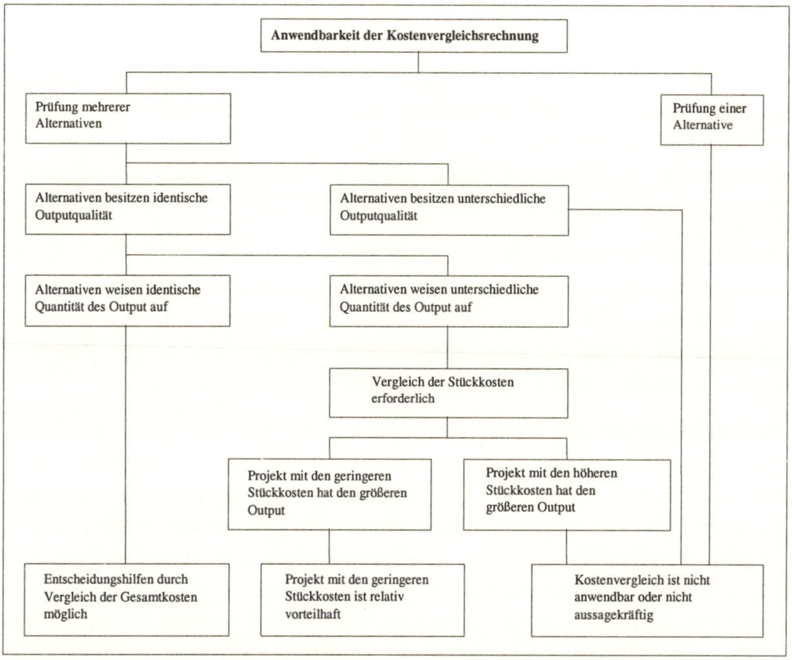

Abbildung 20: Übersicht über den Anwendungsbereich der Kostenvergleichsrechnung[111]

2.2.2.2 Kritik

Da eine marktwirtschaftlich agierende Unternehmung als Oberziel im Allgemeinen Gewinnmaximierung anstrebt, kann die Kostenvergleichsrechnung bezüglich der Beurteilung von Investitionen nur dann zu einem aussagefähigen Ergebnis führen, wenn die durch die einzelnen Investitionsobjekte erzielbaren **Erlöse bei jeder der zur Wahl stehenden Alternativen gleich hoch** sind.

Zieht man nicht die für eine Kostenvergleichsrechnung charakteristischen Durchschnittswerte (durchschnittliche Auslastung bzw. Kosten) heran, d.h., erfolgt aus Vereinfachungsgründen keine Umrechnung der voraussichtlichen Kosten während der gesamten Nutzungsdauer eines Investitionsobjekts in einen Durchschnittswert, sondern kalkuliert man mit den i.d.R. am problemlosesten und exaktesten zu schätzenden Kosten des ersten Jahres nach Durchführung der Investition, impliziert dies die Unterstellung einer Veränderung

[111] Entnommen aus *Walz, Hartmut/Gramlich, Dieter*: Investitions- und Finanzplanung. 5. Aufl., Heidelberg 1997, S. 134.

der Kosten aller miteinander verglichenen Objekte im Zeitablauf in gleicher Weise; u. U. kann diese Sichtweise bei voneinander differierenden Kostenstrukturen der Vergleichsobjekte (unterschiedliche Abschreibungs-, Zins- und Betriebskosten sowie unterschiedliche Lohnintensität) aber eklatante Fehlentscheidungen hervorrufen. Aber selbst bei exakter Berechnung der Durchschnittswerte bleiben die Veränderungen der Erfolgsgrößen im Zeitablauf gänzlich unberücksichtigt.[112]

Ein weiteres Problem der Kostenvergleichsrechnung liegt darin, dass die der Entscheidung über Investitionen zugrunde liegenden Kostengrößen keine Extremsituationen des betrieblichen Produktionsbereiches widerspiegeln; es werden keine Kapazitätsspitzen oder extrem niedrige Auslastungssituationen sowie die daraus resultierenden Kostensituationen berücksichtigt.[113]

Darüber hinaus besteht die Gefahr falscher Vorteilhaftigkeitsentscheidungen, wenn die zur Auswahl stehenden Investitionsalternativen unterschiedliche Nutzungsdauern aufweisen. Es kann nämlich u. U. der Fall eintreten, dass sich das Projekt mit der längeren Nutzungsdauer bezogen auf die „Durchschnittsperiode“ rechnerisch als kostengünstigstes herausstellt. Wählt der Investor dieses Projekt, so fallen dabei auch noch in denjenigen Perioden Kosten an, in denen ein kürzerfristiges Investitionsprojekt bereits beendet ist, also keine Kosten mehr verursacht; ebenso erfolgt bei der die Erlösseite außer Acht lassenden Kostenvergleichsrechnung beim längerfristigen Projekt eine Vernachlässigung der in diesem Zeitraum noch erzielten Erlöse.

Ein wesentlicher Kritikpunkt an der Kostenvergleichsrechnung ist auch, dass bei unterschiedlichen Anschaffungskosten der verglichenen Investitionsprojekte der **Problembereich der Finanzierung vollkommen außer Acht gelassen** wird; es wird nämlich unterstellt, dass jedes zur Entscheidung stehende Investitionsprojekt zum zugrunde liegenden Zinssatz finanziert werden kann. Dabei ergibt sich die Frage, was der Investor mit dem verfügbaren Restkapital macht, falls er sich für das Investitionsprojekt mit den niedrigsten Anschaffungskosten entscheidet.[114]

Als Vorteile der Kostenvergleichsrechnung können die relativ **einfache rechentechnische Anwendbarkeit** und die leichte Beschaffung der benötigten

---

[112] Vgl. dazu u. a. *Bieg, Hartmut*: Die Verfahren der Investitionsrechnung und ihre Verwendung in der Praxis. In: Der Steuerberater 1985, S. 21; *Blohm, Hans/Lüder, Klaus*: Investition. 8. Aufl., München 1995, S. 166.

[113] Vgl. dazu insbesondere *Bieg, Hartmut*: Betriebswirtschaftslehre 1: Investition und Unternehmungsbewertung. 2. Aufl., Freiburg i. Br. 1997, S. 38; *Götze, Uwe/Bloech, Jürgen*: Investitionsrechnung. 2. Aufl., Berlin u. a. 1995, S. 60.

[114] Vgl. dazu insbesondere *Bieg, Hartmut*: Die Verfahren der Investitionsrechnung und ihre Verwendung in der Praxis. In: Der Steuerberater 1985, S. 21-22; *Götze, Uwe/Bloech, Jürgen*: Investitionsrechnung. 2. Aufl., Berlin u. a. 1995, S. 59-60.

Informationen aus dem internen bzw. evtl. auch aus dem externen Rechnungswesen der Unternehmung gesehen werden. Aus diesem Grund kommt die Kostenvergleichsrechnung in erster Linie bei der **Beurteilung kleinerer Ersatz- und Rationalisierungsinvestitionen** sowie bei überschlägigen Überlegungen – z.B. auch bei Verhandlungen unter großem zeitlichem Entscheidungsdruck – zum Einsatz.[115]

2.2.3 Die Gewinnvergleichsrechnung

2.2.3.1 Allgemeine Bemerkungen und Detaildarstellung

Im Gegensatz zur Kostenvergleichsrechnung werden in der Gewinnvergleichsrechnung auch die Erlöse berücksichtigt, was natürlich den Anwendungsbereich dieses statischen Investitionsrechenverfahrens vergrößert. Hier ist es nun auch möglich, Erweiterungsinvestitionen hinsichtlich ihrer Vorteilhaftigkeit zu untersuchen.

Als **Beurteilungsmaßstab** dient die durch ein Investitionsprojekt **in jeder Durchschnittsperiode ausgelöste Gewinnveränderung**; maßgeblich ist also der Saldo zwischen den durch das Investitionsprojekt hervorgerufenen durchschnittlichen Kosten je Periode und den durch diese Maßnahme ausgelösten durchschnittlichen Erlösen je Periode. Durch den Vergleich mit der Nicht-Realisation eines Investitionsprojekts (Null-Alternative) kann ein relativ vorteilhaftes Investitionsprojekt unmittelbar auch auf seine absolute Vorteilhaftigkeit hin überprüft werden.

Wird eine Gewinnvergleichsrechnung zur Beurteilung mehrerer relativ vorteilhafter Investitionsalternativen herangezogen, so ist diejenige Alternative zu realisieren, die in der fiktiven Durchschnittsperiode zum größten positiven Erfolg führt. Kann durch keines der zur Auswahl stehenden Investitionsprojekte ein Gewinn realisiert werden, so erweisen sich alle betrachteten Alternativen als absolut unvorteilhaft und sollten daher nicht realisiert werden.

Analog zur Kostenvergleichsrechnung erfolgt auch in der Gewinnvergleichsrechnung eine Berücksichtigung der Kosten der Kapitalverzinsung (zu zahlende Zinsen auf das in Anspruch genommene Fremdkapital bzw. anderweitig erzielbare und somit gewünschte Mindestverzinsung des Eigenkapitals). Daher ist es bei der Gewinnvergleichsrechnung – im Gegensatz zur Kostenver-

---

[115] Vgl. *Bieg, Hartmut*: Betriebswirtschaftslehre 1: Investition und Unternehmungsbewertung. 2. Aufl., Freiburg i. Br. 1997, S. 38.

gleichsrechnung – möglich, auch einzelne Investitionsprojekte hinsichtlich ihrer monetären Vorteilhaftigkeit zu untersuchen. Der durch ein bestimmtes Investitionsobjekt erzielte zusätzliche Periodengewinn stellt dann den **Betrag** dar, **der dem Investor** nach Abdeckung aller Kosten **über die gewünschte Mindestverzinsung des Eigenkapitals hinaus zufließt**.

Da hier die einer Durchschnittsperiode zugrunde liegende Erlössituation – für die man in der betrieblichen Praxis trotz der bereits geschilderten Problematik häufig das erste Jahr der Lebensdauer eines Investitionsprojekts als repräsentativ heranzieht – berücksichtigt wird, ist ein Vorteilhaftigkeitsvergleich auch bei unterschiedlicher Leistungsabgabe der verglichenen Investitionsprojekte denkbar. In diesem Zusammenhang erfolgt auch die Lösung des Problems der Realisation unterschiedlicher Absatzpreise, die bei den verschiedenen Projekten erzielbar sind.[116]

2.2.3.2 Kritik

Ebenso wie bei der Kostenvergleichsrechnung besteht auch bei der Gewinnvergleichsrechnung die **Gefahr des Vergleichs unechter Alternativen**. Brauchbar sind Ergebnisse der Gewinnvergleichsrechnung nur dann, wenn es sich um Investitionsobjekte mit **gleicher Nutzungsdauer und gleichem Kapitaleinsatz** handelt. Da Anschluss- und Ergänzungsinvestitionen bei unterschiedlicher Nutzungsdauer bzw. bei unterschiedlichem Kapitaleinsatz nicht berücksichtigt werden, kann es zu Fehlentscheidungen bezüglich der Vorteilhaftigkeit von Investitionsprojekten kommen. Auch erfolgt keine Berücksichtigung der zeitlichen Entwicklung der Erfolgsgrößen (Kosten und Erlöse).

Die Vorteile einer Gewinnvergleichsrechnung liegen in der Einfachheit der Datenbeschaffung und der Rechnung.[117]

---

[116] Vgl. dazu u.a. *Bieg, Hartmut*: Die Verfahren der Investitionsrechnung und ihre Verwendung in der Praxis. In: Der Steuerberater 1985, S. 22-23; *Büschgen, Hans E.*: Betriebliche Finanzwirtschaft – Unternehmensinvestitionen. Frankfurt a. M. 1981, S. 40-41; *Kern, Werner*: Investitionsrechnung. Stuttgart 1974, S. 125; *Perridon, Louis/Steiner, Manfred*: Finanzwirtschaft der Unternehmung. 10. Aufl., München 1999, S. 49-51; *Walz, Hartmut/Gramlich, Dieter*: Investitions- und Finanzplanung. 5. Aufl., Heidelberg 1997, S. 138-140.

[117] Vgl. *Bieg, Hartmut*: Die Verfahren der Investitionsrechnung und ihre Verwendung in der Praxis. In: Der Steuerberater 1985, S. 23; *Büschgen, Hans E.*: Betriebliche Finanzwirtschaft – Unternehmensinvestitionen. Frankfurt a. M. 1981, S. 42.

2.2.4 Die Rentabilitätsvergleichsrechnung

2.2.4.1 Allgemeine Bemerkungen und Detaildarstellung

Zur Berechnung von Rentabilitätskennziffern für verschiedene betriebswirtschaftliche Zwecke wird der Erfolg einer betrachteten Periode ins Verhältnis zu bestimmten anderen Größen, z. B. zum eingesetzten Kapital oder zum Umsatz der Periode gesetzt. Bei der statischen Rentabilitätsvergleichsrechnung wird ausschließlich die **Kapitalrentabilität** zur Entscheidung über Investitionsprojekte benötigt; Ziel ist die Maximierung dieser Größe. Zur Ermittlung der Kapitalrentabilität muss der Gewinn eines Investitionsprojekts zum dafür erforderlichen Kapitaleinsatz ins Verhältnis gesetzt werden:

$$\text{Kapitalrentabilität} = \frac{\text{Periodengewinn}}{\text{Kapitaleinsatz}}$$

Wenngleich diese Relation zunächst eindeutig erscheint, so lässt sich doch festhalten, dass die Kapitalrentabilität sehr unterschiedliche Inhalte aufweisen kann, was konsequenterweise unterschiedliche Ergebnisse bei der Beurteilung von Investitionen hervorruft. Die Divergenz bei der Ermittlung der Höhe der Kapitalrentabilität lässt sich damit begründen, dass bezüglich der Zählergröße (Periodengewinn) und/oder Nennergröße (Kapitaleinsatz) unterschiedliche begriffliche Vorstellungen vorhanden sind.

Auch bei der Differenzierung in Eigen- und in Gesamtkapitalrentabilität ist diese Problematik weiterhin gegeben:

$$\text{Eigenkapitalrentabilität} = \frac{\text{Periodengewinn}}{\text{Eigenkapital}}$$

$$\text{Gesamtkapitalrentabilität} = \frac{\text{Periodengewinn} + \text{Fremdkapitalzinsen}}{\text{Eigenkapital} + \text{Fremdkapital}}$$

Zweck der Rentabilitätsvergleichsrechnung ist die Ermittlung der monetären Vorteilhaftigkeit von Investitionsprojekten. Im Gegensatz zu Kosten- und Gewinnvergleichsrechnungen kann bei einer Rentabilitätsvergleichsrechnung auch die **unterschiedliche Kapitalbindung der einzelnen Projekte berücksichtigt** werden; aus diesem Grund können sich im Verhältnis zur Gewinnvergleichsrechnung bei unterschiedlichem Kapitaleinsatz andere Vorteilhaftigkeiten ergeben.

Zur Ermittlung des Kapitaleinsatzes sind dem Investitionsprojekt diejenigen Eigen- und Fremdkapitalbeträge zuzurechnen, die bei der Anschaffung des

Investitionsobjekts zusätzlich gebunden bzw. aufgenommen werden. Da bei der Rentabilitätsvergleichsrechnung ebenfalls eine fiktive Durchschnittsperiode als Grundlage für die Entscheidung bezüglich Investitionen dient, basiert die Berechnung letztendlich auch wieder auf Durchschnittsgrößen, d.h., es ist die **durchschnittliche zusätzliche Kapitalbindung** heranzuziehen.

Bei Erweiterungsinvestitionen ergibt sich der zusätzliche Periodengewinn aus der Differenz zwischen zusätzlichen Erlösen und zusätzlichen Kosten, bei Rationalisierungsinvestitionen ist der Erfolg dagegen in der Kostenersparnis gegenüber der bisherigen Situation zu sehen. Auch bei der Höhe des Gewinns handelt es sich um eine Durchschnittsgröße, unabhängig davon, ob die Berechnung über die gesamte Dauer der Investition erfolgt oder ob der Gewinn des ersten Jahres geschätzt und als Durchschnittsgewinn verwendet wird.[118]

2.2.4.2 Die Relevanz der kalkulatorischen Zinsen

Da es keine eindeutig zu präferierenden Basisgrößen für die Ermittlung von Rentabilitätskennzahlen gibt, muss sich ein Investor über die jeweilige Bedeutung der berechneten Kennzahl in Abhängigkeit von den zugrunde liegenden Größen im Klaren sein.

Zieht man den als Ergebnis der Gewinnvergleichsrechnung resultierenden **kalkulatorischen Gewinn** als eine der relevanten Größen **zur Ermittlung der Rentabilität** heran, so drückt dieser Gewinn aus, dass die Periodenerlöse neben allen anderen Kosten auch die bei Fremdfinanzierung anfallenden Zinsen für das aufgenommene Fremdkapital und/oder die bei Eigenfinanzierung aufgrund der Investitionsentscheidung entgangenen Erträge (kalkulatorische Zusatzkosten) übersteigen.

Wird der per Gewinnvergleichsrechnung ermittelte kalkulatorische Gewinn ins Verhältnis zum zusätzlichen durchschnittlichen gebundenen Kapital in Beziehung gesetzt, so gibt die errechnete Rentabilitätskennziffer an, „welche Rendite das durchschnittlich gebundene Gesamtkapital über die Verzinsung

---

[118] Vgl. *Bieg, Hartmut*: Betriebswirtschaftslehre 1: Investition und Unternehmungsbewertung. 2. Aufl., Freiburg i. Br. 1997, S. 41-42; *Blohm, Hans/Lüder, Klaus*: Investition. 8. Aufl., München 1995, S. 166-172; *Büschgen, Hans E.*: Betriebliche Finanzwirtschaft – Unternehmensinvestitionen. Frankfurt a. M. 1981, S. 42-43; *Götze, Uwe/Bloech, Jürgen*: Investitionsrechnung. 2. Aufl., Berlin u. a. 1995, S. 63-66; *Kruschwitz, Lutz*: Investitionsrechnung. 8. Aufl., München/Wien 2000, S. 33-34; *Walz, Hartmut/Gramlich, Dieter*: Investitions- und Finanzplanung. 5. Aufl., Heidelberg 1997, S. 140-141.

des Fremdkapitals und die kalkulatorische Verzinsung des Eigenkapitals hinaus erzielt".[119]

Sofern die auf diese Weise errechnete Rentabilität eines Investitionsprojekts größer als null ist, handelt es sich um ein vorteilhaftes Projekt. Stehen mehrere vorteilhafte Projekte zur Wahl, so erfolgt unter Zugrundelegung ausschließlich monetärer Gesichtspunkte aufgrund der Rentabilitätsvergleichsrechnung im Allgemeinen eine Entscheidung zugunsten des Projekts mit der höchsten Rendite.

Möchte der Investor eine Investitionsentscheidung nicht auf der Basis der über den kalkulatorischen Zins hinausgehenden Verzinsung treffen, sondern aufgrund der tatsächlichen Durchschnittsverzinsung im Sinne der Eigenkapital- oder der Gesamtkapitalrentabilität, so hat eine entsprechende Modifikation des im Rahmen der Gewinnvergleichsrechnung ermittelten kalkulatorischen Gewinns zu erfolgen.

Zur **Berechnung der Eigenkapitalrentabilität** müssen zu dem aus der Gewinnvergleichsrechnung resultierenden kalkulatorischen Gewinn wieder die dort als Negativkomponente berücksichtigten kalkulatorischen Eigenkapitalzinsen hinzugerechnet werden; der als Zählergröße bei der Berechnung der Eigenkapitalrentabilität verwendete Gewinn darf also nicht um die kalkulatorischen Eigenkapitalzinsen vermindert werden.

Diese so ermittelte Rentabilitätsziffer drückt aus, welche Rendite auf das eingesetzte Eigenkapital durch eine bestimmte Investition erwirtschaftet wird. Besteht eine Wahlmöglichkeit zwischen mehreren Projekten mit positiver Eigenkapitalrentabilität, so erscheint unter monetären Gesichtspunkten im ersten Augenblick das Projekt mit der höchsten Eigenkapitalrentabilität, also das relativ vorteilhafteste, am günstigsten.

Ob es sich allerdings auch als absolut vorteilhaft erweist, kann ohne **Heranziehung einer Vergleichsalternative** nicht beurteilt werden. Deshalb wird als relevante Vergleichsgröße im Allgemeinen die gewünschte Mindestverzinsung des Eigenkapitals verwendet. Der Investor wird nämlich nur dann überhaupt zur Durchführung eines bestimmten Investitionsprojekts bereit sein, wenn das relativ vorteilhafteste Projekt, d.h. das Projekt mit der höchsten Eigenkapitalrentabilität, keine niedrigere Eigenkapitalrentabilität als die gewünschte Mindestverzinsung aufweist. Auch ein einzelnes zur Disposition stehendes Projekt wird nur dann verwirklicht werden, wenn es diese Bedingung erfüllt.

---

119 *Walz, Hartmut/Gramlich, Dieter*: Investitions- und Finanzplanung. 5. Aufl., Heidelberg 1997, S. 141.

Im Gegensatz zur Eigenkapitalrentabilität soll bei der **Gesamtkapitalrentabilität** die vom Investor gewählte Finanzierungssituation nicht entscheidungsbeeinflussend sein. Wird als maßgebliche Basisgröße zur Berechnung der per Gewinnvergleichsrechnung ermittelte kalkulatorische Gewinn gewählt, so ist dieser zum Zweck der Ermittlung der Gesamtkapitalrentabilität wieder um die kalkulatorischen Eigenkapitalzinsen und auch um die Fremdkapitalzinsen zu erhöhen, d.h. also, dass bei der Berechnung der als Zähler in der Gesamtkapitalrentabilität berücksichtigten Gewinnziffer weder kalkulatorische Eigenkapitalzinsen noch Fremdkapitalzinsen abgezogen werden.

Auch in diesem Fall ist bei der Entscheidungsmöglichkeit zwischen mehreren Investitionsprojekten das relativ vorteilhafteste daraufhin zu überprüfen, ob es die Kapitalkosten deckt, ob es also die vom Verschuldungsgrad (Verhältnis Fremdkapital zu Eigenkapital), von den Fremdkapitalzinsen und von der gewünschten Mindestverzinsung des Eigenkapitals abhängige Mindesthöhe erreicht. Diese Aussage gilt gleichermaßen auch für Überlegungen, die sich nur auf ein einzelnes Investitionsprojekt beziehen.[120]

2.2.4.3 Kritik

Das der Rentabilitätsvergleichsrechnung zugrunde liegende Vorteilhaftigkeitskriterium stellt auf die Analyse der monetären, in Rentabilitätsgrößen gemessenen Vorteilhaftigkeit eines einzelnen Investitionsprojekts ab. Es stellt sich aber die Frage, ob es auch ohne Schwierigkeiten bei der Auswahl eines Investitionsprojekts aus einer Anzahl sich gegenseitig ausschließender Investitionsprojekte angewendet werden kann, indem das Investitionsprojekt als realisierungswürdig eingestuft wird, das die höchste Rentabilität erzielt, die zudem den Mindestanforderungen des Investors entspricht. Auch hier ist festzustellen, dass durch die Vernachlässigung etwaiger Anschluss- bzw. Ergänzungsinvestitionen die Gefahr des Vergleichs unvollständiger Alternativen gegeben ist. Problemlos angewendet werden kann die Rentabilitätsvergleichsrechnung also nur, wenn die zur Auswahl stehenden Investitionsalternativen identische Nutzungsdauern und identische Kapitalbindungen aufweisen. Allerdings liefert die Rentabilitätsvergleichsrechnung bei Vorhandensein einer

---

[120] Vgl. zu diesen Ausführungen v.a. *Bieg, Hartmut*: Die Verfahren der Investitionsrechnung und ihre Verwendung in der Praxis. In: Der Steuerberater 1985, S. 24-25; *Däumler, Klaus-Dieter*: Grundlagen der Investitions- und Wirtschaftlichkeitsrechnung. 10. Aufl., Herne/Berlin 2000, S. 207-208; *Walz, Hartmut/Gramlich, Dieter*: Investitions- und Finanzplanung. 5. Aufl., Heidelberg 1997, S. 142-144.

derartigen Situation auch keine anderen Ergebnisse bezüglich der Vorzugswürdigkeit eines Investitionsprojekts als die Gewinnvergleichsrechnung.[121]

2.2.5 Die statische Amortisationsrechnung

2.2.5.1 Allgemeine Bemerkungen und Detaildarstellung

Im Gegensatz zu den bisher dargestellten statischen Verfahren der Investitionsrechnung wird die Vorteilhaftigkeit einer Investition bei der statischen Amortisations(dauer)rechnung nicht anhand von erfolgsrechnerischen Größen (Kosten, Gewinn, Rentabilität) beurteilt, sondern es erfolgt hier die **Beurteilung anhand einer Zeitgröße**. Diese stellt diejenige Zeitdauer dar, innerhalb der die Anschaffungskosten einer Investition durch die aus dem Investitionsprojekt resultierenden Einzahlungsüberschüsse wieder zurückerwirtschaftet werden, in der sich der Kapitaleinsatz also amortisiert. Die Zeitspanne wird als **Amortisationsdauer** (bzw. Kapitalrückfluss- oder Kapitalwiedergewinnungszeit, Pay-off-, Pay-back- oder Pay-out-Periode) bezeichnet. Für die rechentechnische Vorgehensweise wird unterstellt, dass zunächst alle Einzahlungsüberschüsse zur Amortisation des Kapitaleinsatzes verwendet werden; es erfolgt keine Berücksichtigung der nach dem Ende der Amortisationsdauer noch erwirtschafteten Einzahlungsüberschüsse.

Obwohl anhand der statischen Amortisationsrechnung die Zeitspanne für die Rückgewinnung des ursprünglichen Kapitaleinsatzes ermittelt werden soll, deren Realisation bei durchgeführten **Erweiterungsinvestitionen** durch den Überschuss der durch das Investitionsprojekt erwirtschafteten Einzahlungen über die durch das Projekt ausgelösten Auszahlungen erfolgt, wird es in der betrieblichen Praxis z.T. vorgezogen, statt Ein- und Auszahlungen die erfolgsrechnerischen Größen Erlöse und Kosten heranzuziehen; es wird also mit dem durch das Investitionsprojekt ausgelösten kalkulatorischen Periodengewinn (vgl. dazu **Abschnitt 2.2.3**) gerechnet, der allerdings um die nicht zahlungswirksamen kalkulatorischen Abschreibungen und kalkulatorischen Eigenkapitalzinsen erhöht werden muss.

Die Erhöhung um die Abschreibungen ist erforderlich, da die Kapitalrückflüsse (Cashflows) und nicht die Gewinne zur Ermittlung der Amortisationsdauer maßgebend sind.

---

[121] Vgl. *Bieg, Hartmut*: Die Verfahren der Investitionsrechnung und ihre Verwendung in der Praxis. In: Der Steuerberater 1985, S. 25-26; *Kruschwitz, Lutz*: Investitionsrechnung. 8. Aufl., München/Wien 2000, S. 34.

Die Erhöhung um die kalkulatorischen Eigenkapitalzinsen muss deshalb erfolgen, weil bei der Amortisationsrechnung die vom Investor gewünschte Verzinsung des Eigenkapitals unberücksichtigt bleibt. Möchte man eine an der gewünschten Eigenkapitalverzinsung orientierte Amortisationsdauer berechnen, so dürfen die kalkulatorischen Eigenkapitalzinsen dem kalkulatorischen Gewinn nicht hinzugefügt werden.

Würde bei der Berechnung der statischen Amortisationsdauer der Periodengewinn auch um die Fremdkapitalzinsen erhöht werden, so hätte man missachtet, dass diese zu Auszahlungen führen. Eine Berücksichtigung von Liquidationserlösen ist prinzipiell ebenfalls notwendig, wenngleich sie in der überwiegenden Mehrzahl der Fälle (i. d. R. ist die Lebensdauer der Investition größer als die Amortisationsdauer) ohne Einfluss auf die Amortisationsdauer sind.

Sofern eine Investition zum Zweck der **Rationalisierung** durchgeführt werden soll, sind – da hier von unveränderten Einzahlungen ausgegangen wird – nur die jährlichen Kostenersparnisse und die jährlichen Abschreibungen für die Ersatzanlage zu berücksichtigen, während die Abschreibung des Restwertes der ersetzten Anlage keine Entscheidungsrelevanz besitzt.[122]

Es lassen sich **zwei Verfahren der statischen Amortisationsrechnung** unterscheiden:[123]

- **Durchschnittsmethode**:

  Dem zu erwartenden kalkulatorischen Durchschnittsgewinn des Durchschnittsjahres werden die durchschnittlichen Jahresabschreibungen und die durchschnittlichen jährlichen Eigenkapitalzinsen zugeschlagen. Als resultierendes Ergebnis erhält man einen für alle Jahre in gleicher Höhe unter-

---

[122] Vgl. dazu u. a. *Bieg, Hartmut*: Die Verfahren der Investitionsrechnung und ihre Verwendung in der Praxis. In: Der Steuerberater 1985, S. 26-27; *Blohm, Hans/Lüder, Klaus*: Investition. 8. Aufl., München 1995, S. 172-177; *Büschgen, Hans E.*: Betriebliche Finanzwirtschaft – Unternehmensinvestitionen. Frankfurt a. M. 1981, S. 47-48; *Eisele, Wolfgang*: Die Amortisationsdauer als Entscheidungskriterium für Investitionsmaßnahmen. In: Wirtschaftswissenschaftliches Studium 1985, S. 375-376; *Götze, Uwe/Bloech, Jürgen*: Investitionsrechnung. 2. Aufl., Berlin u. a. 1995, S. 66; *Kruschwitz, Lutz*: Investitionsrechnung. 8. Aufl., München/Wien 2000, S. 35-36; *Rolfes, Bernd*: Statische Verfahren der Wirtschaftlichkeitsrechnung. In: Das Wirtschaftsstudium 1986, S. 416; *Walz, Hartmut/Gramlich, Dieter*: Investitions- und Finanzplanung. 5. Aufl., Heidelberg 1997, S. 147.

[123] Vgl. *Bieg, Hartmut*: Betriebswirtschaftslehre 1: Investition und Unternehmungsbewertung. 2. Aufl., Freiburg i. Br. 1997, S. 48; *Büschgen, Hans E.*: Betriebliche Finanzwirtschaft – Unternehmensinvestitionen. Frankfurt a. M. 1981, S. 48-49; *Däumler, Klaus-Dieter*: Grundlagen der Investitions- und Wirtschaftlichkeitsrechnung. 10. Aufl., Herne/Berlin 2000, S. 190-195; *Kruschwitz, Lutz*: Investitionsrechnung. 8. Aufl., München/Wien 2000, S. 35-37.

stellten jährlichen Kapitalrückfluss. Darauf basierend ergibt sich dann folgende Amortisationsdauer:

$$\text{Amortisationszeit (Jahre) } t_{AM} = \frac{\text{Anschaffungskosten [EUR]}}{\varnothing \text{ Kapitalrückfluss [EUR/Jahr]}}$$

- **Kumulationsmethode**:

  Hierbei handelt es sich um ein mehrperiodiges Verfahren, das die unterschiedlich hohen Kapitalrückflüsse der einzelnen Jahre berücksichtigt und nicht mit Durchschnittswerten bezüglich Erlösen und Kosten rechnet. Es findet eine sukzessive Ermittlung der Amortisationsdauer statt, indem die in den einzelnen Jahren erwirtschafteten Rückflüsse so lange kumuliert werden, bis die Höhe der Anschaffungsauszahlungen erreicht ist. Eine formelmäßige Bestimmung der Amortisationsdauer ist bei der Kumulationsmethode nicht möglich.

Je nach Art des zugrunde liegenden Investitionsentscheidungsproblems (Vorteilhaftigkeitsproblem, Wahlproblem)[124] ergibt sich ein anderes Entscheidungskriterium für die Vorteilhaftigkeit bestimmter nach der statischen Amortisationsrechnung beurteilter Investitionsprojekte.

Soll ein einzelnes Investitionsobjekt mittels der statischen Amortisationsrechnung auf seine **Vorteilhaftigkeit** hin untersucht werden, so wird als Beurteilungsmaßstab für die berechnete Amortisationsdauer des Projekts eine vom Investor maximal als akzeptabel angesehene – und damit von seiner Risikobereitschaft abhängige – Amortisationsdauer verwendet. Das Entscheidungskriterium kann in diesem Fall folgendermaßen formuliert werden: **Eine Investition ist als vorteilhaft anzusehen, wenn ihre Amortisationsdauer die vorgegebene Höchstamortisationsdauer nicht überschreitet**. Zu beachten gilt jedoch, dass die vorgegebene **Höchstamortisationsdauer die erwartete Nutzungsdauer nicht überschreiten darf**, da sonst eine Amortisation des Projekts überhaupt nicht möglich wäre.

Steht der Investor dagegen vor einem **Wahlproblem**, d.h., hat er zwischen mehreren sich gegenseitig ausschließenden Investitionsprojekten zu entscheiden, so lautet das Entscheidungskriterium: **Auszuwählen ist diejenige Investition, die die relativ kürzeste Amortisationsdauer aufweist**; diese darf außerdem nicht über der vorgegebenen Höchstamortisationsdauer liegen. Allerdings darf auch in diesem Fall die Amortisationsdauer des vorteilhaftesten Projekts nicht höher sein als seine voraussichtliche Nutzungsdauer.[125]

---

[124] Vgl. bzgl. der beiden Begriffe **Abschnitt 2.1.2.2.**

[125] Vgl. *Bieg, Hartmut*: Die Verfahren der Investitionsrechnung und ihre Verwendung in der Praxis. In: Der Steuerberater 1985, S. 27-28.

2.2.5.2 Kritik

Obwohl die Ermittlung von Amortisationsdauern anstehender Projekte als entscheidungsrelevantes Risikokriterium in der betrieblichen Praxis sehr beliebt ist, sei an dieser Stelle auf die zahlreichen Probleme einer statischen Amortisationsrechnung hingewiesen.

Zunächst muss unbedingt berücksichtigt werden, dass sich Amortisationsdauern zutreffend nur auf der Basis zukünftiger Ein- und Auszahlungen ermitteln lassen. Erfolgt eine Berechnung aber unter Heranziehung der um bestimmte kalkulatorische Komponenten (Abschreibungen und Eigenkapitalzinsen) korrigierten kalkulatorischen Gewinne, so wird das zeitliche Auseinanderfallen von Auszahlungen und Kosten bzw. Einzahlungen und Erträgen vernachlässigt.

Einer der Hauptkritikpunkte an der statischen Amortisationsrechnung ist, dass die für eine Entscheidung über ein Investitionsprojekt vorgegebene **Höchstamortisationsdauer willkürlich** festgelegt wird. Ein Investor, der seine Entscheidungen über mögliche Investitionen an statischen Amortisationsdauern orientiert, berücksichtigt **ausschließlich Risikogesichtspunkte**. Der Vorzug wird also solchen Investitionsprojekten gegeben, die sich in kürzerer Zeit amortisieren. Eine derartige Entscheidung kann aber in eklatanter Weise gegen die monetären Zielsetzungen des Investors (Einkommens-, Vermögens- oder Wohlstandsstreben) verstoßen.

In der überwiegenden Mehrzahl der Fälle stellt aber das Streben nach Sicherheit für einen Investor nicht die Maxime seiner Zielpräferenzstruktur dar. Aus diesem Grund sollte das per statischer Amortisationsrechnung errechnete Risikokriterium „Amortisationsdauer“ nie vorrangig zur Entscheidung über Investitionen herangezogen werden.[126]

Als weiterer Kritikpunkt lässt sich anführen, dass als Konsequenz der ausschließlichen Orientierung an Risikogesichtspunkten alle Einzahlungsüberschüsse nach der Amortisation eines Investitionsobjekts (einschließlich der Liquidationserlöse) vernachlässigt werden. Dies lässt Investitionsobjekte, die eine längere Laufzeit aufweisen und erst nach einer gewissen Zeit hohe Einzahlungsüberschüsse – mit oftmals steigender Tendenz – erwirtschaften, unvorteilhafter erscheinen als solche Projekte, die vergleichsweise kurze Laufzeiten haben und zu Beginn sofort relativ hohe, im Zeitablauf allerdings oft-

[126] Vgl. *Bieg, Hartmut*: Betriebswirtschaftslehre 1: Investition und Unternehmungsbewertung. 2. Aufl., Freiburg i. Br. 1997, S. 51-52; *Däumler, Klaus-Dieter*: Grundlagen der Investitions- und Wirtschaftlichkeitsrechnung. 10. Aufl., Herne/Berlin 2000, S. 199; *Kruschwitz, Lutz*: Investitionsrechnung. 8. Aufl., München/Wien 2000, S. 38.

mals stark sinkende Einzahlungsüberschüsse abwerfen.[127] Dieses Problem gilt gleichermaßen für Entscheidungen über einzelne Investitionsprojekte und für Wahlentscheidungen.

Es lässt sich bei Anwendung der statischen Amortisationsrechnung als entscheidungsrelevantes Verfahren der Investitionsrechnung auch kein Zusammenhang erkennen zwischen der Amortisationsdauer und den risikobestimmenden Faktoren (Grad der Ungewissheit bezüglich der zu treffenden Entscheidung, Eintrittswahrscheinlichkeit der prognostizierten Gewinne, Ausmaß des möglichen Schadens bei Eintritt ungünstiger Entwicklungen); daher ist die Amortisationsdauer also auch kein geeigneter Beurteilungsmaßstab für das mit einer Investition verbundene Risiko.[128]

Aus diesem Grund wird von *Hax* vorgeschlagen, die **Amortisationsdauer nicht als Kriterium für die Entscheidung** über Annahme oder Ablehnung von Investitionsobjekten heranzuziehen, sondern als organisatorische Regelung zur Kompetenzabgrenzung. „Wenn man überhaupt bei betrieblichen Investitionsentscheidungen mit einer maximal zulässigen Amortisationsdauer arbeitet, dann sollte dies nur in der Weise geschehen, daß die Entscheidung über Projekte, deren Amortisationsdauer das Maximum überschreitet, höheren Instanzen der betrieblichen Hierarchie vorbehalten wird".[129]

2.2.6 Beispiel zur praktischen Anwendung der statischen Verfahren der Investitionsrechnung[130]

Die Riesling GmbH benötigt für das kommende Jahr eine neue Abfüllanlage für ihren Prädikatswein. Es stehen ihr dazu die folgenden Investitionsalternativen zur Verfügung:

---

[127] Vgl. dazu u.a. *Bieg, Hartmut*: Die Verfahren der Investitionsrechnung und ihre Verwendung in der Praxis. In: Der Steuerberater 1985, S. 28; *Hax, Herbert*: Investitionstheorie. 5. Aufl., Würzburg/Wien 1993, S. 44.

[128] Vgl. *Bieg, Hartmut*: Betriebswirtschaftslehre 1: Investition und Unternehmungsbewertung. 2. Aufl., Freiburg i. Br. 1997, S. 52.

[129] *Hax, Herbert*: Investitionstheorie. 5. Aufl., Würzburg/Wien 1993, S. 38.

[130] Entnommen aus *Kußmaul, Heinz*: Statische Verfahren der Investitionsrechnung. In: Der Steuerberater 1995, S. 261-263.

	Anlage I	Anlage II
Anschaffungskosten (EUR)	66.000	75.000
Nutzungsdauer (Jahre)	6	6
Kapazität (Flaschen/Jahr)	9.500	10.000
Sonstige fixe Kosten (EUR/Jahr)	9.250	8.225
Materialkosten (EUR/Flasche)	0,72	0,72
Löhne und Lohnnebenkosten (EUR/Jahr)	11.610	12.000
Energiekosten (EUR/Flasche)	0,10	0,12
Sonstige variable Kosten (EUR/Jahr)	10.000	10.875

Aufgrund der wirtschaftlich angespannten Lage ist von einem Kalkulationszinssatz von 5 % auszugehen.

(1) Ermitteln Sie nach der Kostenvergleichsrechnung die kostengünstigere Investitionsalternative!

(2) Die Riesling GmbH kann am Markt einen Preis von 5,70 EUR je Flasche Wein erzielen. Für welche Anlage würde sich die Unternehmung entscheiden, wenn sie eine Gewinnvergleichsrechnung bei ihrer Entscheidung zugrunde legt und außerdem davon ausgegangen werden kann, dass alle jährlich abgefüllten Weinflaschen am Markt abgesetzt werden könnten?

(3) Welche Anlage ist nach der Rentabilitätsvergleichsrechnung – unter den gleichen Prämissen wie bei (2) – vorteilhafter?

(4) Berechnen Sie die statische Amortisationsdauer der beiden Anlagen nach der Durchschnittsmethode!

Lösung:

(1) Bei der Kostenvergleichsrechnung werden periodisierte Größen und Durchschnittswerte herangezogen. Wie bei allen statischen Verfahren der Investitionsrechnung wird das zeitliche Auseinanderfallen der Zahlungsgrößen nicht berücksichtigt.

Da die beiden Anlagen unterschiedliche Kapazitäten pro Jahr aufweisen, kann der Vergleich nicht auf Gesamtkostenbasis durchgeführt werden, sondern es sind die Stückkosten (Kosten je Flasche Wein) als entscheidungsrelevante Größe zur Ermittlung der kostengünstigeren Alternative maßgeblich.

	Anlage I	Anlage II
Anschaffungskosten (EUR)	66.000	75.000
Nutzungsdauer (Jahre)	6	6
Liquidationserlös am Ende der Lebensdauer (EUR)	–	–
Kapazität (Flaschen/Jahr)	9.500	10.000
Abschreibungen (EUR/Jahr)	$\frac{66.000}{6} = 11.000$	$\frac{75.000}{6} = 12.500$
Zinsen (5 % auf 1/2 Anschaffungswert) (EUR/Jahr)	1.650	1.875
Sonstige fixe Kosten (EUR/Jahr)	9.250	8.225
Gesamte fixe Kosten (EUR/Jahr)	21.900	22.600
Gesamte fixe Kosten (EUR/Flasche)	2,3053	2,26
Materialkosten (EUR/Flasche)	0,72	0,72
Löhne und Lohnnebenkosten (EUR/Jahr)	11.610	12.000
Löhne und Lohnnebenkosten (EUR/Flasche)	$\frac{11.610}{9.500} = 1{,}2221$	$\frac{12.000}{10.000} = 1{,}20$
Energiekosten (EUR/Flasche)	0,10	0,12
Sonstige variable Kosten (EUR/Jahr)	10.000	10.875
Sonstige variable Kosten (EUR/Flasche)	$\frac{10.000}{9.500} = 1{,}0526$	$\frac{10.875}{10.000} = 1{,}0875$
Gesamte variable Kosten (EUR/Flasche)	3,0947	3,1275
Gesamte Kosten (EUR/Flasche)	**5,40**	**5,3875**

Die Anlage I weist die höheren Kosten mit 5,40 EUR pro Flasche auf. Deshalb würde die kostengünstigere Anlage II bevorzugt von der Riesling GmbH ausgewählt werden. Eine absolute Vorteilhaftigkeit der Anlagen für die Unternehmung lässt sich aus der statischen Kostenvergleichsrechnung allerdings nicht ablesen.

(2) Die Gewinnvergleichsrechnung stellt eine Erweiterung der Kostenvergleichsrechnung durch Einbeziehung der Erlöse dar. Für den durchschnittlichen Periodengewinn gilt allgemein:

∅ Periodengewinn = ∅ Periodenerlöse – ∅ Kosten der Periode

Für die beiden Anlagen bedeutet dies bei einem Absatzpreis von 5,70 EUR/Flasche, dass folgende durchschnittliche Periodengewinne erzielt werden könnten:

$$G_I = (5{,}70 - 5{,}40) = 0{,}30 \text{ EUR / Flasche}$$

$$G_I = (5{,}70 - 5{,}40) \cdot 9.500 = 2.850 \text{ EUR / Jahr}$$

$$G_{II} = (5{,}70 - 5{,}3875) = 0{,}3125 \text{ EUR / Flasche}$$

$$G_{II} = (5{,}70 - 5{,}3875) \cdot 10.000 = 3.125 \text{ EUR / Jahr}$$

Anlage II ist nach der Gewinnvergleichsrechnung vorteilhafter, denn die Riesling GmbH erzielt einen Gewinn von 3.125 EUR gegenüber nur 2.850 EUR bei einer Investition in Anlage I.

(3) Zu dem Ergebnis der Gewinnvergleichsrechnung müssen die Zinsen hinzugerechnet werden, da sie vorher – sowohl im Falle der vollständigen Finanzierung über Eigenkapital als auch bei Fremdkapitalfinanzierung – ergebniswirksam abgezogen wurden, also den durchschnittlichen Periodengewinn geschmälert haben. Allgemein gilt:

$$\text{Kapitalrentabilität} = \frac{\text{Periodengewinn}}{\text{Kapitaleinsatz}}$$

$$\text{Gewinn}_I = 2.850 + 1.650 = 4.500 \text{ EUR}$$

$$\text{Kapitaleinsatz}_I = \frac{A_0}{2} = \frac{66.000}{2} = 33.000 \text{ EUR}$$

$$\text{Rentabilität}_I\text{: } r_I = \frac{4.500}{33.000} = 0{,}1364 = 13{,}64\ \%$$

$$\text{Gewinn}_{II} = 3.125 + 1.875 = 5.000 \text{ EUR}$$

$$\text{Kapitaleinsatz}_{II} = \frac{A_0}{2} = \frac{75.000}{2} = 37.500 \text{ EUR}$$

$$\text{Rentabilität}_{II}\text{: } r_{II} = \frac{5.000}{37.500} = 0{,}1333 = 13{,}33\ \%$$

Die Rentabilität beider Investitionsprojekte liegt deutlich über der geforderten Mindestverzinsung von 5 %. Somit ist die Realisation beider Anlagen für sich genommen sinnvoll. Im Vergleich ist die Anlage I mit einer maximal erzielbaren Rendite von 13,64 % vorzuziehen.

(4) Die statische Amortisationsrechnung geht im Allgemeinen von den Ergebnissen der Kostenvergleichsrechnung und der Gewinnvergleichsrechnung aus und dient der Unternehmung zur Einschätzung des Risikos, welches sie finanzwirtschaftlich mit der Investition eingeht. Die Vorteilhaftigkeit einer Investition wird anhand der Amortisationsdauer gemessen. Allgemein gilt für die Bestimmung der maßgeblichen Amortisation nach der Durchschnittsmethode:

$$\text{Amortisationszeit (Jahre) } t_{AM} = \frac{\text{Anschaffungskosten [EUR]}}{\varnothing \text{ Kapitalrückfluss [EUR/Jahr]}}$$

$$\approx \frac{\text{Anschaffungskosten [EUR]}}{\text{Gewinn [EUR/Jahr]} + \text{Abschreibungen [EUR/Jahr]}}$$

Wird die Anschaffung der Maschine vollständig über Fremdkapital finanziert, so gilt hinsichtlich der Vorteilhaftigkeiten der beiden Investitionsalternativen Folgendes:

$$t_{AM_I} = \frac{66.000}{2.850 + 11.000} = 4{,}77 \text{ Jahre} \approx 4 \text{ Jahre, } 9 \text{ Monate, } 7 \text{ Tage}$$

$$t_{AM_{II}} = \frac{75.000}{3.125 + 12.500} = 4{,}8 \text{ Jahre} \approx 4 \text{ Jahre, } 9 \text{ Monate, } 18 \text{ Tage}$$

Würde hingegen eine Finanzierung gänzlich über Eigenkapital erfolgen, so müssten zum durchschnittlichen Periodengewinn noch die kalkulatorischen Eigenkapitalzinsen hinzugerechnet werden, was im Vergleich zu den oben berechneten Werten zu einer Verkürzung der Amortisationsdauern führt:

$$t_{AM_I} = \frac{66.000}{4.500 + 11.000} = 4{,}26 \text{ Jahre} \approx 4 \text{ Jahre, } 3 \text{ Monate, } 3 \text{ Tage}$$

$$t_{AM_{II}} = \frac{75.000}{5.000 + 12.500} = 4{,}29 \text{ Jahre} \approx 4 \text{ Jahre, } 3 \text{ Monate, } 13 \text{ Tage}$$

Unabhängig von der unterstellten Finanzierungssituation lässt sich als Ergebnis festhalten, dass die Anlage I die geringere Amortisationszeit aufweist und somit vorteilhafter als die Anlage II ist. Allgemein gültige Kriterien bezüglich einer maximal vertretbaren Amortisationsdauer gibt es nicht.

2.2.7 Zusammenfassende Beurteilung

Bedingt durch die verschiedenen Vorteilhaftigkeitskriterien gehen in die statischen Verfahren der Investitionsrechnung im Wesentlichen **Erfolgsgrößen** ein; eine Ausnahme hiervon bildet lediglich die Amortisationsrechnung, bei der eine entsprechende Berücksichtigung nicht-zahlungswirksamer Kostenbestandteile erfolgt. Jedoch können Erfolgsgrößen die finanzwirtschaftlichen

Aspekte von Investitionen, also die durch sie ausgelösten Zahlungsströme, nicht zutreffend beschreiben, da es sich dabei um aus diversen Gründen in bestimmter Weise periodisierte Zahlungsvorgänge handelt. Außerdem stehen die verwendeten Vorteilhaftigkeitskriterien nur in sehr weitläufigem Zusammenhang zur jeweiligen Zielpräferenzstruktur des Investors.

Da in die statischen Verfahren der Investitionsrechnung **nur Durchschnittsgrößen** eingehen (eine Ausnahme hiervon bildet nur die Amortisationsrechnung in der Variante der Kumulationsrechnung), es sich also nur um **einperiodige Verfahren** handelt, findet die zeitliche Verteilung der Erfolgsgrößen keine Berücksichtigung. Es kann also keine Einbeziehung der Tatsache erfolgen, dass zu realisierende Investitionsprojekte im Zeitablauf gleich bleibende, steigende bzw. fallende Gewinne aufweisen können.

Die Herbeiführung einer Vergleichbarkeit der Zahlen ist zwar prinzipiell möglich, indem Zinseffekte durch entsprechende Ab- bzw. Aufzinsung einbezogen werden; da eine verzinsliche Anlage aber nur bei Zahlungsmitteln möglich ist, hat eine Berücksichtigung von Zinsen keinen effektiven Nutzen, solange Erfolgsgrößen, nicht aber Zahlungsgrößen als relevante Daten herangezogen werden.

Wie bereits erwähnt, sind Vergleiche zwischen verschiedenen Investitionsprojekten mittels statischer Verfahren der Investitionsrechnung nur dann möglich, wenn weder der zur Verwirklichung der Investitionen jeweils erforderliche Kapitaleinsatz noch die Nutzungsdauern differieren. Diese Voraussetzungen sind jedoch nur selten erfüllt; deshalb wäre zur Durchführung vollständiger Vergleiche eine Einbeziehung der Ergänzungs- und/oder Anschlussinvestitionen erforderlich. Da aber keine Einbeziehung erfolgt, besteht die **Gefahr eines Vergleichs unvollständiger Alternativen**, so dass Fehleinschätzungen bezüglich der Vorteilhaftigkeit einzelner Investitionsprojekte wahrscheinlich sind.

Vorteilhaft an den statischen Verfahren der Investitionsrechnung ist die Einfachheit der Berechnung und der relativ geringe Aufwand bezüglich der Ermittlung der Durchschnittsgrößen, was insbesondere für den als äußerst problematisch anzusehenden Fall der Verwendung des ersten Jahres als Durchschnittsperiode gilt. Aus diesen letzten Überlegungen heraus gelten die statischen Verfahren der Investitionsrechnung als beliebte Praktikerverfahren und werden auch als solche bezeichnet.[131]

---

[131] Vgl. dazu insbesondere *Bieg, Hartmut*: Die Verfahren der Investitionsrechnung und ihre Verwendung in der Praxis. In: Der Steuerberater 1985, S. 29; *Kern, Werner*: Investitionsrechnung. Stuttgart 1974, S. 161; *Kruschwitz, Lutz*: Investitionsrechnung. 8. Aufl., München/Wien 2000, S. 39-40; *Walz, Hartmut/Gramlich, Dieter*: Investitions- und Finanzplanung. 5. Aufl., Heidelberg 1997, S. 151-153.

2.3 Die dynamischen Verfahren der Investitionsrechnung

2.3.1 Die Grundlagen

2.3.1.1 Die finanzmathematischen Grundlagen der Investitionsrechnung

2.3.1.1.1 Die Bedeutung der Finanzmathematik für die Investitionsrechnung

Der Investitionsprozess lässt sich in die Planungsphase, die Realisationsphase und die Kontrollphase zerlegen, wobei die Investitionsrechnung vorrangig als Instrument im Rahmen der Investitionsplanung eingesetzt wird.[132] Sie bildet neben den nicht quantifizierbaren Faktoren die Grundlage der Investitionsentscheidung. Investitionen lassen sich durch einen Zahlungsstrom kennzeichnen, der mit einer Auszahlung beginnt.[133] Eine einfache Unterscheidung der Investitionsrechnungsverfahren, die diese Zahlungsströme in unterschiedlicher Weise berücksichtigen, führt zu einer Einteilung in statische und dynamische Verfahren.[134] Statische Verfahren basieren auf der Annahme, dass die Zeit keinen Einfluss auf den Wert einer Geldgröße hat. Demzufolge werden beispielsweise Einzahlungen immer mit dem nominellen Wert im Investitionskalkül berücksichtigt.

Beispiel:

Ein Investor muss sich zwischen zwei qualitativ gleichwertigen Investitionsobjekten entscheiden, die sich lediglich durch ihre Zahlungsströme unterscheiden. Weiterhin wird unterstellt, dass die Zahlungsströme das Entscheidungskriterium für den Investor darstellen. Die Einzahlungsüberschüsse werden in **Abbildung 21** (Seite 86) dargestellt.

---

[132] Vgl. **Abschnitt 2.1.1.1**.

[133] Vgl. **Abschnitt 1.3.1**.

[134] Vgl. **Abschnitt 2.1.2.6**.

		Investitionsobjekt 1	Investitionsobjekt 2
Anschaffungskosten	t_0	-10.000	-10.000
Einzahlungsüberschuss	t_1	50.000	250.000
Einzahlungsüberschuss	t_2	50.000	50.000
Einzahlungsüberschuss	t_3	50.000	50.000
Einzahlungsüberschuss	t_4	250.000	50.000
Überschuss insgesamt		390.000	390.000

Abbildung 21: Einfache Überschussrechnung

Ein Investor, der keine zeitlichen Präferenzen bezüglich des Anfalls der Zahlungsströme hat, wird zu dem Ergebnis kommen, dass ihm beide Investitionsobjekte den gleichen Nutzen stiften werden.

Dynamische Verfahren hingegen berücksichtigen die Zeit in ihren Verknüpfungen, indem sie unterstellen, dass Einzahlungen bzw. Auszahlungen, die den gleichen Betrag aufweisen, aber zu unterschiedlichen Zeitpunkten anfallen, einen voneinander abweichenden Wert haben.[135] Dieser Gedanke bildet die Schnittstelle zu einem Spezialgebiet der angewandten Mathematik, der Finanzmathematik.[136] Diese beschäftigt sich mit dem Problem, Zahlungsgrößen, die zu unterschiedlichen Zeitpunkten anfallen, unter Berücksichtigung von Zins- und Zinseszinseffekten vergleichbar zu machen.[137]

Beispiel:

Auf der Grundlage der Daten des vorangegangenen Beispiels ergibt sich, dass der Investor, der in Bezug auf den zeitlichen Anfall der einzelnen Zahlungen nicht indifferent ist, sich eindeutig für das Investitionsobjekt 2 entscheidet. Die Begründung für seine Entscheidung liegt in der Überlegung, dass ihm die Einzahlungen aus einem In-

[135] Vgl. *Lücke, Wolfgang* (Hrsg.): Investitionslexikon. 2. Aufl., München 1991, S. 57.

[136] Vgl. *Lücke, Wolfgang* (Hrsg.): Investitionslexikon. 2. Aufl., München 1991, S. 93.

[137] Vgl. *Bitz, Michael*: Grundlagen der Finanzwirtschaft. In: Studienbriefe der FernUniversität Hagen 000089, Hagen 1999, S. 37.

vestitionsobjekt, die näher am Investitionszeitpunkt liegen, eher wieder zur Verfügung stehen und in Form einer erneuten Anlage zu weiteren Einzahlungsströmen oder aufgrund einer dadurch möglichen Kreditrückzahlung zur Minderung von Zinsauszahlungen führen.

Die oben stehenden Beispiele verdeutlichen, dass im Rahmen der dynamischen Verfahren nicht ausschließlich die absolute Höhe der Zahlungsströme über die Vorteilhaftigkeit einer Investition entscheidet, sondern ebenso deren zeitliche Reihenfolge. Zur Anwendung der dynamischen Verfahren sind die grundlegenden Fragestellungen der Zins- und Zinseszinsrechnung sowie der Renten- und Annuitätenrechnung zu erörtern.[138]

2.3.1.1.2 Die Grundlagen der Zinsrechnung im Rahmen der Investitionsrechnung

Der Zins stellt den Preis für die Überlassung von Kapital für eine bestimmte Zeitdauer dar.[139] Dabei ergeben sich die Zinsen (z) aus dem Produkt von Anfangskapital (K_0), Zinssatz (i) und der Anzahl der Zinsperioden (n) in Jahren:

$$z = K_0 \cdot i \cdot n$$

Zinsperioden sind als gleich lange Zeiträume definiert, in denen keine weiteren Zahlungen anfallen.[140] Damit können relevante Zahlungen nur am Anfang oder am Ende einer Zinsperiode auftreten. Der zu verzinsende Betrag bleibt während dieser Zeit gleich. Diese Definition orientiert sich somit an diskontinuierlichen, punktuellen Zahlungen. Auch wenn im Folgenden eine Zinsperiode aus Vereinfachungsgründen stets mit einem Jahr angenommen wird, sind durchaus kürzere Zeitintervalle denkbar. In diesen Fällen spricht man von einer unterjährlichen oder unterjährigen Zinsperiode.[141] Als Maß der Verzinsung gilt der Zinssatz (i), der im Rahmen unserer Überlegungen in der Dezimalschreibweise angewendet wird.

Beispiel:

Bei einer Zinssatzangabe von 6 % wird mit dem Dezimalwert von 0,06 gerechnet.

Im Regelfall wird der Zinssatz (i) auf eine Zinsperiode von der Länge eines Jahres bezogen, so dass von einem jährlichen Zinssatz oder einem Zinssatz

---

[138] Vgl. *Bitz, Michael*: Grundlagen der Finanzwirtschaft. In: Studienbriefe der FernUniversität Hagen 000089, Hagen 1999, S. 37.

[139] Vgl. *Lücke, Wolfgang* (Hrsg.): Investitionslexikon. 2. Aufl., München 1991, S. 424.

[140] Vgl. *Altrogge, Günter*: Investition. 4. Aufl., München/Wien 1996, S. 55.

[141] Vgl. *Altrogge, Günter*: Investition. 4. Aufl., München/Wien 1996, S. 55.

per annum gesprochen wird.[142] Zu beachten ist aber, dass durchaus auch Zinssätze in Anwendung gebracht werden können, die sich auf einen kürzeren Zeitraum beziehen und damit nicht ohne Weiteres vergleichbar sind. Die Vergleichbarkeit von Zinssätzen wird darüber hinaus auch durch unterschiedliche Modalitäten in Bezug auf die Zuschreibung der Zinsen auf das Kapital erschwert, so dass aus einem bestimmten nominellen Jahreszinssatz verschiedene effektive Zinssätze resultieren können. Der Zinssatz stellt ein relatives Maß dar, das auf eine Bezugsgröße angewandt wird. Dabei kann zum einen auf das Anfangskapital (K_0), zum anderen auf das Endkapital (K_n) abgestellt werden. Wachsen die Zinsen proportional zum Anfangskapital, spricht man von nachschüssiger Verzinsung; erfolgt das Wachstum proportional zum Endkapital, liegt eine vorschüssige Verzinsung vor:[143]

- Vorschüssige Zinsen ergeben sich aus: Anfangskapital gleich Endkapital abzüglich Zinsen vom Endkapital.

  Es gilt:

  $$K_0 = K_n - K_n \cdot i_{vor} = K_n \cdot (1 - i_{vor})$$

  mit:

  i_{vor}: vorschüssiger Zinssatz.

- Nachschüssige Zinsen ergeben sich aus: Endkapital gleich Anfangskapital zuzüglich Zinsen vom Anfangskapital.

  Es gilt:

  $$K_n = K_0 + K_0 \cdot i = K_0 \cdot (1 + i)$$

  mit:

  i: nachschüssiger Zinssatz.

Die vor- und nachschüssige Zinsrechnung führen bei gleichem Zinssatz nicht zum gleichen Ergebnis, wie das folgende Beispiel zeigt.

Beispiel:

Wird ein in einem Jahr fälliger Wechsel, der einen Nominalbetrag von 10.000 EUR aufweist, mit einem vorschüssigen Zinssatz von 10 % bei einer Bank diskontiert, so erhält der Einreicher nach obiger Formel einen Betrag von 9.000 EUR gutgeschrieben.

$$K_0 = K_n - K_n \cdot i_{vor} = K_n \cdot (1 - i_{vor}) = 10.000 \cdot (1 - 0,10) = 9.000 \text{ EUR}$$

---

142 Vgl. *Altrogge, Günter*: Investition. 4. Aufl., München/Wien 1996, S. 56.

143 Vgl. *Schindler, Klaus*: Mathematik für Ökonomen. 3. Aufl., Wiesbaden 1998, S. 75.

Die Bank erhält als vorschüssigen Zins 1.000 EUR.

Der Kunde erhält demnach einen Kredit in Höhe von 9.000 EUR. Nimmt er diesen Betrag alternativ bei einer Bank als Darlehen bei nachschüssiger Zinsrechnung auf, so wird er bei einjähriger Laufzeit einen Gesamtbetrag von 9.900 EUR zurückzahlen müssen; zur Einlösung des von der A-Bank diskontierten Wechsels benötigt er hingegen 10.000 EUR.

$$K_n' = K_0 + K_0 \cdot i = K_0 \cdot (1+i) = 9.000 \cdot (1+0{,}10) = 9.900 \text{ EUR}$$

Die Formeln zur Berechnung des Endkapitals bei vor- bzw. nachschüssiger Zinsrechnung erlauben jedoch durch Gleichsetzung, Kürzen des Anfangskapitals (K_0) und Auflösung nach dem vorschüssigen Zins i_{vor} bzw. nach dem nachschüssigen Zins i eine einfache Umrechnung eines vorschüssigen Zinssatzes in einen nachschüssigen Zinssatz.[144]

Ausgangspunkt bilden die Ausdrücke:

$$K_n = K_0 \cdot (1+i)$$

$$K_n = \frac{K_0}{(1-i_{vor})}$$

Durch Gleichsetzen ergibt sich:

$$K_0 \cdot (1+i) = \frac{K_0}{(1-i_{vor})}$$

Die gesuchten Zinssätze lassen sich durch einfaches Umformen aus dem obigen Ausdruck gewinnen:

$$i_{vor} = \frac{i}{(1+i)}$$

$$i = \frac{i_{vor}}{(1-i_{vor})}$$

Beispiel:

Der vorschüssige Zins von 10 % in der vorangestellten Überlegung entspricht somit einem nachschüssigen in Höhe von 11,11 %.

$$i = \frac{i_{vor}}{(1-i_{vor})} = \frac{0{,}10}{(1-0{,}10)} = 0{,}1111$$

144 Vgl. *Köhler, Harald*: Finanzmathematik. 4. Aufl., München/Wien 1997, S. 65.

2.3.1.1.3 Die Zins- und Zinseszinsrechung

Die grundlegende Fragestellung, mit der sich die Zins- und Zinseszinsrechnung auseinander setzt, ist die nach dem Wert, den **eine heute geleistete Zahlung in der Zukunft hat**, bzw. welchen Wert **eine erst in der Zukunft fällige Zahlung heute hat.**[145] Dabei kann der Zeitraum zwischen der heute geleisteten bzw. der zukünftigen Zahlung, eine bis mehrere Perioden umfassen. **Abbildung 22** stellt diesen Zusammenhang dar.

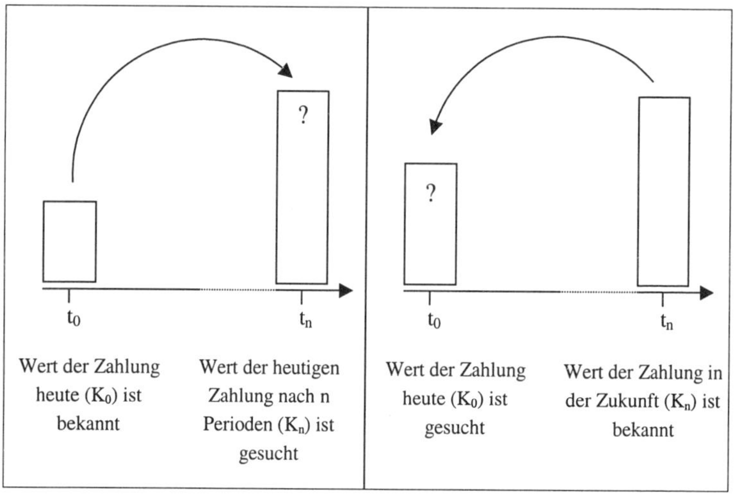

Abbildung 22: Fragestellungen der Zinsrechnung[146]

In Abhängigkeit von der **Behandlung** der Zinszahlungen, die sich während der Laufzeit ergeben, wird zwischen der **einfachen Zinsrechung** und der **Zinseszinsrechnung** unterschieden.

Während im Rahmen der einfachen Zinsrechnung die Zinsen dem Anfangskapital (K_0) für die Berechnung der Zinsen in den folgenden Perioden nicht zugeschlagen werden und sich damit die Berechnungsbasis für die Zinsen der folgenden Zinsperioden nicht erhöht, ist dies im Rahmen der Zinseszinsrechnung gerade der Fall. Damit lässt sich das Endkapital (K_n) bei einjähriger Geldanlage auf der Grundlage der **einfachen Zinsrechnung** mit der folgenden Formel ermitteln:

$$\boxed{K_n = K_0 + K_0 \cdot i}$$

145 Vgl. *Bitz, Michael*: Grundlagen der Finanzwirtschaft. In: Studienbriefe der FernUniversität Hagen 000089, Hagen 1999, S. 37.

146 Vgl. *Däumler, Klaus-Dieter*: Grundlagen der Investitions- und Wirtschaftlichkeitsrechnung. 10. Aufl., Herne/Berlin 2000, S. 44.

Im Fall der mehrjährigen Geldanlage muss bei der Berechnung des Endkapitals berücksichtigt werden, dass die Zinsen aus den vorhergehenden Zinsperioden nicht mitverzinst werden. Das Endkapital setzt sich somit aus dem Anfangskapital und den Zinszahlungen aus den jeweiligen Perioden zusammen.

$$K_n = K_0 + K_0 \cdot i \cdot n$$

Beispiel:

Investor A legt 1.000 EUR zu 3 % für 4 Jahre an, wobei die Zinsen auf der Grundlage der einfachen Zinsrechnung ermittelt werden.

Die Zinsgutschrift am Endes des 1. Jahres $\left(z = K_0 \cdot i \cdot n = 1.000 \cdot 0{,}03 = 30\right)$ beträgt demnach 30 EUR, ebenso nach dem zweiten und dem dritten Jahr. In der Summe hält er nach 3 Jahren 1.120 EUR Endkapital in den Händen.

$$K_n = K_0 + K_0 \cdot i \cdot n = 1.000 + 1.000 \cdot 0{,}03 \cdot 4 = 1.120$$

Im Rahmen der **Zinseszinsrechnung** werden die Zinsen, die dem Kapitalgeber für die vergangenen Zinsperioden zustehen, jeweils dem zinsbringenden Kapital zugeschlagen, so dass diese Zinsen in der nächsten Periode die Berechnungsgrundlage erhöhen. In der Berechnung des Endkapitals schlägt sich dieses wie in **Abbildung 23** (Seite 92) nieder.[147]

Der Ausdruck $(1+i) = q$ wird als **Zinsfaktor** bezeichnet. So ergibt sich die folgende Gleichung zur Ermittlung des Endkapitals nach n Jahren unter Berücksichtigung des Zinseszinseffektes bei einen einheitlichen Zinssatz (i):

$$K_n = K_0 \cdot (1+i)^n = K_0 \cdot q^n$$

Das Endvermögen (K_n) berechnet sich aus der Aufzinsung des Anfangsvermögens (K_0) mit dem einheitlichen Zinssatz (i) über n Jahre. Durch diese Rechenoperation wird also der zukünftige Wert eines gegenwärtigen Geldbetrages unter der Berücksichtigung von Zins und Zinseszinsen bestimmt.[148] Der Ausdruck q^n stellt den so genannten **Aufzinsungsfaktor (AUF(i;n))** dar, der sich in Abhängigkeit von der Laufzeit (n) und dem Zinssatz (i) aus finanzmathematischen Tabellen[149] entnehmen lässt bzw. mittels Taschenrechner leicht ermittelbar ist.

---

[147] Vgl. *Däumler, Klaus-Dieter*: Grundlagen der Investitions- und Wirtschaftlichkeitsrechnung. 10. Aufl., Herne/Berlin 2000, S. 45.

[148] Vgl. *Bitz, Michael*: Grundlagen der Finanzwirtschaft. In: Studienbriefe der FernUniversität Hagen 000089, Hagen 1999, S. 42.

[149] Vgl. *Däumler, Klaus-Dieter*: Finanzmathematisches Tabellenwerk. 4. Aufl., Herne/ Berlin 1998.

Kapital am Ende der 1. Periode	$K_1 = K_0 + K_0 \cdot i = K_0 \cdot (1+i)$
Kapital am Ende der 2. Periode	$K_2 = K_1 + K_1 \cdot i = K_1 \cdot (1+i) = K_0 \cdot (1+i) \cdot (1+i) = K_0 \cdot (1+i)^2$
Kapital am Ende der 3. Periode	$K_3 = K_2 + K_2 \cdot i = K_2 \cdot (1+i) = K_0 \cdot (1+i)^2 \cdot (1+i) = K_0 \cdot (1+i)^3$
Kapital am Ende der n-ten Periode	$K_n = K_{n-1} + K_{n-1} \cdot i = K_{n-1} \cdot (1+i) = K_0 \cdot (1+i)^{n-1} \cdot (1+i) = K_0 \cdot (1+i)^n$

Abbildung 23: Zeitliche mathematische Entwicklung des Endkapitals bei Zinseszinsrechnung

Beispiel (vgl. dazu **Abbildung 24**):

Welchen Kontostand weist ein Sparbuch mit einem Anfangskapital von 1.000 EUR nach 4 Jahren aus, wenn ein Zinssatz von 3 % vergütet wird?

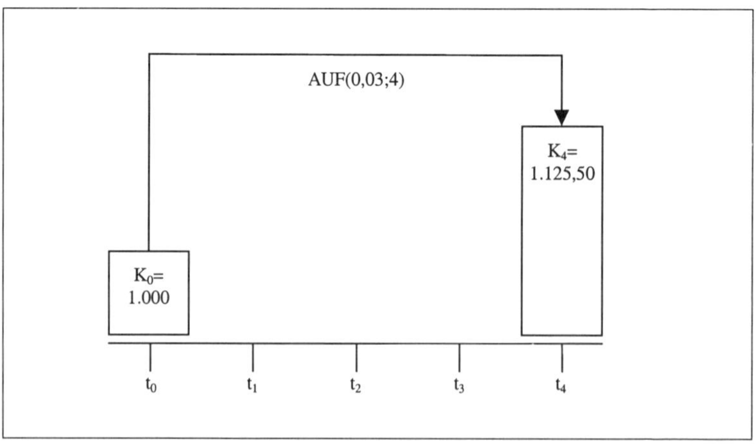

Abbildung 24: Ermittlung eines Endwertes

$$K_n = K_0 \cdot (1+i)^n = K_0 \cdot q^n = K_0 \cdot AUF(i;n)$$

$$K_4 = 1.000 \cdot (1+0{,}03)^4 = 1.000 \cdot \underbrace{(1{,}125501)}_{AUF(0{,}03;4)} = 1.125{,}50$$

Der Kontostand wird sich nach 4 Jahren auf 1.125,50 EUR belaufen.

Gibt man für einen Augenblick die oben gesetzte Prämisse auf, dass sich die Verzinsung stets auf eine Zinsperiode von der Dauer eines Jahres bezieht und lässt kürzere Verzinsungszeiträume zu, so liegt eine unterjährliche bzw. unterjährige Verzinsung vor. Es stellt sich dann die Frage, wie sich beispielsweise das Endkapital entwickelt, wenn die Zinsen, die bis zum Zinstermin aufgelaufen sind, mitverzinst werden, also der Zinseszinseffekt eintritt.

Beispiel:

Ein Sparer legt zu Beginn der Periode 01 bei der A-Bank 1.000 EUR zu einem Zinssatz von 6 % an. Die A-Bank schreibt die Zinsen zum Ende der Periode 01 gut. Alternativ kann der Sparer seine Einlage bei der B-Bank tätigen. Diese bietet ebenfalls 6 % an. Jedoch berechnet die B-Bank jeweils halbjährlich die Zinsen, die dann der Spareinlage zugeschlagen werden.

Das Endkapital der Einlage nach einem Jahr bei der A-Bank berechnet sich wie folgt:

$$K_n = K_0 \cdot (1+i)^n = K_0 \cdot q^n$$

$$K_1 = 1.000 \cdot (1+0{,}06)^1 = 1.000 \cdot 1{,}06 = 1.060$$

Um das Endkapital der Einlage bei der B-Bank nach einem Jahr berechnen zu können, muss eine Vorüberlegung angestellt werden. Der Zins, den die B-Bank ihrem Kunden angeboten hat, ist ein Jahreszins. Geht man davon aus, dass ein Jahr 360 Zinstage aufweist und bezeichnet den Zinssatz in nicht dezimaler Schreibweise mit p, so gilt:

$$i = \frac{p \cdot 360}{100 \cdot 360} = \frac{6 \cdot 360}{100 \cdot 360} = 0{,}06$$

Da sich der Berechnungszeitraum aber auf ein halbes Jahr bezieht, muss der Zins entsprechend angepasst werden. In unserem Beispiel wird der Zins auf zwei gleich lange Zeiträume verteilt, so dass gilt:

$$i_{angepasst} = \frac{p \cdot 180}{100 \cdot 360} = \frac{p}{100 \cdot 2} = \frac{6}{100 \cdot 2} = 0{,}03$$

Nunmehr kann das Endkapital berechnet werden. Allerdings muss hierbei beachtet werden, dass sich die Berechnung über zwei unterjährige Zinsperioden (m) erstreckt, die in der Summe ein Jahr ergeben.

$$K_n = K_0 \cdot (1+i_{angepasst})^m = K_0 \cdot q_{angepasst}^m$$

$$K_1 = 1.000 \cdot (1+0{,}03)^2 = 1.000 \cdot 1{,}0609 = 1.060{,}90$$

Wie das Beispiel zeigt, steigt der Endwert der Spareinlage mit der Anzahl der unterjährigen Zinsperioden. Dies lässt sich dadurch erklären, dass die in der unterjährigen Laufzeit angefallenen Zinsen gutgeschrieben werden und damit für den nächsten Zinszeitraum die Grundlage der Verzinsung erhöhen.

Werden die Überlegungen nun darauf abgestellt, dass die Zahl der Zinsperioden keine endliche Zahl annimmt, sondern über alle Grenzen wächst, so wird von einer **stetigen, kontinuierlichen oder natürlichen Verzinsung** gesprochen. Ausgangspunkt ist die modifizierte Formel zur Berechnung des Endwertes bei unterjährlicher Verzinsung. Dabei stellt m die Anzahl der gleichlangen Verzinsungzeiträume binnen eines Jahres dar:

$$K_n = K_0 \cdot q^n = K_0 \cdot \left(1 + \frac{p}{m \cdot 100}\right)^{m \cdot n}$$

Die Zahl der gleichlangen Zeiträume soll nun gegen unendlich laufen:[150]

$$K_n = \lim_{m \to \infty} \left(K_0 \cdot q^n\right) = \lim_{m \to \infty} \left[K_0 \cdot \left(1 + \frac{p}{m \cdot 100}\right)^{m \cdot n}\right]$$

$$K_n = K_0 \cdot \lim_{m \to \infty} \left[\left(1 + \frac{p}{m \cdot 100}\right)^{m \cdot n}\right]$$

$$K_n = K_0 \cdot \lim_{m \to \infty} \left[\left(1 + \frac{p}{m \cdot 100}\right)^{m}\right]^{n}$$

Nun wird der Ausdruck $\left(\frac{p}{m \cdot 100}\right)$ in der folgenden Weise modifiziert:

$$\left(\frac{p}{m \cdot 100}\right) = \frac{1}{z}$$

$$m = \left(\frac{p \cdot z}{100}\right)$$

Daraus folgt durch Einsetzen in den obigen Ausdruck:

$$K_n = K_0 \cdot \lim_{z \to \infty} \left[\left(1 + \frac{1}{z}\right)^{\left(\frac{p \cdot z}{100}\right)}\right]^{n} = K_0 \cdot \lim_{z \to \infty} \left\{\left[\left(1 + \frac{1}{z}\right)^{z}\right]^{\left(\frac{p}{100}\right)}\right\}^{n}$$

150 Vgl. hierzu *Köhler, Harald*: Finanzmathematik. 4. Aufl., München/Wien 1997, S. 57-58.

Der Ausdruck $\lim_{z \to \infty}\left(1+\frac{1}{z}\right)^{z}$ nimmt den Wert der *Euler*schen Zahl e an.

Damit ergibt sich der Endwert bei kontinuierlicher Verzinsung wie folgt:

$$K_n = K_0 \cdot e^{\frac{p \cdot n}{100}} = K_0 \cdot e^{i \cdot n}$$

$$K_n = K_0 \cdot \left(e^{\left(\frac{p}{100}\right)}\right)^{n} = K_0 \cdot e^{i \cdot n}$$

Für die folgenden Betrachtungen gilt wieder die **Prämisse der jährlichen Verzinsung**.

Analog zur Ermittlung des künftigen Wertes einer heutigen Zahlung lässt sich der heutige Wert einer Zahlung ermitteln, die erst in der Zukunft erfolgt. Diese Rechenoperation wird als **Abzinsung** bezeichnet. Sie stellt die Umkehroperation zur **Aufzinsung** dar und bestimmt den Wert einer Geldgröße im Zeitpunkt t=0, der auch als **Barwert** (K_0) bezeichnet wird.[151]

$$K_n = K_0 \cdot (1+i)^n = K_0 \cdot q^n = K_n \cdot AUF(i;n)$$

$$K_0 = \frac{K_n}{(1+i)^n} = \frac{K_n}{q^n} = K_n \cdot \underbrace{q^{-n}}_{AB(0,03;4)}$$

Der Ausdruck q^{-n} wird als **Abzinsungsfaktor (AB(i;n))** bezeichnet und ist ebenfalls aus finanzmathematischen Tabellen[152] abzulesen bzw. mit Hilfe des Taschenrechners ermittelbar.

Beispiel (vgl. dazu **Abbildung 25**; Seite 96):

Welcher Betrag muss heute angelegt werden, damit unter Berücksichtigung von Zins und Zinseszinsen ein Sparbuch nach 4 Jahren Anlagezeit, bei einer Verzinsung von 3 %, ein Guthaben von 1.125,50 EUR aufweist?

$$K_0 = \frac{K_n}{q^n} = K_n \cdot q^{-n} = K_n \cdot AB(i;n)$$

$$K_0 = \frac{1.125,50}{(1+0,03)^4} = 1.125,50 \cdot (1+0,03)^{-4} = 1.125,50 \cdot \underbrace{0,88849}_{AB(0,03;4)} = 1.000$$

Es müssen 1.000 EUR angelegt werden, damit das gewünschte Guthaben ausgewiesen wird.

---

151 Vgl. *Bitz, Michael*: Grundlagen der Finanzwirtschaft. In: Studienbriefe der FernUniversität Hagen 000089, Hagen 1999, S. 43.

152 Vgl. *Däumler, Klaus-Dieter*: Finanzmathematisches Tabellenwerk. 4. Aufl., Herne/Berlin 1998.

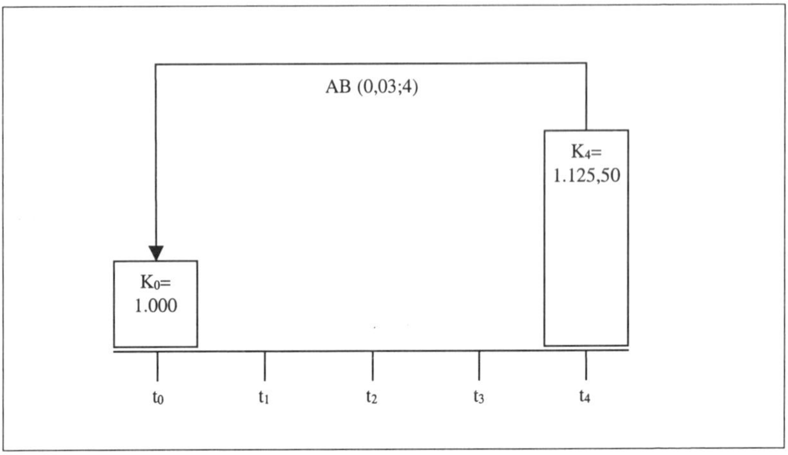

Abbildung 25: Ermittlung eines Barwertes

Mittels dieser Transformation wird die Gleichwertigkeit (Äquivalenz) einer Zahlung, die zum heutigen Zeitpunkt getätigt wird, zu einer Zahlung, die zu cinem späteren Zeitpunkt erfolgt, hergestellt. Wie die beiden obigen Beispiele zeigen, entspricht ein Betrag von 1.250,50 EUR im Jahr t=4 einem Betrag von 1.000 EUR in der Gegenwart, also in t=0, wenn unterstellt wird, dass ein unveränderlicher Zinssatz von 3 % gegeben ist.

2.3.1.1.4 Die Rentenrechnung

Gegenstand der Zins- und Zinseszinsrechnung war die Ermittlung des gegenwärtigen Wertes **eines** Betrages (Barwert) bzw. die Ermittlung des künftigen Wertes (Endwert). Im Mittelpunkt steht also ein einzelner Geldbetrag. Die Rentenrechnung hingegen beschäftigt sich mit der Frage, welchen Wert **ein Zahlungsstrom**, der über mehrere Perioden in **gleicher Höhe** anfällt, heute hat bzw. welchen Wert er in der Zukunft hat. Somit wird eine Zahlungsreihe auf einen Wert komprimiert.[153]

Gemäß der anfangs gesetzten Prämissen betrachten wir Perioden von jährlicher Dauer, in denen Zahlungen stets zum Periodenende anfallen sollen. Darüber hinaus soll die Höhe der anfallenden Zahlungen (a) konstant sein. Es handelt sich bei diesen Zahlungen also um **nachschüssige Renten**.[154]

---

[153] Vgl. *Bitz, Michael*: Grundlagen der Finanzwirtschaft. In: Studienbriefe der FernUniversität Hagen 000089, Hagen 1999, S. 46.

[154] Vgl. *Däumler, Klaus-Dieter*: Grundlagen der Investitions- und Wirtschaftlichkeitsrechnung. 10. Aufl., Herne/Berlin 2000, S. 54.

Der Endwert einer Rente, also der Wert, den die einzelnen, zu unterschiedlichen Zeitpunkten angefallenen Rentenzahlungen (a) am Ende des Rentenzahlungszeitraums haben, lässt sich grundsätzlich in der Form ermitteln, dass die einzelnen Rentenzahlungen (a) mit dem einheitlichen Zinssatz (i) auf den Zeitpunkt t=n aufgezinst werden. Die Summe aus diesen einzelnen Endwerten ergibt dann den **Rentenendwert (REW)**. Somit sind die einzelnen zukünftigen Zahlungen in einen einzigen äquivalenten endwertorientierten Wert transformiert worden. **Abbildung 26** verdeutlicht diese Vorgehensweise grafisch.

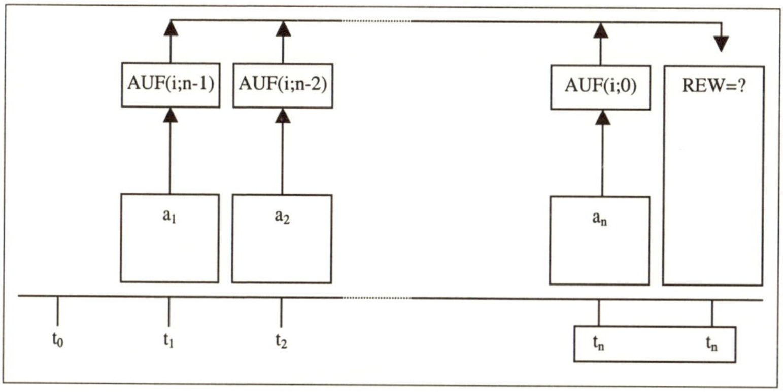

Abbildung 26: Rentenendwert[155]

Die Zahlungsreihe zur Ermittlung des Rentenendwertes hat das folgende Aussehen:[156]

$$REW = a_n + a_{n-1} \cdot (1+i)^1 + a_{n-2} \cdot (1+i)^2 + \ldots + a_1 \cdot (1+i)^{n-1}$$

Sofern Zahlungsbeträge in gleicher Höhe gegeben sind, gilt: $a_n = a_{n-1} = \ldots = a_1 = a$:

$$REW = a + a \cdot (q)^1 + a \cdot (q)^2 + \ldots + a \cdot (q)^{n-1}$$

$$REW = a \cdot \left(1 + q^1 + q^2 + \ldots + q^{n-1}\right)$$

$$REW = a \cdot \sum_{t=0}^{n-1} AUF(i;n)$$

155 Aus optischen Gründen wird hier und in einigen folgenden Abbildungen ein Zeitpunkt (hier: t=n) mit zwei Elementen belegt; dies wird durch den Kasten um die Zeitpunktangaben bei den Elementen zum Ausdruck gebracht.

156 Vgl. *Kruschwitz, Lutz*: Finanzmathematik. 2. Aufl., München 1995, S. 50.

Der obige Summenausdruck $\sum_{t=0}^{n-1} AUF(i;n)$ wird als **Rentenendwertfaktor (REF(i;n))** bezeichnet und ist durch die Laufzeit n sowie den Zinssatz i bestimmt.

Grundsätzlich lässt sich der Rentenendwert durch die Addition der einzelnen Endwerte ermitteln, wie **Abbildung 26** (Seite 97) zeigt. Dies führt aber bei Rentenzahlungen, die über einen längeren Zeitraum erfolgen, zu erheblichem Rechenaufwand. Jedoch kann unter der Prämisse der gleich bleibenden Rentenzahlungen auf ein einfacheres Verfahren zurückgegriffen werden. Aus der Herleitung des Rentenendwertes wurde ersichtlich, dass die aufzuaddierenden Aufzinsungsfaktoren eine geometrische Reihe bilden, da sich jedes Reihenelement aus dem jeweils vorhergehenden Element durch Multiplikation mit dem Faktor q^1 bilden lässt. Die Summe einer geometrischen Reihe berechnet sich nach der folgenden Formel:[157]

$$s_n = x_1 \cdot \frac{f^n - 1}{f - 1}$$

Dabei sind die Symbole wie folgt zu interpretieren:

s_n	Summe von n Gliedern der geometrischen Reihe	K_n
x_1	Erstes Glied der geometrischen Reihe	a
f	Faktor, mit dem das vorherige Glied der geometrischen Reihe zu multiplizieren ist, um das nachfolgende zu erhalten	$(1+i)^1 = q^1$

Bei Anwendung der Summenformel einer geometrische Reihe auf die oben stehende Zahlungsreihe ergibt sich der nachstehende Ausdruck:

$$K_n = a \cdot \frac{(1+i)^n - 1}{(1+i) - 1} = a \cdot \frac{q^n - 1}{q - 1} = a \cdot \frac{q^n - 1}{i}$$

Der Term $\frac{q^n - 1}{q - 1}$ wird ebenfalls als **Rentenendwertfaktor (REF(i;n))** bezeichnet und nimmt damit den gleichen Wert an wie $\sum_{t=0}^{n} AUF(i;n)$. Er kann in Abhängigkeit von der Laufzeit n und dem Zinssatz i ebenso wie der Abzinsungsfaktor (AB) und der Aufzinsungsfaktor (AUF) aus finanzmathemati-

---

[157] Vgl. *Däumler, Klaus-Dieter*: Grundlagen der Investitions- und Wirtschaftlichkeitsrechnung. 10. Aufl., Herne/Berlin 2000, S. 51.

schen Tabellen[158] entnommen oder mittels Taschenrechner bestimmt werden. Der Endwert einer t-jährigen nachschüssigen Rente wird demnach durch die Multiplikation des entsprechenden Rentenendwertfaktors (REW(i;n)) mit dem gleich bleibenden Rentenbetrag (a) ermittelt.

Die Anwendung dieser Formel führt aber nur dann zu korrekten Ergebnissen, wenn die eingangs erwähnten Prämissen erfüllt sind. Danach müssen die Zahlungen immer am Periodenende erfolgen, der zeitliche Abstand zwischen den Zahlungen muss gleich (äquidistant) sein und die Zahlungsreihe darf nur Beträge von gleicher nomineller Höhe aufweisen (uniforme Zahlungen). Wird eine dieser Prämissen nicht erfüllt, so ist der Barwert nur zu ermitteln, indem die einzelnen Zahlungen mit dem entsprechendem Aufzinsungsfaktor (AUF(i;n)) multipliziert und anschließend aufsummiert werden.

Beispiel:[159]

Der Mieter eines kleinen Gartengrundstücks erhält am Jahresende jeweils eine Rechnung über 200 EUR. Der Mietvertrag läuft über 10 Jahre. Der Mieter möchte wissen, welchen Endwert diese Zahlungsreihe bei einem Zinssatz von 4 % hat.

$$K_n = a \cdot \frac{(1+i)^n - 1}{i}$$

$$K_{10} = 200 \cdot \frac{(1+0{,}04)^{10} - 1}{0{,}04} = 200 \cdot \underbrace{12{,}006}_{\substack{EWF\\(0,04;10)}} = 2.401{,}20$$

Würde der Mieter die 200 EUR jeweils am Jahresende auf ein Sparbuch mit 4 % Verzinsung anlegen, hätte er nach 10 Jahren ein Guthaben von 2.401,20 EUR.

Wird hingegen nach dem **Barwert einer Rente** gefragt, ergibt sich die in **Abbildung 27** (Seite 100) darstellte Situation.

Zur Berechnung des Rentenbarwertes kann eine zweistufige Vorgehensweise eingeschlagen werden.[160] In einer ersten Stufe werden die Rentenzahlungen aufgezinst und ergeben damit den Rentenendwert. Führt man sich vor Augen, dass durch die Abzinsung dieses Endwertes mit dem einheitlichen Zinssatz über die Laufzeit der Rente ein gleichwertiger Barwert gemäß des Ausdrucks[161] $K_0 = K_n \cdot q^{-n}$ berechnet werden kann, ergibt sich der gesuchte Rentenbarwert (K_0).

---

[158] Vgl. *Däumler, Klaus-Dieter*: Finanzmathematisches Tabellenwerk. 4. Aufl., Herne/Berlin 1998.

[159] Vgl. *Däumler, Klaus-Dieter*: Grundlagen der Investitions- und Wirtschaftlichkeitsrechnung. 10. Aufl., Herne/Berlin 2000, S. 55-56.

[160] Vgl. *Däumler, Klaus-Dieter*: Grundlagen der Investitions- und Wirtschaftlichkeitsrechnung. 10. Aufl., Herne/Berlin 2000, S. 54.

[161] Vgl. *Kruschwitz, Lutz*: Finanzmathematik. 2. Aufl., München 1995, S. 53.

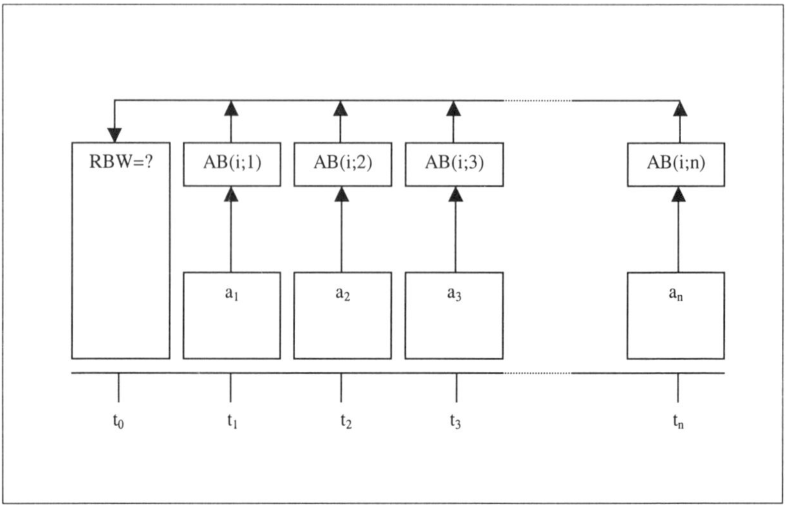

Abbildung 27: Rentenbarwert

Abbildung 28 (Seite 101) verdeutlicht die Vorgehensweise, die im Folgenden rechnerisch umgesetzt wird.

Mit Hilfe des Rentenendwertfaktors wird in einem ersten Schritt der Rentenendwert für äquidistante, uniforme und nachschüssige Rentenzahlungen ermittelt:

$$K_n = a \cdot \frac{(1+i)^n - 1}{i}$$

Im zweiten Schritt wird dieser Endwert auf den Zeitpunkt, in dem die Rentenzahlungen beginnen, abgezinst:

$$K_0 = K_n \cdot AB(i;n)$$

$$K_0 = \left[a \cdot \frac{(1+i)^n - 1}{i}\right] \cdot AB(i;n)$$

Damit ergibt sich die folgende Formel zur Berechnung des Rentenbarwertes (RBW):

$$K_0 = a \cdot \frac{(1+i)^n - 1}{i \cdot (1+i)^n}$$

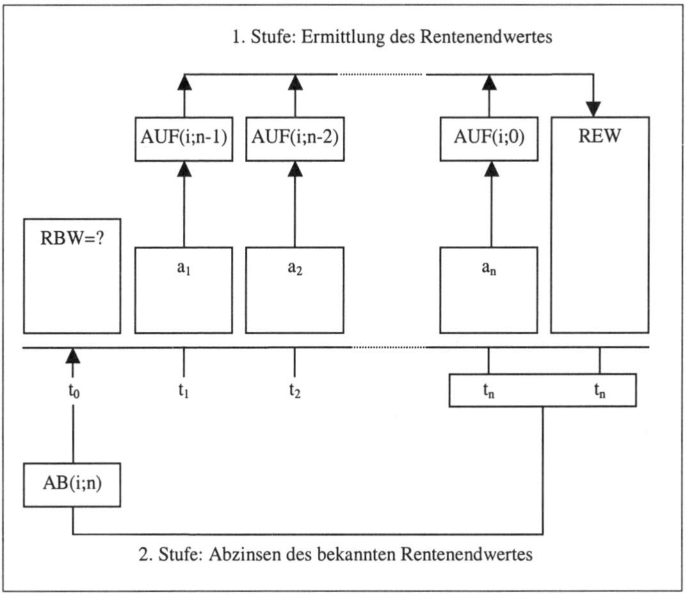

Abbildung 28: Ermittlung des Rentenbarwertes

Der Ausdruck $\frac{(1+i)^n - 1}{i \cdot (1+i)^n}$ wird als **Rentenbarwertfaktor (RBF(i;n))** bezeichnet und erlaubt die Berechnung der **einmaligen Zahlung** zum Zeitpunkt t=0, die einer **Zahlungsreihe** – beginnend in t=1 – mit gleichbleibenden nachschüssigen Jahreszahlungen bei einem Zinssatz von i gleichwertig ist.[162]

Beispiel: [163]

Dem Inhaber eines Patentes stehen in den nächsten 15 Jahren jährlich nachschüssige Ansprüche in Höhe von 5.000 EUR zu. Der Nutzer des Patents möchte diese Rentenzahlungen aber in einen heute fälligen Einmalbetrag transformieren. Welcher Betrag muss dem Erfinder angeboten werden, damit er sich auf der Grundlage eines Zinssatzes von 5 % wirtschaftlich nicht schlechter stellt?

$$K_0 = a \cdot \frac{(1+i)^n - 1}{i \cdot (1+i)^n}$$

[162] Vgl. *Bitz, Michael*: Grundlagen der Finanzwirtschaft. In: Studienbriefe der FernUniversität Hagen 000089, Hagen 1999, S. 49.

[163] Vgl. *Bitz, Michael*: Grundlagen der Finanzwirtschaft. In: Studienbriefe der FernUniversität Hagen 000089, Hagen 1999, S. 46.

$$K_0 = 5.000 \cdot \frac{(1+0{,}05)^{15} - 1}{0{,}05 \cdot (1+0{,}05)^{15}} = 5.000 \cdot \underbrace{10{,}37966}_{\substack{\text{RBF}\\(0{,}05;15)}} = 51.898{,}30$$

Dem Erfinder müssen heute 51.898,30 EUR angeboten werden, um die wirtschaftliche Gleichwertigkeit zwischen den Rentenzahlungen und dem Einmalbetrag herzustellen.

2.3.1.1.5 Der Sonderfall des Rentenbarwertes: Ewige Rente

Die Rentenrechnung stellt auf endlich lange fließende Zahlungsströme ab. Bei Aufgabe dieser Prämisse wird von einer ewigen Rente gesprochen.[164] Zur Ermittlung des Barwertes einer ewigen Rente kann von der allgemeinen Formel für den Rentenbarwert ausgegangen werden, indem die Laufzeit n gegen unendlich geht. Der Grenzwert des so ermittelten Rentenbarwertes ist der Barwert der ewigen Rente:

$$K_0 = a \cdot \frac{(1+i)^n - 1}{i \cdot (1+i)^n}$$

$$K_0 = a \cdot \left[\frac{1}{i} \cdot \frac{(1+i)^n}{(1+i)^n} - \frac{1}{i \cdot (1+i)^n}\right]$$

$$\lim_{n \to \infty} K_0 = a \cdot \left[\frac{1}{i} \cdot \underbrace{\frac{(1+i)^n}{(1+i)^n}}_{1} - \underbrace{\frac{1}{i \cdot (1+i)^n}}_{\to 0}\right]$$

$$K_0 = a \cdot \frac{1}{i}$$

Der Ausdruck $\frac{1}{i}$ wird auch als **Kapitalisierungsfaktor** bezeichnet.[165]

Beispiel:[166]

Der Begünstigte einer Stiftung erhält in Zukunft – bis in alle Ewigkeit – an jedem Jahresende 250 EUR ausgezahlt, womit ein typischer Fall der ewigen Rente vorliegt. Nach der Formel zur Berechnung des Barwertes dieser Rente ergibt sich bei einem Zinssatz von 10 %:

---

[164] Vgl. *Kruschwitz, Lutz*: Finanzmathematik. 2. Aufl., München 1995, S. 115.

[165] Vgl. *Kahle, Egbert/Lohse, Dieter*: Grundkurs Finanzmathematik. 4. Aufl., München 1997, S. 50.

[166] Vgl. *Bitz, Michael*: Grundlagen der Finanzwirtschaft. In: Studienbriefe der FernUniversität Hagen 000089, Hagen 1999, S. 50.

$$K_0 = a \cdot \frac{1}{i} = 250 \cdot \frac{1}{0{,}1} = 2.500$$

Mit anderen Worten, wenn heute 2.500 EUR anlegt werden und ein Zinssatz von 10 % unterstellt wird, der bis in alle Ewigkeit garantiert ist, dann kann exakt in der Höhe der jährlichen Zinsgutschrift die jährliche Rentenzahlung aus dem Anfangskapital geleistet werden.

Von praktischer Bedeutung ist der Barwert einer ewigen Rente bei überschlägigen Kalkulationen, da er eine gute Approximation des exakten Rentenbarwertes darstellt und diesem umso näher kommt, je höher der Zinssatz (i) und je länger die Laufzeit (n) ist.[167]

2.3.1.1.6 Die Annuitätenrechnung

Ausgangspunkt der Rentenrechnung war die Umrechnung eines Zahlungsstroms von gleich bleibenden Zahlungen (Renten) in einen einzigen äquivalenten Betrag, den Rentenbarwert (RBW) oder den Rentenendwert (REW). Im Rahmen der Annuitätenrechnung wird die umgekehrte Fragestellung behandelt. Aus **einem vorgegebenen Betrag** soll ein **äquivalenter Strom gleich bleibender Zahlungen** (a) bestimmt werden. Dabei kann es sich um die Transformation eines gegenwärtigen oder die eines zukünftigen Betrages handeln. Mit anderen Worten, es soll eine Einmalzahlung in eine Zahlungsreihe umgewandelt werden.[168] Die Verrentung einer heutigen Einmalzahlung stellt sich grafisch wie in **Abbildung 29** (Seite 104) dar.

Grundlage für die Ermittlung der Annuität (a), die aus einem heute zu leistenden Betrag (K_0) über eine bestimmte Laufzeit (n) zu tätigen ist, bildet die Überlegung, die im Rahmen der Rentenrechnung bereits angestellt wurde. Aus der Formel zur Ermittlung des Rentenbarwertes kann durch einfache Umformung die gesuchte Größe, nämlich die Annuität (a), ermittelt werden:

$$K_0 = a \cdot \frac{(1+i)^n - 1}{i \cdot (1+i)^n}$$

$$K_0 \cdot \frac{i \cdot (1+i)^n}{(1+i)^n - 1} = a$$

---

[167] Vgl. *Bitz, Michael*: Grundlagen der Finanzwirtschaft. In: Studienbriefe der FernUniversität Hagen 000089, Hagen 1999, S. 51.

[168] Vgl. *Bitz, Michael*: Grundlagen der Finanzwirtschaft. In: Studienbriefe der FernUniversität Hagen 000089, Hagen 1999, S. 37.

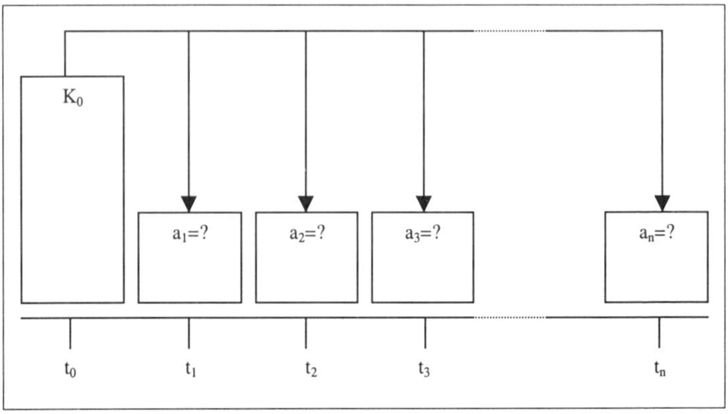

Abbildung 29: Verteilung eines Gegenwartswertes[169]

Dabei wird der Ausdruck $\frac{i \cdot (1+i)^n}{(1+i)^n - 1}$, der vom Zinssatz (i) und der Laufzeit (n) abhängt, als **Kapitalwiedergewinnungsfaktor (KWF(i;n))** oder als **Annuitätenfaktor** bezeichnet. Durch die Multiplikation des Kapitalwiedergewinnungsfaktors mit dem heute fälligen Betrag kann dieser in jährlich gleiche Zahlungen (a) auf die Laufzeit (n) verteilt werden.[170]

Beispiel:[171]

Die Anschaffungskosten einer Investition belaufen sich auf eine Höhe von 100.000 EUR. Der Investor wünscht eine Verzinsung von 10 %. Welchen Betrag a muss die Investition jährlich nachschüssig abwerfen, damit die Anschaffungskosten nach 4 Jahren zurückgeflossen sind und die gewünschte Verzinsung erreicht wurde?

$$K_0 \cdot \frac{i \cdot (1+i)^n}{(1+i)^n - 1} = a$$

$$100.000 \cdot \frac{0{,}1 \cdot (1+0{,}1)^4}{(1+0{,}1)^4 - 1} = 31.547{,}08$$

Die Investition muss demnach jährlich eine Auszahlung von 31.547,08 EUR an den Investor ermöglichen, damit die gewünschten Kriterien erfüllt werden.

---

[169] Vgl. *Däumler, Klaus-Dieter*: Grundlagen der Investitions- und Wirtschaftlichkeitsrechnung. 10. Aufl., Herne/Berlin 2000, S. 120.

[170] Vgl. *Däumler, Klaus-Dieter*: Grundlagen der Investitions- und Wirtschaftlichkeitsrechnung. 10. Aufl., Herne/Berlin 2000, S. 121-122.

[171] Vgl. *Däumler, Klaus-Dieter*: Grundlagen der Investitions- und Wirtschaftlichkeitsrechnung. 10. Aufl., Herne/Berlin 2000, S. 123-124.

Durch Abzinsung der einzelnen Annuitätenzahlungen auf den Zeitpunkt t=0 ergibt sich der heute fällige Betrag; die wirtschaftliche Gleichwertigkeit (Äquivalenz) zwischen der Summe der Annuitätenzahlungen und dem Einmalbetrag zum Zeitpunkt t=0 ist gegeben.

Eine Gegenüberstellung des Kapitalwiedergewinnungsfaktors mit dem Rentenbarwertfaktor zeigt, dass sich dieser als Kehrwert des Kapitalwiedergewinnungsfaktors darstellt:

Rentenbarwertfaktor: $\left[\frac{(1+i)^n - 1}{i \cdot (1+i)^n}\right]$

Bildung des Kehrwertes des Rentenbarwertfaktors: $\left[\frac{(1+i)^n - 1}{i \cdot (1+i)^n}\right]^{-1}$

Kapitalwiedergewinnungsfaktor als Ergebnis: $\frac{i \cdot (1+i)^n}{(1+i)^n - 1}$

Beispiel:

Die oben stehende Investition erzielte eine Rente von 31.547,08 EUR. Unter den Prämissen eines Zinssatzes von 10% und einer Laufzeit von 4 Jahren ergibt sich der Barwert dieser Zahlungsreihe mit Hilfe des Rentenbarwertfaktors.

$$K_0 = a \cdot \frac{(1+i)^n - 1}{i \cdot (1+i)^n}$$

$$K_0 = 31.547{,}08 \cdot \frac{(1+0{,}1)^4 - 1}{0{,}1 \cdot (1+0{,}1)^4} = 31.547{,}08 \cdot \underbrace{3{,}16986}_{RBF(0{,}1;4)} = 99.999{,}82$$

Der ermittelte Barwert von annähernd 100.000 EUR (Rundungsdifferenz) entspricht den Anschaffungskosten des Investors im Zeitpunkt t=0 und führt damit im Vergleich zum vorherigen Beispiel zu einem schlüssigen Ergebnis.

Die Verrentung einer später anfallenden Einmalzahlung hat das in **Abbildung 30** (Seite 106) dargestellte Aussehen.

Hier ergibt sich demnach das Problem, die Höhe der Rentenzahlung (a) zu ermitteln, die nach einer bestimmten Laufzeit wertmäßig dem später fälligen Betrag entspricht. Für die Lösung dieser Frage bietet sich die in **Abbildung 31** (Seite 107) verdeutlichte Vorgehensweise an.[172]

---

[172] Vgl. *Däumler, Klaus-Dieter*: Grundlagen der Investitions- und Wirtschaftlichkeitsrechnung. 10. Aufl., Herne/Berlin 2000, S. 124-127.

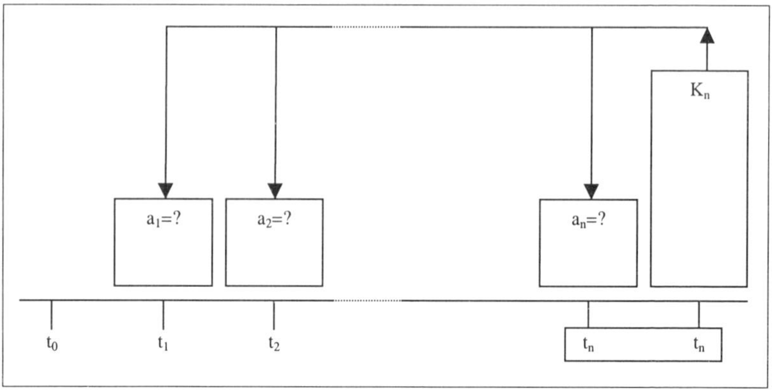

Abbildung 30: Verteilung eines Rentenendwertes[173]

In einem ersten Schritt kann der in der Zukunft fällige Betrag mit Hilfe des Abzinsungsfaktors (AB(i;n)) in den Betrag transformiert werden, dem er, würde er heute geleistet, entsprechen würde. Es handelt sich um den Barwert.

Dieser Wert ist aber der Ausgangspunkt der vorangegangenen Überlegung zur Verrentung einer heutigen Zahlung gewesen, so dass in einem zweiten Schritt durch die Anwendung des Kapitalwiedergewinnungsfaktors (KWF(i;n)) die gesuchte Rentenhöhe (a) ermittelt werden kann. Durch die Zusammenfassung von Schritt eins und Schritt zwei kann der Rückwärtsverteilungsfaktor (RVF(i;n)) – auch bezeichnet als Restwertverteilungsfaktor – gewonnen werden, der durch Multiplikation mit dem in der Zukunft liegenden Betrag die Ermittlung der Annuität (a) in einem Schritt gestattet.

1. Schritt: Ermittlung des Barwertes der in der Zukunft liegenden Zahlung:

$$K_0 = \frac{K_n}{(1+i)^n} = \frac{K_n}{q^n} = K_n \cdot q^{-n} = K_n \cdot (1+i)^{-n}$$

2. Schritt: Verteilung des Barwertes auf die Zukunft, in Form gleich hoher Zahlungen (Annuitäten):

$$a = K_n \cdot (1+i)^{-n} \cdot \frac{i \cdot (1+i)^n}{(1+i)^n - 1}$$

$$a = K_n \cdot \frac{i}{(1+i)^n - 1} = K_n \cdot RVF(i;n)$$

173 Vgl. *Däumler, Klaus-Dieter*: Grundlagen der Investitions- und Wirtschaftlichkeitsrechnung. 10. Aufl., Herne/Berlin 2000, S. 125.

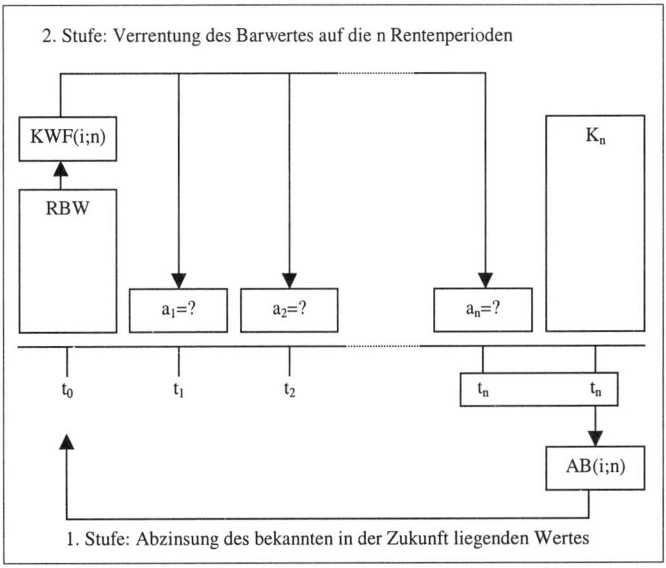

Abbildung 31: Ermittlung der Annuitäten aus dem Rentenendwert[174]

Beispiel:

Im Rahmen seiner Altersvorsorge möchte ein Investor bis zum Eintritt in den Ruhestand, der in 20 Jahren sein wird, ein Kapital von 750.000 EUR zusammengespart haben. Er möchte dabei in Form von jährlich, zum Jahresende fälligen Sparraten ansparen, die mit einem Zinssatz von 5 % verzinst werden. Welche Zahlungen muss der Investor erbringen?

$$a = K_n \cdot \frac{i}{(1+i)^n - 1}$$

$$a = 750.000 \cdot \frac{0{,}05}{(1+0{,}05)^{20} - 1} = 750.000 \cdot \underbrace{(0{,}030243)}_{\text{RVF}(0{,}05;20)} = 22.681{,}94$$

Der Sparer muss Ratenzahlungen in Höhe von 22.681,94 EUR aufbringen.

[174] Vgl. *Däumler, Klaus-Dieter*: Grundlagen der Investitions- und Wirtschaftlichkeitsrechnung. 10. Aufl., Herne/Berlin 2000, S. 125.

2.3.1.2 Die Gemeinsamkeiten der dynamischen Verfahren

2.3.1.2.1 Die Grundlagen

2.3.1.2.1.1 Die Verwendung von Zahlungsgrößen

Bei Anwendung der dynamischen Verfahren der Investitionsrechnung lassen sich einige bei den statischen Verfahren vorhandene Ungenauigkeiten bzw. Fehler vermeiden:

(1) Die **Beurteilung von Investitionsvorhaben** erfolgt – ausgehend vom zahlungsorientierten Investitionsbegriff –[175] nicht nach Erfolgsgrößen, sondern anhand **der durch sie ausgelösten Zahlungsströme**.

(2) Es erfolgt **keine** Bildung von **Periodendurchschnitten**; vielmehr werden die zeitlichen Unterschiede im Entstehen der Ein- und Auszahlungen für den gesamten Betrachtungs- bzw. Planungszeitraum explizit berücksichtigt.

Man kann erkennen, dass die dynamischen Verfahren der Investitionsrechnung wesentlich aussagestärker, aber rechentechnisch auch schwieriger zu handhaben sind als die statischen Verfahren. Da die Ein- und Auszahlungen zu unterschiedlichen Zeitpunkten anfallen, erfolgt eine **Auf- oder Abzinsung auf einen einheitlichen Bezugszeitpunkt** und damit eine Vergleichbarkeit der einzelnen Größen miteinander. Obgleich die pagatorischen Begriffe Einzahlungen bzw. Auszahlungen nicht deckungsgleich mit den Begriffen Einnahmen bzw. Ausgaben sind, werden beide Begriffspaare häufig synonym verwendet. Meistens erfolgt nicht einmal ein Hinweis darauf, dass eine Abgrenzung dieser Begriffe voneinander aus investitionsrechnerischer Sicht nicht für notwendig gehalten wird. Geht man aber von der klassischen betriebswirtschaftlichen Definition der Begriffe aus (Einzahlung: Erhöhung des Zahlungsmittelbestandes, d.h. der Kassenbestände und der jederzeit verfügbaren Bankguthaben; Auszahlung: Verminderung des Zahlungsmittelbestandes; Einnahme: Erhöhung des Geldvermögens; Ausgabe: Verminderung des Geldvermögens; Geldvermögen: Summe aus Zahlungsmittelbestand zuzüglich Bestand an sonstigen, d.h. im Zahlungsmittelbestand noch nicht enthaltenen Geldforderungen abzüglich Bestand an Geldverbindlichkeiten),[176] so stellt man fest, dass **nur Ein- und Auszahlungen Zinswirkungen** haben können und dass sich Einnahmen und Ausgaben von diesen liquiditätswirksamen

---

[175] Vgl. dazu **Abschnitt 1.3.1**.

[176] Vgl. dazu u.a. *Wöhe, Günter/Kußmaul, Heinz*: Grundzüge der Buchführung und Bilanztechnik. 3. Aufl., München 2000, S. 16-17 sowie **Abschnitt 1.1.1.1**.

Transaktionen durch die zusätzliche Berücksichtigung von Kreditbeziehungen unterscheiden. Eine synonyme Verwendung der Begriffspaare ist also nur zweckmäßig, wenn zeitliche Verwerfungen der Zahlungsmittel- und Geldvermögensveränderungen durch Kreditbeziehungen nicht auftreten.[177]

2.3.1.2.1.2 Der Zahlungszeitpunkt

Bezüglich einer exakten Ermittlung der Zinswirkungen müsste grundsätzlich eine taggenaue Einbeziehung aller Zahlungszeitpunkte in die Investitionsrechnung erfolgen. Das Problem dabei ist, dass derart exakte Schätzungen zukünftiger Ein- und Auszahlungen nur vereinzelt möglich sind und die rechentechnische Erfassung der unterschiedlichen Zahlungszeitpunkte außerdem erheblichen Arbeitsmehraufwand verursachen würde. Aus diesem Grund behilft man sich mit folgenden vereinfachenden Annahmen:[178]

- Unterteilung des gesamten Investitionszeitraums in Perioden, üblicherweise in Jahre.
- Unterstellung, dass die **Anschaffungsauszahlung A** unmittelbar vor Beginn des ersten Jahres (**im Zeitraum t=0**) anfällt.
- Der zeitliche Anfall aller laufenden, durch Investitionen ausgelösten Zahlungen liegt **jeweils am Ende der folgenden Jahre** (t=1, 2, ..., n).

  Dies hat den Zweck, dass eine **Saldierung der Einzahlungen** (E_t) der einzelnen Jahre **mit den** in diesen Jahren jeweils anfallenden **Auszahlungen** (A_t) erfolgen kann. Bei den so ermittelten **Nettozahlungen** der einzelnen Perioden (Z_t) kann es sich um Einzahlungsüberschüsse ($Z_t>0$) oder um Auszahlungsüberschüsse ($Z_t<0$) handeln, von denen unterstellt wird, dass sie am jeweiligen Periodenende anfallen.
- Ein in der letzten Periode (t=n) eventuell anfallender **Liquidationserlös** ($L_n>0$) oder entstehende **Abbruch- und/oder Entsorgungskosten** ($L_n<0$) finden eine gesonderte Berücksichtigung am Ende der letzten Periode.
- Alle Zahlungen einer Periode fallen an deren Ende an, d.h., es handelt sich um eine **„nachschüssige" Rechnung**.
- Allerdings wäre **auch** eine **„vorschüssige" Berechnung**, bei der alle Zahlungen annahmegemäß am Anfang der betreffenden Periode anfallen, **möglich**. Die Anschaffungsauszahlungen würden dann nicht mehr am Ende

---

177 Vgl. insbesondere *Bieg, Hartmut*: Betriebswirtschaftslehre 1: Investition und Unternehmungsbewertung. 2. Aufl., Freiburg i. Br. 1997, S. 54.

178 Vgl. dazu u.a. *Bieg, Hartmut*: Die Verfahren der Investitionsrechnung und ihre Verwendung in der Praxis. In: Der Steuerberater 1985, S. 61.

der Periode 0 anfallen, sondern zu Beginn der Periode t=1, der Liquidationserlös ergäbe sich erst nach n Jahren, also am Anfang der Periode n=t+1.

2.3.1.2.1.3 Der Bezugszeitpunkt

Durch die Auf- bzw. Abzinsung der zu unterschiedlichen Zeitpunkten anfallenden Ein- und Auszahlungen und damit durch die **Ausrichtung der Zahlungsströme auf einen gemeinsamen Bezugszeitpunkt** wird der Tatsache Rechnung getragen, dass der Wert von Ein- und Auszahlungen umso höher anzusetzen ist, je früher sie entstehen. Hinter dieser rechentechnischen Vorgehensweise stehen folgende Überlegungen: je früher über Einzahlungen aus einer Investition verfügt werden kann und je länger Auszahlungen hinausgeschoben werden können, desto größer ist der Zinsertrag, der sich durch Reinvestition von Einzahlungsüberschüssen erzielen lässt, bzw. desto geringer ist der Zinsaufwand, der sich als Folge der Finanzierung von Auszahlungsüberschüssen ergibt. Erst durch diese **Ausrichtung der Zahlungsströme auf einen einheitlichen Zeitpunkt** ist es möglich, sämtliche mit dem Investitionsprojekt in Zusammenhang stehenden Ein- und Auszahlungen zu einer einzigen, letztendlich für die Beurteilung der Vorteilhaftigkeit ausschlaggebenden Größe zu verdichten. Darüber hinaus besteht die **Möglichkeit einer Gegenüberstellung mehrerer zu beurteilender Handlungsalternativen** nur dann, **wenn alle Alternativen den gleichen Bezugszeitpunkt besitzen**.

Wird als Bezugszeitpunkt das **Ende des Planungszeitraums** ausgewählt, so ergibt sich durch Aufzinsung aller durch die Investition ausgelösten Zahlungen der **Endwert** dieser Investition. Bei Heranziehung dieser Größe als maßgebliches Entscheidungskriterium steht das „Vermögensstreben" des Investors[179] im Mittelpunkt des Interesses, hier in der einfachen Form der Maximierung des Endwerts des Vermögens ohne zwischenzeitliche Entnahmen des Investors.

Wählt man als Bezugszeitpunkt dagegen den **Anfang des Planungszeitraums**, so entspricht der durch Abzinsung aller durch die Investition ausgelösten Zahlungen ermittelte **Kapitalwert** (Barwert; C_0) dem „Vermögensstreben" des Investors in Form einer Maximierung des Gegenwartswerts des Vermögens. Allerdings ist dabei die Unterstellung notwendig, dass der Investor entweder keine Entnahmen während des Planungszeitraums tätigt oder er bei vollkommenem Kapitalmarkt jederzeit Fremdkapital in beliebiger Höhe zum Kalkulationszinssatz aufnehmen kann.

Grundsätzlich ohne Bedeutung für die Investitionsentscheidung ist, ob man den Endwert oder den Kapitalwert von Investitionsprojekten berechnet oder aber als relevanter Bezugspunkt ein beliebiger Zeitpunkt inner- oder außer-

---

[179] Vgl. **Abschnitt 2.1.2.1**.

halb des Planungszeitraums herangezogen wird. Allerdings werden in der betrieblichen Praxis i.d.R. Kapitalwerte berechnet, d.h., es werden die Zahlungen auf den Beginn des Betrachtungszeitraums abgezinst.[180]

2.3.1.2.1.4 Der Kalkulationszinssatz

Mit dem Kalkulationszinssatz i werden im Rahmen der dynamischen Verfahren der Investitionsrechnung **alle Zahlungen** auf einen einheitlichen Bezugszeitpunkt auf- oder abgezinst und damit **vergleichbar gemacht**. Die Wahl der Höhe des Kalkulationszinssatzes beeinflusst in ganz entscheidender Weise das Ergebnis der Vorteilhaftigkeit von Investitionsrechnungen und damit die Entscheidung eines Investors. Von großer Bedeutung ist daher die Festlegung der Höhe des Kalkulationszinssatzes. Herrscht Klarheit darüber, dass die in Frage kommende(n) Investition(en) durch die zusätzliche Aufnahme von Eigen- oder/und Fremdkapital finanziert werden soll(en), so ist der Kalkulationszinssatz aus den anfallenden Kapitalkosten abzuleiten. Erfolgt die **Finanzierung über Fremdkapital**, entspricht er dem tatsächlich zu zahlenden **effektiven Sollzinssatz**. Da Letzterer allerdings im Vorstadium der Investitionstätigkeit nicht exakt vorhersehbar ist, werden Berechnungen stattdessen oftmals mit dem Kapitalmarktzins für aufzunehmende Gelder entsprechender Fristigkeit durchgeführt.

Wird dagegen eine Finanzierung durch Zuführung von neuem **Eigenkapital** bevorzugt, so sind als maßgebender Kalkulationszinssatz die Eigenkapitalkosten anzusehen; in der betrieblichen Praxis werden diese im Allgemeinen aus der **Rendite einer Alternativanlage** abgeleitet. Bei gleichzeitiger Aufnahme von Eigen- und Fremdkapital ist ein entsprechend deren Verhältnis gewichteter Mischzinssatz zu ermitteln. Ist bereits in der Planungsphase ersichtlich, dass Kapital in ausreichender Höhe vorhanden ist, das ohne die Durchführung der Investition am Kapitalmarkt angelegt werden könnte, so orientiert sich der Kalkulationszinssatz grundsätzlich am Habenzinssatz. Allerdings wird es unter Berücksichtigung der hohen Fremdkapitalquote der Unternehmungen und der zwischen Soll- und Habenzinssatz befindlichen Zinsmarge sinnvoller sein, diese freien Beträge – falls keine Investition getätigt wird – für die Kredittilgung zu verwenden; dies hätte zur Konsequenz, dass wiederum auf den Kapitalmarkt-Sollzins für Gelder entsprechender Fristigkeit zurückgegriffen wird.[181]

---

[180] Vgl. dazu v.a. *Bieg, Hartmut*: Die Verfahren der Investitionsrechnung und ihre Verwendung in der Praxis. In: Der Steuerberater 1985, S. 61; *Büschgen, Hans E.*: Betriebliche Finanzwirtschaft – Unternehmensinvestitionen. Frankfurt a. M. 1981, S. 55-58.

[181] Vgl. dazu u.a. *Bieg, Hartmut*: Betriebswirtschaftslehre 1: Investition und Unternehmungsbewertung. 2. Aufl., Freiburg i. Br. 1997, S. 57.

2.3.1.2.2 Der vollständige Finanzplan

Eine rationale Entscheidung hinsichtlich bestimmter Investitionsprojekte, die zueinander in Konkurrenzbeziehung stehen, ist nur dann möglich, wenn diese echte, sich gegenseitig vollständig ausschließende Alternativen darstellen. Das Problem besteht allerdings darin, dass reale Investitionen von sich aus im Allgemeinen keine echten Alternativen sind. Oftmals unterscheiden sie sich nicht nur in der Höhe ihrer Anschaffungsauszahlungen voneinander, sondern auch in der Höhe ihrer Rückflüsse und des Weiteren auch noch in der zeitlichen Verteilung ihrer Einzahlungen und Auszahlungen. Außerdem weisen die miteinander zu vergleichenden Investitionen häufig unterschiedlich lange Nutzungsdauern auf. Prinzipiell hat ein Investor, der bestimmte Investitionsprojekte aus der Zahl der realisierbaren, sich gegenseitig nicht vollständig ausschließenden Alternativen auswählen möchte, nun zwei Möglichkeiten hinsichtlich der Berücksichtigung dieser Tatsache: zum einen kann er diese Fakten vernachlässigen, was aber im Ergebnis nicht unbedingt zu einer richtigen Entscheidung führt; zum anderen kann er versuchen, diese Kenntnis bestmöglich bezüglich der Vorbereitung einer annähernd richtigen Entscheidung zu nutzen. Zu diesem Zweck müssen allerdings die **unvollständigen Investitionsalternativen** in geeigneter Weise **zu echten Alternativen vervollständigt werden**.

Dies ist durch Aufstellung so genannter **vollständiger Finanzpläne** möglich. Dabei ist jede denkbare und zulässige Investitions- bzw. Finanzierungsentscheidung explizit zu berücksichtigen.[182] Eigentlich sollten bei der Aufstellung solcher Pläne nur reale Investitions- und Finanzierungsprojekte Eingang finden; dabei tritt jedoch das Problem auf, dass v. a. die in der ferneren Zukunft liegenden Projekte bzw. die damit einhergehenden Zahlungen eine erhöhte Planungsunsicherheit in sich bergen. Aus diesem Grund behilft man sich in der Praxis oftmals mit fiktiven Ergänzungsinvestitionen und -krediten, die nach bislang vorliegenden Geschäftsunterlagen und -erfahrungen in ihrer Höhe und der zeitlichen Verteilung der Zahlungsströme bestmöglich geschätzt werden. **Abbildung 32** (Seite 113) zeigt den schematischen Aufbau eines vollständigen Finanzplans.[183]

---

[182] Vgl. dazu u. a. *Kruschwitz, Lutz*: Investitionsrechnung. 8. Aufl., München/Wien 2000, S. 43-48.

[183] Bezüglich weitergehender Ausführungen hinsichtlich der Aufstellung vollständiger Finanzpläne sowie beispielhaften Darstellungen vgl. u. a. *Adam, Dietrich*: Investitions-controlling. 3. Aufl., München/Wien 2000, S. 69-72; *Altrogge, Günter*: Investition. 4. Aufl., München/Wien 1996, S. 40-11, S. 309-310 und S. 375-383; *Büschgen, Hans E.*: Betriebliche Finanzwirtschaft – Unternehmensinvestitionen. Frankfurt a. M. 1981, S. 66-74; *Busse von Colbe, Walther/Laßmann, Gert*: Betriebswirtschaftstheorie. Band 3. 3. Aufl., Berlin 1990, S. 43-47 und *Kruschwitz, Lutz*: Investitionsrechnung. 8. Aufl., München/Wien 2000, S. 43-48 und S. 212-218.

Zeitpunkt t		0	1	...	n
Basiszahlungen		M_0	M_1	...	M_n
Investitionsprojekt	1	$z^I_{01} x_1$	$z^I_{11} x_1$	...	$z^I_{n1} x_1$
	2	$z^I_{02} x_2$	$z^I_{12} x_2$	...	$z^I_{n2} x_2$
	⋮	⋮	⋮		⋮
	m	$z^I_{0m} x_m$	$z^I_{1m} x_m$	...	$z^I_{nm} x_m$
Finanzierungsprojekt	1	$z^F_{01} y_1$	$z^F_{11} y_1$	...	$z^F_{n1} y_1$
	2	$z^F_{02} y_2$	$z^F_{12} y_2$		$z^F_{n2} y_2$
	⋮	⋮	⋮	...	⋮
	p	$z^F_{0P} y_P$	$z^F_{1P} y_P$		$z^F_{nP} y_P$
Entnahmen		$f_0 Y$	$f_1 Y$	...	$f_n Y$
Endvermögen					C_n

Abbildung 32: Vollständiger Finanzplan[184]

Erläuterung der Symbole:

C_t: Finanzmittelüberschuss/-defizit des Investors im Zeitpunkt t;
i: Index für den i-ten Investitionsprojekttyp (i=1, 2, …, m);
j: Index für den j-ten Finanzierungsprojekttyp (j=1, 2, …, p);
M_t: Element der Basiszahlungsreihe für den Zeitpunkt t;
t: Zeitindex (t=0, 1, …, n);
n: Planungshorizont;
x_i: Anzahl der Investitionsprojekte vom Typ i;
y_i: Anzahl der Finanzierungsprojekte vom Typ j;
$f_n Y$: Entnahmen im Zeitpunkt t;
z^I_{ti}: Zahlung, die die i-te Investition im Zeitpunkt t verursacht;
z^F_{tj}: Zahlung, die die j-te Finanzierung im Zeitpunkt t verursacht.

---

[184] Modifiziert entnommen aus *Kruschwitz, Lutz*: Investitionsrechnung. 8. Aufl., München/Wien 2000, S. 214.

Die Funktionsweise des vollständigen Finanzplans wird im Folgenden anhand eines Zahlenbeispiels dargestellt.[185]

Beispiel:

Ein Investor, dessen Planungszeitraum sich auf drei Jahre erstreckt, besitzt zum heutigen Zeitpunkt liquide Mittel in Höhe von $M_0 = 1.100$ EUR. Es stehen ihm zwei sich gegenseitig ausschließende Investitionsalternativen zur Auswahl, die folgende Zahlungsreihen besitzen:

t	0	1	2	3
Objekt A	– 1.000	0	482	1.200
Objekt B	– 1.200	800	900	0

Weiterhin sind folgende zusätzliche Informationen gegeben:

- Es wird ein Vermögensstreben des Investors unterstellt, d. h., der Investor möchte beginnend vom Zeitpunkt $t = 0$ jährlich 200 EUR entnehmen und sein Endvermögen maximieren.
- In $t = 0$ könnte ein Kredit mit einer Laufzeit von drei Jahren von maximal 400 EUR aufgenommen werden, wobei Ratentilgung und ein Zinssatz von 20 % p. a. vereinbart werden.
- In $t = 1$ könnte ebenfalls ein Kredit von maximal 300 EUR aufgenommen werden. Der Zinssatz beläuft sich auf 15 % p. a., die Laufzeit auf ein Jahr.
- In $t = 0$ könnte eine weitere Sachinvestition (Projekt C) erfolgen mit der Zahlungsreihe (– 200; 150; 100).
- In $t = 1$ könnte eine Finanzinvestition in unbeschränkter Höhe erfolgen (Zinssatz: 12 % p. a., Laufzeit: 1 Jahr).
- Es sind außer den genannten Möglichkeiten keine weiteren Investitions- und Finanzierungsmöglichkeiten existent. Allerdings ist eine Kassenhaltung zu jedem Zeitpunkt möglich.

Hierbei gilt es festzustellen, dass für ein und dasselbe Investitionsobjekt mehrere zulässige vollständige Finanzpläne aufgestellt werden können.[186]

Ein möglicher vollständiger Finanzplan für Investitionsobjekt A könnte wie folgt aussehen:

---

[185] In Anlehnung an das Beispiel bei *Kruschwitz, Lutz*: Investitionsrechnung. 8. Aufl., München/Wien 2000, S. 43-46.

[186] Vgl. *Kruschwitz, Lutz*: Investitionsrechnung. 8. Aufl., München/Wien 2000, S. 47-48.

	0	1	2	3
Basiszahlungen (liquide Mittel)	1.100			
Investitionsprojekt A	– 1.000	0	482	1.200
Sachinvestition (Projekt C)	– 200	150	100	
Kredit (20%)	300	– 160	– 140	– 120
Kredit (15%)		210	– 242	
Kassenhaltung				
Entnahmen	– 200	– 200	– 200	– 200
Endvermögen				880

Der Kapitaldienst für den Kredit (20%) ergibt sich aus der gleich bleibenden Tilgungsleistung von jeweils 100 EUR zuzüglich der Zinszahlungen auf das jeweilige noch im Betrieb gebundene Kapital am Ende des vorangegangenen Jahres.

Dem entsprechend ergibt sich für Investitionsobjekt B nachstehender vollständiger Finanzplan (als ein Beispiel für mögliche Finanzpläne):

	0	1	2	3
Basiszahlungen (liquide Mittel)	1.100			
Investitionsprojekt B	– 1.200	800	900	0
Sachinvestition (Projekt C)				
Finanzinvestition (12%)		– 440	493	
Kredit (20%)	300	– 160	– 140	– 120
Kassenhaltung			– 1.053	1.053
Entnahmen	– 200	– 200	– 200	– 200
Endvermögen				733

Der Investor wird sich in diesem Fall für Investitionsprojekt A entscheiden, da dieses neben den kontinuierlichen Entnahmen in Höhe von jährlich 200 EUR das größere Endvermögen aufweist.

2.3.2 Ausgewählte Verfahren

2.3.2.1 Die Kapitalwertmethode

2.3.2.1.1 Allgemeine Bemerkungen, Detaildarstellung und Interpretation

Jede Investition lässt sich durch eine bestimmte Zahlungsreihe Z_t (=E_t−A_t) für t=0, 1, 2, ..., n ausdrücken. Wird eine Zahlung Z_t aus dieser Folge auf den Zeitpunkt t=0 abgezinst, so ergibt sich der Barwert (Gegenwartswert) von Z_t, also der Wert des am Ende von Periode t anfallenden Ein- bzw. Auszahlungsüberschusses Z_t zum Zeitpunkt t=0. Auch im Falle der Abzinsung einzelner Einzahlungen E_t oder Auszahlungen A_t wird von deren Barwert gesprochen. Es lässt sich also generell sagen:

$$\text{Barwert} = \text{Zeitwert} \cdot \text{Abzinsungsfaktor}$$

Die **Summe aller Barwerte** der durch ein Investitionsvorhaben verursachten Zahlungen wird als **Kapitalwert C_0** dieser Investition bezeichnet:

$$C_0 = \sum_{t=0}^{n} \frac{Z_t}{(1+i)^t} = \sum_{t=0}^{n} \left(\frac{E_t}{(1+i)^t} - \frac{A_t}{(1+i)^t} \right)$$

wobei:

C_0: Kapitalwert der Investition;

E_t: Einzahlungen der Periode t;

A_t: Auszahlungen der Periode t;

Z_t: Differenz zwischen den Ein- und Auszahlungen der Periode t mit folgender Wirkung:

→ Einzahlungsüberschuss der Periode t, wenn $Z_t>0$ bzw.

→ Auszahlungsüberschuss der Periode t, wenn $Z_t<0$;

i: Kalkulationszinssatz;

n: Nutzungsdauer des Investitionsobjekts;

t: Periode (t=0, 1, 2, ..., n).

Die folgende, häufig vorzufindende Darstellung berücksichtigt explizit, dass

- zum Zeitpunkt t=0 bei Realisierung der Investition keine Einzahlungen vorliegen ($E_0=0$ und damit $Z_0=A_0$),
- am Ende der Nutzungsdauer ein Liquidationserlös ($L_n>0$) bzw. eine Liquidationsauszahlung (z.B. Abbruch- und/oder Entsorgungskosten; $L_n<0$) anfallen kann.

Es ergibt sich daher folgende abgewandelte Formel:

$$C_0 = -A_0 + \sum_{t=1}^{n} \frac{Z_t}{(1+i)^t} + \frac{L_n}{(1+i)^n}$$

wobei:

A_0: Anschaffungsauszahlung im Zeitpunkt t=0;

L_n: Liquidationserlös, falls $L_n>0$ bzw. Liquidationsauszahlung, falls $L_n<0$.

Der für ein bestimmtes Investitionsprojekt ermittelte Kapitalwert C_0 gibt an, welchen – auf einen Zeitpunkt t=0 bezogenen – **Vermögenszuwachs** der Investor bei Durchführung des Investitionsvorhabens **über die Tilgung der Anschaffungsauszahlung** und **über die Verzinsung** des eingesetzten Betrages **zum Kalkulationszinssatz** hinaus erzielt.

Hat der Kapitalwert der Investition C_0 einen Betrag von null, so sagt dies aus, dass gerade noch die zugrunde gelegte Mindestverzinsung i erzielt wird. Die Einzahlungsüberschüsse reichen also aus, die Anfangsauszahlungen zu tilgen und das im Investitionsprojekt gebundene Kapital zum Kalkulationszinsfuß zu verzinsen.

Ein einzelnes Investitionsvorhaben erweist sich – verglichen mit der Nichtrealisierung der Investition (so genannte Null-Alternative) – folglich nur dann als vorteilhaft, wenn der Kapitalwert C_0 einen positiven Betrag annimmt, d.h., wenn sein Kapitalwert größer als null ist. Von mehreren zur Verfügung stehenden Alternativen ist diejenige für den Investor am günstigsten, die den größten positiven Kapitalwert besitzt.[187]

---

[187] Vgl. dazu insbesondere *Bieg, Hartmut*: Die Verfahren der Investitionsrechnung und ihre Verwendung in der Praxis. In: Der Steuerberater 1985, S. 62; *Blohm, Hans/Lüder, Klaus*: Investition. 8. Aufl., München 1995, S. 58-75; *Buchner, Robert*: Kapitalwert, interner Zinsfuß und Annuität als investitionsrechnerische Auswahlkriterien. In: Wirtschaftswissenschaftliches Studium 1993, S. 218-222; *Büschgen, Hans E.*: Betriebliche Finanzwirtschaft – Unternehmensinvestitionen. Frankfurt a. M. 1981, S. 58-66; *Busse von Colbe, Walther/Laßmann, Gert*: Betriebswirtschaftstheorie. Band 3. 3. Aufl., Berlin 1990, S. 47-48; *Däumler, Klaus-Dieter*: Grundlagen der Investitions- und Wirtschaft-

Die Gültigkeit der eben dargelegten Aussagen ist allerdings an einige Prämissen geknüpft, die hinsichtlich der Anwendung der Kapitalwertmethode getroffen werden.

2.3.2.1.2 Die Prämissen der Kapitalwertmethode

Um zu gewährleisten, dass die Kapitalwertmethode zu einem Ergebnis führt, das der monetären Zielsetzung eines Investors entspricht, müssen folgende Prämissen erfüllt sein:[188]

(1) Der Investor besitzt zum Zeitpunkt der Entscheidung Kenntnis über die wirtschaftliche Nutzungsdauer des Investitionsprojekts.

(2) Die von einem Investitionsobjekt in der Zukunft verursachten Ein- und Auszahlungen sind sicher zu ermitteln und dieser Investition zuzurechnen.

(3) Alle durch die Investition ausgelösten Ein- und Auszahlungen fallen am Ende jeder einzelnen Periode an; die Anschaffungsauszahlung fällt am Ende der Periode an, die dem Betrachtungszeitraum vorausgeht (= unmittelbar vor der ersten Periode); es muss jedoch erwähnt werden, dass dieses Kriterium keine absolut unabdingbare Voraussetzung für die Anwendung der Kapitalwertmethode darstellt.

(4) Es liegt ein **vollkommener und für den Investor unbeschränkter Kapitalmarkt** vor, d. h., es besteht die Möglichkeit, Kapital in beliebiger Höhe zu einem bestimmten Zinssatz (Kalkulationszinssatz) sowohl anzulegen als auch aufzunehmen.

(5) Erwirtschaftete Einzahlungsüberschüsse können entweder jederzeit zur Kredittilgung verwendet werden, was zu Zinsersparnissen in Höhe des Kalkulationszinssatzes führt, oder sie können zum gleichen Zinssatz (z. B. als Bankguthaben) wieder angelegt werden (so genannte **Wiederanlageprämisse**).

---

lichkeitsrechnung. 10. Aufl., Herne/Berlin 2000, S. 58-59; *Götze, Uwe/Bloech, Jürgen*: Investitionsrechnung. 2. Aufl., Berlin u. a. 1995, S. 73-87; *Perridon, Louis/Steiner, Manfred*: Finanzwirtschaft der Unternehmung. 10. Aufl., München 1999, S. 61-65; *Rolfes, Bernd*: Dynamische Verfahren der Wirtschaftlichkeitsrechnung. In: Das Wirtschaftsstudium 1986, S. 481-483; *Walz, Hartmut/Gramlich, Dieter*: Investitions- und Finanzplanung. 5. Aufl., Heidelberg 1997, S. 53-67.

188 Vgl. dazu insbesondere *Bieg, Hartmut*: Betriebswirtschaftslehre 1: Investition und Unternehmungsbewertung. 2. Aufl., Freiburg i. Br. 1997, S. 64-68; *Blohm, Hans/Lüder, Klaus*: Investition. 8. Aufl., München 1995, S. 74-75.

2.3.2.1.3 Endliche und unendliche Renten

Die oben angeführte Kapitalwertformel kann vereinfacht dargestellt werden, wenn die Einzahlungsüberschüsse Z_t für alle Perioden t=1, 2, ..., n gleich hoch sind (Z_t=Z). Die konstanten Einzahlungsüberschüsse Z werden als Rente bezeichnet. Fallen sie in den Zeiträumen t=1 bis t=n an, so spricht man von einer **„endlichen Rente"**.

Der Kapitalwert einer über n Perioden zu erwartenden nachschüssigen Rente Z (Entstehung des Einzahlungsüberschusses stets am Ende der Periode) lässt sich, falls zudem mit einem Liquidationserlös am Ende des Betrachtungszeitraums gerechnet wird, folgendermaßen ermitteln (der Faktor, mit dem Z multipliziert wird, ist der Rentenbarwertfaktor):[189]

$$C_0 = -A_0 + \sum_{t=1}^{n} \frac{Z_t}{(1+i)^t} + \frac{L_n}{(1+i)^n}$$

$$C_0 = -A_0 + Z \cdot \left[\frac{1}{(1+i)} + \frac{1}{(1+i)^2} + \ldots + \frac{1}{(1+i)^n} \right] + \frac{L_n}{(1+i)^n}$$

$$C_0 = -A_0 + Z \cdot \frac{(1+i)^n - 1}{i \cdot (1+i)^n} + \frac{L_n}{(1+i)^n}$$

Es ist jedoch unbedingt zu berücksichtigen, dass eine derartige Vereinfachung nur Gültigkeit besitzt, wenn tatsächlich mit konstanten Einzahlungsüberschüssen gerechnet werden kann. Wird diese Unveränderlichkeit der Zahlungsüberschüsse nur für die Berechnung verwendet, weil eine Prognose zu schwierig und/oder zu arbeitsaufwändig wäre, so wird eine Ermittlung richtiger Ergebnisse umso unwahrscheinlicher sein, je stärker die tatsächlichen Einzahlungsüberschüsse von dem angenommenen Durchschnittswert abweichen.

Rechnet man für einen „unendlich" langen Zeitraum mit einem jährlich gleich hohen nachschüssigen Einzahlungsüberschuss Z, so lässt sich der **Kapitalwert dieser „unendlichen (ewigen) Rente"** nach folgender Formel bestimmen:[190]

$$C_0 = -A_0 + \frac{Z}{i}$$

---

[189] Vgl. dazu **Abschnitt 2.3.1.1.4**.

[190] Vgl. dazu **Abschnitt 2.3.1.1.5**.

2.3.2.1.4 Kritik

Bei vielen Vorteilhaftigkeitsbetrachtungen mit Hilfe der Verfahren der Investitionsrechnung besteht die **Gefahr des Vergleichs unvollständiger Alternativen**. Insbesondere wird bei den Berechnungen nicht berücksichtigt, dass die verschiedenen vergleichend gegenübergestellten Alternativen i.d.R. eine unterschiedliche Kapitalbindungshöhe bzw. z.T. auch Kapitalbindungsdauer aufweisen. Es besteht also das **Problem** der expliziten Berücksichtigung **von Anschlussinvestitionen** (bei differierender Kapitalbindungsdauer) **und Ergänzungsinvestitionen** (bei unterschiedlicher Kapitalbindungshöhe).

Bei der Berechnung im Rahmen der Kapitalwertmethode wird dieses Problem durch die so genannte **Wiederanlageprämisse** bewältigt: Alle Zahlungsüberschüsse, Ergänzungs- und Anschlussinvestitionen verzinsen sich zum Kalkulationszinsfuß. Ergänzungs- und Anschlussinvestitionen können nur zu einem jährlichen Wertzuwachs in Höhe ihres Betrages multipliziert mit dem Kalkulationszinssatz führen. Genau diese Verzinsung wird aber durch Diskontierung mit dem Kalkulationszinssatz auf den Zeitpunkt t=0 wieder rückgängig gemacht, so dass ihr Kapitalwert immer gleich null ist.

Als **Nachteile** der Kapitalwertmethode können die z.T. unrealistischen Unterstellungen hinsichtlich des einheitlichen Zinssatzes für Anlage und Aufnahme von Kapital, der Wiederanlage von Kapital und der Situation des Kapitalmarktes angesehen werden. Der große **Vorteil** der Kapitalwertmethode liegt in der Berücksichtigung von Zahlungsgrößen und exakten Zahlungszeitpunkten; dies ermöglicht eine Bewertung der Investitionsvorhaben unter den monetären Zielsetzungen des Investors.

2.3.2.2 Die Annuitätenmethode

2.3.2.2.1 Allgemeine Bemerkungen und Detaildarstellung

Als Interpretation des Kapitalwerts ergab sich, dass dieser – wenn keine jährlichen Entnahmen erfolgen – den auf den Beginn der Betrachtungsperiode bezogenen Vermögenszuwachs ausdrückt, der durch die Investition veranlasst wurde. Orientiert sich ein Investor am Kapitalwert eines bestimmten Investitionsobjekts, so lässt sich daraus im Allgemeinen ein Streben nach Maximierung seines Vermögens (ohne periodische Entnahmen) erkennen.

Im Gegensatz zur Kapitalwertmethode, die also durch ein Denken in Totalerfolgen charakterisiert werden kann, trägt die Annuitätenmethode als abgewandelte Form der Kapitalwertmethode dem Denken in **Periodenerfolgen** Rechnung.

Man gelangt von dem Kapitalwert einer Investition zu einer geänderten Darstellungsform dieses Werts, indem eine Umformung der ursprünglichen Zahlungsreihe einer Investition in eine andere, aber äquivalente Zahlungsreihe, deren einzelne Faktoren äquidistant und uniform sind, vorgenommen wird. Dabei bedeutet

- **äquivalent**, dass der Kapitalwert der neuen Zahlungsreihe dem Kapitalwert der ursprünglichen Reihe entspricht;
- **äquidistant**, dass die (fiktiven) Zahlungen der neuen (fiktiven) Reihe zu Zeitpunkten anfallen, die jeweils gleich weit voneinander entfernt sind (im Allgemeinen wird ein Anfall am Jahresende unterstellt);
- **uniform**, dass die Zahlungen der neuen Reihe alle gleich groß sind.

Eine Zahlungsreihe, die diese Bedingungen erfüllt, wird als **Annuität** (G_n) einer Investition bezeichnet.[191]

Um die ursprüngliche Zahlungsreihe in eine äquivalente Zahlungsreihe, deren Faktoren Uniformität und Äquidistanz aufweisen, zu transformieren, sind zwei Schritte notwendig. Zunächst erfolgt die Berechnung des Kapitalwerts der ursprünglichen Zahlungsreihe der Investition. Danach wird dieser mit dem vom Kalkulationszinssatz sowie der Nutzungsdauer abhängigen Kapitalwiedergewinnungsfaktor (vgl. **Abschnitt 2.3.1.1.6**) multipliziert:

$$G_n = \sum_{t=0}^{n} \frac{Z_t}{(1+i)^t} \cdot \frac{i \cdot (1+i)^n}{(1+i)^n - 1} = C_0 \cdot KWF$$

Das **Entscheidungskriterium** kann bei Anwendung der Annuitätenmethode folgendermaßen formuliert werden:

Eine einzelne Investition ist bei ausschließlich zahlungsorientierter Betrachtung vorteilhaft, wenn ihre Annuität größer null ist. Von mehreren alternativen Handlungsmöglichkeiten des Investors ist diejenige mit der größten positiven Annuität vorzuziehen.[192]

---

[191] Vgl. dazu v.a. *Bieg, Hartmut*: Betriebswirtschaftslehre 1: Investition und Unternehmungsbewertung. 2. Aufl., Freiburg i. Br. 1997, S. 71-72; *Buchner, Robert*: Kapitalwert, interner Zinsfuß und Annuität als investitionsrechnerische Auswahlkriterien. In: Wirtschaftswissenschaftliches Studium 1993, S. 220.

[192] Vgl. *Bieg, Hartmut*: Betriebswirtschaftslehre 1: Investition und Unternehmungsbewertung. 2. Aufl., Freiburg i. Br. 1997, S. 73-74; *Blohm, Hans/Lüder, Klaus*: Investition. 8. Aufl., München 1995, S. 75-77; *Götze, Uwe/Bloech, Jürgen*: Investitionsrechnung. 2. Aufl., Berlin u. a. 1995, S. 88-91; *Walz, Hartmut/Gramlich, Dieter*: Investitions- und Finanzplanung. 5. Aufl., Heidelberg 1997, S. 72-73.

2.3.2.2.2 Die Bedeutung der Annuität

Die Annuität gibt Aufschluss darüber, welchen konstanten Betrag ein Investor innerhalb der als bekannt vorausgesetzten Nutzungsdauer der Investition jeweils am Ende der einzelnen Perioden entnehmen könnte, ohne dass dadurch die Rückgewinnung des durch die Investition gebundenen Kapitals sowie die Verzinsung des jeweils gebundenen Kapitals zum Kalkulationszinssatz beeinträchtigt würde. Es wird hier in klarer Weise die Beziehung zum Streben des Investors nach **Einkommensmaximierung** (bei einem gewünschten Endvermögen von null) deutlich.

Da die Annuität der ursprünglichen Zahlungsreihe äquivalent ist, also den gleichen Kapitalwert besitzt, gilt einerseits die Beziehung $G_n=C_0 \cdot KWF$ und andererseits $C_0=G_n \cdot RBF$. Aus diesem Grund ist eine Interpretation der Annuität auch i.S. der **Vermögensmaximierung** möglich, nämlich als der bei einem bestimmten Kalkulationszinssatz über die Rückgewinnung und Verzinsung des eingesetzten Kapitals hinaus erwirtschaftete mittlere Vermögenszuwachs pro Periode, d.h. als auf den Zeitraum t=1 bis t=n zinseszinsmäßig verteilter Kapitalwert.

Es lässt sich also erkennen, dass die Annuitätenmethode nicht nur formal gesehen, sondern auch in ihrer materiellen Ausprägung eine **Variante der Kapitalwertmethode** darstellt. Daher gelten für die Annuitätenmethode im Wesentlichen auch die gleichen Prämissen wie für die Kapitalwertmethode.[193]

2.3.2.2.3 Die Prämissen der Annuitätenmethode

Ebenso wie bei der Kapitalwertmethode wird auch hinsichtlich der Annuitätenmethode ein **vollkommener und für den Investor unbeschränkter Kapitalmarkt** unterstellt. Des Weiteren gilt die **Wiederanlageprämisse**.

Im Hinblick auf die **Beurteilung eines einzelnen Investitionsprojekts** können Kapitalwert- und Annuitätenmethode – unter Zugrundelegung dieser Prämissen – deshalb nie zu einem unterschiedlichen Ergebnis kommen. Aus $C_0>0$ folgt nämlich, dass auch $G_n>0$ ist, denn $G_n=C_0 \cdot KWF$ und KWF nimmt bei einem positiven Zinssatz stets einen Wert größer null an. Zu beachten gilt aber, dass eine Berechnung der Annuität unter Verwendung des Kapitalwiedergewinnungsfaktors nur dann durchgeführt werden kann, wenn der Kalkulationszinssatz während der Gesamtdauer des Projekts konstant bleibt.

---

[193] Vgl. dazu insbesondere *Bieg, Hartmut*: Betriebswirtschaftslehre 1: Investition und Unternehmungsbewertung. 2. Aufl., Freiburg i. Br. 1997, S. 74; *Blohm, Hans/Lüder, Klaus*: Investition. 8. Aufl., München 1995, S. 76-77.

Soll die Lösung eines **Wahlproblems** mittels der Annuitätenmethode erfolgen, so muss eine weitere Prämisse erfüllt sein: Es darf keine Abweichung in den Nutzungsdauern aller in den Vergleich einbezogenen Projekte bestehen.[194] Der Grund dafür liegt in der ansonsten vorgenommenen Verteilung des Kapitalwerts auf jeweils unterschiedliche Zeiträume.

2.3.2.2.4 Endliche und unendliche Renten

Ebenso wie im Fall der Kapitalwertmethode ist hier eine Vereinfachung möglich, wenn die Perioden t=1, 2, ..., n jeweils gleich hohe Einzahlungsüberschüsse Z aufweisen, d.h. wenn die Rechnung mit einer **„endlichen Rente"** durchgeführt wird.[195] Bei Vorliegen eines derartigen Sachverhalts muss keine vorherige Berechnung des Kapitalwerts des Investitionsprojekts erfolgen; vielmehr lässt sich die Annuität G_n direkt ermitteln:

$$G_n = Z - \left(A_0 - \frac{L_n}{(1+i)^n} \right) \cdot KWF$$

Ist kein Liquidationserlös zu erwarten, so vereinfacht sich die Berechnung nochmals:

$$G_n - Z - A_0 \cdot KWF$$

Hierbei stellt das Produkt aus Anschaffungsauszahlung und Kapitalwiedergewinnungsfaktor den jährlich in konstanter Höhe zu zahlenden, also seinerseits als Annuität ausgedrückten Zins- und Tilgungsanteil des für die Investition erforderlichen Kapitals dar. Da die Summe aus Zins und Tilgung auch als Kapitaldienst bezeichnet wird, ergibt sich die Annuität einer Investition in diesem speziellen Fall als Differenz zwischen den konstanten Einzahlungsüberschüssen pro Jahr und dem Kapitaldienst der Investition.

Wird dagegen mit einer **unendlichen** (ewigen) **Rente**[196] gerechnet, die jeweils am Periodenende gezahlt wird, so ergibt sich eine noch stärker vereinfachte Formel für die Berechnung der Annuität, denn es kann auf die Berücksichtigung eines Liquidationserlöses verzichtet werden, da dieser erst in der unendlich weit entfernt liegenden Periode t=n anfällt:

$$G_n = Z - A_0 \cdot i$$

---

[194] Vgl. *Bieg, Hartmut*: Betriebswirtschaftslehre 1: Investition und Unternehmungsbewertung. 2. Aufl., Freiburg i. Br. 1997, S. 74; *Büschgen, Hans E.*: Betriebliche Finanzwirtschaft – Unternehmensinvestitionen. Frankfurt a. M. 1981, S. 76-77.

[195] Vgl. dazu **Abschnitt 2.3.1.1.4**.

[196] Vgl. dazu **Abschnitt 2.3.1.1.5**.

2.3.2.2.5 Kritik

Da die Annuitätenmethode nur eine **Modifikation der Kapitalwertmethode** darstellt und daher auf den gleichen Prämissen basiert, gelten für beide Investitionsrechenverfahren prinzipiell die gleichen Kritikpunkte. In Ergänzung dazu lässt sich sagen, dass Annuitäten nicht immer ökonomisch sinnvoll interpretiert werden können.

Der große **Vorteil** der Annuitätenmethode liegt jedoch in der **erhöhten Anschaulichkeit** und Aussagekraft von Periodenerfolgen im Vergleich zur Kapitalwertmethode, die als Ergebnis den Totalerfolg einer Investition widerspiegelt.

Als **Nachteile** der Annuitätenmethode müssen dagegen zum einen der **zusätzliche Berechnungsaufwand**, der – mit Ausnahme der Rentenrechnung – von der Berechnung über den „Umweg" Kapitalwertmethode herrührt, und zum anderen die **Gefahr von Fehlentscheidungen**, wenn ein Vergleich von Objekten mit unterschiedlicher Lebensdauer anhand ihrer auf die jeweiligen Projektdauer berechneten Annuitäten erfolgt, gesehen werden.[197]

2.3.2.3 Die Methode des internen Zinsfußes

2.3.2.3.1 Allgemeine Bemerkungen und Detaildarstellung

Während die wirtschaftliche Vorteilhaftigkeit einer konkreten Investitionsmaßnahme bei Kapitalwert- und Annuitätenmethode – ausgehend von einem bestimmten, von den Kapitalkosten unabhängigen und als Vergleichsalternative dienenden Kalkulationszinssatz – in absoluten Größen ausgedrückt wird, versucht man bei der Methode des internen Zinsfußes zunächst zu ermitteln, welche effektive Verzinsung das in jedem Zeitpunkt der Investitionsdauer gebundene Kapital (bzw. vorhandene Vermögen) erbringt. Danach erst stellt sich die Frage, ob die Investition aufgrund dieser Verzinsung realisiert werden sollte.

Da der interne Zinsfuß r einer Investition ausdrückt, welche Verzinsung das jeweils gebundene Kapital erwirtschaftet, lässt sich feststellen, dass bei diesem Zinssatz die aus dem Investitionsprojekt resultierenden Einzahlungsüberschüsse gerade ausreichen, die Tilgung des eingesetzten Kapitals und die Verzinsung des jeweils gebundenen Betrags zu diesem Zinssatz sicherzustellen. Mit anderen Worten ausgedrückt bedeutet dies, dass der interne Zinsfuß r

---

[197] Vgl. dazu insbesondere *Büschgen, Hans E.*: Betriebliche Finanzwirtschaft – Unternehmensinvestitionen. Frankfurt a. M. 1981, S. 76-77.

denjenigen Diskontierungszinssatz darstellt, bei dessen Anwendung auf die Zahlungsreihe einer Investition der Kapitalwert null ist, bei dem also die Summe der Barwerte aller mit der Investition verbundenen Auszahlungen gleich der Summe der Barwerte aller durch sie hervorgerufenen Einzahlungen ist.[198]

Der interne Zinsfuß eines Investitionsprojekts lässt sich deshalb ermitteln, indem die Kapitalwertformel, in der der gesuchte Zinssatz mit r bezeichnet ist, in einem ersten Schritt gleich null gesetzt wird:

$$C_0 = \sum_{t=0}^{n} Z_t \cdot (1+r)^{-t} = 0$$

Anschließend ist diese Bestimmungsgleichung nach r aufzulösen.

Der Kapitalwert des Investitionsprojekts nimmt allerdings nur dann einen Betrag von null an, wenn die Summe der Barwerte aller mit der Investition verbundenen Auszahlungen gleich der Summe der Barwerte aller durch sie hervorgerufenen Einzahlungen ist, wenn also gilt:

$$A_0 + \sum_{t=1}^{n} A_t \cdot (1+r)^{-t} = \sum_{t=1}^{n} E_t \cdot (1+r)^{-t} + L_n \cdot (1+r)^{-n}$$

Als **Entscheidungskriterium** der Methode des internen Zinsfußes gilt Folgendes:

Der interne Zinssatz r muss am Kalkulationszinssatz i, der als Vergleichsalternative dient, gemessen werden. Eine einzelne Investition erweist sich dann als vorteilhaft, wenn sie einen über dem Kalkulationszinssatz i liegenden internen Zinsfuß r aufweist. Von mehreren alternativ realisierbaren Projekten sollte dasjenige mit dem höchsten Wert für r durchgeführt werden, wenn dieser interne Zinsfuß gleichzeitig größer als der Kalkulationszinssatz i ist.[199]

---

198 Vgl. dazu *Bieg, Hartmut*: Die Verfahren der Investitionsrechnung und ihre Verwendung in der Praxis. In: Der Steuerberater 1985, S. 66; *Blohm, Hans/Lüder, Klaus*: Investition. 8. Aufl., München 1995, S. 90; *Buchner, Robert*: Kapitalwert, interner Zinsfuß und Annuität als investitionsrechnerische Auswahlkriterien. In: Wirtschaftswissenschaftliches Studium 1993, S. 220; *Büschgen, Hans E.*: Betriebliche Finanzwirtschaft – Unternehmensinvestitionen. Frankfurt a. M. 1981, S. 78-79; *Däumler, Klaus-Dieter*: Grundlagen der Investitions- und Wirtschaftlichkeitsrechnung. 10. Aufl., Herne/Berlin 2000, S. 83; *Götze, Uwe/Bloech, Jürgen*: Investitionsrechnung. 2. Aufl., Berlin u.a. 1995, S. 91-101; *Mellwig, Winfried*: Kompendium für das Examen zum vBP/WP, Band 2: Betriebswirtschaft. 2. Aufl., Hamburg 1994, S. 189; *Rolfes, Bernd*: Dynamische Verfahren der Wirtschaftlichkeitsrechnung. In: Das Wirtschaftsstudium 1986, S. 484; *Walz, Hartmut/Gramlich, Dieter*: Investitions- und Finanzplanung. 5. Aufl., Heidelberg 1997, S. 77-78.

199 Vgl. dazu u.a. *Bieg, Hartmut*: Betriebswirtschaftslehre 1: Investition und Unternehmungsbewertung. 2. Aufl., Freiburg i. Br. 1997, S. 77; *Blohm, Hans/Lüder, Klaus*: Investition. 8. Aufl., München 1995, S. 90-101; *Büschgen, Hans E.*: Betriebliche Finanzwirtschaft

2.3.2.3.2 Die Bestimmung des internen Zinsfußes

Da bei der Auflösung der Bestimmungsgleichung für den internen Zinsfuß

$$C_0 = \sum_{t=0}^{n} Z_t \cdot (1+r)^{-t} = 0$$

in der Mehrzahl der Fälle – sofern es sich nicht um ein- oder höchstens zweiperiodige Investitionen handelt – Probleme auftreten, behilft man sich in der Praxis zumeist damit, die Höhe des internen Zinsfußes näherungsweise festzulegen, um eine etwaige Vorstellung über die Wirtschaftlichkeit des Investitionsprojekts zu erhalten.

Es wird dabei oftmals auf die **Methode der linearen Interpolation** zurückgegriffen, um eine approximative Lösung der obigen Gleichung zu bestimmen. Bei diesem Näherungsverfahren berechnet man in einem ersten Schritt den Kapitalwert (C_{01}) für einen Kalkulationszinssatz (i_1), in dessen Nähe man den internen Zinsfuß vermutet. Ist dieser positiv (negativ), so wird im zweiten Schritt ein höherer (niedrigerer) Kalkulationszinssatz (i_2) gewählt, und für diesen ebenfalls der Kapitalwert (C_{02}) berechnet. Unter Verwendung der beiden auf diese Weise ermittelten Kapitalwerte lässt sich dann eine erste Näherungslösung $\hat{r}$ für den internen Zinsfuß mit Hilfe der **linearen Interpolation** bestimmen:

$$\hat{r} = i_1 - C_{01} \cdot \frac{i_2 - i_1}{C_{02} - C_{01}}$$

Diese Gleichung beruht auf den mathematischen Strahlensätzen (vgl. dazu auch **Abbildung 33**; Seite 127); es gilt:

$$\frac{\hat{r} - i_1}{i_2 - i_1} = \frac{C_{01}}{C_{01} - C_{02}}$$

$$\hat{r} - i_1 = \frac{C_{01}}{C_{01} - C_{02}} \cdot (i_2 - i_1)$$

$$\Rightarrow \hat{r} = i_1 + C_{01} \cdot \frac{i_2 - i_1}{C_{01} - C_{02}} \quad \text{bzw.} \quad \hat{r} = i_1 - C_{01} \cdot \frac{i_2 - i_1}{C_{02} - C_{01}}$$

– Unternehmensinvestitionen. Frankfurt a. M. 1981, S. 78-83; *Götze, Uwe/ Bloech, Jürgen*: Investitionsrechnung. 2. Aufl., Berlin u.a. 1995, S. 93-94; *Walz, Hartmut/Gramlich, Dieter*: Investitions- und Finanzplanung. 5. Aufl., Heidelberg 1997, S. 91-96.

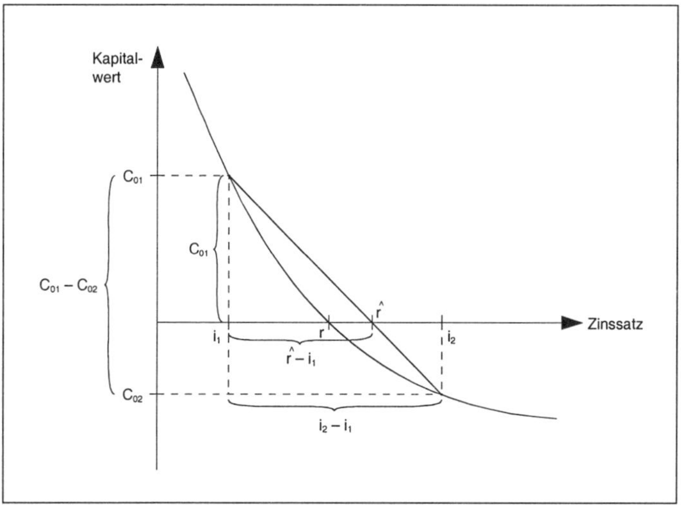

Abbildung 33: Interpolation zur Bestimmung des internen Zinsfußes

Der mittels der linearen Interpolation berechnete Wert $\hat{r}$ entspricht zwar nicht genau dem internen Zinsfuß r, stellt jedoch meist eine erste akzeptable Näherungslösung dar und kann gleichzeitig als Ausgangsbasis zu einer exakten Berechnung des internen Zinsfußes verwendet werden. Sollte der Zinsatz $\hat{r}$ nicht den gewünschten Genauigkeitsgrad erreichen, so kann die Berechnung mit dem ermittelten Ergebnis weitergeführt werden. Die Berechnungsabläufe verlaufen analog zu den Verfahrensschritten bezüglich der ersten approximativen Lösung hinsichtlich des internen Zinsfußes. Durch mehrmalige Wiederholung der Interpolation kann der interne Zinsfuß auf diese Weise beliebig genau ermittelt werden.

Anhand **Abbildung 33** lässt sich nochmals deutlich erkennen, dass sich der tatsächliche **interne Zinsfuß als Nullstelle der Kapitalwertfunktion** ergibt und dass die Kapitalwertfunktion als solche einen nicht-linearen Verlauf aufweist. Dies ist auch der Grund, warum es bei einer linearen Interpolation zwischen zwei relativ weit vom internen Zinsfuß entfernten Zinssätzen zu einer nicht unerheblichen Abweichung des errechneten Näherungswertes vom internen Zinsfuß kommt. Der mit der Berechnung verbundene Fehler wird umso kleiner, je näher die beiden Kapitalwerte zusammenrücken.

Ein alternatives Näherungsverfahren zur Bestimmung des internen Zinsfußes einer Investition stellt die ***Newton*-Iteration** dar. Dabei berechnet man für einen bestimmten Kalkulationszinssatz (i_1), in dessen Nähe der interne Zinsfuß vermutet wird, zum einen den Kapitalwert (C_{01}) und zum anderen die Ableitung dieses Kapitalwerts nach dem Zinssatz (dC_{01}/di), und ermittelt anschließend mit Hilfe der berechneten Werte eine Näherungslösung für den internen Zinsfuß eines Investitionsprojekts $\hat{r}$:

$$\hat{r} = i_1 - \frac{C_{01}}{dC_{01} / di}$$

wobei:

$$C_0 = \sum_{t=0}^{n} Z_t \cdot (1+i)^{-t} \quad \text{und} \quad \frac{dC_0}{di} = \sum_{t=0}^{n} -t \cdot Z_t \cdot (1+i)^{-t-1}$$

Abhängig davon, wie genau eine Annäherung an den tatsächlichen internen Zinsfuß erfolgen soll, können beliebig viele Iterationsschritte durchgeführt werden. Meist wird aber ein bestimmter Wert ε als Schranke vorgegeben, so dass die Genauigkeit des Ergebnisses innerhalb der Bandbreite dieses Schrankenwerts liegen muss, d.h., die Berechnung ist erst dann genau genug und kann deshalb an dieser Stelle abgebrochen werden, wenn die Abweichung der approximierten internen Zinsfüße des n-ten und des (n-1)-ten Iterationsschrittes kleiner als ε ist:

$$|\hat{r}_n - \hat{r}_{n-1}| < \varepsilon$$

2.3.2.3.3 Die Bedeutung des internen Zinsfußes und Prämissen

Der interne Zinsfuß einer Investition spiegelt die Effektivverzinsung des jeweils gebundenen Kapitals wider. Er lässt sich daher auch als **kritischer Zinssatz** interpretieren. Im Falle der Fremdfinanzierung eines Investitionsobjekts lohnt sich diese nur, wenn die Kreditzinsen niedriger sind als der interne Zinsfuß. Bei Eigenfinanzierung ist ein Investitionsprojekt nur dann vorteilhaft, wenn mindestens die Eigenkapitalkosten gedeckt werden.

Es wird bisweilen auch versucht, den internen Zinsfuß als **Gesamtkapitalrentabilität** zu interpretieren. Diese gibt Aufschluss darüber, wie viel Prozent des in einer Periode gebundenen Kapitals der Investor am Ende der Periode aus dem Projekt entnehmen könnte, ohne die Rückgewinnung der Anschaffungsauszahlung zu gefährden.[200]

Diese verschiedenen Interpretationsversuche übersehen allerdings die bezüglich der Anwendung der Methode des internen Zinsfußes zu berücksichtigen-

---

[200] Vgl. zu den diversen Interpretationsversuchen u.a. *Bieg, Hartmut*: Die Verfahren der Investitionsrechnung und ihre Verwendung in der Praxis. In: Der Steuerberater 1985, S. 67; *Schmidt, Reinhard H./Terberger, Eva*: Grundzüge der Investitions- und Finanzierungstheorie. 4. Aufl., Wiesbaden 1997, S. 141-142; *Walz, Hartmut/Gramlich, Dieter*: Investitions- und Finanzplanung. 5. Aufl., Heidelberg 1997, S. 82.

de **Wiederanlageprämisse**. Es wird nämlich davon ausgegangen, dass jederzeit sowohl Kapitalanlagen als auch Kapitalaufnahmen in beliebiger Höhe zum internen Zinssatz r getätigt werden können. Unter dieser gesetzten Prämisse ist es vollständig ohne Bedeutung, ob Einzahlungsüberschüsse zur Kredittilgung verwendet werden (Konsequenz: Zinsersparnisse in Höhe des internen Zinses multipliziert mit dem Betrag der Kreditrückzahlung) oder zum gleichen Zinssatz r angelegt werden.

Die weitere Vorgehensweise bei der Methode des internen Zinsfußes sieht einen Vergleich des internen Zinsfußes mit dem Kalkulationszinssatz i vor, wobei Letzterer durch die dem Investor zur Verfügung stehenden Kapitalbeschaffungsmöglichkeiten bzw. Kapitalanlagealternativen bestimmt wird. Die Methode des internen Zinsfußes geht also von **widersprüchlichen Voraussetzungen** aus, da finanzielle Mittel gleichzeitig zum internen Zinssatz und zum Kalkulationszinssatz beschafft bzw. angelegt werden können.[201]

Bei **Wahlentscheidungen** kommt diese **Inkonsistenz** sogar noch deutlicher zum Ausdruck. Hier werden – sofern die verschiedenen zur Auswahl stehenden Investitionsobjekte voneinander differierende interne Zinsfüße und damit auch differierende Kapitalanlage- und Kapitalbeschaffungszinssätze aufweisen – für die einzelnen Investitionsobjekte unterschiedliche Wiederanlageprämissen unterstellt. *Büschgen* bezeichnet diese Inkonsistenz als einen „Verstoß gegen das elementare Prinzip der Vergleichbarkeit".[202]

Es lässt sich feststellen, dass bei Vorliegen eines Wahlproblems **unterschiedliche Kapitalbindungen** – aufgrund unterschiedlich hoher Anschaffungsauszahlungen bzw. unterschiedlichen Verlaufs der Kapitalfreisetzung bzw. unterschiedlicher Nutzungsdauern – wegen der **unterschiedlichen Wiederanlageprämissen zu unterschiedlichen Projektrangfolgen** bei der Kapitalwertmethode und der Methode des internen Zinsfußes führen können; allerdings müssen sich nicht zwingenderweise unterschiedliche Rangfolgen ergeben.[203]

2.3.2.3.4 Endliche und unendliche Renten

Ebenso wie bei den bereits vorgestellten dynamischen Verfahren der Investitionsrechnung ergibt sich auch bei der Berechnung des internen Zinsfußes von Investitionen eine Vereinfachung, sofern in den Perioden t=1, 2, ..., n mit jeweils gleich hohen Einzahlungsüberschüssen Z gerechnet wird (Vorliegen

---

[201] Vgl. dazu insbesondere *Bieg, Hartmut*: Betriebswirtschaftslehre 1: Investition und Unternehmungsbewertung. 2. Aufl., Freiburg i. Br. 1997, S. 79.

[202] *Büschgen, Hans E.*: Betriebliche Finanzwirtschaft – Unternehmensinvestitionen. Frankfurt a. M. 1981, S. 81.

[203] Vgl. *Bieg, Hartmut*: Betriebswirtschaftslehre 1: Investition und Unternehmungsbewertung. 2. Aufl., Freiburg i. Br. 1997, S. 80.

einer endlichen Rente). Unter Vernachlässigung des Liquidationserlöses in t=n gilt für die Berechnung des Kapitalwerts dieser **endlichen Rente**:

$$C_0 = -A_0 + Z \cdot \frac{(1+r)^n - 1}{r \cdot (1+r)^n}$$

Da für den internen Zinssatz definitionsgemäß $C_0=0$ ist, gilt auch:

$$\frac{A_0}{Z} = \frac{(1+r)^n - 1}{r \cdot (1+r)^n}$$

Die rechte Seite der Gleichung verkörpert den Rentenbarwertfaktor (vgl. **Abschnitt 2.3.1.1.4**). Anders ausgedrückt bedeutet dies, dass man bei Vorliegen einer endlichen Rente den internen Zinssatz erhält, indem die Anschaffungsauszahlung A_0 durch den jährlich erwirtschafteten Zahlungsüberschuss Z dividiert und der auf diese Weise errechnete Wert in der finanzmathematischen Tabelle für den Rentenbarwertfaktor in der durch die Dauer dieser endlichen Rente(n) bestimmten Zeile aufgesucht wird. Da der Wert aber im Allgemeinen zwischen zwei Zinssätzen liegen wird, ist zur Bestimmung des internen Zinssatzes wiederum eine lineare Interpolation erforderlich.

Wird mit einer jeweils am Periodenende gezahlten **unendlichen Rente**[204] gerechnet, so ergibt sich der – für den internen Zinsfuß r gleich null zu setzende – Kapitalwert nach der Formel:

$$C_0 = -A_0 + \frac{Z}{r}$$

Der interne Zinsfuß lässt sich dann folgendermaßen berechnen:

$$r = \frac{Z}{A_0}$$

2.3.2.3.5 Kritik

Obwohl sich die Methode des internen Zinsfußes wegen des in der betrieblichen Praxis weit verbreiteten Denkens in Renditen großer Beliebtheit erfreut und sie deshalb v.a. in Deutschland der Kapitalwertmethode vorgezogen wird,[205] besitzt die Methode des internen Zinsfußes – v.a. wegen der unrealis-

---

[204] Vgl. dazu **Abschnitt 2.3.1.1.5**.

[205] Vgl. diesbezüglich u.a. *Bieg, Hartmut*: Betriebswirtschaftslehre 1: Investition und Unternehmungsbewertung. 2. Aufl., Freiburg i. Br. 1997, S. 81; *Büschgen, Hans E.*: Betriebliche Finanzwirtschaft – Unternehmensinvestitionen. Frankfurt a. M. 1981, S. 83.

tischen und **widersprüchlichen Wiederanlageprämisse** – eine bisweilen unlogisch erscheinende Struktur und kann daher zu Fehlentscheidungen führen.

Kilger hat auf anschauliche Weise gezeigt, dass die Bestimmungsgleichung des internen Zinsfußes **nicht immer zu einem eindeutigen Ergebnis** führt.[206] Da diese Gleichung ein von der Anzahl der zugrunde gelegten Planungsperioden (n) abhängiges Polynom n-ten Grades ist, dessen Nullstellen bestimmt werden müssen, existieren auch Zahlungsreihen, für die **mehr als ein interner Zinsfuß oder gar kein interner Zinsfuß** existiert.

Eine eindeutige Lösung für r kann nur dann ermittelt werden, wenn die in Abhängigkeit vom Zinssatz dargestellte Kapitalwertfunktion die Abszisse nur einmal schneidet (Vorhandensein einer Nullstelle; vgl. dazu **Abbildung 34**).

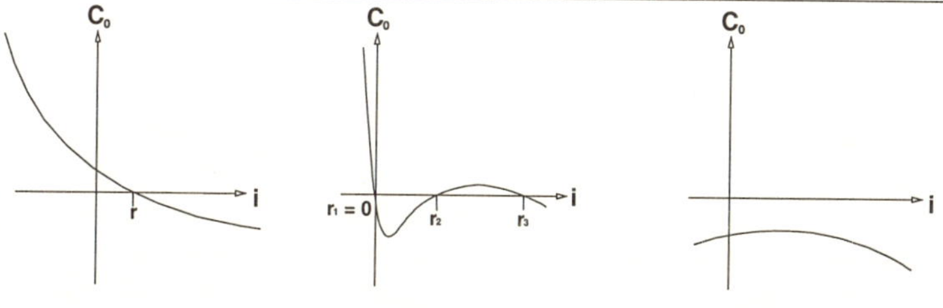

Abbildung 34: Kapitalwertfunktionen von drei Investitionen (Eindeutigkeit, Mehrdeutigkeit, Nicht-Existenz)[207]

Wird die Abszisse dagegen mehrmals von der Kapitalwertfunktion geschnitten, so lassen sich für eine Alternative auch mehrere – bis zu n – verschiedene interne Zinssätze bestimmen, die sich alle als gleichermaßen brauchbar bzw. unbrauchbar erweisen.

Da dies aber konsequenterweise bedeutet, dass die Verzinsung des eingesetzten Kapitals gleichermaßen unterschiedlich sein kann, wird dieser Sachverhalt von *Kruschwitz* zu Recht als „ökonomischer Unsinn" bezeichnet.[208]

---

[206] Vgl. dazu *Kilger, Wolfgang*: Zur Kritik am internen Zinsfuß. In: Zeitschrift für Betriebswirtschaft 1965, S. 765-798.

[207] Modifiziert entnommen aus *Kruschwitz, Lutz*: Investitionsrechnung. 8. Aufl., München/Wien 2000, S. 102.

[208] Vgl. dazu *Kruschwitz, Lutz*: Investitionsrechnung. 8. Aufl., München/Wien 2000, S. 100.

Des Weiteren kann auch noch der Fall eintreten, dass überhaupt kein Zinssatz existiert, für den der Kapitalwert einer Zahlungsreihe null ist, bei dem also die Kapitalwertfunktion die Abszisse nicht schneidet. Die Methode des internen Zinsfußes ist hier nicht anwendbar, kann daher auch nicht zu Fehlentscheidungen führen.[209]

Liegen bezüglich einer Entscheidung über Investitionen Zahlungsreihen vor, bei denen auf eine oder mehrere Perioden mit Auszahlungsüberschüssen nur noch Perioden mit Einzahlungsüberschüssen folgen, so kann nachgewiesen werden, dass hier genau ein interner Zinsfuß existiert.[210]

Eindeutige **Nachteile** der Methode des internen Zinsfußes sind

- die mangelnde Interpretierbarkeit;
- die zweifelhafte und unverständliche Wiederanlageprämisse;
- die in einigen Fällen vorhandene Problematik der schwierigen, nicht eindeutigen oder fehlenden Bestimmbarkeit des internen Zinsfußes.

Der interne Zinsfuß kann auch nicht – obwohl dies des Öfteren als Vorteil dieser Methode angeführt wird – als Risikomaßstab angesehen werden, mit dessen Hilfe die in der Realität bestehenden Probleme bei der Ermittlung des Kalkulationszinssatzes i umgangen werden können, denn ein Vergleich des internen Zinsfußes hat immer – implizit oder explizit – mit den Kapitalbeschaffungskosten bzw. Kapitalanlagemöglichkeiten des Investors (und damit mit dem Kalkulationszinssatz i) zu erfolgen.[211]

2.3.2.4 Die dynamische Amortisationsrechnung

2.3.2.4.1 Allgemeine Bemerkungen und Detaildarstellung

In Analogie zur statischen Amortisationsrechnung (vgl. **Abschnitt 2.2.5**) ist auch bei der dynamischen Amortisationsrechnung der Zeitraum gesucht, innerhalb dessen sich die im Rahmen einer Investition getätigte Anschaffungsauszahlung durch die späteren Einzahlungsüberschüsse zurückerwirtschaften lässt. Da hier aber – im Vergleich zur statischen Amortisationsrechnung –

---

209 Vgl. *Bieg, Hartmut*: Betriebswirtschaftslehre 1: Investition und Unternehmungsbewertung. 2. Aufl., Freiburg i. Br. 1997, S. 82.

210 Vgl. dazu ausführlich *Hax, Herbert*: Investitionstheorie. 5. Aufl., Würzburg/Wien 1993, S. 19.

211 Vgl. *Bieg, Hartmut*: Betriebswirtschaftslehre 1: Investition und Unternehmungsbewertung. 2. Aufl., Freiburg i. Br. 1997, S. 83.

auch die zeitliche Dimension eine wichtige Rolle spielt und deshalb die temporäre Verteilung der innerhalb dieser Amortisationsdauer anfallenden Einzahlungsüberschüsse von wesentlicher Bedeutung ist, was ja durch die Aufzinsung der jeweils anfallenden Zahlungen mit dem Kalkulationszinssatz zum Ausdruck kommt, soll durch die erzielten Einzahlungsüberschüsse auch die Verzinsung des gebundenen Kapitals zum Kalkulationszinssatz wiedergewonnen werden.

Da die Berechnung der Amortisationsdauer in diesem Fall also unter Berücksichtigung von Zins und Zinseszins erfolgt, wird nach dem Zeitraum gesucht, in dem der Barwert der Einzahlungsüberschüsse die Anschaffungsauszahlung deckt. Für diesen mit der Periode w endenden Zeitraum gilt folgende Gleichung:

$$A_0 = \sum_{t=1}^{w} Z_t \cdot (1+i)^{-t}$$

Lässt sich ein bestimmtes Investitionsprojekt nicht durch eine einmalige Anschaffungsauszahlung realisieren, sondern entstehen im weiteren Verlauf der Investition immer wieder Auszahlungen in größerer Höhe, so dass in einzelnen Perioden Auszahlungsüberschüsse auftreten können, kann die dynamische Amortisationsdauer allgemeiner formuliert werden als Zeitraum, in dem die diskontierten Einzahlungsüberschüsse genau so groß sind wie die diskontierten Auszahlungsüberschüsse.

Gleichermaßen wie bei der statischen Amortisationsrechnung kann das **Vorteilhaftigkeitskriterium für ein einzelnes Investitionsprojekt** festgelegt werden:

Ein Investitionsprojekt ist – verglichen mit dem Verzicht auf seine Durchführung – dann vorteilhaft, wenn seine dynamische Amortisationsdauer die vom Investor vorgegebene und von seiner Risikobereitschaft abhängige Höchstamortisationsdauer nicht überschreitet; die Höchstamortisationsdauer darf dabei die erwartete Lebensdauer nicht überschreiten.

Bei **mehreren sich gegenseitig ausschließenden Investitionsalternativen** sollte diejenige mit der kürzesten Amortisationsdauer ausgewählt werden, sofern diese kleiner ist als die Höchstamortisationsdauer.[212]

---

[212] Vgl. dazu u.a. *Bieg, Hartmut*: Betriebswirtschaftslehre 1: Investition und Unternehmungsbewertung. 2. Aufl., Freiburg i. Br. 1997, S. 84; *Blohm, Hans/Lüder, Klaus*: Investition. 8. Aufl., München 1995, S. 77-82; *Büschgen, Hans E.*: Betriebliche Finanzwirtschaft – Unternehmensinvestitionen. Frankfurt a. M. 1981, S. 83-86; *Däumler, Klaus-Dieter*: Grundlagen der Investitions- und Wirtschaftlichkeitsrechnung. 10. Aufl., Herne/Berlin 2000, S. 203; *Götze, Uwe/Bloech, Jürgen*: Investitionsrechnung. 2. Aufl., Berlin u.a. 1995, S. 102-105; *Walz, Hartmut/Gramlich, Dieter*: Investitions- und Finanzplanung. 5. Aufl., Heidelberg 1997, S. 98-105.

2.3.2.4.2 Die Bedeutung der Amortisationsdauer und Prämissen

Hinsichtlich der Anwendung der dynamischen Amortisationsrechnung gelten die gleichen Prämissen, die auch bei der Kapitalwertmethode zugrunde gelegt werden (vgl. **Abschnitt 2.3.2.1.2**). Entgegen der bislang dargestellten dynamischen Verfahren der Investitionsrechnung orientiert sich der Investor jedoch nicht an ökonomischen Zielgrößen (Vermögensstreben, Einkommensstreben), sondern berücksichtigt **ausschließlich Risikogesichtspunkte**. Die Kritik daran weicht – abgesehen von der Berücksichtigung des Zeitfaktors im Wege der Diskontierung von Einzahlungsüberschüssen – nicht von der Kritik an der statischen Amortisationsrechnung ab (vgl. **Abschnitt 2.2.5.2**).

Zahlungen, die nach dem Ende der Amortisationsdauer anfallen, finden bei der dynamischen Amortisationsrechnung keine Berücksichtigung. Dass die Beurteilung eines einzelnen Investitionsprojekts anders ausfällt als bei Heranziehung der Kapitalwertmethode, kann an zwei Fakten liegen:

- Die vorgegebene Sollamortisationszeit ist kürzer als die berechnete tatsächliche Amortisationsdauer.
- Die zwischen dem Zeitpunkt der Amortisation und dem Ende des Planungszeitraums (t=n) liegenden Zahlungen weisen eine andere Struktur auf als diejenigen, die sich zwischen dem Zeitpunkt der Realisierung des Investitionsprojekts (t=0) und dem Amortisationszeitpunkt ergeben.

Wenn eine Investition allerdings jenseits des Amortisationszeitpunkts nur noch Einzahlungsüberschüsse aufweist, kann die Entscheidung über ein einzelnes Investitionsprojekt unter Heranziehung der dynamischen Amortisationsrechnung nicht von der Entscheidung aufgrund der Kapitalwertmethode abweichen, denn das Ergebnis ist hier immer ein positiver Kapitalwert.[213] Zutreffend ist diese Aussage jedoch nur dann, wenn die Sollamortisationszeit über der tatsächlichen Amortisationsdauer liegt.

Bei Vorliegen einer Wahlentscheidung zwischen mehreren alternativ realisierbaren Projekten ist eine Abweichung der mittels der dynamischen Amortisationsrechnung erzielten Ergebnisse von denen der Kapitalwertmethode möglich, wenn die Zahlungsüberschüsse bei den einzelnen Projekten – insbesondere in der Anfangsphase – unterschiedlich strukturiert sind.[214]

---

[213] Vgl. dazu ausführlich *Blohm, Hans/Lüder, Klaus*: Investition. 8. Aufl., München 1995, S. 80.

[214] Vgl. *Bieg, Hartmut*: Betriebswirtschaftslehre 1: Investition und Unternehmungsbewertung. 2. Aufl., Freiburg i. Br. 1997, S. 86.

2.3.2.4.3 Endliche und unendliche Renten

Auch bei Anwendung der dynamischen Amortisationsrechnung lässt sich die Berechnung wesentlich vereinfachen, wenn in den Perioden t=1, 2, ..., n jeweils mit gleich hohen Einzahlungsüberschüssen Z gerechnet wird, d.h., wenn eine **endliche Rente**[215] vorliegt.

Vernachlässigt man den Liquidationserlös – was in der überwiegenden Mehrzahl der Fälle für das Rechenergebnis ohnehin bedeutungslos ist –, so gilt wiederum die Kapitalwertformel:

$$\boxed{C_0 = -A_0 + Z \cdot \frac{(1+i)^n - 1}{i \cdot (1+i)^n}}$$

Analog zur Methode des internen Zinsfußes erfolgt hier eine Umformung, so dass sich folgende Formel ergibt:

$$\boxed{\frac{A_0}{Z} = \frac{(1+i)^n - 1}{i \cdot (1+i)^n}}$$

Die rechte Seite der Gleichung stellt den Rentenbarwertfaktor dar. Da sich dieser entsprechend der Formel ermitteln lässt, indem die Anschaffungsauszahlung durch den Rentenbetrag dividiert wird, kann die Amortisationsdauer aus der Tabelle für den Rentenbarwertfaktor bei gegebenem Kalkulationszinsatz entnommen werden, wobei im Allgemeinen eine **lineare Interpolation** durchgeführt werden muss, wenn dem Investor für seine Entscheidung volle Jahreswerte nicht genügen.

Aber auch die dynamische Amortisationsdauer einer **unendlichen Rente**[216] kann mittels dieser Formel berechnet werden. Dabei wird eine Entscheidung allerdings lediglich aufgrund des Vergleichs von dynamischer Amortisationsdauer und vorgegebener Höchstamortisationsdauer getroffen, während bei der Rechnung mit einer endlichen Rente zusätzlich zu überprüfen ist, ob nicht die vorgegebene Höchstamortisationsdauer die erwartete Nutzungsdauer der Investition überschreitet.[217]

2.3.2.4.4 Kritik

Die bezüglich der statischen Amortisationsrechnung vorgebrachten Kritikpunkte gelten im Wesentlichen auch hier (vgl. **Abschnitt 2.2.5.2**).

---

[215] Vgl. **Abschnitt 2.3.1.1.4**.

[216] Vgl. **Abschnitt 2.3.1.1.5**.

[217] Vgl. *Bieg, Hartmut*: Die Verfahren der Investitionsrechnung und ihre Verwendung in der Praxis. In: Der Steuerberater 1985, S. 70-71.

Von ihrer Ausprägung her kann die dynamische Amortisationsrechnung als die finanzmathematische **Variante der statischen, mehrperiodigen Kumulationsmethode** interpretiert werden. Es wird dabei v.a. der Versuch unternommen, die mit einer Investition unabdingbar verbundenen Risiken zu kontrollieren bzw. zu minimieren, was allerdings unter monetären Gesichtspunkten allenfalls als bedingt sinnvoll angesehen werden kann, in erster Linie weil die Höchstamortisationsdauer als Risikomaßstab vom Investor nur nach persönlicher Einschätzung, aber nicht unter nachweislich zweckmäßigen Kriterien festgelegt werden kann. Die dynamische Amortisationsrechnung sollte aus diesem Grund nicht als selbständige Methode der Investitionsrechnung eingesetzt, sondern vielmehr als **Ergänzung zu einer anderen Methode** herangezogen werden.[218]

2.3.2.5 Die zusammenfassende Beurteilung der „klassischen" dynamischen Verfahren der Investitionsrechnung

2.3.2.5.1 Der vollständige und begrenzte Vorteilsvergleich

Investitionen, die im Hinblick auf die Vergleichbarkeit von Alternativen bezüglich Lebensdauer, Struktur der Rückflüsse und Kapitaleinsatz zu tätigen sind, werden als Differenz-, Supplement-, Komplementär- oder Zusatzinvestitionen bezeichnet. Mit Hilfe von Komplementärinvestitionen gelingt es, die Zahlungsüberschüsse von zwei zu vergleichenden Investitionsobjekten in allen Zeitpunkten außer dem Endzeitpunkt des längeren Investitionsobjekts einander anzugleichen.

Die Ermittlung aller real existierenden Komplementärinvestitionen ist aber immer mit größeren Schwierigkeiten verbunden, so dass stattdessen der vereinfachte begrenzte Vorteilsvergleich durchgeführt wird, welcher unterstellt, dass sich die notwendigen Komplementärinvestitionen zum Kalkulationszinsfuß verzinsen. Die Folge ist ein Kapitalwert in Höhe von null für die jeweiligen Komplementärinvestitionen, was letztendlich eine Vernachlässigung bei der Ermittlung erlaubt. Der begrenzte Vorteilsvergleich wird also mittels Berechnung des Kapitalwerts durchgeführt. Unterschiede in Lebensdauer, Struktur der Rückflüsse und Kapitaleinsatz können aufgrund der unterstellten Verzinsung der Komplementärinvestitionen zum Kalkulationszinssatz vernachlässigt werden.

---

[218] Vgl. *Bieg, Hartmut*: Betriebswirtschaftslehre 1: Investition und Unternehmungsbewertung. 2. Aufl., Freiburg i. Br. 1997, S. 87.

Zu falschen Ergebnissen und damit zu **Fehlentscheidungen** kann der begrenzte Vorteilsvergleich dann führen, wenn die **Rendite der realen Komplementärinvestitionen und der Kalkulationszinssatz voneinander abweichen**, was aufgrund der Problematik des Kalkulationszinssatzes (realitätsferne Prämissen) nicht ausgeschlossen ist. Die Erkenntnisse hinsichtlich des begrenzten Vorteilsvergleichs lassen sich analog auf die interne Zinsfußmethode übertragen; eine Verzinsung der Komplementärinvestitionen erfolgt dann zum internen Zinsfuß. Der Annuitätenmethode liegen die Prämissen der Kapitalwertmethode zugrunde.

Der begrenzte Vorteilsvergleich mit Hilfe der dynamischen Verfahren der Investitionsrechnung unterstellt bezüglich der Differenzinvestitionen

- die Anlage der Differenz der Anschaffungsauszahlungen bis zum Ende der Nutzungsdauer des längerlebigen Investitionsprojektes zum Kalkulationszinssatz bzw. internen Zinsfuß;
- die Reinvestition aller Rückflüsse sofort zum Kalkulationszinssatz bzw. internen Zinsfuß mit Ausnahme der letzten Periode; es erfolgt also keine Kassenhaltung.[219]

2.3.2.5.2 Der Einfluss der Rechenverfahren auf die Investitionsentscheidung beim Alternativenvergleich

Wie bereits dargestellt wurde, führen die verschiedenen Verfahren der dynamischen Investitionsrechnung bei Einzelentscheidungen aufgrund der mathematischen Struktur prinzipiell zum gleichen Ergebnis. Bei **Vorliegen eines** technischen **Auswahlproblems** hängt die Entscheidung für eine der realisierbaren Investitionsalternativen aber von der Wahl der Methode ab.

Bei der Darstellung des vollständigen Vorteilsvergleichs hat sich gezeigt, dass Alternativen, die in Lebensdauer, Kapitaleinsatz und Rückflussstruktur differieren, nur unter Berücksichtigung von Komplementärinvestitionen verglichen werden können. Während die Komplementärinvestitionen in den vollständigen Vorteilsvergleich detailliert eingehen, werden sie im beschränkten Vorteilsvergleich durch **Pauschalannahmen** berücksichtigt. Diese Annahmen sind bei den einzelnen Rechenmethoden unterschiedlicher Art, so dass konsequenterweise die Vorteilsentscheidung von dem gewählten Rechenverfahren abhängen muss.

Bei einem Alternativenvergleich mittels der Kapitalwertmethode wird eine Verzinsung der Komplementärinvestitionen zum Kalkulationszinssatz, bei der

---

[219] Vgl. dazu insbesondere *Perridon, Louis/Steiner, Manfred*: Finanzwirtschaft der Unternehmung. 10. Aufl., München 1999, S. 69-73.

Methode des internen Zinsfußes dagegen zum internen Zinsfuß unterstellt. Da beide Zinssätze i.d.R. voneinander abweichen, können die beiden Methoden zu unterschiedlichen Vorteilsentscheidungen führen.

Im ersten Augenblick überraschend erscheinen differierende Ergebnisse bei Anwendung von Kapitalwert- und Annuitätenmethode, da Letztere nur eine Variante der Kapitalwertmethode darstellt. Die sich ergebende Abweichung bei unterschiedlichen Laufzeiten lässt sich aber dadurch erklären, dass bei gleichem Kapitalwert auf unterschiedliche Lebensdauern verteilt, also mit unterschiedlichen Wiedergewinnungsfaktoren multipliziert wird und somit unterschiedliche Annuitäten berechnet werden. Es erfolgt für die Lebensdauerdifferenz die Unterstellung einer Reinvestition mit gleicher Annuität (identische Reinvestition). Wird aber bei der Annuitätenermittlung grundsätzlich die längste Nutzungsdauer der Vergleichsobjekte zugrunde gelegt, so führen Kapitalwertmethode und Annuitätenmethode zum gleichen Ergebnis (Annahme der Reinvestition zum Kalkulationszinssatz).

Des Weiteren stellt sich die Frage, warum die Methode des internen Zinsfußes genau zum umgekehrten Ergebnis wie die Kapitalwert- bzw. Annuitätenmethode kommen kann. Dies liegt daran, dass bei einem Vorteilhaftigkeitsvergleich zwischen zwei alternativ realisierbaren Investitionsprojekten die zeitliche Verteilung der Ein- und Auszahlungen eine entscheidende Rolle spielt. Damit hängt die Entscheidung zugunsten einer bestimmten Investition vom zugrunde gelegten Kalkulationszinssatz ab, denn zum einen werden mit zunehmendem Kalkulationszinsfuß weiter in der Zukunft liegende Rückflüsse stärker abgewertet und gehen deshalb mit immer weniger Gewicht in das Ergebnis ein, und zum anderen ändert sich mit steigendem Kalkulationszinssatz die Reinvestitionsmöglichkeit der Rückflussdifferenz.[220]

2.3.2.6 Die Varianten der „klassischen" dynamischen Verfahren der Investitionsrechnung

2.3.2.6.1 Modellannahmen und Wirklichkeit

Die voranstehend aufgezeigten so genannten **„klassischen" dynamischen Verfahren** der Investitionsrechnung gehen von einer Reihe von Prämissen aus, die in der Realität nicht vorzufinden sind. Bevor nun auf die real existente Situation eingegangen wird, sollen im Folgenden noch einmal kurz diese **Prämissen** aufgezeigt werden:

---

[220] Vgl. dazu – mit erläuterndem Beispiel – ausführlich *Perridon, Louis/Steiner, Manfred*: Finanzwirtschaft der Unternehmung. 10. Aufl., München 1999, S. 73-76.

- Die vorgegebene Zielfunktion lässt sich durch das Streben nach Einkommens- bzw. Vermögensmaximierung treffend erfassen und sei auch richtig dargestellt.
- Ein Liquiditätsproblem existiert nicht.
- Die hinsichtlich der Investitionsrechnung benötigten Größen sind eindeutig bestimmbar; dazu muss folgende Situation vorliegen:
  - Die von einem Investitionsobjekt in der Zukunft verursachten Ein- und Auszahlungen sind sicher zu ermitteln und dieser Investition zuzurechnen;
  - der Investor besitzt zum Zeitpunkt der Entscheidung Kenntnis über die wirtschaftliche Nutzungsdauer des Investitionsprojekts;
  - der Kalkulationssatz ist in seiner Höhe eindeutig festgelegt;
  - es liegt eine zutreffende Beschreibung der Reinvestitionsmöglichkeiten bei einem Auswahlproblem durch Kalkulationszinsfuß, internen Zinsfuß oder Annuität vor, soweit sie nicht explizit berücksichtigt werden.

Inwieweit diese Prämissen nun Gültigkeit für die in der Wirklichkeit vorliegende Situation besitzen, soll nachfolgend analysiert werden.

Die Unterstellung eines vollkommenen und für den Investor unbeschränkten Kapitalmarkts und damit eines einheitlichen Kalkulationszinssatzes für angelegtes und aufgenommenes Kapital wird in der Wirklichkeit grundsätzlich nicht bestätigt. Vielmehr werden folgende Gegebenheiten vorliegen:

- Den Anbietern und Nachfragern von Kapital wird der Zugang nicht zu allen Bereichen des Kapitalmarkts möglich sein; des Weiteren kann eine Kapitalaufnahme bzw. -anlage zumeist nicht in unbeschränkter Höhe erfolgen.
- Es existiert keine vollständige Markttransparenz und damit auch kein einheitlicher, konstant bleibender Zinssatz, der als Kostenfaktor die „Beschränkung“ des unterstellten vollkommenen Kapitalmarkts darstellt.
- Die einzelnen Kunden am Kapitalmarkt erfahren eine Behandlung entsprechend ihrer Bonität.
- Die Art der Finanzierung (teilweise Eigen- oder vollständige Fremdfinanzierung) nimmt Einfluss auf die Kapitalkosten und muss deshalb hinsichtlich der vorliegenden Entscheidungssituation berücksichtigt werden.[221]

Im Gegensatz zur Unterstellung eines vollkommenen Kapitalmarkts kann bei einzelnen Investoren hinsichtlich der Durchführung eines bestimmten Projekts

---

[221] Vgl. dazu auch *Perridon, Louis/Steiner, Manfred*: Finanzwirtschaft der Unternehmung. 10. Aufl., München 1999, S. 84-89.

also durchaus ein Liquiditätsproblem auftreten. Bezüglich der Aufrechterhaltung der jederzeitigen Zahlungsfähigkeit muss eine **Einbeziehung aller Finanzierungsmöglichkeiten** in das Entscheidungsfeld erfolgen.

Des Weiteren als problematisch anzusehen ist die sichere Ermittlung und eindeutige **Zurechenbarkeit** der in der Zukunft verursachten Ein- und Auszahlungen zu einem bestimmten Investitionsobjekt. Diese Prämisse erfährt vor allem bezüglich der Einzahlungsgrößen Kritik; z.T. wird sogar die Zurechnung der Einzahlungen auf ein einzelnes Investitionsprojekt für unmöglich erklärt.[222] Als Begründung wird zum einen die auf der Komplexität der Materie beruhende Unsicherheit der Zahlungsreihen angeführt, und zum anderen die Schwierigkeit, beim ganzheitlichen Charakter einer Unternehmung einzelnen Projekten bestimmte Einzahlungen zuzurechnen. Die Zurechnung von Einzahlungen kann nur dann als unproblematisch angesehen werden, wenn Finanzinvestitionen vorliegen oder aber in sich geschlossene Projekte, sofern diese keine Veränderung in der Belastung der Verwaltung und keinen Einfluss auf den Produktionsapparat im Sinne der Komplementarität oder partiellen Substitutionalität ausüben. Lösen lässt sich ein vorhandenes Zurechnungsproblem aber dadurch, dass nicht die Zahlungsreihe eines Investitionsprojekts als Basis für die Beurteilung dient, sondern nur die Veränderung der Gesamtsituation der Unternehmung, d.h. die Differenz der Zahlungsströme der Unternehmung ohne Durchführung der Investition und derjenigen nach Realisierung des Projekts, als Entscheidungsgrundlage dient. Die Schwierigkeit hierbei ist jedoch die Prognose einer Änderung derartiger Zahlungsreihen.

Eine weitere Problemsituation hinsichtlich der dynamischen Verfahren der Investitionsrechnung ergibt sich dadurch, dass diese den unterschiedlichen zeitlichen Anfall von Zahlungen durch die **Verzinsung zum Kalkulationszinssatz** berücksichtigen. Die Voraussetzung dafür ist aber eine Zugrundelegung von Zahlungsströmen oder Zahlungsreihen. Hier bestehen einerseits Schwierigkeiten hinsichtlich der Prognostizierung von Zahlungsreihen, da nur konkrete Zahlungen zu Zinsleistungen führen, und andererseits bezüglich der Festlegung des zeitlichen Anfalls der mit der Investition in Zusammenhang stehenden Zahlungen, da sowohl das eigene Verhalten bezüglich der Zahlungsziele als auch das der Kunden im Voraus nahezu unmöglich ermittelt werden können. Aufgrund dieser Tatsache gelangt man zu der Einsicht, dass es – obwohl die Rechnung eigentlich an Zahlungsgrößen orientiert werden soll – zweckmäßiger wäre, als Basis für die Berechnung periodisierte Größen, z.B. Aufwendungen und Erträge oder Kosten und Leistungen, zugrunde zu legen, die relativ einfach über das betriebliche Rechnungswesen beschafft werden könnten. Allerdings müsste dabei – entgegen den Grundsätzen der

---

[222] Vgl. u.a. *Klinger, Karl*: Das Schwächebild der Investitionsrechnungen. In: Der Betrieb 1964, S. 1821-1824.

Kostenrechnung – nicht die Periodisierung und Normalisierung, sondern die möglichst gute Anpassung an Ein- und Auszahlungen angestrebt werden.[223]

Darüber hinaus ist die Verzinsung sowohl der Kapitalanlage- als auch der Kapitalaufnahmebeträge zu einem einheitlichen, im Zeitablauf als konstant unterstellten Kalkulationszinssatz als kritisch anzusehen. Es herrscht nämlich aufgrund der unvollkommenen Informationsbeschaffungsmöglichkeiten am Kapitalmarkt keine genaue Kenntnis über die Höhe des richtigen Zinssatzes; außerdem ergeben sich aufgrund des Informationsgefälles zwischen Kapitalgebern und den kapitalnachfragenden Investoren einerseits und der Unkenntnis der kapitalanlagewilligen Investoren über die Wiederanlagemöglichkeiten der überschüssigen Kapitalbeträge durch die Kapitalgeber andererseits **Abweichungen zwischen Soll- und Habenzinssatz**. Aus diesen Gründen besteht also absolute Unklarheit bzw. Unkenntnis über den für die Investitionsrechnung zugrunde zu legenden Kalkulationszinssatz.[224]

2.3.2.6.2 Die dynamischen Endwertverfahren

2.3.2.6.2.1 Einordnung

Bei den dynamischen Endwertverfahren wird versucht, einige der einschränkenden Prämissen der „klassischen" dynamischen Verfahren aufzuheben. So ermöglichen Endwertverfahren z.B. die **Berücksichtigung eines gespaltenen Kalkulationszinssatzes** in Form von abweichenden Soll- und Habenzinssätzen für Kreditaufnahme bzw. Kapitalanlage. Des Weiteren kann die **Aufhebung der Prämisse der Reinvestition freigesetzter Mittel** erfolgen, sofern die konkreten Investitionsalternativen des gesamten Planungszeitraums berücksichtigt werden; die Voraussetzung dafür ist allerdings eine Prognostizierbarkeit aller Zahlungen bis zum Planungshorizont bezüglich Höhe und zeitlichem Anfall sowie der anzusetzenden Verzinsung.

Statt einer Abzinsung sämtlicher infolge der Durchführung einer Investition anfallender Zahlungen auf den Bezugszeitpunkt t=0 und folglich der Ermittlung eines Barwerts des Investitionsprojekts erfolgt bei Anwendung eines dynamischen Endwertverfahrens die Aufzinsung aller Zahlungen auf das Ende des Planungszeitraums und damit die Berechnung eines Vermögensendwerts des Investitionsprojekts. Der Kapitalwertmethode entspricht im Bereich der

---

223 Vgl. dazu insbesondere *Perridon, Louis/Steiner, Manfred*: Finanzwirtschaft der Unternehmung. 10. Aufl., München 1999, S. 84-89.

224 Bezüglich der unterschiedlichen Literaturmeinungen des in diesem Fall zu wählenden Zinssatzes vgl. die detaillierten Ausführungen bei *Perridon, Louis/Steiner, Manfred*: Finanzwirtschaft der Unternehmung. 10. Aufl., München 1999, S. 86-89.

aufzinsenden Verfahren die Vermögensendwertmethode, der Methode des internen Zinsfußes die Sollzinssatzmethode.

2.3.2.6.2.2 Die Vermögensendwertmethode

Dieses Investitionsrechenverfahren dient zur Ermittlung des Vermögensendwerts einer Investition durch Aufzinsung aller Zahlungen auf das Ende des Planungszeitraums. Die real existierende Situation auf dem Kapitalmarkt (unvollkommene Information) wird berücksichtigt durch die **Verwendung divergierender Soll- und Habenzinssätze**. Trifft man die realistische Annahme, dass der Sollzinssatz über dem Habenzinssatz liegt, so gilt eine Einzelinvestition als vorteilhaft und damit realisierungswürdig, wenn sie einen positiven Vermögensendwert aufweist, da in diesem Fall eine über dem Sollzinssatz, d.h. über dem Kalkulationszinssatz für Kapitalaufnahme, liegende Investitionsrendite erzielt wird. Besteht ein Wahlproblem zwischen mehreren alternativ durchführbaren Investitionsprojekten, so sollte das Projekt mit dem höchsten positiven Vermögensendwert realisiert werden.

Es werden zwei **Varianten der Vermögensendwertmethode** unterschieden, nämlich die Vermögensendwertmethode mit Kontenausgleichsverbot und die Vermögensendwertmethode mit Kontenausgleichsgebot.

Wird unterstellt, dass für die Einzahlungs- bzw. Auszahlungsüberschüsse der jeweiligen Perioden während des Planungszeitraums jeweils eine getrennte Vermögensbestandsführung ohne Ausgleich erfolgt und erst am Ende des Planungsdauer eine Verrechnung beider Konten zum Zweck der Ermittlung des Vermögensendwerts C_n erfolgt, so handelt es sich um die **Vermögensendwertmethode mit Kontenausgleichsverbot.** Dabei wird angenommen, dass die Verzinsung des negativen Vermögenskontos C^- während des gesamten Planungszeitraums zum Kreditzinssatz i_{soll} und die des positiven Vermögenskontos C^+ zum Habenzinssatz i_{haben} erfolgt. Bei der folgenden formalen Darstellung der Vermögensendwertmethode mit Kontenausgleichsverbot werden die folgenden Symbole verwendet:

C_n : Vermögensendwert der Investition am Ende der Periode t=n;

Z_t^+ : Einzahlungsüberschüsse der Periode t;

Z_t^- : Auszahlungsüberschüsse der Periode t;

i_{haben} : Zinssatz für Kapitalanlage (Habenzinssatz);

i_{soll} : Zinssatz für Kreditaufnahme (Sollzinssatz);

n : Nutzungsdauer des Investitionsobjekts;

t : Periode (t=0, 1, 2, ..., n).

Positives Vermögenskonto am Ende des Planungszeitraums:

$$C_n^+ = \sum_{t=1}^{n} Z_t^+ \cdot (1 + i_{haben})^{n-t}$$

Negatives Vermögenskonto am Ende des Planungszeitraums:

$$C_n^- = \sum_{t=0}^{n} Z_t^- \cdot (1 + i_{soll})^{n-t}$$

Vermögensendwert der Investition:

$$C_n = C_n^+ - C_n^- = \sum_{t=1}^{n} Z_t^+ \cdot (1 + i_{haben})^{n-t} - \sum_{t=0}^{n} Z_t^- \cdot (1 + i_{soll})^{n-t}$$

Beachtet werden muss hierbei aber, dass eine Vergleichbarkeit zwischen zwei oder mehreren realisierbaren Alternativen nur dann gegeben ist, wenn die Vermögensendwerte für den gleichen Endzeitpunkt ermittelt werden. Unterschiedliche Investitionslaufzeiten können durch Berücksichtigung von Ergänzungsinvestitionen (Ergänzung der kürzeren Laufzeit) oder Restnutzungswerten (Verkürzung der längeren Laufzeit) auf einen **einheitlichen Vergleichszeitpunkt** bezogen werden.

Zu berücksichtigen ist dabei allerdings, dass reine Finanzinvestitionen bei einem über dem Habenzinssatz i_{haben} liegenden Zinssatz für Kreditaufnahme i_{soll} zu einem negativen Vermögensendwert führen. Finanzergänzungsinvestitionen sind daher in diesem Fall nicht zweckmäßig; bereits planbare Sachinvestitionen können dagegen als Ergänzung in die Entscheidung miteinbezogen werden.

Eine Vereinfachung des allgemeinen Ansatzes der Vermögensendwertmethode lässt sich auch erreichen durch das **Kontenausgleichsgebot**. Dabei sind die Einzahlungsüberschüsse der jeweiligen Periode in voller Höhe zunächst zum Abbau eines eventuell bestehenden negativen Vermögens zu verwenden, und erst nach dessen Tilgung ist eine Anlage dieser erwirtschafteten finanziellen Mittel zum Habenzinssatz i_{haben} möglich. Es gilt deshalb:

$$C_t = (E_t - A_t) + C_{t-1} \cdot (1 + z) = Z_t + C_{t-1} \cdot (1 + z)$$

mit:

$$z = i_{soll}, \text{ wenn } C_{t-1} < 0$$

$$z = i_{haben}, \text{ wenn } C_{t-1} > 0$$

wobei:

C_t: Vermögenswert der Investition am Ende der Periode t;

C_{t-1}: Vermögenswert der Investition am Ende der Periode t–1;

E_t: Einzahlungen der Periode t;

A_t: Auszahlungen der Periode t;

Z_t: Zahlungsüberschuss der Periode t (Differenz zwischen Einzahlungen und Auszahlungen der Periode t) mit $Z_t>0$ oder $Z_t<0$;

t: Periode (t=0, 1, 2, ..., n).

Unter Zugrundelegung desselben Zahlenmaterials für eine Investition führen die Vermögensendwertmethode mit Kontenausgleichsverbot bzw. -gebot im Allgemeinen zu unterschiedlichen Ergebnissen. Der Grund dafür beruht auf den divergierenden Zinssätzen für Kapitalanlage und Kapitalaufnahme: je schneller nämlich die Investitionsauszahlungen getilgt werden, d.h., je weniger Sollzinsen zu bezahlen sind, desto höher ist der Vermögensendwert im Falle der Vermögensendwertmethode mit Kontenausgleichsgebot.[225]

Als **Prämissen der Vermögensendwertmethode** können angeführt werden:

- Streben nach Gewinn- bzw. Vermögensmaximierung;
- Bestimmbarkeit und Möglichkeit der eindeutigen Zuordnung der Rechengrößen zu einem einzelnen Investitionsprojekt;
- Beachtung der vorgegebenen Finanzierungsregeln (Kontenausgleichsverbots- bzw. -gebotsregel);
- Prognostizierbarkeit von Soll- und Habenzinssatz;
- Vorhandensein eines unbeschränkten, aber unvollkommenen Kapitalmarkts (kein Vorliegen eines Kreditlimits; Divergenz zwischen Soll- und Habenzinssatz);
- Möglichkeit der Kapitalaufnahme zum Sollzinssatz und der Kapitalanlage zum Habenzinssatz.[226]

---

[225] Vgl. dazu u.a. *Blohm, Hans/Lüder, Klaus*: Investition. 8. Aufl., München 1995, S. 82-89; *Perridon, Louis/Steiner, Manfred*: Finanzwirtschaft der Unternehmung. 10. Aufl., München 1999, S. 89-93.

[226] Vgl. v.a. *Blohm, Hans/Lüder, Klaus*: Investition. 8. Aufl., München 1995, S. 88-89.

2.3.2.6.2.3 Die Sollzinssatzmethoden

Bei diesen Methoden der dynamischen Investitionsrechnung erfolgt die Berechnung eines **kritischen Sollzinssatzes**, bei dem der **Vermögensendwert einer Investition gleich null** ist.

Bei gegebenem Habenzinssatz drückt der Sollzinssatz die Verzinsung aus, die auf das während des Planungszeitraums zu jedem Zahlungszeitpunkt noch gebundene Kapital erzielt werden kann. Der Sollzinssatz lässt sich deshalb als **kritischer Beschaffungszinssatz** für das durch eine Investition gebundene Kapital interpretieren. Die Ermittlung des kritischen Sollzinssatzes erfolgt analog zur Bestimmung des internen Zinsfußes im Rahmen der Methode des internen Zinsfußes (vgl. **Abschnitt 2.3.2.3.2**).

Ähnlich wie im Falle der Vermögensendwertmethode lässt sich der allgemeine Ansatz auch hier durch spezielle Finanzierungsannahmen variieren und eventuell auch vereinfachen. Bekannte **Varianten der Sollzinssatzmethode** sind:

- TRM (*Teichroew, Robichek, Montalbano*)-Methode,
- VR (Vermögensrentabilitäts)-Methode,
- *Baldwin*-Methode.

Bei der **TRM-Methode** handelt es sich um eine Sollzinssatzmethode mit Kontenausgleichsgebot, d.h. die Einzahlungsüberschüsse der jeweiligen Periode finden zunächst in voller Höhe Verwendung zum Abbau eines eventuell bestehenden negativen Vermögens und erst nach dessen Tilgung erfolgt eine Anlage dieser erwirtschafteten finanziellen Mittel zum Habenzinssatz i_{haben}; Auszahlungsüberschüsse werden primär über eigengebildete Projektmittel finanziert.[227]

Formal dargestellt werden kann die TRM-Methode folgendermaßen:

$$\boxed{C_t = Z_t + C_{t-1} \cdot (1+z) = 0}$$

mit:

$$z = r_s, \text{ wenn } C_{t-1} < 0$$

$$z = i_{haben}, \text{ wenn } C_{t-1} > 0$$

wobei:

r_s: kritischer Sollzinssatz.

---

[227] Vgl. dazu *Teichroew, Daniel/Robichek, Alexander A./Montalbano, Michael*: An Analysis of Criteria for Investment and Financing Decisions under Certainty. In: Management Science 1965/66, S. 155-179.

Mit Hilfe eines mathematischen Näherungsverfahrens (z. B. lineare Interpolation, *Newton*-Iteration) lässt sich ein Näherungswert für den kritischen Sollzinssatz bestimmen.

Bei einer weiteren Ausprägungsform der Sollzinssatzmethode nach *Henke*, der **VR (Vermögensrentabilitäts)-Methode**, wird ein Kontenausgleichsverbot unterstellt. Eine Verzinsung der Einzahlungsüberschüsse der jeweiligen Perioden erfolgt also bis zum Ende des Planungszeitraums zum Habenzinssatz i_{haben}; Auszahlungsüberschüsse müssen durch Zuführung von Kapital finanziert werden, für das eine Verzinsung in Höhe des Sollzinssatzes i_{soll} angenommen wird und das außerdem erst am Ende des Planungszeitraums zurückgezahlt wird.[228] Die Berechnung des kritischen Sollzinssatzes kann mittels folgender Gleichung erfolgen:

$$\boxed{C_n = C_n^+ - C_n^- = 0}$$

Setzt man für das **positive Vermögenskonto** am Ende des Planungszeitraums

$$\boxed{C_n^+ = \sum_{t=1}^{n} Z_t^+ \cdot (1 + i_{haben})^{n-t}}$$

und für das **negative Vermögenskonto** am Ende des Planungszeitraums

$$\boxed{C_n^- = \sum_{t=0}^{n} Z_t^- \cdot (1 + i_{soll})^{n-t}}$$

so lässt sich die Bestimmungsgleichung für die Ermittlung des kritischen Sollzinssatzes ausdrücken als

$$\boxed{C_n = \sum_{t=1}^{n} Z_t^+ \cdot (1 + i_{haben})^{n-t} - \sum_{t=0}^{n} Z_t^- \cdot (1 + r_s)^{n-t} = 0}$$

Auch bei dieser Methode kann durch Anwendung eines mathematischen Näherungsverfahrens ein Näherungswert für den kritischen Sollzinssatz r_s berechnet werden.

Die ***Baldwin*-Methode** repräsentiert ebenfalls eine Sollzinssatzmethode mit Kontenausgleichsverbot und somit sowohl eine vollständige Fremdfinanzierung des Kapitalbedarfs als auch eine endfällige Tilgung desselben. Allerdings enthält die *Baldwin*-Methode spezielle Ausprägungen:

– Verrechnung aller Einzahlungsüberschüsse ohne Berücksichtigung eventueller Investitionsauszahlungen über das positive Kapitalkonto und aller

[228] Vgl. dazu ausführlich *Henke, Manfred*: Vermögensrentabilität – ein einfaches dynamisches Investitionskalkül. In: Zeitschrift für Betriebswirtschaft 1973, S. 177-198.

Auszahlungsüberschüsse, ebenfalls ohne Berücksichtigung etwaiger Investitionsauszahlungen, über das negative Kapitalkonto;

- Abtrennung der anfänglichen Investitionsauszahlung(en) sowie des erzielbaren Liquidationserlöses von den übrigen Zahlungen (so genanntes partielles Saldierungsverbot).

Anfallende Investitionsauszahlungen und der Liquidationserlös werden mittels eines Habenzinssatzes i_{haben} auf den Beginn des Planungszeitraums abgezinst, Rückflüsse hingegen – unabhängig davon, ob positiver oder negativer Art – mit dem Habenzinssatz auf das Ende des Planungszeitraums aufgezinst.

Der mittels der *Baldwin*-Methode endogen berechenbare kritische Sollzinssatz, der auch als kritischer Beschaffungszinssatz verstanden wird, drückt denjenigen Zinssatz aus, mit dem der Barwert der Summe aus Investitionsauszahlungen und Liquidationserlös auf das Ende des Planungszeitraums aufgezinst werden muss, damit er dem Endwert der Rückflüsse entspricht.[229]

Formal kann die von *Baldwin* begründete Methode in folgender Weise dargestellt werden:

$$\sum_{t=1}^{n} E_t \cdot (1+i_{haben})^{n-t} - \sum_{t=1}^{n} A_t \cdot (1+i_{haben})^{n-t} \stackrel{!}{=}$$
$$\left[\sum_{t=0}^{n} I_t \cdot (1+i_{haben})^{-t} - L_n \cdot (1+i_{haben})^{-n}\right] \cdot (1+r_b)^n$$

wobei:

E_t: positiver Rückfluss in der Periode t (Einzahlungsüberschuss ohne Berücksichtigung eventueller Investitionsauszahlungen in der Periode t);

A_t: negativer Rückfluss in der Periode t (Auszahlungsüberschuss ohne Berücksichtigung eventueller Investitionsauszahlungen in der Periode t);

I_t: Investitionsauszahlungen der Periode t;

L_n: Liquidationserlös im Zeitpunkt t=n;

i_{haben}: Habenzinssatz;

r_s: kritischer Sollzinssatz nach der *Baldwin*-Methode;

---

[229] Vgl. dazu *Baldwin, Robert H.*: How to Assess Investment Proposals. In: Harvard Business Review 1959, N° 3, S. 98-104.

n : Planungszeitraum bzw. Nutzungsdauer des Investitionsobjekts;

t : Periode (t=0, 1, 2, ..., n).

Der Sollzinssatz nach *Baldwin* ermittelt sich durch Auflösung obiger Gleichung nach r_b wie folgt:

$$r_b = \sqrt[n]{\frac{\sum_{t=1}^{n} E_t \cdot (1+i_{haben})^{n-t} - \sum_{t=1}^{n} A_t \cdot (1+i_{haben})^{n-t}}{\sum_{t=0}^{n} I_t \cdot (1+i_{haben})^{-t} - L_n \cdot (1+i_{haben})^{-n}}} - 1$$

Zwischen der *Baldwin*-Methode und der VR-Methode bestehen materielle Zusammenhänge, die von *Blohm/Lüder* aufgezeigt werden. Somit ist eine Übereinstimmung in folgenden Situationen gegeben:

- Der Liquidationserlös des zu betrachteten Projektes beträgt null bzw. wird vernachlässigt.
- Dic Investitionsauszahlungen finden ausschließlich in t=0 statt.
- Es darf maximal ein negativer Rückfluss entstehen und zwar in t=n.[230]

Aus diesen Ausführungen heraus lässt sich folgern, dass die *Baldwin*-Methode einen Spezialfall der VR-Methode darstellt. Die Funktionsweise der *Baldwin*-Methode soll an folgendem Zahlenbeispiel näher aufgezeigt werden.

Beispiel:

Ein Investor möchte ein fremd finanziertes Investitionsprojekt anhand der *Baldwin*-Methode beurteilen. Hierzu sind folgende Daten gegeben:

- Die Investitionsauszahlungen betragen in t=0 20.000 EUR und in t=1 5.000 EUR.
- Die Struktur der laufenden Rückflüsse gestaltet sich wie folgt:

t	1	2	3	4
Einzahlungsüberschuss	11.000	9.000		12.000
Auszahlungsüberschuss			3.000	

- Der Liquidationserlös am Ende des vierten Jahres beträgt 1.000 EUR.
- Der Habenzinssatz beläuft sich auf 6%.

Im Rahmen der Berechnungen gilt es im Folgenden das partielle Saldierungsverbot zu beachten: Die Investitionsauszahlungen in t=1 dürfen nicht mit dem Einzahlungs-

[230] Vgl. *Blohm, Hans/Lüder, Klaus*: Investition. 8. Aufl., München 1995, S. 115-117.

überschuss derselben Periode verrechnet werden. Dasselbe gilt für den Liquidationserlös und den Einzahlungsüberschuss in t=4.

Die Zählergröße obiger Formel lautet somit

$$11.000 \cdot 1{,}06^3 + 9.000 \cdot 1{,}06^2 - 3.000 \cdot 1{,}06 + 12.000 = 32.033{,}58\,\text{EUR},$$

der Nenner lautet

$$20.000 + 5.000 \cdot 1{,}06^{-1} - 1.000 \cdot 1{,}06^{-4} = 23.924{,}89\,\text{EUR}.$$

Somit beträgt der kritische Sollzinssatz nach *Baldwin*

$$r_b = \sqrt[4]{\frac{32.033{,}58}{23.924{,}89}} - 1 = 0{,}0757 = 7{,}57\,\%.$$

Ist der tatsächliche Sollzinssatz nicht größer als 7,57 %, so ist das Investitionsobjekt als vorteilhaft zu erachten, da kein negativer Vermögensendwert entsteht.

Basierend auf der ökonomischen Interpretation des kritischen Sollzinssatzes (vgl. **Abschnitt 2.3.2.6.2.3**) ergibt sich das **Vorteilhaftigkeitskriterium der Sollzinssatzmethode** unter der Annahme, dass zu einem gegebenen Sollzinssatz jederzeit finanzielle Mittel in unbeschränkter Höhe aufgenommen werden können.

- Bei Vorhandensein eines vollkommenen und für den Investor unbeschränkten Kapitalmarkts, also bei Vorliegen eines einheitlichen Kalkulationszinssatzes für angelegtes und aufgenommenes Kapital, ist eine Investition als vorteilhaft anzusehen, wenn ihr kritischer Sollzinssatz nicht kleiner als der Kalkulationszinssatz ist.

- Ist der Sollzinssatz über dem Habenzinssatz angesiedelt, so ist eine Investition dann vorteilhaft, wenn ihr kritischer Sollzinssatz nicht kleiner als der Sollzinssatz ist, da in diesem Fall kein negativer Vermögensendwert erzielt wird.

- Liegt der Habenzinssatz (trotz der Unwahrscheinlichkeit des Eintretens einer derartigen Fallkonstellation) über dem Sollzinssatz, so gilt eine Investition dann als vorteilhaft, wenn ihr kritischer Sollzinssatz nicht kleiner als der Habenzinssatz ist.[231] Im Rahmen der Berechnungen erlangt nur der Habenzinssatz eine Bedeutung; das Vorteilhaftigkeitskriterium folgt demjenigen der Methode des internen Zinsfußes.[232]

---

231 Vgl. dazu v. a. *Blohm, Hans/Lüder, Klaus*: Investition. 8. Aufl., München 1995, S. 117.

232 Vgl. *Blohm, Hans/Lüder, Klaus*: Investition. 8. Aufl., München 1995, S. 86.

2.3.2.6.3 Zusammenfassende Beurteilung der dynamischen Endwertverfahren

Bezüglich der Anwendung der endwertorientierten Verfahren der Investitionsrechnung muss **Kenntnis über das zukünftige projektbezogene Finanzierungsverhalten der Unternehmung** vorliegen, was zumeist aufgrund der in der Realität auftretenden, auf die gesamte Unternehmung bezogenen Finanzierungspolitik nicht gegeben ist. Alternativ dazu ist das Treffen von Annahmen über Finanzierungsregeln (z.B. Kontenausgleichsgebot oder -verbot) im Voraus notwendig, wobei aber die Gefahr besteht, dass sich die unterstellten Finanzierungsregeln mit den im Zeitablauf tatsächlich realisierten u.U. nicht decken. Oftmals können die für die endwertorientierten Verfahren herangezogenen Finanzierungsregeln auch aus ökonomischer Sicht als nicht zweckmäßig eingestuft werden, so z.B. die Kontenausgleichsverbotsregel bei einem über dem Habenzinssatz liegenden Sollzinssatz.

Darüber hinaus bestehen bei diesen Rechenverfahren große Schwierigkeiten hinsichtlich der **Bestimmung der entscheidungsrelevanten Rechengrößen**. So wird insbesondere eine strenge Trennung zwischen angelegtem Kapital und aufgenommenen Krediten nicht immer eindeutig möglich sein, da i.d.R. ein Teil der erwirtschafteten Einzahlungsüberschüsse zur Tilgung des aufgenommenen Fremdkapitals verwendet wird. Auch entstehen Probleme bezüglich der Prognostizierbarkeit von Soll- und Habenzinssatz.

Die größte Problematik der endwertorientierten Verfahren liegt aber wohl in der **Zugrundelegung einer einheitlichen Laufzeit** beim Vergleich von Investitionsalternativen mit unterschiedlicher Projektlebensdauer.

Wegen der speziellen, gegenüber den dynamischen Barwertverfahren zusätzlich vorhandenen Unsicherheitsfaktoren, die in den Entscheidungsbildungsprozess eingehen, ist **den endwertorientierten Verfahren** gegenüber den Barwertverfahren deshalb nur dann **der Vorzug zu geben**, wenn eine **große Divergenz zwischen Soll- und Habenzins** berücksichtigt werden muss, eine **projektbezogene Finanzierung** vorliegt und/oder die Reinvestitionsprämisse zum Kalkulationszinsfuß durch Berücksichtigung des geplanten Investitionsprogramms bis zum Planungshorizont aufgehoben werden kann. In diesem Fall bieten sich dann allerdings auch Modelle für Programmentscheidungen an.[233]

---

[233] Vgl. dazu insbesondere *Blohm, Hans/Lüder, Klaus*: Investition. 8. Aufl., München 1995, S. 118-120; *Perridon, Louis/Steiner, Manfred*: Finanzwirtschaft der Unternehmung. 10. Aufl., München 1999, S. 92-93.

2.3.2.7 Beispiel zur praktischen Anwendung der dynamischen Verfahren der Investitionsrechnung[234]

Das Fallbeispiel zur Anwendung der dynamischen Verfahren der Investitionsrechnung knüpft an die Ausgangsdaten des Beispiels zu den statischen Verfahren an (vgl. **Abschnitt 2.2.6**).

(5) Die Marketingabteilung der Riesling GmbH ist in der Lage, die Einzahlungsüberschüsse der beiden Anlagen für die nächsten sechs Jahre zu bestimmen. Die Daten ergeben folgendes Bild:

	A_0	Z_1	Z_2	Z_3	Z_4	Z_5	Z_6
Anlage I	– 66.000	15.500	15.500	15.500	15.500	15.500	15.500
Anlage II	– 75.000	17.500	20.000	20.000	16.000	16.000	14.000

(a) Treffen Sie eine Investitionsentscheidung nach der Kapitalwertmethode bzw. nach der Annuitätenmethode!

(b) Ermitteln Sie auch den internen Zinsfuß der Investitionen!

(c) Kurzfristig wird der Riesling GmbH noch eine dritte Anlage angeboten, die folgende Einzahlungsüberschüsse erwirtschaften könnte:

	A_0	Z_1	Z_2	Z_3	Z_4	Z_5	Z_6
Anlage III	– 66.000	40.000	40.000	20.000	– 5.000	– 10.000	– 20.000

Welche Anlage ist nach der dynamischen Amortisationsrechnung am vorteilhaftesten? Welche Probleme treten dabei auf?

(d) Für welches der drei Investitionsobjekte wird sich die Unternehmung entscheiden, wenn sie eine Vermögensendwertmaximierung anstrebt?

Lösung:

(5)

(a) Bei der Kapitalwertmethode als klassischem dynamischen Verfahren der Investitionsrechnung dient der **Kapitalwert** zu Beginn der Nutzungsdauer

---

234 Entnommen aus *Kußmaul, Heinz*: Dynamische Verfahren der Investitionsrechnung. In: Der Steuerberater 1995, S. 387-389. Ein weiteres Zahlenbeispiel zur Kapitalwertmethode und zur Methode des internen Zinsfußes findet sich bei *Kußmaul, Heinz/Leiderer, Bernd*: Die Fallstudie aus der Betriebswirtschaftslehre: Investitionsrechnung. In: Das Wirtschaftsstudium 1996, S. 236-240.

von Investitionsobjekten als Maßstab zur Beurteilung der Vorteilhaftigkeit. Allgemein gilt:

$$\text{Kapitalwert } C_0 = -A_0 + \sum_{t=1}^{n} Z_t \cdot (1+i)^{-t} + L_n \cdot (1+i)^{-n}$$

$$C_0^I = -66.000 + 15.500 \cdot \frac{1{,}05^6 - 1}{1{,}05^6 \cdot 0{,}05} = 12.673{,}23 \text{ EUR}$$

$$C_0^{II} = -75.000 + \frac{17.500}{1{,}05^1} + \frac{20.000}{1{,}05^2} + \frac{20.000}{1{,}05^3} + \frac{16.000}{1{,}05^4} + \frac{16.000}{1{,}05^5} + \frac{14.000}{1{,}05^6}$$

$$= 13.230{,}68 \text{ EUR}$$

Der Kapitalwert beider Anlagen ist größer als null, wodurch jede Anlage für sich gesehen vorteilhaft ist. Im direkten Vergleich beider Anlagen erweist sich die Anlage II aufgrund des höheren Kapitalwerts vorteilhafter als die Anlage I.

Die **Annuität** einer Investition lässt sich bestimmen durch Transformation des Kapitalwerts C_0 in eine Reihe gleich hoher Zahlungen zu den einzelnen Zahlungszeitpunkten der Investition. Diese Maßnahme erfolgt mit Hilfe des Kapitalwiedergewinnungsfaktors KWF(i; n) bei gegebenem Kalkulationszinssatz i und festliegendem Planungshorizont n.

Es gilt:

$$G_n = C_0 \cdot KWF(i;n)$$

$$G_{n\,I} = 12.673{,}23 \cdot 0{,}197018 = 2.496{,}85 \text{ EUR}$$

$$G_{n\,II} = 13.230{,}68 \cdot 0{,}197018 = 2.606{,}68 \text{ EUR}$$

Es lässt sich erkennen, dass unter Zugrundelegung der Annuität als entscheidungsrelevante Größe eine Vorteilhaftigkeit beider Anlagen gegeben ist, die allerdings bei Anlage II deutlich höher liegt als bei Anlage I, denn $G_{n\,II} > G_{n\,I}$. Daher ist Anlage II gegenüber Anlage I der Vorzug zu geben.

(b) Der **interne Zinsfuß** einer Investition gibt an, wie hoch die Verzinsung ist, die in jedem Zahlungszeitpunkt auf das jeweils noch gebundene Kapital erzielt werden kann. Die Formel für die Berechnung des internen Zinssatzes bei diskreten, äquidistanten Zahlungszeitpunkten lässt sich unmittelbar aus der Kapitalwertformel ableiten:

$$\text{Kapitalwert } C_0 = -A_0 + \sum_{t=1}^{n} Z_t \cdot (1+i)^{-t} + L_n \cdot (1+i)^{-n} \stackrel{!}{=} 0$$

Kapitalwert des Investitionsprojekts I bei verschiedenen Zinssätzen:

$i_1 = 0{,}10$

$$C_{01}^{I} = -66.000 + 15.500 \cdot \frac{1{,}1^6 - 1}{1{,}1^6 \cdot 0{,}1} = +1.506{,}54 \text{ EUR}$$

$i_2 = 0{,}11$

$$C_{02}^{I} = -66.000 + 15.500 \cdot \frac{1{,}11^6 - 1}{1{,}11^6 \cdot 0{,}1} = -426{,}66 \text{ EUR}$$

Kapitalwert des Investitionsprojekts II bei verschiedenen Zinssätzen:

$i_1 = 0{,}10$

$$C_{01}^{II} = -75.000 + \frac{17.500}{1{,}1^1} + \frac{20.000}{1{,}1^2} + \frac{20.000}{1{,}1^3} + \frac{16.000}{1{,}1^4} + \frac{16.000}{1{,}1^5} + \frac{14.000}{1{,}1^6}$$

$$= +1.229{,}90 \text{ EUR}$$

$i_2 = 0{,}11$

$$C_{02}^{II} = -75.000 + \frac{17.500}{1{,}11^1} + \frac{20.000}{1{,}11^2} + \frac{20.000}{1{,}11^3} + \frac{16.000}{1{,}11^4} + \frac{16.000}{1{,}11^5} + \frac{14.000}{1{,}11^6}$$

$$= -858{,}07 \text{ EUR}$$

Mittels linearer Interpolation ergibt sich folgender approximierter interner Zinsfuß:

$$\boxed{\hat{r} = i_1 - C_{01} \cdot \frac{i_2 - i_1}{C_{02} - C_{01}}}$$

$$\hat{r}_I = 0{,}1 - 1.506{,}54 \cdot \frac{0{,}11 - 0{,}1}{(-426{,}66) - 1.506{,}54} = 0{,}1078$$

$$\hat{r}_{II} = 0{,}1 - 1.229{,}90 \cdot \frac{0{,}11 - 0{,}1}{(-858{,}07) - 1.229{,}90} = 0{,}1059$$

Jede Investition für sich betrachtet ist vorteilhaft, denn der jeweilige interne Zinsfuß liegt über dem Kalkulationszinssatz. Anlage I ist der Anlage II vorzuziehen, da sie eine höhere interne Verzinsung aufweist.

(c) **Ermittlung der dynamischen Amortisationsdauer**:

Anlage I:

Zahlungs-zeitpunkt t	Netto-zahlungen (Zeitwert) Z_t	Abzinsungs-faktoren $(1+i)^{-t}$ für i=0,05	Netto-zahlungen (Barwert)	Kumulierte Barwerte der Netto-zahlungen = Kapitalwerte $C_0(t)$
0	– 66.000	1	– 66.000,00	– 66.000,00
1	15.500	$1{,}05^{-1}$	14.761,91	– 51.238,09
2	15.500	$1{,}05^{-2}$	14.058,96	– 37.179,13
3	15.500	$1{,}05^{-3}$	13.389,48	– 23.789,65
4	15.500	$1{,}05^{-4}$	12.751,89	– 11.037,76
5	15.500	$1{,}05^{-5}$	12.144,66	+ 1.106,90
6	15.500	$1{,}05^{-6}$	11.566,34	+ 12.673,24

Anlage II:

Zahlungs-zeitpunkt t	Netto-zahlungen (Zeitwert) Z_t	Abzinsungs-faktoren $(1+i)^{-t}$ für i=0,05	Netto-zahlungen (Barwert)	Kumulierte Barwerte der Netto-zahlungen = Kapitalwerte $C_0(t)$
0	– 75.000	1	– 75.000,00	– 75.000,00
1	17.500	$1{,}05^{-1}$	16.666,67	– 58.333,33
2	20.000	$1{,}05^{-2}$	18.140,59	– 40.192,74
3	20.000	$1{,}05^{-3}$	17.276,75	– 22.915,99
4	16.000	$1{,}05^{-4}$	13.163,24	– 9.752,75
5	16.000	$1{,}05^{-5}$	12.536,42	+ 2.783,67
6	14.000	$1{,}05^{-6}$	10.447,01	+ 13.230,68

Anlage III:

Zahlungs-zeitpunkt t	Netto-zahlungen (Zeitwert) Z_t	Abzinsungs-faktoren $(1+i)^{-t}$ für i=0,05	Netto-zahlungen (Barwert)	Kumulierte Barwerte der Netto-zahlungen = Kapitalwerte $C_0(t)$
0	– 66.000	1	– 66.000,00	– 66.000,00
1	40.000	$1{,}05^{-1}$	38.095,24	– 27.904,76
2	40.000	$1{,}05^{-2}$	36.281,18	+ 8.376,42
3	20.000	$1{,}05^{-3}$	17.276,75	+ 25.653,17
4	– 5.000	$1{,}05^{-4}$	– 4.113,51	+ 21.539,66
5	– 10.000	$1{,}05^{-5}$	– 7.835,26	+ 13.704,40
6	– 20.000	$1{,}05^{-6}$	– 14.924,31	– 1.219,91

Die Anlage I amortisiert sich im fünften, die Anlage II ebenfalls im fünften und die Anlage III im zweiten Jahr. Somit ist die Anlage III nach der Amortisationsrechnung am vorteilhaftesten, da sie die kürzeste Amortisationszeit aufweist. Jedoch bleiben dabei die Zahlungsströme nach dem Amortisationszeitpunkt unberücksichtigt, welche bei der Anlage III zu einem negativen Kapitalwert von –1.219,91 EUR führen. Deshalb sollte auf das Kriterium der dynamischen Amortisationsdauer nur in Verbindung mit anderen Verfahren der Investitionsrechnung zurückgegriffen werden.

(d) Die Vermögensendwertmethode ist ein Verfahren der Investitionsrechnung, bei dem sämtliche Zahlungen einer Investition auf das Ende des Planungszeitraumes bezogen werden. Der **Vermögensendwert** entspricht dem aufgezinsten Kapitalwert, wenn Soll- und Habenzinssatz gleich sind. Aus diesem Grund gilt hier:

$$C_n = C_0 \cdot (1+i)^n = -A_0 \cdot (1+i)^n + \sum_{t=1}^{n} Z_t \cdot (1+i)^{n-t} + L_n$$

$$C_{nI} = 12.673{,}23 \cdot 1{,}05^6 = 16.983{,}34 \text{ EUR}$$

$$C_{nII} = 13.230{,}68 \cdot 1{,}05^6 = 17.730{,}38 \text{ EUR}$$

$$C_{nIII} = -1.219{,}91 \cdot 1{,}05^6 = -1.634{,}80 \text{ EUR}$$

Die Investitionsobjekte I und II sind absolut gesehen vorteilhaft, denn sie erwirtschaften bei einer 5 %-igen Verzinsung des eingesetzten Kapitals den jeweils errechneten Endwert. Da $C_{n\,II} > C_{n\,I}$ gilt, ist Anlage II die vorteilhafteste Anlage für die Unternehmung.

2.3.3 Ausgewählte dynamische Rechenverfahren zur Ermittlung der optimalen Nutzungsdauer und des optimalen Ersatzzeitpunkts von Investitionen

2.3.3.1 Allgemeine Bemerkungen

Während bisher Entscheidungen über realisierbare Investitionsprojekte im Hinblick auf das Ziel der Gewinnmaximierung bei gegebenen Ausgangsgrößen, insbesondere feststehender Nutzungsdauer, angestrebt wurden, soll im Weiteren die Nutzungsdauer an sich ein Entscheidungsproblem der Investitionsrechnung darstellen.

Die Nutzungsdauer eines bestimmten Investitionsobjekts spiegelt dabei den Zeitraum wider, in dem das Investitionsobjekt zweckentsprechend verwendbar ist. Die Bestimmungsfaktoren der Nutzungsdauer einer Investition können rechtlicher, technischer oder wirtschaftlicher Art sein.

– Die **rechtliche Nutzungsdauer** umfasst den Zeitraum, in dem ein Investitionsobjekt durch gesetzliche Vorschriften oder vertragliche Vereinbarungen auf zivilrechtlicher Basis für den Investor nutzbar ist, selbst wenn es vom wirtschaftlichen oder technischen Standpunkt aus noch länger genutzt werden könnte. Rechtliche Beschränkungen sind vor allem im Anlagebereich zu finden; hier geben z.B. Lizenzen, Patente, Mietverträge, Leasingverträge oder gewährte Darlehen durch die festgelegten Fristen den Zeitraum der Nutzung vor, der nicht ohne Weiteres überschritten werden darf. Eine Feststellung der rechtlichen Nutzungsdauer erweist sich aufgrund der vertraglichen Fixierung im Allgemeinen als unproblematisch.

– Durch die **technische Nutzungsdauer** kommt der Zeitraum zum Ausdruck, in dem das Investitionsobjekt technisch dazu in der Lage ist, Leistungen abzugeben. Da sie abhängig ist von der Bereitschaft, Kosten für Instandhaltung, Wartung und Reparaturen in Kauf zu nehmen, lässt sich der Zeitpunkt des endgültigen Verschleißes einer Anlage nur schwer bestimmen.

– Die **wirtschaftliche Nutzungsdauer** verkörpert den Zeitraum, in dem ein Investitionsobjekt unter finanzwirtschaftlichen Gesichtspunkten vorteilhaft genutzt werden kann. Dieser Zeitraum ist grundsätzlich kleiner oder gleich der technischen Nutzungsdauer, denn technischer Fortschritt bzw. wirtschaftliche Veränderungen (Angebots- und Nachfrageverschiebungen) können die Nutzung einer Anlage, die technisch gesehen noch weiter genutzt werden könnte, unrentabel machen.[235]

Bei der Beurteilung der Vorteilhaftigkeit einer Investition ist eine Orientierung an der wirtschaftlichen Nutzungsdauer zweckmäßig, da diese den Zeitraum ausdrückt, der zu einer optimalen Erfüllung der monetären Unternehmungsziele führt.

Entscheidungen über die Nutzungsdauer von Investitionen können in zweierlei Hinsicht getroffen werden. Zum einen ist **vor** der Realisation eines Investitionsobjekts eine Entscheidung dahingehend zu treffen, wie lange dieses – unter Zugrundelegung ökonomischer Kriterien – genutzt werden soll (**Ex-ante-Entscheidung**); zum anderen stellt sich **nach** dem Beginn der Nutzungsdauer einer Investition die Frage, wie lange die Nutzung noch weitergeführt werden soll (**Ex-post-Entscheidung**).

Daraus lassen sich zwei Fragestellungen ableiten:[236]

(1) **Nutzungsdauerproblem** (Ex-ante-Entscheidung)

Ist die Frage nach der optimalen Nutzungsdauer eines Investitionsobjekts vor dessen Durchführung (ex ante) zu klären, so lautet sie:

Soll ein noch nicht realisiertes Investitionsprojekt 1, 2, 3, ... oder n Perioden lang genutzt werden, oder ist es vorteilhafter, ganz auf die Investition zu verzichten?

(2) **Ersatzproblem** (Ex-post-Entscheidung)

Ist eine Investition bereits realisiert, so stellt sich für den Investor in jeder der folgenden Perioden (ex post) die Frage nach der Weiterführung oder der Stilllegung der Investition. In diesem Fall lautet die Fragestellung:

Soll eine bereits vorhandene Investition noch 1, 2, 3, ... oder n Perioden lang genutzt werden, oder ist es vorteilhafter, die Nutzung sofort zu beenden?

---

235 Vgl. dazu u.a. *Busse von Colbe, Walther/Laßmann, Gert*: Betriebswirtschaftstheorie. Band 3. 3. Aufl., Berlin 1990, S. 131; *Däumler, Klaus-Dieter*: Anwendung von Investitionsrechnungsverfahren in der Praxis. 4. Aufl., Herne/Berlin 1996, S. 211-212; *Götze, Uwe/Bloech, Jürgen*: Investitionsrechnung. 2. Aufl., Berlin u.a. 1995, S. 201-202; *Perridon, Louis/Steiner, Manfred*: Finanzwirtschaft der Unternehmung. 10. Aufl., München 1999, S. 76-77.

236 Vgl. dazu insbesondere *Busse von Colbe, Walther/Laßmann, Gert*: Betriebswirtschaftstheorie. Band 3. 3. Aufl., Berlin 1990, S. 132; *Däumler, Klaus-Dieter*: Anwendung von Investitionsrechnungsverfahren in der Praxis. 4. Aufl., Herne/Berlin 1996, S. 212; *Drexl, Andreas*: Nutzungsdauerentscheidungen bei Sicherheit und Risiko. In: Zeitschrift für betriebswirtschaftliche Forschung 1990, S. 50; *Götze, Uwe/Bloech, Jürgen*: Investitionsrechnung. 2. Aufl., Berlin u.a. 1995, S. 202-203; *Kruschwitz, Lutz*: Investitionsrechnung. 8. Aufl., München/Wien 2000, S. 159-160.

Beide Arten von Entscheidungen haben damit im Wesentlichen die gleiche Problematik zum Gegenstand, es erfolgt aber eine Betrachtung aus zeitlich differierenden Positionen. Im Falle einer Ex-ante-Entscheidung möchte der Investor Kenntnis über die optimale Nutzungsdauer einer in Frage stehenden Investition und damit also auch über die verbundenen Handlungskonsequenzen hinsichtlich Durchführung oder Unterlassung der Anschaffung erhalten, während bei einer Ex-post-Entscheidung der optimale Ersatzzeitpunkt und als Konsequenz daraus die Weiternutzung oder Stilllegung einer bereits realisierten Investition im Mittelpunkt des Interesses steht.

Erfolgt aufgrund einer Ex-post-Berechnung der Entschluss für ein anderes als das ex ante geplante Liquidationsdatum, so bedeutet dies nicht notwendigerweise, dass sich die zuvor angestellte Planung als falsch herausstellt. Eine Korrektur kann u. U. auch dadurch notwendig geworden sein, dass in der Zwischenzeit

- vorher nicht absehbare Entwicklungen eingetreten sind, z.B. Kostenverschiebungen auf den Rohstoff- und Arbeitsmärkten, Schwierigkeiten bei der Ersatzteilbesorgung durch Ausfall des Herstellers, geänderte gesetzliche Bestimmungen (Umwelt, Steuern), technische Neuerungen;
- der Entscheidungsträger seine monetäre Zielfunktion geändert hat.

Ex-ante- und Ex-post-Entscheidungen ergänzen sich derart, dass die unerlässliche Vorausbestimmung der wirtschaftlichen Nutzungsdauer nach Realisierung des Projekts in periodischen Abständen auf Grundlage der neuesten Datenkonstellation kontrolliert und gegebenenfalls revidiert werden muss.[237]

Die zur Bestimmung der entscheidungsrelevanten Größen „optimale Nutzungsdauer“ bzw. „optimaler Ersatzzeitpunkt“ eingesetzten Verfahren bzw. Modelle sind vielfältig und unterscheiden sich hinsichtlich ihrer Zielgrößen.[238] Bei den verschiedenen Varianten der MAPI-Methode erfolgt die Berechnung einer Rentabilitätsgröße, die dann der Vorteilhaftigkeitsentscheidung zugrunde gelegt wird.[239] Weitere in Frage kommende Zielgrößen sind der Kapitalwert oder die investitionsbedingt anfallenden Kosten. Im Folgenden wird als Zielgröße der Kapitalwert des Investitionsobjekts herangezogen. Es werden deshalb die Prämissen des Kapitalwertmodells als allgemein gültig zugrunde gelegt; insbesondere wird vorausgesetzt, dass der Investor am vollkommenen und für ihn unbeschränkten Kapitalmarkt operiert.

---

[237] Vgl. *Bieg, Hartmut*: Betriebswirtschaftslehre 1: Investition und Unternehmungsbewertung. 2. Aufl., Freiburg i. Br. 1997, S. 108.

[238] Bezüglich eines Überblicks über die Modelle zur Nutzungsdauer- bzw. Ersatzzeitpunktermittlung siehe *Seelbach, Horst*: Ersatztheorie. In: Zeitschrift für Betriebswirtschaft 1984, S. 106-127.

[239] Vgl. dazu ausführlich *Blohm, Hans/Lüder, Klaus*: Investition. 8. Aufl., München 1995, S. 101-111.

Darüber hinaus erfolgt die Unterstellung, dass die Nutzungsdauer eines Investitionsobjekts eine Periode oder ein ganzzahliges Vielfaches davon beträgt. Würde man die Zeit als kontinuierliche Variable betrachten, so wäre die Anzahl der alternativen Nutzungsdauern unendlich groß. Da in der Praxis aber zumeist eine grobe Zeiteinteilung als ausreichend erachtet wird, kann man die Zeit ohne hohe informative Einbußen als diskrete Variable betrachten. Diese Voraussetzung ist besonders bei längerfristigen Prognosen sinnvoll, da bei einer sehr feinen Zeiteinteilung die Entwicklung der Zahlungsströme im Allgemeinen nur sehr schwer vorherzusehen ist.

2.3.3.2 Die Bestimmung der optimalen Nutzungsdauer

Bei Entscheidungen über die optimale Nutzungsdauer ist die Frage zu beantworten, ob ein noch nicht realisiertes Investitionsprojekt 1, 2, 3, ... oder n Perioden lang genutzt werden soll. Da die optimale Nutzungsdauer eines Investitionsobjekts davon abhängig ist, welche Chancen und Anlagemöglichkeiten sich nach dem Nutzungsende der Investition bieten, wird zwischen einmaligen und mehrmaligen Investitionen unterschieden.[240]

2.3.3.2.1 Einmalige Investition

Bei einer einmaligen Investition wird unterstellt, dass am Ende der Nutzungsdauer des Projekts kein Ersatz durch eine neue Sachanlageinvestition erfolgt. Für die Nutzungsdauerbestimmung ist in diesem Fall vielmehr charakteristisch, dass jenseits der optimalen Nutzungsdauer nur noch Anschlussinvestitionen in Form von Finanzanlagen zum Kalkulationszinsfuß stattfinden, die aber den Kapitalwert der zu beurteilenden Investition nicht verändern.[241] Diese Fragestellung kann z. B. auftreten, wenn die auf einer Anlage hergestellten Produkte nach dem Ende der Nutzungsdauer nicht mehr abgesetzt werden können oder sollen.

Werden – wie in der Mehrzahl der in der Realität eintretenden Fälle – auf längere Sicht tendenziell fallende Einzahlungen (durch zunehmende Marktsättigung) und tendenziell wachsende Auszahlungen (durch steigenden Verschleiß und somit zunehmende Instandhaltungs- und Reparaturkosten) unterstellt, und wird darüber hinaus die Annahme getroffen, dass der Restverkaufserlös einer

---

[240] Vgl. *Drexl, Andreas*: Nutzungsdauerentscheidungen bei Sicherheit und Risiko. In: Zeitschrift für betriebswirtschaftliche Forschung 1990, S. 51; *Kruschwitz, Lutz*: Investitionsrechnung. 8. Aufl., München/Wien 2000, S. 162.

[241] Vgl. *Bieg, Hartmut*: Betriebswirtschaftslehre 1: Investition und Unternehmungsbewertung. 2. Aufl., Freiburg i. Br. 1997, S. 110.

Anlage im Zeitverlauf fällt, so ergibt sich bei der Berechnung der Kapitalwerte in Abhängigkeit von den zugrunde gelegten Nutzungsdauern eine Kapitalwertfunktion, die bisweilen ein ausgeprägtes Maximum aufweist.[242] Vorteilhaft ist demnach die Nutzungsdauer, bei der der Kapitalwert der Investition am größten ist, m. a. W., die optimale Nutzungsdauer liegt an der Stelle, an der die erste Ableitung der Kapitalwertfunktion nach der Zeit einen Wert von null hat. Im Fall einer einmaligen Investition ohne Nachfolger lautet das Entscheidungskriterium bei Anwendung der Kapitalwertmethode demnach:

Realisiere diejenige Nutzungsdauer n, bei der der (positive) Kapitalwert der Investition maximal wird!

Bestimmt werden kann die optimale Nutzungsdauer auf zwei verschiedene Arten. Zum einen kann eine explizite Berechnung der Kapitalwerte für alle Nutzungsdaueralternativen und somit eine Identifizierung des Maximums erfolgen. Der zweite Weg besteht in einer Betrachtung der Grenzgewinne. Dieses Verfahren lässt sich aus der Kapitalwertmethode ableiten und führt unter Herausarbeitung der bestimmenden Faktoren zur Lösung des Problems.[243]

1. Lösungsweg: Kapitalwertberechnung

Bei der Bestimmung der optimalen Nutzungsdauer einer Investition mit Hilfe der Kapitalwerte muss im ersten Schritt für jede denkbare Nutzungsdaueralternative eine entsprechende Zahlungsreihe aufgestellt werden. Dabei sind im letzten Jahr der Nutzung der Investition sowohl laufende Einzahlungsüberschüsse als auch der zu diesem Zeitpunkt noch erzielbare Liquidationserlös zu berücksichtigen. Anschließend ist für jede Zahlungsreihe der Kapitalwert der entsprechenden Nutzungsdaueralternativen zu berechnen. Die sich bei den verschiedenen Nutzungsdauern ergebenden Zahlungsreihen und die dazugehörigen Kapitalwerte lassen sich – sofern der Umfang der Zahlungsreihen nicht ein sehr umfassendes Ausmaß annimmt – zweckmäßigerweise in einer Tabelle gegenüberstellen und somit relativ leicht vergleichen. Realisiert werden sollte diejenige Alternative, bei der sich ein maximaler positiver Kapitalwert ergibt.

---

[242] Vgl. dazu *Perridon, Louis/Steiner, Manfred*: Finanzwirtschaft der Unternehmung. 10. Aufl., München 1999, S. 77-78.

[243] Vgl. dazu und zum Folgenden u.a. *Adam, Dietrich*: Investitionscontrolling. 3. Aufl., München/Wien 2000, S. 201-217; *Bieg, Hartmut*: Betriebswirtschaftslehre 1: Investition und Unternehmungsbewertung. 2. Aufl., Freiburg i. Br. 1997, S. 111-116; *Busse von Colbe, Walther/Laßmann, Gert*: Betriebswirtschaftstheorie. Band 3. 3. Aufl., Berlin 1990, S. 132-137; *Götze, Uwe/Bloech, Jürgen*: Investitionsrechnung. 2. Aufl., Berlin u.a. 1995, S. 205-208; *Kruschwitz, Lutz*: Investitionsrechnung. 8. Aufl., München/Wien 2000, S. 163-167; *Schneider, Dieter*: Investition, Finanzierung und Besteuerung. 7. Aufl., Wiesbaden 1992, S. 103-104.

2. Lösungsweg: Grenzwertkalkül

Diese Art der Bestimmung der optimalen Nutzungsdauer einer Investition basiert auf einer Analyse der Grenzgewinne insoweit, als hier eine Betrachtung der Kapitalwertveränderungen erfolgt, die sich aus der Verlängerung der Nutzungsdauer um jeweils ein Jahr ergeben. Dabei wird die Gegebenheit ausgenutzt, dass sich die Zahlungsreihen zweier benachbarter Nutzungsdaueralternativen nur im vorletzten und letzten Element voneinander unterscheiden. Bei der Verlängerung der Nutzungsdauer um eine weitere Periode kommt es also nur auf die Veränderung des nutzungszeitabhängigen Kapitalwerts an.

Die Veränderung des Kapitalwerts zwischen zwei benachbarten Nutzungsdaueralternativen wird als zeitlicher Grenzgewinn ΔC_0 bezeichnet. Trifft der Investor eine Entscheidung zwischen einer m-jährigen und einer (m-1)-jährigen Nutzung der Investition, so ergibt sich der zeitliche Grenzgewinn $\Delta C_0^{(m)}$ aus der folgenden Formel:[244]

$$\boxed{\Delta C_0^{(m)} = C_0^{(m)} - C_0^{(m-1)}}$$

Werden die Formeln für $C_0^{(m)}$ und $C_0^{(m-1)}$ in die obige Gleichung zur Berechnung des zeitlichen Grenzgewinns $\Delta C_0^{(m)}$ eingesetzt, so ergibt sich:

$$\boxed{\Delta C_0^{(m)} = \sum_{t=0}^{m} Z_t \cdot (1+i)^{-t} + L_m \cdot (1+i)^{-m} - \left[\sum_{t=0}^{m-1} Z_t \cdot (1+i)^{-t} + L_{m-1} \cdot (1+i)^{-(m-1)}\right]}$$

Da $\sum_{t=0}^{m} Z_t \cdot (1+i)^{-t} - \sum_{t=0}^{m-1} Z_t \cdot (1+i)^{-t} = Z_m \cdot (1+i)^{-m}$, gilt folgendes:

$$\boxed{\Delta C_0^{(m)} = Z_m \cdot (1+i)^{-m} + L_m \cdot (1+i)^{-m} - L_{m-1} \cdot (1+i)^{-(m-1)}}$$

Dies lässt sich weiter umformen:

$$\boxed{\Delta C_0^{(m)} = (Z_m + L_m) \cdot (1+i)^{-m} - L_{m-1} \cdot (1+i)^{-(m-1)}}$$

In Worten ausgedrückt ergibt sich der zeitliche Grenzgewinn als Differenz zwischen der abgezinsten Nettozahlung (Einzahlungsüberschuss zuzüglich erzielbarer Liquidationserlös) der Periode m und dem abgezinsten Liquidationserlös der Periode m-1.

Solange der zeitliche Grenzgewinn $\Delta C_0^{(m)}$ positiv ist, erweist sich die Nutzung über m Jahre als vorteilhafter als die Nutzung über einen Zeitraum von m-1 Jahren.

---

[244] Vgl. dazu insbesondere *Bieg, Hartmut*: Betriebswirtschaftslehre 1: Investition und Unternehmungsbewertung. 2. Aufl., Freiburg i. Br. 1997, S. 113.

Damit $\Delta C_0^{(m)} > 0$ ist, muss gelten:

$$(Z_m + L_m) \cdot (1+i)^{-m} > L_{m-1} \cdot (1+i)^{-(m-1)}$$

Zur Vereinfachung der Berechnung des zeitlichen Grenzgewinns ist es allerdings günstiger, mit dem aufgezinsten Grenzgewinn $(1+i)^m \cdot \Delta C_0^{(m)}$ zu arbeiten; dieser ergibt sich durch Multiplikation der oben angeführten Formel mit dem Faktor $(1+i)^m$. Die Formel lautet dann:

$$(1+i)^m \cdot \Delta C_0^{(m)} = (Z_m + L_m) - L_{m-1} \cdot (1+i)$$

Damit lässt sich sagen, dass $(1+i)^m \cdot \Delta C_0^{(m)} > 0$ und somit die Nutzung über einen Zeitraum von m Jahren vorteilhafter ist als Nutzung über m-1 Jahre, falls gilt:

$$(Z_m + L_m) > L_{m-1} \cdot (1+i) \quad \text{bzw.}$$

$$Z_m > (L_{m-1} - L_m) + L_{m-1} \cdot i$$

Diese etwas andere Interpretation des zeitlichen Grenzgewinns bringt zum Ausdruck, dass die Verlängerung der Nutzungsdauer des Investitionsobjekts den Kapitalwert der Investition erhöht und deshalb realisiert werden sollte, solange der durch die Investition verursachte Einzahlungsüberschuss der m-ten Periode Z_m (ohne Liquidationserlös) größer ist als die Summe aus der Minderung des Restverkaufserlöses der Anlage in dieser Periode $(L_{m-1} - L_m)$ und den Zinsen auf den Restverkaufserlös am Ende der Vorperiode $(L_{m-1} \cdot i)$.

Ergibt sich für den Grenzgewinn einer Periode ein Wert von null, so wird der Kapitalwert des Investitionsprojekts bei Verlängerung der Nutzungsdauer um eine Periode nicht verändert. Zieht man als Entscheidungskriterium nur den Kapitalwert heran, so besteht Indifferenz zwischen den einzelnen Nutzungsdaueralternativen.

2.3.3.2.2 Mehrmalige Investitionen

2.3.3.2.2.1 Allgemeine Bemerkungen

Während bisher im Falle einer einmaligen Investition im Sachanlagebereich angenommen wurde, dass der Investor nach Ablauf der optimalen Nutzungsdauer bis zum Ende des Planungshorizontes nur noch Ergänzungsinvestitionen zum Kalkulationszinsfuß durchführt, findet nun eine Abwendung von dieser unrealistischen Annahme statt, da im Anschluss an ein abgelaufenes Investitionsprojekt im Allgemeinen die Durchführung weiterer Projekte erfolgt. Aus diesem Grund wird im Folgenden der Fall der Planung mehrmaliger Investitionen untersucht.

Bei mehrmaligen Investitionen werden bei der Berechnung der optimalen Nutzungsdauer des zeitlich ersten Projekts alle innerhalb des Planungszeitraums möglichen **Nachfolgeinvestitionen explizit berücksichtigt**. Wie bei der einmaligen Investition bereits gezeigt wurde, beeinflussen Anschlussinvestitionen die Laufzeit der Vorgängerinvestition; eine Investition gilt danach als nicht mehr vorteilhaft, wenn deren Rendite auf Dauer unter dem Kalkulationszinssatz liegt. Bei mehrmaligen Investitionen dient als Vergleichsalternative nicht mehr der Kalkulationszinssatz, sondern die Rendite (bzw. der Kapitalwert) der Nachfolgeinvestition. Ein Projekt wird umso früher beendet, je günstiger sich die Anschlussinvestition erweist; Voraussetzung ist allerdings, dass sich diese jederzeit realisieren lässt und nicht an bestimmte Anfangstermine gebunden ist.

Zu beachten gilt, dass hier die Länge des Planungszeitraums und auch die zeitliche Reihenfolge der Einzelprojekte unveränderbar ist; variiert werden können lediglich die Nutzungsdauern der einzelnen Investitionsprojekte innerhalb der gegebenen Reihenfolge, wobei natürlich auch ein Verzicht auf die Realisierung bestimmter Einzelobjekte im Bereich des Möglichen liegt.[245]

2.3.3.2.2.2 Fallunterscheidungen

Bei der Betrachtung der Ausprägungen solcher mehrmaliger Investitionen, also von Investitionsfolgen bzw. -ketten, muss eine Unterscheidung getroffen werden zwischen **identischen** und **nicht-identischen** Investitionsketten.

„Identisch" bedeutet hier nicht etwa physische Identität, sondern vielmehr „gleiche Ertragsfähigkeit" bei gleichen Anschaffungsauszahlungen bzw. gleichem Kapitalwert;[246] abgezielt wird also auf die **wirtschaftliche Identität**.

Unter einer **identischen Investitionskette** ist demnach eine Folge von Investitionen zu verstehen, die alle **den gleichen Kapitalwert** besitzen. Die Investitionsprojekte müssen dazu aber nicht notwendigerweise auch gleiche Zahlungsreihen aufweisen. Voraussetzung für diese begriffliche Festlegung ist allerdings, dass ein einheitlicher Kalkulationszinsfuß zugrunde gelegt wird; andernfalls würden sich durch die unterschiedlichen Zinssätze logischerweise unterschiedliche Diskontierungsfaktoren und somit auch unterschiedliche Kapitalwerte in Abhängigkeit vom verwendeten Zinssatz ergeben.

---

245 Vgl. *Bieg, Hartmut*: Betriebswirtschaftslehre 1: Investition und Unternehmungsbewertung. 2. Aufl., Freiburg i. Br. 1997, S. 117.

246 Vgl. *Schneider, Dieter*: Investition, Finanzierung und Besteuerung. 7. Aufl., Wiesbaden 1992, S. 104.

Bei einer **nicht-identischen Investitionskette** weichen die Kapitalwerte der einzelnen Investitionsprojekte innerhalb der Kette dagegen im Allgemeinen voneinander ab.

Möchte man eine Strukturierung der eventuell eintretenden Situationen vornehmen, so ist noch eine Unterscheidung dahingehend zu treffen, ob der hinsichtlich der Entscheidung unterstellte **Planungszeitraum auf begrenzte oder unbegrenzte Dauer** angelegt ist, d.h., ob ein endlicher oder unendlicher Planungszeitraum vorliegt.[247]

Aus der Kombination der möglichen Unterscheidungsmerkmale von Nutzungsdauerproblemen bei mehrmaligen Investitionen ergeben sich die in **Abbildung 35** dargestellten Planungssituationen.

		Investitionskette	
		identisch	nicht-identisch
Planungs-zeitraum	endlich	**Abschnitt 2.3.3.2.2.4**	**Abschnitt 2.3.3.2.2.3**
	unendlich	**Abschnitt 2.3.3.2.2.5**	–

Abbildung 35: Planungssituationen bei der Bestimmung optimaler Nutzungsdauern mehrmaliger Investitionen

Der **Fall nicht-identischer Investitionsketten bei Vorliegen eines unendlichen Planungszeitraums wird nicht weiter untersucht**, da es wenig zweckmäßig erscheint, mit Bestimmtheit festzulegen, wie die Zahlungsströme in einer zeitlichen Entfernung von vierzig, fünfzig oder sogar hundert Jahren aussehen werden; hier ist es sinnvoller und unproblematischer, identische Investitionsketten zu unterstellen.[248]

Andererseits werden bei einem endlichen Planungszeitraum, d.h. einem Zeitraum, den der Investor oftmals weitgehend überblicken kann, identische Investitionen nur selten vorkommen,[249] so dass hier zunächst eine Betrachtung des in der Praxis realistischeren Falls nicht-identischer Investitionsketten erfolgt.

---

[247] Vgl. dazu u.a. *Adam, Dietrich*: Investitionscontrolling. 3. Aufl., München/Wien 2000, S. 200; *Bieg, Hartmut*: Betriebswirtschaftslehre 1: Investition und Unternehmungsbewertung. 2. Aufl., Freiburg i. Br. 1997, S. 117; *Kruschwitz, Lutz*: Investitionsrechnung. 8. Aufl., München/Wien 2000, S. 167-169.

[248] Vgl. *Bieg, Hartmut*: Betriebswirtschaftslehre 1: Investition und Unternehmungsbewertung. 2. Aufl., Freiburg i. Br. 1997, S. 118; *Kruschwitz, Lutz*: Investitionsrechnung. 8. Aufl., München/Wien 2000, S. 170.

[249] Vgl. *Kruschwitz, Lutz*: Investitionsrechnung. 8. Aufl., München/Wien 2000, S. 170.

2.3.3.2.2.3 Endlicher Planungszeitraum und nicht-identische Investitionsketten

In diesem Fall kann der Investor innerhalb eines endlichen Planungszeitraums verschiedene zu festliegenden Startterminen realisierbare Investitionsprojekte durchführen, über deren zeitliche Reihenfolge er Kenntnis besitzt. Nicht bekannt sind allerdings die optimalen Nutzungsdauern der Investitionsprojekte, so dass sich das Problem stellt, eine im Zeitablauf bestmögliche Investitionsstrategie zu finden.

Gefunden werden kann die günstigste Folge der Investitionsprojekte bei Vorliegen eines endlichen Planungszeitraums z.B. mit Hilfe einer **vollständigen Enumeration**, also durch eine vollständige Betrachtung aller denkbaren Möglichkeiten. Realisiert werden sollte dabei schließlich diejenige Folge von Projekten und Nutzungsdauern, bei der der größte positive Kapitalwert erreicht wird.[250]

Allerdings wird das Verfahren der vollständigen Enumeration bei steigender Anzahl an Planungsperioden durch den sprunghaften Anstieg der Anzahl der sich bietenden Alternativen extrem unübersichtlich, so dass bei umfangreicheren Problemstellungen besser von einem geeigneten **Verfahren des Operations Research**, z.B. Branch and Bound oder Dynamische Programmierung, Gebrauch gemacht werden sollte.[251]

2.3.3.2.2.4 Endlicher Planungszeitraum und identische Investitionsketten

Identische Investitionsketten haben in der Praxis nur geringe Relevanz, da sogar Zahlungsströme gleicher Objekte bei Anschaffung in verschiedenen Kalenderjahren wegen inflations- oder konjunkturbedingter Änderungen auf den Märkten der betreffenden Investitionsgüter oder der damit hergestellten Produkte meist nicht oder gegebenenfalls nur zufällig übereinstimmen. Außerdem kann davon ausgegangen werden, dass die Kapitalmarktzinsen im Zeitablauf einer ständigen Veränderung unterliegen. Aus diesem Grund erscheint es sinnvoll, sich bei der Planung auf den in **Abschnitt 2.3.3.2.2.3** behandelten Fall zu konzentrieren. In Situationen, die eine längere Planungsdauer erfordern, ist aber die Unterstellung identischer Investitionsketten in Ermangelung besserer Prognosedaten zumeist vertretbar.[252]

Bei Vorliegen der Planungssituation einer einmaligen Reinvestition umfasst die Investitionskette zwei Kettenglieder, nämlich eine Grund- und eine Fol-

---

250 Vgl. *Kruschwitz, Lutz*: Investitionsrechnung. 8. Aufl., München/Wien 2000, S. 170-173.

251 Vgl. *Kruschwitz, Lutz*: Investitionsrechnung. 8. Aufl., München/Wien 2000, S. 173.

252 Vgl. *Bieg, Hartmut*: Betriebswirtschaftslehre 1: Investition und Unternehmungsbewertung. 2. Aufl., Freiburg i. Br. 1997, S. 122.

geinvestition. Die Nutzungsdauern der Grund- und Folgeinvestition sind dann optimal, wenn der Kapitalwert der Investitionskette den höchsten positiven Wert annimmt. Der Kapitalwert der gesamten Investitionskette hängt aber von dem Zeitpunkt ab, in dem das erste Investitionsobjekt durch das zweite ersetzt wird; dieser Zeitpunkt liegt im Allgemeinen vor dem Ende der wirtschaftlichen Nutzungsdauer bei einer einmaligen Investition.[253]

Dieses Ergebnis lässt sich folgendermaßen erklären: Bei einer einmaligen Investition endet die Nutzungsdauer einer Anlage, wenn ihr zeitlicher Grenzgewinn null ist. Zu diesem Zeitpunkt entspricht die Grenzrendite gerade dem Kalkulationszinsfuß. Die Anlage wird liquidiert und das Geld bis zum Ende des Planungszeitraums zum Kalkulationszinsfuß angelegt. Ist jedoch anstelle der Anlage des Geldes zum Kalkulationszinsfuß die Möglichkeit gegeben, eine zweite Sachinvestition vorzunehmen, so entsteht dem Investor ein Einkommenszuwachs in Höhe der Zinsen auf ihren Kapitalwert.

Der zeitliche Grenzgewinn einer Anlage fällt i.d.R. mit wachsender Jahreszahl und sinkt schließlich auf null. Bei einer wiederholten Investition lohnt sich nur dann die Ausdehnung der Nutzungsdauer um eine Periode, wenn der Grenzgewinn höher ist als die Verzinsung des maximalen Kapitalwerts der Folgeinvestition über eine Periode. Bei einmaliger Investition hingegen lohnt es sich, die Nutzungsdauer um eine Periode zu verlängern, solange der zeitliche Grenzgewinn einen Betrag größer null erreicht. Deshalb ist die **Nutzungsdauer bei einer Anlage, auf die eine Investition in eine identische Anlage folgen soll, kürzer als die einer Anlage ohne Nachfolger**.

Überträgt man diese Überlegungen auf Investitionsketten mit mehr als zwei Kettengliedern, also auf Investitionen mit mindestens zwei identischen Nachfolgeobjekten, so muss die erste Investition neben den Zinsen auf den Kapitalwert des ersten Nachfolgers zusätzlich noch die um die Nutzungsdauer des ersten Nachfolgers diskontierten Zinsen auf den Kapitalwert des zweiten Nachfolgers decken. Das erste Nachfolgeprojekt hat seinerseits die Zinsen auf den Kapitalwert des zweiten Nachfolgers zu tragen.

Übertragen auf den allgemeinen Fall einer endlichen Investitionskette aus identischen Kettengliedern bedeutet dies, dass die optimale Nutzungsdauer eines Investitionsprojekts stets kürzer ist als die des identischen Nachfolgeprojekts und immer länger als die des vorausgegangenen Projekts. Dieses Phänomen wird als **Ketteneffekt** (bzw. „Gesetz der Ersatzinvestition", „general law of replacement") bezeichnet.[254]

---

[253] Vgl. dazu die übersichtliche Darstellung bei *Schneider, Dieter*: Investition, Finanzierung und Besteuerung. 7. Aufl., Wiesbaden 1992, S. 104.

[254] Vgl. dazu insbesondere *Schneider, Dieter*: Investition, Finanzierung und Besteuerung. 7. Aufl., Wiesbaden 1992, S. 104-105.

2.3.3.2.2.5 Unendlicher Planungszeitraum und identische Investitionsketten

Da Unternehmungen im Allgemeinen auf Dauer betrieben werden bzw. auf dauerndes Fortbestehen ausgerichtet sind, erweist sich die Unterstellung eines unendlichen Planungszeitraums als durchaus realistisch.

Problematischer zu sehen ist dagegen die Annahme des jeweiligen Ersatzes einer Investition durch identische Projekte, da man damit den technischen Fortschritt und die damit einhergehenden Kostensenkungen bzw. Erlössteigerungen aufgrund der erhöhten Produktionsqualität vernachlässigt und außerdem unterstellt, dass der Auslastungsgrad der konstant bleibenden Produktionskapazität keinen Schwankungen unterliegt und dass die Lebensdauer des Gesamtsystems unbegrenzt ist.[255]

Da man aber nicht davon ausgehen kann, dass für einen Investor weit in der Zukunft liegende Zahlungsreihen detailliert zu prognostizieren sind, lässt sich die Annahme identischer Investitionsobjekte rechtfertigen.

Das Investitionsproblem besteht nun in der Bestimmung der optimalen Nutzungsdauern aller Einzelinvestitionen in der unendlichen Investitionskette, so dass der maximal mögliche positive Kapitalwert der Folge von identischen Investitionen erzielt wird.

Da bei einer unendlichen Kette identischer Investitionsobjekte jedes Objekt unendlich viele Nachfolger besitzt, sind die im Grenzgewinn zu berücksichtigenden Zinsen auf den Kapitalwert der Nachfolger für alle Objekte der Kette gleich hoch. Daraus lässt sich ableiten, dass die **optimalen Nutzungsdauern aller Anlagen der Investitionskette gleich** sind.[256] Im Gegensatz zum Fall des endlichen Planungszeitraums kommt es hier also nicht zum Ketteneffekt, was die Berechnung des Kapitalwerts erheblich vereinfacht.

Bei unendlichem Planungszeitraum sieht die Zahlungsreihe einer identischen Investitionskette, deren Projekte eine Nutzungsdauer von m Perioden besitzen, folgendermaßen aus:

---

[255] Vgl. *Bieg, Hartmut*: Betriebswirtschaftslehre 1: Investition und Unternehmungsbewertung. 2. Aufl., Freiburg i. Br. 1997, S. 122.

[256] Vgl. dazu ausführlich *Schneider, Dieter*: Investition, Finanzierung und Besteuerung. 7. Aufl., Wiesbaden 1992, S. 106.

Periode	0	1	2	...	m	m+1	m+2	...	2m	2m+1	...
Z_t bei											
Projekt 1	Z_0	Z_1	Z_2	...	Z_m $+L_m$						
Projekt 2					Z_0	Z_1	Z_2	...	Z_m $+L_m$		
Projekt 3									Z_0	Z_1	...

Für alle Einzelprojekte ergibt sich – bezogen auf ihren Starttermin (t=0, m, 2m, 3m, ...) – der gleiche Kapitalwert. Bezeichnet man den Kapitalwert des ersten Kettenprojekts mit C_0, so ist der Kapitalwert des zweiten Projekts (bezogen auf t=0) folglich $C_0 \cdot (1+i)^{-m}$, der des dritten Projekts $C_0 \cdot (1+i)^{-2m}$ usw. Die Summe aller auf den Zeitpunkt t=0 abgezinsten Kapitalwerte der einzelnen Projekte der unendlichen Investitionskette ergibt den so genannten **Kettenkapitalwert**, der im Folgenden mit KC_0 bezeichnet wird.

Die Herleitung einer Formel, mit deren Hilfe der Kettenkapitalwert sehr einfach berechnet werden kann, ist in **Abbildung 36** (Seite 169) zu sehen.[257]

Mit Hilfe von Formel (4) lässt sich der Kapitalwert einer unendlichen identischen Investitionskette in folgenden Schritten bestimmen:[258]

- Ermittlung des Kapitalwerts des ersten Investitionsprojekts bei m-jähriger Nutzung;
- Multiplikation dieses Werts mit dem zugehörigen Kapitalwiedergewinnungsfaktor (Entnahme aus einer mathematischen Tabelle in Abhängigkeit vom Kalkulationszinssatz i und der Zeit m); dieses Zwischenergebnis drückt die nutzungsdauerabhängige Annuität aus;

Verteilung der Annuität auf den unendlichen Planungszeitraum durch Division durch den Kalkulationszinssatz i.

[257] Vgl. dazu insbesondere *Bieg, Hartmut*: Betriebswirtschaftslehre 1: Investition und Unternehmungsbewertung. 2. Aufl., Freiburg i. Br. 1997, S. 123; *Kruschwitz, Lutz*: Investitionsrechnung. 8. Aufl., München/Wien 2000, S. 173-174.

[258] Vgl. dazu *Kruschwitz, Lutz*: Investitionsrechnung. 8. Aufl., München/Wien 2000, S. 174.

(1) $$KC_0 = C_0 + C_0 \cdot (1+i)^{-m} + C_0 \cdot (1+i)^{-2m} + ... + C_0 \cdot (1+i)^{-\infty m}$$

(2) $$KC_0 = C_0 \cdot \left(1 + (1+i)^{-m} + (1+i)^{-2m} + ... + (1+i)^{-\infty m}\right)$$

Als Summe dieser geometrischen Reihe ergibt sich:

(3) $$KC_0 = C_0 \cdot \frac{(1+i)^m}{(1+i)^m - 1}$$

Da $$KWF = \frac{1}{RBF} = \frac{i \cdot (1+i)^m}{(1+i)^m - 1}$$

und $$\frac{KWF}{i} = \frac{(1+i)^m}{(1+i)^m - 1}$$

folgt als Formel für die Berechnung von KC_0:

(4) $$KC_0 = C_0 \cdot \frac{KWF}{i}$$

wobei:

KC_0: Kettenkapitalwert;

KWF: Kapitalwiedergewinnungsfaktor (Annuitätenfaktor);

RBF: Rentenbarwertfaktor.

Abbildung 36: Berechnung des Kettenkapitalwerts einer unendlichen identischen Investitionskette

2.3.3.3 Die Bestimmung des optimalen Ersatzzeitpunkts

2.3.3.3.1 Allgemeine Bemerkungen

Läge ein Investor mit seinen Planungen immer richtig, d. h., alle angenommenen Daten und Ereignisse würden wie ursprünglich geplant eintreten, so ergäbe sich eine Lösung des optimalen Ersatzzeitpunkts bereits vorhandener Investitionsobjekte schon mittels der Nutzungsdauerbestimmung. Es wäre dann nicht notwendig, nach der Realisierung der Investition nochmals über diese Problematik nachzudenken.

Da die Wirklichkeit jedoch regelmäßig von den Planungen des Investors abweicht, muss er sich ständig die Frage stellen, ob eine bereits getätigte Investition nicht zu einem anderen Zeitpunkt als dem geplanten Nutzungsdauerende ersetzt werden soll. Genau genommen entsteht nach jeder Datenänderung die

Aufgabe, den optimalen Ersatzzeitpunkt bereits vorhandener Investitionsobjekte neu zu berechnen.

Ein reines Ersatzproblem liegt aber nur vor, wenn die alte mit der neuen Investition konkurriert, d.h., wenn sich beide gegenseitig vollständig ausschließen. Stellt sich hingegen das Problem, dass neben die alte Anlage oder an ihre Stelle eine neue Anlage treten kann, wenn sich also die alte und die neue Anlage gegenseitig nicht mehr ausschließen, so liegt bereits ein Problem der Investitionsprogrammplanung vor. Im Folgenden erfolgt eine Beschränkung auf den Fall des Vorliegens einer reinen Ersatzproblematik.

Der Investor steht dabei vor der Frage, ob das alte Investitionsobjekt sofort ersetzt werden soll oder ob es für eine weitere Periode genutzt werden soll, wobei danach erneut beide Alternativen auf ihre Vorteilhaftigkeit zu überprüfen sind. Es wird also danach gefragt, ob ein altes Objekt heute (t=0) oder später (t=1, t=2, ..., t=n) zu ersetzen ist. Es ergeben sich für den Investor damit n+1 Entscheidungsalternativen, zwischen denen er wählen muss.

Während bei den Nutzungsdauerentscheidungen die Planungssituationen der einmaligen und mehrmaligen Investitionen untersucht wurden, erfolgt hier lediglich eine Betrachtung mehrmaliger Investitionen. Dies liegt daran, dass sich für einmalige Investitionen, d.h. bereits vorhandene Objekte, für die es keine reale Anschlussinvestition gibt, das Ersatzproblem nicht stellt. Als **Gegenstand für Ex-post-Entscheidungen** verbleiben daher **nur mehrmalige Investitionen** (Investitionsketten).

Aus den gleichen Gründen wie im Falle einer Nutzungsdauerentscheidung werden auch bei Vorliegen eines Ersatzproblems nicht-identische Investitionsketten in einem unendlichen Planungszeitraum aus der Betrachtung ausgeschlossen (vgl. dazu nochmals **Abschnitt 2.3.3.2.2.2**).

Die Situation nicht-identischer Investitionsketten in einem endlichen Planungszeitraum führt im Vergleich zur Ex-ante-Betrachtung zu keinen besonderen Problemen. Das Verfahren der vollständigen Enumeration mit anschließender Kapitalwertberechnung für die einzelnen Strategien kann auch hier zur Lösung verwendet werden. Aus der Zahlungsreihe der Investition sind lediglich die Zahlungen der vergangenen Jahre herauszunehmen, da diese keine Entscheidungsrelevanz mehr besitzen. Darüber hinaus wird der Investor jetzt Zahlungsreihen zur Berechnung heranziehen, die auf neueren Schätzungen beruhen. Als **Bezugszeitpunkt** gilt nicht mehr der Startzeitpunkt des Projekts, sondern der **später liegende Planungszeitpunkt**. Die formale Berechnungsmethode findet aber in analoger Weise wie bei Vorliegen eines ex ante bestehenden Nutzungsdauerproblems statt.

Identische Investitionsketten bei Vorhandensein eines endlichen Planungszeitraums besitzen bei Ex-post-Entscheidungen noch weniger Bedeutung als bei Nutzungsdauerentscheidungen, denn ex ante identische Investitionsketten verändern sich durch Reduzierung der Erstinvestition ex post zu nicht-identischen Investitionsketten.[259]

Im Folgenden erfolgt daher nur eine **Betrachtung identischer Investitionsketten bei Vorliegen eines unendlichen Planungszeitraums**.

2.3.3.3.2 Unendlicher Planungszeitraum und identische Investitionsketten

In diesem Fall möchte der Investor Kenntnis darüber erlangen, wann ein bereits vorhandenes Investitionsobjekt durch eine Reihe identischer Nachfolgeprojekte ersetzt werden soll. Der optimale Ersatzzeitpunkt lässt sich nach der folgenden Regel bestimmen:

Es ist derjenige **Ersatzzeitpunkt** als optimal anzusehen, bei dem der **größte positive Kapitalwert aus dem bereits vorhandenen Investitionsobjekt und der unendlichen Kette identischer Nachfolgeprojekte** erzielt wird.[260]

Die Bestimmung dieses Ersatztermins kann wiederum sowohl mit Hilfe der Kapitalwertberechnung als auch durch eine Grenzgewinnbetrachtung erfolgen.

1. Lösungsweg: Kapitalwertberechnung

Im Hinblick auf die bevorstehende Ableitung einer Formel für den ersatzzeitpunktabhängigen Gesamtkapitalwert bei Vorliegen eines Ersatzproblems mit unendlich vielen identischen Nachfolgeinvestitionen ist es sinnvoll, die Bedeutung einiger Symbole vorab zu erläutern:

$EC_0^{(m)}$:	Kapitalwert der Ersetzung im Zeitpunkt t=m;
$C_{0A}^{(m)}$:	Kapitalwert des alten Investitionsobjekts bei einem Ersatz im Zeitpunkt t=m;
$KC_{0N}^{(m)}$:	Kapitalwert der unendlich langen Kette identischer Nachfolgeinvestitionen bei einem Ersatz im Zeitpunkt t=m;
L_t:	Liquidationserlös des alten Investitionsobjekts bei Veräußerung im Zeitpunkt t;
$\overline{m}_k$:	optimale Nutzungsdauer der Nachfolgeinvestition.

---

[259] Vgl. insbesondere *Bieg, Hartmut*: Betriebswirtschaftslehre 1: Investition und Unternehmungsbewertung. 2. Aufl., Freiburg i. Br. 1997, S. 127; *Kruschwitz, Lutz*: Investitionsrechnung. 8. Aufl., München/Wien 2000, S. 177.

[260] Vgl. *Kruschwitz, Lutz*: Investitionsrechnung. 8. Aufl., München/Wien 2000, S. 177-178.

Bei diesem Ersatzproblem liegen zwei Zeitgrößen als Variablen vor, nämlich zum einen die wirtschaftliche Nutzungsdauer der Nachfolgeprojekte (Ermittlung muss in einem vorgeschalteten Rechenschritt entsprechend dem Ex-ante-Verfahren erfolgen) und zum anderen der optimale Ersatzzeitpunkt des alten Investitionsobjekts.

Bei gegebener optimaler Nutzungsdauer der Nachfolgeinvestition $\overline{m}_k$ ist derjenige Zeitpunkt m für den Ersatz des Altobjekts durch ein neues optimal, bei dem sich der größte positive Kapitalwert der gesamten Investitionskette ergibt. Diesen Kapitalwert bezeichnet man als Ersetzungskapitalwert; er ist abhängig von m und setzt sich zusammen aus

- dem Kapitalwert des Altobjekts bei einem Ersatz im Zeitpunkt t=m ($C_{0A}^{(m)}$) und
- dem auf den Zeitpunkt t=0 bezogenen Kettenkapitalwert der Nachfolgeprojekte bei einem Start des Nachfolgers zum Zeitpunkt t=m ($KC_{0N}^{(m)}$).

Die Formeln zur Berechnung des Ersetzungskapitalwerts $EC_0^{(m)}$ sind aus **Abbildung 37** ersichtlich.

(1) $$EC_0^{(m)} = C_{0A}^{(m)} + KC_{0N}^{(m)}$$

(2) $$C_{0A}^{(m)} = \sum_{t=0}^{m} Z_{t(A)} \cdot (1+i)^{-t} + L_m \cdot (1+i)^{-m}$$

(3) $$KC_{0N} = C_{0N}^{(\overline{m}_k)} \cdot \frac{KWF_{(\overline{m}_k)}}{i}$$

(4) $$KC_{0N}^{(m)} = C_{0N}^{(\overline{m}_k)} \cdot \frac{KWF_{(\overline{m}_k)}}{i} \cdot (1+i)^{-m} = C_{0N}^{(\overline{m}_k)} \cdot \frac{KWF_{(\overline{m}_k)}}{i \cdot (1+i)^{m}}$$

Aus den Formeln (2) und (4) folgt:

(5) $$EC_0^{(m)} = \sum_{t=0}^{m} Z_{t(A)} \cdot (1+i)^{-t} + L_m \cdot (1+i)^{-m} + C_{0N}^{(\overline{m}_k)} \cdot \frac{KWF_{(\overline{m}_k)}}{i \cdot (1+i)^{m}}$$

Abbildung 37: Ermittlung des ersatzzeitpunktabhängigen Gesamtkapitalwerts bei Vorliegen eines Ersatzproblems mit unendlich vielen identischen Nachfolgeinvestitionen[261]

Während Formel (3) zum Ausdruck bringt, dass bei sofortigem Ersatz des alten Investitionsobjekts (zum Zeitpunkt t=0) die unendliche Investitionskette

---

[261] In Anlehnung an *Bieg, Hartmut*: Betriebswirtschaftslehre 1: Investition und Unternehmungsbewertung. 2. Aufl., Freiburg i. Br. 1997, S. 128.

der Nachfolgeprojekte im Zeitpunkt t=0 gestartet wird, berücksichtigt Formel (4) den allgemeineren Fall, dass der Ersatz der alten Anlage auch zu einem späteren Zeitpunkt erfolgen kann. Wird der Ersatz bis zum Zeitpunkt m hinausgezögert, so bezieht sich der Kapitalwert der Kette ($KC_{0N}^{(m)}$) nicht auf den Zeitpunkt t=0, sondern auf t=m; deshalb ergibt sich die Notwendigkeit einer Abzinsung um m Perioden zum Kalkulationszinssatz.[262]

2. Lösungsweg: Grenzwertkalkül

Der alternativ anwendbare Lösungsweg legt eine Betrachtung der zeitlichen Grenzgewinne zugrunde. Hier gilt als Entscheidungskriterium: Solange die aus einer Verschiebung des Ersatzzeitpunkts um eine Periode resultierende Gesamtkapitalwertveränderung nicht positiv ist, lohnt sich eine Weiternutzung des bereits vorhandenen Investitionsobjekts. Positiv ist die Gesamtkapitalwertänderung aber immer nur dann, wenn der zeitliche Grenzgewinn des alten Objekts größer ist als der Durchschnittsgewinn – die Annuität – der Nachfolgeinvestition.[263]

Abschließend soll noch eine Quantifizierung dieses Ergebnisses mittels mathematischer Formeln erfolgen.[264] Dabei wird die Differenz zwischen den Ersetzungskapitalwerten der Zeitpunkte m und m–1 mit $\Delta EC_0^{(m)}$ bezeichnet. $\Delta EC_0^{(m)}$ beläuft sich auf:

$$\begin{aligned}\Delta EC_0^{(m)} &= EC_0^{(m)} - EC_0^{(m-1)} \\ &= \sum_{t=0}^{m} Z_{t(A)} \cdot (1+i)^{-t} + L_m \cdot (1+i)^{-m} + C_{0N}^{(\overline{m}_k)} \cdot \frac{KWF_{(\overline{m}_k)}}{i \cdot (1+i)^m} \\ &\quad - \left(\sum_{t=0}^{m-1} Z_{t(A)} \cdot (1+i)^{-t} + L_{m-1} \cdot (1+i)^{-(m-1)} + C_{0N}^{(\overline{m}_k)} \cdot \frac{KWF_{(\overline{m}_k)}}{i \cdot (1+i)^{m-1}} \right)\end{aligned}$$

Formt man diese Gleichung weiter um, so ergibt sich nach einigen Schritten:

$$\Delta EC_0^{(m)} = (1+i)^{-m} \cdot \left(Z_{m(A)} + L_m - L_{m-1} \cdot (1+i) - KWF_{(\overline{m}_k)} \cdot C_{0N}^{(\overline{m}_k)} \right)$$

Bei dem Ausdruck $Z_{m(A)} + L_m - L_{m-1} \cdot (1+i)$ handelt es sich nun gerade um den (aufgezinsten) zeitlichen Grenzgewinn der alten Anlage (vgl. dazu noch-

---

262 Vgl. *Bieg, Hartmut*: Betriebswirtschaftslehre 1: Investition und Unternehmungsbewertung. 2. Aufl., Freiburg i. Br. 1997, S. 128.

263 Vgl. *Büschgen, Hans E.*: Betriebliche Finanzwirtschaft – Unternehmensinvestitionen. Frankfurt a. M. 1981, S. 109.

264 Vgl. dazu insbesondere auch *Kruschwitz, Lutz*: Investitionsrechnung. 8. Aufl., München/Wien 2000, S. 178-180.

mals **Abschnitt 2.3.3.2.1**). Von diesem Wert wird die Annuität der Nachfolgeinvestition subtrahiert.

Daher kann man auch schreiben:

$$\Delta EC_0^{(m)} = (1+i)^{-m} \cdot \left((1+i)^m \cdot \Delta C_{0A}^{(m)} - KWF_{(\overline{m}_k)} \cdot C_{0N}^{(\overline{m}_k)}\right)$$

2.4 Die Berücksichtigung der Steuern und Geldentwertung in der Investitionsrechnung

2.4.1 Die Begründung für die Berücksichtigung von Steuern

Bei der allgemeinen Darstellung der oftmals stark vereinfachten Investitionsrechenverfahren wird zumeist davon ausgegangen, dass der Investor in einer Welt lebt, in der keine Steuern zu zahlen sind, bzw. dass die Steuern für die Entscheidung über Investitionen keine Rolle spielen. In der Realität aber wirkt die Präsenz der Steuern auf die Vorteilhaftigkeit von Investitionsprojekten sowohl hinsichtlich der absoluten Höhe als auch der zeitlichen Struktur der durch eine Investition bedingten Zahlungsströme.[265] Um eine einigermaßen realitätsnahe Investitionsrechnung durchführen zu können, ist es daher erforderlich, die steuerlichen Handlungsmöglichkeiten des Investors sowie die steuerlichen Folgen seines Handelns im Investitionsrechnungsmodell explizit zu berücksichtigen.[266]

Neuere Ansätze in der Literatur gehen dahin, so genannte **„steuersensitive“** von so genannten **„nichtsteuersensitiven“ Entscheidungssituationen** abzugrenzen, um zu überprüfen, ob bestimmte Investitionstypen oder bei Investiti-

---

[265] Vgl. *Bieg, Hartmut*: Betriebswirtschaftslehre 1: Investition und Unternehmungsbewertung. 2. Aufl., Freiburg i. Br. 1997, S. 101.

[266] Vgl. dazu u. a. *Georgi, Andreas A.*: Analyse der Notwendigkeit einer Berücksichtigung von Steuern in der Investitionsplanung, In: Zeitschrift für betriebswirtschaftliche Forschung 1985, S. 891-911; *Heurung, Rainer*: Zum Einfluß marginaler Steuersatzänderungen auf Investitionsentscheidungen. In: Der Betrieb 1985, S. 661-670; *Mellwig, Winfried*: Besteuerung und Investitionsentscheidung – Steuerlast und Vorteilhaftigkeit von Investitionen. In: Das Wirtschaftsstudium 1989, S. 231-232; *Mellwig, Winfried*: Kompendium für das Examen zum vBP/WP, Band 2: Betriebswirtschaft. 2. Aufl., Hamburg 1994, S. 206; *Neus, Werner/Hinten, Peter von*: Besteuerung und Investitionsvolumen bei unsicheren Erwartungen. In: Die Betriebswirtschaft 1992, S. 235-248; *Schneeloch, Dieter*: Besteuerung und betriebliche Steuerpolitik. Band 2: Betriebliche Steuerpolitik, München 1994, S. 146; *Schneider, Dieter*: Investition, Finanzierung und Besteuerung. 7. Aufl., Wiesbaden 1992, S. 321; *Schult, Eberhard*: Betriebswirtschaftliche Steuerlehre. 3. Aufl., München/Wien 1998, S. 307-316; *Wagner, Franz W.*: Der Steuereinfluß in der Investitionsplanung – Eine Quantité négligeable? In: Zeitschrift für betriebswirtschaftliche Forschung 1981, S. 47-52; *Wagner, Franz W.*: Die Integration der Besteuerung in die unternehmerische Planung. In: Der Betrieb 1980, S. 553; *Wagner, Franz W./Dirrigl, Hans*: Die Steuerplanung der Unternehmung. Stuttgart/New York 1980, S. 5.

onsentscheidungen generell bestimmte Bereiche existieren, bei denen es durch die Berücksichtigung der Steuerbelastungen nicht zu einer Umkehrung der Vorteilhaftigkeit im Vergleich zum Nichtsteuerfall kommt.[267]

Bezüglich der Größe und Bedeutung derartiger steuersensitiver Bereiche bei Investitionsentscheidungen besteht in der Literatur Unstimmigkeit, die einerseits auf den unterschiedlichen Prämissen der verwendeten Modelle beruht und andererseits auf differenzierten Meinungen dahingehend, welche Fallkonstellationen noch als typische Investitionen anzusehen sind oder inwieweit bereits Sonderfälle vorliegen.[268]

Da bei der Beurteilung über die Einstufung der Investition als „typisch“ oder „außergewöhnlich" ebenso wie bei der Beurteilung eines Fehlers infolge der Nichtberücksichtigung der Steuern auf dessen Bedeutungsgrad immer subjektive Werturteile einfließen und da hinsichtlich der konkreten Bedeutung von Steuerwirkungen im Allgemeinen nur tendenzielle Aussagen getroffen werden können, empfiehlt sich die Einbeziehung von Steuern in die Entscheidungsmodelle der Investitionsrechnung.[269] Allerdings ist das deutsche Steuerrecht komplex; dies führt zu einem erheblichen Planungsaufwand, wenn man – auch unter Einbeziehung steuerlicher Gesichtspunkte – möglichst optimale Entscheidungen treffen möchte.

---

[267] Vgl. dazu ausführlich *Georgi, Andreas A.*: Analyse der Notwendigkeit einer Berücksichtigung von Steuern in der Investitionsplanung, In: Zeitschrift für betriebswirtschaftliche Forschung 1985, S. 891-911; *Georgi, Andreas A.*: Steuern in der Investitionsplanung – Eine Analyse der Entscheidungsrelevanz von Ertrag- und Substanzsteuern –. 2. Aufl., Hamburg 1994; *Mellwig, Winfried*: Besteuerung und Investitionsentscheidung – Steuerlast und Vorteilhaftigkeit von Investitionen. In: Das Wirtschaftsstudium 1989, S. 231-235; *Mellwig, Winfried*: Investition und Besteuerung. Wiesbaden 1985, S. 109-131; *Mellwig, Winfried*: Sensitivitätsanalyse des Steuereinflusses in der Investitionsplanung – Überlegungen zur praktischen Relevanz einer Berücksichtigung der Steuern bei der Investitionsentscheidung. In: Zeitschrift für betriebswirtschaftliche Forschung 1980, S. 16-39; *Steiner, Jürgen*: Ertragsteuern in der Investitionsplanung. Zur Frage der Entscheidungsstabilität bei der Vorteilhaftigkeitsanalyse von Einzelobjekten. In: Zeitschrift für betriebswirtschaftliche Forschung 1983, S. 280-291; *Wagner, Franz W.*: Der Steuereinfluß in der Investitionsplanung – Eine Quantité négligeable? In: Zeitschrift für betriebswirtschaftliche Forschung 1981, S. 47-52; *Wöhe, Günter/Bieg, Hartmut*: Grundzüge der Betriebswirtschaftlichen Steuerlehre. 4. Aufl., München 1995, S. 353.

[268] Vgl. dazu z.B. *Georgi, Andreas A.*: Analyse der Notwendigkeit einer Berücksichtigung von Steuern in der Investitionsplanung, In: Zeitschrift für betriebswirtschaftliche Forschung 1985, S. 907-910; *Georgi, Andreas A.*: Steuern in der Investitionsplanung – Eine Analyse der Entscheidungsrelevanz von Ertrag- und Substanzsteuern –. 2. Aufl., Hamburg 1994, S. 159-163, S. 184-185 und S. 240-243; *Mellwig, Winfried*: Besteuerung und Investitionsentscheidung – Steuerlast und Vorteilhaftigkeit von Investitionen. In: Das Wirtschaftsstudium 1989, S. 235; *Mellwig, Winfried*: Investition und Besteuerung. Wiesbaden 1985, S. 109-116.

[269] Vgl. *Wöhe, Günter/Bieg, Hartmut*: Grundzüge der Betriebswirtschaftlichen Steuerlehre. 4. Aufl., München 1995, S. 354.

Beeinflusst wird durch Steuern in erster Linie die Auszahlungsseite einer Investition. Ist der Investor allerdings imstande, die anfallenden Steuern gänzlich oder zumindest teilweise über die Absatzpreise der durch den betrieblichen Prozess erstellten Leistungen auf die Abnehmer zu überwälzen, so wird auch die **Einzahlungsseite** berührt; es hat also eine Korrektur der prognostizierten Umsatzerlöse zu erfolgen. Aus diesem Grunde müssen die überwälzten Steuern nicht mehr gesondert als Komponente bei den Einzahlungen berücksichtigt werden.

Auf jeden Fall zu erfassen sind Steuerzahlungen dagegen im Rahmen der **Auszahlungen**, die sich bei Realisierung eines bestimmten Investitionsprojektes ergeben. Hier spielen vor allem

- die im Anschaffungspreis für ein konkretes, investitionsbezogenes Wirtschaftsgut auf die erwerbende Unternehmung überwälzten Steuern,
- die durch den Anschaffungsvorgang ausgelösten Steuern,
- Grund- und Kfz-Steuer auf das Investitionsobjekt sowie
- die vom jeweiligen Periodengewinn, der infolge des Investitionsprojektes entsteht, abhängigen Ertragsteuern (Einkommen-, Körperschaft- und Gewerbeertragsteuer) sowie der seit 1995 auf Einkommen- bzw. Körperschaftsteuer anfallende Solidaritätszuschlag

eine wesentliche, das Investitionsprojekt u. U. stark beeinflussende Rolle und dürfen daher bei der Vorteilhaftigkeitsbetrachtung nicht vernachlässigt werden.[270]

Zu berücksichtigen gilt aber, dass eine Erfassung des Steuereinflusses in Investitionsrechnungsmodellen nicht nur im Rahmen der Zahlungsgrößen zum Ausdruck kommt, sondern auch über den Ansatzpunkt Kalkulationszinssatz; es muss konsequenterweise eine **Korrektur des Kalkulationszinssatzes** erfolgen.[271]

---

270 Vgl. dazu u.a. *Adam, Dietrich*: Investitionscontrolling. 3. Aufl., München/Wien 2000, S. 163; *Bieg, Hartmut*: Betriebswirtschaftslehre 1: Investition und Unternehmungsbewertung. 2. Aufl., Freiburg i. Br. 1997, S. 101; *Busse von Colbe, Walther/Laßmann, Gert*: Betriebswirtschaftstheorie. Band 3. 3. Aufl., Berlin 1990, S. 65-66; *Mellwig, Winfried*: Die Erfassung der Steuern in der Investitionsrechnung – Grundprobleme und Modellvarianten. In: Das Wirtschaftsstudium 1989, S. 35; *Perridon, Louis/Steiner, Manfred*: Finanzwirtschaft der Unternehmung. 10. Aufl., München 1999, S. 93.

271 Vgl. *Bieg, Hartmut*: Die Verfahren der Investitionsrechnung und ihre Verwendung in der Praxis. In: Der Steuerberater 1985, S. 75.

2.4.2 Der Einfluss verschiedener Steuerarten auf die Investitionsentscheidung

2.4.2.1 Die Ertragsteuern

Eine **Berücksichtigung der** vom Periodengewinn abhängigen **Ertragsteuern in der Investitionsrechnung** ist besonders **problematisch**, da

- die durch ein einzelnes Projekt ausgelöste Gewinnänderung zugrunde gelegt werden muss;
- die der Steuer unterliegenden Periodengewinne im Allgemeinen nicht mit den Einzahlungsüberschüssen der einzelnen Perioden übereinstimmen;
- der einkommen- bzw. körperschaftsteuerpflichtige Gewinn aufgrund der gewerbesteuerlichen Hinzurechnungs- und Kürzungsvorschriften nicht mit dem gewerbesteuerpflichtigen Gewinn übereinstimmt;
- bei der Einkommensteuer wegen des progressiven Tarifs eine Abhängigkeit der Steuerbelastung nicht nur vom Gewinn des untersuchten Investitionsprojekts gegeben ist, sondern auch vom Gesamtgewinn der Unternehmung, von dessen Aufteilung auf die Kapitaleigner sowie von deren sonstigen Einkünften und von deren persönlichen Verhältnissen;
- bei der Körperschaftsteuer eine Abhängigkeit der steuerlichen Belastung von der Gewinnverwendung besteht;
- bei dem auf die Einkommen- bzw. Körperschaftsteuer erhobenen Solidaritätszuschlag eine Berücksichtigung der so genannten „Nullzone mit Gleitregelung“ (Einkommensteuer) bzw. des vereinfachten Anrechnungsverfahrens bei Gewinnausschüttungen von Körperschaften an unbeschränkt steuerpflichtige Personen (Körperschaftsteuer) erfolgen muss;
- bei der Gewerbeertragsteuer zwar die Höhe der Steuermesszahl feststeht, aber die Steuer entscheidend vom Hebesatz bestimmt wird.[272]

---

[272] Vgl. dazu u.a. *Bieg, Hartmut*: Die Verfahren der Investitionsrechnung und ihre Verwendung in der Praxis. In: Der Steuerberater 1985, S. 75; *Blohm, Hans/Lüder, Klaus*: Investition. 8. Aufl., München 1995, S. 120-122; *Büschgen, Hans E.*: Betriebliche Finanzwirtschaft – Unternehmensinvestitionen. Frankfurt a. M. 1981, S. 87-88; *Perridon, Louis/Steiner, Manfred*: Finanzwirtschaft der Unternehmung. 10. Aufl., München 1999, S. 93-94; *Weigel, Winfried*: Steuern bei Investitionsentscheidungen. Wiesbaden 1989, S. 18-26; *Wöhe, Günter/Bieg, Hartmut*: Grundzüge der Betriebswirtschaftlichen Steuerlehre. 4. Aufl., München 1995, S. 355.

Insbesondere die letzten vier Aspekte verdeutlichen, dass die üblicherweise getroffene Unterstellung eines einheitlichen Ertragsteuersatzes, der noch dazu meist als über die Laufzeit des Investitionsprojekts konstant angenommen wird, grundsätzlich problematisch ist.

Für die Höhe des bei der Investitionsrechnung einer Kapitalgesellschaft zu berücksichtigenden **Körperschaftsteuersatzes** und die **Wirkung des Solidaritätszuschlags** spielt die Gewinnverwendungspolitik der Unternehmungsführung eine entscheidende Rolle. Diese kann in der Weise mit in die Überlegungen einbezogen werden, dass ein von Ausschüttungs- und Thesaurierungssteuersatz abhängiger Mischsteuersatz – unter Berücksichtigung des üblichen oder geplanten Ausschüttungsverhaltens – errechnet wird.

Hinsichtlich des **Gewerbeertragsteuersatzes** sind der Hebesatz und die Abzugsfähigkeit der Gewerbesteuer vom einkommen- bzw. körperschaftsteuerpflichtigen Gewinn sowie von ihrer eigenen Bemessungsgrundlage zu berücksichtigen.

Selbst wenn fiktiv davon ausgegangen wird, dass ein **Einzelunternehmer** ausschließlich Einkünfte aus Gewerbebetrieb erzielt, erfolgt eine Festlegung des Einkommensteuersatzes und des auf die Einkommensteuer erhobenen Solidaritätszuschlags nicht nur durch die durch ein Investitionsprojekt erwirtschafteten Periodengewinne, sondern auch durch die ohne Realisierung dieses Projektes erzielten Periodenergebnisse. Da Letztere aber wiederum maßgeblich durch die gesamte Unternehmungspolitik beeinflusst werden, liegt der jeweils von der Höhe des in einem bestimmten Jahr erwirtschafteten Periodenergebnisses abhängige Einkommensteuersatz und damit auch die Belastung mit Solidaritätszuschlag erst fest, wenn Entscheidungen über die zukünftige Unternehmungstätigkeit getroffen wurden. Da hierüber aber erst in sinnvoller Weise entschieden werden kann, wenn Kenntnis über die Einkommensteuersätze der zukünftigen Perioden besteht, kann eine zufrieden stellende Lösung eigentlich nur mittels einer die steuerliche Seite berücksichtigenden Simultanplanung erzielt werden. Nichtsdestoweniger wird in der betrieblichen Praxis im Allgemeinen der Versuch unternommen, eine Erleichterung dadurch zu erreichen, dass der zukünftige Unternehmungerfolg der einzelnen Perioden ohne Berücksichtigung von Einzelheiten der Investitionspolitik prognostiziert und der aus der zur Diskussion stehenden Investition resultierende Grenzeinkommensteuersatz in dem als Entscheidungsbasis dienenden Investitionsrechnungsmodell verwendet wird.

Bei **Personengesellschaften** zeigen sich über die sowieso schon komplexe Entscheidungs- und Problemsituation bei Einzelunternehmungen hinaus zusätzliche Probleme, da sich für die einzelnen Gesellschafter wegen unterschiedlicher Gewinnanteile, unterschiedlicher anderer Einkünfte und unterschiedlicher persönlicher Verhältnisse u. U. stark differierende persönliche Grenzeinkommensteuersätze ergeben können. Wird mit dem höchsten der für die einzelnen Gesellschafter maßgebenden Grenzsteuersätze gerechnet, so orientiert man die Investitionsentscheidung an der individuellen Steuerbelastung des höchstbesteuerten Gesellschafters. Legt man der Rechnung den durchschnittlichen Grenzeinkommensteuersatz aller Gesellschafter zugrunde, so erfolgt eine Orientierung an der Steuerbelastung eines fiktiven „Durchschnittsgesellschafters“. Festzustellen bleibt aber, dass die Verwendung eines noch so grob geschätzten Ertragsteuersatzes in der Investitionsrechnung in jedem Fall einer Vernachlässigung der Steuerbelastung bei Investitionsentscheidungen vorzuziehen ist.

Das Problem des Anfalls von Ertragsteuern und damit der Pflicht zur Berücksichtigung in der Investitionsrechnung stellt sich allerdings nur dann, wenn in einer Periode ein zu versteuernder Gewinn erwirtschaftet wurde. Die Ein- bzw. Auszahlungen der einzelnen Planungsperioden entsprechen aber nicht den Betriebseinnahmen bzw. den abzugsfähigen Betriebsausgaben derselben Perioden, aus denen sich die steuerpflichtigen Gewinne dieser Perioden errechnen. Der Grund für diese Abweichung liegt vor allem – wenn auch nicht ausschließlich – in den steuerlich relevanten Größen **Abschreibungen** (Absetzungen für Abnutzung, aber auch Sonderabschreibungen) und den **(langfristigen) Rückstellungen**. Während bei den Abschreibungen die bilanztechnische Aufwandsverrechnung nach der Auszahlung vonstatten geht, erfolgt im Falle der Rückstellungen die Aufwandsverrechnung vor dem Auszahlungsvorgang.[273] Da die Finanzierungswirkung der Bildung von Rückstellungen unabhängig von der Realisierung einzelner Investitionsmaßnahmen ist[274], finden Rückstellungen im Gegensatz zu den Abschreibungen im Allgemeinen keine Berücksichtigung in der modelltheoretischen Darstellung von Investitionsprojekten.

2.4.2.2 Die gewinnunabhängigen Steuern

Da Betriebsgrundstücke einen Tatbestand zur Erhebung von **Grundsteuer** verkörpern (§ 2 GrStG), ist diese Steuerart ebenfalls in die Investitionsrechnung mit einzubeziehen.

---

[273] Vgl. dazu insbesondere *Bieg, Hartmut*: Die Verfahren der Investitionsrechnung und ihre Verwendung in der Praxis. In: Der Steuerberater 1985, S. 75-76; *Blohm, Hans/Lüder, Klaus*: Investition. 8. Aufl., München 1995, S. 120-122; *Perridon, Louis/Steiner, Manfred*: Finanzwirtschaft der Unternehmung. 10. Aufl., München 1999, S. 93-94; *Wöhe, Günter/Bieg, Hartmut*: Grundzüge der Betriebswirtschaftlichen Steuerlehre. 4. Aufl., München 1995, S. 355.

[274] Vgl. u.a. *Wöhe, Günter/Bieg, Hartmut*: Grundzüge der Betriebswirtschaftlichen Steuerlehre. 4. Aufl., München 1995, S. 355.

Bezieht eine Unternehmung Wirtschaftsgüter von einem Umsatzsteuerpflichtigen gegen Entgelt, so sind diese mit **Umsatzsteuer** belastet. Die dabei zu zahlende so genannte „Vorsteuer" ist auf der Rechnung gesondert auszuweisen und kann bei umsatzsteuerpflichtigen Unternehmungen von der eigenen Umsatzsteuerschuld abgesetzt werden. Da die jeweils in Rechnung gestellten Vorsteuern bzw. die Umsatzsteuerschuld im Rahmen der Rechnungsbeträge zu Aus- bzw. Einzahlungen geführt haben und der Saldo dieser beiden Größen im Voranmeldezeitraum zu einer Umsatzsteuerzahllast bzw. -erstattung führt, beeinflusst die Umsatzsteuer – abgesehen von geringen zeitlichen Verzögerungen – die für die Investitionsrechnung entscheidenden Aus- und Einzahlungen nicht. In der Investitionsrechnung können folglich **Nettorechnungsbeträge** (nach Abzug der Vorsteuer bzw. nach Abzug der den Kunden in Rechnung gestellten Mehrwertsteuer) als Aus- bzw. Einzahlungen angesetzt werden, da dies den Charakter des umsatzsteuerlichen Voranmeldeverfahrens widerspiegelt. Besonderheiten bestehen bei nicht umsatzsteuerpflichtigen Unternehmungen; diese können dann auch keine Vorsteuer geltend machen, woraus sich eine entsprechende Erhöhung der Anschaffungskosten ergibt.

Steuern, die die Beschaffung eines Investitionsobjekts belasten (z.B. **Grunderwerbsteuer**), gehen als Auszahlungen in die Investitionsrechnung ein. Gemäß ihrer buchtechnischen Behandlung wirken sich diese Steuern auch auf die Gewinnsteuerzahlungen aus. Sowohl in der Handels- als auch in der Steuerbilanz müssen sie als Bestandteil der Anschaffungskosten (so genannte Anschaffungsnebenkosten) aktiviert werden. Eine Veränderung der Gewinnsteuerzahlungen kann damit grundsätzlich erst während der Nutzungszeit erfolgen; dabei sind folgende Fälle zu unterscheiden:

- Können für das beschaffte Investitionsobjekt Abschreibungen verrechnet werden, erfolgt eine Verteilung der Anschaffungsnebenkosten und der Abschreibungen auf die Jahre der Nutzung des Investitionsobjekts. Letztere mindern entsprechend dem Abschreibungsverlauf den steuerpflichtigen Gewinn.

- Besteht keine steuerliche Abschreibungsmöglichkeit auf das Investitionsobjekt, so wirken sich die aktivierten Anschaffungsnebenkosten erst in der Periode des Verkaufs des Wirtschaftsgutes auf den steuerpflichtigen Gewinn aus.

Lassen sich die auf die Unternehmung im Preis des Investitionsobjekts (sowie in den späteren Auszahlungen) überwälzten Steuern nicht ermitteln, so stellt sich das Problem der Zweckmäßigkeit der Berücksichtigung dieser Steuern in der Investitionsrechnung nicht; sie stellen einen Bestandteil des Angebotspreises dar und gehen als Auszahlungen von selbst in die Rechnung ein.[275]

2.4.3 Die Erfassung der Steuern in der Investitionsrechnung

2.4.3.1 Die Modifizierung des Kalkulationszinssatzes

Eine Erfassung des Steuereinflusses erfolgt in den diversen geeigneten Modellen der Investitionsrechnung u. a. im Kalkulationszinssatz; eine **Korrektur des Kalkulationszinssatzes**, der einer Investitionsentscheidung im Fall der Nichtberücksichtigung von Steuern zugrunde liegt, um die Steuerwirkung ist deshalb erforderlich.

Bei der Verwendung der Kapitalwertmethode wird ein vollkommener und für den Investor unbeschränkter Kapitalmarkt unterstellt, d. h., es besteht die Möglichkeit, Kapital in beliebiger Höhe zu einem bestimmten, einheitlichen Zinssatz (Kalkulationszinssatz) sowohl anzulegen als auch aufzunehmen. Dieser Zinssatz ist bestimmt entweder durch die Verzinsung der bestmöglichen Anlagealternative oder aber durch die vorteilhafteste Kapitalbeschaffungsmöglichkeit (vgl. dazu nochmals **Abschnitt 2.3.1.2.1.4**).

Die im Falle der **Finanzierung über Eigenkapital** als Referenzzinssatz angesetzte Verzinsung der bestmöglichen Anlagealternative unterliegt aber – abgesehen von den steuerbefreiten Kapitalanlagen – der Belastung mit Ertragsteuern. Der Kalkulationszinssatz vor Steuern (i) ist im Falle der **Einbeziehung von Ertragsteuern** in die Investitionsrechnung also um die durch den Ertragsteuersatz s_{er} bewirkte Renditeminderung $(i \cdot s_{er})$ zu kürzen.

Bei einer **Finanzierung über Fremdkapital**, bei der sich der Kalkulationszinssatz am tatsächlich zu zahlenden effektiven Sollzinssatz orientiert, ist zu beachten, dass die gezahlten Fremdkapitalzinsen in voller Höhe (Einkommensteuer bzw. Körperschaftsteuer) oder zumindest teilweise (Gewerbeertragsteuer) bei der steuerlichen Bemessungsgrundlage als Betriebsausgaben abzugsfähig sind.

Ausgehend von einem Ertragsteuersatz s_{er} ist also im Investitionsrechnungsmodell mit folgendem – gegenüber der Investitionsrechnung ohne Berück-

275 Vgl. dazu insbesondere *Wöhe, Günter/Bieg, Hartmut*: Grundzüge der Betriebswirtschaftlichen Steuerlehre. 4. Aufl., München 1995, S. 359-360.

sichtigung von Steuereinflüssen – veränderten Kalkulationszinsfuß zu rechnen:[276]

$$i_s = i \cdot (1 - s_{er})$$

Dabei muss eine Unterscheidung dahingehend getroffen werden, ob im Falle einer Fremdkapitalfinanzierung eine Beziehung zu Dauerschulden i. S. des Gewerbesteuergesetzes vorhanden ist oder nicht. Diese Differenzierung ist notwendig, da sich je nach vorliegender Situation ein anderer Kalkulationszinssatz ergibt. Obige Formel gilt für eine nicht unterstellte Beziehung zu Dauerschulden.

Bei unterstellter **Beziehung zu Dauerschulden** hingegen lässt sich der Kalkulationszinssatz nach Steuern darstellen als:[277]

$$i_s = (i + 0{,}5 \cdot h \cdot i \cdot m_{ge}) \cdot (1 - s_{er})$$

wobei:

i_s: Kalkulationszinssatz nach Steuern;

i: Kalkulationszinssatz vor Steuern;

h: gewerbesteuerlicher Hebesatz;

m_{ge}: Messzahl der Gewerbeertragsteuer;

s_{er}: Ertragsteuersatz.

Wird nicht die bei der Kapitalwertmethode grundsätzlich gültige Prämisse eines vollkommenen und für den Investor unbeschränkten Kapitalmarktes zugrunde gelegt, sondern statt dessen die Gültigkeit mehrerer Zinssätze bzw. Alternativrenditen unterstellt, so muss im Falle der Finanzierung über Fremdkapital eine Berücksichtigung projektbedingter Zins- und Tilgungszahlungen in der Zahlungsreihe der Investition erfolgen; die Wahl des richtigen Kalkulationszinssatzes wird dann zu einem zentralen Problem bei der Investitionsent-

---

276 Vgl. dazu insbesondere *Bieg, Hartmut*: Betriebswirtschaftslehre 1: Investition und Unternehmungsbewertung. 2. Aufl., Freiburg i. Br. 1997, S. 101-102; *Kruschwitz, Lutz*: Investitionsrechnung. 8. Aufl., München/Wien 2000, S. 140-141; *Schneider, Dieter*: Investition, Finanzierung und Besteuerung. 7. Aufl., Wiesbaden 1992, S. 218-219; *Wöhe, Günter/Bieg, Hartmut*: Grundzüge der Betriebswirtschaftlichen Steuerlehre. 4. Aufl., München 1995, S. 360-361.

277 Vgl. vor allem *Kußmaul, Heinz*: Betriebswirtschaftliche Beratungsempfehlungen zur Finanzierung mittelständischer Unternehmen. In: Steuerberaterkongreß-Report 1990, München 1991, S. 219 sowie hinsichtlich einer ausführlichen Begründung *Mellwig, Winfried*: Die Erfassung der Steuern in der Investitionsrechnung – Grundprobleme und Modellvarianten. In: Das Wirtschaftsstudium 1989, S. 39.

scheidung, denn von ihr hängt die Vorteilhaftigkeit und damit die Annahme oder Ablehnung einer Investition in entscheidender Weise ab.[278]

2.4.3.2 Der Überblick über die grundlegenden Modelle der Investitionsrechnung zur Berücksichtigung des Steuereinflusses

2.4.3.2.1 Überblick

In der Literatur werden im Wesentlichen folgende grundlegende Ansätze zur Berücksichtigung von Steuern bei der Ermittlung der Vorteilhaftigkeit von Investitionen diskutiert, wobei alle dargelegten Modelle auf der Kapitalwertmethode basieren:[279]

- **Standardmodell**:

  Zur Berücksichtigung von Ertragsteuern, bei dem die um die Absetzungen für Abnutzung (AfA) gekürzten Rückflüsse die steuerliche Bemessungsgrundlage bilden; Berücksichtigung des Entlastungseffekts durch die steuerliche Abzugsfähigkeit von Fremdkapitalzinsen im Kalkulationszinssatz.

- **Modifikationen des Standardmodells**:
  - für den Fall einer projektbezogenen Finanzierung und
  - bei Gewährung staatlicher Investitionshilfen.

- **Bruttomethode**:

  Pauschale Berücksichtigung der gesamten Ertragsteuerwirkungen über die Festlegung des Kalkulationszinssatzes; es erscheinen auch in der Rechnung nach Steuern keine Ertragsteuerzahlungen in der Zahlungsreihe der Investition.

---

[278] Vgl. *Wöhe, Günter/Bieg, Hartmut*: Grundzüge der Betriebswirtschaftlichen Steuerlehre. 4. Aufl., München 1995, S. 361.

[279] Vgl. dazu u.a. *Adam, Dietrich*: Investitionscontrolling. 3. Aufl., München/Wien 2000, S. 173-175; *Blohm, Hans/Lüder, Klaus*: Investition. 8. Aufl., München 1995, S. 122; *Büschgen, Hans E.*: Betriebliche Finanzwirtschaft – Unternehmensinvestitionen. Frankfurt a. M. 1981, S. 88-89; *Kruschwitz, Lutz*: Investitionsrechnung. 8. Aufl., München/Wien 2000, S. 129-136.

2.4.3.2.2 Standardmodell zur Berücksichtigung von Ertragsteuern

Für den Kapitalwert C_{0s} einer Investition nach Steuern sieht der Ansatz bei Anwendung des Standardmodells (auch **Nettomethode II** genannt) folgendermaßen aus:[280]

$$C_{0s} = \sum_{t=0}^{n} \left[E_t - A_t - s_{er} \cdot \left(E_t - A_t - AfA_t\right)\right] \cdot \left(1 + i_s\right)^{-t} + \left[L_n - s_{er} \cdot \left(L_n - RB_n\right)\right] \cdot \left(1 + i_s\right)^{-n}$$

wobei:

C_{0s}: Kapitalwert der Investition nach Steuern;

E_t: Einzahlungen der Periode t;

A_t: Auszahlungen der Periode t;

AfA_t: Abschreibungen der Periode t;

s_{er}: Ertragsteuersatz;

i_s: Kalkulationszinssatz nach Ertragsteuern;

L_n: Liquidationserlös, falls $L_n>0$ bzw. Liquidationsauszahlung, falls $L_n<0$;

RB_n: Restbuchwert im Zeitpunkt t=n;

n: Nutzungsdauer des Investitionsobjekts;

t: Periode (t=0, 1, 2, ..., n).

Durch diese Bestimmungsgleichung wird u. a. zum Ausdruck gebracht, dass im Falle einer Abweichung zwischen Restbuchwert des Investitionsobjekts

---

280 Vgl. dazu u.a. *Bieg, Hartmut*: Betriebswirtschaftslehre 1: Investition und Unternehmungsbewertung. 2. Aufl., Freiburg i. Br. 1997, S. 105; *Blohm, Hans/Lüder, Klaus*: Investition. 8. Aufl., München 1995, S. 123; *Busse von Colbe, Walther/Laßmann, Gert*: Betriebswirtschaftstheorie. Band 3. 3. Aufl., Berlin 1990, S. 68; *Eilenberger, Guido*: Betriebliche Finanzwirtschaft. 6. Aufl., München/Wien 1997, S. 185; *Götze, Uwe/Bloech, Jürgen*: Investitionsrechnung. 2. Aufl., Berlin u.a. 1995, S. 124-125; *Kußmaul, Heinz*: Betriebswirtschaftliche Steuerlehre. 2. Aufl., München/Wien 2000, S. 159-163; *Perridon, Louis/Steiner, Manfred*: Finanzwirtschaft der Unternehmung. 10. Aufl., München 1999, S. 94-95; *Rose, Gerd*: Betriebswirtschaftliche Steuerlehre. 3. Aufl., Wiesbaden 1992, S. 239-240; *Schneeloch, Dieter*: Besteuerung und betriebliche Steuerpolitik. Band 2: Betriebliche Steuerpolitik, München 1994, S. 150-151; *Schneider, Dieter*: Investition, Finanzierung und Besteuerung. 7. Aufl., Wiesbaden 1992, S. 224-229.

und des am Ende des Planungszeitraumes dafür erzielbaren Liquidationserlöses ein erfolgswirksamer Vorgang mit ertragsteuerlichen Wirkungen gegeben ist, und dass außerdem die auf den Erfolg (Zahlungsüberschuss abzüglich Absetzungen für Abnutzung) einer Periode zu zahlenden Ertragsteuern den Einzahlungsüberschuss der entsprechenden Periode schmälern.

Geht man davon aus, dass zum Zeitpunkt t=0 bei Realisierung der Investition keine Einzahlungen vorliegen und wird außerdem eine Zusammenfassung der in einer Periode anfallenden Ein- und Auszahlungen zu einer einzigen Größe Zahlungsüberschuss Z_t vorgenommen, so lässt sich die o. g. Formel folgendermaßen darstellen:

$$C_{0s} = \sum_{t=0}^{n} \left[Z_t - s_{er} \cdot (Z_t - AfA_t)\right] \cdot (1+i_s)^{-t} + \left[L_n - s_{er} \cdot (L_n - RB_n)\right] \cdot (1+i_s)^{-n}$$

wobei:

A_0: Anschaffungsauszahlung im Zeitpunkt t=0;

Z_t: Differenz zwischen den Ein- und Auszahlungen der Periode t mit folgender Wirkung:

→ Einzahlungsüberschuss der Periode t, wenn $Z_t > 0$ bzw.

→ Auszahlungsüberschuss der Periode t, wenn $Z_t < 0$.

In den **Ertragsteuersatz s_{er}** muss neben dem zugrunde gelegten Einkommensteuersatz – eventuell zuzüglich des landesüblichen Kirchensteuersatzes – (bei personenbezogenen Unternehmungen) bzw. dem Körperschaftsteuersatz (bei firmenbezogenen Unternehmungen) der Gewerbeertragsteuersatz s_{ge} und auch der Solidaritätszuschlag mit einbezogen werden. Des Weiteren ist zu berücksichtigen, dass die Gewerbeertragsteuer bei der Einkommensteuerbemessungsgrundlage abzugsfähig ist. Für den Ertragsteuerfaktor ergibt sich somit

– ohne Berücksichtigung des Solidaritätszuschlags:

$$s_{er} = (s_{e/k} - s_{e/k} \cdot s_{ge}) + s_{ge}$$

– mit Berücksichtigung des Solidaritätszuschlags:

$$s_{er} = (s_{e/k} - s_{e/k} \cdot s_{ge}) \cdot (1 + s_{SolZ}) + s_{ge}$$

wobei:

s_{er}: Ertragsteuersatz;

$s_{e/k}$: Einkommen- bzw. kombinierter Einkommen-/Kirchensteuersatz oder Körperschaftsteuersatz;

s_{ge}: Gewerbeertragsteuersatz;

s_{SolZ}: Solidaritätszuschlagssatz.

Aus Vereinfachungsgründen wird im Standardmodell angenommen, dass $s_{e/k}$ dem **Spitzengrenzsteuersatz** entspricht. Dieser beträgt im Falle der Einkommensteuer 51 % für den Veranlagungszeitraum 2000. Für Einkünfte aus Gewerbebetrieb, die der Gewerbesteuer unterliegen, reduziert sich der Höchststeuersatz auf 43 % für den Veranlagungszeitraum 2000 (evtl. zuzüglich der einzubeziehenden Kirchensteuer).

Legt man den Überlegungen eine körperschaftsteuerpflichtige Unternehmung zugrunde, so beträgt der Körperschaftsteuersatz im Thesaurierungsfall für den Veranlagungszeitraum 2000 40 %. Des Weiteren wird unterstellt, dass im Rahmen der Erhebung des Solidaritätszuschlags auf die Einkommensteuer die Regelung bezüglich der Nullzone mit Gleitbereich nicht zur Anwendung kommt. Dadurch ist es möglich, auf einen Periodenindex für den Einkommensteuersatz und die schwierige Abschätzung zukünftiger Einkommensverhältnisse, die den Steuersatz beeinflussen, zu verzichten.[281]

Beeinflusst wird der **Gewerbeertragsteuersatz s_{ge}** von der Höhe des Hebesatzes, der von den Gemeinden unterschiedlich festgelegt wird, und von der Höhe der Steuermesszahl, die bei personenbezogenen Unternehmungen nach der in § 11 Abs. 2 GewStG festgelegten Weise gestaffelt ist.

Berücksichtigt man die Abzugsfähigkeit der Gewerbeertragsteuer von ihrer eigenen Bemessungsgrundlage, so ergibt sich für den Gewerbeertragsteuersatz s_{ge}:[282]

---

281 Vgl. dazu v.a. *Perridon, Louis/Steiner, Manfred*: Finanzwirtschaft der Unternehmung. 10. Aufl., München 1999, S. 95.

282 Vgl. diesbezüglich z.B. *Kruschwitz, Lutz*: Investitionsrechnung. 8. Aufl., München/Wien 2000, S. 141-142; *Mellwig, Winfried*: Die Erfassung der Steuern in der Investitionsrechnung – Grundprobleme und Modellvarianten. In: Das Wirtschaftsstudium 1989, S. 37; *Mellwig, Winfried*: Kompendium für das Examen zum vBP/WP, Band 2: Betriebswirtschaft. 2. Aufl., Hamburg 1994, S. 205.

$$s_{ge} = \text{Steuermesszahl m} \cdot \text{Hebesatz h} \cdot (1 - s_{ge})$$

$$s_{ge} = m \cdot h - m \cdot h \cdot s_{ge}$$

$$s_{ge} = \frac{m \cdot h}{1 + m \cdot h}$$

Unter Umständen kann der Ertragsteuersatz auf den bei Liquidation des Investitionsobjekts eventuell anfallenden Veräußerungsgewinn ($L_n - RB_n$) von dem für die Versteuerung der sonstigen Rückflüsse anzuwendenden Ertragsteuersatz s_{er} abweichen, wenn ein ermäßigter Steuersatz zum Tragen kommt oder die Übertragung von stillen Reserven auf andere Wirtschaftsgüter möglich ist.

Auch für die Steuerbemessungsgrundlagen werden im Standardmodell der Investitionsrechnung zur Berücksichtigung der Ertragsteuern vereinfachte Annahmen getroffen, insbesondere diejenige, dass Hinzurechnungen und Kürzungen gemäß §§ 8 und 9 GewStG bei der Ermittlung des Gewerbeertrags nicht vorgenommen werden. Ohnehin entfallen würde eine Hinzurechnung von Dauerschuldzinsen, wenn die Finanzierung des Investitionsprojekts über Eigenkapital erfolgt.

Der dabei zugrunde liegende **Kalkulationszinsfuß nach Steuern i_s** wird durch eine Reduzierung des Kalkulationszinsfußes vor Steuern i um die durch den Ertragsteuersatz s_{er} bewirkte Renditeminderung bestimmt (vgl. dazu auch **Abschnitt 2.4.3.1**):

$$i_s = i \cdot (1 - s_{er})$$

Zu beachten ist allerdings, dass eine derartige Vorgehensweise unterstellt, dass auch die Alternativanlage innerhalb des Gewerbebetriebs erfolgt und dem Ertragsteuersatz s_{er} unterliegt. Bestünde die Alternative dagegen in einer privaten Finanzanlage, so müsste der Kalkulationszinssatz nach Steuern entsprechend berechnet werden, wobei nur eine einkommensteuerliche Wirkung Berücksichtigung fände, da Gewerbeertragsteuer in diesem Fall nicht anfällt. Handelt es sich um eine steuerbefreite Alternative, so ist der Kalkulationszinsfuß i vor Steuern ungekürzt zu verwenden.[283]

Um die Aussage eines unter Zuhilfenahme des Standardmodells der Investitionsrechnung zur Berücksichtigung von Ertragsteuern ermittelten Ergebnisses richtig deuten und damit auch hinsichtlich seiner Vorteilhaftigkeit beurteilen

---

[283] Vgl. insbesondere *Perridon, Louis/Steiner, Manfred*: Finanzwirtschaft der Unternehmung. 10. Aufl., München 1999, S. 96.

zu können, muss Kenntnis über die dem Standardmodell zugrunde liegenden Prämissen bestehen; diese sind:[284]

- **Existenz einer Einheitsertragsteuer**, der alle Gewinne unterliegen.

  Charakteristisch für diese ist eine allgemein und einheitlich definierte Bemessungsgrundlage sowie ein von der Höhe der Bemessungsgrundlage unabhängiger Steuersatz (proportionaler Tarif ohne Freibeträge: Grenzsteuersatz entspricht dem Durchschnittssteuersatz). Unberücksichtigt bleiben also beispielsweise die Unterschiede in der Bemessungsgrundlage von Einkommensteuer bzw. Körperschaftsteuer und Gewerbeertragsteuer, die Abhängigkeit des Körperschaftsteuersatzes von der Gewinnverwendung und die Abhängigkeit des Einkommensteuersatzes von der Höhe des Einkommens.

- **Heranziehung des Periodenerfolgs (G_t) und des Veräußerungserfolgs (L_n–RB_n) als Bemessungsgrundlagen für die Ermittlung der Ertragsteuerzahlungen.**

  Bestimmt werden kann der Periodenerfolg als Differenz zwischen dem Einzahlungsüberschuss einer Periode (E_t–A_t) und der steuerlichen Abschreibungen dieser Periode (AfA_t). Keine Berücksichtigung finden steuerliche Auswirkungen der Abzugsfähigkeit aller nicht zahlungswirksamen Aufwendungen, soweit sie nicht Abschreibungen sind. Auch erfolgt eine Abstrahierung von der Tatsache, dass die Zeitpunkte der Erfolgsrealisierung und der Zahlung auseinander fallen können.

  Der Veräußerungserfolg lässt sich ermitteln aus dem Liquidationserlös abzüglich des Restbuchwertes des Investitionsobjekts zum Zeitpunkt der Veräußerung. Eine teilweise oder vollständige Befreiung des Veräußerungserfolges von der Ertragsbesteuerung – z. B. aufgrund der Bestimmungen des § 6b EStG – bleibt außer Acht.

- **Auslösung einer Steuerzahlung durch Perioden- bzw. Veräußerungsgewinn, Erlangen einer Steuerersparnis durch Perioden- bzw. Veräußerungsverlust.**

  Eine Zurechnung der Steuerwirkungen erfolgt stets zur Periode der Erfolgsentstehung (sofortige Besteuerung bzw. sofortiger Verlustausgleich); im Falle des Auftretens eines Periodenverlustes bei einem Investitionsobjekt wird also unterstellt, dass der Gesamterfolg der Unternehmung in die-

---

[284] Vgl. dazu insbesondere *Blohm, Hans/Lüder, Klaus*: Investition. 8. Aufl., München 1995, S. 123-125; *Götze, Uwe/Bloech, Jürgen*: Investitionsrechnung. 2. Aufl., Berlin u. a. 1995, S. 123; *Kruschwitz, Lutz*: Investitionsrechnung. 8. Aufl., München/Wien 2000, S. 131-133.

ser Periode nicht negativ ist bzw. eine unmittelbare Verlustrücktragsmöglichkeit besteht.

- **Unabhängigkeit des Steuersatzes von der Höhe des Erfolgs und Konstanz im Zeitablauf, gleichermaßen Gültigkeit für Periodenerfolg und Veräußerungserfolg.**

  Ansatz findet im Allgemeinen der maximale Grenzsteuersatz der Einkommensteuer bzw. der Steuersatz für einbehaltene Gewinne bei der Körperschaftsteuer, ggfs. zuzüglich Gewerbeertragsteuer und Solidaritätszuschlag.

- **Gleichheit des Sollzinssatzes vor Steuern und des Habenzinssatzes vor Steuern** (Unterstellung eines vollkommenen und für den Investor unbeschränkten Kapitalmarkts).

2.4.3.2.3 Die Erweiterung des Standardmodells zur Berücksichtigung einer projektbezogenen Finanzierung

Zur **Berücksichtigung einer projektbezogenen Finanzierung** muss die Zahlungsreihe des Standardmodells um Finanzierungszahlungen und um die Steuerwirkungen der Abzugsfähigkeit von Fremdkapitalzinsen als Betriebsausgaben erweitert werden. Diese Aufgabe erfüllt das Modell der so genannten **Nettomethode I.**[285]

Der Kapitalwert einer Investition nach Steuern C_{0s} lässt sich dabei als Summe der für Eigenkapital und Fremdkapital getrennt errechneten Kapitalwerte der Investition darstellen.

Es ist grundsätzlich möglich, dass der Eigenkapitalkostensatz nach Steuern b_e^s und der Fremdkapitalkostensatz nach Steuern b_f^s voneinander abweichen. Es ergibt sich deshalb folgender Kapitalwert nach Steuern C_{0s}:

$$C_{0s} = \sum_{t=0}^{n} [E_t - A_t - s_{er} \cdot (E_t - A_t - AfA_t - ZZ_t)] \cdot (1+b_e^s)^{-t} + [L_n - s_{er} \cdot (L_n - RB_n)] \cdot (1+b_e^s)^{-n} - \sum_{t=0}^{n} (Y_t + ZZ_t) \cdot (1+b_e^s)^{-t} + \sum_{t=0}^{n} (Y_t + ZZ_t) \cdot (1+b_f)^{-t}$$

[285] Vgl. dazu und zum Folgenden insbesondere *Blohm, Hans/Lüder, Klaus*: Investition. 8. Aufl., München 1995, S. 126-129 sowie *Kußmaul, Heinz*: Betriebswirtschaftliche Steuerlehre. 2. Aufl., München/Wien 2000, S. 163-164 und in Ansätzen auch *Adam, Dietrich*: Investitionscontrolling. 3. Aufl., München/Wien 2000, S. 169-174.

Dabei bedeuten die in Ergänzung zum Standardmodell zusätzlich verwendeten Symbole:

ZZ_t: Zinszahlungen in der Periode t;

b_e^s: Eigenkapitalkostensatz nach Steuern;

b_f: Fremdkapitalkostensatz vor Steuern;

Y_t: Kreditaufnahme ($Y_t<0$) bzw. Kredittilgung ($Y_t>0$) in der Periode t.

Wird unterstellt, dass zum Zeitpunkt t=0 bei Realisierung der Investition keine Einzahlungen vorliegen und erfolgt darüber hinaus eine Zusammenfassung der in einer Periode anfallenden Ein- und Auszahlungen zu einer einzigen Größe Zahlungsüberschuss Z_t, so kann die o.g. Formel folgendermaßen dargestellt werden:

$$C_{0s} = -A_0 + \sum_{t=1}^{n} [Z_t - s_{er} \cdot (Z_t - AfA_t - ZZ_t)] \cdot (1+b_e^s)^{-t} + [L_n - s_{er} \cdot (L_n - RB_n)] \cdot (1+b_e^s)^{-n} - \sum_{t=0}^{n} (Y_t + ZZ_t) \cdot (1+b_e^s)^{-t} + \sum_{t=0}^{n} (Y_t + ZZ_t) \cdot (1+b_f)^{-t}$$

Erfolgt eine Kreditaufnahme ohne Disagio, so beträgt der Kapitalwert der Investition der Fremdkapitalgeber $\sum_{t=0}^{n} (Y_t + ZZ_t) \cdot (1+b_f)^{-t}$ gleich null; die erstgenannte Formel vereinfacht sich dann zu:

$$C_{0s} = \sum_{t=0}^{n} [E_t - A_t - s_{er} \cdot (E_t - A_t - AfA_t - ZZ_t)] \cdot (1+b_e^s)^{-t} + [L_n - s_{er} \cdot (L_n - RB_n)] \cdot (1+b_e^s)^{-n} - \sum_{t=0}^{n} (Y_t + ZZ_t) \cdot (1+b_e^s)^{-t}$$

Durch anderweitige Zusammenfassung der unter dem zuletztstehenden Summenzeichen subsumierten Werte ergibt sich schließlich folgende formale Gestalt:

$$C_{0s} = \sum_{t=0}^{n} [E_t - A_t - s_{er} \cdot (E_t - A_t - AfA_t - ZZ_t) - Y_t - ZZ_t] \cdot (1+b_e^s)^{-t} + [L_n - s_{er} \cdot (L_n - RB_n)] \cdot (1+b_e^s)^{-n}$$

Lassen sich die Einzahlungen und Auszahlungen der jeweiligen Perioden zu einer Größe Zahlungsüberschuss Z_t zusammenfassen und wird des Weiteren unterstellt, dass nur vor Beginn der Laufzeit des Investitionsprojekts zum Zeitpunkt t=0 eine Fremdkapitalaufnahme stattfindet und in der Folgezeit lediglich Zins- und Tilgungszahlungen geleistet werden, so kann man schreiben:

$$C_{0s} = -A_0 - Y_0 + \sum_{t=1}^{n} [Z_t - s_{er} \cdot (Z_t - AfA_t - ZZ_t) - Y_t - ZZ_t] \cdot (1 + b_e^s)^{-t} + [L_n - s_{er} \cdot (L_n - RB_n)] \cdot (1 + b_e^s)^{-n}$$

Liegt eine Situation vor, in der keine reine Fremdfinanzierung, sondern eine Mischfinanzierung erfolgt, gibt es verschiedene Möglichkeiten einer Berücksichtigung dieses Zustandes.[286]

Hinsichtlich einer Anwendung der Nettomethode I ist es generell erforderlich, die mit der Investition verbundenen Fremdkapitaleinzahlungen und -rückzahlungen Y_t und die Fremdkapitalzinszahlungen ZZ_t projektindividuell zu bestimmen. Liegt keine projektbezogene Finanzierung vor, so ist diese Methode nur anwendbar, wenn man sich mit der Annahme einer für alle Investitionen geltenden Finanzierungsregel behilft.[287]

2.4.3.2.4 Die Erweiterung des Standardmodells zur Berücksichtigung staatlicher Investitionshilfen

Unter den Begriff der staatlichen Investitionshilfen fallen

- Steuervergünstigungen (Sonderabschreibungen, erhöhte Absetzungen, Investitionszulagen) und
- Finanzhilfen (Zuschüsse, insbesondere Investitionszuschüsse, Darlehen).

Da sich Sonderabschreibungen und erhöhte Absetzungen unmittelbar im Standardmodell berücksichtigen lassen und projektbezogene Darlehenshilfen im Rahmen der Nettomethode I mit in die Investitionsentscheidung einbezogen werden können, besteht keine Notwendigkeit, diese Formen staatlicher Investitionshilfen bezüglich ihrer modellmäßigen Erfassung zu erörtern.

---

[286] Bezüglich der verschiedenen Ansätze dazu vgl. u.a. *Blohm, Hans/Lüder, Klaus*: Investition. 8. Aufl., München 1995, S. 126; *Mertens, Peter*: Ertragsteuerwirkungen auf die Investitionsfinanzierung – ihre Berücksichtigung in der Investitionsrechnung. In: Zeitschrift für betriebswirtschaftliche Forschung 1962, S. 576; *Swoboda, Peter*: Investition und Finanzierung. In: Betriebswirtschaftslehre im Grundstudium der Wirtschaftswissenschaft, Band 3, 5. Aufl., Göttingen 1996, S. 58-60.

[287] Vgl. dazu ausführlich *Blohm, Hans/Lüder, Klaus*: Investition. 8. Aufl., München 1995, S. 127-128.

Einer speziellen Betrachtung bedarf es dagegen hinsichtlich der Investitionszulagen und Investitionszuschüsse.[288]

Unter dem Begriff **„Investitionszulagen"** werden nicht-rückzahlbare staatliche Geldmittel zur Durchführung von Investitionen erfasst, die derzeit bei Vorliegen der Fördervoraussetzungen des Investitionszulagengesetzes (InvZulG 1999) bei Investitionen in den neuen Bundesländern gewährt werden. Sie zählen nicht zu den Einkünften i. S. des Einkommensteuergesetzes.[289]

Der Ausdruck **„Investitionszuschüsse"** verkörpert ebenfalls nicht-rückzahlbare staatliche Geldmittel zur Durchführung von Investitionen, jedoch im Vergleich zu Investitionszulagen mit dem Unterschied, dass auf Investitionszuschüsse – auch bei Erfüllung der Fördervoraussetzungen – kein Rechtsanspruch besteht und sie des Weiteren zu den Einkünften i. S. des EStG gehören und deshalb zu versteuern sind.

Gemäß R 34 Abs. 2 EStR 1999 steht dem Steuerpflichtigen bei der Versteuerung der Investitionszuschüsse grundsätzlich ein **Wahlrecht** zu.[290] Er kann sie entweder als **Betriebseinnahmen** ansetzen und damit in der Zahlungsperiode erfolgswirksam berücksichtigen oder sie **erfolgsneutral** behandeln.

Während im ersten Fall die Anschaffungs- oder Herstellungskosten der betreffenden Wirtschaftsgüter nicht berührt werden, dürfen die Anlagegüter, für die die Zuschüsse gewährt worden sind, im zweiten Fall „nur mit den Anschaffungs- oder Herstellungskosten bewertet werden, die der Steuerpflichtige selbst [...] aufgewendet hat".[291] Bei abnutzbaren Wirtschaftsgütern bedeutet das eine Verteilung der Besteuerung der Zuschüsse auf die betriebsgewöhnliche Nutzungsdauer durch Verringerung der Absetzung für Abnutzung.

Soll eine Berücksichtigung von Investitionszulagen und Investitionszuschüssen bei der Ermittlung des Kapitalwerts nach Steuern anhand des Standardmodells erfolgen, so muss die Zahlungsreihe entsprechend modifiziert werden.

---

[288] Vgl. dazu insbesondere *Blohm, Hans/Lüder, Klaus*: Investition. 8. Aufl., München 1995, S. 129-130 und *Kußmaul, Heinz*: Betriebswirtschaftliche Steuerlehre. 2. Aufl., München/Wien 2000, S. 164-165.

[289] Vgl. § 9 S. 1 InvZulG 1999; Gesetz zur Fortsetzung der wirtschaftlichen Förderung in den neuen Ländern vom 18.8.1997, BStBl 1997 I, S. 790-794.

[290] Vgl. dazu auch das BFH-Urteil vom 22.1.1992, X R 23/89, BStBl II 1992, S. 488.

[291] Vgl. R 34 Abs. 2 S. 3 EStR 1999.

Im Falle der erfolgswirksamen Verrechnung von Investitionszuschüssen ergibt sich für den Kapitalwert nach Ertragsteuern und staatlichen Investitionsfördermaßnahmen:[292]

$$C_{0s}^{IF} = \sum_{t=0}^{n} \left[Z_t + IZL_t + IZS_t - s_{er} \cdot \left(Z_t + IZS_t - AfA_t \right) \right] \cdot \left(1 + i_s \right)^{-t} + \left[L_n - s_{er} \cdot \left(L_n - RB_n \right) \right] \cdot \left(1 + i_s \right)^{-n}$$

Bei erfolgsneutraler Verrechnung von Investitionszuschüssen gilt für den Kapitalwert nach Ertragsteuern und staatlichen Investitionsfördermaßnahmen:[293]

$$C_{0s}^{IF} = \sum_{t=0}^{n} \left[Z_t + IZL_t + IZS_t - s_{er} \cdot \left(Z_t - \left(AfA_t - \Delta\, IZS_t \right) \right) \right] \cdot \left(1 + i_s \right)^{-t} + \left[L_n - s_{er} \cdot \left(L_n - RB_n \right) \right] \cdot \left(1 + i_s \right)^{-n}$$

wobei:

IF: Investitionsförderung;

IZL_t: Investitionszulage in der Periode t;

IZS_t: Investitionszuschuss in der Periode t;

$\Delta\, IZS_t$: Minderung der planmäßigen steuerlichen Abschreibung der Periode t als Folge der Minderung der Anschaffungs- bzw. Herstellungskosten um den Investitionszuschuss.

Im Falle konstanter Steuersätze ist der **Kapitalwert bei erfolgsneutraler Verrechnung** des Investitionszuschusses aufgrund des Steuerstundungseffektes und des daraus resultierenden Zinsvorteils stets **höher als bei erfolgswirksamer Verrechnung**.

Hinsichtlich des Kalkulationszinssatzes erfolgt hier in Analogie zum Standardmodell die Unterstellung, dass es sich um den internen Zinsfuß nach Ertragsteuern einer alternativen Finanzinvestition handelt, für die keine Steuervergünstigungen oder staatliche Finanzhilfen gewährt werden.[294]

---

[292] Vgl. dazu auch *Blohm, Hans/Lüder, Klaus*: Investition. 8. Aufl., München 1995, S. 129.

[293] Vgl. auch *Blohm, Hans/Lüder, Klaus*: Investition. 8. Aufl., München 1995, S. 130.

[294] Vgl. *Blohm, Hans/Lüder, Klaus*: Investition. 8. Aufl., München 1995, S. 131.

2.4.3.2.5 Die Bruttomethode

Der Berechnung des Kapitalwerts einer Investition nach Ertragsteuern liegt bei Anwendung der Bruttomethode folgende Formel zugrunde:[295]

$$\boxed{C_{0s}^{B} = \sum_{t=0}^{n} (E_t - A_t) \cdot (1 + i^B)^{-t}}$$

Im Rahmen dieses Verfahrens erfolgt eine indirekte Berücksichtigung der Ertragsteuern durch entsprechende Festlegung des Kalkulationszinssatzes i^B in der Investitionsrechnung.[296] Der dargelegte Berechnungsansatz gleicht lediglich formelmäßig der Grundrechnung der Kapitalwertmethode (vgl. **Abschnitt 2.3.2.1.1**).

Die Grundform der Bruttomethode vernachlässigt die steuermindernde Wirkung von Abschreibungen bei der Festlegung des Kalkulationszinssatzes i^B; sie kann daher streng gesehen lediglich für nicht abschreibbare Investitionsvorhaben herangezogen werden.[297]

Unter der Prämisse eines einheitlichen Ertragsteuersatzes s_{er} ergibt sich der Kalkulationszinssatz bei Eigenfinanzierung $i^B = i_e^B$ als Produkt aus gewünschtem Nettozinssatz, der in der Literatur unterschiedlich entweder als Eigenkapitalkostensatz vor Steuern (b_e) oder als Eigenkapitalkostensatz nach Steuern (b_e^s) interpretiert wird, und Korrekturfaktor

$$\boxed{\frac{1}{1-s}}$$

Demgemäß beträgt der Kalkulationszinssatz für die Grundform der Bruttomethode bei **Eigenkapitalfinanzierung** im ersten Fall

$$\boxed{i^B = i_e^B = \frac{b_e}{1-s}}$$

und im zweiten Fall

[295] Vgl. dazu u.a. *Blohm, Hans/Lüder, Klaus*: Investition. 8. Aufl., München 1995, S. 135; *Kußmaul, Heinz*: Betriebswirtschaftliche Steuerlehre. 2. Aufl., München/Wien 2000, S. 165-166; *Mozer, Klaus*: Der Kalkulationszinsfuß unter Berücksichtigung der Erfolgsteuern bei Publikumskapitalgesellschaften, insbesondere im deutschen und amerikanischen Steuersystem. Berlin 1972, S. 58.

[296] Vgl. *Blohm, Hans/Lüder, Klaus*: Investition. 8. Aufl., München 1995, S. 135.

[297] Vgl. *Mozer, Klaus*: Der Kalkulationszinsfuß unter Berücksichtigung der Erfolgsteuern bei Publikumskapitalgesellschaften, insbesondere im deutschen und amerikanischen Steuersystem. Berlin 1972, S. 58.

$$i^B = i_e^B = \frac{b_e^s}{1-s} = \frac{b_e \cdot (1-s)}{1-s} = b_e$$

Der erste Ansatz sagt aus, dass der Kalkulationszinssatz i^B höher ist als der Kalkulationszinssatz bei Ermittlung des Kapitalwerts ohne Berücksichtigung von Steuern. Plausibel erscheint dies in Situationen, in denen dem Eigenkapitalgeber eine steuerbefreite Alternativanlagemöglichkeit zur Verfügung steht.

Bei steuerpflichtigen Alternativanlagemöglichkeiten muss dagegen bei der Festlegung des gewünschten Nettozinssatzes berücksichtigt werden, dass auch die Erträge aus Alternativanlagen der Besteuerung unterliegen. Diese Überlegung kommt im zweiten Ansatz zur Geltung. In diesem Fall entspricht der Kalkulationszinssatz i^B dem Kalkulationszinssatz bei der Ermittlung des Kapitalwerts ohne Berücksichtigung von Steuern; dies bedeutet, dass die Grundform der Bruttomethode und die Kapitalwertrechnung vor Steuern nicht nur formal, sondern auch materiell identisch sind.

Im Falle einer **Finanzierung über Fremdkapital** wird als Kalkulationszinssatz $i^B = i_f^B$ der Fremdkapitalkostensatz b_f zugrunde gelegt. Da Fremdkapitalzinsen in voller Höhe als Betriebsausgaben steuerlich abzugsfähig sind, muss für deren Abgeltung nur ein Verdienst in Höhe der Zinsen erfolgen.[298]

Bei Vorliegen einer **Mischfinanzierung** wird in der Literatur verschiedentlich die Festlegung eines Mischzinssatzes

$$i_B = (1-\alpha) \cdot i_e^B + \alpha \cdot i_f^B = (1-\alpha) \cdot \frac{b_e^S}{1-s} + \alpha \cdot b_f$$

vorgeschlagen (α verkörpert dabei den Anteil des Fremdkapitals am insgesamt benötigten Kapital). Es besteht allerdings nur dann das Erfordernis der Bildung eines Mischzinssatzes, wenn $i_e^B \neq i_f^B$ ist, d.h. wenn sich der Eigen- und der Fremdkapitalkostensatz vor Steuern nicht entsprechen.[299]

Einigkeit besteht in der Literatur darüber, dass dem **Standardmodell** und gegebenenfalls auch der Erweiterung des Standardmodells zur Berücksichtigung einer projektbezogenen Finanzierung (Nettomethode I) grundsätzlich **der Vorzug gegenüber der Bruttomethode zu geben ist**. Da die Steuerwirkun-

---

[298] Vgl. dazu v.a. *Blohm, Hans/Lüder, Klaus*: Investition. 8. Aufl., München 1995, S. 135-136; *Buchner, Robert*: Der Einfluß erfolgsabhängiger Steuern auf investitions- und finanzierungstheoretische Planungsmodelle. In: Zeitschrift für Betriebswirtschaft 1971, S. 672; *Mertens, Peter*: Ertragsteuerwirkungen auf die Investitionsfinanzierung – ihre Berücksichtigung in der Investitionsrechnung. In: Zeitschrift für betriebswirtschaftliche Forschung 1962, S. 573-588; *Mozer, Klaus*: Der Kalkulationszinsfuß unter Berücksichtigung der Erfolgsteuern bei Publikumskapitalgesellschaften, insbesondere im deutschen und amerikanischen Steuersystem. Berlin 1972, S. 58-61.

[299] Vgl. *Blohm, Hans/Lüder, Klaus*: Investition. 8. Aufl., München 1995, S. 136.

gen unterschiedlicher Abschreibungsverläufe und unterschiedlicher Finanzierungsregeln bei Fremd- und Mischfinanzierung zumindest bei der Grundform der Bruttomethode unberücksichtigt bleiben, ist sie lediglich als **Näherungsverfahren** akzeptabel.[300]

2.4.4 Der Einfluss der Geldentwertung auf Investitionsentscheidungen und Berücksichtigung in der Investitionsrechnung

Da derzeit in Deutschland wie auch in anderen europäischen Ländern die reale Kaufkraft des Geldes jährlich fortschreitend in gewissem Maße sinkt, stellt sich zwangsweise die Frage, ob und gegebenenfalls wie die Geldentwertung in Phasen anhaltender Steigerung des Preisniveaus mit z. T. überdurchschnittlich hoher Rate in Investitionsrechnungen berücksichtigt werden muss.

Auf jeden Fall werden **die für die Investitionsrechnung relevanten Daten** in folgender Weise **beeinflusst**:

Zum einen verändern sich durch die Geldentwertung die Einstandspreise der benötigten Produktionsfaktoren (z. B. Rohstoffe, Löhne, Mieten etc.) und damit i. d. R. auch die Verkaufspreise der erstellten Produkte. Diese Veränderungen wirken sich im Rahmen der Investitionsrechnung bei den jährlichen Aus- und Einzahlungen aus. Die Höhe der als Differenz zwischen den jährlichen Einzahlungen E_t und Auszahlungen A_t ermittelten jährlichen Zahlungsüberschüsse Z_t hängt also vom Ausmaß der Geldentwertung ab. Im Allgemeinen ergibt sich keine proportionale Änderung der einzelnen Faktorpreise und Verkaufspreise der gefertigten Erzeugnisse im Vergleich zur Inflation als mittlerer Preisveränderung aller Produkte des Warenkorbes, der zur Messung der derzeitigen Kaufkraft verwendet wird.

Zum anderen ergibt sich als Konsequenz der Geldentwertung regelmäßig eine Änderung der Zinssätze für Kapitalaufnahme bzw. -anlage, wobei auch hier im Allgemeinen keine proportionale Entwicklung zwischen den Zinssätzen und der Geldentwertungsrate stattfindet.[301]

---

[300] Vgl. dazu u. a. *Blohm, Hans/Lüder, Klaus*: Investition. 8. Aufl., München 1995, S. 136; *Mertens, Peter*: Ertragsteuerwirkungen auf die Investitionsfinanzierung – ihre Berücksichtigung in der Investitionsrechnung. In: Zeitschrift für betriebswirtschaftliche Forschung 1962, S. 580-588.

[301] Vgl. dazu insbesondere *Adam, Dietrich*: Investitionscontrolling. 3. Aufl., München/Wien 2000, S. 191.

Es lässt sich also erkennen, dass eine Berücksichtigung der Geldentwertungseffekte im Rahmen der Investitionsrechnung mit erheblichen Schwierigkeiten verbunden ist.

Obwohl es zwar unbestritten ist, dass die Geldentwertung u. U. großen Einfluss auf die – für die Beurteilung der Vorteilhaftigkeit von Investitionen – relevanten Daten haben kann, gibt es aus den geschilderten Gründen in der zahlreichen Literatur zur Investitionsrechnung nur einige wenige Ansätze zur Erfassung dieses Problems. Die vorgeschlagenen Methoden zur Berücksichtigung der Preissteigerung in der Investitionsrechnung weichen allerdings meist voneinander ab und sind z. T. widersprüchlich.[302] Die diskutierten Ansätze bezüglich der entscheidungsrelevanten Größe „Kalkulationszinssatz" lassen sich grundsätzlich in der in **Abbildung 38** angedeuteten Weise polarisieren.

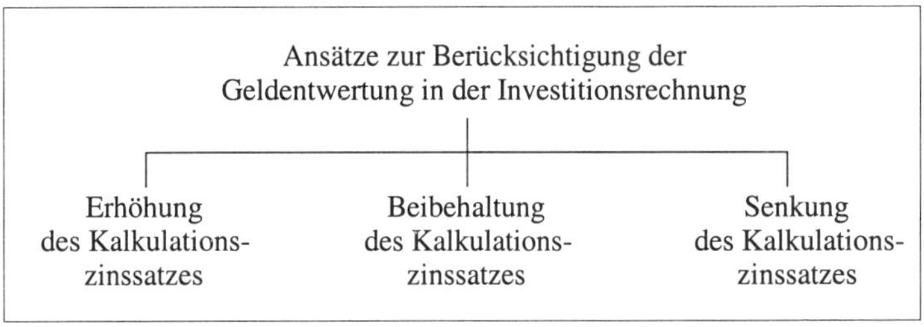

Abbildung 38: Ansätze zur Berücksichtigung der Geldentwertung in der Investitionsrechnung im Rahmen des Kalkulationszinssatzes[303]

Eine erste Gruppe von Autoren, die sich mit dem Problem der Modifizierung des Kalkulationszinssatzes zur Erfassung der Geldentwertung in der Investitionsrechnung auseinandersetzen, vertritt die Ansicht, dass der **Kalkulationszinssatz** zur Berücksichtigung der Preissteigerung um einen bestimmten Betrag **zu erhöhen** sei.[304] Bei Unterstellung einer im Zeitablauf konstanten Geldentwertung und damit einer gleich bleibenden Preissteigerung wäre dann

[302] Vgl. *Däumler, Klaus-Dieter*: Anwendung von Investitionsrechnungsverfahren in der Praxis. 4. Aufl., Herne/Berlin 1996, S. 140.

[303] Modifiziert entnommen aus *Däumler, Klaus-Dieter*: Anwendung von Investitionsrechnungsverfahren in der Praxis. 4. Aufl., Herne/Berlin 1996, S. 140.

[304] Vgl. dazu u. a. *Biergans, Enno*: Investitionsrechnung. Verfahren der Investitionsrechnung und ihre Anwendung in der Praxis. Nürnberg 1973, S. 252; *Seicht, Gerhard*: Investition und Finanzierung. 9. Aufl., Wien 1997, S. 145-146; *Süchting, Joachim*: Finanzmanagement. 6. Aufl., Wiesbaden 1995, S. 437.

den Entscheidungen über Investitionen folgender Kalkulationszinssatz zugrunde zu legen:[305]

$$\boxed{i_g = i + g}$$

wobei:

i_g: Kalkulationszinssatz unter Berücksichtigung der Geldentwertung;

i: Kalkulationszinssatz ohne Berücksichtigung der Geldentwertung;

g: jährliche, konstante Geldentwertungsrate.

Eine ähnliche Bestrebung kommt in einem anderen Vorschlag hinsichtlich einer Erhöhung des Kalkulationszinssatzes zum Ausdruck. Allerdings wird dabei eine doppelte Diskontierung der Glieder einer Zahlungsreihe in Erwägung gezogen, und zwar zum Ersten mit dem Kalkulationszinssatz ohne Berücksichtigung der Geldentwertung i und zum Zweiten mit der Geldentwertungsrate g, so dass letztendlich mit folgendem Kalkulationszinssatz gerechnet werden müsste:[306]

$$\boxed{i_g = (1+i)\cdot(1+g) - 1 = i + g + i\cdot g}$$

Im Falle der doppelten Diskontierung ergibt sich also hinsichtlich der Berücksichtigung der Geldentwertungsrate eine zusätzliche Erhöhung des Kalkulationszinssatzes um den Betrag „i·g" im Vergleich zur einfachen Erfassung der Geldentwertung.

Eine zweite Gruppe von Autoren vertritt demgegenüber die Meinung, dass der **Kalkulationszinssatz** um die Geldentwertungsrate **zu kürzen** sei.[307] Der Kalkulationszinssatz unter Einbeziehung der Geldentwertung würde dann in folgender Weise ermittelt werden:

$$\boxed{i_g = i - g}$$

Der Grundgedanke dieses Vorschlags ist darin zu sehen, dass aufgrund der Kürzung des Kalkulationszinssatzes eine Höherbewertung von künftigen Nettoeinzahlungen aus Realinvestitionen gegenüber Nettoeinzahlungen aus

---

[305] Vgl. dazu auch *Däumler, Klaus-Dieter*: Anwendung von Investitionsrechnungsverfahren in der Praxis. 4. Aufl., Herne/Berlin 1996, S. 116.

[306] Vgl. dazu *Busse von Colbe, Walther/Laßmann, Gert*: Betriebswirtschaftstheorie. Band 3. 3. Aufl., Berlin 1990, S. 84; *Merret, A. J./Sykes, Allen*: The Finance and Analysis of Capital Projects. 2nd Edition, London 1973, S. 166-170.

[307] Vgl. dazu stellvertretend Institut der Wirtschaftsprüfer in Deutschland e.V. (Hrsg.): WP-Handbuch 1998. Band II, 11. Aufl., Düsseldorf 1998, S. 73; *Moxter, Adolf*: Grundsätze ordnungsmäßiger Unternehmensbewertung. 2. Aufl., Wiesbaden 1983, S. 185-192.

Nominalinvestitionen erfolgt. Mit einem niedrigeren Kalkulationszinssatz einher geht nämlich ein größerer Bar- bzw. Gegenwartswert einer Zahlungsreihe und damit auch ein höherer Wert der Sachgüterkombinationen gegenüber einer Geldanlage in Kapitalmarktpapieren.[308]

Eine dritte Literaturmeinung hat sich dahingehend gebildet, dass eine besondere Erfassung der Geldentwertung hinfällig ist, wenn bei der Festlegung des Kalkulationszinssatzes vom Kapitalmarktzins ausgegangen wird; der **Kalkulationszinssatz** würde dann **unverändert** bleiben:

$$\boxed{i_g = i}$$

Diese Auffassung wird damit begründet, dass beim Kapitalmarktzins Geldwertänderungen ohnehin bereits dadurch berücksichtigt seien, dass bei der Bildung der Marktzinssätze die zu erwartenden Kaufkraftverluste antizipiert werden. Die Kapitalmarktzinsen würden somit ohnehin ein Äquivalent für die erwarteten Preissteigerungen enthalten. Eine Erhöhung des Kalkulationszinsfußes über diesen Satz käme dann einer unzulässigen Doppelverrechnung der Geldentwertung gleich.[309]

Der Grund, warum die Literaturansätze zwar prinzipiell die gleiche Zielsetzung hinsichtlich einer Erfassung der Geldentwertung in der Investitionsrechnung verfolgen, aber doch teilweise extrem unterschiedliche Lösungen präsentieren, ist darin zu sehen, dass im einen Fall eine Rechnung mit den nominalen Werten durchgeführt wird und im anderen Fall die realen Werte als Basis für die Investitionsrechnung dienen.

Wird mit den nominalen, inflationär aufgeblähten Werten der Ein- und Auszahlungsströme gerechnet, so wird unter Heranziehung des nominalen Kalkulationszinssatzes der Kapitalwert einer Investition in folgender Weise berechnet:

$$\boxed{C_{0g}^{N} = \sum_{t=0}^{n} \left(E_t - A_t\right) \cdot \left(1+i\right)^{-t}}$$

In dieser Gleichung drückt C_{0g}^{N} den Kapitalwert einer Investition unter Berücksichtigung der Geldentwertung bei Nominalwertrechnung aus.

---

[308] Vgl. *Däumler, Klaus-Dieter*: Anwendung von Investitionsrechnungsverfahren in der Praxis. 4. Aufl., Herne/Berlin 1996, S. 141-142.

[309] Vgl. dazu insbesondere *Däumler, Klaus-Dieter*: Anwendung von Investitionsrechnungsverfahren in der Praxis. 4. Aufl., Herne/Berlin 1996, S. 141-142; *Frischmuth, Gunter*: Daten als Grundlage für Investitionsentscheidungen. Berlin 1969, S. 105; *Schwarz, Horst*: Optimale Investitionsentscheidungen. München 1967, S. 48-49.

Soll neben der Geldentwertung auch die Wirkung der Ertragsteuern im Rahmen der Investitionsentscheidung zur Geltung kommen, so ist der Kapitalwert einer Investition folgendermaßen zu bestimmen:

$$C^N_{0\,gs} = \sum_{t=0}^{n} [E_t - A_t - s_{er} \cdot (E_t - A_t - AfA_t)] \cdot (1 + i_s)^{-t} + [L_n - s_{er} \cdot (L_n - RB_n)] \cdot (1 + i_s)^{-n}$$

Dabei kennzeichnet $C^N_{0\,gs}$ den Kapitalwert einer Investition unter Berücksichtigung der Geldentwertung und der Ertragsteuern bei Nominalwertrechnung.

Erfolgt eine Kapitalwertermittlung unter Einbeziehung der Geldentwertung nicht mittels nominaler Größen, sondern soll eine Berechnung des Kapitalwerts bei konstanter Kaufkraft, d.h. eine Bestimmung des „realen Kapitalwerts“ bzw. „Kaufkraftkapitalwerts“, erfolgen, so sind einige Besonderheiten zu beachten.

Zum einen müssen die realen, kaufkraftbereinigten Werte der Ein- und Auszahlungen prognostiziert oder berechnet und außerdem die Geldentwertungsrate g festgelegt werden. Zum anderen hat eine Festsetzung des realen Kalkulationszinssatzes i^R zu erfolgen.

Denkbar sind zweierlei Vorgehensweisen bei der Errechnung des realen Kapitalwerts.[310]

(1) Es erfolgt zunächst eine Deflationierung der nominalen Werte der Zahlungsreihe mit der als konstant angenommenen Geldentwertungsrate g, also eine Diskontierung mit dem Faktor $(1+g)^{-t}$, und anschließend eine Diskontierung der realen Werte der Zahlungsreihe mit dem realen Diskontierungsfaktor $(1+i^R)^{-t}$.

(2) Es wird von den nominalen Werten der Zahlungsreihe ausgegangen und ein inflationsadjustierter (nominaler) Zinssatz zur Diskontierung verwendet, der folgendes Aussehen hat:

$$i = (1 + g) \cdot (1 + i^R) - 1$$

Mittels dieser Gleichung kann aber auch eine Transformation eines nominalen in einen realen Kalkulationszinssatz durchgeführt werden:

[310] Vgl. dazu insbesondere *Blohm, Hans/Lüder, Klaus*: Investition. 8. Aufl., München 1995, S. 138-139; *Busse von Colbe, Walther/Laßmann, Gert*: Betriebswirtschaftstheorie. Band 3. 3. Aufl., Berlin 1990, S. 84.

$$i = (1+g) \cdot (1+i^R) - 1$$

$$1+i = (1+g) \cdot (1+i^R)$$

$$\frac{1+i}{1+g} = 1+i^R$$

$$i^R = \frac{1+i}{1+g} - 1$$

wobei:

i: nominaler Kalkulationszinssatz;

i^R: realer Kalkulationszinssatz;

g: Geldentwertungsrate.

Voraussetzung für die Richtigkeit dieser Transformation ist aber, dass eine über alle Perioden gleich bleibende Geldentwertungsrate vorliegt. Falls sich die Geldentwertungsrate voraussichtlich über die Perioden verändert, würde eine pauschale Korrektur des Kalkulationszinssatzes zu Verzerrungen führen.[311]

In beiden der oben angeführten Verfahrensarten bei Realwertrechnung kann der Kapitalwert einer Investition – unter der Annahme einer jährlich konstanten Geldentwertungsrate – mittels folgender Gleichung bestimmt werden:

$$C_{0g}^R = \sum_{t=0}^{n} (E_t - A_t) \cdot (1+g)^{-t} \cdot (1+i^R)^{-t}$$

Das Symbol C_{0g}^R bringt hier den Kapitalwert einer Investition unter Berücksichtigung der Geldentwertung bei Realwertrechnung zum Ausdruck.

Sollen zusätzlich zur Geldentwertung auch die Ertragsteuern in das Investitionskalkül miteinbezogen werden werden, so bietet sich eine Rechnung nach folgender Weise an:

$$\begin{aligned} C_{0gs}^R = & \sum_{t=0}^{n} [E_t - A_t - s_{er} \cdot (E_t - A_t - AfA_t)] \cdot (1+g)^{-t} \cdot (1+(1-s_{er}) \cdot i^R)^{-t} \\ & + [L_n - s_{er} \cdot (L_n - RB_n)] \cdot (1+g)^{-n} \cdot (1+(1-s_{er}) \cdot i^R)^{-n} \end{aligned}$$

311 Vgl. *Busse von Colbe, Walther/Laßmann, Gert*: Betriebswirtschaftstheorie. Band 3. 3. Aufl., Berlin 1990, S. 84.

Dabei wird durch C^R_{0gs} der Kapitalwert einer Investition unter Berücksichtigung der Geldentwertung und der Ertragsteuern bei Realwertrechnung charakterisiert.

Im Falle der Prognose einer starken Schwankung der jährlichen Geldentwertungsrate über die einzelnen Perioden des Planungszeitraumes führt die Annahme einer jährlich gleich bleibenden Geldentwertung im Allgemeinen zu unbefriedigenden Ergebnissen. Hier sollte eine Rechnung unter expliziter Berücksichtigung der Geldentwertungsraten der einzelnen Perioden erfolgen:

$$C^R_{0g} = -A_0 + \sum_{t=1}^{n} \frac{\prod_{\tau=1}^{t} E_t \cdot (1+g_{E\tau}) - \prod_{\tau=1}^{t} A_t \cdot (1+g_{A\tau})}{\prod_{\tau=1}^{t} (1+g_\tau) \cdot (1+i^R)^t}$$

wobei:

C^R_{0g}: Kapitalwert der Investition unter Berücksichtigung der Geldentwertung bei Realwertrechnung;

A_0: Anfangsauszahlung (Anschaffungsauszahlung) im Zeitpunkt t=0;

E_t: Einzahlungen der Periode t;

A_t: Auszahlungen der Periode t;

g_{E_τ}: Preisänderungsrate der Einzahlungen;

g_{A_τ}: Preisänderungsrate der Auszahlungen;

g_τ: jährliche Geldentwertungsrate;

i^R: realer Kalkulationszinssatz.

Möchte man bei Prognose veränderlicher Geldentwertungsraten auch die Ertragsteuern mit in die Investitionsrechnung einbeziehen, so ist analog zu verfahren. Dabei muss zunächst bei den Ein- und Auszahlungen die Preisänderungsrate berücksichtigt werden, ehe anschließend eine Berechnung des Diskontierungszinssatzes (realer Kalkulationszinssatz unter Berücksichtigung der Ertragsteuerwirkung) zu erfolgen hat. Danach kann eine Ermittlung des Kapitalwerts der Investition unter Einbeziehung von Geldentwertung und Ertragsteuern bei Realwertrechnung erfolgen.[312]

---

[312] Vgl. dazu mit ausführlichem Beispiel *Busse von Colbe, Walther/Laßmann, Gert*: Betriebswirtschaftstheorie. Band 3. 3. Aufl., Berlin 1990, S. 84-85.

2.4.5 Beispiel zur Wirkung der Steuern und der Geldentwertung auf die Investitionsrechnung[313]

Die Ausgangsdaten des Fallbeispiels zur Wirkung der Steuern und der Geldentwertung auf die Investitionsrechnung entsprechen denen des Beispiels zu den statischen und dynamischen Verfahren der Investitionsrechnung (vgl. dazu **Abschnitt 2.2.6** und **2.3.2.7**).

Zur besseren Anschaulichkeit der nachfolgenden Berechnungen erfolgt nochmals eine kurze Darstellung der entscheidungsrelevanten Daten.

– Einzahlungsüberschüsse der alternativ zur Verfügung stehenden Anlagen:

	A_0	Z_1	Z_2	Z_3	Z_4	Z_5	Z_6
Anlage I	– 66.000	15.500	15.500	15.500	15.500	15.500	15.500
Anlage II	– 75.000	17.500	20.000	20.000	16.000	16.000	14.000

– Kalkulationszinssatz vor Steuern: $i=0{,}05$;

– Nutzungsdauer: $n=6$ Jahre.

(6) Wie hoch ist der Kapitalwert der beiden Anlagen nach Ertragsteuern, wenn folgende Daten zugrunde gelegt werden:

Liquidationserlös der Anlage I bzw. der Anlage II: $L_{n_I}=0$ und $L_{n_{II}}=0$;

Restbuchwert der beiden Anlagen am Ende der Nutzungsdauer: $RB_{n_I}=0$ und $RB_{n_{II}}=0$;

Verteilung der Abschreibungsbeträge: linear über einen Zeitraum von 6 Jahren;

Körperschaftsteuer-Thesaurierungssatz: 40 % (da es sich bei der investierenden Unternehmung um eine GmbH handelt);

gewerbesteuerlicher Hebesatz: 400 %;

Nichtberücksichtigung des Solidaritätszuschlags, da über dessen Fortbestehensdauer große Unsicherheit besteht.

(7) Wie hoch ist der Kapitalwert der Anlage I unter Berücksichtigung der Geldentwertung bei Realwertrechnung, wenn eine jährliche Geldentwertungsrate von 3 % prognostiziert wird?

---

[313] Entnommen aus *Kußmaul, Heinz*: Berücksichtigung der Steuern und Geldentwertung in der Investitionsrechnung. In: Der Steuerberater 1996, S. 18-21.

Lösung:

(6) Da hier der Habenzinssatz (Eigenkapitalkostensatz) vor Steuern und der Sollzinssatz (Fremdkapitalkostensatz) vor Steuern nicht voneinander abweichen und auch keine projektbezogene Finanzierung über die Aufnahme einer bestimmten Fremdkapitalmenge unter Abzug eines Disagio erfolgt, kann zur Berechnung des Kapitalwerts der beiden Anlagen nach Ertragsteuern das Standardmodell verwendet werden:

$$C_{0s} = -A_0 + \sum_{t=1}^{n} \left[Z_t - s_{er} \cdot (Z_t - AfA_t)\right] \cdot (1+i_s)^{-t} + \left[L_n - s_{er} \cdot (L_n - RB_n)\right] \cdot (1+i_s)^{-n}$$

Wie aus dieser Gleichung ersichtlich ist, besteht zunächst das Erfordernis, den entscheidungsrelevanten Kalkulationszinssatz nach Ertragsteuern i_s festzulegen. Dabei muss die Abzugsfähigkeit der Gewerbeertragsteuer von ihrer eigenen Bemessungsgrundlage und von der der Körperschaftsteuer berücksichtigt werden:

$$i_s = i \cdot (1 - s_{er})$$

mit $s_{er} = (s_{kst} - s_{kst} \cdot s_{ge}) + s_{ge}$

und $s_{ge} = \dfrac{m \cdot h}{1 + m \cdot h}$

Bei Zugrundelegung eines gewerbesteuerlichen Hebesatzes von 400 % ergibt sich ein maßgeblicher Gewerbeertragsteuersatz s_{ge} in Höhe von 16,67 %.

Für den Ertragsteuersatz s_{er} gilt dann unter Einbeziehung des Körperschaftsteuer-Thesaurierungssatzes von 40 % Folgendes:

$$s_{er} = 0{,}40 - 0{,}40 \cdot 0{,}1\overline{6} + 0{,}1\overline{6} = 0{,}50$$

Als **Kalkulationszinssatz nach Steuern i_s** erhält man also folgenden Wert:

$$i_s = (1 - 0{,}50) \cdot 0{,}05 = 0{,}025$$

Der Kalkulationszinssatz nach Steuern i_s in Höhe von 2,5 % ist als maßgeblicher Diskontierungsfaktor für die weitere Berechnung unter Steuereinfluss zugrunde zu legen.

Im Folgenden wird die Bestimmung der **Kapitalwerte nach Ertragsteuern** aus Gründen der Übersichtlichkeit anhand einer Tabelle veranschaulicht.

Anlage I:

Zahlungs-zeitpunkt t	Anschaf-fungsaus-zahlung A_0	Zahlungs-über-schüsse (Zeitwert) Z_t	Abschrei-bungen AfA_t	Steuer-zahlungen $s_{er} \cdot (Z_t - AfA_t)$	Zahlungs-über-schüsse nach Steuern Z_{t_s}	Barwert der Zahlungs-überschüsse nach Steuern
0	– 66.000					– 66.000,00
1		15.500	11.000	2.250	13.250	12.926,83
2		15.500	11.000	2.250	13.250	12.611,54
3		15.500	11.000	2.250	13.250	12.303,94
4		15.500	11.000	2.250	13.250	12.003,85
5		15.500	11.000	2.250	13.250	11.711,07
6		15.500	11.000	2.250	13.250	11.425,43
Kapitalwert nach Ertragsteuern C_{0s}						+ 6.982,66

Anlage II:

Zahlungs-zeitpunkt t	Anschaf-fungsaus-zahlung A_0	Zahlungs-über-schüsse (Zeitwert) Z_t	Abschrei-bungen AfA_t	Steuer-zahlungen $s_{er} \cdot (Z_t - AfA_t)$	Zahlungs-über-schüsse nach Steuern Z_{t_s}	Barwert der Zahlungs-überschüsse nach Steuern
0	– 75.000					– 75.000,00
1		17.500	12.500	2.500	15.000	14.634,14
2		20.000	12.500	2.500	15.000	14.277,22
3		20.000	12.500	2.500	15.000	13.928,99
4		16.000	12.500	2.500	15.000	13.589,26
5		16.000	12.500	2.500	15.000	13.257,81
6		14.000	12.500	2.500	15.000	12.934,45
Kapitalwert nach Ertragsteuern C_{0s}						+ 7.621,87

Der Kapitalwert beider Anlagen unter Berücksichtigung der Ertragsteuern ist größer als null, wodurch jede Anlage für sich gesehen vorteilhaft ist. Im direkten Vergleich beider Anlagen erweist sich die Anlage II aufgrund des höheren Kapitalwerts vorteilhafter als die Anlage I.

(7) Die Ermittlung des Kapitalwerts eines Investitionsprojektes unter Berücksichtigung der Geldentwertung vollzieht sich im Falle der Realwertrechnung nach folgender Formel:

$$C_{0g}^{R} = \sum_{t=0}^{n} Z_t \cdot (1+g)^{-t} \cdot (1+i^R)^{-t}$$

Dazu ist die Bestimmung des realen Kalkulationszinssatzes i^R notwendig:

$$i^R = \frac{1+i}{1+g} - 1$$

wobei:

- i: nominaler Kalkulationszinssatz;
- i^R: realer Kalkulationszinssatz;
- g: konstante jährliche Geldentwertungsrate.

Es ergibt sich also als realer Kalkulationszinssatz

$$i^R = \frac{1{,}05}{1{,}03} - 1 = 0{,}0194175$$

Der Kapitalwert der Anlage I unter Berücksichtigung der Geldentwertung kann demnach folgendermaßen bestimmt werden:

Zahlungszeitpunkt t	Anschaffungsauszahlung A_0	Zahlungsüberschüsse (Zeitwert) Z_t	Deflationsfaktoren $(1+g)^{-t}$ für g=0,03	Zahlungsüberschüsse (deflationiert)	Barwert der Zahlungsüberschüsse
0	– 66.000		1		– 66.000,00
1		15.500	$1{,}03^{-1}$	15.048,54	14.761,90
2		15.500	$1{,}03^{-2}$	14.610,24	14.058,96
3		15.500	$1{,}03^{-3}$	14.184,70	13.389,49
4		15.500	$1{,}03^{-4}$	13.771,55	12.751,89
5		15.500	$1{,}03^{-5}$	13.370,44	12.144,66
6		15.500	$1{,}03^{-6}$	12.981,01	11.566,34
Kapitalwert unter Berücksichtigung der Geldentwertung C_{0g}					+ 12.673,24

2.5 Die Berücksichtigung der Unsicherheit bei Investitionsentscheidungen

2.5.1 Die Formen der Unsicherheit

Investitionsentscheidungen werden in der Praxis regelmäßig in Unkenntnis der genauen Zukunftsentwicklung getroffen. Jede im Investitionsproblem zu berücksichtigende Variable kann abhängig von den später tatsächlich eintretenden Umweltkonstellationen mehrere verschiedene Werte annehmen; man spricht dann von einer Zufallsvariablen. Diese **Zufallsvariablen** sind entweder unabhängig voneinander oder sie beeinflussen sich gegenseitig, was unter anderem mathematisch-statistisch unterschiedliche Auswirkungen hat. Ist mindestens eine Variable des Investitionsproblems zufallsabhängig, so findet die Entscheidung unter **Unsicherheit** statt. Dabei sind zwei verschiedene Typen von Unsicherheitssituationen zu unterscheiden: **Risikosituationen** sind dadurch gekennzeichnet, dass der Entscheidungsträger dazu in der Lage ist, den möglichen Datenkonstellationen Eintrittswahrscheinlichkeiten zuzuordnen. Beruhen diese Wahrscheinlichkeiten auf statistischen Untersuchungen, so dass man sie aus empirischen Häufigkeitsverteilungen der Ergebnisse gleichartiger Entscheidungssituationen ableiten kann, so sind die Wahrscheinlichkeiten **objektiv**. **Subjektive** Wahrscheinlichkeiten werden dagegen auf der Basis subjektiver Erfahrungen und Überlegungen des Entscheidungsträgers gebildet.

Da in den Unternehmungen bei Investitionsentscheidungen aufgrund fehlender Erfahrungswerte die Ableitung objektiver Wahrscheinlichkeiten problematisch ist, wird in der Praxis – wenn überhaupt – meist mit subjektiven Wahrscheinlichkeiten gerechnet. Ist der Entscheidungsträger nicht dazu imstande, für das Eintreten der möglichen Datenkonstellationen objektive oder auch nur subjektive Wahrscheinlichkeiten anzugeben, so liegt eine **Ungewissheitssituation** vor.[314]

---

[314] Zu den Begriffsdefinitionen und der Systematisierung der Unsicherheit vgl. insbesondere *Bamberg, Günter/Coenenberg, Adolf G.*: Betriebswirtschaftliche Entscheidungslehre. 10. Aufl., München 2000, S. 19; *Bieg, Hartmut*: Betriebswirtschaftslehre 1: Investition und Unternehmungsbewertung. 2. Aufl., Freiburg i. Br. 1997, S. 149; *Kruschwitz, Lutz*: Investitionsrechnung. 8. Aufl., München/Wien 2000, S. 257-258; *Perridon, Louis/Steiner, Manfred*: Finanzwirtschaft der Unternehmung. 10. Aufl., München 1999, S. 97-134.

Die Begriffe Unsicherheit und Ungewissheit werden in der Literatur nicht einheitlich verwendet. So gliedern z.B. *Busse von Colbe/Laßmann* den Oberbegriff „Ungewissheit" in Risiko und Unsicherheit im engeren Sinne, wobei für Unsicherheit im engeren Sinne unterstellt wird, „der Investor habe keinerlei Kenntnisse über die Eintrittswahrscheinlichkeiten der verschiedenen Datenkonstellationen".[315]

Abbildung 39 gibt einen Überblick über die verschiedenen Formen der Unsicherheit in dem hier verstandenen Sinn. In den folgenden Kapiteln werden verschiedene Ansätze zur Unsicherheitsbewältigung bei Investitionsentscheidungen untersucht.

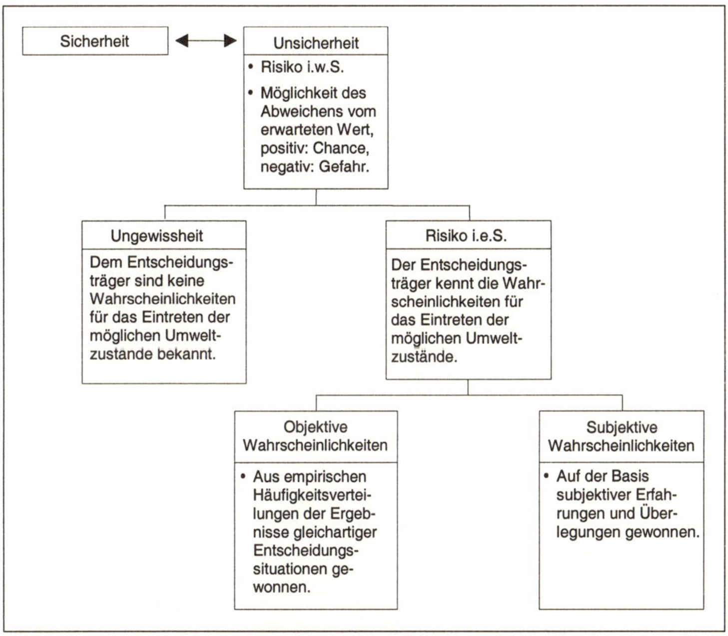

Abbildung 39: Die Formen der Unsicherheit

---

[315] *Busse von Colbe, Walther/Laßmann, Gert*: Betriebswirtschaftstheorie. Band 3. 3. Aufl., Berlin 1990, S. 156; eine ähnliche Begriffsunterscheidung findet sich bei *Schneeweiß, Hans*: Entscheidungskriterien bei Risiko. Berlin/Heidelberg/New York 1967, S. 12.

2.5.2 Die Entscheidungen bei Risiko

2.5.2.1 Überblick

Voraussetzung bei Entscheidungen unter Risiko ist die Kenntnis von zumindest subjektiven Wahrscheinlichkeiten. Im Folgenden wird allgemein von Wahrscheinlichkeiten gesprochen, ohne zwischen den Begriffen subjektiv und objektiv zu differenzieren. Allerdings sollte man sich im Klaren darüber sein, dass bei Investitionsentscheidungen aufgrund der meist fehlenden Wiederholbarkeit der Investition Wahrscheinlichkeiten i.d.R. nur subjektiv ermittelt werden können. Als Entscheidungsregeln in dieser Situation dienen zum einen die klassischen Entscheidungsprinzipien, bei denen eine begrenzte Anzahl von Kennzahlen berechnet wird, die die zugrunde liegende Wahrscheinlichkeitsverteilung hinreichend beschreiben.[316] Dazu bietet sich in erster Linie der Erwartungswert an, der jedoch die Verteilung nur unzureichend beschreibt und deshalb durch Größen, die die Abweichung vom Erwartungswert charakterisieren, ergänzt wird. Diese Kennzahlen werden als Risikomaße bezeichnet. Zum anderen steht als Entscheidungsprinzip das *Bernoulli*-Prinzip zur Verfügung, das sich von den klassischen Entscheidungsprinzipien durch die Verwendung einer Nutzenfunktion unterscheidet.

2.5.2.2 Statistische Kennzahlen

2.5.2.2.1 Vorbemerkungen

Die Berechnungsmethoden zur Analyse von Investitionen insbesondere in Wertpapiere verwenden im Allgemeinen mathematisch-statistische Verfahren, zu deren Verständnis vorab einige statistische Begriffe erläutert werden sollen.

In **Abschnitt 2.5.1** wurde der Begriff **„Zufallsvariable"** als unbekanntes Datum eingeführt, deren Werte vom Zufall abhängen, z.B. im Rahmen einer Investitionsentscheidung. Werden Zufallsvariablen mathematisch als Symbol dargestellt, so erfolgt die Beschreibung im Allgemeinen als Großbuchstaben (z.B. X oder Y). Der einzelne Wert, den eine Zufallsvariable Y annehmen

---

[316] Vgl. dazu und zum Folgenden *Franke, Günter/Hax, Herbert*: Finanzwirtschaft des Unternehmens und Kapitalmarkt. 4. Aufl., Berlin u.a. 1999, S. 258-270.

kann, heißt **Realisation** oder Ausprägung der Zufallsvariablen und wird im Normalfall mit einem kleinen Buchstaben y gekennzeichnet.

Zufallsvariablen können endlich oder unendlich viele Realisationen besitzen und sind damit entweder von diskreter oder stetiger Natur.

Eine **Zufallsvariable** wird dann als **diskret** bezeichnet, wenn sie endlich oder abzählbar unendlich viele Realisationen besitzt. Ein Beispiel für eine diskrete endliche Zufallsvariable ist das Ergebnis des Wurfs eines Würfels, das genau sechs mögliche Realisationen zählt. Für eine diskrete Zufallsvariable mit abzählbar unendlich vielen Realisationen kann z. B. die Anzahl der Personen, die in einem Monat an einen Bankschalter kommen, genannt werden, da die maximale Anzahl dieser Personen nicht eingeschränkt ist.

Eine **stetige Zufallsvariable** hingegen kann in einem Bereich der reellen Zahlen jeden beliebigen Wert annehmen und hat damit unendlich viele Realisationen. Beispielsweise sei hier die Rendite einer Aktie über einen bestimmten Zeitraum genannt, da sich die Rendite im Rahmen einer nicht mehr abzählbaren Anzahl von möglichen Ergebnissen realisieren kann.

Aus Gründen der Messgenauigkeit von stetigen Zufallsvariablen und häufig fehlenden Informationen zur exakten Beschreibung der Zufallsvariablen werden diese bzw. ihre statistischen Kennzahlen im Allgemeinen mit Hilfe von Vergangenheitsdaten geschätzt. Dies erfolgt durch Ziehung einer **Stichprobe**. Hierbei werden endlich viele Daten aus der Datengesamtheit ausgewählt. Jeder (zufallsabhängige) Beobachtungswert x_i kann als Realisation einer Zufallsvariablen, der sog. Stichprobenvariablen X_i ($i = 1, ..., n$) interpretiert werden, wobei n den Stichprobenumfang kennzeichnet.[317] Beispielsweise können zur Schätzung der eintägigen Rendite einer Aktie die Renditerealisationen der Aktie im letzten Jahr herangezogen werden. Da diese Form der Stichprobe zur Analyse der im weiteren Verlauf interessierenden Portfoliobewertung herangezogen wird, beziehen sich die folgenden Ausführungen auf diskrete Zufallsvariablen.[318]

2.5.2.2.2 Der Erwartungswert

Jede diskrete Zufallsvariable Y besitzt eine **Wahrscheinlichkeitsverteilung** p_i (kurz: Verteilung), die den jeweiligen Realisationen y_i der Zufallsvariablen Y Wahrscheinlichkeiten p_i zuordnet. Jede Verteilung einer Zufallsvariablen lässt sich wiederum durch statistische Kennzahlen charakterisieren, wie z. B. durch den **Erwartungswert** der Zufallsvariablen Y, kurz: E(Y). Dieser wird häufig

---

317 Vgl. *Bamberg, Günter/Baur, Franz*: Statistik. 10. Aufl., München/Wien 1998, S. 136.

318 Vgl. zur Portfoliobewertung und zur dort erfolgenden Anwendung der hier beschriebenen Methoden Band III: Finanzwirtschaftliche Entscheidungen, Abschnitt 2.2.2.

mit dem griechischen Buchstaben μ symbolisch dargestellt. Der Erwartungswert hat die Aufgabe, das Zentrum einer Verteilung zu kennzeichnen; er wird ermittelt als arithmetisches Mittel aller Realisationen y_i einer Zufallsvariablen Y, die mit ihren Eintrittswahrscheinlichkeiten p_i gewichtet werden:

$$E(Y) = \mu = \sum_{i=1}^{n} y_i \cdot p_i$$

Für eine empirisch erhobene Stichprobe X zur Zufallsvariablen Y im Umfang n treten im Allgemeinen die beobachteten Realisationen x_i mit derselben Häufigkeit auf, so dass die Eintrittswahrscheinlichkeit einer Stichprobenrealisation x_i für alle Stichprobenrealisationen in Höhe von $p_i = \frac{1}{n}$ für i = 1 bis n als gleich wahrscheinlich angenommen wird. Der **Erwartungswert der Stichprobe** X entspricht dann dem Mittelwert $\overline{x}$ der Stichprobenrealisationen und dient als Schätzer $\hat{\mu}$ für den unbekannten Erwartungswert der Zufallsvariablen Y:

$$E(X) = \hat{\mu} = \overline{x} = \frac{1}{n} \cdot \sum_{i=1}^{n} x_i$$

2.5.2.2.3 Die Varianz bzw. Standardabweichung

Da der Erwartungswert zwar das Zentrum der Verteilung beschreibt, jedoch nichts darüber aussagt, wie hoch die Abweichungen der Realisationen von diesem Erwartungswert sind, d. h. ob sie eng oder weit um das Zentrum der Verteilung streuen, ist eine weitere wichtige statistische Kennzahl die **Varianz** der Zufallsvariablen Y, kurz: Var(Y). Diese wird im Allgemeinen mit dem griechischen Buchstaben σ^2 symbolisch dargestellt. Die Varianz hat demnach als Streuungsmaß die Aufgabe, den Umfang der Streuung der Realisationen einer Zufallsvariablen um ihren Erwartungswert zu beschreiben. Sie berechnet sich aus dem arithmetischen Mittel der quadrierten Abstände aller Realisationen y_i einer Zufallsvariablen Y von ihrem Erwartungswert μ, wobei die quadrierten Abstände mit der jeweiligen Eintrittswahrscheinlichkeit p_i der Realisation y_i gewichtet werden:

$$Var(Y) = \sigma^2 = \sum_{i=1}^{n} (y_i - \mu)^2 \cdot p_i$$

Die positive Quadratwurzel aus der Varianz σ^2 einer Zufallsvariablen Y wird als **Standardabweichung** σ bezeichnet und hat gegenüber der Varianz den Vorteil, dass sie die gleiche Dimension wie die Realisationen der Zufallsvariablen Y besitzt. Die Standardabweichung wird häufig auch als Risikomaß eingesetzt und berechnet sich zu:

$$\sqrt{\mathrm{Var}(Y)} = \sigma = \sqrt{\sum_{i=1}^{n} (y_i - \mu)^2 \cdot p_i}$$

Wird beispielsweise die eintägige Rendite einer Aktie herangezogen und die Dimension der Rendite wie üblich in Prozent gemessen, so gibt die Standardabweichung die prozentuale mittlere Abweichung der Renditerealisation von der erwarteten Rendite an. Dieser Betrag verdeutlicht die Höhe des Risikos, mit der die tatsächliche Realisation von der erwarteten Rendite abweicht.

Die Varianz einer empirisch erhobenen Stichprobe X zur Zufallsvariablen Y bezeichnet man häufig kurz als **„Stichprobenvarianz“**; sie wird als geschätzte Varianz $\hat{\sigma}^2$ der zugrunde liegenden Zufallsvariablen Y herangezogen. Die Stichprobenvarianz wird im Allgemeinen symbolisch mit dem Buchstaben s^2 gekennzeichnet und ermittelt sich aus den Stichprobenrealisationen wie folgt:

$$\mathrm{Var}(X) = \hat{\sigma}^2 = s^2 = \frac{1}{n} \cdot \sum_{i=1}^{n} (x_i - \overline{x})^2$$

Die **„Stichprobenstandardabweichung“** s als Schätzer $\hat{\sigma}$ für die unbekannte Standardabweichung der Zufallsvariablen Y berechnet sich schließlich analog wie oben gezeigt zu:

$$\sqrt{\mathrm{Var}(X)} = \hat{\sigma} = s = \sqrt{\frac{1}{n} \cdot \sum_{i=1}^{n} (x_i - \overline{x})^2}$$

Aufgrund der aufwändigen und gegebenenfalls verwirrenden korrekten Notationen der statistischen Kennzahlen sollen im Folgenden vereinfachend für den Erwartungswert einer Zufallsvariablen – ob geschätzt oder nicht – das Symbol μ und entsprechend für die Varianz σ^2 bzw. für die Standardabweichung σ verwendet werden.

2.5.2.3 Klassische Entscheidungsprinzipien

2.5.2.3.1 Erwartungswert (μ-Prinzip, *Bayes*-Regel)

Zieht der Entscheidungsträger das Erwartungswertprinzip für seine Entscheidung heran, so benötigt er eine Wahrscheinlichkeitsverteilung der zukünftig möglichen Umweltzustände. Die Entscheidungsregel fordert die Optimierung des Erwartungswertes (μ) aus der Wahrscheinlichkeitsverteilung, wobei sich der Erwartungswert einer Investitionsalternative als Summe der Zielwerte, die jeweils mit den Wahrscheinlichkeiten der entsprechenden Zustände gewichtet werden, errechnet:

$$\mu_i = \sum_{j=1}^{n} p_j \cdot y_{ij}$$

wobei:

μ_i: Erwartungswert der Alternative i;

p_j: Wahrscheinlichkeit des Eintritts von Zustand j;

y_{ij}: Zielbeitrag der Alternative i bei Eintritt des Zustandes j.

Der Entscheidungsträger wählt diejenige Alternative aus den möglichen Investitionen, bei der der Erwartungswert der Zielgröße ein Optimum (je nach Zielgröße Maximum oder Minimum) aufweist.

Beispiel:[319]

Die Marketingabteilung der Riesling GmbH war dazu in der Lage, die Einzahlungsüberschüsse der Investitionsalternativen bzgl. der geplanten Abfüllanlage für die sechs nächsten Jahre zu bestimmen (vgl. dazu auch **Abschnitt 2.3.2.7**). Die Daten ergeben folgendes Bild:

	A_0	Z_1	Z_2	Z_3	Z_4	Z_5	Z_6
Anlage I	– 66.000	15.500	15.500	15.500	15.500	15.500	15.500
Anlage II	– 75.000	17.500	20.000	20.000	16.000	16.000	14.000

Für Anlage I wird nun weiterhin angenommen, dass die Einzahlungsüberschüsse (Z_t=Z=const.) anstatt 15.500 EUR auch 14.500 EUR betragen können. Die Marketingabteilung hat darüber hinaus die Wahrscheinlichkeiten für das Eintreten der beiden Situationen geschätzt. Sie geht davon aus, dass das Ereignis Z=15.500 EUR mit einer Wahrscheinlichkeit p=0,55 und das Ereignis Z=14.500 EUR mit einer Wahrscheinlichkeit von p=0,45 eintritt.

Für die Anlage II wird unterstellt, dass die Nutzungsdauer (n) möglicherweise nur fünf Jahre beträgt. Dieses Ereignis kann mit einer Wahrscheinlichkeit von 25 % eintreffen; damit kann die Anlage mit einer Wahrscheinlichkeit von 75 % sechs Jahre lang genutzt werden.

Aufgrund der wirtschaftlich angespannten Lage ist von einem Kalkulationszinssatz von 5 % auszugehen.

Für die Kapitalwerte der beiden Anlagen gilt nun unter Berücksichtigung der verschiedenen Fälle:

[319] Entnommen aus *Kußmaul, Heinz*: Berücksichtigung der Unsicherheit bei Investitionsentscheidungen. In: Der Steuerberater 1996, S. 64-65.

Anlage I:

$$C^{I}_{0(Z=15.500)} = -66.000 + 15.500 \cdot \frac{1{,}05^6 - 1}{0{,}05 \cdot 1{,}05^6} = 12.673{,}23 \text{ EUR}$$

$$C^{I}_{0(Z=14.500)} = -66.000 + 14.500 \cdot \frac{1{,}05^6 - 1}{0{,}05 \cdot 1{,}05^6} = 7.597{,}53 \text{ EUR}$$

Anlage II:

$$C^{II}_{0(n=6)} = -75.000 + \frac{17.500}{1{,}05^1} + \frac{20.000}{1{,}05^2} + \frac{20.000}{1{,}05^3} + \frac{16.000}{1{,}05^4} + \frac{16.000}{1{,}05^5} + \frac{14.000}{1{,}05^6}$$

$$= 13.230{,}68 \text{ EUR}$$

$$C^{II}_{0(n=5)} = -75.000 + \frac{17.500}{1{,}05^1} + \frac{20.000}{1{,}05^2} + \frac{20.000}{1{,}05^3} + \frac{16.000}{1{,}05^4} + \frac{16.000}{1{,}05^5}$$

$$= 2.783{,}66 \text{ EUR}$$

Aus den errechneten Werten können nun die Erwartungswerte der Kapitalwerte der beiden Anlagen ermittelt werden:

$$\mu_I = 12.673{,}23 \cdot 0{,}55 + 7.597{,}53 \cdot 0{,}45 = 10.389{,}17 \text{ EUR}$$

$$\mu_{II} = 13.230{,}68 \cdot 0{,}75 + 2.783{,}66 \cdot 0{,}25 = 10.618{,}93 \text{ EUR}$$

Nach dem Erwartungswertprinzip würde sich der Investor für Anlage II entscheiden. Die Vorteilhaftigkeit dieser Anlage ist jedoch nicht mehr so deutlich wie bei der Betrachtung der ursprünglichen Kapitalwerte (Anlage I: 12.673,23 EUR; Anlage II: 13.230,68 EUR).

Kritisch am Erwartungswertprinzip ist die Unterstellung, der Investor könnte die Wahrscheinlichkeiten für das Eintreten der Umweltzustände exakt quantifizieren, da meist schon die Abschätzung der tendenziellen Entwicklung der relevanten Daten den Investor vor ein nicht-triviales Problem stellt. Außerdem wird bei einer Entscheidung anhand der Erwartungswerte nicht berücksichtigt, wie stark die tatsächlich eintretenden Werte von den Erwartungswerten abweichen können, so dass man bei Anwendung des Erwartungswertprinzips beim Investor Risikoneutralität (Risikoindifferenz) unterstellen muss.[320]

2.5.2.3.2 Erwartungswert und Standardabweichung (μ, σ-Prinzip)

Soll das mit der Investition verbundene Risiko bei der Entscheidung über ihre Vorteilhaftigkeit berücksichtigt werden, so ist die Verwendung eines Risikomaßes notwendig. Als klassische Risikomaße bieten sich die Varianz (σ^2)

---

320 Vgl. dazu *Perridon, Louis/Steiner, Manfred*: Finanzwirtschaft der Unternehmung. 10. Aufl., München 1999, S. 107-108.

bzw. die Standardabweichung (Streuung, σ) an. Die **Varianz** lässt sich mittels folgender Formel bestimmen:

$$\sigma_i^2 = \sum_{j=1}^{n} p_j \cdot (y_{ij} - \mu_i)^2$$

Die **Standardabweichung** ergibt sich durch Ziehen der Quadratwurzel aus der Varianz. Das mit einer Investition verbundene Risiko ist umso höher, je größer der Wert der Varianz bzw. der Standardabweichung ist, wobei die Varianz und die Standardabweichung nicht nur das Risiko der Abweichung vom Erwartungswert in die unerwünschte Richtung, die vom Investor als negativ empfunden wird, sondern auch die Chance der Abweichung vom Erwartungswert in die für den Investor günstige Richtung messen.

Wird die Entscheidung aufgrund von Erwartungswert und Standardabweichung getroffen, so ist die Entscheidung für oder gegen eine Handlungsalternative abhängig von der Risikoeinstellung des Entscheidungsträgers. Ein risikoscheuer (risikoaverser) Entscheidungsträger wird ein höheres Risiko nur dann akzeptieren, wenn das Risiko durch einen höheren Ertrag kompensiert wird. Bei gleichem Erwartungswert wird sich der Investor bei risikoscheuer Einstellung für die Investitionsalternative mit der kleinsten Streuung entscheiden.

Beispiel:[321]

Für das obige Zahlenbeispiel können die folgenden Standardabweichungen berechnet werden:

$$\sigma_I = \sqrt{0{,}55 \cdot (12.673{,}23 - 10.389{,}17)^2 + 0{,}45 \cdot (7.597{,}53 - 10.389{,}17)^2} = 2.525{,}13\,\text{EUR}$$

$$\sigma_{II} = \sqrt{0{,}75 \cdot (13.230{,}68 - 10.618{,}93)^2 + 0{,}25 \cdot (2.783{,}66 - 10.618{,}93)^2} = 4.523{,}69\,\text{EUR}$$

Anlage II weist einen etwas höheren Erwartungswert, dafür aber auch eine deutlich höhere Standardabweichung auf, so dass sich ein risikoscheuer Investor auf Grundlage dieser Daten eher für Alternative I entscheiden würde.

Grundsätzlich steht der Investor vor dem Problem, zwischen einem größeren Gewinn verbunden mit einem höheren Risiko und einem kleineren Gewinn mit niedrigerem Risiko abzuwägen. Zur Lösung dieses Problems werden Präferenzwerte anhand einer **Präferenzfunktion** berechnet, die die Risikoeinstellung des Investors zum Ausdruck bringt.

Die Präferenzfunktion ist eine Funktion des Erwartungswertes und der Standardabweichung bzw. der Varianz (so genanntes **(μ, σ)-Prinzip**):

---

[321] Entnommen aus *Kußmaul, Heinz*: Berücksichtigung der Unsicherheit bei Investitionsentscheidungen. In: Der Steuerberater 1996, S. 65.

$$\Phi = \Phi(\mu, \sigma)$$

Durch Festlegung der Funktion Φ erhält man verschiedene (μ, σ)-Regeln. In der Literatur werden zum Beispiel

$$\Phi(\mu, \sigma) = \mu + \alpha \cdot \sigma$$

$$\Phi(\mu, \sigma) = \mu + \alpha \cdot \sigma^2$$

als besonders einfache Konzepte zur Bestimmung von Präferenzwerten genannt.[322]

Die Wahl des Gewichtungsfaktors α bringt den Grad der Risikofreude bzw. Risikoscheu zum Ausdruck. Ist $\alpha<0$, so gibt die Präferenzfunktion eine risikoscheue Einstellung wieder, bei $\alpha=0$ ist der Investor risikoindifferent und bei $\alpha>0$ risikofreudig.

Beispiel:[323]

Um die Wirkung der Wahl des Gewichtungsfaktors α auf die zu errechnenden Präferenzwerte zu verdeutlichen, soll im obigen Beispiel $\alpha=-0{,}5$, $\alpha=0$ bzw. $\alpha=0{,}5$ gewählt werden. Als Präferenzfunktion wird ein besonders einfaches Konzept herangezogen: $\Phi(\mu, \sigma)=\mu+\alpha \cdot \sigma$.

	$\Phi_I(\mu, \sigma)$	$\Phi_{II}(\mu, \sigma)$	Entscheidung für Alternative
$\alpha=-0{,}5$	9.126,60	8.357,08	I
$\alpha=0$	10.389,17	10.618,93	II
$\alpha=0{,}5$	11.651,73	12.880,77	II

Bei risikoscheuer Einstellung wird der Investor Alternative I realisieren. Bei Risikoneutralität entscheidet er sich anhand der Erwartungswerte eher für Alternative II. Auch bei risikofreudigem Verhalten ist Alternative II vorteilhafter.

Die klassischen Entscheidungsregeln sind dadurch gekennzeichnet, dass der Wert von Φ nicht von der gesamten Wahrscheinlichkeitsverteilung der betrachteten Zufallsgröße abhängt, sondern nur von einigen Verteilungsparametern (beim (μ, σ)-Prinzip von Erwartungswert und Streuung).

---

322 Vgl. *Busse von Colbe, Walther/Laßmann, Gert*: Betriebswirtschaftstheorie. Band 3. 3. Aufl., Berlin 1990, S. 170; *Kruschwitz, Lutz*: Investitionsrechnung. 8. Aufl., München/Wien 2000, S. 263.

323 Entnommen aus *Kußmaul, Heinz*: Berücksichtigung der Unsicherheit bei Investitionsentscheidungen. In: Der Steuerberater 1996, S. 65-66.

2.5.2.4 *Bernoulli*-Prinzip

2.5.2.4.1 Darstellung

Das *Bernoulli*-Prinzip bietet ein Konzept zur Beschreibung und Erfassung subjektiver Präferenzen. Das Prinzip besagt, dass es eine für den Entscheidungsträger charakteristische Funktion gibt, mit deren Hilfe er seine Ergebnisse gemäß dem Erwartungswert der Nutzen der wahrscheinlichkeitsverteilten Ergebnisse ordnen kann. Diese Funktion wird als **Nutzenfunktion** bezeichnet.

Die Nutzenfunktion ordnet jedem Zielwert (Y) einen bestimmten Nutzen (U) zu. Der Entscheidungsträger entscheidet sich für die Alternative mit dem größten Erwartungswert der zugeordneten Nutzenwerte. Die Entscheidungsregel lautet:

$$\boxed{\sum_{j=1}^{n} p_j \cdot U(y_{ij}) \rightarrow \max!}$$

Der Erwartungswert der Nutzenwerte stellt also den entscheidungsrelevanten Präferenzwert beim *Bernoulli*-Prinzip dar.

Die Verwendung einer Nutzenfunktion, bei der der Zielbeitrag jeder Alternative ausgewertet wird, ist somit der wesentliche Unterschied zwischen den klassischen Entscheidungskriterien und dem *Bernoulli*-Prinzip.

Beispiel:[324]

In Weiterführung des obigen Beispiels wird zunächst die folgende Wahrscheinlichkeitsmatrix betrachtet:

C_0	2.783,66	7.597,53	12.673,23	13.230,68
p_I	0	0,45	0,55	0
p_{II}	0,25	0	0	0,75

Der Investor könnte als Nutzenfunktion eine einfache Treppenfunktion verwenden, z.B.:

$$U(C_0) = \begin{cases} 2, & \text{für } 13.000 \le C_0, \\ 1, & \text{für } 3.000 \le C_0 < 13.000, \\ 0, & \text{für } 0 \le C_0 < 3.000. \end{cases}$$

324 Entnommen aus *Kußmaul, Heinz*: Berücksichtigung der Unsicherheit bei Investitionsentscheidungen. In: Der Steuerberater 1996, S. 66.

Somit ist der Investor auf alle Fälle an einem Kapitalwert von 3.000 EUR oder mehr interessiert. Alle niedrigeren Werte erbringen ihm keinen Nutzen; er gewichtet sie mit null. Den größten Nutzen misst er einem Kapitalwert größer 13.000 EUR zu (Gewichtung mit dem Faktor 2). Die ursprüngliche Wahrscheinlichkeitsmatrix lässt sich mit Hilfe der Nutzenfunktion transformieren zu:

$U(C_0)$	0	1	1	2	Erwartungswert des Nutzens
p_I	0	0,45	0,55	0	1
p_{II}	0,25	0	0	0,75	1,5

Anhand der Erwartungswerte der Nutzenwerte würde sich der Investor für Anlage II entscheiden.

2.5.2.4.2 Kritik am *Bernoulli*-Prinzip

In der Literatur haben sich die Befürworter und Kritiker des *Bernoulli*-Prinzips seit 1975 intensiv mit dessen Bedeutung auseinander gesetzt. Heftig umstritten war vor allem die Allgemeingültigkeit des Entscheidungsprinzips, wobei Kritiker teilweise die Meinung vertraten, das *Bernoulli*-Prinzip sei nur für eine Klasse von risikoneutralen Entscheidungsträgern repräsentativ.[325] Die Befürworter des *Bernoulli*-Prinzips[326] versuchten dagegen, die Allgemeingültigkeit zu belegen. 1985 schien die Diskussion beendet;[327] die Auseinandersetzung mit dem *Bernoulli*-Prinzip wurde jedoch 1989 von *Schildbach* wieder aufgenommen,[328] der die zentralen Ergebnisse der neueren ausländischen Literatur darstellte. Prinzipiell ging es weiterhin um die Fähigkeit des *Bernoulli*-Prinzips, der Risikoeinstellung eines Entscheidungsträgers Rechnung zu tragen. Die Diskussion um das *Bernoulli*-Prinzip ist auch in der neueren Literatur noch nicht zum Abschluss gekommen.

Die Kritik am *Bernoulli*-Prinzip bezieht sich neben den Zweifeln an der Allgemeingültigkeit hauptsächlich auf die Quantifizierung des Nutzens, die in

---

325 Vgl. z.B. die Beiträge von *Jacob, Herbert/Leber, Wilhelm*: Bernoulli-Prinzip und rationale Entscheidung bei Unsicherheit. In: Zeitschrift für Betriebswirtschaft 1976, S. 177-204; *Schildbach, Thomas/Ewert, Ralf*: Einige Bemerkungen zur Kritik der Kritik am Bernoulli-Prinzip. In: Zeitschrift für Betriebswirtschaft 1983, S. 583-590.

326 Vgl. z.B. *Bitz, Michael/Rogusch, Michael*: Risiko-Nutzen, Geldnutzen und Risikoeinstellung. In: Zeitschrift für Betriebswirtschaft 1976, S. 853-868; *Coenenberg, Adolf G./ Kleine-Doepke, Rainer*: Zur Abbildung der Risikopräferenz durch Nutzenfunktionen. In: Zeitschrift für Betriebswirtschaft 1975, S. 663-665.

327 Vgl. *o.V.*: Thema: Das Bernoulli-Prinzip in der Betriebswirtschaftslehre. In: Zeitschrift für Betriebswirtschaft 1985, S. 632-634.

328 Vgl. *Schildbach, Thomas*: Zur Diskussion über das Bernoulli-Prinzip in Deutschland und im Ausland. In: Zeitschrift für Betriebswirtschaft 1989, S. 766-778.

der Praxis oftmals nicht möglich ist. Die Risikopräferenz hängt in starkem Maße von der jeweiligen Umweltsituation der Unternehmung und von der Art der Investition ab, kann also niemals allgemein gültig festgelegt werden. Neben der absoluten Größe der Investition sind das Verhältnis der Investitionsgröße zum gesamten Investitionsbudget und die möglichen Konsequenzen einer Fehlinvestition für den Fortbestand der Unternehmung bedeutsam für die Risikoeinstellung des Investors in der anstehenden Entscheidungssituation.

Die Methoden zur Nutzenquantifizierung (Befragung, Introspektion, Entscheidungsspiele) sind nur bedingt tauglich; der Investor behält seine für einen hypothetischen Fall erfragte Risikoneigung für eine reale Investitionsentscheidung nicht unbedingt bei. Als weiterer Kritikpunkt wird dem *Bernoulli*-Prinzip angelastet, dass bei sehr schnell zu treffenden Entscheidungen eine Nutzenmessung zu lange dauert. Da nicht alle Aktionen und zukünftigen Umweltzustände exakt bestimmt werden können, ist die Festlegung der Wahrscheinlichkeiten für das Eintreten der künftigen Umweltzustände problematisch.[329]

2.5.3 Die Entscheidungen bei Ungewissheit[330]

Ungewissheitssituationen sind durch die völlige Unkenntnis der Wahrscheinlichkeiten für das Eintreten der möglichen Umweltzustände gekennzeichnet. Der Investor kennt nur die möglichen zukünftigen Entwicklungen und besitzt vollständige Information über seine Handlungsalternativen. Zur Lösung des Entscheidungsproblems in dieser Situation wurden in der Literatur verschiedene Entscheidungsregeln vorgeschlagen, von denen einige kurz dargestellt werden sollen.[331] Ausgangspunkt aller weiteren Betrachtungen ist die sich aus

---

[329] Zur Kritik am *Bernoulli*-Prinzip vgl. insbesondere *Büschgen, Hans E.*: Betriebliche Finanzwirtschaft – Unternehmensinvestitionen. Frankfurt a. M. 1981, S. 116-117; *Perridon, Louis/Steiner, Manfred*: Finanzwirtschaft der Unternehmung. 10. Aufl., München 1999, S. 116-118.

[330] Vgl. das Beispiel bei *Kußmaul, Heinz*: Berücksichtigung der Unsicherheit bei Investitionsentscheidungen. In: Der Steuerberater 1996, S. 66-67. Vgl. weiterhin *Dinkelbach, Werner/Kleine, Andreas*: Elemente einer betriebswirtschaftlichen Entscheidungslehre. Berlin u.a. 1996, S. 125-127.

[331] Vgl. *Bamberg, Günter/Coenenberg, Adolf G.*: Betriebswirtschaftliche Entscheidungslehre. 10. Aufl., München 2000, S. 128-145; *Bieg, Hartmut*: Betriebswirtschaftslehre 1: Investition und Unternehmungsbewertung. 2. Aufl., Freiburg i. Br. 1997, S. 156-160; *Büschgen, Hans E.*: Betriebliche Finanzwirtschaft– Unternehmensinvestitionen. Frankfurt a. M. 1981, S. 129-132; *Schneeweiß, Hans*: Entscheidungskriterien bei Risiko. Berlin/Heidelberg/New York 1967, S. 20-26; *Wöhe, Günter*: Einführung in die Allgemeine Betriebswirtschaftslehre. 20. Aufl., München 2000, S. 158-162.

dem Entscheidungsproblem ergebende Entscheidungsmatrix, die im Beispiel die folgende Gestalt hat:[332]

Zukunftsentwicklung	Negativ	Positiv
Anlage I	7.597,53	12.673,23
Anlage II	2.783,66	13.230,68

Im Rahmen der **Maximin-Regel** (Minimax-Regel, *Wald*-Regel) entscheidet sich der Investor für diejenige Alternative, die bei Eintritt des ungünstigsten Umweltzustandes noch am besten ist. Um diese allgemeine Handlungsempfehlung auf konkrete Entscheidungsprobleme anwenden zu können, muss differenziert werden, ob sich in der Entscheidungsmatrix zu maximierende Werte (z.B. Gewinn, Umsatz) oder zu minimierende Werte (z.B. Kosten) befinden. In ersterem Fall wird sich der Investor für das Spaltenmaximum der jeweiligen Zeilenminima entscheiden, während im Falle von Kosten das Spaltenminimum der jeweiligen Zeilenmaxima gewählt wird. Da eine Beurteilung der Alternativen nur nach den schlechtestmöglichen Ergebnissen erfolgt, verhält sich der Investor im Rahmen der Maximin-Regel **risikoavers.**[333]

Im obigen Fall würde er sich für Alternative I entscheiden:

Anlage I	**7.597,53**
Anlage II	2.783,66

Die **Maximax-Regel** hingegen setzt eine **risikofreudige Einstellung** des Investors voraus. Allgemein formuliert wird diejenige Alternative realisiert, die bei Eintreten des günstigsten Umweltzustandes auch am besten ist. Bei zu maximierenden Werten wird somit das Spaltenmaximum der jeweiligen Zeilenmaxima, bei zu minimierenden Werten das Spaltenminimum der jeweiligen Zeilenminima gewählt. Im zugrunde liegenden Beispiel wird sich der Investor für Alternative II entscheiden:

Anlage I	12.673,23
Anlage II	**13.230,68**

Bei der ***Hurwicz*-Regel** (Pessimismus-Optimismus-Regel), die einen Kompromiss zwischen der pessimistischen Maximin-Regel und der optimistischen

---

332 Es wird im Folgenden davon ausgegangen, dass in der Entscheidungsmatrix Gewinngrößen enthalten sind.

333 Vgl. *Wöhe, Günter*: Einführung in die Allgemeine Betriebswirtschaftslehre. 20. Aufl., München 2000, S. 159.

Maximax-Regel darstellt, werden das jeweils beste und das schlechteste Ergebnis zur Beurteilung einer Alternative herangezogen. Dabei wird ein so genannter Optimismusparameter λ ($0 \leq \lambda \leq 1$) eingeführt, der die Risikoeinstellung des Investors widerspiegeln soll. Allgemein wird der jeweils „beste" Wert einer Alternative mit λ und der jeweils „schlechteste" Wert mit $1-\lambda$ multipliziert. Anschließend werden die beiden Werte addiert. Bei zu maximierenden Werten stellt in diesem Zusammenhang der größte Wert auch den „besten" Wert dar, während der kleinste Wert den „schlechtesten" Wert verkörpert. Im Rahmen von zu minimierenden Werten sind die getroffenen Aussagen umzukehren. Über den Optimismusparameter λ lässt sich feststellen, dass dieser umso grösser zu wählen ist, je optimistischer der Investor ist. **Abbildung 40** stellt λ in Abhängigkeit von der Risikoeinstellung des Investors dar.

$\lambda = 0 \rightarrow$ Minimax-Regel
$0 < \lambda < 0{,}5$ } Risikoscheu
$\lambda = 0{,}5$ } Risikoneutralität
$0{,}5 < \lambda < 1$
$\lambda = 1 \rightarrow$ Maximax-Regel } Risikofreude

Abbildung 40: Risikoeinstellung des Investors in Abhängigkeit vom Optimismusparameter λ

Die Funktionsweise der *Hurwicz*-Regel wird im nachfolgenden Beispiel aufgezeigt, wobei der Investor von einem Optimismusparameter von λ=0,7 ausgeht. Der Investor entscheidet sich für Alternative I:

λ=0,7	Zeilenmaximum $\cdot \lambda$	Zeilenminimum $\cdot (1-\lambda)$	Summe
Anlage I	8.871,26	2.279,26	**11.150,52**
Anlage II	9.261,48	835,10	10.096,58

Der Grundgedanke der ***Laplace*-Regel** (Regel des unzureichenden Grundes) besteht darin, dass der Investor in einer Ungewissheitssituation keine Aussagen bezüglich der Eintrittswahrscheinlichkeiten der verschiedenen Umweltzustände machen kann. Somit gibt es nach der ***Laplace*-Regel** keinen Grund dafür, dass die Umweltzustände mit unterschiedlichen Wahrscheinlichkeiten eintreten. Es erfolgt eine Gleichgewichtung aller möglichen Umweltzustände. Die jeweilige Eintrittswahrscheinlichkeit eines Zustandes berechnet sich wie folgt:

$$\boxed{p_j = \frac{1}{n}}$$

mit:

p_j: Wahrscheinlichkeit des Eintritts von Zustand j;

n: Anzahl der möglichen eintretenden Zustände.

Nachdem allen Umweltzuständen Wahrscheinlichkeiten zugeordnet wurden, erfolgt eine Anwendung des Erwartungswertprinzips (vgl. nochmals **Abschnitt 2.5.2.3.1**). Daher impliziert die *Laplace*-Regel eine **risikoneutrale Einstellung** des Investors. Als optimale Entscheidungsalternative ist diejenige auszuwählen, die den größten (zu maximierende Werte) bzw. kleinsten (zu minimierende Werte) Entscheidungswert liefert. Angewendet auf obiges Beispiel ergibt sich eine Entscheidung für Alternative I:

	Negative Entwicklung $\cdot\frac{1}{2}$	Positive Entwicklung $\cdot\frac{1}{2}$	Summe
Anlage I	3.798,77	6.336,62	**10.135,39**
Anlage II	1.391,83	6.615,34	8.007,17

Als Kritikpunkt der *Laplace*-Regel ist unseres Erachtens der „Umweg" über das Erwartungswertprinzip anzuführen. Würde eine bloße Addition der Zielbeiträge einer bestimmten Alternative stattfinden, so ergäbe sich zwar ein anderer Entscheidungswert, die Entscheidung für oder gegen eine Alternative hingegen würde unverändert bleiben. Weiterhin ist auf die Unterstellung von Wahrscheinlichkeiten in einer Ungewissheitssituation aufmerksam zu machen.[334]

Die ***Savage-Niehans-Regel*** (Regel des kleinsten Bedauerns, Minimax-Regret-Regel) orientiert sich nicht an den absoluten Werten, sondern an der Minimierung des Nachteils, der sich durch eine Fehlentscheidung ergeben würde. Zunächst wird die Entscheidungsmatrix in eine „Matrix des Bedauerns" transformiert,[335] indem für jede Zukunftsentwicklung der bestmögliche Zielbeitrag (bei zu maximierenden Werten das Spaltenmaximum, bei zu minimierenden Werten das Spaltenminimum) ausgesucht und von allen Werten der betreffenden Ausprägungsspalte subtrahiert wird. Die Werte in der Opportunitätskostenmatrix stellen die Beträge (bezogen auf einen Umweltzustand) dar, die dem

---

[334] Vgl. *Bieg, Hartmut*: Betriebswirtschaftslehre 1: Investition und Unternehmungsbewertung. 2. Aufl., Freiburg i. Br. 1997, S. 158.

[335] In der Literatur auch Opportunitätskostenmatrix genannt; vgl. *Bamberg, Günter/Coenenberg, Adolf G.*: Betriebswirtschaftliche Entscheidungslehre. 10. Aufl., München 2000, S. 135.

Investor bei der Wahl der dazu gehörigen Alternative entgehen (verglichen mit dem jeweiligen „besten“ Spaltenwert). Anschließend wird der größtmögliche Nachteil einer Entscheidungsalternative minimiert. Wie ersichtlich, geht diese Regel von einer **risikoscheuen Einstellung** des Investors aus, der sich für Alternative I entscheidet:

Zukunfts-entwicklung	Negativ	Positiv	Minimum
Anlage I	7.597,53 – 7.597,53 = 0	12.673,23 – 13.230,68 = – 557,45	**– 557,45**
Anlage II	2.783,66 – 7.597,53 = – 4.813,87	13.230,68 – 13.230,68 = 0	– 4.813,87

Die bisher vorgestellten Verfahren verlangen vom Investor einen hohen Grad an Abstraktion. Er muss die zukünftig für möglich gehaltenen Umweltzustände festlegen und ihnen nach Möglichkeit Wahrscheinlichkeiten zuordnen. Zudem muss er sich über seine persönliche Risikoeinstellung im Klaren sein. Außerdem ist zu berücksichtigen, dass gerade Investitionsentscheidungen, deren Größe und Bedeutung den nicht unerheblichen Aufwand des Herausarbeitens von Wahrscheinlichkeiten und Risikoeinstellung rechtfertigen würden, in der Praxis häufig nicht von einer einzelnen Person, sondern von einer Gruppe von Personen getroffen werden, deren Einstellungen zum Risiko erheblich differieren können. Daher haben sich in der Praxis Verfahren durchgesetzt, die einfacher zu handhaben sind.

2.5.4 Spezielle Methoden zur Erfassung der Unsicherheit

2.5.4.1 Korrekturverfahren

Die Unsicherheit bei der Datenermittlung wird durch Variation der Ausgangsdaten der Investitionsrechnung **nach dem Vorsichtsprinzip** um **globale Risikozuschläge oder Risikoabschläge** erfasst. Bei Anwendung des Kapitalwertmodells könnte dies durch eine Erhöhung des Kalkulationszinssatzes oder der laufenden Auszahlungen, eine Erniedrigung der laufenden Einzahlungen, der Nutzungsdauer oder des Liquidationserlöses realisiert werden.

Die Investitionsrechnung wird mit diesen „quasi-sicheren” Ausgangsgrößen durchgeführt. Somit werden Werte der Zielgröße errechnet, die mit großer Sicherheit erreicht oder übertroffen werden. Realisiert werden anschließend die Investitionsprojekte, die sämtliche Vorsichtshürden überwinden und trotzdem noch zufrieden stellende Rechenergebnisse aufweisen.

Trotz der Beliebtheit in der Praxis sind Korrekturverfahren aufgrund methodischer Mängel bedenklich:[336]

- Die Unsicherheit wird rein summarisch erfasst und verrechnet.
- Es erfolgt eine Korrektur bei Größen, die selbst gar nicht unsicher sind (z. B. Zinssatz, Nutzungsdauer).
- Es werden ausschließlich negative Abweichungen berücksichtigt, so dass die Entscheidung auf dem Prinzip der Vorsicht beruht und dem Investor im Prinzip völlige Risikoscheu unterstellt wird.
- Durch die Anwendung von Korrekturverfahren besteht somit die Möglichkeit, jede Investitionsalternative negativ erscheinen zu lassen. Ein Kumulationseffekt kann dazu führen, dass jedes Projekt „totgerechnet" wird.
- Das Korrekturverfahren dient auf keinen Fall dazu, die Unsicherheit transparent zu machen.

Aufgrund dieser Mängel sollten Korrekturverfahren lediglich als Faustregel verwendet werden, um besonders risikoreiche Investitionen auszusondern.[337]

2.5.4.2 Sensitivitätsanalyse

2.5.4.2.1 Allgemeine Bemerkungen

Sensitivitätsanalysen werden ergänzend zur Investitionsrechnung angewandt. Ausgehend vom jeweiligen Verfahren zur Beurteilung einer Investition untersuchen Sensitivitätsanalysen die Stabilität der Ergebnisse bei **Variation der Inputgrößen**. Sie können Antworten auf zwei verschiedene Fragestellungen liefern:[338]

(1) Wie weit darf der Wert einer oder mehrerer Inputgrößen vom ursprünglichen Wertansatz abweichen, ohne dass ein vorgegebener Zielfunktionswert über- oder unterschritten wird?

---

[336] Vgl. *Blohm, Hans/Lüder, Klaus*: Investition. 8. Aufl., München 1995, S. 250.

[337] Ein Zahlenbeispiel zum Korrekturverfahren findet sich bei *Kußmaul, Heinz/Leiderer, Bernd*: Die Fallstudie aus der Betriebswirtschaftslehre: Investitionsrechnung. In: Das Wirtschaftsstudium 1996, S. 236-240.

[338] Vgl. dazu und zum Folgenden *Götze, Uwe/Bloech, Jürgen*: Investitionsrechnung. 2. Aufl., Berlin u. a. 1995, S. 320-333.

(2) Wie ändert sich eine Outputgröße bei Variation einer oder mehrerer Inputgrößen?

Die erste Frage führt zur Ermittlung so genannter **kritischer Werte** oder Wertkombinationen. Zur Beantwortung der zweiten Frage werden in der Praxis zwei verschiedene Formen der Sensitivitätsanalyse herangezogen. Bei den so genannten **Zielgrößen-Änderungsrechnungen** werden Eingangsgrößen der Investitionsrechnung von ihrem ursprünglichen Wertansatz aus schrittweise verändert. **Dreifach-Rechnungen** legen dagegen der Berechnung einen optimistischen, einen wahrscheinlichen und einen pessimistischen Inputwert zugrunde.

Bei der Durchführung einer Sensitivitätsanalyse ergeben sich verschiedene Wahlmöglichkeiten. Zunächst müssen die als unsicher anzusehenden Inputgrößen festgelegt werden. Die Analyse kann dann bezüglich einer isolierten Inputgröße oder bezüglich mehrerer Größen gleichzeitig erfolgen und sich dabei auf eine einzige oder auf mehrere Planungsperioden beziehen.

2.5.4.2.2 Dreifach-Rechnung

Die Dreifach-Rechnung ermittelt die zu berechnende Zielgröße – beispielsweise den Kapitalwert – unter Zugrundelegung einer optimistischen, einer wahrscheinlichen und einer pessimistischen Zukunftseinschätzung.[339] Entscheidend ist, dass alle Inputgrößen, die als unsicher gelten, gleichzeitig variiert werden. Als Ergebnis einer Dreifach-Rechnung können sich die in **Abbildung 41** dargestellten Situationen ergeben.

	Datenkonstellation			Entscheidungsregel
	optimistisch	wahrscheinlich	pessimistisch	
Vorzeichen	+	+	+	Investition durchführen
des	+	+	–	Entscheidung nach subjektivem Ermessen des Investors
Kapital-	+	–	–	
werts	–	–	–	Investition unterlassen

Abbildung 41: Mögliche Ergebnisse einer Dreifach-Rechnung[340]

[339] Vgl. *Däumler, Klaus-Dieter*: Anwendung von Investitionsrechnungsverfahren in der Praxis. 4. Aufl., Herne/Berlin 1996, S. 185-188.

[340] Modifiziert entnommen aus *Däumler, Klaus-Dieter*: Anwendung von Investitionsrechnungsverfahren in der Praxis. 4. Aufl., Herne/Berlin 1996, S. 187.

Ist der Kapitalwert selbst im schlechtesten zu erwartenden Fall noch positiv, so lohnt es sich, die Investition durchzuführen.

Bei einem negativen Kapitalwert selbst im günstigsten Fall ist von der Durchführung der Investition abzuraten. Die beiden anderen Situationen lassen keine eindeutige Aussage bezüglich der Durchführung der Investition zu. Die Entscheidung unterliegt dem subjektiven Ermessen des Investors.

Vorteilhaft an der Dreifach-Rechnung ist neben der einfachen Durchführung der Rechnung und der guten Interpretierbarkeit der Ergebnisse vor allem die Tatsache, dass sich das Ausmaß von Chance und Risiko gleichermaßen quantifizieren lässt.[341]

2.5.4.2.3 Zielgrößen-Änderungsrechnung

Die Zielgrößen-Änderungsrechnung gibt Antwort auf die Frage der Änderung der Outputgröße bei schrittweiser Variation des ursprünglichen Wertansatzes.

Die Auswirkungen der Variation einer Inputgröße können differenziert ermittelt werden, indem man – bei Konstanthaltung der übrigen Inputwerte – eine einzelne Inputgröße systematisch verändert und die sich daraus ergebenden Zielfunktionswerte berechnet.[342]

Beispiel:[343]

Betrachtet wird eine Investition, die durch die folgenden Ausgangsdaten gekennzeichnet ist (vgl. hinsichtlich der Datenkonstellation nochmals **Abschnitt 2.2.6**):

Inputgrößen	Index	Inputwerte
Anschaffungskosten (EUR)	A_0	66.000
Nutzungsdauer (Jahre)	n	6
Kapazität (Flaschen/Jahr)	x	9.500
Absatzpreis (EUR/Flasche)	p	5,70
Fixe Kosten (EUR/Jahr)	A_f	9.250
Materialkosten (EUR/Flasche)	m	0,72

---

[341] Vgl. *Däumler, Klaus-Dieter*: Anwendung von Investitionsrechnungsverfahren in der Praxis. 4. Aufl., Herne/Berlin 1996, S. 188.

[342] Vgl. dazu *Götze, Uwe/Bloech, Jürgen*: Investitionsrechnung. 2. Aufl., Berlin u.a. 1995, S. 323-324.

[343] Entnommen aus *Kußmaul, Heinz*: Berücksichtigung der Unsicherheit bei Investitionsentscheidungen. In: Der Steuerberater 1996, S. 106.

Löhne und Lohnnebenkosten (EUR/Flasche)	L	1,2221
Energiekosten (EUR/Flasche)	e	0,10
Sonstige variable Kosten (EUR/Flasche)	k_{vs}	1,0526
Kalkulationszinssatz (%)	i	5

Für die angegebenen Daten ergibt sich der Kapitalwert für die Anlage nach der folgenden Formel:

$$C_0 = -A_0 + \sum_{t=1}^{n} \left[(p - m - L - e - k_{vs}) \cdot x - A_f \right] \cdot (1+i)^{-t}$$

$$= -A_0 + \left[(p - m - L - e - k_{vs}) \cdot x - A_f \right] \cdot \frac{(1+i)^n - 1}{i \cdot (1+i)^n}$$

$$= -66.000 + \left[(5{,}7 - 0{,}72 - 1{,}2221 - 0{,}1 - 1{,}0526) \cdot 9.500 - 9.250 \right] \cdot \frac{1{,}05^6 - 1}{0{,}05 \cdot 1{,}05^6}$$

$$= +12.673{,}23 \text{ EUR}$$

Abbildung 42 (Seite 229) stellt die Reagibilität des Kapitalwerts bei Variation der einzelnen Inputwerte des obigen Fallbeispiels dar. Dabei wird unterstellt, dass sich die Werte der Inputgrößen prozentual in allen Perioden in gleicher Höhe verändern. Aus Gründen der Übersichtlichkeit wurden in **Abbildung 42** (Seite 229) nur die Größen Absatzpreis (p), Kapazität (x), Nutzungsdauer (n), Anschaffungsauszahlung (A_0) sowie Löhne und Lohnnebenkosten (L) erfasst.

Diese Inputgrößen üben einen nachhaltigen Einfluss auf den Kapitalwert aus. Dabei ist die Auswirkung der Veränderung der Inputgröße auf den Wert der Zielgröße umso größer, je steiler der Kapitalwertverlauf ist. Der Einfluss der nicht dargestellten Inputgrößen auf den Kapitalwert ist nur gering.

Mit Hilfe der dargestellten Analyse lassen sich die eigentlich entscheidungsrelevanten Inputgrößen bestimmen. Eine Inputgröße, die auch bei großer prozentualer Veränderung kaum eine Änderung des Kapitalwerts bewirkt, kann vom Investor bei der zu treffenden Entscheidung als nicht entscheidungsrelevant angesehen werden. Sensitivitätsanalysen dieser Art dienen somit dazu, die Bedeutung der Unsicherheit einzelner Inputgrößen für das Entscheidungsproblem transparent zu machen.

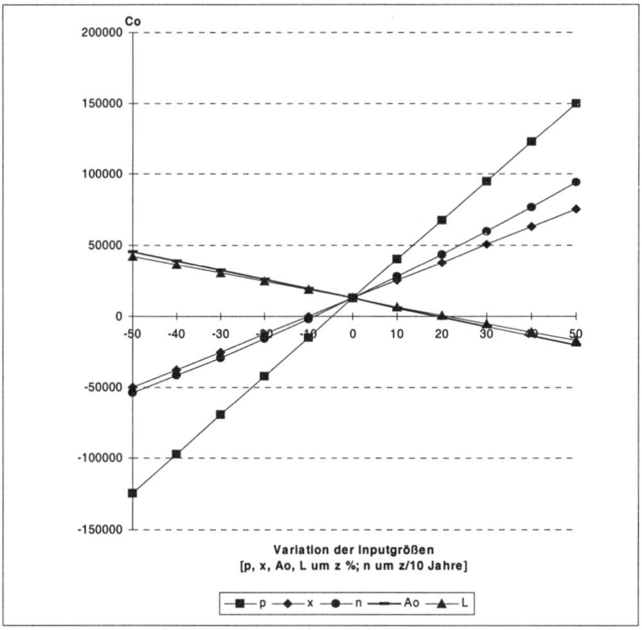

Abbildung 42: Reagibilität des Kapitalwerts bei Variation einzelner Inputgrößen

2.5.4.2.4 Kritische-Werte-Rechnung

Kritische-Werte-Rechnungen geben Antwort auf die Frage, wie weit eine Inputgröße von ihrem ursprünglichen Wert abweichen kann, ohne dass die Vorteilhaftigkeitsentscheidung revidiert werden muss. Bei Anwendung der Kapitalwertmethode wird durch eine Kritische-Werte-Rechnung geprüft, welche Werte der Inputgrößen einen Kapitalwert von null ergeben. Einerseits können kritische Werte für jede relevante unsichere Inputgröße einzeln berechnet werden, so dass man für jede variierte Inputgröße einen kritischen Punkt erhält. Andererseits besteht die Möglichkeit, mehrere Inputgrößen simultan zu untersuchen. Als Ergebnis erhält man so genannte kritische Punktmengen. Dabei ergibt sich bei gleichzeitiger Variation von n (n>1) Inputgrößen eine (n–1)-dimensionale kritische Punktmenge (beispielsweise bei n=2 eine kritische Linie, bei n=3 eine kritische Fläche).[344]

---

[344] Vgl. dazu insbesondere *Blohm, Hans/Lüder, Klaus*: Investition. 8. Aufl., München 1995, S. 251.

Kritische Werte sind beispielsweise der interne Zinsfuß, der eine Vorteilhaftigkeitsgrenze für den Kalkulationszinsfuß liefert, oder auch die dynamische Amortisationsdauer als kritischer Wert für die Nutzungsdauer eines Investitionsobjekts.

Bei der Berechnung kritischer Werte geht man in vier Schritten vor:[345]

(1) Auswahl der als unsicher anzusehenden Inputgrößen;

(2) Formulierung eines Investitionsmodells zur Berechnung des Zielwertes in Abhängigkeit von den ausgewählten Inputgrößen;

(3) Vorgabe eines Schwankungsintervalls für die Zielgröße durch Festlegung von Grenzen, die der Zielwert nicht über- oder unterschreiten soll;

(4) Bestimmung des sich daraus ergebenden Schwankungsintervalls für die Inputgrößen.

Beispiel:[346]

Die nachfolgende Tabelle enthält die für einen Kapitalwert von null ermittelten kritischen Werte sowie die prozentualen Abweichungen der kritischen Werte von den ursprünglichen Werten für die Inputgrößen des Fallbeispiels. Auf die Berechnung der kritischen Nutzungsdauer und des kritischen Kalkulationszinssatzes wird in diesem Beispiel verzichtet. Die Berechnung dieser Größen wird im Rahmen der Methode des internen Zinsfußes bzw. der dynamischen Amortisationsrechnung durchgeführt (vgl. nochmals **Abschnitt 2.3.2.3** und **2.3.2.4**).

Inputgröße	Index	Kritischer Wert	Abweichung des kritischen Werts vom ursprünglichen Wert (in %)
Anschaffungskosten (EUR)	A_0	78.673,23	19,20
Kapazität (Flaschen/Jahr)	x	8.541,50	– 10,09
Absatzpreis (EUR/Flasche)	p	5,44	– 4,56
Fixe Kosten (EUR/Jahr)	A_f	11.747,19	27,00
Materialkosten (EUR/Flasche)	m	0,9829	36,51
Löhne und Lohnnebenkosten (EUR/Flasche)	L	1,4850	21,51

[345] Vgl. *Blohm, Hans/Lüder, Klaus*: Investition. 8. Aufl., München 1995, S. 251-254 sowie *Kruschwitz, Lutz*: Investitionsrechnung. 8. Aufl., München/Wien 2000, S. 282.

[346] Entnommen aus *Kußmaul, Heinz*: Berücksichtigung der Unsicherheit bei Investitionsentscheidungen. In: Der Steuerberater 1996, S. 107. Ein weiteres Zahlenbeispiel findet sich bei *Kußmaul, Heinz/Leiderer, Bernd*: Die Fallstudie aus der Betriebswirtschaftslehre: Investitionsrechnung. In: Das Wirtschaftsstudium 1996, S. 236-240.

Energiekosten (EUR/Flasche)	e	0,3629	262,90
Sonstige variable Kosten (EUR/Flasche)	k_{vs}	1,3155	24,98

Als Beispiel für eine simultane Untersuchung sollen Kapazität und Absatzpreis gleichzeitig betrachtet werden. Aus der Bestimmung kritischer Wertkombinationen erhält man eine kritische Kurve. Setzt man den Kapitalwert gleich null und stellt man die Absatzmenge (x) in Abhängigkeit vom Absatzpreis (p) dar, so erhält man folgende Funktion:

$$x = \left(A_0 \cdot \frac{i \cdot (1+i)^n}{(1+i)^n - 1} + A_f \right) \cdot \left(\frac{1}{p - (L + m + e + k_{vs})} \right)$$

Diese Funktion ist in **Abbildung 43** dargestellt.

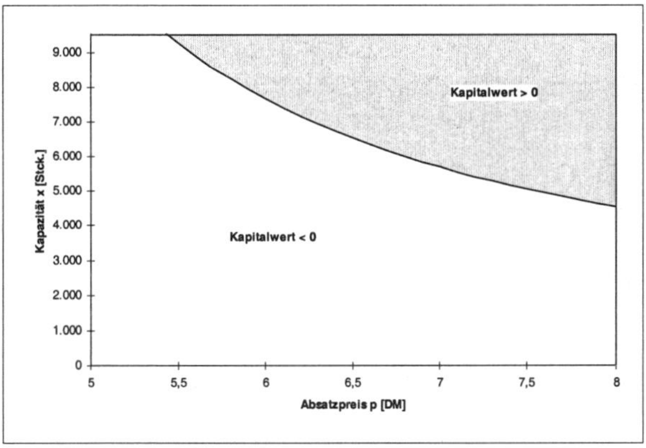

Abbildung 43: Sensitivitätsanalyse des Kapitalwerts in Bezug auf Kapazität und Absatzpreis

2.5.4.2.5 Beurteilung der Sensitivitätsanalyse

Sensitivitätsanalysen können das Problem der Entscheidung unter Unsicherheit nicht lösen, da sie keine Entscheidungsregel beinhalten. Allerdings liefern sie Informationen darüber, ob die Unsicherheit einer Inputgröße für die Lösung des Entscheidungsproblems von Bedeutung ist oder nicht. Bei schwacher Reaktion der Outputgröße auf die Variation der Inputgrößen kann man bei der Lösung des Entscheidungsproblems die Unsicherheit vernachlässigen und Investitionsverfahren verwenden, die von sicheren Erwartungen ausgehen. Wirkt sich die Variation einer oder mehrerer Inputgrößen auf die Vorteilhaftigkeitsentscheidung aus, so hat man mit Hilfe der Sensitivitätsanalyse zumindest die für die Entscheidung relevanten Inputgrößen herausgefiltert.

Ein weiterer Vorteil der Sensitivitätsanalysen ist der relativ geringe Aufwand, zumal die Durchführung mit Hilfe der EDV erfolgen kann, was besonders bei Variation einer Vielzahl von Werten erforderlich ist.

Nachteilig an den Sensitivitätsanalysen ist neben dem Fehlen einer Entscheidungsregel vor allem die Unterstellung, die einzelnen Größen seien stochastisch unabhängig voneinander. Bei Variation einer Größe geht man bei der Durchführung der Analyse davon aus, dass die nicht betrachteten Größen konstant bleiben. Diese Annahme ist ziemlich unrealistisch, da sich die Inputwerte in der Praxis nur selten unabhängig voneinander verändern.

Ebenso kann bei Sensitivitätsanalysen keine Aussage über die Wahrscheinlichkeiten von Abweichungen gemacht werden.[347]

2.5.4.3 Risikoanalyse

2.5.4.3.1 Darstellung

Unter dem Begriff Risikoanalyse werden die Verfahren zusammengefasst, die die Gewinnung einer Wahrscheinlichkeitsverteilung für die interessierende Zielgröße (z.B. für den Kapitalwert) zum Ziel haben. Dies geschieht durch Überlagerung von geschätzten Wahrscheinlichkeitsverteilungen einzelner unsicherer Inputgrößen, so dass daraus eine einzige Verteilung für das Entscheidungskriterium der Investitionsrechnung abgeleitet werden kann. Diese Wahrscheinlichkeitsverteilung basiert i.d.R. auf subjektiven Vorstellungen und dient als Grundlage für die Entscheidungsfindung unter Berücksichtigung der Unsicherheit.

Die **Durchführung einer Risikoanalyse** gliedert sich in die folgenden Schritte:[348]

(1) Auswahl der als unsicher anzusehenden Inputgrößen;

---

[347] Zur Beurteilung der Sensitivitätsanalyse vgl. insbesondere *Blohm, Hans/Lüder, Klaus*: Investition. 8. Aufl., München 1995, S. 256-257; *Götze, Uwe/Bloech, Jürgen*: Investitionsrechnung. 2. Aufl., Berlin u.a. 1995, S. 332-333.

[348] Vgl. *Blohm, Hans/Lüder, Klaus*: Investition. 8. Aufl., München 1995, S. 263-270 sowie mit ähnlichen Schrittfolgen *Busse von Colbe, Walther/Laßmann, Gert*: Betriebswirtschaftstheorie. Band 3. 3. Aufl., Berlin 1990, S. 179-180; *Kruschwitz, Lutz*: Investitionsrechnung. 8. Aufl., München/Wien 2000, S. 287-289; *Perridon, Louis/Steiner, Manfred*: Finanzwirtschaft der Unternehmung. 10. Aufl., München 1999, S. 121-122.

(2) Schätzung subjektiver Wahrscheinlichkeitsverteilungen für die in (1) festgelegten Inputgrößen;

(3) Berücksichtigung stochastischer Abhängigkeiten zwischen den als unsicher erachteten Inputgrößen;

(4) Ermittlung einer Wahrscheinlichkeitsverteilung für die Outputgröße aus den Wahrscheinlichkeitsverteilungen der Inputgrößen;

(5) Ergebnisinterpretation.

Zu (1): Im ersten Schritt ist abzuwägen zwischen einer möglichst detaillierten Darstellung der Unsicherheit und einem noch vertretbaren Datenbeschaffungs- und Rechenaufwand. Je nach Prognosegenauigkeit und Empfindlichkeit des Zielwertes gegenüber Prognosefehlern sollte die Zahl der als unsicher anzusehenden Inputgrößen reduziert werden.

Zu (2): Bei Schätzung der Wahrscheinlichkeitsverteilungen für die unsicheren Inputgrößen kann von vornherein ein bestimmter Verteilungstyp, z.B. die Normalverteilung oder die Beta-Verteilung, für eine Inputgröße vorausgesetzt werden (a-priori-Verteilung). In diesem Fall beschränkt sich die Schätzung der Wahrscheinlichkeitsverteilung auf die Schätzung der Verteilungsparameter. Bei einer Normalverteilung wären dann nur noch der Erwartungswert und die Varianz zu schätzen; bei einer Beta-Verteilung würde es genügen, den häufigsten Wert sowie einen oberen und unteren Grenzwert zu bestimmen. Ist der Verteilungstyp nicht vorgegeben, so kann beispielsweise bei einer diskreten Verteilung die Ermittlung der Verteilungsfunktion durch Angabe der erwarteten Werte der Inputgröße und direkte Zuordnung von Wahrscheinlichkeiten zu diesen Werten erfolgen. In jedem Fall ist die Bestimmung von Wahrscheinlichkeitsverteilungen ein problematischer Schritt, der vor allem aufgrund der Einmaligkeit der meisten Investitionen i.d.R. nur anhand subjektiver Schätzungen vorgenommen werden kann.[349]

Zu (3): Die Berücksichtigung stochastischer Abhängigkeiten zwischen den unsicheren Inputgrößen kann zum einen über die Schätzung von Korrelationskoeffizienten für jeweils zwei Inputgrößen erfolgen. Zum anderen können so genannte bedingte Wahrscheinlichkeitsverteilungen für Inputgrößen eingeführt werden, deren Werteverlauf von dem einer anderen Inputgröße abhängig ist.

Zu (4): Die Zusammenfassung der Wahrscheinlichkeitsverteilungen der Inputgrößen zur Verteilung der Zielgröße kann auf zwei verschiedenen Wegen erfolgen:

---

[349] Vgl. *Götze, Uwe/Bloech, Jürgen*: Investitionsrechnung. 2. Aufl., Berlin u.a. 1995, S. 341.

Das **analytische Verfahren** fasst die Einzelverteilungen rechnerisch zusammen (Faltung der Wahrscheinlichkeitsverteilungen). Bei dieser Methode ergeben sich in komplexeren Fällen – beispielsweise bei unterschiedlichen Verteilungstypen der Inputgrößen oder auch bei einer Vielzahl von Inputgrößen – rechentechnische Schwierigkeiten, so dass restriktive Annahmen bezüglich der Verteilung der Zielgröße getroffen werden müssen. Setzt man voraus, dass die Zielgröße einer Normalverteilung genügt, so kann man diese Verteilung eindeutig aus den Erwartungswerten und den Varianzen der Inputgrößen bestimmen.

Beim **simulativen Verfahren**[350] wird in jedem Simulationsdurchlauf für jede Einflussgröße ein Wert durch Zufallsauswahl realisiert. Im Mittelpunkt steht dabei ein Zufallszahlengenerator, mit dessen Hilfe Zufallszahlen erzeugt werden, deren Verteilung der Wahrscheinlichkeitsverteilung der jeweils betrachteten Inputgröße entspricht. Der Zielfunktionswert wird aus den Realisationen aller Einflussgrößen errechnet. Nach einer genügend großen Zahl von Simulationsdurchläufen erhält man eine ausreichend stabile Häufigkeitsverteilung des Zielwertes. An dieser Stelle kann das Verfahren beendet werden.

Zu (5): Als Ergebnis der Risikoanalyse für ein Investitionsobjekt erhält man die Wahrscheinlichkeitsverteilung des Objektergebnisses, z. B. des Kapitalwertes, indem man die durch Simulation ermittelten Zielwerte auf der Abszisse eines Koordinatensystems und die kumulierte relative Häufigkeit der aufgetretenen Zielwerte auf der Ordinate abträgt. Aus der Wahrscheinlichkeitsverteilung kann man den Erwartungswert der Zielgröße unmittelbar ablesen. Außerdem kann man angeben, welcher Zielgrößenwert mit welcher Wahrscheinlichkeit erreicht, überschritten oder unterschritten wird.

Interessant ist dabei die Frage, mit welcher Wahrscheinlichkeit ein negatives Projektergebnis erzielt wird (Verlustwahrscheinlichkeit). Aussagen über die Streuung lassen sich anhand der Steilheit des Risikoprofils treffen. Je steiler die Kurve verläuft, desto geringer ist die Streuung und somit das mit der Durchführung der Investition verbundene Risiko.

Das folgende Beispiel soll die mit einer Risikoanalyse verbundenen Schritte verdeutlichen.

---

[350] Vgl. dazu *Blohm, Hans/Lüder, Klaus*: Investition. 8. Aufl., München 1995, S. 268-269 sowie *Busse von Colbe, Walther/Laßmann, Gert*: Betriebswirtschaftstheorie. Band 3. 3. Aufl., Berlin 1990, S. 179.

Beispiel:[351, 352]

Für das Fallbeispiel aus **Abschnitt 2.5.4.2.3** soll eine simulative Risikoanalyse durchgeführt werden. Im ersten Schritt müssen die als unsicher anzusehenden Inputgrößen ausgewählt werden. Im Folgenden wird davon ausgegangen, dass der Investor die Anschaffungsauszahlung A_0, die Nutzungsdauer n, die Kapazität x, die Periodenfixkosten A_f, die variablen Stückkosten k_v (zur Vereinfachung werden die Materialkosten pro Stück, die Löhne und Lohnnebenkosten pro Stück, die Energiekosten pro Stück sowie die sonstigen variablen Stückkosten zusammengefasst) und den Absatzpreis p als relevante ungewisse Einflussgrößen für den Kapitalwert der Anlage I erachtet. Der Kalkulationszinssatz i wird mit 5 % als sichere Größe vorausgesetzt.

Für die unsicheren Inputgrößen müssen Wahrscheinlichkeitsverteilungen geschätzt werden. Der Investor nimmt an, dass A_0 im Intervall [60.000; 72.000] gleichverteilt ist; der Absatzpreis wird als im Intervall [5; 7] und die variablen Kosten als im Intervall [2,5; 4,2] gleichverteilt vorausgesetzt. Den übrigen unsicheren Größen ordnet der Investor diskrete Wahrscheinlichkeitsverteilungen zu. In allen Perioden sollen für die unsicheren Inputgrößen die gleichen Wahrscheinlichkeitsverteilungen gelten. Stochastische Abhängigkeiten zwischen den einzelnen Inputgrößen bleiben unberücksichtigt. Die Daten sind zusammen mit den geschätzten Wahrscheinlichkeiten in **Abbildung 44** enthalten.

n p (n)	x p (x)	A_f p (A_f)
5 0,25	[7.000; 8.000[0,2	[6.000; 8.000[0,1
6 0,5	[8.000; 9.000[0,2	[8.000; 10.000[0,7
7 0,25	[9.000; 10.000[0,2	[10.000; 12.000[0,2
	[10.000;11.000[0,2	
	[11.000; 12.000[0,2	

Abbildung 44: Daten des Fallbeispiels für die Investitionssimulation

Da die unsicheren Inputgrößen als stochastisch unabhängig voneinander angenommen wurden, folgt als nächster Schritt die Generierung von Zufallszahlen entsprechend den in **Abbildung 44** angegebenen Wahrscheinlichkeitsverteilungen, mit deren

351 Entnommen aus *Kußmaul, Heinz*: Berücksichtigung der Unsicherheit bei Investitionsentscheidungen. In: Der Steuerberater 1996, S. 109-110.

352 Hinsichtlich der Vorgehensweise und der Darstellung der Ergebnisse vgl. insbesondere *Adam, Dietrich*: Investitionscontrolling. 3. Aufl., München/Wien 2000, S. 363-369 sowie *Blohm, Hans/Lüder, Klaus*: Investition. 8. Aufl., München 1995, S. 273-278; *Busse von Colbe, Walther/Laßmann, Gert*: Betriebswirtschaftstheorie. Band 3. 3. Aufl., Berlin 1990, S. 181-183; *Perridon, Louis/Steiner, Manfred*: Finanzwirtschaft der Unternehmung. 10. Aufl., München 1999, S. 123-126.

Hilfe Realisationen der Inputgrößen simuliert werden. Aus den Realisationen der Inputgrößen wird in jedem Simulationsdurchlauf ein Kapitalwert für das Investitionsobjekt berechnet. Im Beispiel wurde das Simulationsverfahren nach 1.000 Durchläufen abgebrochen.

Für die Auswertung werden die Ergebnisse aus den Simulationsdurchläufen zunächst verschiedenen Häufigkeitsklassen zugeordnet. Diese Zuordnung liefert das in **Abbildung 45** dargestellte Histogramm.

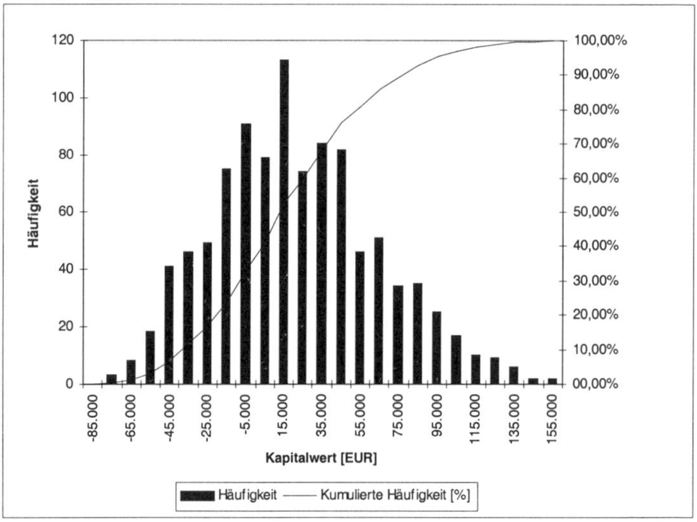

Abbildung 45: Histogramm der simulativen Risikoanalyse

Aus den absoluten Häufigkeiten, die sich für die einzelnen Häufigkeitsklassen ergeben, werden relative Wahrscheinlichkeiten errechnet, die die Grundlage für die Bestimmung einer Dichtefunktion für den Kapitalwert bilden (vgl. **Abbildung 46**).

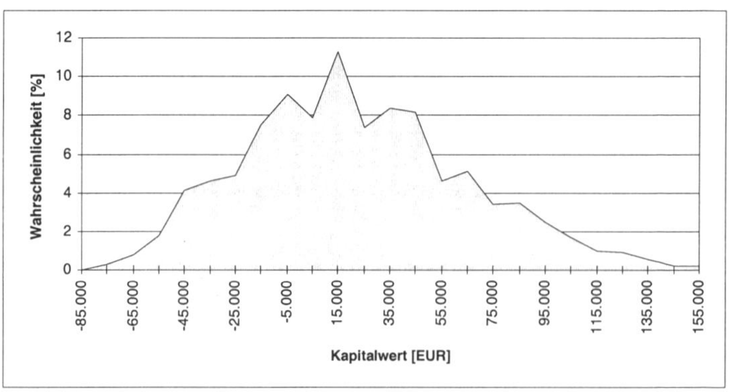

Abbildung 46: Dichtefunktion des Kapitalwerts

Das Risikoprofil ergibt sich, wenn die Verteilungsfunktion gebildet und entsprechend den prozentualen Werten bis auf 100 Prozent aufsummiert wird.[353] Im Fallbeispiel hat das Risikoprofil das in **Abbildung 47** zum Ausdruck kommende Aussehen.

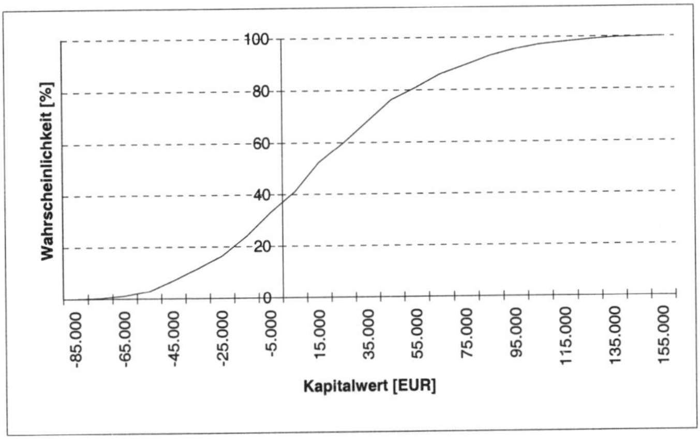

Abbildung 47: Risikoprofil des Fallbeispiels

Das Risikoprofil lässt Aussagen darüber zu, mit welchem Maß an Risiko die Investition verbunden ist. Je steiler der Verlauf des Risikoprofils ist, desto geringer ist die Streuung der Kapitalwerte und somit das mit der Investition verbundene Risiko. Das Risikoprofil des Fallbeispiels ist recht flach und lässt ein relativ hohes Risiko vermuten, was durch die explizite Berechnung der Standardabweichung, die im Beispiel 42.952 EUR beträgt, belegt werden kann. Außerdem können aus den Ergebnissen der Simulation weitere signifikante Kennzahlen wie z.B. der Erwartungswert und die Verlustwahrscheinlichkeit berechnet werden. Der Erwartungswert des Kapitalwerts beträgt 16.838 EUR, die Verlustwahrscheinlichkeit ist mit ca. 37 % ziemlich groß.

2.5.4.3.2 Beurteilung der Risikoanalyse

Die Risikoanalyse ermöglicht dem Investor die Behandlung komplexer Situationen, so dass er mit möglichst realitätsnahen Modellen arbeiten kann. Die Ermittlung der Wahrscheinlichkeitsverteilung für die Zielgröße der Investitionsrechnung kann unter Berücksichtigung einer relativ großen Zahl von Einflussfaktoren, unterschiedlichen Datenkonstellationen und deren Wahrscheinlichkeiten sowie stochastischen Abhängigkeiten zwischen den Inputgrößen erfolgen. Das Modell kann weiterhin ohne großen Aufwand an Änderungen der Datenkonstellation angepasst werden.

---

[353] Vgl. diesbezüglich auch *Adam, Dietrich*: Investitionscontrolling. 3. Aufl., München/Wien 2000, S. 366.

Nachteilig ist jedoch der hohe Aufwand für die Datenerfassung, insbesondere für die subjektive Schätzung der Wahrscheinlichkeitsverteilungen. Die Akzeptanz der Risikoanalyse wird durch eine zumeist ablehnende Haltung der Praxis gegenüber Wahrscheinlichkeitsschätzungen beeinträchtigt.

Ein weiterer Nachteil ist das Fehlen einer Entscheidungsregel: Die Risikoanalyse liefert lediglich zusätzliche Daten über das Investitionsobjekt. Die Entscheidung muss der Investor selbst treffen.[354]

2.5.4.4 Entscheidungsbaumverfahren

2.5.4.4.1 Darstellung

Das Entscheidungsbaumverfahren dient der Lösung komplexer Probleme unter Unsicherheit. Es berücksichtigt, dass wichtige Entscheidungen in mehreren Stufen getroffen werden. Dabei kann zwischen der ursprünglichen Investitionsentscheidung und den Folgeentscheidungen, die die Vorteilhaftigkeit der ursprünglichen Alternative beeinflussen, differenziert werden. Der Unterschied im Vergleich zu den bisher behandelten Verfahren liegt in der möglichen Einbeziehung zustandsabhängiger Folgeentscheidungen, die im Falle des Eintritts bestimmter Umweltzustände zu treffen sind. Der Graph, mit dessen Hilfe ein derartiges, komplexes Entscheidungsfolgeproblem beschrieben werden kann, heißt Entscheidungsbaum. Mit Hilfe des Entscheidungsbaums wird das Problem durch den Einsatz verschiedener Methoden optimiert. Im Ergebnis kann die optimale der in Betracht gezogenen Alternativen ausgewählt werden.

Jeder Pfad im Entscheidungsbaum vom ersten Entscheidungsknoten, dem Ursprung des Entscheidungsbaums, über verschiedene Zufallsereignisknoten zu den Endpunkten (Ergebnisknoten) stellt eine vollständige Entscheidung dar. Ziel des Verfahrens ist es, den optimalen Weg durch den Entscheidungsbaum zu finden. Die Formalstruktur eines Entscheidungsbaums ist in **Abbildung 48** (Seite 239) dargestellt.

---

[354] Vgl. zur Kritik hinsichtlich der Risikoanalyse insbesondere *Adam, Dietrich*: Investitionscontrolling. 3. Aufl., München/Wien 2000, S. 368; *Blohm, Hans/Lüder, Klaus*: Investition. 8. Aufl., München 1995, S. 279-280; *Busse von Colbe, Walther/Laßmann, Gert*: Betriebswirtschaftstheorie. Band 3. 3. Aufl., Berlin 1990, S. 183-184; *Perridon, Louis/Steiner, Manfred*: Finanzwirtschaft der Unternehmung. 10. Aufl., München 1999, S. 126-127.

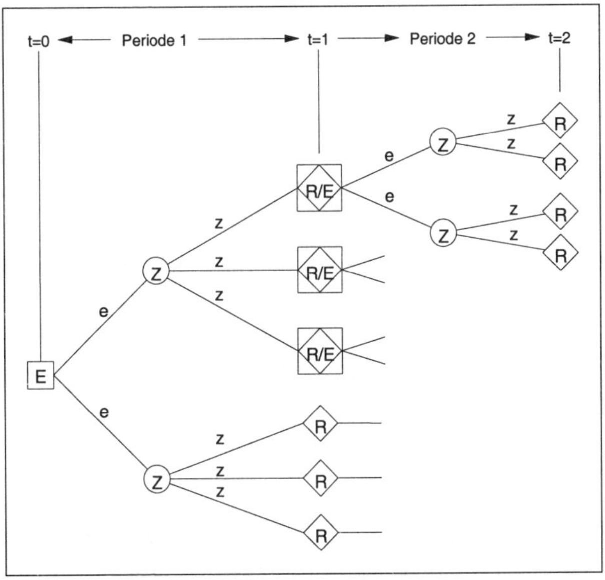

Abbildung 48: Formalstruktur eines Entscheidungsbaums[355]

Dabei haben Kanten und Knoten die folgende Bedeutung:

E: Entscheidungsknoten, d.h. Knoten, der ein Entscheidungsereignis charakterisiert;

e: Kante, die eine Entscheidungsalternative repräsentiert;

Z: Zufallsereignisknoten;

z: Kante, die einen Umweltzustand repräsentiert, der aus dem Eintritt eines Zufallsereignisses resultiert;

R: Ergebnisknoten;

R/E: Knoten, der darstellt, dass ein Ereignis vorliegt und eine Entscheidung getroffen werden muss.

Das Entscheidungsbaumverfahren gliedert sich in die folgenden Schritte:[356]

(1) Festlegung der Struktur des Entscheidungsbaums durch die Bestimmung des Planungszeitraums und der Entscheidungsalternativen sowie der möglichen Zustände in den einzelnen Zeitpunkten.

---

355 Vgl. *Blohm, Hans/Lüder, Klaus*: Investition. 8. Aufl., München 1995, S. 280 und *Götze, Uwe/Bloech, Jürgen*: Investitionsrechnung. 2. Aufl., Berlin u.a. 1995, S. 350.

356 Vgl. dazu und zum Folgenden *Blohm, Hans/Lüder, Klaus*: Investition. 8. Aufl., München 1995, S. 281.

(2) Ermittlung der weiteren entscheidungsrelevanten Daten: Bei einem Kapitalwertmodell sind für alle Entscheidungsalternativen und die jeweils möglichen Zustände die Anschaffungsauszahlungen, Nutzungsdauern, Liquidationserlöse, Absatzmengen und -preise sowie absatzmengenabhängige und -unabhängige Auszahlungen sowie der Kalkulationszinssatz zu bestimmen. Zusätzlich müssen den einzelnen Umweltzuständen Wahrscheinlichkeiten zugeordnet werden.

(3) Bestimmung der optimalen Entscheidungsalternative zu Beginn des Planungszeitraums, wobei als Entscheidungskriterium i.d.R. der Erwartungswert des Kapitalwerts verwendet wird. Optimal ist diejenige Entscheidungsfolge, die den maximalen Erwartungswert des Kapitalwerts aufweist.

Zur Bestimmung der erwartungswertmaximalen Alternative kann das von *Magee* entwickelte **Rollback-Verfahren** verwendet werden.[357] Das Rollback-Verfahren nimmt ebenso wie die dynamische Programmierung eine **Optimierung vom Prozessende her** vor (Rekursion). Für die zeitlich am weitesten in der Zukunft liegenden Entscheidungsalternativen werden die Erwartungswerte berechnet und für jeden Teilknoten die erwartungswertmaximale Alternative ermittelt. Nur diese Alternativen – die Rollback-Methode unterstellt einen risikoneutralen Investor – werden dann für die vorletzte Entscheidungsstufe in die Berechnung einbezogen. Diese Vorgehensweise wird so lange fortgeführt, bis der Beginn des Planungszeitraums erreicht und die zugehörige erwartungswertmaximale Entscheidungsalternative bestimmt ist.

Neben dem Rollback-Verfahren können auch die vollständige Enumeration, die dynamische Programmierung sowie die gemischt-ganzzahlige lineare Programmierung als Lösungsverfahren herangezogen werden.[358]

2.5.4.4.2 Beurteilung des Entscheidungsbaumverfahrens

Der Vorteil des Entscheidungsbaumverfahrens liegt in der klaren Formulierung des Entscheidungsproblems und der übersichtlichen Darstellung. Mit wachsender Anzahl zufallsabhängiger Inputgrößen wird der Entscheidungsbaum jedoch sehr schnell recht umfangreich, wodurch einerseits die Analyse des Entscheidungsbaums, also die Ermittlung der Optimallösung erschwert wird; andererseits kann dadurch auch die Datenermittlung sehr aufwändig werden.

---

[357] Vgl. *Magee, John F.*: Decision Trees for Decision Making. In: Harvard Business Review 1964, N° 4, S. 126-138; *Magee, John F.*: How To Use Decision Trees in Capital Investment. In: Harvard Business Review 1964, N° 5, S. 79-96.

[358] Vgl. *Kruschwitz, Lutz*: Investitionsrechnung. 8. Aufl., München/Wien 2000, S. 301-303.

Außerdem müssen zur Anwendung des Verfahrens vereinfachende Voraussetzungen getroffen werden, über die der Investor, der anhand von Entscheidungsbäumen seine Entscheidung optimieren will, Kenntnis haben muss:[359]

- Das Entscheidungsbaumverfahren ermöglicht nur die Betrachtung gleichartiger Entscheidungen, d. h., sowohl das eigentliche Entscheidungsproblem als auch die Folgeentscheidungen müssen Investitionsentscheidungen sein.
- Die Ergebnisverteilungen sind unabhängig von der getroffenen Entscheidung, d. h., die Entscheidungen beeinflussen den Zufallsmechanismus der Ergebnisse nicht.
- Die Wahrscheinlichkeitsverteilungen sind diskret.
- Bei Anwendung des Rollback-Verfahrens wird Risikoneutralität unterstellt.
- Die relevanten Daten zur Kapitalwertbestimmung und die zugehörigen Wahrscheinlichkeiten müssen bis zum Ende des Planungszeitraums quantifiziert werden können.

Blohm/Lüder empfehlen die Entscheidungsbaumanalyse insbesondere für Großprojekte, „die starke zeitliche Interdependenzen zu anderen Projekten aufweisen (oder die in zeitlich interdependente kleinere Projekte aufgespalten werden können wie z. B. Forschungs- oder Entwicklungsprojekte) und deren Erfolg im wesentlichen von einem Zufallsereignis oder von einigen wenigen Zufallsereignissen abhängig ist".[360]

2.5.5 Zusammenfassende Beurteilung

Die Praxis misst dem Problem der Unsicherheitsberücksichtigung große Bedeutung bei.[361] Eine Befragung bundesdeutscher Großunternehmungen aus dem Jahr 1985 ergab, dass fast alle der befragten Unternehmungen (99 %) die Unsicherheit in irgendeiner Weise berücksichtigen. Nicht alle Verfahren, die vorgestellt wurden, stoßen jedoch in der Praxis auf Akzeptanz (vgl. **Abbildung 49**; Seite 242).

---

359 Vgl. *Perridon, Louis/Steiner, Manfred*: Finanzwirtschaft der Unternehmung. 10. Aufl., München 1999, S. 132-133.

360 *Blohm, Hans/Lüder, Klaus*: Investition. 8. Aufl., München 1995, S. 286.

361 Vgl. dazu und zum Folgenden *Däumler, Klaus-Dieter*: Anwendung von Investitionsrechnungsverfahren in der Praxis. 4. Aufl., Herne/Berlin 1996, S. 173-174 und S. 206.

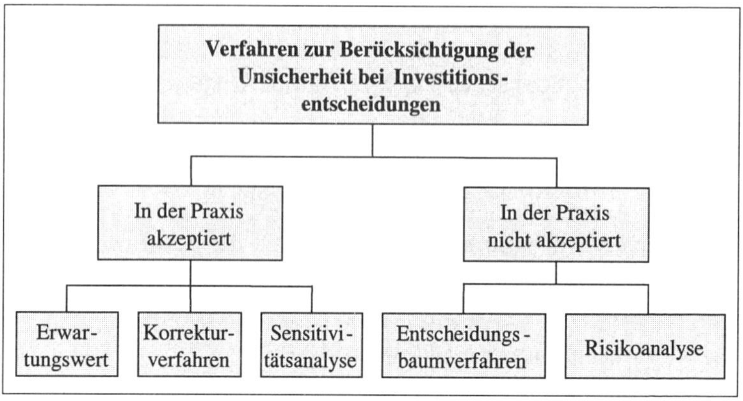

Abbildung 49: Praxis- und Theorieverfahren zur Berücksichtigung der Unsicherheit[362]

Die Verbreitung der von der Praxis akzeptierten Methoden lässt sich der jüngsten Umfrage, deren Ergebnisse im Jahr 1997 publiziert wurden, entnehmen (vgl. dazu **Abbildung 50**).[363] Die Angaben erfolgen in Prozent, wobei die Summe über 100 Prozent liegt, da einige Unternehmungen mehrere Verfahren verwenden.

Verfahren zur Berücksichtigung der Unsicherheit	Anwendende Unternehmungen (in %)
Sensitivitätsanalyse	68,10
Amortisationsrechnung	49,14
Korrekturverfahren	42,24
Erwartungswert	39,66
sonstige Verfahren	1,72

Abbildung 50: Verfahren zur Berücksichtigung der Unsicherheit in mittelständischen Unternehmungen[364]

[362] Modifiziert entnommen aus *Däumler, Klaus-Dieter*: Anwendung von Investitionsrechnungsverfahren in der Praxis. 4. Aufl., Herne/Berlin 1996, S. 173.

[363] Vgl. *Heidtmann, Dietmar/Däumler, Klaus-Dieter*: Anwendung von Investitionsrechnungsverfahren bei mittelständischen Unternehmen – eine empirische Untersuchung. In: Buchführung, Bilanz, Kostenrechnung, Beilage 2/1997.

[364] Modifiziert entnommen aus *Heidtmann, Dietmar/Däumler, Klaus-Dieter*: Anwendung von Investitionsrechnungsverfahren bei mittelständischen Unternehmen – eine empirische Untersuchung. In: Buchführung, Bilanz, Kostenrechnung, Beilage 2/1997, S. 19.

Das Treffen einer Investitionsentscheidung auf der Grundlage von **Erwartungswerten** empfiehlt sich nur bei kleineren Investitionen, insbesondere wenn über mehrere kleinere Investitionen entschieden werden muss, deren Risiken und Chancen sich ganz oder teilweise kompensieren werden. Bei Großinvestitionen sollte zur Risikoberücksichtigung eine Methode herangezogen werden, die das mit der Investition verbundene Risiko explizit berücksichtigt.

Korrekturverfahren, die ausschließlich die Risiken beachten und die mit der Investition verbundenen Chancen vernachlässigen, bieten sich bei größeren Investitionsprojekten an, um die möglichen Folgen eines Fehlschlags transparent zu machen. Der Investor kann erkennen, ob bei Eintreten der ungünstigsten Situation die Existenz der Unternehmung bedroht wäre. Allerdings kann sich die im Verfahren begründete Einseitigkeit nachteilig auswirken, da die ausschließlich negative Sichtweise zur Ablehnung jeder Investition führen kann.

Die **Sensitivitätsanalyse** ist als Kritische-Werte-Rechnung – aber auch als Dreifach-Rechnung und als Zielgrößen-Änderungsrechnung – sinnvoll bei größeren Objekten. Sie bietet sehr gute Beurteilungsmöglichkeiten der mit der Investition verbundenen Risiken und Chancen, vor allem wenn man kritische Werte mit wahrscheinlichen Werten vergleicht. Ein weiterer Vorteil der Kritische-Werte-Rechnung ist die leichte Interpretierbarkeit. Obwohl sie eventuell einen etwas größeren Rechenaufwand verursacht, ist die Kritische-Werte-Rechnung insgesamt empfehlenswert.

Die **Risikoanalyse** basiert auf Wahrscheinlichkeitsverteilungen der Inputgrößen und liefert wahrscheinlichkeitsverteilte Zielgrößen. Aufgrund des mit dem Verfahren verbundenen Rechenaufwands, aber auch wegen der Problematik der Schätzung der Wahrscheinlichkeiten, ist das Verfahren für die Praxis nur in Fällen bedeutender Investitionen empfehlenswert.

Das **Entscheidungsbaumverfahren** eignet sich für die Beurteilung von größeren Objekten. Es bietet einerseits eine optisch übersichtliche Darstellung des Entscheidungsproblems, verursacht andererseits aber auch einen gewissen Darstellungsaufwand. Der Investor muss viele unterschiedliche Situationen quantitativ bewerten. Das Verfahren ist nur bedingt empfehlenswert und aufgrund seiner Nachteile in der Praxis auch nicht verbreitet.

2.6 Die Investitionsprogrammentscheidungen

2.6.1 Die Grundlagen: Sukzessive und simultane Investitionsplanung

Unter der Voraussetzung vollständiger, sich gegenseitig ausschließender Investitionsalternativen kann der Investor eine optimale Entscheidung treffen, indem er jedes Einzelinvestitionsobjekt isoliert mit Hilfe der dynamischen Verfahren der Investitionsrechnung beurteilt. In der Realität bestehen allerdings zahlreiche Interdependenzen zwischen den Investitionsobjekten, die bewirken, dass sich die Zahlungswirkungen der Investitionsobjekte gegenseitig beeinflussen. Hinsichtlich der Interdependenzen kann unterschieden werden zwischen[365]

- **indirekten Interdependenzen**, bei denen die Einzelprojekte über mindestens eine gemeinsame Restriktion miteinander verbunden sind (z.B. über ein beschränktes Finanzierungsvolumen oder über beschränkte Absatzmöglichkeiten) sowie
- **direkten Interdependenzen**, bei denen der Nutzen einer Einzelmaßnahme von der gleichzeitigen oder späteren Realisierung einer oder mehrerer anderer Investitionsmaßnahmen abhängt (beispielsweise in mehrstufigen Produktionsprozessen, bei denen die Wirksamkeit der Durchführung einer Erweiterungsinvestition zur Beseitigung eines Engpasses davon abhängig ist, ob durch diese Maßnahme eine vor- oder nachgelagerte Produktionsstufe zum neuen Engpass wird).

Investitionsprogrammentscheidungen berücksichtigen diese Interdependenzen und liefern eine Antwort auf die Frage, welche Kombination von Investitionsobjekten aus einer Menge sich nicht gegenseitig ausschließender Alternativen das finanzielle Optimum des Investors liefert. Prinzipiell könnte man Investitionsprogrammentscheidungen lösen, indem man die Zahlungsreihen sämtlicher möglicher Programmalternativen durch vollständige Enumeration ermittelt und anschließend mit den bekannten Verfahren der dynamischen Investitionsrechnung bewertet. Somit könnte jedes Problem der Investitionsprogrammplanung zur Einzelentscheidung in Gestalt einer Wahlentscheidung reduziert werden. Die vollständige Enumeration führt jedoch mit steigender

[365] Vgl. dazu *Bieg, Hartmut*: Betriebswirtschaftslehre 1: Investition und Unternehmungsbewertung. 2. Aufl., Freiburg i. Br. 1997, S. 131.

Anzahl der Programmalternativen sehr schnell zu einem nicht mehr vertretbaren Rechen- und Zeitaufwand, so dass diese Vorgehensweise in der Praxis nicht durchführbar ist. Muss der Investor beispielsweise eine Entscheidung bezüglich verschiedener Investitionsobjekte treffen, die er einzeln oder gleichzeitig anschaffen kann, so ergeben sich bei drei Investitionsobjekten $2^3=8$, bei zehn Investitionsobjekten schon $2^{10}=1024$ Programmalternativen.[366] Zur Lösung des Investitionsprogrammproblems müssen daher andere Wege beschritten werden.

Die Vielzahl der entwickelten Lösungsansätze lässt sich in zwei Klassen unterteilen:

- **Sukzessive Investitionsplanung:** Die sukzessive Investitionsprogrammplanung stellt den einfachsten Fall der Investitionsprogrammplanung dar. In einem ersten Planungsschritt wird die Menge der zur Verfügung stehenden Finanzmittel bestimmt, die im nachfolgenden Planungsschritt auf eine darum konkurrierende Menge sich nicht gegenseitig ausschließender Investitionsprojekte aufgeteilt wird. Die Ergebnisse der Finanzplanung können dabei nicht mehr revidiert werden.
- **Simultane Investitionsplanung:** Unter simultaner Investitionsplanung versteht man die harmonische Abstimmung der einzelnen Teilpläne des Investors (z.B. Finanzplan, Produktionsplan, Absatzplan, Beschaffungsplan) mit dem Investitionsplan durch explizite Einbeziehung der zwischen den betrieblichen Teilbereichen bestehenden Interdependenzen. Aus Gründen der Modellvereinfachung und der engen Verknüpfung mit dem Investitionsbereich beschränken sich die in der Literatur entwickelten Modelle hauptsächlich auf Finanzierungs- und/oder Produktionspläne. Dabei werden die folgenden Modellgruppen unterschieden:
  - Simultane Investitions- und Finanzplanung,
  - simultane Investitions- und Produktionsplanung,
  - simultane Investitions-, Finanz- und Produktionsplanung.

Die folgenden Ausführungen beschränken sich auf die Darstellung der simultanen Investitions- und Finanzplanung. Durch die Einbeziehung weiterer Teilpläne wächst die Komplexität der Modelle. Trotzdem soll noch darauf hingewiesen werden, dass eine Vielzahl weiterer Simultanplanungsmodelle existiert, die die Absatzplanung,[367] Personalplanung,[368] Standortplanung[369] oder

---

[366] Vgl. dazu *Bieg, Hartmut*: Betriebswirtschaftslehre 1: Investition und Unternehmungsbewertung. 2. Aufl., Freiburg i. Br. 1997, S. 131-132 sowie *Kruschwitz, Lutz*: Investitionsrechnung. 8. Aufl., München/Wien 2000, S. 187.

[367] Vgl. *Jacob, Herbert*: Neuere Entwicklungen der Investitionsrechnung. In: Zeitschrift für Betriebswirtschaft 1964, S. 487-507 und S. 551-594.

die Steuerpolitik[370] berücksichtigen. Außerdem wurden Modelle entwickelt, die einem Totalmodell der Unternehmung angenähert sind und nahezu sämtliche betrieblichen Teilbereiche berücksichtigen.[371]

In den folgenden Abschnitten werden die klassischen kapitaltheoretischen Ansätze sowie kombinatorische Ansätze zur simultanen Investitions- und Finanzplanung vorgestellt und diskutiert. Grundsätzliche Kritik an den Modellen zur simultanen Planung verschiedener Investitionsbereiche wird in **Abschnitt 2.6.4** geübt; dabei wird insbesondere der Anspruch der verschiedenen Ansätze, Entscheidungsmodelle für die Praxis zu sein, in Frage gestellt. Tatsächlich haben die Modelle der simultanen Investitions-, (Produktions-) und Finanzplanung bis heute kaum Eingang in die Praxis gefunden. Die Bedeutung der verschiedenen Ansätze liegt vielmehr in den theoretischen Erkenntnissen, die sie vermitteln. In erster Linie handelt es sich also um Erklärungsmodelle.

2.6.2 Die klassischen kapitaltheoretischen Modelle zur simultanen Investitions- und Finanzplanung

2.6.2.1 Prämissen und Arten der Simultanplanungsmodelle

Ziel der Modelle zur simultanen (integrierten) Investitions- und Finanzplanung – auch kapitaltheoretische Modelle – ist die gleichzeitige Bestimmung der optimalen Investitions- und Finanzierungsprogramme. Andere betriebliche Teilpläne, insbesondere die Produktions- und Absatzpläne, werden vorab festgelegt und können nicht mehr revidiert werden. Da zwischen Investitions- und Finanzierungsbereich entscheidungsrelevante Zusammenhänge bestehen, ist die Analyse kapitaltheoretischer Modelle sinnvoll. Eine sukzessive Planung

---

368 Vgl. *Domsch, Michel*: Simultane Personal- und Investitionsplanung im Produktionsbereich. Bielefeld 1970.

369 Vgl. *Bloech, Jürgen*: Industrieller Standort. In: Industriebetriebslehre, hrsg. von *Marcell Schweitzer*, 2. Aufl., München 1994, S. 108-129; *Hansmann, Karl-Werner*: Entscheidungsmodelle zur Standortplanung der Industrieunternehmen. Wiesbaden 1974.

370 Vgl. insbesondere *Haberstock, Lothar*: Zur Integrierung der Ertragsbesteuerung in die simultane Produktions-, Investitions- und Finanzierungsplanung mit Hilfe der linearen Programmierung. Köln u.a. 1971; *Haberstock, Lothar*: Quo vadis Steuerbilanzpolitik. In: Zeitschrift für betriebswirtschaftliche Forschung 1984, S. 464-482 sowie *Jääskeläinen, Veikko*: Optimal Financing and Tax Policy of the Corporation. Helsinki 1966.

371 Vgl. z.B. *Rosenberg, Otto*: Investitionsplanung im Rahmen einer simultanen Gesamtplanung. Köln u.a. 1975.

führt häufig nur zu suboptimalen Entscheidungen, da sich bei isolierter Ermittlung des Investitionsplans bei gegebenem Finanzmittelbestand die Investitionsmöglichkeiten als so günstig erweisen können, dass es sich gelohnt hätte, einen größeren Betrag zu investieren. Andererseits können die Investitionsobjekte so wenig lohnend sein, dass man im ersten Schritt besser einen geringeren Betrag an Finanzmitteln zur Verfügung gestellt hätte. Eine simultane Planung des Investitions- und Finanzierungsvolumens vermeidet diese Nachteile durch explizite Berücksichtigung der Zusammenhänge.

Die Modelle der integrierten Investitions- und Finanzplanung basieren auf den folgenden grundlegenden Prämissen:[372]

- Der Investor erstrebt die Maximierung seiner jährlichen Entnahmen bei gegebenem Endvermögen (**Einkommensstreben**) oder die Maximierung seines Vermögens am Ende des Planungszeitraums (**Vermögensstreben**).
- Die Investitions- und Finanzierungsprojekte können durch individuelle Zahlungsreihen eindeutig beschrieben werden. Zwischen den einzelnen Investitions- und Finanzierungsprojekten bestehen keine direkten Interdependenzen.
- Die Investitions- und Finanzierungsmaßnahmen sind **beliebig teilbar**, d. h., wird nur ein Bruchteil eines Projektes durchgeführt, so entsteht auch nur ein Bruchteil seines Zahlungsstromes.
- Der Investor will zu jedem Zeitpunkt des Planungszeitraums **liquide** bleiben; die Einzahlungen dürfen somit – unter Berücksichtigung des anfänglichen Zahlungsmittelbestands – zu keinem Zeitpunkt hinter den Auszahlungen zurückbleiben.

Blohm/Lüder unterscheiden die Simultanplanungsmodelle nach dem zeitlichen Umfang des Entscheidungsfeldes in Einperiodenmodelle (statische Modelle), die nur die Alternativen der ersten Planungsperiode einbeziehen, und Mehrperiodenmodelle (dynamische Modelle), die auch Alternativen außerhalb der ersten Teilperiode berücksichtigen.[373]

Nach dieser Aufteilung werden in den folgenden beiden Abschnitten für die kapitaltheoretischen Modelle der simultanen Investitions- und Finanzplanung sowohl der Einperiodenfall als auch der Mehrperiodenfall betrachtet.

---

[372] Vgl. dazu *Kruschwitz, Lutz*: Investitionsrechnung. 8. Aufl., München/Wien 2000, S. 194-195.

[373] Vgl. *Blohm, Hans/Lüder, Klaus*: Investition. 8. Aufl., München 1995, S. 288-289.

2.6.2.2 Der Einperiodenfall

2.6.2.2.1 Die Modelldarstellung

Grundlegende Annahme im Einperiodenfall ist, dass der Investor einen Planungszeitraum von genau einem Jahr besitzt. Sämtliche Investitions- und Finanzierungsobjekte verursachen ausschließlich in den Zeitpunkten t=0 und t=1 Zahlungen, wobei die Investitionsobjekte im Zeitpunkt t=0 zu Auszahlungen und im Zeitpunkt t=1 zu Einzahlungen führen; bei den Finanzierungsobjekten ist es umgekehrt. Weiterhin wird angenommen, dass jedes Projekt höchstens einmal ins Programm aufgenommen werden kann. Ziel des Investors ist die Maximierung seines Vermögens im Zeitpunkt t=1 ohne zwischenzeitliche Entnahmen. Diese Annahmen sind außerordentlich realitätsfern; gerade deshalb liefert das Modell jedoch einige sehr interessante Ergebnisse, die auch praktisch genutzt werden können.[374]

Die Bestimmung des optimalen Investitions- und Finanzierungsprogramms unter den genannten Voraussetzungen kann mit einem **einfachen Rangordnungsverfahren auf Basis der internen Zinsfüße** erfolgen. Das Verfahren läuft **in fünf Schritten** ab:

(1) **Berechnung des internen Zinsfußes r_I für jedes Investitionsprojekt**. Im Einperiodenfall errechnet sich der interne Zinsfuß nach der folgenden Formel:

$$r_I = -\frac{Z_1^I}{Z_0^I} - 1$$

Unter den genannten Prämissen ist der interne Zinsfuß stets existent, eindeutig und größer als −1.

(2) Ordnung der Investitionsprojekte nach der Höhe der internen Zinsfüße, wobei das Investitionsobjekt mit dem größten internen Zinsfuß an die erste Stelle gesetzt wird. Grafisch erhält man somit die **Kapitalnachfragefunktion**.

(3) **Berechnung des internen Zinsfußes r_F für jedes Finanzierungsprojekt**. Der interne Zinsfuß kann analog zu Schritt (1) nach der folgenden Formel berechnet werden:

[374] Vgl. dazu *Kruschwitz, Lutz*: Investitionsrechnung. 8. Aufl., München/Wien 2000, S. 196.

$$r_F = \frac{Z_1^F}{Z_0^F} - 1$$

Auch er ist unter den genannten Prämissen immer existent, eindeutig und größer als −1.

(4) Ordnung der Finanzierungsprojekte nach der Höhe der internen Zinsfüße, wobei das Finanzierungsobjekt mit dem kleinsten internen Zinsfuß an die erste Stelle gesetzt wird. Grafisch erhält man somit die **Kapitalangebotsfunktion**.

(5) **Ermittlung des optimalen Investitions- und Finanzierungsprogramms aus den beiden Prioritätenlisten**. Schritt für Schritt werden so lange Projekte in das Programm aufgenommen, bis der interne Zinsfuß des nächsten aufzunehmenden Investitionsprogramms kleiner ist als die Kapitalkosten des nächsten Finanzierungsprojektes. Unmittelbar vor diesem Schritt wird die Programmbildung beendet.

Grafisch kann man die optimale Lösung am Schnittpunkt der Kapitalangebots- und der Kapitalnachfragekurve ablesen. Dieser Schnittpunkt wird als **endogener Kalkulationszinssatz** oder auch als **cut-off-rate** bezeichnet. Alle Investitions- und Finanzierungsvorhaben, die links des Schnittpunkts liegen, sind in das Programm aufzunehmen. Bei Projekten, die rechts des Schnittpunkts liegen, sind die Finanzierungskosten höher als die Renditen der Investitionsprojekte; auf die Durchführung der Projekte wird daher verzichtet. Aus dieser Eigenschaft des endogenen Kalkulationszinssatzes ergibt sich, dass man das optimale Investitions- und Finanzierungsprogramm auch mit Hilfe der Kapitalwertmethode bestimmen könnte, wenn der endogene Kalkulationszinssatz bereits vor der Lösung des Entscheidungsproblems bekannt wäre. Somit könnte die Kapitalwertmethode auch in einer Situation, für die sie nicht entworfen wurde – nämlich bei Vorliegen eines unvollkommenen Kapitalmarktes – sinnvoll verwendet werden. Das Dilemma ist nun, dass der richtige (d.h. der endogene) Kalkulationszinssatz erst bekannt ist, wenn das Entscheidungsproblem bereits gelöst wurde. Wenn man jedoch den endogenen Kalkulationszinssatz wenigstens näherungsweise bestimmen könnte, so könnte man in der Praxis das optimale Investitions- und Finanzierungsprogramm sehr einfach mit der Kapitalwertmethode lösen.[375]

---

[375] Vgl. dazu *Büschgen, Hans E.*: Betriebliche Finanzwirtschaft – Unternehmensinvestitionen. Frankfurt a. M. 1981, S. 140-144 sowie *Kruschwitz, Lutz*: Investitionsrechnung. 8. Aufl., München/Wien 2000, S. 200-201.

Beispiel:[376]

Der Riesling GmbH bieten sich die im Folgenden dargestellten Investitions- und Finanzierungsprojekte:

Investitionsprojekt	A	B	C	D
Z_0^I	– 30.000	– 12.000	– 80.000	– 60.000
Z_1^I	+ 36.000	+ 15.000	+ 89.000	+ 69.000

Finanzierungsprojekt	a	b	c	d	e
Z_0^F	+ 40.000	+ 36.000	+ 52.000	+ 20.000	+ 50.000
Z_1^F	– 43.000	– 41.000	– 55.000	– 22.000	– 53.000

Nach dem beschriebenen Rangfolgeverfahren ergeben sich folgende zum Ausdruck kommenden Prioritäten:

Rangstufe	Investitionsprojekte		Finanzierungsprojekte	
		r_I		r_F
1	B	0,2500	c	0,0577
2	A	0,2000	e	0,0600
3	D	0,1500	a	0,0750
4	C	0,1125	d	0,1000
5	–	–	b	0,1389

Das optimale Investitionsprogramm kann bei grafischer Darstellung der Kapitalnachfrage- und Kapitalangebotsfunktion abgelesen werden (vgl. **Abbildung 51**; Seite 251).

Ein rational handelnder Investor wird die Kredite c, e, a und d in Anspruch nehmen und mit ihnen die Investitionen B, A und D realisieren. In Projekt C investiert er dagegen nur 60.000 EUR (Realisation von $\frac{3}{4}$ von C), also den Betrag, über den er ohne zusätzliche Aufnahme des Kredites b verfügen kann. An dieser Stelle wird die Prämisse der beliebigen Teilbarkeit der Projekte deutlich.

---

376 Entnommen aus *Kußmaul, Heinz*: Investitionsprogrammentscheidungen. In: Der Steuerberater 1996, S. 153-154.

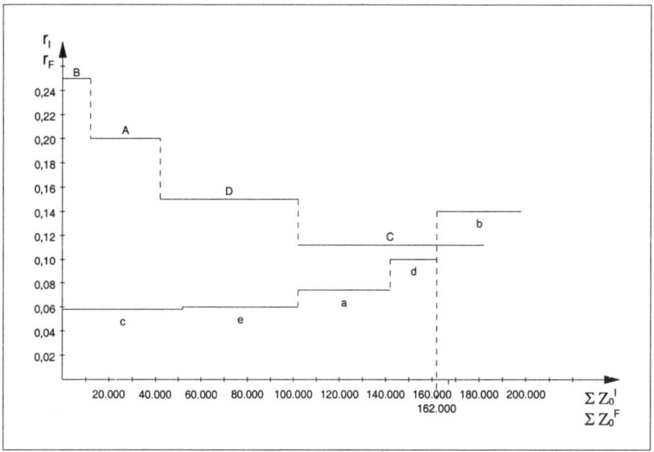

Abbildung 51: Bestimmung des optimalen Investitions- und Finanzierungsprogramms anhand der Kapitalnachfrage- und Kapitalangebotskurve

2.6.2.2.2 Die Modellbeurteilung

Bei den bisherigen Betrachtungen wurde unterstellt, dass alle Investitions- und Finanzierungsprojekte beliebig teilbar sind. Für Finanzierungsprojekte und Finanzinvestitionen mag dies zutreffen, bei Realinvestitionen ist diese Annahme jedoch völlig unrealistisch (man kann beispielsweise eine Maschine nur ganz oder gar nicht kaufen). Bei der Bestimmung des optimalen Kapitalbudgets kann die Ganzzahligkeitsbedingung zufällig erfüllt sein (im obigen Beispiel ist das nicht der Fall), wenn nämlich der letzte aufzunehmende Kredit exakt ausreicht, um das letzte zu realisierende Investitionsprojekt zu finanzieren. Dieser „Glücksfall" ist allerdings nicht die Regel, so dass es bei Anwendung des Modells zu Fehlentscheidungen kommen muss. Ist jedoch das Volumen des einzelnen Investitions- oder Finanzierungsprojektes sehr klein im Vergleich zum Gesamtbudget, so verliert der Fehler an Bedeutung.[377] Weiterhin wurde vorausgesetzt, dass zwischen den einzelnen Investitions- und Finanzierungsmöglichkeiten keinerlei Abhängigkeiten bestehen. Tatsächlich sind jedoch Finanzierungsmöglichkeiten von den geplanten Investitionsobjekten abhängig, weil die Kreditgeber i. d. R. bestimmte Investitionsprojekte als Sicherheiten präferieren oder ihre Kreditentscheidung ganz allgemein von dem geplanten Investitionsprojekt abhängt. Daher kann man die Finanzierungsprojekte den Investitionsprojekten nicht beliebig gegenüberstellen.

---

[377] Vgl. dazu und zum Folgenden *Büschgen, Hans E.*: Betriebliche Finanzwirtschaft – Unternehmensinvestitionen. Frankfurt a. M. 1981, S.142-144.

2.6.2.3 Der Mehrperiodenfall (*Dean*-Modell)

2.6.2.3.1 Die Modelldarstellung

Dean hat vorgeschlagen, das Problem im Mehrperiodenfall analog zum Einperiodenfall zu lösen.[378] Die Prämissen des *Dean*-Modells sind daher auch weitgehend mit den im Einperiodenfall getroffenen Annahmen identisch. Der Planungszeitraum ist jedoch länger als eine Periode; am Ende des Planungszeitraums wird der Betrieb liquidiert.

Bei Anwendung des *Dean*-Modells werden die Investitionsprojekte wieder nach den internen Zinsfüßen in fallender Reihenfolge und die Finanzierungsprojekte nach internen Zinsfüßen in steigender Reihenfolge geordnet. Der Schnittpunkt der entstehenden Kapitalnachfrage- und -angebotskurve bestimmt das optimale Investitions- und Finanzierungsprogramm simultan.

2.6.2.3.2 Die Modellbeurteilung

Das von *Dean* empfohlene Verfahren besitzt zwar den Vorteil der einfachen Durchführbarkeit, weist jedoch neben den schon im Einperiodenfall dargestellten Nachteilen drei gravierende Mängel auf:[379]

Erstens ist der **interne Zinsfuß als Rangordnungskriterium nicht geeignet**. Er kann im Mehrperiodenfall mehrdeutig oder nicht-existent sein. Eindeutigkeit und Existenz sind bei einem Investitions- bzw. Finanzierungsprojekt nur dann gewährleistet, wenn die zugehörige Zahlungsreihe nur einen einzigen Vorzeichenwechsel aufweist. Zweitens wird durch das *Dean*sche Verfahren bezüglich der **Liquidität** nur sichergestellt, dass die Zahlungsbereitschaft im Zeitpunkt t=0 gewahrt wird. Für den Rest des Planungszeitraums kann hinsichtlich der Liquidität keine Aussage getroffen werden. Drittens – und damit schwer wiegendster Mangel des Modells von *Dean* – besteht jedoch die Gefahr einer möglichen **Fehlentscheidung**, und zwar auch dann, wenn für die Projekte eindeutige interne Zinsfüße existieren und Zahlungsfähigkeit über den gesamten Planungszeitraum gewährleistet ist. Der Grund liegt in der realitätsfremden Wiederanlageprämisse, wobei davon ausgegangen wird, dass zwischenzeitlich freiwerdende Mittel wieder zum internen Zinsfuß angelegt werden.

---

[378] Vgl. *Dean, Joel*: Capital Budgeting. 9th. printing, New York 1978.

[379] Vgl. insbesondere *Kruschwitz, Lutz*: Investitionsrechnung. 8. Aufl., München/Wien 2000, S. 204.

2.6.3 Die Ansätze der linearen Programmierung zur simultanen Investitions- und Finanzplanung

2.6.3.1 Die lineare Programmierung

Die bisher vorgestellten Modelle sind schon im Einperiodenfall nur begrenzt anwendbar. Durch die einfache Darstellungsweise dienen sie in erster Linie als Erklärungsmodelle für die Aufstellung eines gewinnoptimalen Kapitalbudgets. Für den Mehrperiodenfall und auch zur Berücksichtigung anderer Interdependenzen als nur zwischen dem Investitions- und Finanzierungsprogramm sind die klassischen kapitaltheoretischen Modelle völlig ungeeignet. Mit Hilfe der linearen Programmierung lässt sich immer eine optimale Lösung für das Problem der simultanen Investitions- und Finanzplanung bestimmen; darüber hinaus ist es möglich, weitere Restriktionen, beispielsweise aus dem Produktions- und Absatzbereich, explizit zu berücksichtigen.

Kruschwitz erklärt den Begriff der linearen Programmierung wie folgt: „Unter linearer Programmierung [versteht man, d.Verf.] eine Reihe von mathematischen Algorithmen, mit denen eine lineare Zielfunktion unter Beachtung von endlich vielen linearen Nebenbedingungen maximiert (oder minimiert) [werden, d. Verf.] kann".[380] Aus dieser Beschreibung lässt sich erkennen, dass **ein Modell der linearen Programmierung (LP-Modell) generell aus drei Elementen besteht**:

(1) einer Zielfunktion, die den Beitrag der einzelnen Variablen zur Zielerreichung angibt und mit deren Hilfe aus der Menge der zulässigen Lösungen die optimale bestimmt werden kann;

(2) einer Menge von endlich vielen linearen Nebenbedingungen (Restriktionen), die die Menge aller zulässigen Lösungen beschreiben;

(3) einem Satz von Bedingungen, die das Niveau der Variablen auf positive – und somit ökonomisch zulässige – Werte beschränken.

Zur Lösung dieses Problems ist eine Reihe von Algorithmen entwickelt worden; der bekannteste Lösungsweg ist der **Simplex-Algorithmus**, ein iteratives Lösungsverfahren. Als Beispiele für Modelle der linearen Programmierung sollen das Modell von *Albach* (Einperiodenmodell) sowie das Modell von *Hax* und *Weingartner* (Mehrperiodenmodell) vorgestellt werden.

---

[380] *Kruschwitz, Lutz*: Investitionsrechnung. 8. Aufl., München/Wien 2000, S. 207.

2.6.3.2 Das Einperiodenmodell (Modell von *Albach*)

2.6.3.2.1 Die Modelldarstellung

Das Einperiodenmodell von *Albach* ist ein simultaner Planungsansatz, der die optimalen Investitions- und Finanzierungsentscheidungen für die erste Planungsperiode ermittelt und die Auswirkungen dieser Entscheidungen bis zum Planungshorizont betrachtet.

Ziel ist die Maximierung der Kapitalwerte der alternativen Investitions- und Finanzierungsprogramme für die Periode t=1. Dabei muss eine Reihe von Nebenbedingungen beachtet werden. Im Unterschied zu den klassischen kapitaltheoretischen Modellen werden im Modell von *Albach* Liquiditätsnebenbedingungen explizit berücksichtigt. Mit Hilfe dieser Liquiditätsnebenbedingungen wird das finanzielle Gleichgewicht für alle Planungsperioden gewährleistet. Diese Nebenbedingungen besitzen eine besondere Relevanz, da „unabhängig von der Rechtsform der Unternehmung Illiquidität einen Konkursgrund [seit 1999: Insolvenzgrund, d. Verf.] darstellt“.[381] Bezüglich des Produktionsprogrammes – das bei Modellen der simultanen Investitions- und Finanzplanung für die einzelnen Investitionsprojekte vorgegeben ist – wird die Einhaltung gewisser Produktions- bzw. Absatzgrenzen gefordert.

Für das Modell wird angenommen, dass alle Investitions- und Finanzierungsprojekte beliebig teilbar und bis zu einer bestimmten Obergrenze mehrmals durchgeführt werden können. Ferner wird vorausgesetzt, dass die Zahlungsreihe einer Einheit bei allen Investitions- und Finanzierungsprojekten nicht von der Anzahl der realisierten Einheiten abhängt.[382]

In mathematischer Darstellung lautet das Modell:[383]

(1) **Zielfunktion**:

$$\boxed{\sum_{j=1}^{n} c_j \cdot x_j + \sum_{i=1}^{m} v_i \cdot y_i \rightarrow \max!}$$

---

[381] *Büschgen, Hans E.*: Betriebliche Finanzwirtschaft – Unternehmensinvestitionen. Frankfurt a. M. 1981, S. 146. Vgl. ebenso *Albach, Horst*: Investition und Liquidität. Wiesbaden 1962, S. 92-93.

[382] Vgl. dazu *Götze, Uwe/Bloech, Jürgen*: Investitionsrechnung. 2. Aufl., Berlin u. a. 1995, S. 256-263; zu den Prämissen und zum Anwendungsbereich vgl. auch *Blohm, Hans/Lüder, Klaus*: Investition. 8. Aufl., München 1995, S. 303-304.

[383] Modifiziert entnommen aus *Götze, Uwe/Bloech, Jürgen*: Investitionsrechnung. 2. Aufl., Berlin u. a. 1995, S. 257-259. Vgl. hierzu ebenfalls *Albach, Horst*: Investition und Liquidität. Wiesbaden 1962, S. 84-107.

Dies bedeutet, dass das angestrebte Ziel die Maximierung des Kapitalwerts des Investitions- und Finanzierungsprogramms ist. Der Wert der Zielfunktion setzt sich zusammen aus den Kapitalwerten der Investitionsprojekte ($\sum_{j=1}^{n} c_j \cdot x_j$) und den Kapitalwerten der Finanzierungsprojekte ($\sum_{i=1}^{m} v_i \cdot y_i$).

(2) **Nebenbedingungen**:

Liquiditätsbedingungen (finanzielles Gleichgewicht):

$$\sum_{j=1}^{n}\sum_{t=0}^{T} a_{jt} \cdot x_j + \sum_{i=1}^{m}\sum_{t=0}^{T} b_{it} \cdot y_i \leq \sum_{t=0}^{T} e_t \text{, für alle t}$$

Damit wird für jeden Zeitpunkt T (T=0, ..., n) gewährleistet, dass die kumulierten Auszahlungsüberschüsse aus den Investitions- und Finanzierungsobjekten geringer sind als die bis zum Zeitpunkt t angesammelten liquiden Mittel (einschließlich des anfänglichen Kassenbestandes).

Produktions- bzw. Absatzbeschränkungen:

$$\sum_{j=1}^{n} z_{jkT} \leq Z_{kT}$$

Die Anzahl der produzierten Einheiten jeder Produktart k (k=1, ..., K) darf zu jedem Zeitpunkt T (T=0, ..., n) höchstens so hoch sein wie die maximale Absatzmenge.

Projektbedingungen:

$$x_j \leq X_j \text{, für } j = 1, \ldots, n;$$
$$y_i \leq Y_i \text{, für } i = 1, \ldots, m$$

Durch diese Gleichungen werden die Anzahl der Projekteinheiten für die Investitions- und Finanzierungsprojekte nach oben beschränkt. Diese Einschränkungen sind notwendig, da es beispielsweise für ein Investitionsprojekt nicht sinnvoll ist, eine beliebige Anzahl von Einheiten zu realisieren. Eine zweckmäßige Nutzung der Investitionsobjekte wäre dann wohl nicht mehr gewährleistet.

(3) **Nichtnegativitätsbedingungen**:

Das Modell von *Albach* wird durch Nichtnegativitätsbedingungen abgerundet, die festlegen, dass die ins Programm aufzunehmenden Investitions- und Finanzierungsvariablen größer oder zumindest gleich null sein müssen:

$$x_j \geq 0, \text{ für } j = 1, \ldots, n;$$
$$y_i \geq 0, \text{ für } i = 1, \ldots, m$$

Dabei haben die verwendeten Parameter die folgende Bedeutung:

x_j: Anzahl der Einheiten des Investitionsprojektes j (j=1, ..., n);

y_i: Umfang der Inanspruchnahme (in Geldeinheiten) des Finanzierungsprojektes i (i=1, ..., m);

c_j: Kapitalwert je Einheit des Investitionsprojektes j;

v_i: Kapitalwert je EUR aufgenommener Finanzmittel der Art i;

a_{jt}: Auszahlungsüberschuss je Einheit des Investitionsobjekts j im Zeitpunkt t;

b_{it}: Auszahlungsüberschuss je Einheit des Finanzierungsobjekts i im Zeitpunkt t;

e_t: Menge der bis zum Zeitpunkt t aufgelaufenen liquiden Mittel;

X_j: Anzahl der maximal realisierbaren Einheiten des Investitionsprojektes j;

Y_i: Anzahl der maximal realisierbaren Einheiten des Finanzierungsprojektes i;

z_{jkT}: Menge des Produktes k (k=1, ..., K), das mit dem Investitionsprojekt j zum Zeitpunkt T hergestellt wird;

Z_{kT}: maximale Absatzmenge des Produktes k zum Zeitpunkt T.

Das Programm ist mit Hilfe der Simplex-Methode lösbar.

Beispiel:[384]

Die Riesling GmbH möchte für ihre beiden Sektionen „Rotwein (RW)“ und „Weißwein (WW)” das Investitions- und Finanzierungsprogramm mit Hilfe des Modells von *Albach* simultan planen. Drei Investitions- und Finanzierungsalternativen stehen der Riesling GmbH zur Verfügung. Der Planungszeitraum beläuft sich auf sechs Jahre. Der Kalkulationszinssatz beträgt 5 %. Folgende Daten wurden ermittelt (vgl. dazu nochmals **Abschnitt 2.3.2.7**):

---

[384] Entnommen aus *Kußmaul, Heinz*: Investitionsprogrammentscheidungen. In: Der Steuerberater 1996, S. 191-192; bezüglich der Vorgehensweise vgl. u.a. *Götze, Uwe/Bloech, Jürgen*: Investitionsrechnung. 2. Aufl., Berlin u.a. 1995. S. 259-263.

Investitionsobjekte:

	A_0	Z_1	Z_2	Z_3	Z_4	Z_5	Z_6	C_0
Anlage I	– 66.000	15.500	15.500	15.500	15.500	15.500	15.500	12.673,23
Anlage II	– 75.000	17.500	20.000	20.000	16.000	16.000	14.000	13.230,68
Anlage III	– 66.000	40.000	40.000	20.000	– 5.000	– 10.000	– 20.000	– 1.219,91

Finanzierungsobjekte:

	Höchstgrenze	Zinssatz (in %)
Kredit A	80.000	8
Kredit B	300.000	7,5
Kredit C	100.000	7

Bei den Finanzierungsprojekten erfolgt die Einzahlung in t=0; die Tilgung der Kredite sowie Zins- und Zinseszinszahlungen sind erst im Zeitpunkt t=6 fällig.

Mit den Anlagen I und III wird in der Sektion RW der Prädikatswein „Dornfelder" abgefüllt; Anlage II soll zur Abfüllung des Prädikatsweines „Kerner" in der Sektion WW eingesetzt werden. Dabei sind die folgenden maximalen Abfüllmengen und Absatzgrenzen für die Produkte zu berücksichtigen:

	Abfüllmenge (Flaschen/Jahr)	Produkt	Absatzgrenze für das jeweilige Produkt (Flaschen/Jahr)
Anlage I	9.500	Dornfelder (Rotwein)	65.000
Anlage III	8.000		
Anlage II	10.000	Kerner (Weißwein)	80.000

Als weitere Restriktion ist zu beachten, dass das Investitionsobjekt I höchstens zweimal verwirklicht werden kann und nur ganze Einheiten von Investitionsobjekten realisiert werden können. Außerdem stehen in t=0 Eigenmittel in Höhe von 30.000 EUR zur Verfügung.

Mit diesen Daten kann nun ein lineares Programm in Anlehnung an das Modell von *Albach* formuliert werden. Zur Aufstellung der Zielfunktion werden die Kapitalwerte der Investitions- und Finanzierungsprojekte benötigt. Dazu müssen zunächst noch die Kapitalwerte der Finanzierungsprojekte berechnet werden. Die Kapitalwerte werden für jedes Finanzierungsprojekt auf einen in Anspruch genommenen EUR bezogen. Erfolgt im Zeitpunkt t=0 eine Einzahlung von einem EUR, so beträgt die Auszahlung im Zeitpunkt t=6 beispielsweise für Kredit A $1{,}08^6$ EUR. Somit kann man den auf einen EUR bezogenen Kapitalwert für Kredit A wie folgt berechnen:

$$C_{0A} = 1 - 1{,}08^6 \cdot 1{,}05^{-6} = -0{,}18415$$

Analog ergibt sich für die Finanzierungsprojekte B und C:

$$C_{0B} = 1 - 1{,}075^6 \cdot 1{,}05^{-6} = -0{,}151635$$

$$C_{0C} = 1 - 1{,}07^6 \cdot 1{,}05^{-6} = -0{,}119868$$

Mit diesen Werten kann die Zielfunktion formuliert werden:

Zielfunktion:

$$12.673{,}23 \cdot x_1 + 13.230{,}68 \cdot x_2 - 1.219{,}91 \cdot x_3$$

$$- 0{,}18415 \cdot y_1 - 0{,}151635 \cdot y_2 - 0{,}119868 \cdot y_3 \rightarrow \max!$$

Liquiditätsbedingungen:

t=0: $66.000 \cdot x_1 + 75.000 \cdot x_2 + 66.000 \cdot x_3 - y_1 - y_2 - y_3 \leq 30.000$

t=1: $50.500 \cdot x_1 + 57.500 \cdot x_2 + 26.000 \cdot x_3 - y_1 - y_2 - y_3 \leq 30.000$

t=2: $35.000 \cdot x_1 + 37.500 \cdot x_2 - 14.000 \cdot x_3 - y_1 - y_2 - y_3 \leq 30.000$

t=3: $19.500 \cdot x_1 + 17.500 \cdot x_2 - 34.000 \cdot x_3 - y_1 - y_2 - y_3 \leq 30.000$

t=4: $4.000 \cdot x_1 + 1.500 \cdot x_2 - 29.000 \cdot x_3 - y_1 - y_2 - y_3 \leq 30.000$

t=5: $-11.500 \cdot x_1 - 14.500 \cdot x_2 - 19.000 \cdot x_3 - y_1 - y_2 - y_3 \leq 30.000$

t=6: $-27.000 \cdot x_1 - 28.500 \cdot x_2 + 1.000 \cdot x_3 - 0{,}5868743 \cdot y_1 - 0{,}5433015 \cdot y_2$

$- 0{,}5007304 \cdot y_3 \leq 30.000$

Als weitere Nebenbedingungen sind die Produktions- bzw. Absatzgrenzen zu berücksichtigen:

$$9.500 \cdot x_1 + 8.000 \cdot x_3 \leq 65.000$$

$$10.000 \cdot x_2 \leq 80.000$$

Durch die Beschränkung der Investitionsprojekte und der Finanzierungssummen ergeben sich die folgenden Projektbedingungen:

$$x_1 \leq 2$$

$$y_1 \leq 80.000$$

$$y_2 \leq 300.000$$

$$y_3 \leq 100.000$$

Außerdem müssen die Nichtnegativitätsbedingungen beachtet werden:

$$x_j \geq 0 \text{ für } j = 1, 2, 3$$

$$y_i \geq 0 \text{ für } i = 1, 2, 3$$

Löst man das Modell mit Hilfe der Simplex-Methode, so ergibt sich die folgende Optimallösung:

$x_1 = 2$	$y_1 = 2.000$
$x_2 = 4$	$y_2 = 300.000$
$x_3 = 0$	$y_3 = 100.000$

Entscheidet sich die Riesling GmbH anhand des Modells von *Albach*, so würde sie **zwei** Einheiten der Anlage I und **vier** Einheiten der Anlage II realisieren. Anlage III würde nicht in das Investitionsprogramm aufgenommen. Zur Finanzierung würden die Kredite A, B und C in einer jeweiligen Höhe von 2.000, 300.000 und 100.000 EUR in Anspruch genommen werden. Mit diesem Investitions- und Finanzierungsprogramm würde ein optimaler Kapitalwert (Zielfunktionswert) von 20.423,58 EUR erzielt werden.

2.6.3.2.2 Die Modellbeurteilung

Gegenüber den klassischen Verfahren der simultanen Investitions- und Finanzplanung weist das Modell von *Albach* den Vorteil der Einbeziehung der Bedingung des finanziellen Gleichgewichts für alle Planperioden auf. Durch die Berücksichtigung von Absatzgrenzen wird außerdem eine **höhere Realitätsnähe** erreicht. Der Aufwand für die Bestimmung der Optimallösung steigt jedoch beträchtlich; schon bei einer geringen Anzahl von Investitions- und Finanzierungsalternativen ist der Einsatz von EDV für die Lösung des linearen Programms notwendig.

Weiterhin wird – wie schon bei den klassischen kapitaltheoretischen Modellen – unterstellt, dass die Investitions- und Finanzierungsalternativen unabhängig voneinander sind. Diese Unabhängigkeit ist in der Realität meist nicht gegeben (vgl. dazu auch **Abschnitt 2.6.2.2.2**). Kritisch am Modell von *Albach* ist außerdem das **Fehlen der Ganzzahligkeitsbedingung**, da man Realinvestitionen i. d. R. nur ganz oder gar nicht realisieren kann. Abschließend muss dem Modell von *Albach* Inkonsistenz bezüglich der Annahme über die Anlage freiwerdender Mittel während des Planungszeitraums angelastet werden. Die Berücksichtigung von Kapitalwerten in der Zielfunktion impliziert nämlich die Gültigkeit der Prämissen des Kapitalwertmodells, d. h., Einzahlungsüberschüsse werden zum Kalkulationszinssatz wieder angelegt. In den Liquiditätsnebenbedingungen wird dagegen unterstellt, dass die **freiwerdenden Mittel unverzinslich in der Kasse** gehalten werden (Zahlungen, die zu unterschiedlichen Zeitpunkten anfallen, werden bei der Summenbildung gleich bewertet). Dieser modellimmanente Widerspruch zwischen den Annahmen, die bezüglich Zielfunktion und Liquiditätsnebenbedingungen getroffen werden, wird beim Modell von *Hax*, das im nächsten Abschnitt vorgestellt wird, vermieden.[385]

2.6.3.3 Der Mehrperiodenmodell (Ansatz von *Hax* und *Weingartner*)

2.6.3.3.1 Die Modelldarstellung

Kennzeichnend für ein Mehrperiodenmodell – in diesem Abschnitt wird der Ansatz von *Hax* und *Weingartner* vorgestellt – ist die mögliche Realisierung von Investitions- und Finanzierungsmöglichkeiten zu unterschiedlichen Zeitpunkten des Planungszeitraums.[386] Für die Rückflüsse wird also keine Verzinsung zum Kalkulationszinssatz mehr unterstellt, vielmehr werden sie **explizit reinvestiert**. Finanzielle Mittel, die vor dem Ende des Planungszeitraums freigesetzt werden, können in unbeschränkter Höhe für jeweils eine Periode zu einem vorgegebenen Zinssatz in Form einer unbeschränkten Finanzinvestition angelegt werden. Der Zinssatz der unbeschränkten Finanzinvestition übernimmt die Aufgabe des Kalkulationszinssatzes als eine Art Mindestverzinsung, da nur Sachinvestitionen mit einer höheren Rentabilität mit dieser Finanzinvestition konkurrieren können. Da jedoch nur Investitions- und Finanzierungsprojekte, die zu Beginn des Planungszeitraums bekannt sind, explizit berücksichtigt werden können, muss der Planungszeitraum beschränkt werden. Auswirkungen der Investitions- und Finanzierungsprojekte, die über den Planungshorizont hinausgehen, müssen auf das Ende des Planungshorizontes diskontiert werden. Somit kann auch in diesem Modell auf eine Diskontierung mit dem Kalkulationszinssatz nicht ganz verzichtet werden.

Im Unterschied zum Modell von *Albach* werden die **Investitions- und Finanzierungsprogramme für alle Teilperioden simultan geplant**. Außerdem wird wieder unterstellt, dass die Investitions- und Finanzierungsprojekte mehrfach durchgeführt werden können; die Zahl der möglichen Realisationen wird nach oben beschränkt. Ebenso wie im Modell von *Albach* wird angenommen, dass die Zahlungsreihen der Investitions- und Finanzierungsprojekte nicht vom Ausmaß der Realisierung abhängen. Gesucht wird die Kombination

---

385 Zur Modellbeurteilung vgl. *Büschgen, Hans E.*: Betriebliche Finanzwirtschaft – Unternehmensinvestitionen. Frankfurt a. M. 1981, S.146-147 sowie *Götze, Uwe/Bloech, Jürgen*: Investitionsrechnung. 2. Aufl., Berlin u. a. 1995, S. 263.

386 Vgl. *Hax, Herbert*: Investitions- und Finanzplanung mit Hilfe der linearen Programmierung. In: Zeitschrift für betriebswirtschaftliche Forschung 1964, S. 435-445 sowie *Weingartner, Hans M.*: Mathematical Programming and the Analysis of Capital Budgeting Problems. Englewood Cliffs 1963, S. 139-157.

von Investitions- und Finanzierungsmöglichkeiten, die den Vermögensendwert am Ende des Planungszeitraums unter Berücksichtigung der Nebenbedingungen maximiert. Zusätzlich wird in der Zielfunktion eine gewisse, über alle Perioden des Planungszeitraums konstante Entnahme berücksichtigt.

Die Nebenbedingungen des finanziellen Gleichgewichts sind durch die unterschiedliche Gestaltung für die Anfangsperiode, die laufenden Perioden und die letzte Periode komplexer als im Modell von *Albach*. Die übrigen Nebenbedingungen entsprechen den in den kapitaltheoretischen Modellen formulierten Bedingungen. Bei der Modellformulierung wird explizit auf die Möglichkeit, Ganzzahligkeitsbedingungen zu berücksichtigen, hingewiesen.

Auf die mathematische Darstellung soll an dieser Stelle verzichtet werden.[387] Die Lösung des Problems ist wieder mit dem Simplex-Algorithmus möglich (eventuell verbunden mit einer Ganzzahligkeitsbedingung).

2.6.3.3.2 Die Modellbeurteilung

Die Vorteile des Ansatzes von *Hax* und *Weingartner* gegenüber dem Einperiodenfall von *Albach* liegen zum einen im Verzicht auf den problematischen Kalkulationszinssatz, zum anderen in der **Darstellung eines Mehrperiodenmodells**. Unrealistisch ist auch bei diesem Modell die Voraussetzung, die Investitionsprojekte seien isolierbar und unabhängig, sowohl untereinander als auch von den Finanzierungsmöglichkeiten. Durch die Einführung von Ganzzahligkeitsbedingungen können allerdings gewisse Abhängigkeiten zwischen den Investitionsprojekten dargestellt werden. Die weiteren dem Modell zugrunde gelegten Prämissen stimmen mit den Voraussetzungen der bisher betrachteten Modelle weitgehend überein. So wird weiterhin unterstellt, dass das optimale Produktionsprogramm vorgegeben ist; die Berücksichtigung des Absatzes erfolgt auch beim Modell von *Hax* und *Weingartner* nur in Obergrenzen.[388]

---

[387] Das zum Modell gehörende Gleichungssystem findet sich beispielsweise bei *Blohm, Hans/Lüder, Klaus*: Investition. 8. Aufl., München 1995, S. 304-308; *Götze, Uwe/Bloech, Jürgen*: Investitionsrechnung. 2. Aufl., Berlin u.a. 1995, S. 264-274; *Perridon, Louis/Steiner, Manfred*: Finanzwirtschaft der Unternehmung. 10. Aufl., München 1999, S. 140-142.

[388] Zur Kritik vgl. insbesondere *Perridon, Louis/Steiner, Manfred*: Finanzwirtschaft der Unternehmung. 10. Aufl., München 1999, S. 142.

2.6.4 Zusammenfassende Kritik an den Modellen der simultanen Unternehmungsplanung[389]

2.6.4.1 Die grundsätzlichen Kritikpunkte bezüglich der Modelle zur simultanen Unternehmungsplanung

2.6.4.1.1 Die Datenbeschaffungsprobleme

Die praktische Anwendbarkeit der Modelle zur simultanen Investitions- und Finanzplanung wird bei den Mehrperiodenmodellen dadurch erschwert, dass nicht nur die zu Beginn des Planungszeitraums anstehenden Investitions- und Finanzierungsmöglichkeiten und ihre zukünftigen Auswirkungen erfasst werden müssen, sondern auch sämtliche Daten der während des gesamten Planungszeitraums zu treffenden Investitions- und Finanzierungsentscheidungen mit ihren entsprechenden Auswirkungen. Die Schwierigkeiten liegen dabei in der Vielzahl der Daten, die gerade bei sehr komplexen Modellen (vor allem bei Einbeziehung des Produktionsplans) zu erheblichen Datenbeschaffungsproblemen führt. Erschwerend kommt hinzu, dass die Daten nicht von einer zentralen Quelle in der Unternehmung bezogen werden können, sondern aus den einzelnen Abteilungen mühsam zusammengetragen werden müssen.[390] Die benötigten Daten sind zudem prognoseabhängig und mit zunehmender Länge des Planungszeitraums durch ein immer höheres Maß an Unsicherheit charakterisiert. *Blohm/Lüder* sprechen von einem mit dem Planungshorizont verbundenen Dilemma: „Um Fehlentscheidungen in der Gegenwart zu vermeiden, sollte der Planungshorizont so festgelegt werden, daß die nach diesem Zeitpunkt gegebenen Investitions- und Finanzierungsentscheidungen auf die gegenwärtige Entscheidung ohne Einfluß sind. Unter dem Gesichtspunkt der Datenbeschaffung sollte der Planungshorizont hingegen möglichst nahe an der Gegenwart liegen“.[391] Das Scheitern der praktischen Umsetzung an der Schwierigkeit, die für eine Optimierung benötigten Informationen bereitzustellen, wird in der Literatur als die entscheidende Restriktion bezüglich der Anwendbarkeit von Simultanmodellen angesehen.[392]

---

389 Vgl. zu diesem Abschnitt *Heinhold, Michael*: Simultane Unternehmensplanungsmodelle – ein Irrweg? In: Die Betriebswirtschaft 1989, S. 689-708.

390 Vgl. dazu *Kruschwitz, Lutz*: Investitionsrechnung. 8. Aufl., München/Wien 2000, S. 246-247.

391 *Blohm, Hans/Lüder, Klaus*: Investition. 8. Aufl., München 1995, S. 309.

392 So z.B. *Blohm, Hans/Lüder, Klaus*: Investition. 8. Aufl., München 1995, S. 309-310; *Kern, Werner*: Investitionsrechnung. Stuttgart 1974, S. 231-232;. *Kühn, Richard*: Grundzüge eines heuristischen Verfahrens zur Erarbeitung von Planungskonzeptionen. In: Die Betriebswirtschaft 1985, S. 533.

2.6.4.1.2 Die rechentechnischen Probleme

Bei Modellen, die eine große Zahl von Investitions- und Finanzierungsprojekten berücksichtigen, steigt die Zahl der Variablen und der Nebenbedingungen sehr stark an. Dadurch wird die dem linearen Programm zugrunde liegende Matrix zu groß, so dass sowohl bezüglich des Speicherplatzes als auch bei der Rechenzeit die zur Verfügung stehende Hardware und Software überfordert ist. Insbesondere bei gemischt-ganzzahligen oder ganzzahligen LP-Modellen können auch bei sehr leistungsfähigen Rechenanlagen die Grenzen der rechentechnischen Durchführbarkeit sehr rasch erreicht sein. Je genauer die Modelle die Wirklichkeit abbilden sollen, desto eher ist die Gefahr gegeben, dass das LP-Problem numerisch nicht mehr lösbar ist. *Blohm/Lüder* beschreiben das Dilemma beim Aufbau von Entscheidungsmodellen: „Effizient lösbare Modelle sind oft nicht wirklichkeitsnah, während wirklichkeitsnah formulierte Modelle nicht mehr effizient gelöst werden können".[393] Das Problem der rechentechnischen Bewältigung wird der praktischen Anwendung von LP-Modellen auch zukünftig im Wege stehen. Selbst bei einer Weiterentwicklung der Rechnertechnologie sind der Lösbarkeit der Probleme wegen der mangelnden Effizienz der Algorithmen Grenzen gesetzt.

2.6.4.2 Die weiter gehenden Kritikpunkte bezüglich der Modelle zur simultanen Unternehmungsplanung

2.6.4.2.1 Die grundsätzliche Kritik

Die bisherigen Kritikpunkte spiegeln die gängige Kritik des Schrifttums an den Modellen der simultanen Unternehmungsplanung wider. Sie stellen die Modelle nicht grundsätzlich in Frage und lassen „den Eindruck entstehen, als ob einer praktischen Anwendung solcher Modelle nichts mehr im Wege stünde, wenn nur diese [...] besprochenen Engpässe beseitigt werden könnten".[394] *Heinhold* übt an den Modellen eine sehr viel schärfere Kritik; er versucht, die Legitimation für die Forschungsarbeit bezüglich der Simultanplanungsmodelle grundsätzlich in Frage zu stellen und schlägt vor, „die Modelle aus der aktuellen betriebswirtschaftlichen Diskussion herauszunehmen und ihnen einen Platz im Kapitel „Geschichte der Betriebswirtschaftslehre" zuzuweisen".[395] Angesichts der Akzeptanzprobleme, auf die die Planungsmodelle in

[393] *Blohm, Hans/Lüder, Klaus*: Investition. 8. Aufl., München 1995, S. 319.

[394] *Heinhold, Michael*: Simultane Unternehmensplanungsmodelle – ein Irrweg? In: Die Betriebswirtschaft 1989, S. 694.

[395] *Heinhold, Michael*: Simultane Unternehmensplanungsmodelle – ein Irrweg? In: Die Betriebswirtschaft 1989, S. 689-690.

der Praxis stoßen,[396] ist eine tiefergehende kritische Betrachtung der Modelle tatsächlich auch notwendig.

2.6.4.2.2 Das entscheidungslogische Konzept der Modelle

Schon bei der Definition eines Simultanmodells soll der Anspruch erfüllt werden, dass die Menge der Handlungsalternativen, deren Interdependenzen und ihre Auswirkungen auf das Entscheidungskriterium sowie alle möglichen Umweltzustände bekannt sind. Die dazu notwendige **Informationsbeschaffung** ist jedoch nicht nur unter dem Gesichtspunkt der Quantität, sondern auch aus qualitativer Sicht nicht realisierbar, so dass dieser Modellanspruch nicht einlösbar ist.[397]

Als weiterer fundamentaler Kritikpunkt ist die **zeitliche Begrenzung des Planungszeitraums** zu nennen. Während in der Realität eine Unternehmung normalerweise auf Dauer geführt wird, ist in den Modellen zur simultanen Unternehmungsplanung eine Begrenzung des Planungszeitraums aus Gründen der Datenbeschaffung und der Prognosemöglichkeiten unabdingbar. Somit begehen alle Simultanmodelle den Fehler, über den Planungszeitraum hinausgehende Auswirkungen der Handlungsalternativen zu vernachlässigen.

2.6.4.2.3 Der Ablauf des Entscheidungsprozesses

Bezüglich der Vorgehensweise bei der Entscheidungsfindung lässt sich feststellen, dass die zeitliche Struktur der Entscheidungsfindung nicht dem in der Realität zu findenden Ablauf von Entscheidungsprozessen entspricht.[398] Die Tatsache, dass in der Praxis die Sukzessivansätze dominieren, ist ein Zeichen dafür, dass die sukzessive Vorgehensweise (d. h. die schrittweise Abstimmung der betrieblichen Teilpläne) dem in der Praxis üblichen System der Unternehmungsplanung eher entspricht.[399]

---

396 Vgl. *Bäuerle, Paul*: Zur Problematik der Konstruktion praktikabler Entscheidungsmodelle. In: Zeitschrift für Betriebswirtschaft 1989, S. 176-177; *Little, John D. C.*: Models and Managers: The Concept of a Decision Calculus. In: Management Science 1970, S. B 466-B 485.

397 Vgl. auch *Bretzke, Wolf-Rüdiger*: Der Problembezug von Entscheidungsmodellen. Tübingen 1980, S. 131.

398 Vgl. z.B. *Witte, Eberhard*: Phasen-Theorem und Organisation komplexer Entscheidungsverläufe. In: Zeitschrift für betriebswirtschaftliche Forschung 1968, S. 628.

399 Vgl. dazu auch *Schierenbeck, Henner*: Grundzüge der Betriebswirtschaftslehre. 15. Aufl., München/Wien 2000, S. 324.

2.6.4.2.4 Die Zielfunktion der Modelle versus Zielbildung in der Realität

Bezüglich der Zielfunktion der Simultanmodelle wird von *Heinhold* die Vernachlässigung theoretischer Erkenntnisse und empirischer Untersuchungen, die die **Mehrdimensionalität des Zielsystems** in der Realität nachweisen, beanstandet. Stattdessen wird bei den Modellen zur simultanen Unternehmungsplanung eine einheitliche Zielfunktion vorausgesetzt. Nach empirischen Untersuchungen[400] setzt sich das Zielsystem einer Unternehmung mindestens aus Marktzielen (z.B. Marktanteil, Umsatz), Leistungszielen (z.B. Qualität der Produkte, Prestige) und Ertragszielen (z.B. Gewinn) zusammen. Die klassischen Modellziele der Vermögens- bzw. Einkommensmaximierung können höchstens mit dem Gewinnziel verglichen werden, es ist jedoch keine Zielidentität zwischen dem Ziel der Gewinnmaximierung und den beiden klassischen Modellzielen gegeben.[401]

Auch bei der **Formulierung der Zielfunktion** vernachlässigen die Modelle der Unternehmungsplanung die realen Gegebenheiten. *Hauschildt* hat in einer empirischen Untersuchung nachgewiesen, dass „das Streben nach dem Optimum als ausschließliche Form der Zielfunktion"[402] nicht auftritt. Anstelle des Erzielens eines Optimalwerts wird in der Praxis vielmehr versucht, ein bestimmtes Mindestniveau zu erreichen. Häufig wird auch einfach nur die Verbesserung der Situation angestrebt, ohne dass dabei ein Zielerreichungsgrad spezifiziert wird. Eine Übereinstimmung mit der Zielfunktion simultaner Planungsmodelle liegt in der Praxis nicht vor.

Voraussetzung der Optimierungsmodelle ist das Vorliegen einer Zielfunktion, anhand derer die Entscheidungsalternativen bewertet und ausgewählt werden. In der Realität besteht jedoch ein wechselseitiges Abhängigkeitsverhältnis bezüglich Zielbildung, Problemdefinition und der Suche nach Handlungsmöglichkeiten, so dass Zielklarheit nicht gegeben ist.[403] Damit sind auch die Annahmen, die bezüglich der **Zielbildung** getroffen werden, empirisch nicht haltbar.

---

400 Vgl. dazu und zum Folgenden *Fritz, Wolfgang/Förster, Friedrich/Wiedmann, Klaus-Peter/Raffée, Hans*: Unternehmensziele und strategische Unternehmensführung. In: Die Betriebswirtschaft 1988, S. 573-586.

401 Vgl. dazu *Heinhold, Michael*: Simultane Unternehmensplanungsmodelle – ein Irrweg? In: Die Betriebswirtschaft 1989, S. 704.

402 *Hauschildt, Jürgen*: Entscheidungsziele. Tübingen 1977, S. 67.

403 Vgl. *Heinhold, Michael*: Simultane Unternehmensplanungsmodelle – ein Irrweg? In: Die Betriebswirtschaft 1989, S. 698-708; *Witte, Eberhard*: Entscheidungsprozesse. In: Handwörterbuch der Organisation, hrsg. von *Erich Frese*, 3. Aufl., Stuttgart 1992, Sp. 551-565.

Die Modelle der simultanen Planung berücksichtigen keine **Konflikte zwischen den individuellen Zielvorstellungen der Entscheidungsträger und den vorgegebenen Unternehmungszielen**. Individuelle Ziele können eine wesentliche Rolle im Entscheidungsprozess spielen. Wenn das vorgegebene Unternehmungsziel nicht mit den Individualzielen der Mitarbeiter übereinstimmt, kann es zu einer bewussten oder unbewussten Ablehnung kommen. Daraus können sich Leistungsveränderungen ergeben, die dazu führen, dass die ursprünglich als optimal anzusehende Lösung unter den neuen Gegebenheiten nicht mehr optimal ist.[404] Bei sukzessiver Vorgehensweise kann im Allgemeinen eine bessere Beteiligung der einzelnen Organisationsmitglieder am Entscheidungsprozess erreicht werden, wodurch die Identifikation mit den Planwerten i. d. R. erhöht wird.

2.6.4.3 Zusammenfassende Beurteilung

Die Modelle zur simultanen Unternehmungsplanung werden in den Lehrbüchern ausführlich behandelt.[405] Schon allein deshalb ist eine Auseinandersetzung mit den Simultanmodellen im Bereich der Investitions- und Finanzplanung notwendig. Angesichts der realitätsfremden Prämissen ist jedoch eine kritische Betrachtung erforderlich. Die Kritik der Lehrbücher geht dabei oft nicht weit genug. Gerade bezüglich jener Modelle, die durch die Einbeziehung möglichst vieler Teilbereiche der Unternehmung ein möglichst realitätsnahes Entscheidungsmodell darzustellen versuchen, ist Vorsicht angebracht. *Wöhe* wertet die Modelle der Simultanplanung als Versuche, „der komplexen Investitionsentscheidung gerecht zu werden", und sieht ihre Bedeutung „in den theoretischen Einsichten, die man mit ihrer Hilfe über die Beziehungen von Investition, Finanzierung, Produktion und Absatz gewinnen kann".[406] Somit liegt die Bedeutung der Simultanmodelle in erster Linie in ihrer Funktion als Erklärungsmodelle. Als Entscheidungsmodelle sollten sie nicht herangezogen werden.

---

[404] Vgl. dazu und zum Folgenden *Perridon, Louis/Steiner, Manfred*: Finanzwirtschaft der Unternehmung. 10. Aufl., München 1999, S. 145-146.

[405] Vgl. z.B. *Blohm, Hans/Lüder, Klaus*: Investition. 8. Aufl., München 1995, S. 287-319; *Götze, Uwe/Bloech, Jürgen*: Investitionsrechnung. 2. Aufl., Berlin u.a. 1995, S. 241-309; *Kruschwitz, Lutz*: Investitionsrechnung. 8. Aufl., München/Wien 2000, S. 193-249.

[406] *Wöhe, Günter*: Einführung in die Allgemeine Betriebswirtschaftslehre. 18. Aufl., München 1993, S. 812.

2.7 Die Beurteilung der Investitionsrechnungsverfahren

2.7.1 Die Investitionsrechnungsverfahren in der Theorie

Bei der Frage, welches Investitionsrechnungsverfahren in welchen Entscheidungssituationen zur Anwendung kommen sollte, kann man nicht zu einer allgemein gültigen Antwort kommen. In der Folge wird anhand von **Abbildung 52** zuerst ein zusammenfassender Überblick über die verschiedenen statischen und dynamischen Verfahren der Investitionsrechnung vorgenommen.

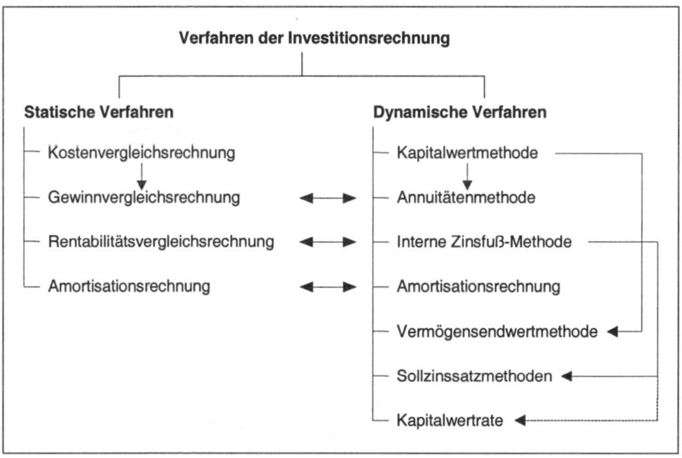

Abbildung 52: Statische und dynamische Verfahren der Investitionsrechnung

Aus **Abbildung 52** wird ersichtlich, dass sich im Grundsatz die Gewinnvergleichsrechnung und die Annuitätenmethode entsprechen, wobei im einen Fall mit statischen Berechnungsweisen und im anderen Fall mit finanzmathematischen Techniken gearbeitet wird. Die Annuitätenmethode wiederum stellt nichts anderes als eine Variation der Kapitalwertmethode dar, während die Gewinnvergleichsrechnung einen Ausbau der Kostenvergleichsrechnung beinhaltet. Als Renditemaße haben sich in den klassischen Verfahren die Rentabilitätsvergleichsrechnung im statischen Bereich bzw. die interne Zinsfuß-

Methode im dynamischen Bereich durchgesetzt. Zur Beurteilung der Rücklaufzeit im Sinne eines Risikomaßes wird in beiden Bereichen jeweils die Methode der Amortisationsrechnung herangezogen. Für den Fall abweichender Soll- und Haben-Zinssätze ergibt sich als Alternative und Weiterentwicklung zur Kapitalwertmethode die Vermögensendwertmethode. Als Alternative zur interne Zinsfuß-Methode stellen sich die Sollzinssatzmethode und die bisher noch nicht behandelte Kapitalwertrate dar. Bei der **Kapitalwertrate** wird der Kapitalwert in Beziehung gesetzt zur Investitionsauszahlung, so dass sich ein relatives Vorteilsmaß ergibt:

$$\text{Kapitalwertrate} = \frac{\text{Kapitalwert}}{\text{Investitionssumme}} = \frac{C_0}{A_0}$$

Aufbauend auf den dargestellten Verfahren erfolgt die Berücksichtigung von Steuern und der Geldentwertung; die Ermittlung der optimalen Nutzungsdauer ist Bestandteil des jeweiligen Verfahrens (hier in diesem Buch dargestellt anhand der Kapitalwertmethode[407]). In Erweiterung der Vermögensendwertmethode ergibt sich die Möglichkeit zur Darstellung vollständiger Finanzpläne. Vollständige Finanzpläne können die jeweiligen Kapitalkosten und Wiederanlagen exakt berücksichtigen, wenn man davon absieht, dass man die Grundlage für die exakte Berechnung, nämlich die entsprechenden Anlagemodalitäten, nicht zur Verfügung hat. In der einfachsten Form der vollständigen Finanzpläne entspricht sie einer unter bestimmten Prämissen ausgestalteten Vermögensendwertmethode. Führt man derartige Modelle weiter, kommt man zu den Methoden der Investitionsprogrammplanung, die allerdings wegen ihrer umfassenden Datenerfordernisse im Bereich der Investitionsrechnung nicht zur praktischen Anwendung kommen (können).

Versucht man auf der Grundlage dieser Überlegungen zu einer Sortierung der Verfahren zu gelangen, dann ist zunächst eine Einteilung zwischen Erfolgskriterium und „Risikokriterium" vorzunehmen. Als klassisches Risikokriterium im Rahmen der statischen und dynamischen Verfahren hat sich die Amortisationsrechnung auch in der Praxis durchgesetzt. Neben der Amortisationsrechnung in ihrer statischen und dynamischen Variante sind hier verschiedene andere Verfahren zur Berücksichtigung der Unsicherheit dargestellt worden. Insbesondere – das wird auch aus **Abbildung 53** (Seite 269) ersichtlich – finden das Korrekturverfahren, die Sensitivitätsanalyse und die Risikoanalyse Berücksichtigung (zu weiteren Verfahren siehe die Ausführungen in **Abschnitt 2.5.4**).

---

[407] Vgl. **Abschnitt 2.3.3**.

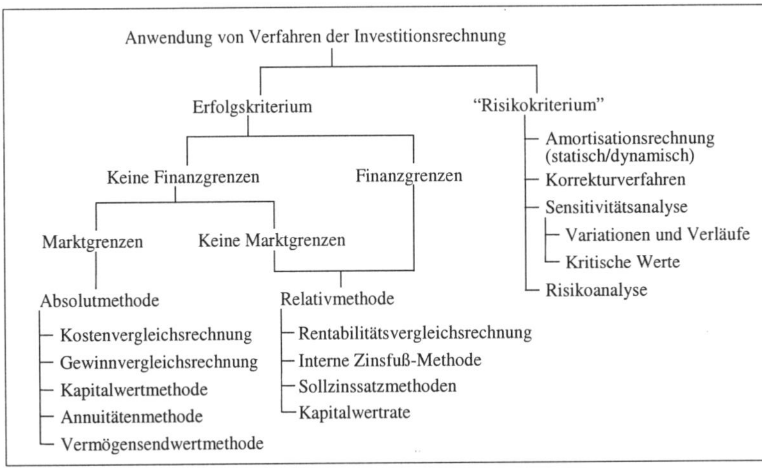

Abbildung 53: Anwendung von Verfahren der Investitionsrechnung

Wenn man die Risikokriterien aussondert, bleibt die Beurteilung der Erfolgskriterien offen. Während bei der Beurteilung eines Einzelobjektes (Vorteilhaftigkeitsproblem) z.B. ein positiver Kapitalwert die gleiche Aussage liefert wie die interne Zinsfuß-Methode, da in diesem Fall der interne Zinsfuß unweigerlich über dem Kalkulationszinsfuß liegt, kann es beim Vergleich verschiedener Projekte (Wahlproblem) zu unterschiedlichen Reihenfolgen bei Anwendung verschiedener Methoden kommen. Die Einordnung der einzelnen Investitionsrechnungsverfahren ist also insbesondere dann von Relevanz, wenn zwischen verschiedenen Projekten auszuwählen ist.

Teilt man die Verfahren der Investitionsrechnung dahingehend ein, wann sie jeweils zur Anwendung kommen sollen, dann ist an erster Stelle danach zu urteilen, ob im konkreten Beurteilungsfall **Finanzgrenzen** vorliegen oder nicht. Für den Fall, dass die **Beschaffung von Finanzmitteln einen Engpass** darstellt, sind Methoden heranzuziehen, bei denen die **relative Vorteilhaftigkeit** als Beurteilungsmethode herangezogen wird. In **Abbildung 53** sind diese als Relativmethoden bezeichnet worden, weil dort immer ein relatives Vorteilsmaß zur Anwendung kommt. Im statischen Bereich ist dies die Rentabilitätsvergleichsrechnung, im dynamischen Bereich die interne Zinsfuß-Methode und alternativ dazu die Sollzinssatzmethode in ihren verschiedenen Varianten sowie die Kapitalwertrate.

Für den Fall, dass im konkreten Einzelfall die **Finanzgrenzen nicht maßgebend** sind, spricht zunächst für den normalen Fall einer Investitionsrechnung alles dafür, ein hier als **Absolutmethode** bezeichnetes Verfahren heranzuziehen, also aus dem statischen Bereich die Kostenvergleichsrechnung bzw. besser die Gewinnvergleichsrechnung und aus dem dynamischen Bereich die Kapitalwertmethode bzw. alternativ die Annuitätenmethode und erweiternd die

Vermögensendwertmethode. Deren Anwendung ist dann geboten, wenn im Einzelfall die Finanzressourcen keinen Engpass darstellen und wenn eine bestimmte Anzahl von Investitionsprojekten benötigt wird, was in **Abbildung 53** (Seite 269) unter dem Stichwort **„Marktgrenzen"** ausgedrückt wird; vereinfacht ausgedrückt, geht es darum, dass zum Beispiel eine Maschine benötigt wird (oder 10 Maschinen usw.). In diesen Fällen bietet es sich an, jenes Investitionsprojekt auszuwählen, das absolut die höchste Vorteilhaftigkeit aufweist.

Sollte allerdings eine Situation auftreten, die in **Abbildung 53** (Seite 269) unter dem Stichwort **„Keine Marktgrenzen"** zum Ausdruck gebracht worden ist, dann wiederum bietet sich die Anwendung einer Relativmethode an. Wenn es also zum Beispiel möglich wäre, eine unbegrenzte Zahl von Investitionsobjekten (zum Beispiel Finanzanlagen) im Fall nicht vorhandener Finanzgrenzen zu erwerben, dann wäre es am besten, die größtmögliche Zahl der Projekte zu realisieren, die die relativ beste Vorteilhaftigkeit aufweisen. Wenn es zum Beispiel möglich ist, ein Projekt zum Anschaffungswert von 2 Millionen EUR zu erwerben oder ein Projekt zum Anschaffungswert von 1 Million EUR (bei jeweils gleicher Laufzeit), dann würde man für diesen Fall immer die jeweils doppelte Zahl des Projektes mit 1 Million EUR Anschaffungskosten erwerben, falls dieses Projekt die relativ bessere Vorteilhaftigkeit aufweist. Diese Art der Beurteilung kommt allerdings dann an ihre Grenzen, wenn man die zugrunde gelegte Einteilung ganz eng sieht. Sollten keine Finanzgrenzen vorhanden sein und keine Marktgrenzen, dann wäre es am besten, immer die gleiche Zahl des jeweils absolut überlegenen Projektes heranzuziehen, das im Beispielsfall mit Anschaffungskosten von 2 Millionen EUR zugrunde liegt.

Insofern kann diese Einteilung nur einen gedanklichen Hinweis für die Beurteilung von Investitionsrechnungsverfahren liefern, weil genau dieser zuletzt besprochene Fall sich sozusagen selbst ad absurdum führt. Im Ergebnis – sollte man diesen Extremfall als nicht gegeben ansehen – spricht vieles dafür, den konkreten Betrachtungsfall des Vorliegens von Finanzgrenzen als Hauptkriterium heranzuziehen, der dann entweder die Anwendung einer Absolutmethode oder einer Relativmethode indiziert. Welche Methode in den beiden Bereichen jeweils herangezogen wird bzw. werden soll, ist bereits im Vorfeld hinreichend diskutiert worden. Neben der Kapitalwertmethode spricht im Bereich der Absolutmethoden in bestimmten Fällen vieles für die Anwendung einer Vermögensendwertmethode, bei den Relativmethoden sollte als Ersatz der internen Zinsfuß-Methode ernsthaft die Anwendung von Sollzinssatzmethoden (*Baldwin*-Zinssatz- oder TRM-Methode) in Erwägung gezogen werden.

2.7.2 Die Investitionsrechnungsverfahren in der Praxis

Nach diversen anderen in der Vergangenheit durchgeführten Umfragen zur Thematik des Einsatzes von Investitionsrechnungsverfahren in der Praxis stammt die wohl aktuellste Untersuchung von *Heidtmann/Däumler*, die sich auf mittelständische Unternehmungen bezog, die im Jahr 1994 einen Jahresumsatz zwischen 20 und 399 Mio. DM aufwiesen. Aus der 1997 veröffentlichten Untersuchung lässt sich entnehmen, dass an der Befragung Unternehmungen der verschiedensten Wirtschaftszweige – Maschinen- und Schiffbau, Bauindustrie, Auto- und Autozubehörindustrie, Eisen- und Stahlerzeugung, Mineralölindustrie und Bergbau, Energieversorgung, Dienstleistungsbetriebe, Nahrungs- und Genussmittelindustrie, Verlage und Papier, Handel, Elektrotechnik, Chemisch-Pharmazeutische Industrie sowie bestimmte andere Unternehmungen – teilnahmen.[408]

Eine Auswertung der Fragebögen der befragten Unternehmungen sowie telefonische Interviews ergaben, dass ca. 81,8 % der Unternehmungen Investitionsrechnungsverfahren einsetzen. Die Verbreitung der Verwendung der verschiedenen Verfahren in den Unternehmungen kann aus **Abbildung 54** entnommen werden.

Investitionsrechnungsverfahren	**Anteil an den befragten, Investitionsrechnungsverfahren einsetzenden Unternehmungen in Prozent**
Rentabilitätsvergleichsrechnung	47,06
Methode des internen Zinsfußes	44,44
Kapitalwertmethode	35,95
Kostenvergleichsrechnung	34,64
dynamische Amortisationsrechnung	28,76
statische Amortisationsrechnung	20,92
Annuitätenmethode	11,76
Gewinnvergleichsrechnung	11,76
sonstige Verfahren	3,27
lineare Planungsrechnung	2,61
MAPI-Methode	0,00

Abbildung 54: Anwendung von Investitionsrechnungsverfahren in der Praxis[409]

[408] Vgl. dazu und zu den folgenden Ausführungen *Heidtmann, Dietmar/Däumler, Klaus-Dieter*: Anwendung von Investitionsrechnungsverfahren bei mittelständischen Unternehmen – eine empirische Untersuchung. In: Buchführung, Bilanz, Kostenrechnung, Beilage 2/1997.

[409] Vgl. *Heidtmann, Dietmar/Däumler, Klaus-Dieter*: Anwendung von Investitionsrechnungsverfahren bei mittelständischen Unternehmen – eine empirische Untersuchung. In: Buchführung, Bilanz, Kostenrechnung, Beilage 2/1997, S. 4.

Erkennen lässt sich anhand dieser Auswertung, dass die Rentabilitätsvergleichsrechnung mit 47,06 % das am häufigsten eingesetzte Verfahren der Investitionsrechnung darstellt, allerdings dicht gefolgt von der Methode des internen Zinsfußes mit 44,44 %. Weitaus weniger bzw. gar keine Anwendung bei den befragten Unternehmungen finden die lineare Planungsrechnung (2,61 %) bzw. die MAPI-Methode (0,00 %).

Fasst man die statische und die dynamische Amortisationsrechnung zusammen, so ergibt sich bei den befragten Unternehmungen, die investitionsrechnerische Methoden anwenden, eine Quote von 49,68 % für den Einsatz dieses Rechenverfahrens, m. a. W., fast die Hälfte dieser Unternehmungen bringt die Amortisationsrechnung in irgendeiner Weise zum Einsatz.

Bei einem Vergleich dieser Umfrageauswertung mit einigen in früheren Jahren angestellten Analysen[410] lässt sich feststellen, dass insbesondere die Amortisationsrechnung im Vergleich zu den 70er und 80er Jahren etwas an Verbreitung in den Unternehmungen eingebüßt hat und außerdem eine eindeutige Tendenz weg von der statischen hin zur dynamischen Amortisationsrechnung zu erkennen ist. Dagegen nimmt die Anwendungshäufigkeit der Kapitalwertmethode, der Annuitätenmethode und der Methode des internen Zinsfußes ständig zu, nicht nur in mittelständischen Unternehmungen, sondern insbesondere auch in Großunternehmungen, wobei diese Verfahren bei letzteren Unternehmungen noch weitaus größere Bedeutung haben als in den mittelständischen Betrieben.

Die gleiche Entwicklung wie obige drei Methoden zeigen im Wesentlichen auch die Kosten- und die Gewinnvergleichsrechnung; auch ihr Anteil ist im Laufe der Zeit angestiegen, wobei die prozentuale Anwendung wiederum in den Großunternehmungen höher ist als die in mittelständischen Betrieben. Ebenfalls ein deutlicher Anstieg erkennen lässt sich bei der Rentabilitätsvergleichsrechnung, die jedoch anstatt der Methode des internen Zinsfußes vermehrt in mittelständischen Unternehmungen zum Einsatz gelangt. Obwohl die lineare Planungsrechnung in der Praxis eher ein Schattendasein fristet, hat sich ihr Einsatz in den letzten Jahrzehnten – allerdings auf extrem niedrigem Niveau – in etwa verdreifacht, wobei ihr Einsatzbereich aber fast ausschließlich in Großunternehmungen erfolgt.

---

[410] Vgl. *Grabbe, Hans-Wilhelm*: Investitionsrechnung in der Praxis – Ergebnisse einer Unternehmensbefragung. Köln 1976 und *Wehrle-Streif, Uwe*: Empirische Untersuchung zur Investitionsrechnung. Köln 1989.

2.8 Die Gesamtbewertung von Unternehmungen als spezieller Anwendungsfall der Investitionsrechnung

2.8.1 Die Unternehmensbewertung als Spezialfall der (dynamischen) Investitionsrechnung

2.8.1.1 Die Grundlagen: Theoretische Einordnung

Im Laufe der Zeit wurden sowohl auf theoretischer als auch auf praxisrelevanter Ebene eine Vielzahl unterschiedlicher Modelle hinsichtlich der Investitionsrechnung konzipiert bzw. weiterentwickelt. Dabei blieb der Begriff „Investitionsrechnung“ allerdings längere Zeit auf Verfahren zur Beurteilung der Wirtschaftlichkeit von Finanz- und Realinvestitionen, d.h. auf Wirtschaftlichkeitsrechnungen, beschränkt. Mit dem sukzessiven Vordringen investitionstheoretischer Erkenntnisse in den Bereich der Unternehmensbewertung hat sich jedoch allmählich die Erkenntnis durchgesetzt, dass auch die Verfahren der Unternehmensbewertung ihrem Kern nach Investitionsrechnungen verkörpern.

Einen grundlegenden Überblick über die Kategorien von Modellen und Verfahren der Investitionsrechnung unter Einbeziehung der Wirtschaftlichkeitsrechnung und Unternehmensbewertung in diesen Bereich vermittelt **Abbildung 55** (Seite 275).

Differenzen zwischen den Verfahren der Wirtschaftlichkeitsrechnung und denen der Unternehmensbewertung bestehen vor allem in der als Basis zugrunde liegenden Fragestellung:

Während die Verfahren der Wirtschaftlichkeitsrechnung die Vorteilhaftigkeit von Investitionen – insbesondere von einzelnen Produktionseinheiten, Aggregaten etc. – bei gegebenen Anschaffungskosten analysieren, ist die investitionsrechnungsbezogene Funktion im Falle der Unternehmensbewertung eine andere. Es wird dabei nämlich nach dem Wert einer Unternehmung, einer Beteiligung oder eines Unternehmensteils gefragt, der beispielsweise zur Ableitung einer Preisforderung herangezogen werden kann.[411] Die Dimension der Betrachtung richtet sich also nicht mehr auf eine einzelne Einheit in der Menge der betrieblichen Geschehnisse, sondern vielmehr auf ein komplexes Gebilde vieler Einflussfaktoren.

Als Basis für die Unternehmensbewertung können entweder **objektive** oder **subjektive Bewertungsmaßstäbe** dienen. Während die objektiven Bewertungsansätze eher als traditionelle Methoden angesehen werden können, zielen die neueren Ansätze vornehmlich auf subjektive Einschätzungen des Bewerters ab.

Hinter den früher üblichen, traditionellen Verfahren der Unternehmensbewertung verbirgt sich die Auffassung von der Existenz eines **„objektiven Unternehmenswerts"**, der unabhängig von der spezifischen Interessenlage des Bewerters zu bestimmen ist. Es liegt dabei also die Perspektive eines neutralen, unparteiischen Gutachters zugrunde, der die Aufgabe hat, einen angemessenen Preis für die betreffende Unternehmung bzw. für eine Beteiligung an dieser oder für einen Unternehmensteil auf der Grundlage objektiver Werte zu ermitteln.

Kennzeichnend für diese Verfahren ist, dass sie i. d. R. die vorhandene Unternehmenssubstanz bei der Wertermittlung miteinbeziehen bzw. dass sie die Erträge der Unternehmung – wenn überhaupt – nur insoweit berücksichtigen, als sie bei normaler Leistung des Unternehmers bzw. der zuständigen Führungspersonen in Zukunft erzielbar sind.

Die neuere, sich mehr und mehr durchsetzende Entwicklung bei der Unternehmensbewertung ist dagegen durch die Hervorhebung des subjektiven Charakters des Unternehmenswerts geprägt, d. h., es wird ganz bewusst auf die Interessenlage und die Entscheidungssituation der Beteiligten bzw. Betroffenen abgezielt. Aufgabe der Unternehmensbewertung ist in diesem Fall die Ermittlung von Entscheidungswerten, die den jeweiligen Beteiligten eine Grundlage dafür bieten sollen, eine möglichst richtige Entscheidung zu treffen. Hier ist die Konzeption der **Unternehmensbewertung als investitionsrechnerische Maßnahme** also sehr deutlich zu erkennen, da bei der Bestimmung des Werts einer Unternehmung dabei Erfolgs- bzw. Cashflow-Größen zugrunde gelegt werden, die sich als unmittelbare Wirkung aus dem Besitz der Unternehmung ergeben.[412]

---

411 Vgl. dazu u. a. *Schierenbeck, Henner*: Grundzüge der Betriebswirtschaftslehre. 15. Aufl., München/Wien 2000, S. 322.

412 Vgl. dazu insbesondere *Schierenbeck, Henner*: Grundzüge der Betriebswirtschaftslehre. 15. Aufl., München/Wien 2000, S. 326-327.

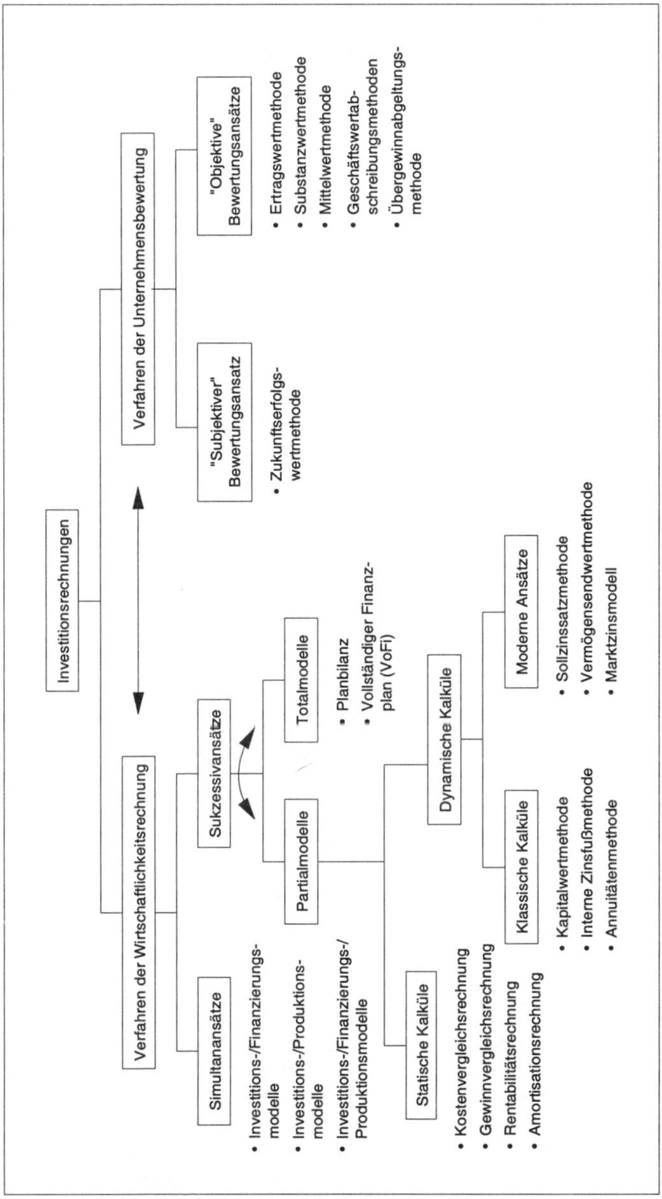

Abbildung 55: Kategorien von Investitionsrechnungen[413]

---

[413] Entnommen aus *Schierenbeck, Henner*: Grundzüge der Betriebswirtschaftslehre. 15. Aufl., München/Wien 2000, S. 323.

Die in der Betriebswirtschaftslehre mittlerweile vorherrschende Meinung stellt deshalb auf eine Unternehmensbewertung durch Ermittlung eines (subjektiven) Zukunftserfolgswerts ab; auch in der Bewertungspraxis gilt diese Auffassung als kaum noch umstritten.[414]

Die gefestigte Meinung bezüglich der Anwendung der Zukunftserfolgswertmethode als relevantes Verfahren der Unternehmensbewertung ist wohl auf die grundsätzliche Überlegung zurückzuführen, dass der Gesamtwert einer Unternehmung, der letztendlich Ausdruck eines betrieblich funktionsfähigen Systems zur Erreichung eines bestimmten Unternehmenszwecks ist, im Allgemeinen nicht der Summe der Werte der einzelnen in ihm vorhandenen Wirtschaftsgüter bzw. Vermögensgegenstände[415] entspricht; erst durch die Art und Weise der Kombination dieser Wirtschaftsgüter bzw. Vermögensgegenstände entwickelt sich im Rahmen des Zusammenwirkens mit allen anderen betrieblichen Wirtschaftsgütern aus den Elementen ein System, dessen Wert je nach Effizienz der Kombination größer oder auch kleiner sein kann als die Summe der Einzelwerte.[416]

Deshalb sind im Rahmen einer Gesamtbewertung stets auch die besonderen Umstände der Bewertung zu berücksichtigen, denn es existiert kein absolut „korrekter" Unternehmenswert, der unabhängig von Anlass und Funktion der Bewertung, unabhängig von der Person des Bewerters und der des Entscheidungsträgers sowie von dessen Zukunftserwartungen und Handlungsabsichten Gültigkeit besitzt. Ein **Gesamtwert** kann also lediglich **in Bezug auf eine ganz bestimmte Bewertungssituation zweckmäßig** sein.[417]

Moxter spricht in diesem Zusammenhang auch vom Zweckadäquanzprinzip, d. h., dass sich ein Bewerter zu Beginn der Unternehmensbewertung darüber im Klaren sein muss, zu welchem Anlass und in welcher Funktion er die Bewertung durchführt, um tatsächlich den konzeptionell korrekten Unternehmenswert ermitteln zu können.[418]

---

[414] Vgl. diesbezüglich insbesondere *Matschke, Manfred J.*: Gesamtwert der Unternehmung. In: Lexikon des Rechnungswesens, hrsg. von *Walther Busse von Colbe* und *Bernhard Pellens*, 4. Aufl., München/Wien 1998, S. 279; *Mellwig, Winfried*: Kompendium für das Examen zum vBP/WP, Band 2: Betriebswirtschaft. 2. Aufl., Hamburg 1994, S. 269.

[415] Zu den Begriffen Wirtschaftsgut und Vermögensgegenstand vgl. *Kußmaul, Heinz*: Wirtschaftsgut/Vermögensgegenstand. In: Handbuch der Bilanzierung, hrsg. von *Rudolf Federmann*, begr. von *Arnulf Gnam*, Freiburg i. Br. 1960 (Loseblatt), 1998, S. 1-36.

[416] Vgl. dazu u. a. *Bieg, Hartmut*: Betriebswirtschaftslehre 1: Investition und Unternehmungsbewertung. 2. Aufl., Freiburg i. Br. 1997, S. 178; *Wöhe, Günter*: Einführung in die Allgemeine Betriebswirtschaftslehre. 20. Aufl., München 2000, S. 669.

[417] Vgl. *Bieg, Hartmut*: Betriebswirtschaftslehre 1: Investition und Unternehmungsbewertung. 2. Aufl., Freiburg i. Br. 1997, S. 178.

[418] Vgl. dazu *Moxter, Adolf*: Grundsätze ordnungsmäßiger Unternehmensbewertung. 2. Aufl., Wiesbaden 1983, S. 6.

2.8.1.2 Die Anlässe und Funktionen der Unternehmensbewertung

2.8.1.2.1 Die Anlässe der Unternehmensbewertung

Da eine Vielzahl von Anlässen für eine Bewertung von Unternehmungen, Beteiligungen an Unternehmungen oder unternehmerischen Teileinheiten in der Praxis eine mehr oder weniger bedeutende Rolle spielt, besteht die Schwierigkeit, klare Kriterien hinsichtlich einer systematischen Einordnung bzw. einer zweckadäquaten Einteilung dieser zahlreichen Anlässe zu finden.

Während *Mellwig* sich der Systematik des WP-Handbuches anschließt, in welchem danach unterschieden wird, ob die Bewertungen aufgrund gesetzlicher Vorschriften oder gerichtlicher Nachprüfungen, auf privatvertraglicher Grundlage, im Rahmen von Schiedsverfahren oder aus sonstigen Anlässen erfolgen, denen hauptsächlich anstehende Investitions-/Desinvestitionsentscheidungen oder außerordentliche Finanzierungsvorgänge zugrunde liegen,[419] kann in einigen anderen Publikationen eine derartige Systematik nicht festgestellt werden. Zahlreiche Veröffentlichungen gehen nur auf die Bewertung ganzer Unternehmungen ein und zielen auf – z. T. spezielle – nationale bzw. internationale Sachverhalte ab.[420] Im Folgenden soll nur auf die Bewertungsproblematik ganzer Unternehmungen eingegangen werden.

In prinzipieller Anlehnung an die Systematik des WP-Handbuches[421] sowie an die von *Mellwig*[422] ergeben sich die in **Abbildung 56** (Seite 278) dargestellten Anlässe für eine Bewertung ganzer Unternehmungen.

---

[419] Vgl. dazu *Mellwig, Winfried*: Kompendium für das Examen zum vBP/WP, Band 2: Betriebswirtschaft. 2. Aufl., Hamburg 1994, S. 276-278; *Siepe, Günter*: Unternehmensbewertung. In: WP-Handbuch, Band II, hrsg. vom Institut der Wirtschaftsprüfer, 11. Aufl., Düsseldorf 1998, S. 9-18.

[420] Vgl. dazu stellvertretend *Dirrigl, Hans*: Konzepte, Anwendungsbereiche und Grenzen einer strategischen Unternehmensbewertung. In: Betriebswirtschaftliche Forschung und Praxis 1994, S. 409-432; *Engeleiter, Hans-Joachim*: Unternehmensbewertung. Stuttgart 1970, S. 10-12; *Redley, Rémi*: Unternehmensbewertung: Verfahren und Methoden. In: bilanz & buchhaltung 1994, S. 337; *Sieben, Günter*: Unternehmensbewertung. In: Handwörterbuch der Betriebswirtschaft, hrsg. von *Waldemar Wittmann* u.a., 5. Aufl., Stuttgart 1993, Sp. 4320-4321 und für internationale Sachverhalte *Copeland, Tom*: Why value value? In: The McKinsey Quarterly 1994, Number 4, S. 97-109; *Schmidt, Andreas*: Unternehmensbewertung ausländischer Gesellschaften. In: Der Betrieb 1994, S. 1149-1155.

[421] Vgl. *Siepe, Günter*: Unternehmensbewertung. In: WP-Handbuch, Band II, hrsg. vom Institut der Wirtschaftsprüfer, 11. Aufl., Düsseldorf 1998, S. 9-18.

Anlässe für die Bewertung ganzer Unternehmungen

Bewertung aufgrund gesetzlicher Vorschriften oder gerichtlicher Nachprüfungen	Bewertung auf privatvertraglicher Grundlage oder im Rahmen von Schiedsverfahren	Sonstige Anlässe
• Angemessener Ausgleich gem. § 304 AktG • Abfindung in Aktien gem. §§ 305, 320 AktG • Barabfindung gem. §§ 305, 320 AktG • Umwandlungen gemäß dem seit 1.1.1995 geltenden UmwG • Bewertung nicht notierter Anteile für steuerliche Zwecke (Stuttgarter Verfahren) • Zugewinnausgleich • Nationalisierung bzw. Sozialisierung; Wiedergutmachung; Kriegsschädenfeststellung	• Einbringung ganzer Unternehmungen bei Sachgründungen • Erbauseinandersetzungen, Erbteilungen • Abfindungsfälle im Familienrecht • Schiedsgutachten • Kauf bzw. Verkauf ganzer Unternehmungen, von Betriebsteilen oder von Beteiligungen (Ein- und Austritt von Gesellschaftern)	• Freiwillige Entflechtungen • Bewertung von Beteiligungen beim Jahresabschluss • Beurteilung von Unternehmungen (z.B. bei Kreditwürdigkeitsprüfungen) • Kontrolle der Erfolgskapitalerhaltung

Abbildung 56: Anlässe für die Bewertung ganzer Unternehmungen

2.8.1.2.2 Die Funktionen der Unternehmensbewertung

2.8.1.2.2.1 Die funktionale Unternehmensbewertung

Die funktionale Unternehmensbewertung (bzw. Werttheorie) versucht, den **Meinungsstreit zwischen objektiver und subjektiver Bewertung einer Un-**

---

[422] Vgl. *Mellwig, Winfried*: Kompendium für das Examen zum vBP/WP, Band 2: Betriebswirtschaft. 2. Aufl., Hamburg 1994, S. 276-278.

ternehmung zu überwinden;[423] sie stellt seit Mitte der siebziger Jahre die herrschende Lehre dar. Es muss danach eine Aufgabenanalyse erfolgen, die die Abhängigkeit des jeweils zu ermittelnden Unternehmensgesamtwerts von der zugrunde liegenden Aufgabenstellung berücksichtigt. Dies ist deshalb erforderlich, weil die Unternehmung nicht für jeden einzelnen Bewertungsinteressenten einen ganz bestimmten spezifischen Wert hat, sondern je nach Bewertungszweck einen völlig anderen Unternehmenswert aufweisen kann.[424]

Da „der" Wert einer Unternehmung konsequenterweise nicht existiert, muss eine die Unternehmung bewertende Person sich vor dem Beginn der Bewertung, z.B. durch Rücksprache mit dem Auftraggeber, vergewissern, zu welchem Anlass und mit welcher Intention die Bewertung durchgeführt wird. Erst wenn der Bewerter Kenntnis über die Funktion der Bewertung besitzt, ist er in der Lage, den für diese Funktion „zutreffenden" Unternehmenswert zu bestimmen. Erwähnt werden muss allerdings noch, dass die Abgrenzung einer Funktion von einer anderen bisweilen schwer möglich ist, da die Übergänge oft fließend sind.[425]

Unterschieden werden kann grundsätzlich zwischen **Haupt- und Nebenfunktionen**. Anknüpfungspunkt für die Hauptfunktionen der Unternehmensbewertung sind Bewertungsanlässe, die mit bevorstehenden oder vollzogenen Eigentumsübertragungen einhergehen.[426] Demgegenüber fallen unter den Bereich der Nebenfunktionen alle Fälle, in denen Gesamtbewertungen ohne den besonderen Anlass eines möglichen oder tatsächlichen Eigentümerwechsels durchgeführt werden.

Die Gemeinsamkeit der Hauptfunktionen einer Unternehmensgesamtbewertung liegt darin, dass sich immer mindestens zwei bestimmte Personen oder Personengruppen mit konkreten Erwartungen und Interessen gegenüberstehen, was in einer subjektorientierten Bewertung i.S. eines **gerundiven Werts**, d.h. eines auf subjektiver Wertung basierenden, aber nachprüfbaren und wissenschaftlich verwertbaren Werts, zum Ausdruck kommt. Den Nebenfunktionen ist dagegen gemeinsam, dass durch die Masse der Vorgänge und durch die

---

[423] Vgl. dazu *Matschke, Manfred J.*: Gesamtwert der Unternehmung. In: Lexikon des Rechnungswesens, hrsg. von *Walther Busse von Colbe* und *Bernhard Pellens*, 4. Aufl., München/Wien 1998, S. 280.

[424] Vgl. insbesondere *Matschke, Manfred J.*: Gesamtwert der Unternehmung. In: Lexikon des Rechnungswesens, hrsg. von *Walther Busse von Colbe* und *Bernhard Pellens*, 4. Aufl., München/Wien 1998, S. 280.

[425] Vgl. *Bieg, Hartmut*: Betriebswirtschaftslehre 1: Investition und Unternehmungsbewertung. 2. Aufl., Freiburg i.Br. 1997, S. 192.

[426] Vgl. dazu *Sieben, Günter*: Funktionen der Bewertung ganzer Unternehmen und von Unternehmensanteilen. In: Das Wirtschaftsstudium 1983, S. 539.

Zielsetzungen der Bewertung die subjektiven Momente zurückgedrängt werden.[427]

2.8.1.2.2.2 Die Hauptfunktionen

2.8.1.2.2.2.1 Die Beratungsfunktion

Muss eine mit der Bewertung einer Unternehmung beauftragte Person einem bestimmten Entscheidungssubjekt bzw. Bewertungsinteressenten (z.B. Käufer, Verkäufer) in einer speziellen Entscheidungs- oder Konfliktsituation einen Wert zur Verfügung stellen, der diesem Zweck entsprechend zu ermitteln ist, so handelt es sich um eine **Beratungsfunktion**. Der zur Verfügung gestellte Wert wird als **Entscheidungswert** bezeichnet. Aufgabe ist es demnach, das Entscheidungssubjekt in dieser bestimmten Situation zu beraten und ihm Unterlagen für eine rationale Entscheidung in dieser Lage bzw. hinsichtlich des angestrebten Vorhabens zu liefern. Der Entscheidungswert zeigt dem Entscheidungssubjekt bei gegebenem Zielsystem und bei gegebenem Entscheidungsfeld an, unter welchen Bedingungen die Realisierung eines konkreten geplanten Vorhabens das ohne Durchführung dieser Aktion erreichbare Niveau der Zielerfüllung gerade noch nicht mindert, d.h., unter welchen Bedingungen das geplante Vorhaben gerade noch mit rationalem Handeln vereinbar ist.[428]

Charakteristisch für den Entscheidungswert sind folgende Merkmale:[429]

- Verkörperung eines Grenzwerts oder der Konzessionsgrenze, d. h. einer kritischen Größe;
- die Ermittlung erfolgt im Hinblick auf ein konkret beabsichtigtes Vorhaben;

---

[427] Vgl. dazu insbesondere *Bieg, Hartmut*: Betriebswirtschaftslehre 1: Investition und Unternehmungsbewertung. 2. Aufl., Freiburg i.Br. 1997, S. 193.

[428] Vgl. zu dieser Thematik u.a. *Bieg, Hartmut*: Betriebswirtschaftslehre 1: Investition und Unternehmungsbewertung. 2. Aufl., Freiburg i.Br. 1997, S. 193; *Matschke, Manfred J.*: Gesamtwert der Unternehmung. In: Lexikon des Rechnungswesens, hrsg. von *Walther Busse von Colbe* und *Bernhard Pellens*, 4. Aufl., München/Wien 1998, S. 280; *Peemöller, Volker H.*: Stand und Entwicklung der Unternehmensbewertung. In: Deutsches Steuerrecht 1993, S. 409; *Sieben, Günter*: Unternehmensbewertung. In: Handwörterbuch der Betriebswirtschaft, hrsg. von *Waldemar Wittmann* u.a., 5. Aufl., Stuttgart 1993, Sp. 4316; *Wöhe, Günter*: Einführung in die Allgemeine Betriebswirtschaftslehre. 20. Aufl., München 2000, S. 670.

[429] Vgl. zum Folgenden *Matschke, Manfred J.*: Gesamtwert der Unternehmung. In: Lexikon des Rechnungswesens, hrsg. von *Walther Busse von Colbe* und *Bernhard Pellens*, 4. Aufl., München/Wien 1998, S. 280-281.

- unmittelbarer Bezug auf ein bestimmtes Entscheidungssubjekt und dessen Zielsystem;
- Gültigkeit nur hinsichtlich der zur geplanten Handlung als Alternativen anzusehenden Entscheidungsmöglichkeiten (Entscheidungsfeld).

Herangezogen wird der Entscheidungswert als maßgeblicher Unternehmensgesamtwert in Situationen, deren Durchführung die Lösung eines interpersonalen Konflikts voraussetzen. Der Entscheidungswert wird deshalb auf solche Sachverhalte ausgerichtet sein, die für eine Konfliktlösung zwischen diesen an der Entscheidung beteiligten Parteien (z.B. Käufer, Verkäufer) bedeutsam sind; er gibt dementsprechend an, welche Ausprägungen dieser konfliktlösungsrelevanten Sachverhalte das betreffende Entscheidungssubjekt äußerstenfalls gerade noch zu akzeptieren bereit sein könnte.

Da der Gesamtwert der Unternehmung in der Ausprägung eines Entscheidungswertes also die Grenze der Konzessionsbereitschaft des betreffenden Entscheidungssubjekts angibt, sollte der anderen Partei dieser Wert nicht bekannt werden, da sonst u.U. eine Schwächung der eigenen Verhandlungsposition die Folge sein könnte.

Im Falle einer möglichen Konfliktsituation beim Kauf bzw. Verkauf einer Unternehmung kommt der Höhe des denkbaren Preises für die Unternehmung eine große Bedeutung insoweit zu, als bei der Ermittlung des Unternehmensgesamtwerts als Entscheidungswert größtenteils auf die Bestimmung einer mit rationalem Handeln vereinbarten Preisgrenze abgestellt wird. Infolge dieser weit gehenden Vereinfachung der tatsächlichen Konfliktsituation stellt der Gesamtwert der Unternehmung als Entscheidungswert dann eine Preisobergrenze (aus der Sicht des potenziellen Käufers) bzw. eine Preisuntergrenze (aus der Sicht des Verkäufers) dar.[430] Zu beachten gilt aber, dass diese Grenzpreise bei Verhandlungen über einen eventuellen Eigentumsübergang keine absoluten Größen, sondern nur Näherungswerte darstellen, da sowohl der potenzielle Käufer als auch der mögliche Verkäufer eigene – u.U. stark differierende und z.T. auch realitätsferne – Vorstellungen über die zukünftige Ertragslage, die wirtschaftliche Substanz und die erwartete Fortbestehensdauer der Unternehmung sowie den einflussnehmenden Kalkulationszinssatz haben.

Erwähnt werden muss in diesem Zusammenhang weiterhin, dass die Gesamtbewertung einer Unternehmung hier nicht die Aufgabe hat, einen von beiden Verhandlungsparteien akzeptierten Preis zu ermitteln; vielmehr muss für das jeweilige Entscheidungssubjekt ein **Verhandlungslimit** abgesteckt werden. Die **berechneten Grenzpreise** sind deshalb für die betroffenen Parteien als

---

[430] Vgl. dazu und zum Folgenden *Matschke, Manfred J.*: Gesamtwert der Unternehmung. In: Lexikon des Rechnungswesens, hrsg. von *Walther Busse von Colbe* und *Bernhard Pellens*, 4. Aufl., München/Wien 1998, S. 280-281.

Ausgangsbasis für die Verhandlungen anzusehen. Auf welchen Preis man sich letztlich einigt, kann im Vorhinein nicht explizit festgelegt werden, sondern ist Gegenstand der Verhandlungen. Der tatsächlich zustande kommende Preis ergibt sich in Abhängigkeit von mehreren Einflussfaktoren, v.a. aber durch die Verhandlungsmacht und das Verhandlungsgeschick der Beteiligten. Der mögliche Verkäufer kennt aufgrund der für seine Belange durchgeführten Bewertung seine Preisuntergrenze und wird in den Verhandlungen versuchen, einen Preis durchzusetzen, der relativ weit über seiner Preisuntergrenze liegt. Demgegenüber hat der potenzielle Käufer Kenntnis über seine Preisobergrenze und wird demnach bestrebt sein, einen Preis zu erreichen, der nach Möglichkeit weit unter seiner Preisobergrenze liegt. Das Problem dabei ist aber, dass die – von den individuell zugrunde gelegten Daten über die zukünftige Ertragsentwicklung, die wirtschaftliche Substanz und die angenommene Fortbestehensdauer der Unternehmung sowie von dem maßgeblichen Kalkulationszinssatz abhängigen – Preislimits seitens des Verkäufers bzw. des Käufers eventuell ein für beide Parteien vorteilhaftes Geschäft verhindern können, nämlich dann, wenn die Verhandlungsgrenze entgegen den realen Verhältnissen beim Verkäufer zu hoch und beim Käufer zu niedrig angesetzt ist. Umgekehrt wird eine der beiden Parteien u.U. eine unwirtschaftliche Transaktion tätigen, wenn das Verhandlungslimit beim Verkäufer zu niedrig bzw. beim Käufer zu hoch angesetzt ist und der vereinbarte Verkaufspreis genau diesem Betrag entspricht.[431]

2.8.1.2.2.2.2 Die Vermittlungsfunktion

Im Rahmen der Vermittlungsfunktion einer Unternehmensbewertung soll ein **Schiedswert** (**Arbitriumwert**) ermittelt werden, dessen Aufgabe es ist, in einer Konfliktsituation bei einer bevorstehenden Änderung von Eigentumsverhältnissen zwischen Parteien mit divergierenden Interessen zu vermitteln und einen Interessenausgleich herbeizuführen. Die Aufgabe der Festlegung des Schiedswertes fällt dabei einem **unparteiischen Dritten** (unparteiischer Gutachter, Vermittler, Schiedsgutachter) zu.[432] Definieren lässt sich der Gesamtwert einer Unternehmung im Sinne des Arbitriumwerts daher als ein von einem unparteiischen Dritten vorgeschlagener potenzieller Einigungswert.

---

[431] Vgl. zu den vorangegangenen Ausführungen insbesondere auch *Bieg, Hartmut*: Betriebswirtschaftslehre 1: Investition und Unternehmungsbewertung. 2. Aufl., Freiburg i.Br. 1997, S. 194.

[432] Vgl. dazu und zum Folgenden u.a. *Matschke, Manfred J.*: Gesamtwert der Unternehmung. In: Lexikon des Rechnungswesens, hrsg. von *Walther Busse von Colbe* und *Bernhard Pellens*, 4. Aufl., München/Wien 1998, S. 281; *Sieben, Günter*: Unternehmensbewertung. In: Handwörterbuch der Betriebswirtschaft, hrsg. von *Waldemar Wittmann* u.a., 5. Aufl., Stuttgart 1993, Sp. 4318.

Von seiner Wirkung her kann der Arbitriumwert für die betroffenen Parteien unterschiedlich verpflichtend bzw. verbindlich sein, je nachdem, ob er eine für die Parteien unverbindliche Konfliktlösungsmöglichkeit darstellt, ob er als Vorschlag für ein angerufenes Gericht eine wichtige Urteilsbasis verkörpert oder ob er aufgrund eines zwischen den Parteien vereinbarten schiedsgerichtlichen Verfahrens einem rechtskräftigen Gerichtsurteil ähnlich ist. In Abhängigkeit von der jeweils zugrunde liegenden Situation gibt der Gesamtwert einer Unternehmung als potenzieller Einigungswert die Rahmenbedingungen vor, auf deren Basis der mit der Unternehmensbewertung beauftragte Gutachter eine Konfliktlösung zwischen den Parteien für möglich erachtet. Der potenzielle Einigungswert im Sinne des Arbitriumwerts muss deshalb grundsätzlich als ein Kompromiss angesehen werden, der den betroffenen Parteien zugemutet werden kann und eine angemessene Wahrung ihrer Interessen gewährleistet.

Besonders relevant bei der Durchführung einer vermittlungsorientierten Unternehmensbewertung ist die Lage, in der sich die beteiligten Parteien zu diesem Zeitpunkt befinden; es muss daher eine Unterscheidung dahingehend getroffen werden, ob eine nicht beherrschte (bzw. nicht dominierte) oder aber eine beherrschte (bzw. dominierte) Konfliktsituation vorliegt.

Eine **nicht beherrschte Konfliktsituation** liegt vor, wenn keine der konträren Parteien von sich aus, d.h. ohne Mitwirkung und vielleicht sogar gegen den erklärten Willen der anderen Parteien, eine Veränderung der Eigentumsverhältnisse der zu bewertenden Unternehmung herbeiführen kann. In der überwiegenden Mehrzahl der Bewertungssituationen handelt es sich um eine nicht beherrschte Konfliktsituation.

Von einer **beherrschten Konfliktsituation** wird dagegen gesprochen, wenn eine Situation besteht, in der eine der konträren Parteien von sich aus – gegen den erklärten Willen der anderen Parteien – eine Änderung der Eigentumsverhältnisse der zu bewertenden Unternehmung durchsetzen kann. In einem Rechtsstaat ist eine derartige einseitig erzwingbare Änderung der Eigentumsverhaltnisse der relevanten Unternehmung aber nur aufgrund gesetzlicher Legitimation möglich, so z.B. im Rahmen des zwangsweisen Ausscheidens von Minderheitsgesellschaftern einer Kapitalgesellschaft bei Eingliederungen und Umwandlungen oder beim Ausschluss eines so genannten „lästigen Gesellschafters“ aus der Unternehmung. Hier ergibt sich für den unparteiischen Dritten im Vergleich zu einer nicht beherrschten Konfliktsituation insoweit ein anderer Sachverhalt, als von der Änderung der Eigentumsverhältnisse der Unternehmung als einer vollzogenen oder gegen den Willen der anderen Parteien durchsetzbaren Tatsache ausgegangen werden muss. Dabei ergibt sich für den unparteiischen Gutachter das Problem der Interessenabwägung; eine Lösung dieses Problems sollte auf der Basis der jeweiligen rechtlichen Bedingungen und der darin vom Gesetzgeber zum Ausdruck gebrachten Interessenabwägung herbeigeführt werden. Dies bedingt, dass der Unternehmenswert als Arbitriumwert zumutbar und angemessen festzulegen ist. Dabei bedeutet der Begriff „zumutbar" hier die prinzipielle Vereinbarkeit des Arbitriumwerts mit dem rationalen Verhalten der betroffenen Parteien.

Liegt eine nicht beherrschte Konfliktsituation in der Ausprägung eines Kaufs bzw. Verkaufs einer Unternehmung vor, bei der ausschließlich die Höhe des Preises für eine Einigung zwischen Käufer und Verkäufer von Interesse ist, so hat der Unternehmensgesamtwert als Arbitriumwert zwischen dem vom Verkäufer minimal zu fordernden Preis (Grenzwert des Verkäufers) und dem vom Käufer maximal zahlbaren Preis (Grenzwert des Käufers) zu liegen. Auf der Basis der rationalen Handlungen kann der Bereich der für den Arbitriumwert in Frage kommenden Einigungswerte eingegrenzt werden.

Existieren mehrere zumutbare Einigungswerte, weil der vom Käufer vorab festgelegte Entscheidungswert denjenigen des Verkäufers übersteigt, so besteht die Notwendigkeit, unter Heranziehung des Grundsatzes der parteienbezogenen Angemessenheit denjenigen Wert als Arbitriumwert auszuwählen, der den Vorstellungen der Parteien hinsichtlich eines fairen Vertragsabschlusses am nächsten kommt.[433] Dabei müssen so genannte **Gerechtigkeitspostulate** in die Bewertung und damit in die Festlegung des endgültigen Einigungswerts einfließen, die folgendermaßen ausgestaltet sein können:[434]

- Es erfolgt eine Aufteilung des Unterschiedsbetrags zwischen den Grenzwerten der beiden Parteien im Verhältnis dieser beiden Werte.
- Die Festlegung des Arbitriumwerts zwischen den beiden Grenzwerten ist so vorzunehmen, dass die Summe der Gewinne, die beide Parteien deswegen erzielen, weil der Arbitriumwert von ihren Vorstellungen abweicht und weil die Differenz anderweitig investiert werden kann, maximal wird.

---

[433] Vgl. hinsichtlich dieser Thematik vor allem *Bieg, Hartmut*: Betriebswirtschaftslehre 1: Investition und Unternehmungsbewertung. 2. Aufl., Freiburg i. Br. 1997, S. 195; *Matschke, Manfred J.*: Gesamtwert der Unternehmung. In: Lexikon des Rechnungswesens, hrsg. von *Walther Busse von Colbe* und *Bernhard Pellens*, 4. Aufl., München/Wien 1998, S. 281-282; *Peemöller, Volker H.*: Stand und Entwicklung der Unternehmensbewertung. In: Deutsches Steuerrecht 1993, S. 409-410; *Sieben, Günter*: Unternehmensbewertung. In: Handwörterbuch der Betriebswirtschaft, hrsg. von *Waldemar Wittmann* u.a., 5. Aufl., Stuttgart 1993, Sp. 4318-4319; *Wöhe, Günter*: Einführung in die Allgemeine Betriebswirtschaftslehre. 20. Aufl., München 2000, S. 671.

[434] Vgl. dahingehend ausführlich *König, Wolfgang*: Die Vermittlungsfunktion der Unternehmensbewertung. In: Moderne Unternehmensbewertung und Grundsätze ihrer ordnungsmäßigen Durchführung, hrsg. von *Wolfgang Goetzke* und *Günter Sieben*, Köln 1977, S. 73-89; *Matschke, Manfred J.*: Funktionale Unternehmungsbewertung, Band II: Der Arbitriumwert der Unternehmung. Wiesbaden 1979, S. 19.

- Die Bestimmung des Arbitriumwerts ergibt sich durch arithmetische Mittelung der beiden Grenzwerte.
- Ausgewählt wird ein stark objektorientierter Arbitriumwert.

2.8.1.2.2.2.3 Die Argumentationsfunktion

Die Aufgabe eines Bewerters bei einer Unternehmensbewertung unter der Maßgabe der Argumentationsfunktion besteht darin, eine in einer Verhandlung befindliche Partei so zu unterstützen, dass das von ihr angestrebte Verhandlungsergebnis zum großen Teil erreicht wird. Als Ergebnis der Unternehmensbewertung im Sinne der Argumentationsfunktion ergibt sich dabei der so genannte **Argumentationswert**, der als **Instrument der Kommunikation in der Verhandlung** dient. Der Zweck des Argumentationswerts liegt in der Beeinflussung der anderen Verhandlungspartei(en) bzw. des Verhandlungspartners, um das angestrebte positive Verhandlungsresultat durchzusetzen. Dabei ist zu beachten, dass eine sinnvolle Ableitung eines Argumentationswerts ohne Kenntnis des Entscheidungswerts der ihn verwendenden Partei nicht möglich ist. Während der individuell beeinflusste Entscheidungswert aus Gründen der Verhandlungstaktik der anderen Verhandlungspartei prinzipiell verborgen bleiben sollte, erfolgt eine Unterbreitung der Argumentationswerte, um auf diese Weise eine Beeinflussung des weiteren Verhandlungsverlaufs und des Verhandlungsergebnisses bewirken zu können. Oftmals werden im Verlauf des Verhandlungsprozesses mehrere Argumentationswerte präsentiert, die als potenzielle Entscheidungswerte oder aber in Form eines Arbitriumwerts ausgestaltet sind.

Voraussetzungen für die Ermittlung eines für die zu beratende Person möglichst günstigen bzw. optimalen Argumentationswerts sind einerseits die Kenntnis des eigenen Entscheidungswerts sowie eine ungefähre Abschätzung des gegnerischen Entscheidungswerts und andererseits die genaue Vorstellung über das angestrebte Ergebnis der Verhandlung über den Wert der Unternehmung.[435]

---

[435] Vgl. dazu u.a. *Bieg, Hartmut*: Betriebswirtschaftslehre 1: Investition und Unternehmungsbewertung. 2. Aufl., Freiburg i.Br. 1997, S. 196; *Matschke, Manfred J.*: Gesamtwert der Unternehmung. In: Lexikon des Rechnungswesens, hrsg. von *Walther Busse von Colbe* und *Bernhard Pellens*, 4. Aufl., München/Wien 1998, S. 282; *Peemöller, Volker H.*: Stand und Entwicklung der Unternehmensbewertung. In: Deutsches Steuerrecht 1993, S. 410; *Sieben, Günter*: Unternehmensbewertung. In: Handwörterbuch der Betriebswirtschaft, hrsg. von *Waldemar Wittmann* u.a., 5. Aufl., Stuttgart 1993, Sp. 4319-4320.

2.8.1.2.2.3 Die Nebenfunktionen

2.8.1.2.2.3.1 Die Steuerbemessungsfunktion

Die Steuerbemessungsfunktion basiert auf der Ermittlung von Steuerbemessungsgrundlagen zu fiskalischen Zwecken. Beispielsweise setzt die Bestimmung eines in der Steuerbilanz bzw. in der Vermögensaufstellung eventuell anzusetzenden **Teilwerts** (§ 6 Abs. 1 Nr. 1 Satz 3 EStG) prinzipiell eine Bewertung der gesamten Unternehmung voraus. Da im Falle eines möglichen Unternehmensverkaufs ein fiktiver Erwerber in den Entscheidungsbereich einbezogen wird, muss bei der Bewertung der Unternehmung konsequenterweise das Entscheidungsfeld eines Durchschnittssubjekts berücksichtigt bzw. zugrunde gelegt werden. Ein durchschnittlicher Nutzen wird aber treffenderweise am ehesten durch Marktpreise repräsentiert; dies bedeutet aber, dass eine derartige Bewertung damit zwangsläufig eine starke Objektorientierung aufweist.[436] Dass diese Konzeption des Teilwerts keine allzu hohe Praktikabilität aufweist, wird durch die Existenz der Teilwertvermutungen deutlich, die auf objektive bzw. objektivierbare Sachverhalte zurückgreifen.[437]

Erforderlich ist die Beurteilung der Ertrags- und Vermögenssituation einer Unternehmung und des daraus resultierenden Unternehmenswerts für steuerliche Zwecke auch im Rahmen des so genannten **Stuttgarter Verfahrens** (vgl. dazu ausführlich **Abschnitt 2.8.2.2.6**). Das normierte Schätzverfahren wird vor allem zur Bewertung nicht verbriefter Anteile (z.B. GmbH-Anteile) und nicht notierter Anteile herangezogen. Die grundlegende Vorgehensweise ist in den Erbschaftsteuerrichtlinien festgelegt, wobei auch in diesem Fall weitgehend objektive bzw. objektivierbare Sachverhalte als Grundlage dienen.

Die Aufgabe der Objektivierung der steuerlichen Unternehmensbewertung liegt darin, Rechtssicherheit und die grundsätzliche Möglichkeit der Steuergerechtigkeit zu gewährleisten.[438]

2.8.1.2.2.3.2 Die Bilanzfunktion

Ziel einer Unternehmensbewertung im Rahmen der Bilanzfunktion ist es, den Wert von Unternehmungen, Beteiligungen oder Unternehmensteilen aufgrund handels- oder steuerrechtlicher Normen in einer Bilanz abzubilden.

---

[436] Vgl. *Bieg, Hartmut*: Betriebswirtschaftslehre 1: Investition und Unternehmungsbewertung. 2. Aufl., Freiburg i.Br. 1997, S. 197.

[437] Vgl. dazu *Wöhe, Günter*: Bilanzierung und Bilanzpolitik. 9. Aufl., München 1997, S. 412-414.

[438] Vgl. dazu auch *Bieg, Hartmut*: Betriebswirtschaftslehre 1: Investition und Unternehmungsbewertung. 2. Aufl., Freiburg i.Br. 1997, S. 197.

Damit ist also auch die Abbildung einer Unternehmung in der Handels- und der Steuerbilanz möglich. Allerdings ergibt sich der Unternehmenswert infolge des grundsätzlichen Prinzips der Einzelbewertung aller Vermögensgegenstände bzw. Wirtschaftsgüter sowie der sonstigen Positionen in Handels- und Steuerbilanz aus der Summe der einzelnen bilanzierungsfähigen und bilanzierten bewerteten Aktiva, vermindert um die in der Bilanz ausgewiesenen Verbindlichkeiten. Es erfolgt keine Bestimmung des Gesamtwerts der Unternehmung, sondern die eines von den Gewinnermittlungsvorschriften beeinflussten Werts, der insbesondere den Zweck der Abgrenzung von Gewinnverwendungskompetenzen hat.

In den Kreis der Nebenfunktionen ließen sich noch einige andere Funktionen der Unternehmensbewertung einreihen, worauf hier jedoch aus Praktikabilitätsgründen verzichtet wird.

2.8.2 Die Verfahren der Unternehmensbewertung

2.8.2.1 Allgemeine Vorbemerkungen

Wie bereits in **Abschnitt 2.8.1.1** aufgezeigt wurde, orientieren sich die traditionellen Verfahren der Unternehmensbewertung an einem objektiven Unternehmenswert, der unabhängig von der spezifischen Interessenlage des Bewerters bzw. des oder der Bewertungsinteressenten zu ermitteln ist. Diese Verfahren weisen – mit Ausnahme des Ertragswertverfahrens – eine starke Substanzwertorientierung auf[439] und werden daher auch vom Institut der Wirtschaftsprüfer in Deutschland e.V. (IDW) abgelehnt, das den Barwert der – oftmals subjektiv festgelegten – zukünftigen **Überschüsse der Einnahmen über die Ausgaben** als den theoretisch richtigen Wert einer Unternehmung bezeichnet.[440]

---

[439] Vgl. u.a. *Schierenbeck, Henner*: Grundzüge der Betriebswirtschaftslehre. 15. Aufl., München/Wien 2000, S. 401.

[440] Vgl. diesbezüglich HFA des IDW: Stellungnahme HFA 2/1983: Grundsätze zur Durchführung von Unternehmensbewertungen. In: Die Wirtschaftsprüfung 1983, S. 469. Siehe dazu auch *Maul, Karl-Heinz*: Offene Probleme der Bewertung von Unternehmen durch Wirtschaftsprüfer. In: Der Betrieb 1992, S. 1253-1254.

Obwohl in der Fachliteratur mittlerweile der Zukunftserfolgswert als gängiger Wert im Rahmen einer Unternehmensbewertung gilt,[441] ergibt sich aus Statistiken, dass auch die überwiegend substanzorientierten Verfahren im Rahmen der Bewertung von Unternehmungen in Fällen von Verkäufen noch angewandt werden.[442]

Obwohl die Meinung hinsichtlich des Zukunftserfolgswerts als Basis für eine Unternehmensbewertung derzeit noch hinreichend gefestigt zu sein scheint, kommt im Hinblick auf einzelne Anwendungssituationen immer häufiger Kritik an der Richtigkeit und Aussagefähigkeit dieses Werts auf.[443]

Auch werden rechtliche Bedenken gegen die Bewertung einer Unternehmung nach dem Prinzip der Zukunftserfolgswertermittlung dahingehend geäußert, dass die als Berechnungsbasis dienenden geschätzten Zukunftserfolge mit den Bestimmungen des § 287 ZPO kollidieren, da sie nicht auf einer ausreichenden, durch Dritte nachprüfbaren Tatsachenbasis beruhen. Hinzu kommt noch, dass die prognoseorientierten Werte gegen das Stichtagsprinzip verstoßen.[444]

Nicht zuletzt durch die immer kontroverseren Diskussionen hinsichtlich des richtigen Ansatzes im Rahmen einer Unternehmensbewertung sind in jüngerer Zeit einige alternative Wertansatzvorschläge in den Vordergrund getreten, die

---

[441] Vgl. dazu stellvertretend *Barthel, Carl W.*: Unternehmenswert: Der Markt bestimmt die Bewertungsmethode. In: Der Betrieb 1990, S. 1145; *Matschke, Manfred J.*: Gesamtwert der Unternehmung. In: Lexikon des Rechnungswesens, hrsg. von *Walther Busse von Colbe* und *Bernhard Pellens*, 4. Aufl., München/Wien 1998, S. 279; *Mellwig, Winfried*: Kompendium für das Examen zum vBP/WP, Band 2: Betriebswirtschaft. 2. Aufl., Hamburg 1994, S. 269; *Peemöller, Volker H./Bömelburg, Peter/Denkmann, Andreas*: Unternehmensbewertung in Deutschland – Eine empirische Erhebung. In: Die Wirtschaftsprüfung 1994, S. 741. *Sieben, Günter*: Unternehmensbewertung. In: Handwörterbuch der Betriebswirtschaft, hrsg. von *Waldemar Wittmann* u.a., 5. Aufl., Stuttgart 1993, Sp. 4322.

[442] Vgl. dazu u.a. das Ergebnis der empirischen Erhebung bei *Peemöller, Volker H./Bömelburg, Peter/Denkmann, Andreas*: Unternehmensbewertung in Deutschland – Eine empirische Erhebung. In: Die Wirtschaftsprüfung 1994, S. 742-743.

[443] Vgl. dazu u.a. *Hafner, Ralf*: Unternehmensbewertung bei mehrfacher Zielsetzung. In: Betriebswirtschaftliche Forschung und Praxis 1988, S. 486; *Löhr, Dirk*: Die Grenzen des Ertragswertverfahrens – Kritik und Perspektiven. Frankfurt a. M. 1993; *Maul, Karl-Heinz*: Offene Probleme der Bewertung von Unternehmen durch Wirtschaftsprüfer. In: Der Betrieb 1992, S. 1253-1259; *Niehues, Karl*: Unternehmensbewertung bei Unternehmenstransaktionen. In: Betriebs-Berater 1993, S. 2247-2250; *Peemöller, Volker H.*: Stand und Entwicklung der Unternehmensbewertung. In: Deutsches Steuerrecht 1993, S. 409-416; *Schneider, Jörg*: Die Ermittlung strategischer Unternehmenswerte. In: Betriebswirtschaftliche Forschung und Praxis 1988, S. 522-531. Bisweilen wird sogar dem Substanzwert eine Renaissance zugebilligt. Vgl. dazu u.a. *Hosterbach, Ernst*: Unternehmensbewertung: Renaissance des Substanzwertes. In: Der Betrieb 1987, S. 897.

[444] Vgl. dahingehend ausführlich *Barthel, Carl W.*: Unternehmenswert: Der Markt bestimmt die Bewertungsmethode. In: Der Betrieb 1990, S. 1145-1146.

zumeist auf einer strategischen Unternehmensbewertung beruhen.[445] Deshalb werden im Folgenden auch diese Ansätze als mögliche Alternativen für eine Unternehmenswertermittlung vorgestellt.

Welcher der verschiedenen denkbaren Wertansätze im konkreten Einzelfall allerdings entscheidungsrelevant ist, hängt zum einen vom Anlass der Unternehmensbewertung und zum anderen von dem zugrunde liegenden Bewertungszweck ab. Es kann also nur für die jeweilige spezielle Anwendungssituation entschieden werden, welcher Wert denn nun in diesem Fall einen für den konkreten Anlass brauchbaren Unternehmenswert darstellt.

2.8.2.2 Die traditionellen Verfahren

2.8.2.2.1 Die Ertragswertverfahren

Die **Ertragswertmethode** gilt in der Literatur als die **„traditionelle Version" der Zukunftserfolgswertmethode**. Kennzeichnend für sie ist die Verwendung von Gewinngrößen als Determinanten des Ertragswerts, die Orientierung der Gewinnschätzungen am nachhaltig erzielbaren Kapitalerfolg, der bei normaler Unternehmerleistung erzielbar ist, und die Verwendung eines landesüblichen Zinssatzes zuzüglich etwaiger Zuschläge für Kapitalrisiko, Nichtmobilisierung der Anteile u. Ä. Bisweilen erfolgt anstatt der Zugrundelegung des landesüblichen Zinssatzes die eines „branchenspezifischen Zinssatzes" im Sinne der durchschnittlichen Gesamtkapitalrentabilität aller Unternehmungen einer Branche oder aber die der Aktienrendite für branchengleiche Unternehmungen als Basiszinssatz.[446]

Der Ertragswert einer Unternehmung lässt sich unter Heranziehung dieser Größen ausdrücken als Summe der mit einem Kalkulationszinssatz auf einen einheitlichen Bewertungsstichtag abgezinsten zukünftigen Nutzenzugänge[447] bei impliziter Unterstellung eines durchschnittlichen Arbeitseinsatzes und einer durchschnittlichen Leistungsbereitschaft des Unternehmers. Uneinigkeit besteht allerdings darüber, welche Größe als „Nutzen" in dem hier beschriebenen Sinne heranzuziehen ist; beispielsweise können Einzahlungsüberschüs-

---

[445] Vgl. dazu u. a. *Dirrigl, Hans*: Konzepte, Anwendungsbereiche und Grenzen einer strategischen Unternehmensbewertung. In: Betriebswirtschaftliche Forschung und Praxis 1994, S. 409-432.

[446] Vgl. dazu u. a. *Schierenbeck, Henner*: Grundzüge der Betriebswirtschaftslehre. 15. Aufl., München/Wien 2000, S. 402.

[447] Vgl. u. a. *Bieg, Hartmut*: Betriebswirtschaftslehre 1: Investition und Unternehmungsbewertung. 2. Aufl., Freiburg i. Br. 1997, S. 187; *Wöhe, Günter*: Einführung in die Allgemeine Betriebswirtschaftslehre. 20. Aufl., München 2000, S. 679.

se, Erträge, Gewinne oder Jahresüberschüsse als eine derartige Nutzengröße angesehen werden. Zu beachten ist aber, dass lediglich Zahlungen bzw. in Zahlungsströmen quantifizierte sonstige Vorteile nach finanzmathematischen Regeln zu einem Barwert verdichtet werden können. Des Weiteren lässt sich der Nutzen des Investors nur aufgrund der tatsächlichen Entnahmen und eines möglichen Liquidationserlöses in Abhängigkeit von der von ihm verfolgten Zielsetzung bestimmen.

Strebt der Investor eine Maximierung des Vermögens zum Ende der Nutzungsdauer an – was aber nur bei Unterstellung einer begrenzten Lebensdauer der zu bewertenden Unternehmung sinnvoll ist, da bei einer auf unbegrenztes Fortbestehen ausgerichteten Unternehmung ein Ende nicht abzusehen ist –, so ergibt sich der Ertragswert als Barwert des zukünftig zu erwartenden Nutzens zuzüglich eines eventuell entstehenden, ebenfalls abgezinsten Liquidationserlöses.

Besteht das angestrebte Ziel dagegen in einer Einkommensmaximierung im Falle einer auf unbeschränkte Dauer angelegten Unternehmung, so ist die Unterstellung einer Substanzerhaltung erforderlich; der Barwert des in der Zukunft erzielten Erfolges entspricht dann den abgezinsten, nach dem Prinzip der Substanzerhaltung berechneten, ausschüttungsfähigen Periodenüberschüssen.[448]

Formal gelten nach der Maßgabe der obigen Ausführungen – bis auf die zugrunde liegenden Unterstellungen hinsichtlich der entscheidungsrelevanten Größen – die gleichen Überlegungen wie bei der Berechnung eines Unternehmenswerts auf der Grundlage der Zukunftserfolgswertmethode (vgl. dazu **Abschnitt 2.8.2.3**):

– Bei Annahme einer unbegrenzten Lebensdauer der Unternehmung und konstanten jährlichen Gewinnen:

$$\boxed{EW = \frac{G}{i}}$$

– Bei Annahme einer begrenzten Lebensdauer der Unternehmung und konstanten jährlichen Gewinnen:

$$\boxed{EW = G \cdot \frac{(1+i)^n - 1}{i \cdot (1+i)^n} + L_n \cdot (1+i)^{-n}}$$

– Bei Annahme einer begrenzten Lebensdauer der Unternehmung und jährlich schwankenden Gewinnen:

---

[448] Vgl. dazu insbesondere *Bieg, Hartmut*: Betriebswirtschaftslehre 1: Investition und Unternehmungsbewertung. 2. Aufl., Freiburg i. Br. 1997, S. 187.

$$EW = \sum_{t=1}^{n} G_t \cdot (1+i)^{-t} + L_n \cdot (1+i)^{-n}$$

Die verwendeten Symbole bedeuten dabei Folgendes:

EW: Ertragswert der Unternehmung;

G_t: Gewinn der Periode t;

i: Kalkulationszinssatz;

L_n: Liquidationserlös der Unternehmung, falls $L_n>0$, bzw. Liquidationsauszahlung, falls $L_n<0$;

n: erwartete Lebensdauer der Unternehmung;

t: Periode (t=0, 1, 2, ..., n).

2.8.2.2.2 Die Substanzwertverfahren

Den Substanzwertverfahren fällt – trotz der zahlreichen Kritik an der lediglich auf die objektive Bewertung einzelner Wirtschaftsgüter bzw. Vermögensgegenstände ausgerichteten Bewertung – insofern eine erhebliche Bedeutung zu, als mit ihrer Hilfe eine weitgehend objektive Grundlage bezüglich einer grundlegenden Bewertungsbasis für eine gesamte Unternehmung geschaffen wird. Allerdings darf dabei nicht übersehen werden, dass diese Konzeption der Einzelbewertung der einzelnen in der Unternehmung vorhandenen Vermögenspositionen mit einer Reihe von Mängeln behaftet ist.

Um nämlich aus der Summe der einzelnen zum Unternehmenserfolg beitragenden Wirtschaftsgüter als „Substanz der Unternehmung“ für jedes einzelne Wirtschaftsgut einen Wertansatz im Hinblick auf dessen Bedeutung für das Gesamtsystem ableiten zu können, müsste der Ermittlung solcher Einzelwerte eigentlich eine Unternehmensgesamtbewertung vorausgehen.

Des Weiteren treten Probleme dahingehend auf, dass einerseits nicht alle am Unternehmenserfolg beteiligten Faktoren bewertbar bzw. überhaupt bekannt sind, und andererseits eine kausale Aufteilung des Unternehmensgesamtwerts auf die einzelnen Wirtschaftsgüter undurchführbar ist.

Obwohl die aufgezeigte Problematik einer als Einzelbewertung angelegten Substanzbewertung nicht übersehen werden darf, bietet sich jedoch in bestimmten Fällen eine Bewertung der Unternehmung auf der Basis der Einzelwerte der betrieblichen Substanz im Sinne einer Gesamtbewertung an, so beispielsweise bei:

- Stilllegung einer Unternehmung, wobei ihr Gesamtwert der Summe der Einzelverkaufspreise der veräußerbaren Vermögensgegenstände, vermindert um die Schulden, entspricht;
- Stilllegung von Teilen der Unternehmung bei grundsätzlicher Bereitschaft zur Fortführung der unternehmerischen Aktivitäten;
- Verkauf von nicht betriebsnotwendigem Vermögen und grundsätzliche Bereitschaft zur Fortführung der Unternehmung, mit Ausnahme des Verkaufs von Teilbetrieben sowie Anteilen an anderen Unternehmungen u. Ä., bei denen das Erfordernis einer separaten Gesamtbewertung besteht.[449]

Es lässt sich erkennen, dass **in bestimmten Situationen der Gesamtwert** einer Unternehmung also **durch die Unternehmenssubstanz** in entscheidender Weise **beeinflusst** bzw. z. T. auch weitgehend festgelegt wird. Unklarheit besteht aber oftmals dahingehend, welcher Substanzwert der Unternehmung denn nun für die Berechnung maßgeblich ist, da der Begriff „Substanzwert" nur einen Obergriff für mehrere signifikante Spezialausdrücke hinsichtlich des Substanzwerts einer Unternehmung darstellt. Deshalb kann auch nicht für jede Anwendungssituation in gleicher Weise gesagt werden, welche Bedeutung dem Substanzwert bei einer Unternehmensgesamtbewertung zukommt und welche Bestandteile im entsprechenden Einzelfall für die Bestimmung der Unternehmenssubstanz zu berücksichtigen sind. Zwar lässt sich der jeweilige Gesamtwert der Unternehmenssubstanz als Summe der Produkte aus Substanzmenge und Wertansatz der einzelnen Wirtschaftsgüter festlegen, jedoch ergeben sich Unterschiede aufgrund des unterschiedlichen Umfangs der in die Substanz einzubeziehenden Wirtschaftsgüter und außerdem aufgrund der unterschiedlichen Wertansätze.

Differenziert werden muss dabei generell zwischen zwei grundsätzlichen Ausrichtungen des Substanzwerts einer Unternehmung (vgl. diesbezüglich auch **Abbildung 57**; Seite 293).

Der Substanzwert kann zum einen auf eine mögliche Liquidation der Unternehmung ausgerichtet sein; dann erfolgt eine Orientierung am **Liquidationswert**. In diesem Fall soll bestimmt werden, welcher Betrag bei einer Unternehmensauflösung erzielt werden kann. Beim Verkauf der veräußerbaren Vermögensgegenstände müssen dabei im Allgemeinen – zumeist in Abhängigkeit von der Dringlichkeit der Liquidation bzw. vom angestrebten Liquidationszeitpunkt – Abschläge vom realen Wert (Anschaffungskosten abzüglich der zeitbedingten Wertminderung) der Vermögensgegenstände hingenommen werden. Darüber hinaus werden die Verkaufserlöse durch die Kosten der Ab-

[449] Vgl. zu diesen sowie zu den nachfolgenden Ausführungen *Bieg, Hartmut*: Betriebswirtschaftslehre 1: Investition und Unternehmungsbewertung. 2. Aufl., Freiburg i. Br. 1997, S. 182-187.

wicklung und der Verwertung gemindert. Aus den danach noch verbliebenen Verkaufserlösen müssen außerdem noch die Verbindlichkeiten und die sonstigen Verpflichtungen (z.B. aufgrund eines Sozialplanes) abgedeckt werden. Die schließlich noch übrig bleibenden Nettoeinnahmen repräsentieren den **liquidationswertorientierten Substanzwert** der Unternehmung.[450]

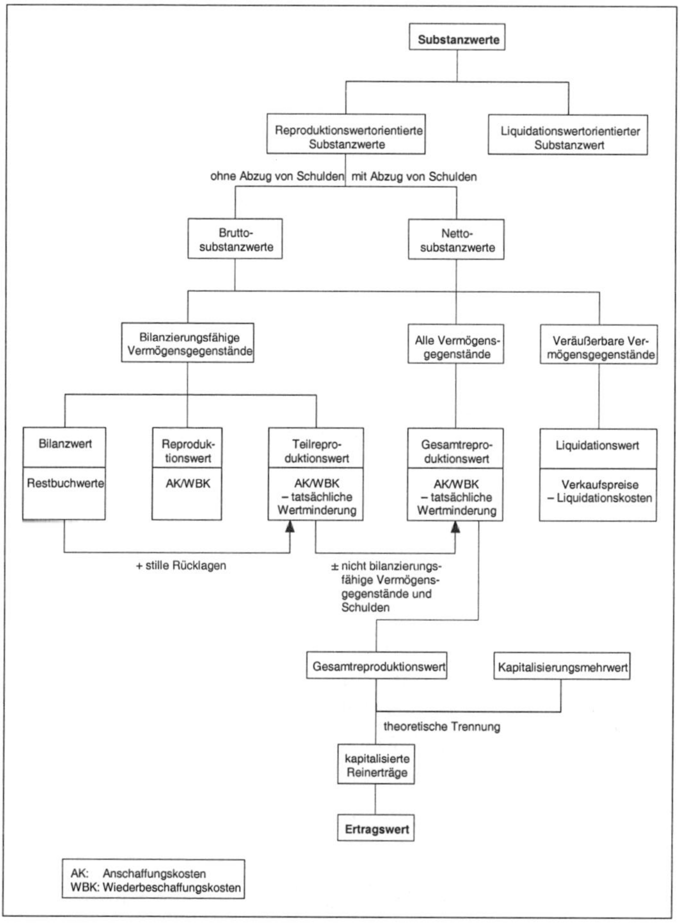

Abbildung 57: Formen der Substanzwerte in der Unternehmensbewertung und deren Abgrenzung zum Ertragswert[451]

---

[450] Vgl. dazu u.a. *Bieg, Hartmut*: Betriebswirtschaftslehre 1: Investition und Unternehmungsbewertung. 2. Aufl., Freiburg i.Br. 1997, S. 183 sowie auch **Abbildung 57**.

[451] Entnommen aus *Kußmaul, Heinz*: Gesamtbewertung von Unternehmen als spezieller Anwendungsfall der Investitionsrechnung. In: Der Steuerberater 1996, S. 306.

Die häufigere Ausprägung des Substanzwerts einer Unternehmung zielt dagegen auf eine **Reproduktionswertorientierung** ab. Dabei wird mit Hilfe des Substanzwerts versucht, eine Antwort auf die Frage zu finden, wie viel Kapital aufgewendet werden müsste, um die zu bewertende Unternehmung so nachzubauen, wie sie derzeit real existiert, d.h. wie sie steht und liegt.[452] Es wird also diejenige Kapitalsumme ermittelt, die notwendig ist, um eine Unternehmung der gleichen technischen Leistungsfähigkeit und der gleichen wirtschaftlichen Ausstattung zu errichten, wie sie die zu bewertende Unternehmung aufweist.[453]

Hierbei wird zunächst von den Vermögensgegenständen ausgegangen, die zum einen als betriebsnotwendig gelten und zum anderen einzeln bewertbar sind; es tritt an dieser Stelle das Problem der Bestimmung der betriebsnotwendigen Vermögensgegenstände auf. Die Abgrenzung zwischen betriebsnotwendigem und nicht betriebsnotwendigem Vermögen hängt letztendlich von der Art der beabsichtigten Unternehmensfortführung ab und kann deshalb nicht pauschal beantwortet werden. Deutlich zu erkennen ist aber, dass hier große Ermessensspielräume bei der Unternehmensbewertung existieren.[454]

Erwähnt werden muss in diesem Zusammenhang, dass die Voraussetzung der Einzelbewertbarkeit auf eine deutliche Schwäche der Ermittlung eines Unternehmenswerts auf der Grundlage der Substanzbewertung hinweist. Durch die Einzelbewertung und damit durch die isolierte Betrachtung eines jeden Vermögensgegenstandes erfolgt nämlich eine Nichtberücksichtigung der Auswirkungen der einzelnen Vermögensgegenstände im Verbund und somit eine Vernachlässigung von deren Ertragspotenzial.

Ein Ansatz der nicht betriebsnotwendigen Vermögensgegenstände geschieht in Höhe des Liquidationswerts. Im Falle des Vorhandenseins sowohl betriebsnotwendiger als auch nicht betriebsnotwendiger Vermögensgegenstände kommt es bei der Ermittlung des Unternehmenswerts darauf an, auf welchen reproduktionswertorientierten Substanzwert abgezielt wird.

Differenziert werden kann zwischen folgenden Größen (vgl. dazu auch **Abbildung 57**; Seite 293):

Eine Berechnung der verschiedenen Substanzwerte kann primär auf der Basis von **Brutto- oder Nettosubstanzwerten** durchgeführt werden. Möchte man Bruttosubstanzwerte ermitteln, findet kein Abzug der Schulden der Unter-

---

452 Vgl. HFA des IDW: Stellungnahme HFA 2/1983: Grundsätze zur Durchführung von Unternehmensbewertungen. In: Die Wirtschaftsprüfung 1983, S. 473.

453 Vgl. dazu *Wöhe, Günter*: Einführung in die Allgemeine Betriebswirtschaftslehre. 20. Aufl., München 2000, S. 680-681.

454 Vgl. dazu und zum Folgenden insbesondere *Bieg, Hartmut*: Betriebswirtschaftslehre 1: Investition und Unternehmungsbewertung. 2. Aufl., Freiburg i.Br. 1997, S. 184-186.

nehmung statt. Erfolgt dagegen ein Abzug der – tatsächlichen (entsprechend der herrschenden Literaturmeinung) oder aber der bei einer als normal erachteten Eigen-/Fremdkapitalrelation vertretbaren – Schulden, so handelt es sich um Nettosubstanzwerte.

Unter dem **Bilanzwert** ist die Summe der Restbuchwerte (fortgeführte Anschaffungs- oder Herstellungskosten) der bilanzierten Vermögensgegenstände zu verstehen. Schwierigkeiten können in diesem Fall allerdings bei unterschiedlichen Wertansätzen in Handels- und Steuerbilanz auftreten. Als nachteilig hinsichtlich der Aussagefähigkeit dieses Werts ist in erster Linie anzumerken, dass keine Aufdeckung der stillen Rücklagen aufgrund der preisabhängigen Bewertung (gemildertes Niederstwertprinzip im Anlagevermögen und strenges Niederstwertprinzip im Umlaufvermögen) erfolgt. Des Weiteren werden von diesem Wert nur bilanzierte Vermögensgegenstände erfasst (Problem: Bilanzierungswahlrechte bzw. -verbote).

Durch Addition der Anschaffungs- bzw. Wiederbeschaffungskosten sämtlicher bilanzierter materieller und immaterieller Vermögenswerte am Bewertungsstichtag ergibt sich der **Reproduktionswert**. Schwierigkeiten können hier u. U. bei der Ermittlung der Wiederbeschaffungskosten auftreten, wenn der Vermögensgegenstand in der Art und Weise seines derzeitigen Vorhandenseins in der Unternehmung nicht mehr auf dem Markt beschafft werden kann bzw. wenn der Vermögensgegenstand so nicht mehr beschafft werden würde (bei einem fiktiven Nachbau der Unternehmung), da eine technische Überalterung eingetreten ist.[455]

Werden vom Reproduktionswert die entsprechend dem Lebensalter der real vorhandenen Vermögensgegenstände bisher eingetretenen tatsächlichen Wertminderungen abgesetzt, so erhält man den **Reproduktionsaltwert**. Der Vorteil dieses Werts gegenüber dem Bilanzwert der Unternehmung ist darin zu sehen, dass hier alle stillen Rücklagen aufgelöst sind. Allerdings weist diese auch als **Teilreproduktionswert** bezeichnete Kennzahl den Nachteil auf, dass sich einerseits die Ermittlung der Wiederbeschaffungskosten und die Schätzung des Abnutzungsgrades der Vermögensgegenstände als schwierig erweisen kann und dass andererseits der Wert der nicht bilanzierungsfähigen immateriellen Wirtschaftsgüter (wie z. B. Mitarbeiterpotenzial, Standortvorteile, technisches Knowhow, Image, Patente, Organisation, Kundenstamm, Marktposition, Produktionsgeheimnisse, Betriebsklima) keine Berücksichtigung findet. Ohne eine Erfassung auch dieser Faktoren hätte aber eine Unternehmensbewertung auf der Basis von Substanzwerten keinen Sinn.

---

[455] Vgl. dazu und zum Folgenden *Bieg, Hartmut*: Betriebswirtschaftslehre 1: Investition und Unternehmungsbewertung. 2. Aufl., Freiburg i. Br. 1997, S. 184.

Deshalb wird – um zu einem brauchbaren und aussagefähigen Wert zu gelangen – eine Erhöhung des Teilreproduktionswerts um die prognostizierten Wiederbeschaffungskosten der nicht bilanzierten bzw. nicht bilanzierungsfähigen Vermögensgegenstände vorgenommen; man gelangt so zum **Gesamtreproduktionswert**. Dieser Wert weist im Vergleich zu den vorherigen drei Werten den Vorteil auf, dass auch nicht bilanzierte bzw. nicht bilanzierungsfähige Wirtschaftsgüter erfasst sind; extreme Bewertungsschwierigkeiten werden sich hier allerdings bei der Feststellung der Wiederbeschaffungskosten für das Mitarbeiterpotenzial, die Standortvorteile, das technische Know-how, das Image usw. ergeben.

Zwischen einer Wertermittlung unter Heranziehung des Teilreproduktionswerts und dem Ertragswert einer Unternehmung liegt als Differenz der so genannte **originäre Firmen- bzw. Geschäftswert**. Er umfasst zum einen den Wert der Wirtschaftsgüter, die nicht bilanzierungsfähig sind, und zum anderen die Summe der Mehrwerte der Wirtschaftsgüter, die zwar bilanziell erfasst sind, die aber wegen der bei der Bestimmung des Reproduktionswerts erfolgten preisabhängigen Bewertung unter dem Wert angesetzt wurden, der sich bei einer ertragsabhängigen Bewertung ergeben hätte.

Anders ausgedrückt resultiert der originäre Firmenwert als Summe der nicht bilanzierungsfähigen immateriellen Wirtschaftsgüter, der die Differenz zwischen Gesamt- und Teilreproduktionswert widerspiegelt, und dem **Kapitalisierungsmehrwert**, der sich als Differenz zwischen Ertragswert und Teilreproduktionswert ergibt, und der für den Fall, dass der Gesamtreproduktionswert den Ertragswert übersteigt, zu einem Kapitalisierungsminderwert werden kann.

Über alle diese Wertfestlegungen hinaus ist noch die Situation zu berücksichtigen, dass nicht betriebsnotwendige Vermögensgegenstände veräußert werden, so dass auch im Rahmen des reproduktionswertorientierten Substanzwertes ein **Liquidationswert** (Verkaufspreis abzüglich der Liquidationskosten) entsteht. Dieser ist jedoch nicht zu verwechseln mit dem liquidationswertorientierten Substanzwert, von dem er sich grundlegend unterscheidet.[456]

Durch den Unterschied zwischen reproduktionswertorientiertem und liquidationswertorientiertem Substanzwert kommt klar zum Ausdruck, dass eine Bestimmung des Substanzwerts unmöglich getrennt von den zukünftigen – beabsichtigten oder unterstellten – Aktivitäten der zu bewertenden Unternehmung durchgeführt werden kann. Der jeweilige Entscheidungsträger legt nicht nur fest, auf welche Teile der Unternehmung er in Zukunft verzichten will oder kann, sondern er entscheidet auch über eine eventuelle – teilweise –

---

456 Vgl. dazu sowie hinsichtlich der nachfolgenden Ausführungen v.a. *Bieg, Hartmut*: Betriebswirtschaftslehre 1: Investition und Unternehmungsbewertung. 2. Aufl., Freiburg i.Br. 1997, S. 184-186.

Stilllegung bzw. Liquidation. Es besteht daher eine Abhängigkeit des Substanzwerts von den mit den Vermögenspositionen verfolgten Absichten und Möglichkeiten.

Trotz des Vorteils leichterer Bestimmbarkeit des Substanzwerts im Vergleich zu einer Ermittlung des Ertragswerts ist der oftmals sehr entscheidende Nachteil der Vernachlässigung des zukünftigen Nutzens bzw. der zukünftigen Erträge gegeben. Der Wert eines jeden Vermögensgegenstandes wie auch einer jeden Unternehmensgesamtheit ist im Allgemeinen stark von dem Zukunftserfolg abhängig, der daraus resultieren soll. Da aber eine Festlegung des Unternehmenswerts auf der Grundlage eines Substanzwerts das zukünftige Ertragspotenzial der Vermögensgegenstände nicht berücksichtigt, ist ein derartiger Wert als alleinige Basis einer Unternehmensbewertung ungeeignet.

Den vehementen Gegnern der Substanzbewertung kann aber entgegengehalten werden, dass die vorhandene Substanz einer Unternehmung nicht völlig bedeutungslos ist, denn je brauchbarer sich diese im Hinblick auf die zukünftigen Vorhaben der Unternehmung erweist, desto vorteilhafter sind die Einflüsse auf die zukünftig zu erwartenden Zahlungsströme; beispielsweise können bereits vorhandene Vermögensgegenstände (z. B. ein bislang nicht genutztes Grundstück) eine Ersparnis bei den künftigen Auszahlungen bewirken oder aber den zeitlichen Anfall von Auszahlungen verzögern (Neuwertigkeit vorhandener Anlagen und Maschinen).

Anzumerken bleibt schließlich, dass eine Unternehmensbewertung auf der Grundlage des Substanzwertverfahrens aufgrund der – gegenüber einer Wertermittlung auf der Basis des klassischen Ertragswerts oder eines Zukunftserfolgswerts – besseren Bestimmbarkeit und der größeren Sicherheit in der Praxis immer noch als Bewertungsmaßstab Anwendung findet;[457] jedoch sollte der Substanzwert nicht als allein entscheidungsrichtige Größe für die Beurteilung des Werts einer Unternehmung dienen, sondern ausschließlich als Hilfsgröße angesehen werden und nur im Zusammenhang mit anderen Wertermittlungsmaßstäben als Vorbereitung für eine Entscheidung verwendet werden.

2.8.2.2.3 Die Mittelwertverfahren

Das durch *Schmalenbach* initiierte **Mittelwertverfahren**, in der Literatur auch als „Berliner Verfahren“ bezeichnet, stützt sich auf die weit verbreitete Vorstellung, dass eine Unternehmensbewertung nach dem Ertragswertverfahren i. d. R. ein zu hohes, nach der Substanzwertmethode dagegen häufig ein zu

[457] Vgl. diesbezüglich auch *Bieg, Hartmut*: Betriebswirtschaftslehre 1: Investition und Unternehmungsbewertung. 2. Aufl., Freiburg i. Br. 1997, S. 187.

niedriges, den „richtigen“ Wert der Unternehmung nicht widerspiegelndes Ergebnis zur Folge hat. Dabei liegt der Gedanke eines vollkommenen Marktes zugrunde, in dem ein über dem Reproduktionswert liegender Ertragswert langfristig als überhöht angesehen wird, weil jederzeit damit gerechnet werden muss, dass hohe Branchengewinne im Allgemeinen Konkurrenten anlocken und die erzielbaren Gewinne durch den ausbrechenden Konkurrenzkampf auf ein „normales Niveau“ gedrückt werden.[458]

In Anbetracht dieser Situation wurde von *Schmalenbach* vorgeschlagen, bei Vorliegen einer derartigen Sachverhaltsgestaltung den Unternehmenswert als **arithmetisches Mittel aus Teilreproduktionswert und Ertragswert** zu berechnen. Die Konsequenz daraus ist eine lediglich hälftige Berücksichtigung des Firmen- bzw. Geschäftswerts.

$$\boxed{UW = \frac{EW + TRW}{2}}$$

mit:

UW: Gesamtwert der Unternehmung;

EW: Ertragswert der Unternehmung;

TRW: Teilreproduktionswert der Unternehmung.

Hinter dieser Formel steckt der Grundgedanke, dass der Gesamtreproduktionswert zwar als maßgeblicher Unternehmensgesamtwert anzusehen ist, dieser aber aufgrund der Schwierigkeiten einer zahlenmäßigen Festlegung des Firmen- bzw. Geschäftswerts, d.h. des so genannten „Goodwill“, nicht exakt ermittelt werden kann. Da sich aber Ertragswert und Teilreproduktionswert einigermaßen richtig berechnen lassen – wobei angenommen wird, dass der Teilreproduktionswert unter dem Gesamtreproduktionswert und der Ertragswert (ohne Berücksichtigung der Konkurrenzgefahr) über diesem liegt –, liefert das Mittelwertverfahren einen einfachen, allerdings rein schematischen Ausweg zur Bestimmung des unbekannten Gesamtreproduktionswerts.[459]

Obwohl in der Realität keine vollkommene Konkurrenz auf den Märkten herrscht, findet dieses Praktikerverfahren in bestimmten Bereichen immer

---

[458] Vgl. dazu und zum Folgenden insbesondere *Wöhe, Günter*: Einführung in die Allgemeine Betriebswirtschaftslehre. 18. Aufl., München 1993, S. 830.

[459] Vgl. dazu ausführlich *Moxter, Adolf*: Grundsätze ordnungsmäßiger Unternehmensbewertung. 2. Aufl., Wiesbaden 1983, S. 56-60.

noch weit verbreitet Anwendung.[460] Das IDW hingegen lehnt das Mittelwertverfahren ab.[461]

Bei der Anwendung dieses Bewertungsverfahrens ergeben sich trotz der auf den ersten Blick leicht erscheinenden Durchführbarkeit gewisse Nachteile, die einerseits der Ertragswertmethode und andererseits der Substanzwertmethode anhaften. Hier besteht nämlich ebenfalls die Schwierigkeit der Bestimmung eines ertragsabhängigen Werts; außerdem treten die theoretischen Mängel des Ertragswert- **und** des Substanzwertverfahrens zum Vorschein.

Neben diesem auf *Schmalenbach* zurückgehenden Mittelwertverfahren („Berliner Verfahren") existiert in der Schweiz eine abgewandelte Variante, das durch *Busch* begründete „Schweizer Verfahren". Dieses dient dort zur steuerlichen Bewertung von nicht notierten Anteilen, wobei der Ertragswert als der wichtigere der beiden Werte angesehen wird und daher eine prozentuale Gewichtung des Ertragswerts im Vergleich zum Substanzwert im Verhältnis zwei Drittel zu einem Drittel erfolgt.[462]

2.8.2.2.4 Die Methoden der befristeten und unbefristeten Geschäftswertabschreibung

Diesen Methoden liegt im Prinzip der gleiche Gedanke zugrunde wie der Mittelwertmethode; allerdings wird hier das Konkurrenzrisiko nicht in gleicher Weise schematisch berücksichtigt.[463] Ausgangsbasis der Methoden der Geschäftswertabschreibung stellen die Gewinne (G) dar, die ohne Berücksichtigung der Konkurrenzgefahr zu erwarten sind. Um das Konkurrenzrisiko zu quantifizieren, erfolgt eine Kürzung dieser Gewinne um so genannte „Abschreibungen auf den Geschäftswert". Als Geschäftswert gilt dabei die Differenz zwischen dem gesuchten (noch unbekannten) Gesamtwert der Unternehmung und dem Substanzwert im Sinne des Reproduktionswerts, wobei sich

---

460 Vgl. dazu u.a. *Fischer, Helmut*: Bewertung. In: Handbuch des Unternehmens- und Beteiligungskaufs, hrsg. von *Wolfgang Hölters*, 4. Aufl., Köln 1996, S. 119; *Helbling, Carl*: Unternehmensbewertung und Steuern. 9. Aufl., Düsseldorf 1998, S. 130; *Peemöller, Volker H./Meyer-Pries, Lars*: Unternehmensbewertung in Deutschland. In: Deutsches Steuerrecht 1995, S. 1204; *Piltz, Detlev J.*: Die Unternehmensbewertung in der Rechtsprechung. 3. Aufl., Düsseldorf 1994, S. 351-360; *Schierenbeck, Henner*: Grundzüge der Betriebswirtschaftslehre. 15. Aufl., München/Wien 2000, S. 404.

461 Vgl. *Siepe, Günter*: Unternehmensbewertung. In: WP-Handbuch, Band II, hrsg. vom Institut der Wirtschaftsprüfer, 11. Aufl., Düsseldorf 1998, S. 133.

462 Vgl. dazu u.a. *Redley, Rémi*: Unternehmensbewertung: Kurzcharakteristika und Bewertung verschiedener Verfahren. In: bilanz & buchhaltung 1994, S. 475-476.

463 Vgl. dazu und zum Folgenden insbesondere *Schierenbeck, Henner*: Grundzüge der Betriebswirtschaftslehre. 15. Aufl., München/Wien 2000, S. 404.

der gesuchte Unternehmenswert selbst aus der Kapitalisierung der um die Abschreibungen auf den Geschäftswert gekürzten Gewinne ergibt.

Für den Fall der **unbefristeten Geschäftswertabschreibung** und als konstant unterstellten jährlichen Gewinnen ergibt sich der Gesamtwert der Unternehmung aus der folgenden Gleichung (a stellt dabei den Abschreibungsfaktor dar, der sich aus der Abschreibungsdauer n ergibt):

$$UW = \frac{G - a \cdot (UW - RW)}{i}$$

$$UW = \frac{EW + \frac{a}{i} \cdot RW}{1 + \frac{a}{i}}$$

$$\text{mit } a = \frac{1}{n}$$

Erläuterung der Symbole:

- UW: Gesamtwert der Unternehmung;
- EW: Ertragswert der Unternehmung;
- RW: Reproduktionswert der Unternehmung;
- G: konstanter jährlicher Gewinn;
- a: Abschreibungsfaktor;
- n: Abschreibungsdauer;
- i: zugrunde liegender Kalkulationszinssatz.

Im Rahmen einer **befristeten Geschäftswertabschreibung** erfolgt im Allgemeinen zunächst eine Ermittlung des „vollen" Ertragswerts und daran anschließend eine Absetzung des Barwerts der Geschäftswertabschreibung von dieser Größe:

$$UW = \frac{G}{i} - RBF_i^n \cdot a \cdot (UW - RW)$$

$$UW = \frac{EW + a \cdot RBF_i^n \cdot RW}{1 + a \cdot RBF_i^n}$$

Obwohl bei der Berechnung des Unternehmenswerts nach einer der beiden Methoden der Geschäftswertabschreibung ein hoher formaler Aufwand betrieben werden muss, lastet diesen Verfahren eine unpassende Konzeption an. Im Falle der unbefristeten Geschäftswertabschreibung erfolgt eine Kürzung des Ertragswerts auch dann noch um die Abschreibung auf den Geschäftswert, wenn Letzterer bereits vollständig abgeschrieben ist. Bei der befristeten Geschäftswertabschreibung wird nach Ablauf der Abschreibungsdauer mit den ungekürzten Gewinnen weitergerechnet, also keine Konkurrenzgefahr mehr unterstellt.[464]

2.8.2.2.5 Die Methoden der Übergewinnabgeltung

Eine Gemeinsamkeit zwischen den verschiedenen Methoden der Übergewinnabgeltung besteht dahingehend, dass der Unternehmenswert dabei als Summe von Reproduktionswert und Geschäftswert, welcher hier den Wert der „Übergewinne" verkörpert, bestimmt wird. Als Übergewinn ist der Teil der jährlichen Gewinne einer Unternehmung anzusehen, der über eine normale Verzinsung des im Reproduktionswert verkörperten Kapitaleinsatzes hinaus erwirtschaftet wird.[465]

Übergewinne gelten im Rahmen dieser Bewertungsverfahren als nicht dauerhaft; es wird vielmehr nur der Normalgewinn als nachhaltig und dauerhaft in seinem zeitlichen Anfall angesehen. Als Konsequenz daraus resultiert, die Übergewinne nur für eine bestimmte Zeitspanne, die so genannte **Übergewinndauer**, im Rahmen des Unternehmensgesamtwerts zu berücksichtigen.

Bezüglich der Ermittlung des "Übergewinns" wird ausgegangen vom Reproduktionswert der Unternehmung (RW) und dem landesüblichen Zinssatz, d. h. einem „Normalzinssatz" i. Darauf basierend kann der so genannte „Normalgewinn" (G_N) ermittelt werden, indem eine Verzinsung des Reproduktionswerts mit dem Zinssatz i erfolgt:

$$\boxed{G_N = i \cdot RW}$$

Der so genannte „Übergewinn" ($G_Ü$) ergibt sich aus der Differenz zwischen dem erwarteten Gewinn (G) und dem Normalgewinn (G_N):

$$\boxed{G_Ü = G - G_N = G - i \cdot RW}$$

Bei der **Methode der einfachen undiskontierten Übergewinnabgeltung** erfolgt eine Multiplikation des Übergewinns mit der angenommenen Zahl der Jahre seines Anfallens und daran anschließend eine Hinzurechnung zum Reproduktionswert, wobei n in diesem Fall der Übergewinndauer entspricht:

---

[464] Vgl. *Schierenbeck, Henner*: Grundzüge der Betriebswirtschaftslehre. 15. Aufl., München/Wien 2000, S. 405.

[465] Vgl. dazu und zum Folgenden u.a. *Moxter, Adolf*: Grundsätze ordnungsmäßiger Unternehmensbewertung. 2. Aufl., Wiesbaden 1983, S. 56-60; *Schierenbeck, Henner*: Grundzüge der Betriebswirtschaftslehre. 15. Aufl., München/Wien 2000, S. 405.

$$UW = RW + n \cdot (G - i \cdot RW)$$

Die **Methoden der diskontierten Übergewinnabgeltung** rechnen exakter, denn korrekterweise müssen die Übergewinne auf den Bewertungsstichtag abgezinst und dann dem Substanzwert hinzugerechnet werden. Dementsprechend ergeben sich die Varianten einer befristeten oder aber einer unbefristeten Übergewinnabgeltung.

Bei der **befristeten diskontierten Übergewinnabgeltung** gilt für den Unternehmensgesamtwert UW:

$$UW = RW + RBF_i^n \cdot (G - i \cdot RW)$$

mit:

n: Übergewinndauer.

Geht man von einer **unbefristeten diskontierten Übergewinnabgeltung** aus, so lässt sich der Unternehmensgesamtwert folgendermaßen berechnen:

$$UW = RW + \frac{G - i \cdot RW}{i_{Ü}}$$

mit:

UW: Gesamtwert der Unternehmung;

RW: Reproduktionswert der Unternehmung;

G: konstanter jährlicher Gewinn;

i: Normalzinssatz;

$i_{Ü}$: Zinssatz für den Übergewinn.

Anwendung finden die diversen Methoden der Übergewinnabgeltung vor allem in den angelsächsischen Ländern, wo sie vom Stellenwert her die Bedeutung haben, die in Deutschland der Mittelwertmethode zuzusprechen ist.[466] Lediglich dem als spezielle Variante der einfachen undiskontierten Übergewinnabgeltung anzusehenden – nachfolgend diskutierten – **Stuttgarter Verfahren** wird im Rahmen der erbschaftsteuerlichen Bewertung (und vor der Nichterhebung der Vermögensteuer noch der vermögensteuerlichen Bewertung) nicht notierter Unternehmensanteile erhebliche Bedeutung beigemessen.

---

[466] Vgl. dazu v.a. *Redley, Rémi*: Unternehmensbewertung: Kurzcharakteristika und Bewertung verschiedener Verfahren. In: bilanz & buchhaltung 1994, S. 476; *Schierenbeck, Henner*: Grundzüge der Betriebswirtschaftslehre. 15. Aufl., München/Wien 2000, S. 406.

2.8.2.2.6 Das Stuttgarter Verfahren als spezielle Variante der einfachen undiskontierten Übergewinnabgeltung

Im Rahmen des **Stuttgarter Verfahrens** als spezieller Variante der einfachen undiskontierten Übergewinnabgeltung erfolgt eine **Bewertung nicht notierter Anteile an Kapitalgesellschaften für Zwecke der Erbschaft- und Schenkungsteuer**. Die gesetzliche Grundlage für eine Anwendung des Stuttgarter Verfahrens bilden § 11 Abs. 2 BewG, wonach der gemeine Wert derartiger Anteile „unter Berücksichtigung des Vermögens und der Ertragsaussichten der Kapitalgesellschaft zu schätzen" ist, und § 113a BewG, wonach dieser Wert gesondert festgestellt wird. Detaillierte Regelungen zu diesem Verfahren finden sich in R 96-108 ErbStR vom 21.12.1998.

Dabei wird der Berechung des gemeinen Werts (vgl. zum Begriff des gemeinen Werts § 9 BewG) eines Kapitalanteils der Vermögenswert zugrunde gelegt und durch eine zeitlich begrenzte Berücksichtigung der Ertragsaussichten korrigiert.

Als Basis für die Ermittlung des Vermögenswerts dient der Wert des Betriebsvermögens, an dem Korrekturen vorgenommen werden. Infolge dieser Wertkorrekturen erhält man dann als näherungsweise Schätzung den gemeinen Wert der nicht notierten Kapitalgesellschaftsanteile. Die Vorgehensweise bei der Schätzung erfolgt in drei Schritten:[467]

(1) Berechnung des **Vermögenswerts** als Prozentsatz vom Nennkapital, abgeleitet aus dem Betriebsvermögen der Kapitalgesellschaft.

(2) Berechnung des Ertragswerts als Prozentsatz vom Nennkapital, abgeleitet aus den Jahreserträgen der letzten drei Jahre (so genannter **Ertragshundertsatz**).

(3) Berechnung des **gemeinen Werts** als Prozentsatz vom Nennkapital, als Kombination aus Vermögens- und Ertragswert.

Bezüglich der Berechnung des gemeinen Wertes muss eine Unterscheidung dahingehend vorgenommen werden, ob die jeweiligen Anteilseigner Einfluss auf die Geschäftsführung der Kapitalgesellschaft nehmen können oder nicht

---

[467] Vgl. dazu u.a. *Christoffel, Hans Günter*: Neue Anteilsbewertung nach den Vermögensteuer-Richtlinien 1993. In: GmbH-Rundschau 1993, S. 715-717; *Haberstock, Lothar*: Steuerbilanz und Vermögensaufstellung. 3. Aufl., Hamburg 1991, S. 220; *Hübner, Heinrich*: Die Neuregelung der Anteilsbewertung nach den Vermögensteuer-Richtlinien 1993. In: Deutsches Steuerrecht 1993, S. 1656-1661 und mit Neuerungen *Eisele, Dirk*: Bewertung nichtnotierter Anteile an Kapitalgesellschaften nach dem Stuttgarter Verfahren ab 1995. In: Steuer und Studium 1995, S. 409-412; *Glier, Josef*: Die Vermögensteuer-Änderungsrichtlinien 1995. In: Deutsches Steuerrecht 1994, S. 1836-1840 sowie *Kußmaul, Heinz*: Betriebswirtschaftliche Steuerlehre. 2. Aufl., München/Wien 2000, S. 122-127.

(wann ein Einfluss auf die Geschäftsführung angenommen wird, ist aus R 101 Abs. 1 Satz 3 ErbStR ersichtlich). Der im Stuttgarter Verfahren ermittelte Wert für einflussreiche Gesellschafter weicht von dem für einflussarme Gesellschafter ab. Bei fehlendem Einfluss auf die Geschäftsführung ist der im Rahmen der Regelbewertung ermittelte gemeine Wert gem. R 101 Abs. 8 ErbStR pauschal um 10 % zu kürzen.[468] Sind beide Gruppen von Gesellschaftern an einer Unternehmung beteiligt, müssen zwei gemeine Werte berechnet werden.[469]

Für die Ermittlung des **Vermögenswertes** ist gem. R 98 Abs. 1 ErbStR „das Vermögen der Kapitalgesellschaft mit dem Wert im Besteuerungszeitpunkt ... zugrunde zu legen, der sich bei Anwendung des § 12 Abs. 2, 5 und 6 ErbStG ergibt“. Mit dem Verweis auf die genannten Regelungen des Erbschaftsteuerrechts wird erzielt, dass bei Ermittlung des Vermögens der Kapitalgesellschaft, welches die Ausgangsgröße bei der Berechnung des Vermögenswertes bildet, die bewertungsrechtlichen Vorschriften für das Betriebsvermögen Anwendung finden. Zur Ermittlung des Vermögenswertes wird grundsätzlich von der Bilanz zum Besteuerungszeitpunkt ausgegangen. Weicht der Bewertungszeitpunkt vom Bilanzstichtag ab und liegt kein Zwischenabschluss vor, so ist eine Ableitung des Vermögenswertes von der letzten Bilanz vor dem Besteuerungszeitpunkt vorzunehmen, indem entsprechende Korrekturen durchgeführt werden.[470]

Die Abgrenzung des Betriebsvermögens wird nach § 95 BewG – und somit in grundsätzlicher Übereinstimmung mit der Abgrenzung des Betriebsvermögens bei der steuerlichen Gewinnermittlung – vorgenommen. Eine Ausnahme gilt für den Geschäfts- oder Firmenwert und die Werte von firmenwertähnlichen Wirtschaftsgütern, die gem. § 12 Abs. 2 Satz 2 ErbStG und R 98 Abs. 1 Satz 3 ErbStR nicht in die Ermittlung des Vermögenswertes einzubeziehen sind. Die Bewertung der einzelnen Wirtschaftsgüter erfolgt gem. § 109 Abs. 1 BewG grundsätzlich mit den Steuerbilanzwerten. Wertpapiere, Anteile und Genussscheine von Kapitalgesellschaften, die zum Betriebsvermögen gehören, sind jedoch nach § 12 Abs. 5 Satz 3 ErbStG mit dem Stichtagswert bzw. dem gemeinen Wert anzusetzen. Eine weitere Ausnahme stellen die Betriebsgrundstücke dar. Für diese dürfen ebenfalls nicht die Bilanzansätze übernom-

---

[468] Vgl. diesbezüglich u.a. *Eisele, Dirk*: Bewertung nichtnotierter Anteile an Kapitalgesellschaften nach dem Stuttgarter Verfahren ab 1995. In: Steuer und Studium 1995, S. 411; *Glier, Josef*: Die Vermögensteuer-Änderungsrichtlinien 1995. In: Deutsches Steuerrecht 1994, S. 1837.

[469] Vgl. dazu u.a. *Rose, Gerd*: Betrieb und Steuer, 3. Buch: Die Substanzsteuern. 10. Aufl., Wiesbaden 1997, S. 81.

[470] Vgl. *Haar, Horst*: Änderungen des Stuttgarter Verfahrens durch die Erschaftsteuer-Richtlinien und -Hinweise. In: Steuer und Studium 1999, S. 413-414; *Kußmaul, Heinz*: Betriebswirtschaftliche Steuerlehre. 2. Aufl., München/Wien 2000, S. 123.

men werden, sondern es muss eine Bewertung mit den Grundbesitzwerten erfolgen, die anhand der Vorschriften des Vierten Abschnitts des Zweiten Teils des Bewertungsgesetzes zu ermitteln sind.

Durch Division des ermittelten Vermögenswertes der Kapitalgesellschaft durch das Nennkapital der Unternehmung ergibt sich nach R 98 Abs. 4 ErbStR der Vermögenswert (V):

$$V = \frac{\text{Korrigiertes Vermögen} \cdot 100}{\text{Nennkapital}}$$

Ein negativer Vermögenswert ist dabei nicht – wie im Falle des Ertragswerts (siehe unten) – auf 0 % zu begrenzen, sondern im Rahmen der Ermittlung des gemeinen Werts mit dem entsprechenden Ertragswert zu saldieren. Im Falle eines negativen gemeinen Werts ist dieser allerdings auf 0 % zu begrenzen.

Für die **Ermittlung des Ertragshundertsatzes** ist der voraussichtliche künftige (ausschüttungsfähige) Jahresertrag maßgeblich. Dieser basiert i.d.R. auf dem tatsächlich erzielten gewichteten Durchschnittsertrag (R 99 Abs. 1 Satz 2 ErbStR). Dabei werden die Betriebsergebnisse der letzten drei vor dem Besteuerungszeitpunkt abgelaufenen Wirtschaftsjahre zugrunde gelegt. Nach R 99 Abs. 3 ErbStR sind die ermittelten Betriebsergebnisse der letzten drei Jahre zu gewichten. Das Betriebsergebnis des am weitesten zurückliegenden Jahres wird mit dem Faktor 1, das des mittleren Jahres mit dem Faktor 2 und das des unmittelbar vorhergehenden Jahres mit dem Faktor 3 multipliziert. Die Summe der somit errechneten Betriebsergebnisse wird durch 6 dividiert und ergibt den Durchschnittsertrag bzw. Jahresertrag.

Gem. R 99 Abs. 1 Satz 4 ErbStR ist dabei vom jeweiligen zu versteuernden Einkommen nach §§ 7 und 8 KStG auszugehen, das dann noch um die in R 99 Abs. 1 Satz 5 ErbStR angegebenen Positionen zu korrigieren ist (vgl. dazu das Schema in **Abbildung 58**; Seite 306). Die Korrekturen dienen dazu, das steuerliche Ergebnis in das „tatsächliche Betriebsergebnis“ umzuformen, das regelmäßig erzielt werden kann. Das zu versteuernde Einkommen wird also um die Beträge korrigiert, die das Einkommen erhöht oder gemindert haben, für die Ausschüttung jedoch nicht zur Verfügung stehen.

Ein besonderer Abschlag bis zu 30 % kann nach R 99 Abs. 2 ErbStR bei Kapitalgesellschaften gemacht werden, „... bei denen ohne Einsatz eines größeren Betriebskapitals der Ertrag ausschließlich und unmittelbar von der persönlichen Tätigkeit des Gesellschafter-Geschäftsführers abhängig ist, ohne dass dies bereits durch ein entsprechendes Entgelt abgegolten wird“. Begründet wird dies damit, dass ein Wechsel in der Geschäftsführung den Unternehmenswert wesentlich beeinträchtigen könnte. Als Indiz für diesen Tatbestand wird eine ungewöhnlich hohe Rendite auf das eingesetzte Kapital angesehen. Diese Rendite wird aus dem Verhältnis zwischen dem Ertragshundertsatz (ohne die Abschläge nach R 99 Abs. 2 ErbStR; vgl. dazu den Jahresertrag im Schema) und dem Vermögenswert berechnet. Zur jeweiligen Höhe des Abschlags gibt es keine detaillierten Vorschriften der Finanzverwaltung. *Christoffel* schlägt für den Fall eines Sonderabschlags wegen des persönlichen Einsatzes eines Gesellschafter-Geschäftsführers die in **Abbildung 58** folgende Berechnung vor.[471]

	Betriebsergebnis
+	Im Betriebsergebnis berücksichtigtes Gehalt des Gesellschafter-Geschäftsführers
=	Bemessungsgrundlage der Höchstgrenze
	Höchstgrenze für die persönliche Tätigkeit im Betrieb (30 % der Summe aus Betriebsergebnis und Geschäftsführergehalt)
–	Tatsächliches Geschäftsführergehalt
=	Abschlag

Abbildung 58: Ermittlung des Sonderabschlags bei persönlichem Einsatz eines Gesellschafter-Geschäftsführers

Demnach kommt ein Sonderabschlag nur in Betracht, wenn das berücksichtigte Geschäftsführergehalt die Obergrenze von 30% bezogen auf das Betriebsergebnis plus Geschäftsführergehalt nicht übersteigt. Unter Berücksichtigung weiterer Korrekturen lässt sich das in **Abbildung 59** (Seite 307) folgende Berechnungsschema zur Ermittlung des Ertragshundertsatzes nach R 99 und R 103 Abs. 4 ErbStR aufstellen.

Teilt man den Jahresertrag durch das Nennkapital der Unternehmung, erhält man den Ertragshundertsatz (E):

$$E = \frac{\text{Jahresertrag} \cdot 100}{\text{Nennkapital}}$$

Nach R 99 Abs. 4 Satz 3 ErbStR ist bei einem negativen ausschüttungsfähigen Jahresertrag von einem Ertragshundertsatz von null auszugehen.

[471] Vgl. *Christoffel, Hans Günter*: Bewertung nichtnotierter Anteile an Kapitalgesellschaften nach dem Stuttgarter Verfahren ab 1993. In: Neue Wirtschafts-Briefe vom 12.12.1994, Fach 9, S. 2651.

	Körperschaftsteuerliches Einkommen
+	Einkommensminderungen aus Beteiligungen an anderen Kapitalgesellschaften von mehr als 50% (R 103 Abs. 4 Nr. 2 ErbStR)
+	Sonderabschreibungen oder erhöhte Abschreibungen, Bewertungsabschläge, Zuführungen zu steuerfreien Rücklagen, Teilwertabschreibungen (nur lineare und degressive AfA sind zu berücksichtigen)
+	Absetzungen auf den Geschäfts- oder Firmenwert oder auf firmenwertähnliche Wirtschaftsgüter
+	Verlustabzug gem. § 10d EStG
+	Einmalige Veräußerungsverluste
+	Steuerfreie Vermögensmehrungen
+	Investitionszulagen, soweit in Zukunft mit weiteren zulagebegünstigten Investitionen in gleichem Umfang gerechnet werden kann
–	Einkommenserhöhungen aus Beteiligungen an anderen Kapitalgesellschaften von mehr als 50 % (R 103 Abs. 4 Nr. 2 ErbStR)
–	Einmalige Veräußerungsgewinne und gewinnerhöhende Auflösungsbeträge steuerfreier Rücklagen
–	Übrige nichtabziehbare Aufwendungen (z.B. Hälfte der Aufsichtsratsvergütungen, Solidaritätszuschlag, nicht jedoch Körperschaftsteuer)
–	KSt-Tarifbelastung auf die nichtabziehbaren Aufwendungen $\left(\frac{\text{Steuersatz in v.H.}}{100 - \text{Steuersatz in v.H.}} \cdot \text{nichtabziehbare Ausgaben}\right)$[472]
–	Abschlag für persönliche Tätigkeit des Gesellschafter-Geschäftsführers (R 99 Abs. 2 ErbStR)
=	Betriebsergebnis
↳	Summe der gewichteten Betriebsergebnisse der letzten drei Jahre (R 99 Abs. 3 ErbStR):
	(3 · Betriebsergebnis der letzten Periode vor dem Besteuerungszeitpunkt
	+ 2 · Betriebsergebnis der vorletzten Periode vor dem Besteuerungszeitpunkt
	+ 1 · Betriebsergebnis der vorvorletzten Periode vor dem Besteuerungszeitpunkt)
÷	6
=	Durchschnittsertrag = Jahresertrag

Abbildung 59: Berechnungsschema zur Ermittlung des Jahresertrages

Der **gemeine Wert** wird als Kombination aus Vermögens- und Ertragswert errechnet. Dabei wird unterstellt, dass ein Interessent für Unternehmensanteile

---

[472] Die Höhe der auf die nichtabziehbaren Ausgaben entfallenden Körperschaftsteuer (= Definitiv-KSt) ist für jedes Jahr des dreijährigen Ermittlungszeitraumes gesondert nach obiger Gleichung zu berechnen.

die Wahl hat, zum gemeinen Wert Anteile zu kaufen oder den gleichen Betrag in einer mit 9 % verzinsten Alternativanlage zu investieren. Als überschaubarer Zeitraum für seine Überlegungen werden 5 Jahre angenommen. Die Ertragsaussichten beim Anteilserwerb (enthalten im Ertragswert) sind somit für diesen Zeitraum den Ertragsaussichten der Alternativanlage gegenüberzustellen. Die Differenz wird dem Vermögenswert hinzugerechnet bzw. davon abgezogen.[473]

Formal kann diese Berechnung folgendermaßen dargestellt werden (vgl. dazu R 100 Abs. 2 Satz 3 ErbStR):

$$\boxed{\text{Gemeiner Wert} = \text{V} + 5 \cdot (\text{E} - \text{gemeiner Wert} \cdot 0{,}09)}$$

Nach Umformung und Abrundung erhält man als Formel zur Berechnung des gemeinen Werts:

$$\boxed{\text{Gemeiner Wert} = 0{,}68 \cdot (\text{V} + 5 \cdot \text{E})}$$

Gem. R 100 Abs. 3 Satz 2 ErbStR können besondere Umstände, die in den bisherigen Berechnungen nicht hinreichend beachtet wurden, durch Zu- oder Abschläge Berücksichtigung finden. Dazu gehören insbesondere Abschläge wegen unverhältnismäßig geringer Erträge, schwerer Verkäuflichkeit, Verfügungsbeschränkungen u. a.

Hinsichtlich der Anwendung des Stuttgarter Verfahrens in besonderen Fällen, z. B. bei Neugründungen, Holdinggesellschaften oder gemeinnütziger Unternehmungen, soll hier der Hinweis auf R 102, 103 und 108 ErbStR genügen.

2.8.2.3 Die Zukunftserfolgswertmethode als neueres Verfahren der Unternehmensbewertung

Während im Rahmen der traditionellen Verfahren der Unternehmensbewertung eine Orientierung an einem objektivierten Unternehmenswert erfolgt, zielt die **Zukunftserfolgswertmethode** auf einen weitgehend auf **subjektiven** Erwartungen basierenden Gesamtwert der Unternehmung ab. Der hinter dieser Methode stehende Grundgedanke stützt sich auf die prinzipiellen Überlegungen der traditionellen Ertragswertmethode. Auch im Falle der auf die Ermittlung eines subjektiven Unternehmenswerts ausgerichteten Zukunftserfolgs-

---

[473] Vgl. dazu u. a. *Christoffel, Hans Günter*: Neue Anteilsbewertung nach den Vermögensteuer-Richtlinien 1993. In: GmbH-Rundschau 1993, S. 717; *Glier, Josef*: Die Vermögensteuer-Änderungsrichtlinien 1995. In: Deutsches Steuerrecht 1994, S. 1836-1840; *Haberstock, Lothar*: Steuerbilanz und Vermögensaufstellung. 3. Aufl., Hamburg 1991, S. 226 und *Hübner, Heinrich*: Die Neuregelung der Anteilsbewertung nach den Vermögensteuer-Richtlinien 1993. In: Deutsches Steuerrecht 1993, S. 1660.

wertmethode wird eine Ableitung des Gesamtwerts einer Unternehmung aus geschätzten zukünftigen finanziellen Erträgen, die aus dem Unternehmensbesitz resultieren, unter Zugrundelegung eines bestimmten Kalkulationszinssatzes zur Bewertung dieser Erwartungswerte durchgeführt. Im Gegensatz zur traditionellen Ertragswertmethode wird hier bei der Berechnung des Unternehmenswerts jedoch nicht auf die Zahlenwerte hinsichtlich der zukünftig erzielbaren Gewinne zurückgegriffen, die bei normaler Unternehmerleistung realistisch erscheinen; vielmehr kann hier unter Berücksichtigung gewisser Bewertungsrestriktionen eine Heranziehung von Werten erfolgen, die der entsprechende Bewerter aus subjektiven Überlegungen heraus dem Unternehmensgeschehen und somit den Entnahmeerwartungen beimisst, sofern sie im Bereich des Möglichen liegen. Es werden den Berechnungen also subjektiv geschätzte, aus dem Unternehmensbesitz resultierende Entnahmeerwartungen zugrunde gelegt und anschließend kapitalisiert.

Grundlage der Zukunftserfolgswertmethode stellen damit explizit nicht die Gewinne der Unternehmung dar, sondern die **Entnahme- bzw. Ausschüttungserwartungen des Unternehmers respektive der Anteilseigner**; allerdings bestehen Interdependenzen zwischen diesen Größen. Zwar machen sich thesaurierte Gewinne nicht unmittelbar in der Höhe des Zukunftserfolgswerts der Unternehmung bemerkbar, sie üben jedoch stets einen indirekten Einfluss auf den Unternehmenswert insoweit aus, als sie die zukünftigen Ausschüttungsmöglichkeiten verbessern und darüber hinaus auch den der Unternehmung beigemessenen inneren Wert, z. B. im Rahmen der Kurswertermittlung, erhöhen. Dies hat konsequenterweise auch zur Folge, dass sich bei einem möglichen Unternehmensverkauf ein höherer Verkaufspreis und damit einhergehend ein höherer Veräußerungserfolg erzielen lässt.

Hinsichtlich der Problematik, ob und gegebenenfalls wie ein eventueller Veräußerungserfolg im Zuge der Ermittlung des Zukunftserfolgswerts zu berücksichtigen sei, wurden folgende Grundsätze erarbeitet:[474]

- Handelt es sich um „spekulative" Unternehmenskäufe, so sind Wiederverkaufspreis und -termin immer zu berücksichtigen, da in diesem Fall eine maßgebliche Abhängigkeit des Spekulationserfolgs hiervon gegeben ist.
- Von der Einbeziehung eines Wiederverkaufspreises wird dagegen abgesehen,
  - wenn ein Wiederverkauf zumindest gegenwärtig nicht eingeplant wird und/oder

[474] Vgl. dazu insbesondere *Moxter, Adolf*: Grundsätze ordnungsmäßiger Unternehmensbewertung. 2. Aufl., Wiesbaden 1983; *Schierenbeck, Henner*: Grundzüge der Betriebswirtschaftslehre. 15. Aufl., München/Wien 2000, S. 397.

– wenn keine Anhaltspunkte dahingehend existieren, dass geänderte Entnahmeerwartungen bzw. geänderte Preise für die gegebenen Entnahmeerwartungen im Zeitablauf auftreten werden.

Die konkreten, den Zukunftserfolgswert determinierenden Entnahmeerwartungen als solche werden bestimmt durch eine Vielzahl von Einflussfaktoren. Als wesentlichste dieser Faktoren sind hier zu nennen:

- Zukünftige Ertragskraft der Unternehmung unter Einbeziehung des Wachstumspotenzials der Gewinne, aber ohne Berücksichtigung von Synergie-Effekten;
- Gewinnausschüttungspolitik der Unternehmung, eventuell unter Beachtung von Änderungen durch den zukünftigen Einfluss des Erwerbers;
- im Zuge der Integration der zu bewertenden Unternehmung in die Unternehmung des Käufers realisierbare Synergie-Effekte i. S. von positiven und negativen Verbundeffekten;
- Entwicklung des inneren Werts (Kurswerts) der Unternehmung;
- Sicherheit der Entnahmeerwartungen.[475]

Das formale Schema zur Bestimmung eines Zukunftserfolgswerts auf der Grundlage geschätzter zukünftiger Erträge gleicht dem der traditionellen Ertragswertmethode (vgl. dazu ausführlich **Abschnitt 2.8.3**). Ermittelt wird der Zukunftserfolgswert einer Unternehmung demnach derart, dass die Entnahmeerwartungen unter Heranziehung eines Zinssatzes bewertet und kapitalisiert werden.

Zur Festlegung dieses Kapitalisierungszinssatzes dienen zwei komplementäre Prinzipien; dabei gelten grundsätzlich die gleichen bzw. analogen Überlegungen, die der Bestimmung des Kalkulationszinssatzes bei der dynamischen Investitionsrechnung zugrunde liegen:[476]

- Prinzip der Orientierung an den Preisen für Investitionsobjekte mit äquivalenten Entnahmeerwartungen: Der Wert einer Unternehmung orientiert sich daran, was ein „vergleichbares Investitionsobjekt“ mit gleichwertigen Entnahmeerwartungen kosten würde.
- Prinzip der Orientierung an den Renditen derjenigen risikoäquivalenten Investitionsobjekte, die bei einem angestrebten Unternehmenskauf aus dem – vielleicht optimalen – Investitionsprogramm verdrängt würden (bzw. bei einem möglichen Verkauf höchstens realisiert werden könnten).

---

[475] Vgl. *Schierenbeck, Henner*: Grundzüge der Betriebswirtschaftslehre. 15. Aufl., München/Wien 2000, S. 397.

[476] Vgl. diesbezüglich **Abschnitt 2.3**.

Durch den Kapitalisierungszinssatz kommt insoweit die geforderte Mindestverzinsung zum Ausdruck, die der potenzielle Käufer bzw. der mögliche Verkäufer der Unternehmung erzielen muss, ohne eine Verschlechterung seiner zukünftigen Erfolgssituation akzeptieren zu müssen.[477]

2.8.3 Das IDW-Verfahren nach dem Entwurf-Standard ES 1

2.8.3.1 Allgemeine Bemerkungen

Die auf der Empfehlung der Kommission der Union Européenne des Experts Comptables, Economiques et Financiers (U. E. C.-Kommission)[478] aufbauende Stellungnahme des Hauptfachausschusses des Instituts der Wirtschaftsprüfer in Deutschland e. V. von 1983,[479] die seit 1999 durch den Entwurf-Standard IDW ES 1; Stand: 27. Januar 1999,[480] ersetzt wurde, stützt sich in wesentlichen Bereichen auf die Gedankenlogik der Zukunftserfolgswertmethode. Der Standard ES 1 ersetzt des Weiteren die Stellungnahme HFA 6/1997[481] zur Bewertung kleiner und mittlerer Unternehmen.

Sowohl die Empfehlung der U. E. C.-Kommission als auch der Entwurf-Standard IDW ES 1 gelten für Wirtschaftsprüfer bei der Bewertung ganzer Unternehmungen als Leitfaden und sind deshalb – von den Grundsätzen und der prinzipiellen Vorgehensweise her – zu beachten. Es werden in beiden Verlautbarungen Vorschläge zur Bewältigung des Unsicherheitsproblems unterbreitet. Die Berücksichtigung des Substanzwerts wird abgelehnt, da eine Kombination von Ertrags- und Substanzwert die Unsicherheit nicht verringere

---

477 Vgl. dazu auch *Schierenbeck, Henner*: Grundzüge der Betriebswirtschaftslehre. 15. Aufl., München/Wien 2000, S. 397-398.

478 Vgl. dazu U. E. C.-Kommission: Empfehlung zur Vorgehensweise von Wirtschaftsprüfern bei der Bewertung ganzer Unternehmen. München 1980.

479 Vgl. HFA des IDW: Stellungnahme HFA 2/1983: Grundsätze zur Durchführung von Unternehmensbewertungen. In: Die Wirtschaftsprüfung 1983, S. 468-480.

480 Vgl. HFA des IDW: Entwurf des IDW Standard: Grundsätze zur Durchführung von Unternehmensbewertungen, IDW ES 1, Stand: 27. Januar 1999. In: Die Wirtschaftsprüfung 1999, S. 200-216.

481 Vgl. HFA des IDW: Stellungnahme HFA 6/1997: Besonderheiten der Bewertung kleiner und mittlerer Unternehmen. In: Die Wirtschaftsprüfung 1998, S. 26-29.

und die verschiedenen Kombinationsverfahren theoretisch nicht begründbar seien.[482]

2.8.3.2 Die Bedeutung und Grundsätze des Entwurf-Standard IDW ES 1

Der Entwurf-Standard IDW ES 1 bildet nach herrschender Auffassung die Grundlage heutiger praktischer Bewertungen ganzer Unternehmungen. Der Standard legt die Grundsätze dar, nach denen Wirtschaftsprüfer Unternehmensbewertungen – unter Berücksichtigung des Hintergrundes der Theorie, der Praxis und der in der Rechtsprechung entwickelten Standpunkte – durchführen.

Aufgrund des für einen Wirtschaftsprüfer verbindlichen Charakters der Stellungnahmen des IDW hat bei der Durchführung einer Unternehmensbewertung folglich eine Orientierung an den in der Stellungnahme dargelegten Grundsätzen und Verfahren zu erfolgen. Dennoch lässt die Stellungnahme dem Bewertenden noch einen weiten Ermessensspielraum. Von ihrer Ausgestaltung her verkörpert die Stellungnahme damit nicht mehr als einen großzügigen Rahmen, dessen Ausfüllung dem jeweiligen Wirtschaftsprüfer überlassen bleibt, wobei allerdings beachtet werden muss, dass alle im Rahmen der Bewertung getroffenen Feststellungen stichhaltig zu begründen sind.[483]

Der Standard legt Grundsätze zur Ermittlung von Unternehmenswerten dar, die einen festen Rahmen für alle Bewertungsfälle bilden sollen und die im Folgenden kurz beschrieben werden. Die Bewertungsgrundsätze sind eine Weiterentwicklung der in der Stellungnahme des HFA 2/1983[484] und in der Empfehlung der U. E. C.-Kommission[485] genannten Grundsätze zur Ermittlung von Unternehmenswerten:[486]

(1) Nach dem **Grundsatz der Maßgeblichkeit des Bewertungszwecks** erfordert die Unternehmenswertermittlung eine Prognose und Diskontierung der künftigen finanziellen Überschüsse aus betriebsnotwendigem und

---

[482] Vgl. *Wöhe, Günter*: Einführung in die Allgemeine Betriebswirtschaftslehre. 20. Aufl., München 2000, S. 683.

[483] Vgl. dazu u.a. *Bieg, Hartmut*: Betriebswirtschaftslehre 1: Investition und Unternehmungsbewertung. 2. Aufl., Freiburg i. Br. 1997, S. 198-199.

[484] Vgl. HFA des IDW: Stellungnahme HFA 2/1983: Grundsätze zur Durchführung von Unternehmensbewertungen. In: Die Wirtschaftsprüfung 1983, S. 468, 473-475.

[485] Vgl. U. E. C.-Kommission: Empfehlung zur Vorgehensweise von Wirtschaftsprüfern bei der Bewertung ganzer Unternehmen. München 1980, S. 6-8.

[486] Vgl. HFA des IDW: Entwurf des IDW Standard: Grundsätze zur Durchführung von Unternehmensbewertungen, IDW ES 1, Stand: 27. Januar 1999. In: Die Wirtschaftsprüfung 1999, S. 200-216 und *Siepe, Günter*: Unternehmensbewertung. In: WP-Handbuch, Band II, hrsg. vom Institut der Wirtschaftsprüfer, 11. Aufl., Düsseldorf 1998, S. 19-46.

nicht betriebsnotwendigem Vermögen. Da es bei der Ermittlung des Unternehmenswerts – objektivierter Unternehmenswert, subjektiver Entscheidungswert oder Einigungswert – zu unterschiedlichen Annahmen bezüglich der Prognose und Diskontierung der künftigen finanziellen Überschüsse kommen kann, muss zu Beginn der Bewertung festgelegt werden, in welcher Funktion der Bewerter tätig wird, damit die jeweiligen Annahmen entsprechend hergeleitet werden können.

(2) Nach dem **Grundsatz der Bewertung der wirtschaftlichen Unternehmenseinheit** wird der Wert von Unternehmungen grundsätzlich nicht auf dem Wege der Ermittlung von Einzelwerten für Vermögensgegenstände und Schulden bestimmt, sondern vielmehr durch das Zusammenwirken aller Werte. Die Unternehmung ist als Ganzes zu bewerten, die Gesamtheit aller Bereiche, wie z. B. Beschaffungs- und Absatzbeziehungen bzw. -märkte, Forschung, Entwicklung, Organisation, Finanzierung und Management, ist zu erfassen, da alle Unternehmungsbereiche zusammenwirken und zu den künftigen finanziellen Überschüssen der Unternehmung beitragen. Der Unternehmenswert kann somit die Summe der Einzelwerte sowohl über- als auch unterschreiten.

Das Bewertungsobjekt und die rechtliche Abgrenzung der Unternehmung müssen nicht identisch sein, da das nach wirtschaftlichen Kriterien definierte Bewertungsobjekt – wie z. B. Konzern, Betriebsstätte, strategische Geschäftseinheit – zugrunde gelegt werden soll. Somit ist für die Bewertung nicht der Rechtsmantel einer Unternehmung maßgebend, sondern der Wirtschaftsverbund.

Der Unternehmenswert i. w. S. setzt sich aus dem betriebsnotwendigen Vermögen (Unternehmenswert i. e. S.) und dem nicht betriebsnotwendigen Vermögen zusammen.

(3) Nach dem **Grundsatz des Stichtagsprinzips** sind Unternehmenswerte zeitpunktbezogen zu ermitteln. Mit der Festlegung des Bewertungsstichtages wird bestimmt, welche finanziellen Überschüsse nicht mehr zu berücksichtigen sind, da sie den bisherigen Eigentümern bereits zugeflossen sind, und ab welchem Zeitpunkt zu erwartende oder bereits realisierte finanzielle Überschüsse den künftigen Eigentümern zuzurechnen sind. Fallen Bewertungsstichtag und Zeitpunkt der Bewertungsdurchführung auseinander, ist nur der Informationsstand zu berücksichtigen, den die Parteien bei angemessener Sorgfalt zum Bewertungsstichtag hätten haben können. Das Stichtagsprinzip umfasst neben den zu berücksichtigenden Informationen über die Entwicklungsperspektiven der zu bewertenden Unternehmung die relevanten Verhältnisse zur Bestimmung des Kapitalisierungszinssatzes. Als Ausgangspunkt hierfür dient die erzielbare Rendite aus der Investitionsalternative zum Bewertungsobjekt, wobei Sicherheit,

Besteuerung, Struktur und Fristigkeit sowie zu erwartende Zinsänderungen entsprechend zu berücksichtigen sind.

(4) Der **Grundsatz der Bewertung künftiger finanzieller Überschüsse** basiert auf Zahlungsströmen. Dabei bestehen die erwarteten finanziellen Vorteile vorrangig aus dem Anspruch der Unternehmenseigner auf Ausschüttung bzw. Entnahme der erwirtschafteten finanziellen Überschüsse, die sich gegebenenfalls um zu erbringende Einlagen der Eigner mindern. Weitere Zahlungsstromveränderungen, wie z. B. persönliche Steuern, sind zu berücksichtigen. Die Nettoeinnahmen der Unternehmenseigner sind v. a. von der Fähigkeit der Unternehmung abhängig, finanzielle Überschüsse zu erwirtschaften. Die Unternehmensbewertung setzt eine Prognose der entziehbaren künftigen **finanziellen Überschüsse** voraus. Diejenigen finanziellen Überschüsse, die als Nettoeinnahmen in den Verfügungsbereich der Eigentümer gelangen, bestimmen den Unternehmenswert (so genanntes Zuflussprinzip). Die Nettoeinnahmen können auf der Grundlage einer durchgeführten Einnahmen- oder einer Ertragsüberschussrechnung ermittelt werden, wobei als Nebenbedingung die gesellschaftsrechtliche Ausschüttungsfähigkeit und die Finanzierung der Ausschüttungen zu beachten sind.

Werden die Nettoeinnahmen über eine **Einnahmenüberschussrechnung** (Einnahmen abzüglich Ausgaben) ermittelt, so erfordert die Nebenbedingung der Ausschüttungsfähigkeit die ergänzende Berechnung handelsrechtlicher Ertragsüberschüsse. Weiterhin ist zu prüfen, inwieweit einer Ausschüttung von Einnahmenüberschüssen rechtliche Restriktionen wie beispielsweise handelsrechtliche Verlustvorträge und die Bildung gesetzlicher Rücklagen entgegenstehen.

Werden die Nettoeinnahmen über die **Ertragsüberschussrechnung** (Erträge abzüglich Aufwendungen) ermittelt, so ist zusätzlich eine Finanzbedarfsrechnung bzw. Finanzplanung erforderlich. In der Aufwands- und Ertragsrechnung bleibt die Berücksichtigung des künftigen Finanzbedarfs unberücksichtigt, so dass folglich Abweichungen von den Zahlungsströmen und den Auswirkungen auf die Finanzierung berücksichtigt werden müssen. Aus der Finanzbedarfsrechnung kann entnommen werden, inwieweit sich in den künftigen Ertragsüberschüssen Kapitalbindungen oder -freisetzungen auswirken werden. Die Auswirkungen auf Finanzierung und Zinsergebnis der Unternehmung sind in der Finanzbedarfsrechnung festzustellen und in die Ertragsüberschussrechnung zu übernehmen. Im Bereich der Investitionsausgaben kommt der Finanzbedarfsrechnung besondere Bedeutung zu, da nur in sehr seltenen Fällen die über Erlöse zufließenden Abschreibungsäquivalente mit den laufenden Investitionsausgaben übereinstimmen.

Ertragsüberschuss- und Einnahmenüberschussrechnung führen bei äquivalenten Annahmen zum gleichen Ergebnis. Wertdifferenzen können sich z. B. durch unterschiedliche Finanzierungsannahmen ergeben.

Von ausschüttbaren Überschüssen kann nur dann gesprochen werden, wenn die erfolgbringende Substanz – materielle und immaterielle abnutzbare und nicht abnutzbare Werte, Roh-, Hilfs- und Betriebsstoffe, Erzeugnisse und liquide Mittel – erhalten bleiben. In den Investitions- und Finanzierungsannahmen ist daher die sichernde Substanz, unter Berücksichtigung der Annahmen über Erhalt, Wachstum oder Schrumpfung des Bestandes, zu berücksichtigen (so genannte Substanzbezogenheit des Erfolges). Daraus wird ersichtlich, dass die Analyse der Substanz notwendiger Teil der Unternehmensbewertung ist. Die Kenntnis der Wiederbeschaffungs- und Zeitwerte der einzelnen Vermögensteile bildet die Voraussetzung für die Schätzung künftiger Reinvestitionsausgaben, Abschreibungen und Zinsen.

Die Nettozuflüsse an die Investoren sind unter Berücksichtigung der Ertragsteuern der Unternehmung und der Unternehmenseigner zu ermitteln.

Der **objektivierte Unternehmenswert** entspricht dem Zukunftserfolgswert, der sich bei unveränderter Unternehmensfortführung mit allen realistischen Zukunftserwartungen im Rahmen der Marktchancen, finanziellen Möglichkeiten und sonstigen Einflussfaktoren bestimmen lässt. Die Bewertung der Unternehmung stützt sich dabei auf die vorhandene Ertragskraft.

- Mögliche, jedoch noch **nicht eingeleitete Maßnahmen**, wie z. B. Erweiterungsinvestitionen, und die sich daraus ergebenden finanziellen Überschüsse sind bei der Ermittlung von objektivierten Unternehmenswerten unbeachtlich (so genannte Wurzeltheorie). Die bewertbare Ertragskraft umfasst alle Erfolgschancen, die zumindest durch dokumentierte Planungen und Umsetzungsbeschlüsse der Geschäftsführung bzw. des Aufsichtsorgans am Stichtag konkretisiert sind.
- Bei der Ermittlung von objektivierten Unternehmenswerten sind Überschüsse aus **unechten Synergieeffekten** insoweit zu berücksichtigen, als die synergiestiftende Maßnahme am Stichtag bereits eingeleitet war. Unter Synergieeffekten (auch als Verbundeffekte bezeichnet) versteht man eine Veränderung der finanziellen Überschüsse, die durch den wirtschaftlichen Verbund (Kooperation) zweier oder mehrerer Unternehmungen entstehen. Durch den Verbund von Unternehmungen werden regelmäßig positive Synergieeffekte erwartet, es können jedoch auch negative Synergieeffekte entstehen, z.B. aufgrund nicht abgestimmter Managementstile oder von Mehrkosten durch Abstimmungs-

bedarf. Synergieeffekte können auch danach unterschieden werden, ob die Auswirkungen auf die finanziellen Überschüsse

- ausschließlich durch Kooperation bestimmter Unternehmungen aufgrund spezifischer Eigenschaften – z. B. Knowhow-Transfer – erzielt werden (so genannte echte Synergieeffekte) oder
- bereits realisiert sind oder auf gleiche Art und Weise mit einer Vielzahl von anderen Partnern erzielt werden können (z. B. Ausnutzung von Größeneffekten, verbessertes Cash-Management, Zusammenlegung des Rechnungswesens usw.). Bei dieser Kategorie handelt es sich um unechte Synergieeffekte.

  Die echten Synergieeffekte werden bei der Ermittlung eines objektivierten Unternehmenswerts nicht berücksichtigt, da sie mit einer Fortführung der Unternehmung in der bisherigen Form nicht vereinbar sind und auf subjektiven Faktoren der Investoren beruhen.

- Grundsätzlich ist bei der Ermittlung von objektivierten Unternehmenswerten von der **Vollausschüttung** der finanziellen Überschüsse auszugehen.
- Bei der Ermittlung von objektivierten Unternehmenswerten wird grundsätzlich **typisierend** ein Verbleiben des **Managements** unterstellt, so dass eine Eliminierung personenbezogener Einflüsse auf die finanziellen Überschüsse unterbleibt. Handelt es sich um eine personenbezogene Unternehmung, so sind jedoch die positiven bzw. negativen Erfolgsbeiträge, die zukünftig ggf. nicht mehr erzielt werden können (bei Wechsel des Managements), bei der Prognose der künftigen finanziellen Überschüsse nicht zu berücksichtigen. Da es bei einem Unternehmenserwerb prinzipiell auf die übertragbare Ertragskraft ankommt, werden diese personenbezogenen Wertfaktoren, soweit nicht das Management auch nach dem Eigentümerwechsel in der Unternehmung verbleibt, eliminiert. Des Weiteren werden Einflüsse aus einem Unternehmensverbund oder aus sonstigen Beziehungen personeller oder familiärer Art zwischen Management der zu bewertenden Unternehmung und dritten Unternehmungen, die nicht mit übergehen, eliminiert.
- Selbst wenn die persönlichen steuerlichen Verhältnisse bekannt sind, wird für die Berechnung des objektivierten Unternehmenswerts von einem derzeitigen **typisierten Steuersatz** von 35 % ausgegangen. Somit bleibt der objektivierte Unternehmenswert unabhängig von den unterschiedlichen Einkommensverhältnissen der Unternehmenseigner. Bei der Bewertung von Kapitalgesellschaften wird unterstellt, dass der Anteilseigner anrechnungsberechtigt ist und seine Anteile im Privatvermögen hält.

(5) Im Rahmen des **Grundsatzes der gesonderten Bewertung des nicht betriebsnotwendigen Vermögens** wird festgelegt, dass Vermögensgegenstände, die frei veräußert werden könnten, ohne dadurch die Ausführung der eigentlichen Aufgabe der Unternehmung und damit den Ertragswert zu beeinträchtigen, einer selbständigen Bewertung unterzogen werden müssen. Der resultierende Wert ist dem Ertragswert additiv hinzuzurechnen. Diese Maßnahme der gesonderten Bewertung ist notwendig, da nicht betriebsnotwendige Vermögensgegenstände i. d. R. einen von ihrem Ertragswert abweichenden Wert haben und außerdem nicht in einem zwangsläufigen Zusammenhang mit dem Ertragswert der Unternehmung stehen.

(6) Der **Grundsatz der Unbeachtlichkeit des bilanziellen Vorsichtsprinzips** beinhaltet, dass eine nach handelsrechtlichen Aspekten aufgestellte Bilanz nicht für Zwecke der Unternehmensbewertung herangezogen werden darf, da sie sich stets einseitig für eine der an der Unternehmensbewertung interessierten bzw. beteiligten Parteien auswirkt. Die Unternehmensbewertung soll aber zweiseitige Interessen wahren.

(7) Der **Grundsatz der Nachvollziehbarkeit der Bewertungsansätze** fordert die Klarheit und Eindeutigkeit der im Rahmen einer Unternehmensbewertung gewählten Bewertungsansätze und Prognosen. Er stellt die Voraussetzung für die Erkenntnis und Wertung von Ermessensspielräumen des Bewerters dar. Aus der Berichterstattung muss eindeutig hervorgehen, von welcher Personengruppe die Annahmen getroffen wurden (z. B. Gutachter, Management, sachverständiger Dritter).

Hinsichtlich der **Grenzen der Beurteilungsfähigkeit** empfiehlt es sich generell, seitens der Geschäftsleitung bezüglich der von der zu bewertenden Unternehmung übernommenen Daten eine **Vollständigkeitserklärung** abgeben zu lassen, mit einer Stellungnahme bzw. Aussage dahingehend, dass in den der Bewertung zugrunde gelegten Zahlen alle wirtschaftlichen, technischen und vertraglichen Gegebenheiten der Unternehmung nach bestem Wissen und Gewissen der Geschäftsleitung zutreffend zum Ausdruck gelangt sind. Diese Vollständigkeitserklärung entbindet den Gutachter aber trotzdem nicht von der Verpflichtung zur eigenen Beurteilung. Vorliegende Planungsrechnungen müssen geprüft und beurteilt sowie mit dem daraus gewonnenen Erkenntnisinhalt in die Berechnung einbezogen werden; eine lediglich Übernahme bereits vorliegender Prognoseergebnisse entsprechend den Auskünften der Geschäftsleitung darf nicht erfolgen. Offen gelegt werden muss in jedem Bewertungsfall der Grad der eigenen Beurteilungsmöglichkeit des Gutachters.

Neben den bereits erwähnten Grundsätzen ist im Entwurf-Standard IDW ES 1 ein weiterer Grundsatz von Bedeutung, der unbedingt eingehalten werden muss. Es handelt sich dabei um den **Grundsatz der „ordentlichen" Dokumentation und Berichterstattung** über die Durchführung von Unternehmensbewertungen. Im Rahmen der Ermittlung von Unternehmenswerten sind – wie bei anderen Dokumentationen auch – die berufsüblichen Grundsätze für Wirtschaftsprüfer hinsichtlich der Anlage von Arbeitspapieren zu beachten, wozu auch die Absicherung durch die oben erwähnte Vollständigkeitserklärung zählt.

Im **Bewertungsgutachten** muss der Wirtschaftsprüfer einen eindeutigen Unternehmenswert bzw. eine -wertspanne nennen und begründen. Aus dem Gutachten muss ersichtlich sein, in welcher Funktion der Wirtschaftsprüfer tätig war und welcher Wert (objektivierter Unternehmenswert, subjektiver Entscheidungswert, Einigungswert) ermittelt wurde. Weiterhin ist eine detaillierte Erläuterung der Vorgehensweise der Unternehmensbewertung notwendig, so dass der Empfänger des Gutachtens die Möglichkeit hat, das angewandte Bewertungsverfahren (Ertragswertverfahren oder DCF-Verfahren) sowie die Prognose und Diskontierung der finanziellen Überschüsse nachzuvollziehen. Die zugrunde gelegten Daten müssen in Umfang und Qualität ersichtlich sein, ebenso wie der Umfang von Schätzungen und Annahmen mit den dahinter stehenden Überlegungen. Nach dem Grundsatz der Klarheit der Berichterstattung ist im Bewertungsgutachten deutlich zu machen, auf welchen wesentlichen Annahmen der ermittelte Unternehmenswert beruht. Das Gutachten sollte die in **Abbildung 60** aufgeführten Punkte umfassen.

- **Darstellung der Bewertungsaufgabe**
  - Auftraggeber;
  - Auftrag (Bewertungsanlass; Funktion, in der die Wertermittlung durchgeführt wird).
- **Beschreibung des Bewertungsobjekts**
  - Rechtliche Grundlagen;
  - wirtschaftliche Grundlagen;
  - steuerliche Gegebenheiten.
- **Darstellung von Informationen, die der Bewertung zugrunde liegen**
  - Vergangenheitsanalyse;
  - Planungsrechnungen vor dem Hintergrund der zugrunde liegenden Annahmen;
  - Verfügbarkeit und Qualität der Ausgangsdaten (einschließlich Gutachten Dritter);
  - Plausibilitätsbeurteilung der Planungen;
  - Abgrenzung der Verantwortung für übernommene Auskünfte.
- **Darstellung der gesonderten Bewertung des nicht betriebsnotwendigen Vermögens**
- **Darstellung der Bewertung des betriebsnotwendigen Vermögens**
- **Abschließende Feststellungen**

Abbildung 60: Inhalt des Bewertungsgutachtens

2.8.3.3 Die Grundprobleme der Unternehmensbewertung und Stellungnahme hinsichtlich einer Lösung dieser Problembereiche

2.8.3.3.1 Die Schwierigkeitenkomplexe

Zur Bewertung von Unternehmungen sind die abgezinsten Nettoeinnahmen der Unternehmenseigner heranzuziehen. Diese Nettoeinnahmen hängen v. a. von der Fähigkeit der Unternehmung ab, finanzielle Überschüsse zu erwirtschaften. Für die Bewertung einer Unternehmung ist daher eine Prognose der entziehbaren künftigen finanziellen Überschüsse notwendig. Der Unternehmenswert wird dabei nur von den finanziellen Überschüssen bestimmt, die als Nettoeinnahmen auch in den Verfügungsbereich der Eigentümer gelangen. Gemäß dem Entwurf-Standard IDW ES 1[487] können die Nettoeinnahmen mit Hilfe der **Einnahmenüberschuss-** oder der **Ertragsüberschussrechnung** ermittelt werden. Die Stellungnahme differenziert dabei nicht zwischen Einzahlungen und Einnahmen bzw. Auszahlungen und Ausgaben.[488] Der als Ergebnis der Bewertung angestrebte „richtige" Wert der Unternehmung lässt sich in der Praxis allerdings nicht ohne Schwierigkeiten ermitteln. Die Schwierigkeiten liegen insbesondere in der

- Definition der künftigen finanziellen Überschüsse;
- Prognose der künftigen finanziellen Überschüsse;
- Bemessung des Kapitalisierungszinssatzes und
- Berücksichtigung unterschiedlicher subjektiver Wertvorstellungen.[489]

Sowohl bei Anwendung des Ertragswertverfahrens als auch der DCF-Verfahren ergeben sich diverse Probleme, die sich den nachfolgenden **Schwierigkeitenkomplexen** zuordnen lassen.[490] Diese Schwierigkeitskomplexe werden in knappen Zügen dargestellt und erläutert; außerdem erfolgt eine Verknüpfung dieser Bereiche mit der eigentlichen Vorgehensweise bei der Berechnung des Werts einer ganzen Unternehmung.

---

[487] Vgl. HFA des IDW: Entwurf des IDW Standard: Grundsätze zur Durchführung von Unternehmensbewertungen, IDW ES 1, Stand: 27. Januar 1999. In: Die Wirtschaftsprüfung 1999, S. 203.

[488] Bezüglich der Kritik an dieser generellen Gleichsetzung der Begriffe im Rahmen der Wertermittlung bei Investitionsentscheidungen vgl. **Abschnitt 2.3**.

[489] Vgl. *Siepe, Günter*: Unternehmensbewertung. In: WP-Handbuch, Band II, hrsg. vom Institut der Wirtschaftsprüfer, 11. Aufl., Düsseldorf 1998, Rz. 6, S. 3.

[490] Vgl. *Siepe, Günter*: Unternehmensbewertung. In: WP-Handbuch, Band II, hrsg. vom Institut der Wirtschaftsprüfer, 11. Aufl., Düsseldorf 1998, Rz. 6, S. 3-4.

2.8.3.3.2 Der Schwierigkeitenkomplex I: Definition der künftigen finanziellen Überschüsse

Der Barwert der **Nettoeinnahmen** der Unternehmenseigner verkörpert unter Berücksichtigung rein finanzieller Ziele den Wert der Unternehmung. Die Nettoeinnahmen hängen v.a. von der Fähigkeit der Unternehmung ab, finanzielle Überschüsse zu erwirtschaften. Unabhängig davon, nach welchem Verfahren (Ertragswertverfahren oder DCF-Verfahren) die finanziellen Überschüsse prognostiziert werden, ist die gesellschaftsrechtliche Ausschüttungsfähigkeit sowie deren Finanzierbarkeit zu beachten. Das **Ertragswertverfahren** basiert auf der Aufwands- und Ertragsrechnung und bedarf zusätzlich einer langfristigen Finanzbedarfsrechnung, um Einnahmen und Erträge sowie Ausgaben und Aufwendungen, die zeitlich weit auseinander fallen, aufzufangen. Die **DCF-Verfahren** hingegen sind zahlungsstromorientierte Verfahren. Bei beiden Verfahren ergeben sich bezüglich der Definition der finanziellen Überschüsse diverse Probleme.

Durch die konstatierte Ausrichtung der Berechnung des Unternehmenswerts auf investitionstheoretische Überlegungen ergeben sich in der Praxis größere Schwierigkeiten. Während im Rahmen der Investitionsrechnung regelmäßig einzelne, klar abgegrenzte Investitionsobjekte beurteilt werden, setzt sich eine Unternehmung in ihrer Gesamtheit aus einer Vielzahl von ineinander greifenden Investitionsobjekten und unterschiedlichen Vorgängen zusammen. Aus diesem Grund ist eine genaue Durchführung der eigentlich erforderlichen totalen Einnahmenüberschussrechnung, d.h. eine Ermittlung der gesamten Einnahmen- und Ausgabenströme, nur in Ausnahmefällen möglich, so u.a. bei Unternehmungen mit einer begrenzten Lebensdauer und leicht überschaubarer Abwicklung.

Meist ist sie jedoch praktisch nicht durchführbar, da die dem Bewerter zur Verfügung stehenden Bewertungsunterlagen (z.B. Jahresabschlüsse, Kapitalflussrechnungen) auf dem Rechnungswesen der Unternehmung basieren, welches sich aber an Aufwands- und Ertragsgrößen oder, falls die Kostenrechnung in die Bewertung einbezogen wird, an Kosten und Leistungen, nicht jedoch an Einnahmen bzw. Einzahlungen und Ausgaben bzw. Auszahlungen orientiert. Außerdem gestaltet sich die Erfassung und die jährlich exakte Gegenüberstellung aller Einnahmen und Ausgaben über die gesamte Lebensdauer der Unternehmung erfahrungsgemäß als schwierig.[491]

Die **Einnahmenüberschüsse** sind unter Liquiditätsgesichtspunkten unmittelbar ausschüttungsfähig. Jedoch ist es aufgrund von gesellschaftsrechtlichen Gewinnverwendungsregeln und ertragsteuerlichen Bemessungsgrundlagen

---

[491] Vgl. dazu insbesondere *Bieg, Hartmut*: Betriebswirtschaftslehre 1: Investition und Unternehmungsbewertung. 2. Aufl., Freiburg i.Br. 1997, S. 206.

unumgänglich, für die Planung von Nettoauszahlungen und Ertragsteuern Nebenrechnungen zu erstellen, in denen sowohl handels- als auch steuerrechtliche Ertragsüberschüsse berechnet werden. Eine Bewertung auf Grundlage von Einnahmenüberschüssen erfordert sehr lange Prognosezeiträume, da langfristige Kapitalbindungen und -freisetzungen aufgrund von Investitionsintervallen und Altersversorgungszusagen an Mitarbeiter zu berücksichtigen sind.[492] In der Unternehmung gebundene Werte – wie z. B. Gebäude, Maschinen, Fuhrpark – sind vorgeleistete Ausgaben, die i. d. R. über die Erlöse zurückfließen. Es ergeben sich für Anlagen, die zum Bewertungszeitpunkt bereits angeschafft waren, keine weiteren Ausgaben, abgesehen von einer evtl. Tilgung der dafür laufenden Kredite. Einnahmenüberschüsse entstehen, weil keine Abschreibungen in der Einnahmenüberschussrechnung verrechnet werden. Die Einnahmenüberschüsse führen erst dann zu einem vollständigen Bild, wenn spätere Ersatzbeschaffungsausgaben mit berücksichtigt werden. Sofern also die Rechnung nicht bis zum Ersatzbeschaffungszeitpunkt aller Anlagen durchgeführt wird, führt dies zu falschen Werten. Eine langfristige Veranschlagung von Einnahmen und Ausgaben einzelner Planungsperioden kann nur auf Schätzungen erfolgen, die einen entsprechenden Unsicherheitsfaktor mit in die Rechnung bringen.[493]

Der Bewerter ist bezüglich der Beurteilung einer Unternehmung und der Ermittlung des Unternehmenswerts letztendlich auf die **Daten des betrieblichen Rechnungswesens** angewiesen. Unter Zugrundelegung dieser Werte können aber nur – wenn auch bereits mit erhöhter Unsicherheit behaftet – **zukünftige Aufwendungen und Erträge** geschätzt werden. Der Unternehmenswert ist auf der Grundlage der zukünftigen Erfolge zu bestimmen. Für den Fall, dass Zahlungszeitpunkt und Aufwands-/Ertragsverrechnung weit auseinander liegen, muss eine Berücksichtigung der Zeitunterschiede stattfinden; es hat eine entsprechende Modifikation der Aufwands- und Ertragsrechnung zu erfolgen.

Um Veränderungen der Finanzierungsstruktur und eventuell erforderliche Kapitalzuführungen ermitteln zu können, muss eine Ergänzung der Erfolgsprognose um eine langfristige **Finanzbedarfsrechnung** vorgenommen werden. Bestimmt wird der Finanzbedarf aber in wesentlicher Weise durch den Zustand der vorhandenen Wirtschaftsgüter, d. h. durch den Substanzwert. Der Substanzwert ist aus diesem Grund auch weiterhin zu berücksichtigen, allerdings nicht als wertbeeinflussender Faktor, sondern nur als Ausgangsgröße für die Ermittlung des Finanzbedarfs, der Zinsen und der Abschreibungen. Um auf Grundlage von Ertragsüberschüssen eine ordnungsgemäße Bewertung durchführen zu können, müssen aufeinander abgestimmte Planbilanzen, Plan-

---

[492] Vgl. *Siepe, Günter*: Unternehmensbewertung. In: WP-Handbuch, Band II, hrsg. vom Institut der Wirtschaftsprüfer, 11. Aufl., Düsseldorf 1998, Rz. 81-82, S. 24.

[493] Vgl. *Siepe, Günter*: Unternehmensbewertung. In: WP-Handbuch, Band II, hrsg. vom Institut der Wirtschaftsprüfer, 11. Aufl., Düsseldorf 1998, Rz. 82-83, S. 25.

Gewinn- und Verlustrechnungen und Finanzbedarfsrechnungen bis zum Planungshorizont erstellt werden.

Durch Übertragung wesentlicher Grundgedanken der Einnahmenüberschussrechnung auf die Aufwands- und Ertragsrechnung ergibt sich demnach als praktisch durchführbare Näherungslösung eine **modifizierte Ertragsüberschussrechnung**. Bei zutreffender Erfassung der langfristigen Zinswirkungen aus dem Finanzbedarf oder -überschuss in der Aufwands- und Ertragsrechnung ergibt sich zum Ergebnis der Einnahmenüberschussrechnung theoretisch kein entscheidender Unterschied mehr. Bei äquivalenten Annahmen führen beide Methoden zum gleichen Ergebnis.[494]

2.8.3.3.3 Der Schwierigkeitenkomplex II: Prognose der künftigen finanziellen Überschüsse

Alle **zukunftsbezogenen Bewertungen** basieren auf **unsicheren Erwartungen**. Die Ungenauigkeit der zugrunde liegenden Planfaktoren nimmt zu, je weiter die Planung in der Zukunft liegt. Die Schwierigkeiten liegen zum einen in der Unsicherheit der Prognose zukünftiger Erfolge und zum anderen in der Kapitalisierung der Erfolge. Die Ausschaltung der Unsicherheit einer Prognose liegt zwar nicht im Bereich des Möglichen, jedoch kann durch Charakterisierung und Bewertung der Risiken und Chancen, Abgrenzung durch Veranschlagung von Bandbreiten, Gewichtung bei Festlegung von Wertansätzen und Zerlegung des Planungszeitraums in Phasen unterschiedlicher Schätzgenauigkeit eine Begrenzung der Unsicherheit auf ein bestimmtes Niveau erreicht werden.

Darüber hinaus verringert sich das Prognoseproblem durch die abnehmende Bedeutung fernerer Zukunftsjahre für den Barwert der Erfolge; schließlich ist auch noch eine Abschwächung der Wirkung einzelner Unsicherheiten durch kompensatorische Effekte denkbar.

Hinsichtlich der Durchführung der Prognose und damit der Planung der Zukunftserfolge wird eine **Vorgehensweise in zwei Phasen** vorgeschlagen. Mit Hilfe des Phasenschemas wird der Versuch unternommen, die Komplexität des Prognoseproblems auf ein überschaubares Maß zu reduzieren. Auf diese Weise tritt eine Verbesserung der Ergebnisgenauigkeit ein. Nach wie vor problematisch bleibt jedoch die mit zunehmendem Zeitabstand stark ansteigende Unsicherheit.[495] Die Berechnungsformel des Unternehmenswerts be-

---

[494] Vgl. *Siepe, Günter*: Unternehmensbewertung. In: WP-Handbuch, Band II, hrsg. vom Institut der Wirtschaftsprüfer, 11. Aufl., Düsseldorf 1998, Rz. 88, S. 26.

[495] Vgl. diesbezüglich u.a. *Wöhe, Günter*: Einführung in die Allgemeine Betriebswirtschaftslehre. 20. Aufl., München 2000, S. 672.

schränkt sich nach IDW ES 1 nur noch auf zwei Planungsphasen, eine nähere erste Phase und eine fernere zweite Phase, wobei die einzelnen Phasen je nach Lage des konkreten Einzelfalls unterschiedlich lang sein können. In HFA 2/1983 waren diesbezüglich noch drei Planungsphasen vorgesehen.[496] Der Unternehmenswert lässt sich wie in **Abbildung 61** dargestellt berechnen.[497]

$$UW = \underbrace{\underbrace{\sum_{t=1}^{m} \frac{F\ddot{U}_t^{bV}}{(1+i)^t}}_{\text{nähere 1. Phase}} + \underbrace{\frac{F\ddot{U}_{m+1}^{bV}}{i \cdot (1+i)^{m+1}}}_{\text{fernere 2. Phase}}}_{\text{Barwert der künftigen finanziellen Überschüsse aus dem betriebsnotwendigen Vermögen}} + \underbrace{\sum_{t=1}^{n} \frac{F\ddot{U}_t^{nbV}}{(1+i)^t}}_{\text{Barwert der künftigen Überschüsse aus dem nicht betriebsnotwendigen Vermögen}}$$

Abbildung 61: Unternehmenswert nach IDW ES 1

Erläuterung der Symbole:

UW: Unternehmenswert;

$F\ddot{U}_t^{bV}$: finanzielle Überschüsse aus dem betriebsnotwendigen Vermögen der näheren Phase;

$F\ddot{U}_{m+1}^{bV}$: jährlich gleich bleibender finanzieller Überschuss aus dem betriebsnotwendigen Vermögen der ferneren Phase;

$F\ddot{U}_t^{nbV}$: finanzielle Überschüsse aus dem nicht betriebsnotwendigen Vermögen;

t: Periodenindex;

m: Dauer der näheren Phase;

n: Gesamtdauer;

i: Kapitalisierungszinssatz.

Die Ermittlung der zukünftigen Erfolge soll möglichst unabhängig von den Werten der Vergangenheit, gestützt auf Marktanalysen und Umsatz-, Finanzbedarfs- und Abschreibungsprognosen, erfolgen. Des Weiteren sollten die ermittelten Daten mit Hilfe bereinigter Vergangenheitsdaten und von Soll-Ist-

[496] Vgl. HFA des IDW: Stellungnahme HFA 2/1983: Grundsätze zur Durchführung von Unternehmensbewertungen. In: Die Wirtschaftsprüfung 1983, S. 468-480.

[497] Vgl. *Siepe, Günter*: Unternehmensbewertung. In: WP-Handbuch, Band II, hrsg. vom Institut der Wirtschaftsprüfer, 11. Aufl., Düsseldorf 1998, Rz. 177, S. 58.

Vergleichen, Risikoanalysen, Sensitivitätsanalysen sowie der Festsetzung von Bandbreiten überprüft werden.[498]

Die beiden Phasen können wie folgt fixiert werden:[499]

(1) **Nähere Phase**: Detaillierte Planungsrechnungen der ersten 3-5 Jahre.

(2) **Fernere Phase**: Überschüsse basieren i. d. R. auf pauschaler Fortschreibung der Detailplanungen der ersten Phase. Wegen des starken Gewichts der zweiten Phase müssen die angesetzten Werte kritisch überprüft werden; dabei sind zukünftige wesentliche Veränderungen zu berücksichtigen.

In **Abbildung 62** (Seite 325) wird die Phasenmethode im Zusammenhang mit der Ertragswertmethode tabellarisch aufgezeigt.

2.8.3.3.4 Der Schwierigkeitenkomplex III: Die Bemessung des Kapitalisierungszinssatzes

Neben den zukünftigen Erfolgen stellt der **Kapitalisierungszinssatz die zweite Determinante des Kapitalwertkalküls** dar, wobei seiner exakten Bestimmung aber eher noch ein größeres Gewicht beizumessen ist als der Festlegung der zukünftigen Erfolge, denn bereits geringe numerische Abweichungen vom tatsächlichen Zinssatz können weitreichendere Abweichungen des errechneten Ertrags- und Unternehmenswertes vom „korrekten" Ertragswert zur Folge haben als entsprechende Diskrepanzen bei den Zukunftserfolgen. Welche **Funktionen** der **Kapitalisierungszinssatz** im Rahmen der Unternehmensbewertung erfüllt, wird nachfolgend kurz erläutert.

Die Unternehmung erzielt Gewinne (bzw. Verluste) erst in der Zukunft, die dann zu unterschiedlichen Zeitpunkten eintreten. Nur durch die Berücksichtigung ihres zeitlichen Anfalls gelingt es, die einzelnen Beträge vergleichbar und damit auch kumulierbar zu machen; dies geschieht durch Diskontierung der einzelnen Größen auf einen einheitlichen Bezugszeitpunkt (im Allgemeinen Zeitpunkt der Bewertung bzw. Bewertungsstichtag).

---

[498] Vgl. *Siepe, Günter*: Unternehmensbewertung. In: WP-Handbuch, Band II, hrsg. vom Institut der Wirtschaftsprüfer, 11. Aufl., Düsseldorf 1998, Rz. 8, S. 3.

[499] Vgl. HFA des IDW: Entwurf des IDW Standard: Grundsätze zur Durchführung von Unternehmensbewertungen, IDW ES 1, Stand: 27. Januar 1999. In: Die Wirtschaftsprüfung 1999, Tz. 73-75, S. 207.

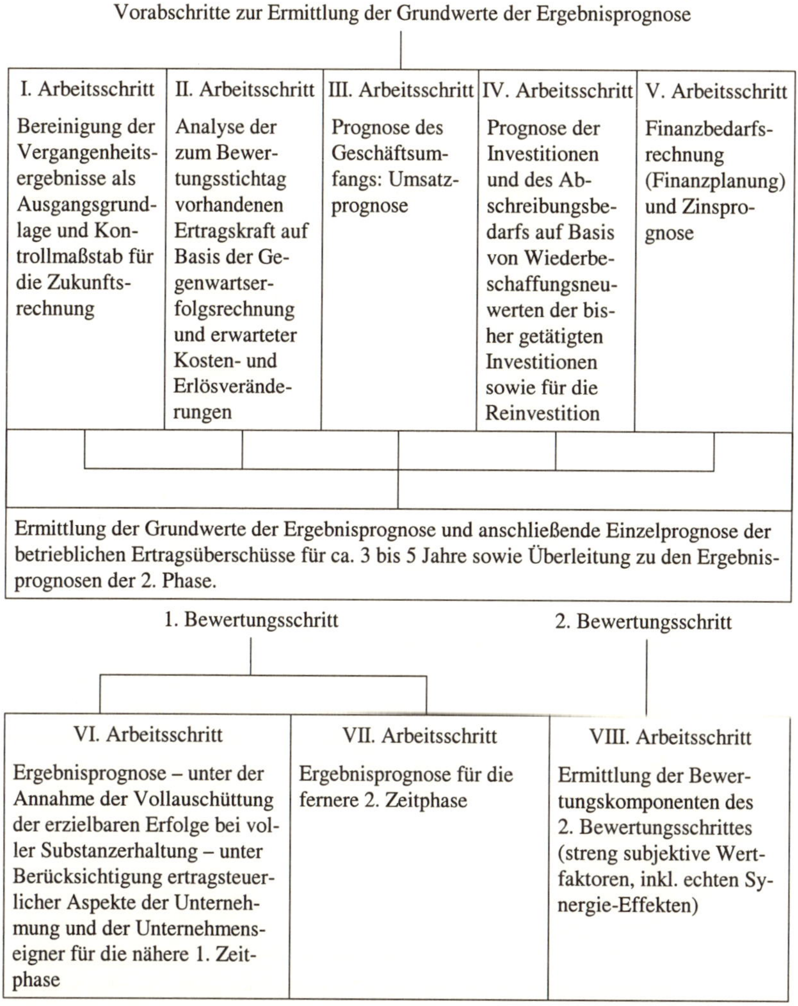

Abbildung 62: Schematische Darstellung der Phasenmethode zur Ertragswertermittlung[500]

Durch die Abzinsung der zukünftigen Erfolge der Unternehmung ist auch ein Vergleich mit anderen Kapitalanlagemöglichkeiten bzw. deren Erfolgen möglich, denn nur wenn der Barwert der Unternehmenserfolge den Barwert der alternativen Erfolge der Kapitalanlage übersteigt, erweist sich ein Unternehmenserwerb als sinnvoll; dies setzt implizit voraus, dass sowohl im Falle des

---

[500] Stark modifiziert entnommen aus *Lange, Christoph*: Jahresabschlußinformationen und Unternehmensbeurteilung. Stuttgart 1989, S. 119.

Unternehmenserwerbs als auch bei der Alternativanlage der gleiche Betrag investiert wird.[501]

Darüber hinaus spiegelt der Kapitalisierungszinssatz die alternativen Geldverwendungsmöglichkeiten des Investors wider. Unter Verwendung des Kapitalisierungszinssatzes gelingt deshalb die Durchführung eines Alternativenvergleichs, indem die zukünftig erwarteten Erfolge mit der Rendite der Alternativanlage abgezinst werden. Genau dieser Sachverhalt interessiert im Rahmen der Unternehmensbewertung; es soll die rechnerisch beste Alternative – bei vergleichbarer Risikostruktur – ausgewählt werden.

Als Alternativanlage bei der Berechnung eines aussagefähigen Unternehmenswerts unterstellt die Bewertungspraxis i. d. R. eine langfristige Anlage am Kapitalmarkt. Hier treten für den Unternehmensbewerter bereits größere Probleme auf. Die sich für Kapitalmarktanlage und Anlage in der Unternehmung ergebenden Werte können nur dann sinnvoll miteinander verglichen werden, wenn die Risikostruktur ähnlich beschaffen ist. Dies ist aber zumeist nicht der Fall. Es ergibt sich für den Unternehmensbewerter deshalb die folgende Schwierigkeit: Er muss eine „quasi-sichere" Alternativanlage mit einer risikobehafteten Anlage in der zu bewertenden Unternehmung vergleichen.

Die Bewertungspraxis versucht dieses Problem durch Risikozuschläge zum – abhängig von der jeweiligen Intention der Unternehmensbewertung – gewählten Basiszinssatz zu lösen.[502] Das Risiko einer Kapitalanlage in einer Unternehmung soll also erfasst werden, indem die Alternativrendite angehoben wird, d. h., es wird praktisch von einer höheren Kapitalmarktrendite oder einem erhöhten anderweitig festgelegten Basiszinssatz ausgegangen (**Zuschlag für „allgemeines Unternehmerrisiko"**). Bei der Ermittlung objektivierter Unternehmenswerte nach der Ertragswertmethode ist der Kapitalisierungszinssatz in zwei Schritten zu ermitteln: Zunächst wird ein Basiszins festgelegt; dieser wird anschließend risikoorientiert korrigiert.[503] Darin liegt jedoch ein weiterer Unsicherheitsfaktor begründet, denn die gewählten Risikozuschläge können relativ willkürlich festgelegt werden, da sie von der jeweiligen Risikoeinstellung abhängig sind; es gibt also keine objektiven Maßstäbe.

---

[501] Vgl. dazu insbesondere *Bieg, Hartmut*: Betriebswirtschaftslehre 1: Investition und Unternehmungsbewertung. 2. Aufl., Freiburg i. Br. 1997, S. 228.

[502] Vgl. bezüglich der Diskussion um den im Rahmen verschiedener Funktionen der Unternehmensbewertung als Basiszinssatz anzusetzenden Wert insbesondere *Bieg, Hartmut*: Betriebswirtschaftslehre 1: Investition und Unternehmungsbewertung. 2. Aufl., Freiburg i. Br. 1997, S. 228-234.

[503] Vgl. *Bender, Jürgen/Lorson, Peter*: Verfahren der Unternehmensbewertung (II): Das Ertragswertverfahren nach der HFA-Stellungnahme 2/1983. In: Betrieb und Wirtschaft 1996, S. 3 und *Siepe, Günter*: Unternehmensbewertung. In: WP-Handbuch, Band II, hrsg. vom Institut der Wirtschaftsprüfer, 11. Aufl., Düsseldorf 1998, Rz. 273, S. 96.

Als Basiszinssatz ist der landesübliche Zinssatz heranzuziehen. Dieser orientiert sich an der alternativ erzielbaren Rendite, i.d.R. am Zinssatz einer öffentlichen Anleihe mit einer Restlaufzeit von zehn oder mehr Jahren.[504] Der Wirtschaftsprüfer hat einzelfallbezogen abzuwägen, inwieweit die Inflation an die Kunden der Unternehmung weitergegeben werden kann.[505] Der „quasi-sichere" Zins ist durch einen Risikozuschlag zur Erfassung des generellen Unternehmensrisikos zu korrigieren[506] und um die persönlichen Ertragsteuern zu vermindern.[507]

Neben der Veränderung des Basiszinssatzes aufgrund des bestehenden Unternehmerrisikos sind weitere Modifikationen der für die Diskontierung maßgeblichen Größe möglich, wenn beispielsweise mit Änderungen des Geldwertes (im Allgemeinen Abnahme des Geldwertes, Inflationserwartungen) gerechnet wird; in diesem Fall ist der Kapitalisierungszinssatz um einen Geldwertabschlag in Höhe der Geldentwertungsrate zu korrigieren.[508]

Je nach Funktion des Wirtschaftsprüfers ist abzuwägen, inwieweit gegenwärtige bzw. künftige Zinssätze heranzuziehen sind, von welchen Alternativanlagen auszugehen ist, ob ein verschuldungsgradabhängiges Kapitalstrukturrisiko im Zinssatz enthalten sein soll, ob sich Wachstum und Geldentwertung im Zinssatz niederschlagen sollen und ob die Besteuerung sowie Unsicherheitsaspekte Berücksichtigung finden sollen.[509]

Die Kapitalkostenberechnung bei Anwendung der DCF-Methoden wird in **Abschnitt 2.8.4.3** und **Abschnitt 2.8.4.6** ausführlich dargestellt.

---

[504] Vgl. HFA des IDW: Entwurf des IDW Standard: Grundsätze zur Durchführung von Unternehmensbewertungen, IDW ES 1, Stand: 27. Januar 1999. In: Die Wirtschaftsprüfung 1999, Tz. 112, S. 211 und *Siepe, Günter*: Unternehmensbewertung. In: WP-Handbuch, Band II, hrsg. vom Institut der Wirtschaftsprüfer, 11. Aufl., Düsseldorf 1998, Rz. 274, Rz. 276, S. 97.

[505] Vgl. *Siepe, Günter*: Unternehmensbewertung. In: WP-Handbuch, Band II, hrsg. vom Institut der Wirtschaftsprüfer, 11. Aufl., Düsseldorf 1998, Rz. 285, S. 102.

[506] Vgl. *Siepe, Günter*: Unternehmensbewertung. In: WP-Handbuch, Band II, hrsg. vom Institut der Wirtschaftsprüfer, 11. Aufl., Düsseldorf 1998, Rz. 273, S. 96.

[507] Vgl. HFA des IDW: Entwurf des IDW Standard: Grundsätze zur Durchführung von Unternehmensbewertungen, IDW ES 1, Stand: 27. Januar 1999. In: Die Wirtschaftsprüfung 1999, Tz. 113, S. 211.

[508] Vgl. dazu *Bieg, Hartmut*: Betriebswirtschaftslehre 1: Investition und Unternehmungsbewertung. 2. Aufl., Freiburg i.Br. 1997, S. 229-234 sowie HFA des IDW: Stellungnahme HFA 2/1983: Grundsätze zur Durchführung von Unternehmensbewertungen. In: Die Wirtschaftsprüfung 1983, S. 472.

[509] Vgl. *Siepe, Günter*: Unternehmensbewertung. In: WP-Handbuch, Band II, hrsg. vom Institut der Wirtschaftsprüfer, 11. Aufl., Düsseldorf 1998, Rz. 9, S. 3-4.

2.8.3.3.5 Der Schwierigkeitenkomplex IV: Berücksichtigung unterschiedlicher subjektiver Wertvorstellungen

In Abhängigkeit von der Intention der Unternehmensbewertung und damit einhergehend auch der Funktion des Unternehmensbewerters können sich bei Zugrundelegung subjektiver oder objektivierter Zukunftserfolgseinschätzungen verschiedene Unternehmenswerte ergeben. Der Tatsache, dass ein Bewerter in verschiedenen Funktionen auftreten kann, wird durch die Stellungnahme insoweit Rechnung getragen, als in einem zweiten Bewertungsschritt subjektive Bewertungskomponenten Eingang in die Unternehmensbewertung finden.[510]

Während im Falle des Auftretens des Unternehmensbewerters als neutraler Gutachter oder als Schiedsgutachter subjektive Einflussfaktoren nur in begrenztem Maße berücksichtigt werden können, kann der Bewerter als Berater einer bestimmten Partei subjektiv geprägte Wertkomponenten in vollem Umfang einfließen lassen.[511] Es findet infolge dieses zweiten Bewertungsschrittes somit ein Übergang von einem objektivierten zu einem subjektiven Unternehmenswert statt.

Während der zunächst in einem vorangegangenen Bewertungsschritt ermittelte **objektivierte Unternehmenswert** den Wert eines im Rahmen des vorhandenen Unternehmenskonzepts unter Berücksichtigung der bisherigen Ertragskraft der fortgeführten Unternehmung – bezogen auf eine Alternativinvestition am Kapitalmarkt – verkörpert, drückt der **subjektive Wert** einen Unternehmenswert unter Erfassung eines mehr oder weniger veränderten Fortführungskonzeptes und in Relation zu den im Einzelfall gegebenen Investitionsalternativen aus.

Je nach Funktion des Unternehmensbewerters können sich verschiedene Unternehmenswerte ergeben. Der Bewerter muss sich bei seiner Bewertungsaufgabe darüber im Klaren sein, in welcher Funktion er tätig wird (vgl. dazu **Abschnitt 2.8.1.2.2**):[512]

- Tritt der Wirtschaftsprüfer als **neutraler Gutachter** auf, so hat er einen „objektivierten Wert" als Unternehmenswert zu bestimmen. In der Rolle des neutralen Gutachters ist der Wirtschaftsprüfer z.B. dann, wenn ein Kaufinteressent für die Vertragsverhandlungen eine Datenbasis braucht, je-

---

[510] Vgl. dazu auch *Bieg, Hartmut*: Betriebswirtschaftslehre 1: Investition und Unternehmungsbewertung. 2. Aufl., Freiburg i.Br. 1997, S. 234.

[511] Vgl. dazu u.a. *Wöhe, Günter*: Einführung in die Allgemeine Betriebswirtschaftslehre. 20. Aufl., München 2000, S. 670.

[512] Vgl. HFA des IDW: Entwurf des IDW Standard: Grundsätze zur Durchführung von Unternehmensbewertungen, IDW ES 1, Stand: 27. Januar 1999. In: Die Wirtschaftsprüfung 1999, Tz. 9, S. 202.

doch nicht in die Interna des Kaufobjektes Einblick haben soll. Der Kaufinteressent soll aufbauend auf der Analyse der vorhandenen Unternehmung seinen subjektiven Entscheidungswert bestimmen.[513] Der objektivierte Wert ist i. d. R. eine Preisuntergrenze und führt zur Gefahr der Benachteiligung des Verkäufers, soweit auf dem objektivierten Wert die Kaufverhandlungen beruhen.

- Ist der Wirtschaftsprüfer als **Berater** des Käufers oder Verkäufers tätig, erfolgt in einem zweiten Bewertungsschritt die Einbeziehung der subjektiven Überlegungen.[514] Es findet somit ein Übergang von einem objektivierten zu einem subjektiven Unternehmenswert statt.
- Der Wirtschaftsprüfer als **Schiedsgutachter** hat in einer Konfliktsituation zweier Parteien einen fairen Einigungswert vorzuschlagen, der meist zwischen den subjektiven Werten liegt.[515]

Die Funktionen des Wirtschaftsprüfers werden in **Abbildung 63** zusammenfassend dargestellt.

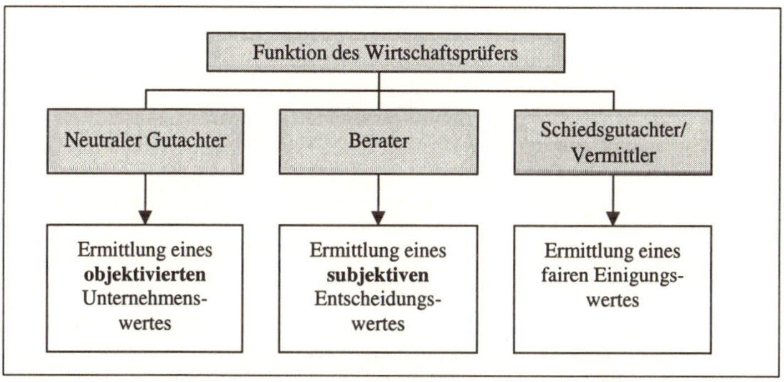

Abbildung 63: Funktionen des Wirtschaftsprüfers

2.8.3.3.6 Die Bestimmung des Unternehmenswerts

Der Unternehmenswert bzw. Zukunftserfolgswert wird durch die Diskontierung der künftigen finanziellen Überschüsse ermittelt. Überwiegend wird bei Bewertungsfällen von einer unbegrenzten Lebensdauer der zu bewertenden

513 Vgl. *Siepe, Günter*: Unternehmensbewertung. In: WP-Handbuch, Band II, hrsg. vom Institut der Wirtschaftsprüfer, 11. Aufl., Düsseldorf 1998, Rz. 14, S. 5.

514 Vgl. *Siepe, Günter*: Unternehmensbewertung. In: WP-Handbuch, Band II, hrsg. vom Institut der Wirtschaftsprüfer, 11. Aufl., Düsseldorf 1998, Rz. 15, S. 6.

515 Vgl. *Siepe, Günter*: Unternehmensbewertung. In: WP-Handbuch, Band II, hrsg. vom Institut der Wirtschaftsprüfer, 11. Aufl., Düsseldorf 1998, Rz. 23, S. 7.

Unternehmung ausgegangen. Es kann jedoch auch – unter bestimmten Voraussetzungen – eine begrenzte Lebensdauer angenommen werden. Der Wert einer Unternehmung lässt sich aus den oben dargestellten Faktoren folgendermaßen ermitteln:[516]

– Unbegrenzte Lebensdauer der Unternehmung:

	Barwert der künftigen finanziellen Überschüsse aus dem betriebsnotwendigen Vermögen
+	Barwert der künftigen finanziellen Überschüsse aus dem nicht betriebsnotwendigen Vermögen
=	Unternehmenswert

– Begrenzte Lebensdauer der Unternehmung:

	Barwert der künftigen finanziellen Überschüsse aus dem betriebsnotwendigen Vermögen vor der Aufgabe der Unternehmung
+	Barwert der künftigen finanziellen Überschüsse aus dem nicht betriebsnotwendigen Vermögen (vor Aufgabe der Unternehmung)
+	Barwert der künftigen finanziellen Überschüsse, die aus der Aufgabe (z.B. der Liquidation) der Unternehmung resultieren
=	Unternehmenswert

Der **Barwert der künftigen finanziellen Überschüsse** aus dem betriebsnotwendigen Vermögen ergibt sich im Rahmen der Phasenmethode **aus der modifizierten Ertragsüberschussrechnung**. Ist hingegen eine **Einnahmenüberschussrechnung** wirtschaftlich durchführbar, so lässt sich der Unternehmenswert wie folgt berechnen:

	Barwert der künftigen finanziellen Überschüsse aus laufendem Betrieb
+	Barwert der künftigen finanziellen Überschüsse aus nicht betriebsnotwendigem Vermögen
+	Barwert der Liquidationserlöse
–	Barwert der Liquidationsausgaben
=	Unternehmenswert

516 Vgl. *Siepe, Günter*: Unternehmensbewertung. In: WP-Handbuch, Band II, hrsg. vom Institut der Wirtschaftsprüfer, 11. Aufl., Düsseldorf 1998, Rz. 174-181, S. 57-60.

2.8.3.3.7 Die Unternehmensbewertung im Familien- und Erbrecht gemäß der Stellungnahme HFA 2/1995

Die Unternehmensbewertung bei vermögensrechtlichen Auseinandersetzungen im Familien- und Erbrecht stellt keinen Sonderfall dar, so dass von den allgemeinen Grundsätzen zur Ermittlung von Unternehmenswerten ausgegangen werden kann.

Eine eigenständige Stellungnahme diesbezüglich erscheint jedoch zweckmäßig, da die Unternehmensbewertung in derartigen Fällen Besonderheiten aufweist, die aus den zivilrechtlichen Bestimmungen des jeweiligen Rechtsverhältnisses resultieren. Aus diesem Grund ist sie im Zusammenhang mit den übrigen Regelungen zu familien- oder erbrechtlichen Auseinandersetzungen zu sehen. Letztendlich zielt die Unternehmensbewertung in diesem Rahmen auf einen **fairen Einigungswert** (z. B. zwischen Ehegatten oder zwischen Erben) ab.

Für das methodische Vorgehen ist daher die Unterscheidung der Bewertungsaufgabe in zwei Schritte, nämlich

- die Ermittlung eines objektivierten Wertes unter Beachtung der Besonderheiten des jeweiligen Rechtsverhältnisses (Schritt 1) und
- die Überleitung zum fairen Einigungswert (Schritt 2)

von besonderer Bedeutung.

Dabei kann der Unternehmensbewerter in diversen Funktionen tätig werden (u. a. als Schiedsgutachter, als neutraler Gutachter, als Berater des Unternehmer-Erblassers). Hinsichtlich der genauen Vorgehensweise in einem Fall der Bewertung einer Unternehmung bei vermögensrechtlichen Auseinandersetzungen im Familien- und Erbrecht wird an dieser Stelle auf die Stellungnahme verwiesen.[517]

[517] Vgl. diesbezüglich ausführlich HFA des IDW: Stellungnahme HFA 2/1995: Zur Unternehmensbewertung im Familien- und Erbrecht. In: Die Wirtschaftsprüfung 1995, S. 522-526.

2.8.4 Die Discounted Cashflow-Verfahren

2.8.4.1 Einordnung und Systematisierung der Discounted Cashflow-Verfahren

In jüngerer Zeit gewinnen die aus den USA stammenden Discounted Cashflow-Verfahren zunehmend an Bedeutung. Die Unternehmensberater wie *Rappaport* und *Copeland/Koller/Murrin* fordern die Wirtschaftsprüfer mit ihren neuen Bewertungsmethoden heraus. Entsprechend ist auch der Entwurf des IDW Standards „Grundsätze zur Durchführung von Unternehmensbewertungen (Stand: 27. Januar 1999)“ an die neuen Gegebenheiten angepasst worden. Die Gründe dafür sind:

- Es wird nicht der Ertragswert berechnet, sondern ein Discounted Cashflow (DCF); die beiden Werte können sich im Detail trotz gleicher Kapitalbasis unterscheiden,[518] was u. E. auf unterschiedliche Cashflow-Definitionen zurückzuführen ist.
- Gesucht wird nicht der objektivierte Unternehmenswert, sondern der Unternehmenswert, der die Strategie des Managements optimiert. In strategischen Anwendungssituationen, wie zum Beispiel Unternehmensakquisitionen, zeigt das Ertragswertverfahren Grenzen in der Aussagefähigkeit, da gezahlte Akquisitionspreise oftmals durch das Bewertungsverfahren nicht mehr nachvollzogen werden können.[519]
- Der Bewertungsprozess wird marktgestützt vorgenommen, insbesondere durch die Berechnung eines risikoangepassten Kalkulationszinsfußes mittels des so genannten Capital Asset Pricing Models (CAPM).[520]
- Es werden auch Softwarepakete angeboten, mit deren Hilfe ohne großen Aufwand Prämissenänderungen direkt durchgespielt werden können.[521]

Ansatzpunkt dieses Verfahrens ist der **Cashflow** einer Unternehmung. Herangezogen wird jedoch nicht der „traditionelle“ Cashflow einer Unternehmung, der sich zusammensetzt aus Gewinn, Abschreibungen sowie Rückstel-

---

[518] Vgl. *Ballwieser, Wolfgang*: Aktuelle Aspekte der Unternehmensbewertung. In: Die Wirtschaftsprüfung 1995, S. 120.

[519] Vgl. *Serfling, Klaus/Pape, Ulrich*: Strategische Unternehmensbewertung und Discounted Cash-Flow-Methode. In: Das Wirtschaftsstudium 1996, S. 57.

[520] Vgl. **Abschnitt 2.8.4.3**, vor allem aber Band III: Finanzwirtschaftliche Entscheidungen, Abschnitt 2.2.3.

[521] Vgl. *Ballwieser, Wolfgang*: Aktuelle Aspekte der Unternehmensbewertung. In: Die Wirtschaftsprüfung 1995, S. 120.

lungsveränderungen und damit von der Anlageintensität bzw. der Altersstruktur der Sachanlagen der Unternehmung abhängt, und der nur die in der Unternehmung erzielten Einzahlungsüberschüsse berücksichtigt, sondern vielmehr der so genannte Free Cashflow, bei dem zum traditionellen Cashflow zusätzlich Investitionen, Desinvestitionen bzw. Veränderungen des Working Capitals (nicht durch kurzfristiges Fremdkapital finanziertes Umlaufvermögen) verrechnet werden.

Die Stärken der DCF-Verfahren können vor allem darin gesehen werden, dass sie aus der Investitions- und Kapitalmarkttheorie abgeleitet werden und künftige Unternehmensweiterentwicklungen Berücksichtigung finden. Die international anerkannten Verfahren diskontieren zukünftige Cashflows, die sich gegenüber Bilanzmanipulationen relativ robust verhalten. Der Kapitalisierungszinssatz orientiert sich am Kapitalmarkt[522] im Gegensatz zur Ertragswertmethode, nach der als Basiszins der landesübliche Zinssatz zugrunde gelegt wird, der sich aus der langfristigen Rendite öffentlicher Anleihen ergibt.[523]

Die DCF-Methode liefert insoweit einen zutreffenderen Unternehmenswert als das traditionelle Ertragswertverfahren, als hier die Wechselwirkungen zwischen Unternehmungen und Umwelt besser erfasst werden. Dies äußert sich u. a. darin, dass die Finanzierungswirkung der Abschreibungen und der Veränderung langfristiger Rückstellungen ebenso in die Bewertung eingeht wie der Finanzbedarf für Ersatz- und Erweiterungsinvestitionen im Anlage- und Umlaufvermögen. Der Vorteil liegt darin, dass sich der für den Unternehmenswert maßgebliche Nutzen für den oder die Unternehmenseigner in dem zukünftigen Überschuss aus dem Zahlungsstrom zwischen der Unternehmung und Dritten äußert, soweit er/sie darüber z. B. in Ausübung der Konzernleitung verfügen kann/können. Im Rahmen der DCF-Methode wird i. d. R. zunächst der Wert der Unternehmung unabhängig von der Finanzierung, d. h. unabhängig vom Verhältnis Eigenkapital zu Fremdkapital, ermittelt (so genanntes Bruttoverfahren):

- Als Ausgangsbasis dient das Ergebnis vor Zinsen und Steuern.
- Durch Subtraktion der Ertragsteuern vom und durch Addition der Abschreibungen zum Ergebnis vor Zinsen und Steuern sowie der Veränderung der langfristigen Rückstellungen lässt sich der Brutto-Cashflow ermitteln.

---

522 Vgl. *Peemöller, Volker H./Bömelburg, Peter/Denkmann, Andreas*: Unternehmensbewertung in Deutschland – Eine empirische Erhebung. In: Die Wirtschaftsprüfung 1994, S. 746.

523 Vgl. HFA des IDW: Entwurf des IDW Standard: Grundsätze zur Durchführung von Unternehmensbewertungen, IDW ES 1, Stand: 27. Januar 1999. In: Die Wirtschaftsprüfung 1999, Tz. 273, S. 96.

- Die Differenz, die sich aus dem Brutto-Cashflow abzüglich der Investitionen in Anlagevermögen und Working Capital (= Umlaufvermögen abzüglich kurzfristiges Kapital (Umlaufkapital)) ergibt, verkörpert den Free Cashflow.

Der **Free Cashflow** umfasst denjenigen Finanzmittelüberschuss, der zur Zahlung von Fremdkapitalzinsen, von Dividenden sowie zur Tilgung von Finanzverbindlichkeiten zur Verfügung steht. Beim Free Cashflow handelt es sich um eine Größe **nach Steuern**; er ist maßgeblich für die Ermittlung des Unternehmenswerts. Die Summe aller Free Cashflows der Zukunft, abgezinst mit dem Gesamtkapitalkostensatz nach Steuern, repräsentiert den Unternehmenswert. Den für einen Investor relevanten Wert des Eigenkapitals erhält man aus der Differenz von Unternehmenswert und dem i.d.R. in der Unternehmung eingesetzten Fremdkapital (vgl. **Abbildung 64**; Seite 335).[524]

Die Varianten der DCF-Verfahren ermitteln den Unternehmenswert, indem der Barwert der zukünftigen Zahlungsströme, unter Einbeziehung eines vom Kapitalmarkt abgeleiteten Diskontierungsfaktors, ermittelt wird,[525] d.h., Investitionstheorie und moderne Kapitalmarkttheorie werden integriert.[526]

Die **Shareholdervalue-Analyse**, die vorwiegend der strategischen Unternehmensführung dient, wird durch die DCF-Verfahren operationalisiert.[527] Damit wird der Wert der Unternehmung zur Zielgröße der Unternehmensführung.

Im Allgemeinen unterscheidet man bei den DCF-Verfahren den Nettoansatz (so genannter Equity Approach) und den Bruttoansatz (so genannter Entity Approach).[528] Unter Letzterem werden WACC-Ansatz, TCF-Ansatz und die APV-Methode subsumiert; nach *Drukarczyk* stellt die Methode des angepassten Barwerts (so genannter Adjusted Present Value, APV-Methode) einen Ansatz dar, dem eine eigenständige Bedeutung beizumessen ist.[529] Die APV-Methode ist demnach – anders als hier – nicht als eine Methode des Bruttoansatzes einzustufen, vielmehr steht sie direkt neben Brutto- und Nettoansatz und stellt somit einen eigenständigen Bewertungsansatz dar.

---

[524] Vgl. zu diesen Ausführungen insbesondere *Börsig, Clemens*: Unternehmenswert und Unternehmensbewertung. In: Zeitschrift für betriebswirtschaftliche Forschung 1993, S. 85-86.

[525] Vgl. *Ballwieser, Wolfgang*: Unternehmensbewertung mit Discounted Cash-Flow-Verfahren. In: Die Wirtschaftsprüfung 1998, S. 81.

[526] Vgl. *Serfling, Klaus/Pape, Ulrich*: Strategische Unternehmensbewertung und Discounted Cash-Flow-Methode. In: Das Wirtschaftsstudium 1996, S. 58.

[527] Vgl. *Böcking, Hans-Joachim/Nowak, Karsten*: Der Beitrag der Discounted Cash-flow-Verfahren zur Lösung der Typisierungsproblematik bei Unternehmensbewertungen. In: Der Betrieb 1998, S. 685.

[528] Vgl. *Ballwieser, Wolfgang*: Unternehmensbewertung mit Discounted Cash-Flow-Verfahren. In: Die Wirtschaftsprüfung 1998, S. 81.

[529] Vgl. *Drukarczyk, Jochen*: Unternehmensbewertung. 2. Aufl., München 1998, S. 176.

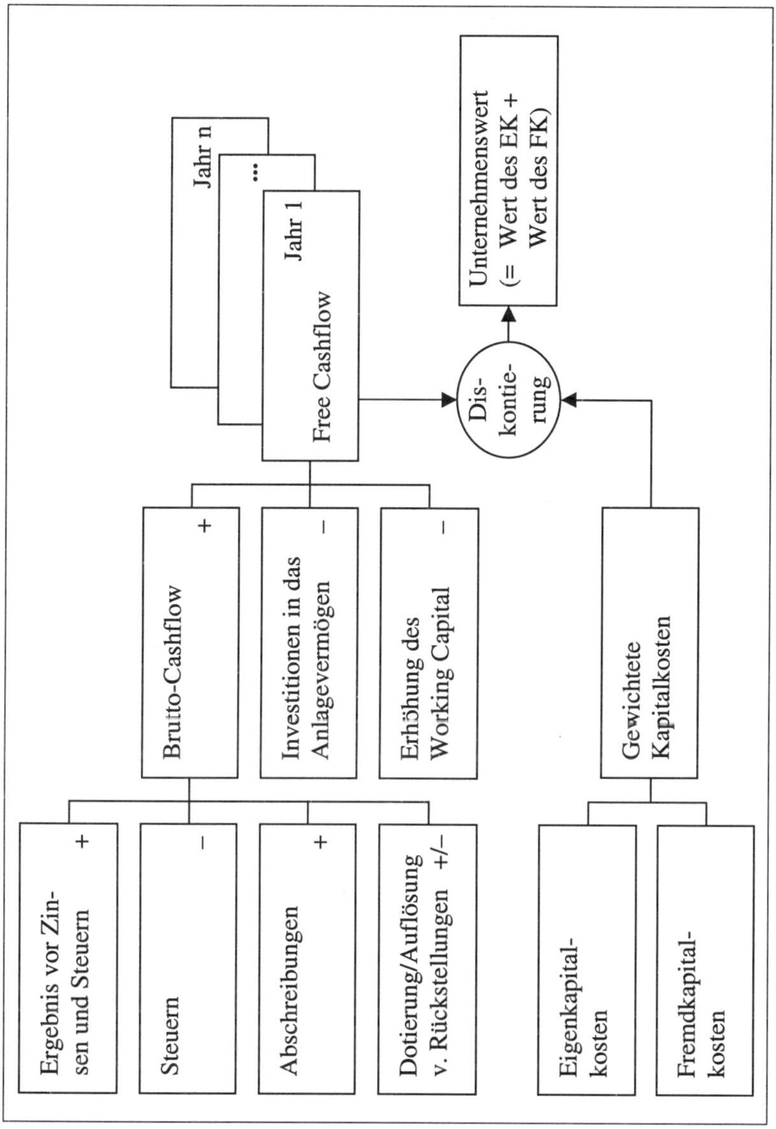

Abbildung 64: Berechnung des Unternehmenswerts nach der Discounted Cashflow-Methode[530]

Eine überblickartige Darstellung der einzelnen DCF-Verfahren erfolgt in **Abbildung 65** (Seite 336).

---

[530] Modifiziert entnommen aus *Meyersiek, Dietmar*: Unternehmenswert und Branchendynamik. In: Betriebswirtschaftliche Forschung und Praxis 1991, S. 235.

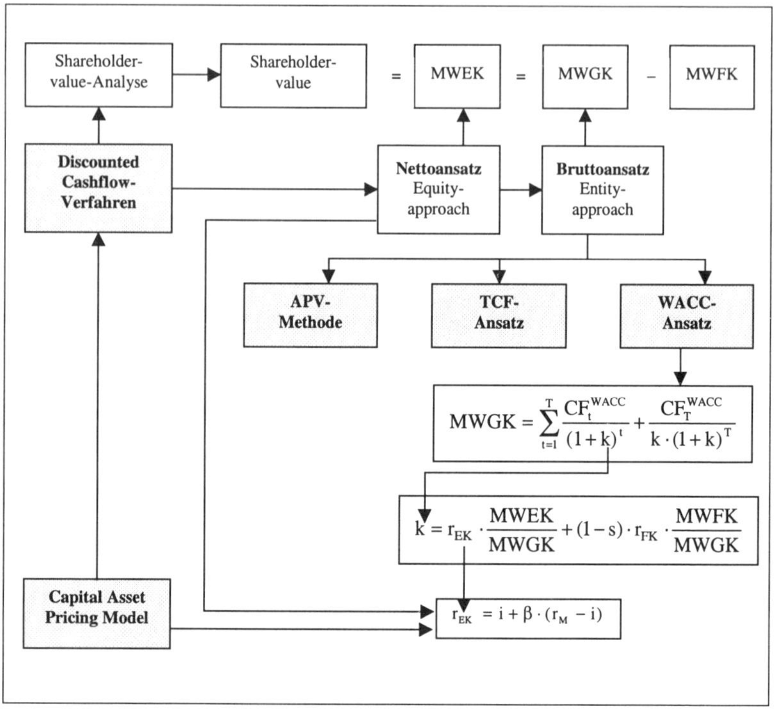

Abbildung 65: Systematisierung der einzelnen DCF-Verfahren[531]

Erläuterung der Symbole:

MWEK:	Marktwert des Eigenkapitals;
MWGK:	Marktwert des Gesamtkapitals;
MWFK:	Marktwert des Fremdkapitals;
WACC:	Weighted Average Cost of Capital (gewogene Kapitalkosten);
TCF:	Total Cashflow-Ansatz;
APV:	Adjusted Present Value-Ansatz (Methode des angepassten Barwerts);
CF_t^{WACC}:	Erwartungswert der Cashflows für Eigen- und Fremdkapitalgeber;

[531] Modifiziert entnommen aus *Böcking, Hans-Joachim/Nowak, Karsten*: Der Beitrag der Discounted Cash-flow-Verfahren zur Lösung der Typisierungsproblematik bei Unternehmensbewertungen. In: Der Betrieb 1998, S. 686.

CF_T^{WACC}: Erwartungswert der Cashflows für Eigen- und Fremdkapitalgeber am Ende des Planungshorizonts;

k: gewogener durchschnittlicher Kapitalkostensatz;

r_{EK}: Erwartungswert der Rendite der Eigentümer;

r_{FK}: Erwartungswert der Rendite der Fremdkapitalgeber;

s: Steuersatz für Ertragsteuern auf Unternehmerebene;

i: risikoloser, landesüblicher Zins;

r_M: Erwartungswert der Rendite aus der Anlage des Geldes im „Marktportfolio";

β: Maß für die Risikoklasse der Unternehmung.

Das Capital Asset Pricing Model (so genanntes CAPM) wird in Band III: Finanzwirtschaftliche Entscheidungen detailliert dargestellt,[532] die verschiedenen Ansätze zum Entity Approach werden in **Abschnitt 2.8.4.4** und der Equity Approach in **Abschnitt 2.8.4.5** vorgestellt.

2.8.4.2 Die Cashflow-Ermittlung

2.8.4.2.1 Die Cashflow-Begriffe

Im Gegensatz zur Ertragswertmethode, die eine modifizierte Ertragsüberschussrechnung ist, werden bei den zahlungsorientierten Bewertungsverfahren die zukünftigen Zahlungsströme prognostiziert und die zukünftigen Einzahlungsüberschüsse (Cashflows) diskontiert.[533]

Der Cashflow-Begriff ist nicht im konventionellen Sinne zu verstehen, d. h., er setzt sich nicht nur aus Gewinn, Abschreibungen und Rückstellungsveränderungen zusammen, sondern berücksichtigt darüber hinaus Investitionen des Anlage- und Umlaufvermögens.

Die Ermittlung der Erwartungswerte der zu kapitalisierenden Cashflows kann nach der indirekten oder nach der direkten Methode erfolgen.

---

532 Vgl. dort Abschnitt 2.2.3.

533 Vgl. *Serfling, Klaus/Pape, Ulrich*: Strategische Unternehmensbewertung und Discounted Cash-Flow-Methode. In: Das Wirtschaftsstudium 1996, S. 58.

2.8.4.2.2 Die indirekte Methode der Cashflow-Ermittlung

Bei Anwendung der indirekten Methode, die insbesondere durch *Copeland/Koller/Murrin* vertreten wird, werden Plan-Bilanzen, Plan-GuV und andere Prognoserechnungen aufgestellt. Auf Basis der Plan-GuV wird indirekt der zu diskontierende Cashflow ermittelt,[534] der sowohl den Eigenkapital- als auch den Fremdkapitalgebern zufließt.

Die Cashflow-Begriffe werden in der Literatur unterschiedlich definiert. Nach *Ballwieser* ist der zu diskontierende Cashflow gemäß **Abbildung 66** zu bestimmen.[535]

	Jahresüberschuss
+	Zinsaufwendungen
=	Gewinn vor Zinsen nach Steuern
–	Steuern auf das „tax shield" (Zinsen werden als nicht abzugsfähig angesehen)
+	Anrechnungsfähige Körperschaftsteuer (gilt nur für anrechnungsberechtigte Inländer)
+/–	Abschreibungen/Zuschreibungen
+/–	Erhöhung/Verringerung der Rückstellungen
+/–	Erhöhung/Verringerung des Sonderpostens mit Rücklageanteil
–/+	Erhöhung/Verringerung des Working Capital
+/–	Erhöhung/Verringerung passiver Rechnungsabgrenzungsposten
–/+	Erhöhung/Verringerung aktiver Rechnungsabgrenzungsposten
–	Weitere nicht zahlungswirksame Erträge (z.B. im Finanzbereich)
+	Weitere nicht zahlungswirksame Aufwendungen
–	Investitionen
–/+	Erhöhung/Verringerung des Zahlungsmittelbestandes in der Unternehmung
=	Cashflow

Abbildung 66: Cashflow-Definition nach Ballwieser

534 Vgl. *Ballwieser, Wolfgang*: Unternehmensbewertung mit Discounted Cash-Flow-Verfahren. In: Die Wirtschaftsprüfung 1998, S. 86.

535 Vgl. zu diesem Schema und zu den folgenden Ausführungen auch *Ballwieser, Wolfgang*: Unternehmensbewertung mit Discounted Cash-Flow-Verfahren. In: Die Wirtschaftsprüfung 1998, S. 86. Die zuletzt genannte Korrektur, die die Veränderung des Zahlungsmittelbestandes betrifft, wird deshalb vorgenommen, weil dieser Betrag nicht an die Kapitalgeber gezahlt werden kann und weil der Cashflow nicht zur Kassenveränderung dienen soll; u.E. widerspricht diese Korrektur der Ermittlung eines erzielten Netto-Cashflows.

Die Zinsaufwendungen werden zum Jahresüberschuss hinzugerechnet, da sie den Kapitalgebern zur Verfügung stehen. Da man im Bruttoansatz zunächst von einer rein eigenfinanzierten Unternehmung ausgeht, ist die Wirkung der Abzugsfähigkeit der Fremdkapitalzinsen rückgängig zu machen, d. h., bei Eigenfinanzierung entsteht ein höherer Steueraufwand und ein entsprechend niedrigerer Gewinn; folglich sind aus diesem Grunde die Steuern abzuziehen.

Folgt man dagegen der Definition von *Peemöller/Keller*, die insbesondere bei Anwendung des Total Cashflow-Verfahrens (TCF-Verfahren) zum Tragen kommt, so ergibt sich der in **Abbildung 67** dargestellte Cashflow.[536]

	Operatives Ergebnis vor Zinsen und Steuern (EBIT)
–	Sonstige Steuern
–	Ertragsteuern (tatsächliche Körperschaftsteuer, Gewerbeertragsteuer)
–	Auszahlungswirksame Körperschaftsteuer auf nichtabzugsfähige Betriebsausgaben
+	Abschreibungen
+/–	Dotierung/Auflösung von Rückstellungen
=	Brutto-Cashflow
–	Investitionen in das Anlagevermögen
–	Erhöhung des Netto-Umlaufvermögens (Working Capital)
=	Free Cashflow
+	Anrechenbare Körperschaftsteuer
=	Zu diskontierender Cashflow

Abbildung 67: Cashflow-Definition nach Peemöller/Keller

Vom operativen Ergebnis vor Zinsen und Steuern wird durch Subtraktion der Steuern und Addition der Abschreibungen sowie durch Berücksichtigung der Veränderungen der Rückstellungen der Brutto-Cashflow ermittelt. Nach weiterem Abzug der Investitionen in Anlagevermögen und Working Capital (= Umlaufvermögen abzüglich kurzfristiges Kapital) ergibt sich der Free Cashflow (FCF).

Die Einbeziehung der Körperschaftsteuer ist umstritten. In der deutschen Literatur wird das Problem überwiegend umgangen, indem man die Vollausschüttungshypothese unterstellt, wonach die ausgeschüttete Körperschaftsteuer beim Anteilseigner voll anrechnungsfähig ist.[537] *Peemöller/Keller* dagegen

---

536 Vgl. *Peemöller, Volker H./Keller, Bernd*: Unternehmensbewertung. In: Saarbrücker Handbuch der Betriebswirtschaftlichen Beratung, hrsg. von *Karlheinz Küting*, 2. Aufl., Herne/Berlin 2000, S. 1029, Rn. 428.

537 Vgl. *Richter, Frank/Stiglbrunner, Konrad*: Anwendung des Unternehmenswert-Konzeptes in Deutschland, Anhang C. In: *Copeland, Tom/Koller, Tim/Murrin, Jack*: Unternehmenswert. Frankfurt a. M./New York 1993, S. 413.

empfehlen, die tatsächliche Körperschaftsteuerbelastung entsprechend dem Ausschüttungsverhalten zu berücksichtigen. Ausgangspunkt für die Berechnung ist das operative Ergebnis vor Zinsen und Steuern, abzüglich sonstiger Steuern, Gewerbeertragsteuer und tatsächlicher Körperschaftsteuer. Die anrechnungsfähige Körperschaftsteuer erhöht den Zahlungsstrom und muss letztendlich wieder addiert werden. Die Bemessungsgrundlage der Gewerbeertragsteuer ist das operative Ergebnis vor Zinsen und Steuern abzüglich der sonstigen Steuern.[538]

Bei der FCF-Ermittlung bleiben die Zinsen unberücksichtigt, da absolute Eigenfinanzierung des künftigen Finanzbedarfs angenommen wird; auch bei der Ertragsteuerermittlung bleiben die Fremdkapitalzinsen zunächst außer Betracht. Die Zinsbelastung fließt über die Anwendung des Konzepts der gewogenen durchschnittlichen Kapitalkosten (WACC-Ansatz), auf das später noch näher eingegangen wird, ein.

2.8.4.2.3 Die direkte Methode der Cashflow-Ermittlung

Die direkte Methode der Cashflow-Ermittlung im Rahmen der Shareholder-value-Analyse nach *Rappaport* spielt in der Praxis der Unternehmensbewertung eine eher untergeordnete Rolle, was sich in einer Umfrage durch *Peemöller/Bömelburg/Denkmann* im Jahre 1993 zeigte; danach ermittelten lediglich 2 % der Unternehmungen den Cashflow nach der direkten Methode, was auch auf die Ermittlungsproblematik zurückzuführen ist.[539]

Rappaport prognostiziert den Free Cashflow mittels **Werttreibern** (so genannte value driver). Er ergibt sich als:

Free Cashflow	=	Einzahlungen – Auszahlungen
	=	[(Umsatz des Vorjahres) · (1 + Wachstumsrate des Umsatzes) · (betriebliche Gewinnmarge) · (1 – Cash-Gewinnsteuersatz)] – (Zusatzinvestitionen ins Anlagevermögen und ins Netto-Umlaufvermögen)[540]

[538] Vgl. zu dieser Ausführung *Peemöller, Volker H./Keller, Bernd*: Unternehmensbewertung. In: Saarbrücker Handbuch der Betriebswirtschaftlichen Beratung, hrsg. von *Karlheinz Küting*, 2. Aufl., Herne/Berlin 2000, S. 1029-1030, Rn. 428-429.

[539] Vgl. *Peemöller, Volker H./Bömelburg, Peter/Denkmann, Andreas*: Unternehmensbewertung in Deutschland – Eine empirische Erhebung. In: Die Wirtschaftsprüfung 1994, S. 744.

[540] Vgl. *Rappaport, Alfred*: Shareholder Value: Ein Handbuch für Manager und Investoren. 2. Aufl., Stuttgart 1999, S. 41.

Die Zusatzinvestitionen ins Anlagevermögen sind definiert als diejenigen Investitionsausgaben, die den Abschreibungsaufwand übersteigen (Investitionsausgaben abzüglich Abschreibungen).[541] Die Zusatzinvestitionen ins Umlaufvermögen sind Nettoinvestitionen in Debitoren-, Lager- und Kreditorenbestände und in Rückstellungen, die für die Förderung des Umsatzwachstums erforderlich sind.[542]

2.8.4.3 Die Eigenkapitalkosten und das Capital Asset Pricing Model (CAPM)

2.8.4.3.1 Allgemeine Anmerkungen

Die Eigenkapitalgeber erwarten eine Verzinsung, die sie alternativ am Kapitalmarkt erreichen könnten. Die risikoangepasste Renditeforderung berechnet sich sowohl bei Anwendung des Brutto- als auch des Nettoansatzes nach dem Capital Asset Pricing Model (CAPM), nach welchem im Kapitalmarktgleichgewicht zwischen dem Risiko eines Wertpapiers und seiner Rendite ein linearer Zusammenhang besteht:[543]

$$\boxed{r_{EK} = i + \beta \cdot (r_M - i)}$$ [544]

mit:

r_{EK}:	Erwartungswert der Rendite der Eigentümer, risikoangepasste Renditeforderung der Eigentümer, Kapitalkosten der Eigentümer;
r_M:	Erwartungswert der Rendite aus der Anlage des Geldes im „Marktportfolio";
i:	risikoloser, landesüblicher Zins;
β:	Maß für die Risikoklasse der Unternehmung;
$(r_M - i)$:	erwartete „Überrendite" bei Anlage in riskante statt risikolose Wertpapiere.

---

541 Vgl. *Rappaport, Alfred*: Shareholder Value: Ein Handbuch für Manager und Investoren. 2. Aufl., Stuttgart 1999, S. 42.

542 Vgl. *Rappaport, Alfred*: Shareholder Value: Ein Handbuch für Manager und Investoren. 2. Aufl., Stuttgart 1999, S. 43.

543 Vgl. zu diesem Absatz *Ballwieser, Wolfgang*: Unternehmensbewertung mit Discounted Cash-Flow-Verfahren. In: Die Wirtschaftsprüfung 1998, S. 82; vgl. hierzu ausführlich Band III: Finanzwirtschaftliche Entscheidungen, Abschnitt 2.2.3.

544 Vgl. *Ballwieser, Wolfgang*: Unternehmensbewertung mit Discounted Cash-Flow-Verfahren. In: Die Wirtschaftsprüfung 1998, S. 82.

Bei Einbeziehung von persönlichen Einkommensteuern in das Modell ergibt sich folgende Formel, wenn der Dividendenteil der Rendite vernachlässigt wird, da er ebenfalls einer Korrektur um die persönliche Einkommensteuer zu unterwerfen wäre:

$$r_{EK}^{ESt} = i \cdot \left(1 - s^{ESt}\right) + \beta \cdot \left(r_M - i \cdot \left(1 - s^{ESt}\right)\right)$$ [545]

mit:

r_{EK}^{ESt}: Erwartungswert der Rendite der Eigentümer unter Berücksichtigung der Einkommensbesteuerung der Anteilseigner;

s^{ESt}: persönlicher Einkommensteuersatz.

2.8.4.3.2 Die Risikoprämie und der Betafaktor

Die **Risikoprämie** $(r_M - i)$, die sich aus der Investition in das riskante Marktportfolio anstatt in risikolose Wertpapiere ergibt, stellt die Vergütung für das individuelle Risiko eines Wertpapiers dar. In Deutschland liegt die Schätzung für die Risikoprämie bei ca. fünf bis sechs Prozent.[546]

Beta ist das Maß für die Risikoklasse der Unternehmung und wird ermittelt, indem die Kovarianz der Rendite der Wertpapiere der betrachteten Gesellschaft durch die Rendite des Marktportfolios dividiert wird.[547] Beispielhaft wird der **Betafaktor** anhand der BMW-Aktie dargestellt: [548]

$$\beta_{BMW} = \frac{Cov_{BMW,DAX}}{\sigma_{DAX}^2} = \frac{\sigma_{BMW} \cdot \sigma_{DAX} \cdot \rho_{BMW,DAX}}{\sigma_{DAX}^2} = \frac{\sigma_{BMW} \cdot \rho_{BMW,DAX}}{\sigma_{DAX}}$$

545 Vgl. *Richter, Frank*: Die Finanzierungsprämissen des Entity-Ansatzes vor dem Hintergrund des APV-Ansatzes zur Bestimmung von Unternehmenswerten. In: Zeitschrift für betriebswirtschaftliche Forschung 1996, S. 1081.

546 Vgl. *Ballwieser, Wolfgang*: Unternehmensbewertung mit Discounted Cash-Flow-Verfahren. In: Die Wirtschaftsprüfung 1998, S. 82.

547 Vgl. *Ballwieser, Wolfgang*: Unternehmensbewertung mit Discounted Cash-Flow-Verfahren. In: Die Wirtschaftsprüfung 1998, S. 82.

548 Vgl. *Ballwieser, Wolfgang*: Unternehmensbewertung mit Discounted Cash-Flow-Verfahren. In: Die Wirtschaftsprüfung 1998, S 123.

mit:

β:	Maß für die Risikoklasse der Unternehmung;
Cov:	Kovarianz;
σ^2:	Varianz;
σ:	Standardabweichung; Volatilität;
ρ:	Korrelation.

Die Volatilitäten und Korrelationen werden im Allgemeinen auf ein Jahr bezogen und im Handelsblatt in der Tabelle „Deutscher Aktienindex (DAX)“ veröffentlicht. Die Volatilität drückt die durchschnittliche Renditeschwankung aus, der Korrelationskoeffizient gibt sowohl die Stärke des Zusammenhangs zwischen Renditeänderung der betrachteten Aktie und des DAX als auch die Richtung der Renditeänderung an (vgl. **Abbildung 68**).[549]

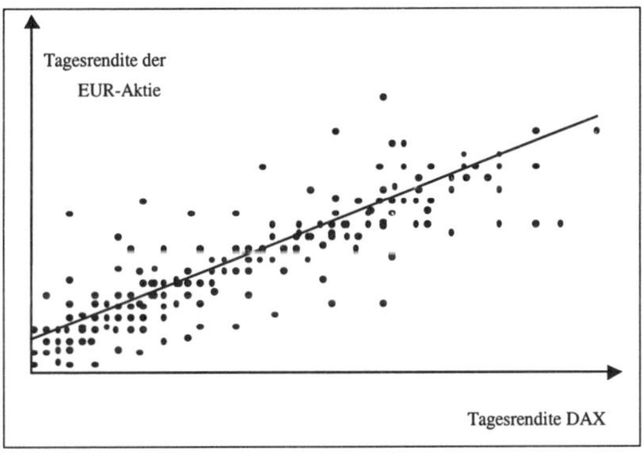

Abbildung 68: Regressionsgerade zur Bestimmung von Beta[550]

Nach Erfassung der Renditepaare der zurückliegenden 250 Börsentage wird eine Regressionsgerade ermittelt, deren Steigung gleich Beta ist. **Abbildung 68** veranschaulicht die Bestimmung von Beta grafisch.

Beta gibt an, inwieweit sich die Tagesrenditen der Aktie im Verhältnis zu den DAX-Tageswerten in der Vergangenheit entwickelt haben.[551] Schwankt die

---

[549] Vgl. zu diesem Absatz *Beike, Rolf/Schlütz, Johannes*: Finanznachrichten lesen – verstehen – nutzen. Ein Wegweiser durch Kursnotierungen und Marktberichte. Stuttgart 1996, S. 141.

[550] Modifiziert entnommen aus *Beike, Rolf/Schlütz, Johannes*: Finanznachrichten lesen – verstehen – nutzen. Ein Wegweiser durch Kursnotierungen und Marktberichte. Stuttgart 1996, S. 141.

[551] Vgl. *Beike, Rolf/Schlütz, Johannes*: Finanznachrichten lesen – verstehen – nutzen. Ein Wegweiser durch Kursnotierungen und Marktberichte. Stuttgart 1996, S. 141.

Rendite eines Wertpapiers stärker als die des Marktportfolios, ist der Betawert größer als eins, bei geringerer Schwankung ist der Betawert kleiner als eins; ein Beta von eins besagt, dass sich die Renditen der Wertpapiere im Durchschnitt wie die des Marktes entwickeln.[552]

Beispiel:

Die durchschnittliche Umlaufrendite öffentlicher Anleihen mit einer Laufzeit von 15-30 Jahren beträgt 4,6% (Stand: 15.1.1999); es wird eine Risikoprämie $(r_M - i)$ von 5,5% angenommen; $\sigma_{DAX} = 30{,}23\,\%$ (250-Tageswert, Stand: 15.1.1999); $\sigma_{BMW} = 53{,}07\,\%$ (250-Tageswert, Stand: 15.1.1999); $\rho_{BMW,\,DAX} = 0{,}6941$.

$$\beta_{BMW} = \frac{0{,}5307 \cdot 0{,}6941}{0{,}3023} = 1{,}22$$

$$r_{EK,BMW} = 0{,}046 + (1{,}22 \cdot 0{,}055) = 0{,}1131\,.$$

Die risikoangepasste Rendite der Eigentümer der BMW-Aktie beträgt demnach 11,31%.

2.8.4.3.3 Die Vor- und Nachteile des CAPM

Die Ableitung der Eigenkapitalkosten vom Kapitalmarkt kann grundsätzlich als vorteilhaft betrachtet werden, da die Kapitalmarktrendite auf diese Weise wenig willkürbehaftet gewonnen wird. Kritisch stellt sich jedoch die Gewinnung der Betafaktoren dar, die auf Werten der Vergangenheit beruhen und auf die Zukunft bezogen werden. Das CAPM ist darüber hinaus in der hier aufgeführten Form einperiodig, unterstellt homogene Erwartungen der Marktteilnehmer, wird aber bei der DCF-Methode über mehrere Perioden eingesetzt. Des Weiteren gerät man in der Bundesrepublik Deutschland beim Rückgriff auf Betafaktoren sehr schnell an Grenzen. Bislang werden für lediglich 30 Unternehmungen Betawerte veröffentlicht. Bei Finanzdienstleistungsunternehmungen, die weitere Betawerte anbieten, ist zu beachten, dass Ergebnisse stark von den Bewertungsverfahren und Beobachtungszeitpunkten abhängen. Alternativ können auch Betafaktoren von Vergleichsgesellschaften, die eine ähnliche Struktur wie die zu bewertende Unternehmung aufweisen, oder etwa Branchenbetas herangezogen werden; inwieweit ausländische Betawerte verwendet werden können, ist fraglich.[553]

---

552 Vgl. *Ballwieser, Wolfgang*: Aktuelle Aspekte der Unternehmensbewertung. In: Die Wirtschaftsprüfung 1995, S. 123.

553 Vgl. zu diesem Absatz *Ballwieser, Wolfgang*: Unternehmensbewertung mit Discounted Cash-Flow-Verfahren. In: Die Wirtschaftsprüfung 1998, S. 83.

2.8.4.4 Der Bruttoansatz – Entity Approach

2.8.4.4.1 Der WACC-Ansatz

Bei Durchführung der Entity-Methode wird zunächst der Wert des Gesamtkapitals, d. h. des Bruttounternehmenswerts, berechnet. In einem weiteren Schritt ermittelt man dann den Marktwert des Eigenkapitals (= Nettounternehmenswert), indem der Bruttounternehmenswert um den Wert des Fremdkapitals vermindert wird.[554]

$$UW = MWEK = \underbrace{\sum_{t=1}^{T} \frac{CF_t^{WACC}}{(1+k)^t} + \begin{Bmatrix} \dfrac{CF_T^{WACC}}{k \cdot (1+k)^T} \\ \text{oder:} \\ (\text{Gewinn} \cdot KGV) \cdot (1+k)^{-T} \end{Bmatrix}}_{MWGK} - MWFK$$ [555]

mit:

UW:	Unternehmenswert;
$MWEK$:	Marktwert des Eigenkapitals;
$MWGK$:	Marktwert des Gesamtkapitals;
$MWFK$:	Marktwert des Fremdkapitals;
CF_t^{WACC}:	Erwartungswert der Cashflows für Eigen- und Fremdkapitalgeber der Periode t;
CF_T^{WACC}:	Erwartungswert der Cashflows für Eigen- und Fremdkapitalgeber am Ende des Planungshorizonts;
KGV:	Kurs-Gewinn-Verhältnis;
k:	WACC, gewogener durchschnittlicher Kapitalkostensatz;
t:	Periodenindex;
T:	Planungshorizont.

[554] Vgl. *Ballwieser, Wolfgang*: Unternehmensbewertung mit Discounted Cash-Flow-Verfahren. In: Die Wirtschaftsprüfung 1998, S. 84.

[555] Vgl. *Ballwieser, Wolfgang*: Unternehmensbewertung mit Discounted Cash-Flow-Verfahren. In: Die Wirtschaftsprüfung 1998, S. 84.

Der Wert des Eigen- bzw. Fremdkapitals entspricht den jeweiligen indirekt ermittelten Cashflows an die Eigen- und Fremdkapitalgeber, **diskontiert mit dem risikoangepassten Zinssatz (WACC)**.[556] Eine Einbeziehung der persönlichen Einkommensteuer erscheint konzeptionell kaum möglich, da die Cashflows für diesen Fall in die Anteile der Eigenkapitalgeber aufgeteilt werden müssten.[557] Der Nettounternehmenswert (= MWEK) ist gleich dem Shareholdervalue und stellt den Grenzpreis der Unternehmung dar.[558]

Da das Modell eine Fortführung der Unternehmung bis in die Unendlichkeit annimmt, muss über den Planungshorizont hinaus zusätzlich ein Restwert entweder in Form einer ewigen Rente oder alternativ durch Prognose eines zukünftigen Marktwertes in die Berechnung mit einfließen. Der Planungshorizont, in dem Plan-Bilanzen und Plan-GuV erstellt werden, sollte fünf Jahre nicht unterschreiten.

Die Diskontierungsrate, die notwendig ist, um im Entity Approach den Barwert der indirekt ermittelten Cashflows zu bestimmen, wird über das Konzept der gewogenen Kapitalkosten berechnet.[559] Nach dem so genannten WACC-Ansatz werden Eigen- und Fremdkapitalkosten der Unternehmung im Verhältnis ihrer jeweiligen Marktwerte gewichtet.[560]

Die durch Fremdfinanzierung ersparte Gewerbeertragsteuer (Abzugsfähigkeit der Zinszahlungen von der Steuerbemessungsgrundlage) wird als „Tax Shield" bezeichnet und nicht im Zahlungsstrom, sondern indirekt über die Fremdkapitalkosten nach Steuern berücksichtigt.[561] Die Formel ergibt sich gemäß der amerikanischen „text-book formula" als:[562]

$$k = r_{EK} \cdot \frac{MWEK}{MWGK} + (1-s) \cdot r_{FK} \frac{MWFK}{MWGK}$$

[556] Vgl. *Copeland, Tom/Koller, Tim/Murrin, Jack*: Unternehmenswert. 2. Aufl., Frankfurt a. M./New York 1998, S. 163.

[557] Vgl. *Peemöller, Volker H./Keller, Bernd*: Unternehmensbewertung. In: Saarbrücker Handbuch der Betriebswirtschaftlichen Beratung, hrsg. von *Karlheinz Küting*, 2. Aufl., Herne/Berlin 2000, S. 1030, Rn. 429.

[558] Vgl. *Betsch, Oskar/Groh, Alexander/Lohmann, Lutz*: Corporate Finance. 2. Aufl., München 2000, S. 217.

[559] Vgl. *Copeland, Tom/Koller, Tim/Murrin, Jack*: Unternehmenswert. 2. Aufl., Frankfurt a. M./New York 1998, S. 260.

[560] Vgl. *Serfling, Klaus/Pape, Ulrich*: Strategische Unternehmensbewertung und Discounted Cash-Flow-Methode. In: Das Wirtschaftsstudium 1996, S. 62.

[561] Vgl. *Hachmeister, Dirk*: Der Discounted Cash-Flow als Unternehmenswert. In: Das Wirtschaftsstudium 1996, S. 358.

[562] Vgl. *Drukarczyk, Jochen*: Unternehmensbewertung. 2. Aufl., München 1998, S. 162.

mit:

k: WACC, gewogener durchschnittlicher Kapitalkostensatz;

r_{EK}: Erwartungswert der Rendite der Eigentümer, risikoangepasste Renditeforderung der Eigentümer, Kapitalkosten der Eigentümer;

r_{FK}: Erwartungswert der Rendite der Fremdkapitalgeber, Renditeforderung der Fremdkapitalgeber;

s: Steuersatz für Ertragsteuern auf Unternehmensebene.

Die Fremdkapitalkosten werden um den Ertragsteuersatz s gekürzt, da bei der Cashflow-Ermittlung von vollständiger Eigenkapitalfinanzierung ausgegangen wird und demzufolge steuermindernde Fremdkapitalzinsen nicht berücksichtigt werden, so dass bei hoher Verschuldung eine zu hohe Steuer ausgewiesen wird; demzufolge soll hier ein Ausgleich über die Multiplikation mit $(1-s)$ hergestellt werden.[563]

Im Ertragsteuersatz s sind Gewerbeertragsteuer und Körperschaftsteuer enthalten. Als problematisch erweist sich hier die Körperschaftsteuer, da eine Trennung in einen Cashflow-Bestandteil (Ausschüttungsbelastung) und in einen Nicht-Cashflow-Bestandteil (Thesaurierungs- und Definitivbelastung) erfolgen muss, was bei einer teilweisen Ausschüttung zu einem nicht aussagefähigen Mischsatz führt.[564]

Damit sind die Cashflows aus dem operativen Ergebnis – anders als vom Konzept her gedacht – nicht mehr unabhängig von der Finanzierung, da eine Thesaurierungsbelastung zu ermitteln ist. Eine Trennung zwischen operativem und finanziellem Bereich misslingt in Deutschland; in den USA ist die Situation anders, da diese ein klassisches Körperschaftsteuersystem ohne Anrechnungsverfahren haben.[565]

Zur Lösung dieses Problems schlägt auch *Ballwieser* vor, die Körperschaftsteuer bei den Cashflows (im Zähler) zu erfassen; der Ertragsteuersatz s beinhaltet somit nur noch die Gewerbeertragsteuer.[566]

---

[563] Vgl. *Ballwieser, Wolfgang*: Unternehmensbewertung mit Discounted Cash-Flow-Verfahren. In: Die Wirtschaftsprüfung 1998, S. 85.

[564] Vgl. *Ballwieser, Wolfgang*: Unternehmensbewertung mit Discounted Cash-Flow-Verfahren. In: Die Wirtschaftsprüfung 1998, S. 87.

[565] Vgl. *Ballwieser, Wolfgang*: Unternehmensbewertung mit Discounted Cash-Flow-Verfahren. In: Die Wirtschaftsprüfung 1998, S. 87.

[566] Vgl. *Ballwieser, Wolfgang*: Unternehmensbewertung mit Discounted Cash-Flow-Verfahren. In: Die Wirtschaftsprüfung 1998, S. 87.

Der Marktwert des Fremdkapitals ist unproblematisch aus den aktuellen Kapitalmarktkonditionen zu entnehmen;[567] schwieriger wird dagegen die Bestimmung des Marktwertes des Eigenkapitals, da dieser erst nach der Ermittlung des Shareholdervalue bekannt ist.[568] Der Bewerter muss demzufolge den Marktwert des Eigenkapitals (MWEK) kennen, um den WACC-Ansatz durchführen zu können; der MWEK ist aber gerade die gesuchte Größe (MWEK=MWGK−MWFK).

Das Zirkularitätsproblem lässt sich praktisch nur durch Iteration lösen oder indem eine Zielkapitalstruktur geplant wird, die in künftigen Perioden bestehen bleibt.[569]

Die empfehlenswertere Lösung des Iterationsverfahrens führt zu guten Ergebnissen bei einer ausreichenden Anzahl von Iterationsschritten. Neben den Iterationsschritten ist außerdem eine Korrektur des Marktwertes des Fremdkapitals am Bewertungsstichtag vorzunehmen, um den Wertbeitrag aus den im Zeitablauf schwankenden Fremdkapitalbeständen erfassen zu können.[570]

2.8.4.4.2 Der Total Cashflow-Ansatz (TCF)

Der Total Cashflow-Ansatz ist im Wesentlichen wie der WACC-Ansatz durchzuführen, allerdings unterscheidet er sich darin, dass sämtliche durch die Fremdfinanzierung ersparten Steuerzahlungen (so genanntes „Tax Shield“) direkt im Zähler, d. h. bei der Cashflow-Ermittlung, Berücksichtigung finden.[571] Die gewerbesteuerliche Abzugsfähigkeit der Fremdkapitalzinsen wird im Zahlungsstrom erfasst; folglich sind die Ertragsteuern bei der Kapitalkos-

---

[567] Vgl. *Serfling, Klaus/Pape, Ulrich*: Strategische Unternehmensbewertung und Discounted Cash-Flow-Methode. In: Das Wirtschaftsstudium 1996, S. 61.

[568] Vgl. *Böcking, Hans-Joachim/Nowak, Karsten*: Der Beitrag der Discounted Cash-flow-Verfahren zur Lösung der Typisierungsproblematik bei Unternehmensbewertungen. In: Der Betrieb 1998, S. 686.

[569] Vgl. *Ballwieser, Wolfgang*: Unternehmensbewertung mit Discounted Cash-Flow-Verfahren. In: Die Wirtschaftsprüfung 1998, S. 85; ausführlich zum Zirkularitätsproblem vgl. *Schwetzler, Bernhard/Darijtschuk, Niklas*: Unternehmensbewertung mit Hilfe der DCF-Methode – Eine Anmerkung zum „Zirkularitätsproblem“. In: Zeitschrift für Betriebswirtschaft 1999, S. 295-318.

[570] Vgl. *Wagner, Wolfgang*: Shareholder-Value als Managementinstrument und Aspekte des Konzeptes für die Unternehmensbewertung, Vortrag vom 14.11.1995. In: Rechnungslegung und Prüfung, hrsg. von *Jörg Baetge*, Düsseldorf 1996, S. 348.

[571] Vgl. *Hachmeister, Dirk*: Die Abbildung der Finanzierung im Rahmen verschiedener Discounted Cash-Flow-Verfahren. In: Zeitschrift für betriebswirtschaftliche Forschung 1996, S. 255.

tenermittlung nicht mehr zu erfassen. Die Anpassung der durchschnittlich gewogenen Kapitalkosten ergibt die Formel nach *Modigliani* und *Miller*:[572]

$$k_{TCF} = r_{EK} \cdot \frac{MWEK}{MWGK} + r_{FK} \cdot \frac{MWFK}{MWGK}$$

mit:

k_{TCF}: WACC, gewogener durchschnittlicher Kapitalkostensatz unter Berücksichtigung der gewerbesteuerlichen Abzugsfähigkeit der Fremdkapitalkosten im Cashflow;

r_{EK}: Erwartungswert der Rendite der Eigentümer, risikoangepasste Renditeforderung der Eigentümer, Kapitalkosten der Eigentümer;

r_{FK}: Erwartungswert der Rendite der Fremdkapitalgeber, Renditeforderung der Fremdkapitalgeber.

2.8.4.4.3 Der Adjusted Present Value-Ansatz (APV) – Methode des angepassten Barwerts

2.8.4.4.3.1 Darstellung des APV-Ansatzes

Beim APV-Ansatz, der insbesondere von *Drukarczyk* und *Richter* in der Literatur vertreten wird, stellt der Cashflow den Zahlungsmittelüberschuss dar, der den Eigentümern einer fiktiv unverschuldeten Unternehmung zufließt.[573] Der Unternehmenswert wird komponentenweise, i. d. R. unter Zugrundelegung des Rentenmodells, in drei Schritten ermittelt.[574]

In **Schritt 1** werden die entziehbaren Cashflows bei **reiner Eigenfinanzierung** ermittelt und mit der Renditeforderung der Eigentümer diskontiert; es

---

572 Vgl. Band III: Finanzwirtschaftliche Entscheidungen, Abschnitt 1.2.3.1 sowie *Drukarczyk, Jochen*: Unternehmensbewertung. 2. Aufl., München 1998, S. 159; *Peemöller, Volker H./Keller, Bernd*: Unternehmensbewertung. In: Saarbrücker Handbuch der Betriebswirtschaftlichen Beratung, hrsg. von *Karlheinz Küting*, 2. Aufl., Herne/Berlin 2000, S. 1032, Rn. 435.

573 Vgl. *Siepe, Günter*: Unternehmensbewertung. In: WP-Handbuch, Band II, hrsg. vom Institut der Wirtschaftsprüfer, 11. Aufl., Düsseldorf 1998, Rz. 218, S. 77.

574 Vgl. *Drukarczyk, Jochen*: Unternehmensbewertung. 2. Aufl., München 1998, S. 178. Zu den Ausführungen über den APV-Ansatz vgl. *Drukarczyk, Jochen*: Unternehmensbewertung. 2. Aufl., München 1998, S. 208-233.

wird der Marktwert einer unverschuldeten Unternehmung (der Present Value) ermittelt;[575] das Ergebnis ist gleich V^e:

$$\boxed{V^e = \frac{CF^e}{r_{EK}^e}}$$ [576]

mit:

V^e: Unternehmenswert bei vollständiger Eigenfinanzierung;

CF^e: Cashflow an die Eigentümer bei fiktiv reiner Eigenfinanzierung;

r_{EK}^e: Renditeforderung der Eigentümer bei reiner Eigenfinanzierung.

Dieser „Present Value" wird um die Werteinflüsse der anteiligen Fremdfinanzierung, wie zinspflichtiges Fremdkapital und Pensionsrückstellungen, und den Werteinfluss der Ausschüttungspolitik korrigiert (adjusted), um den Unternehmensgesamtwert zu erhalten.[577]

Schritt 2 umfasst die Ermittlung des **Unternehmenssteuereffekts**. Dieser ermittelt die Wertbeiträge der durch Fremd- und/oder Innenfinanzierung bedingten steuerlichen Vor- bzw. Nachteile. Unter steuerlichen Gesichtspunkten ist ein Unternehmenssteuereffekt (V^{ust}) und nach *Drukarczyk* auch ein Einkommensteuereffekt (V^{est}) zu unterscheiden.

Der Wert der steuerlichen Vorteile aus Fremdfinanzierung wird mit V^{ust} bezeichnet; er ist Ergebnis des Unternehmenssteuereffektes, da die Unternehmenssteuern diesen Wertbeitrag auslösen.[578] Unter Berücksichtigung des Rentenmodells betragen die steuerlichen Effekte der Fremdfinanzierung $(s \cdot r_{FK} \cdot MWFK)$, wobei $(r_{FK} \cdot MWFK)$ der Zinszahlung der Periode entspricht:

$$\boxed{V^{ust} = \frac{s \cdot r_{FK} \cdot MWFK}{r_{FK}} = s \cdot MWFK}$$ [579]

---

[575] Vgl. *Siepe, Günter*: Unternehmensbewertung. In: WP-Handbuch, Band II, hrsg. vom Institut der Wirtschaftsprüfer, 11. Aufl., Düsseldorf 1998, Rz. 314, S. 113.

[576] Vgl. *Ballwieser, Wolfgang*: Unternehmensbewertung mit Discounted Cash-Flow-Verfahren. In: Die Wirtschaftsprüfung 1998, S. 91.

[577] Vgl. *Siepe, Günter*: Unternehmensbewertung. In: WP-Handbuch, Band II, hrsg. vom Institut der Wirtschaftsprüfer, 11. Aufl., Düsseldorf 1998, Rz. 218, S. 77.

[578] Vgl. *Drukarczyk, Jochen*: Unternehmensbewertung. 2. Aufl., München 1998, S. 218.

[579] Vgl. *Ballwieser, Wolfgang*: Unternehmensbewertung mit Discounted Cash-Flow-Verfahren. In: Die Wirtschaftsprüfung 1998, S. 91; *Richter, Frank*: DCF-Methoden und Unternehmensbewertung: Analyse der systematischen Abweichungen der Bewertungsergebnisse. In: Zeitschrift für Bankrecht und Bankwirtschaft 1997, S. 228.

mit:

V^{ust}: Wert der steuerlichen Vorteile aus anteiliger Fremdfinanzierung, Unternehmenssteuereffekt;

s: Unternehmenssteuersatz;

r_{FK}: Erwartungswert der Rendite der Fremdkapitalgeber, Renditeforderung der Fremdkapitalgeber.

Die Summe der Komponenten V^e, V^{ust} (und V^{est}) ergibt den Unternehmensgesamtwert V:[580]

$$\boxed{V = V^e + V^{ust} (+V^{est})}$$

mit:

V^e: Unternehmenswert bei vollständiger Eigenfinanzierung;

V^{ust}: Wert der steuerlichen Vorteile aus anteiliger Fremdfinanzierung;

V^{est}: Wert des Einkommensteuereffekts aus der Ausschüttungspolitik.

Der Unternehmensgesamtwert V wird in **Schritt 3** um den Marktwert des Fremdkapitals (einschließlich eventueller Pensionszusagen) vermindert, um somit den Marktwert des Eigenkapitals zu erhalten. Der APV-Ansatz unterscheidet sich vom WACC-Ansatz dahingehend, dass er die Finanzierungsseite auf eine andere Art berücksichtigt. Im WACC-Ansatz wird die Finanzierung durch die Gewichtung von Eigen- und Fremdkapital mit den jeweiligen Marktwerten berücksichtigt, im APV-Ansatz wird der Einfluss der Finanzierung getrennt ermittelt und zum Marktwert einer unverschuldeten Unternehmung addiert.[581]

Der **Marktwert des Eigenkapitals** wird also ermittelt, indem V um den Wert des Fremdkapitals (im Sinne von Verbindlichkeiten) und eventueller Pensionszusagen reduziert wird. Die Pensionszusagen sind hier zu berücksichtigen, da sie Einfluss auf den Unternehmensgesamtwert haben; es wird unterstellt, dass die durch Pensionsrückstellungen gebundenen Mittel zu verzinsendes Fremdkapital Dritter ersetzen:[582]

---

580 Vgl. *Drukarczyk, Jochen*: Unternehmensbewertung. 2. Aufl., München 1998, S. 227.

581 Vgl. zu diesem Absatz *Siepe, Günter*: Unternehmensbewertung. In: WP-Handbuch, Band II, hrsg. vom Institut der Wirtschaftsprüfer, 11. Aufl., Düsseldorf 1998, Rz. 317, S. 114.

582 Vgl. *Drukarczyk, Jochen/Richter, Frank*: Unternehmensgesamtwert, anteilseignerorientierte Finanzentscheidungen und APV-Ansatz. In: Die Betriebswirtschaft 1995, S. 563.

$$\boxed{UW = MWEK = V - MWFK - PR}$$ [583]

mit:

PR: Wert der Ansprüche der Pensionsberechtigten.

Im Rahmen des APV-Ansatzes ist der Cashflow so zu berechnen, als existiere die Pensionszusage nicht; der Wert des Fremdkapitals setzt sich aus dem explizit zu verzinsenden Fremdkapital und dem Wert der Pensionszahlungen zusammen.[584]

Kommt es im Zeitablauf zu keinerlei Reduktionen des Fremdkapitalvolumens und entsprechen die Zuführungen zu den Pensionsrückstellungen genau den betrieblichen Rentenleistungen, so entspricht in jeder Periode der zusätzlich verteilbare Betrag einem konstanten Vorteil aus verminderten Unternehmenssteuern, verkürzt um die Einkommensteuer auf diesen Betrag.[585] Tritt dieses Finanzierungsverhalten auf, so bleibt der Einkommensteuereffekt unberücksichtigt, da Rückwirkungen auf die Ausschüttungspolitik ausbleiben. Demgemäß ergibt sich: [586]

$$\begin{aligned} UW = MWEK &= \underbrace{V^e + V^{ust}}_{V} - MWFK \\ &= V^e + s \cdot MWFK - MWFK \\ &= V^e - (1 - s) \cdot MWFK \end{aligned}$$

$$UW = \frac{CF^e}{r^e_{EK}} - (1 - s) \cdot MWFK$$

2.8.4.4.3.2 Die Vor- und Nachteile des APV-Ansatzes

Die **Vorteile** dieses Ansatzes sind vor allem darin zu sehen, dass wertbeeinflussende Komponenten getrennt zu bewerten sind, was zu einer erhöhten Transparenz des Bewertungsprozesses führt;[587] Wertsteigerungen der Unternehmung, die auf unterschiedlicher Finanzierung und Änderungen der Kapi-

---

[583] Vgl. *Drukarczyk, Jochen*: Unternehmensbewertung. 2. Aufl., München 1998, S. 231 und *Richter, Frank*: DCF-Methoden und Unternehmensbewertung: Analyse der systematischen Abweichungen der Bewertungsergebnisse. In: Zeitschrift für Bankrecht und Bankwirtschaft 1997, S. 228.

[584] Vgl. *Drukarczyk, Jochen/Richter, Frank*: Unternehmensgesamtwert, anteilseignerorientierte Finanzentscheidungen und APV-Ansatz. In: Die Betriebswirtschaft 1995, S. 563.

[585] Vgl. *Drukarczyk, Jochen*: Unternehmensbewertung. 2. Aufl., München 1998, S. 224.

[586] Vgl. *Ballwieser, Wolfgang*: Unternehmensbewertung mit Discounted Cash-Flow-Verfahren. In: Die Wirtschaftsprüfung 1998, S. 91.

[587] Vgl. *Drukarczyk, Jochen*: Unternehmensbewertung. 2. Aufl., München 1998, S. 230.

talstruktur beruhen, können problemlos erfasst werden.[588] Eine Anpassung des Kalküls ist bei Anwendung der APV-Methode einfacher durchzuführen, als dies beim WACC-Ansatz der Fall ist;[589] weiterhin wird die problematische Aufrechterhaltung der Zielkapitalstruktur des WACC-Ansatzes umgangen; die Wirkungen von geändertem Verschuldungsgrad und den damit verbundenen steuerlichen Konsequenzen werden erfasst,[590] was auch für die persönlichen Einkommensteuern gilt.[591]

Schwierigkeiten ergeben sich vor allem bei der Ermittlung der Eigenkapitalkosten einer rein eigenfinanzierten Unternehmung, da diese Werte wegen fehlender rein eigenfinanzierter Unternehmungen nicht beobachtet werden können; eine weitere Hürde stellt die Anpassungsbedürftigkeit der Eigenkapitalkostensätze bei Aufgabe des Rentenmodells dar. Die angestrebte Lösung soll durch den Rückgriff auf Betawerte verschuldeter Unternehmungen erreicht werden, die mittels der folgenden Formel errechnet werden:[592]

$$\beta^u = \frac{\beta^v}{1 + (1 - s) \cdot \frac{MWFK}{MWEK}}$$

mit:

β^u: Betawert der unverschuldeten Unternehmung;

β^v: Betawert der verschuldeten Unternehmung;

s: Unternehmenssteuersatz.

Die Formel basiert auf den Annahmen von *Modigliani* und *Miller*, die u. a. von unendlichen Renten, fehlendem Kursrisiko, identischen Verschuldungsmöglichkeiten und fehlenden Transaktionskosten ausgehen, was nicht unbedingt als realitätsnah bezeichnet werden kann.[593]

---

588 Vgl *Siepe, Günter*: Unternehmensbewertung. In: WP-Handbuch, Band II, hrsg. vom Institut der Wirtschaftsprüfer, 11. Aufl., Düsseldorf 1998, Rz. 317, S. 114.

589 Vgl. *Drukarczyk, Jochen*: DCF-Methoden und Ertragswertmethode – einige klärende Anmerkungen. In: Die Wirtschaftsprüfung 1995, S. 331.

590 Vgl. *Ballwieser, Wolfgang*: Unternehmensbewertung mit Discounted Cash-Flow-Verfahren. In: Die Wirtschaftsprüfung 1998, S. 91.

591 Vgl. *Drukarczyk, Jochen*: Unternehmensbewertung. 2. Aufl., München 1998, S. 212.

592 Vgl. *Ballwieser, Wolfgang*: Unternehmensbewertung mit Discounted Cash-Flow-Verfahren. In: Die Wirtschaftsprüfung 1998, S. 91.

593 Vgl. zu diesem Absatz *Ballwieser, Wolfgang*: Unternehmensbewertung mit Discounted Cash-Flow-Verfahren. In: Die Wirtschaftsprüfung 1998, S. 91-92; zum *Modigliani-Miller*-Theorem vgl. Band III: Finanzwirtschaftliche Entscheidungen, Abschnitt 1.2.3.

2.8.4.5 Der Nettoansatz – Equity Approach

Bei Anwendung des Nettoansatzes oder auch Flow to Equity-Ansatz bzw. Equity Approach genannt, werden die Zahlungsströme an die Eigentümer direkt ermittelt und mit einer Diskontierungsrate, die sich mittels des Capital Asset Pricing Model vom Kapitalmarkt ableitet, diskontiert.[594] Im Cashflow sind entsprechend die Zinszahlungen an die Fremdkapitalgeber bereits eliminiert.[595] Rein verfahrenstechnisch entspricht diese Methode der klassischen Ertragswertmethode; im Unterschied zum Equity Approach wird bei der Ertragswertmethode der landesübliche Zins unter Berücksichtigung eines Risikozuschlages herangezogen.[596] Formelhaft lässt sich der Unternehmenswert so darstellen:

$$UW = MWEK = \sum_{t=1}^{T} \frac{CF_t^{EK}}{(1+r_{EK})^t} + \left\{ \begin{array}{l} \dfrac{CF_T^{EK}}{r_{EK} \cdot (1+r_{EK})^T} \\ \text{oder:} \\ (\text{Gewinn} \cdot KGV) \cdot (1+i)^{-T} \end{array} \right\}$$ [597]

mit:

CF_t^{EK}: Erwartungswert des Cashflows für die Eigentümer in Periode t;

CF_T^{EK}: Erwartungswert des Cashflows für die Eigentümer am Ende des Planungshorizonts (der ersten Phase).

---

594 Vgl. *Heurung, Rainer*: Zur Unternehmensbewertung bei Spaltungsprozessen mit Kapitalstrukturproblemen. In: Die Wirtschaftsprüfung 1998, S. 207.

595 Vgl. *Bender, Jürgen/Lorson, Peter*: Verfahren der Unternehmensbewertung (IV): Discounted Cash-Flow-Verfahren und Anmerkungen zu Shareholder Value-Konzepten. In: Betrieb und Wirtschaft 1997, S. 2.

596 Vgl. *Peemöller, Volker H./Keller, Bernd*: Unternehmensbewertung. In: Saarbrücker Handbuch der Betriebswirtschaftlichen Beratung, hrsg. von *Karlheinz Küting*, 2. Aufl., Herne/Berlin 2000, S. 1025-1026, Rn. 417-419.

597 Vgl. *Ballwieser, Wolfgang*: Unternehmensbewertung mit Discounted Cash-Flow-Verfahren. In: Die Wirtschaftsprüfung 1998, S. 84.

2.8.4.6 Die Berücksichtigung von persönlichen Ertragsteuern

2.8.4.6.1 Einordnung der Auffassung des Hauptfachausschusses des Instituts der Wirtschaftsprüfer

Gemäß der IDW-Stellungnahme HFA 2/1983 „Grundsätze zur Durchführung von Unternehmensbewertungen" war eine Einbeziehung von persönlichen Steuern lediglich bei gesondertem Auftrag in einem zweiten Bewertungsschritt vorzunehmen.[598]

Die vom Hauptfachausschuss gebilligte neuere Auffassung des Arbeitskreises „Unternehmensbewertung" des IDW sieht vor, die **persönlichen Ertragsteuern in die Unternehmensbewertung einzubeziehen**, da Alternativanlagen voll der persönlichen Einkommensteuer des Investors unterliegen. Im Entwurf des IDW-Standards (IDW ES1; Stand: 27. Januar 1999) wird diesem Rechnung getragen; danach sollen bereits im ersten Bewertungsschritt, d.h. bei Ermittlung eines objektivierten Unternehmenswerts, die Zukunftserfolge um eine typisierte Steuer von 35 % und der Kapitalisierungszinsfuß um persönliche Steuern bereinigt werden.[599] Erst im zweiten Schritt hat eine Angleichung an die tatsächliche Steuerbelastung der Anteilseigner zu erfolgen.[600]

Einzelunternehmer und Mitunternehmer erzielen aus ihren Unternehmungen gewerbliche Einkünfte, die gemäß § 15 EStG zu versteuern sind; nach § 32c Abs. 4 EStG beträgt der maximale Einkommensteuersatz im Jahr 2000 43 %.[601]

Anteilseigner einer Kapitalgesellschaft haben die erhaltenen Dividenden als Einkünfte aus Kapitalvermögen gemäß § 20 EStG zu versteuern; der maximale Einkommensteuersatz beträgt im Jahr 2000 51 %.[602]

---

598 Vgl. HFA des IDW: Stellungnahme HFA 2/1983: Grundsätze zur Durchführung von Unternehmensbewertungen. In: Die Wirtschaftsprüfung 1983, S. 478.

599 Vgl. HFA des IDW: Entwurf des IDW Standard: Grundsätze zur Durchführung von Unternehmensbewertungen, IDW ES 1, Stand: 27. Januar 1999. In: Die Wirtschaftsprüfung 1999, Tz. 43, S. 205.

600 Vgl. HFA des IDW: Entwurf des IDW Standard: Grundsätze zur Durchführung von Unternehmensbewertungen, IDW ES 1, Stand: 27. Januar 1999. In: Die Wirtschaftsprüfung 1999, Tz. 113, S. 211 und *Siepe, Günter*: Die Berücksichtigung von Ertragsteuern bei der Unternehmensbewertung. In: Die Wirtschaftsprüfung 1997, S. 4.

601 Vgl. *Siepe, Günter*: Unternehmensbewertung. In: WP-Handbuch, Band II, hrsg. vom Institut der Wirtschaftsprüfer, 11. Aufl., Düsseldorf 1998, Rz. 199, S. 69.

602 Vgl. *Siepe, Günter*: Unternehmensbewertung. In: WP-Handbuch, Band II, hrsg. vom Institut der Wirtschaftsprüfer, 11. Aufl., Düsseldorf 1998, Rz. 199, S. 69.

Der **Kapitalisierungszinssatz** wird i.d.R. aus der Rendite des öffentlichen Kapitalmarkts abgeleitet, welcher um einen Risikozuschlag zur Erfassung des generellen Unternehmensrisikos zu korrigieren ist. Da die Einnahmen aus einer Alternativanlage am Kapitalmarkt der persönlichen Einkommensteuer unterliegen, ist der Kapitalisierungszinssatz um die Einkommensteuerbelastung zu korrigieren.[603]

$$\boxed{i_s = i - i \cdot s^{ESt} = i \cdot (1 - s^{ESt})}$$ [604]

mit:

- i: Kapitalisierungszinssatz vor Einkommensteuer;
- i_s: Kapitalisierungszinssatz nach Einkommensteuer;
- s^{ESt}: Einkommensteuersatz.

2.8.4.6.2 Der Unternehmenswert bei jährlich gleich bleibenden Zukunftserfolgen

Die Steuerlasten führen sowohl zu Abzügen bei den künftigen Jahreserträgen bzw. den Cashflows im Zähler als auch beim Kapitalisierungszinsfuß im Nenner.[605] Die Einzelunternehmer bzw. Gesellschafter einer Personengesellschaft erzielen aus ihrem Unternehmungen gewerbliche Einkünfte, die einem maximalen Einkommensteuersatz von 43 % unterliegen; dagegen beträgt der maximale Einkommensteuersatz für Einkünfte aus einer Kapitalanlage 51 %. Der Term $(1 - s)$ kann gekürzt werden, wenn der Einkommensteuersatz des Unternehmensinhabers bzw. des Personengesellschafters 43 % nicht überschreitet.[606] Bei jährlich gleich bleibenden Zukunftserfolgen und Anwendung des Rentenmodells ergibt sich folgende Formel für Einzelunternehmer und Personengesellschaften:[607]

$$\boxed{UW^{npSt} = \frac{CF \cdot (1 - s^{betr.ESt})}{i \cdot (1 - s^{ESt})}}$$

---

[603] Vgl. *Siepe, Günter*: Die Berücksichtigung von Ertragsteuern bei der Unternehmensbewertung. In: Die Wirtschaftsprüfung 1997, S. 4.

[604] Vgl. *Siepe, Günter*: Die Berücksichtigung von Ertragsteuern bei der Unternehmensbewertung. In: Die Wirtschaftsprüfung 1997, S. 4.

[605] Vgl. *Siepe, Günter*: Die Berücksichtigung von Ertragsteuern bei der Unternehmensbewertung. In: Die Wirtschaftsprüfung 1997, S. 4.

[606] Vgl. *Siepe, Günter*: Die Berücksichtigung von Ertragsteuern bei der Unternehmensbewertung. In: Die Wirtschaftsprüfung 1997, S. 4.

[607] Vgl. *Siepe, Günter*: Die Berücksichtigung von Ertragsteuern bei der Unternehmensbewertung. In: Die Wirtschaftsprüfung 1997, S. 4.

mit:

UW^{npSt}: Unternehmenswert nach persönlicher Steuer;

CF: gleich bleibender Cashflow nach Gewerbeertragsteuer;

i: Kapitalisierungszinssatz vor Ertragsteuern;

$s^{betr.ESt}$: Einkommensteuersatz bei betrieblichen Einkünften;

s^{ESt}: Einkommensteuersatz bei nicht betrieblichen Einkünften.

Sind die betrieblichen und privaten Einkommensteuersätze identisch, wirken sich die persönlichen Steuern nicht auf das Ergebnis aus;[608] sobald Unterschiede in den Steuersätzen bestehen, sind die Wirkungen der persönlichen Einkommensteuern bei Ermittlung des Unternehmenswertes zu berücksichtigen.[609]

Die Einkünfte aus Kapitalvermögen unterliegen einem Einkommensteuersatz von maximal 51 %, wenn die Beteiligung im Privatvermögen gehalten wird. Durch die Anrechnungsfähigkeit der Körperschaftsteuer bei der Einkommensteuer fallen Steuerwirkungen gänzlich in die Privatsphäre des Anteilseigners; der Term $(1-s)$ kann daher stets gekürzt werden;[610] der Unternehmenswert errechnet sich für Kapitalgesellschafter wie folgt:[611]

$$\boxed{UW^{npSt} = \frac{CF}{i}}$$

mit:

CF: gleichbleibender Cashflow nach Gewerbeertragsteuer.

2.8.4.6.3 Der Unternehmenswert bei jährlich schwankenden Zukunftserfolgen

Kommt es im Zeitablauf durch Konjunkturzyklen oder aufgrund einer Erweiterung oder Verminderung des Geschäftsumfangs zu schwankenden Ergebnisreihen, bestimmt sich die Einbeziehung der persönlichen Einkommensteuer

---

608 Vgl. *Siepe, Günter*: Die Berücksichtigung von Ertragsteuern bei der Unternehmensbewertung. In: Die Wirtschaftsprüfung 1997, S. 4.

609 Vgl. *Siepe, Günter*: Die Berücksichtigung von Ertragsteuern bei der Unternehmensbewertung. In: Die Wirtschaftsprüfung 1997, S. 5.

610 Vgl. *Siepe, Günter*: Die Berücksichtigung von Ertragsteuern bei der Unternehmensbewertung. In: Die Wirtschaftsprüfung 1997, S. 5.

611 Vgl. *Siepe, Günter*: Die Berücksichtigung von Ertragsteuern bei der Unternehmensbewertung. In: Die Wirtschaftsprüfung 1997, S. 5.

bei Einzelunternehmungen und Personengesellschaften gemäß folgender Gleichung:[612]

$$UW^{npSt} = \sum_{t=1}^{n} \frac{CF_t \cdot (1 - s^{betr.ESt})}{(1 + i - i \cdot s^{ESt})^t}$$

mit:

CF_t: Cashflow der Periode t nach Gewerbeertragsteuer.

Für Kapitalgesellschaften lässt sich der Unternehmenswert wie folgt darstellen:[613]

$$UW^{npSt} = \sum_{t=1}^{n} \frac{CF_t \cdot (1 - s^{ESt})}{(1 + i - i \cdot s^{ESt})^t}$$

$$UW^{npSt} = \sum_{t=1}^{n} \frac{CF_t - CF_t \cdot s^{ESt}}{(1 + i - i \cdot s^{ESt})^t}$$

$$UW^{npSt} = \sum_{t=1}^{n} \frac{CF_t}{(1 + i - i \cdot s^{ESt})^t} - \sum_{t=1}^{n} \frac{CF_t \cdot s^{ESt}}{(1 + i - i \cdot s^{ESt})^t}$$

Nach geringfügiger Umformung der Gleichung lässt sich zeigen, dass sich die persönlichen Einkommensteuern in einem niedrigeren Abzinsungsfaktor und im zweiten Term in einem Abzug der Einkommensteuerzahlungen von den Zukunftserfolgen auswirken.[614] Die persönliche Einkommensteuerbelastung ist in den Fällen schwankender Zukunftserfolge prinzipiell in die Ermittlung des Unternehmenswertes einzubeziehen.[615]

2.8.4.6.4 Die Steuerwirkung bei Wachstum und sicheren Jahreserträgen

Wächst der Zukunftserfolg, von einem zum Bewertungszeitpunkt geschätzten Zukunftserfolg CF_0 ausgehend, mit gleich bleibender Rate w, so berechnet sich der Unternehmenswert (bei unendlicher Laufzeit) wie folgt:

---

[612] Vgl. *Siepe, Günter*: Die Berücksichtigung von Ertragsteuern bei der Unternehmensbewertung. In: Die Wirtschaftsprüfung 1997, S. 5.

[613] Vgl. *Siepe, Günter*: Die Berücksichtigung von Ertragsteuern bei der Unternehmensbewertung. In: Die Wirtschaftsprüfung 1997, S. 5.

[614] Vgl. *Siepe, Günter*: Die Berücksichtigung von Ertragsteuern bei der Unternehmensbewertung. In: Die Wirtschaftsprüfung 1997, S. 5.

[615] Vgl. *Siepe, Günter*: Die Berücksichtigung von Ertragsteuern bei der Unternehmensbewertung. In: Die Wirtschaftsprüfung 1997, S. 5.

$$UW^{w} = \frac{CF_1}{(i - w)}$$ [616]

wobei:

$$CF_1 = CF_0 \cdot (1 + w) \text{ und } i > w$$

mit:

UW^{w}: Unternehmenswert bei Wachstum;

CF_0: bisheriger Cashflow;

CF_1: bisheriger Cashflow erhöht um die jährliche Wachstumsrate;

w: gleich bleibende Wachstumsrate;

i: Zinssatz.

Das Wachstum wirkt im Ergebnis wie eine Zinsminderung, was eine Erhöhung des Unternehmenswertes zur Folge haben muss.

Ist der Zinssatz i kleiner als der Wachstumsfaktor w (z.B. bei relativ stark expandierenden Unternehmungen), so ist der Unternehmenswert bei unendlicher Laufzeit unendlich hoch.[617]

Bezieht man in die Berechnung des Unternehmenswertes nun auch die Besteuerung ein, so sind die Jahreserträge steuerlich zu korrigieren, d.h. mit $(1-s)$ zu multiplizieren. Zusätzlich tritt an die Stelle des Zinssatzes i dessen Korrektur um die Steuern. Für den Unternehmenswert gilt dann:[618]

$$UW^{w,St} = \frac{CF_1 \cdot (1 - s)}{i \cdot (1 - s) - w}$$

wobei:

$$CF_1 = CF_0 \cdot (1 + w) \qquad \text{und} \qquad i \cdot (1 - s) > w$$

mit:

$UW^{w,St}$: Unternehmenswert bei Wachstum und Steuereffekt.

---

616 Vgl. *Siegel, Theodor*: Steuern in der Unternehmensbewertung bei Wachstum und Risiko. In: Der Betrieb 1997, S. 2390.

617 Vgl. ausführlich hierzu die Ausführungen zu den Wachstumsmodellen im Rahmen der Fundamentalanalyse in Band III: Finanzwirtschaftliche Entscheidungen, Abschnitt 2.3.3.2.2.3.

618 Vgl. *Siegel, Theodor*: Steuern in der Unternehmensbewertung bei Wachstum und Risiko. In: Der Betrieb 1997, S. 2390.

Jahresertrag und Zinssatz werden steuerverkürzt, nicht aber der Wachstumsfaktor; würde w um den Steuerfaktor gekürzt, käme es zur Doppelerfassung der Steuer.[619]

2.8.4.7 Zusammenfassung

Die Stellungnahme HFA 2/1983 wurde durch den Entwurf-Standard „Grundsätze zur Durchführung von Unternehmensbewertungen (IDW ES 1; Stand: 27. Januar 1999)" weiterentwickelt, indem zum einen die Auswirkungen von persönlichen Ertragsteuern bei der Ermittlung objektivierter Unternehmenswerte zu berücksichtigen sind; zum anderen dürfen sowohl Ertragswertverfahren als auch Discounted Cashflow-Verfahren zur Ermittlung der Unternehmenswerte herangezogen werden (vgl. zur Strukturierung **Abbildung 69**).

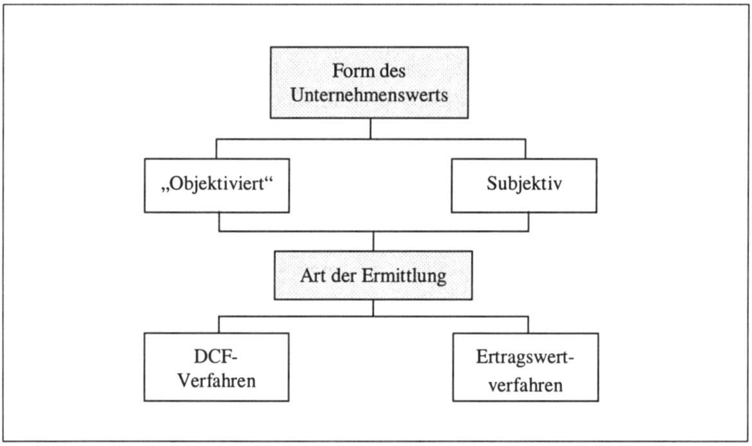

Abbildung 69: Systematisierung der Unternehmenswerte

In der Vergangenheit wurden zahlreiche Diskussionen ausgetragen, die sich mit den DCF-Verfahren zur Unternehmensbewertung beschäftigten. Es ist zu erwarten, dass die DCF-Verfahren in weiterer Zukunft immer mehr Anwendung finden werden und das Ertragswertverfahren zumindest partiell verdrängen. Allerdings darf nicht davon ausgegangen werden, dass bei den DCF-Verfahren schlüsselfertige Patentrezepte vorliegen; der Schwierigkeitsgrad

[619] Vgl. *Siegel, Theodor*: Steuern in der Unternehmensbewertung bei Wachstum und Risiko. In: Der Betrieb 1997, S. 2391.

einer DCF-basierten Bewertung ist kaum niedriger als jener des Ertragswertverfahrens.[620]

Abschließend ist festzuhalten, dass die unter dem Stichwort „Shareholdervalue“ diskutierten Verfahren sehr häufig auf die DCF-Verfahren zurückgreifen; allerdings existieren auch andere aufwands- und ertragsorientierte Modelle wie z. B. Marktwert-Buchwert-Verfahren, Verfahren des Economic-Value-Added oder Cashflow Return On Investment.[621]

Abbildung 70 (Seite 361 und 362) stellt nochmals die wichtigsten Faktoren im Vergleich zwischen DCF-Verfahren und Ertragswertmethode dar.[622]

Merkmale	DCF-basierte Shareholdervalue-Konzepte		Ertragswert-methode
	Bruttomethode	Nettomethode	
Aufgaben:	Bewertung alternativer Unternehmungen und Geschäftsstrategien; Grundlage der Mittelallokation; Investition/Desinvestition; Liquiditätssteuerung; erfolgsabhängige Vergütung.		I. d. R. Grundlage für Kaufpreisfestlegung bei Unternehmenskäufen oder -verkäufen, Fusionen usw.
Art der Wertermittlung:	Entscheidungsorientiert.		Objektivierte Wertermittlung dominiert.
Finanzmathematisches Verfahren:	Kapitalwertmethode (i. V. m. nachschüssiger Rente bei going-concern-Prämisse).		
Bewertungsgrundlage:	Einnahmenüberschüsse: meist uneinheitlich definierter Cashflow.		„Modifizierter“ Ertragsüberschuss.
	Der Cashflow umfasst die Bedienung von Eigen- und Fremdkapitalgebern.	Im Cashflow sind Zinszahlungen an die Fremdkapitalgeber bereits eliminiert.	

[620] *Bender, Jürgen/Lorson, Peter*: Verfahren der Unternehmensbewertung (IV): Discounted Cash-Flow-Verfahren und Anmerkungen zu Shareholder Value-Konzepten. In: Betrieb und Wirtschaft 1997, S. 1-9.

[621] Vgl. *Bender, Jürgen/Lorson, Peter*: Verfahren der Unternehmensbewertung (IV): Discounted Cash-Flow-Verfahren und Anmerkungen zu Shareholder Value-Konzepten. In: Betrieb und Wirtschaft 1997, S. 9; vgl. dazu **Abschnitt 2.8.5**.

[622] Vergleich in Anlehnung an *Bender, Jürgen/Lorson, Peter*: Verfahren der Unternehmensbewertung (IV): Discounted Cash-Flow-Verfahren und Anmerkungen zu Shareholder Value-Konzepten. In: Betrieb und Wirtschaft 1997, S. 9.

Unternehmenswert:	Wird indirekt ermittelt: Erster Schritt: Ermittlung des Marktwertes des Gesamtkapitals. Zweiter Schritt: Der Marktwert des Fremdkapitals wird vom Marktwert des Gesamtkapitals abgezogen, um den Unternehmenswert zu erhalten.	Wird direkt ermittelt. Die Bedienung der Fremdkapitalgeber ist bereits in den Cashflows berücksichtigt.	
Einfluss von Bewertungswahlrechten:	Weitgehend unabhängig.		Nicht völlig ausschaltbar.
Berücksichtigung von Investitionen:	Unmittelbar.		Mittelbar über Abschreibungen und Zinsergebnis.
Berücksichtigung von Veränderungen im Nettoumlaufvermögen:	Unmittelbar.		Mittelbar über Zinsergebnis.
Kapitalisierungstechnik:	Prinzipiell: Phasenrechnung.		
Prognosephasen:	2 Phasen: Detailprognose für ca. 3-5 Jahre; Fortführungswertprognose.		
Diskontierungsraten und Risikoberücksichtigung:	Gewichteter nominaler Kapitalkostensatz (WACC) (i. d. R., aber nicht zwingend): Ermittlung der EK-Kosten mittels CAPM oder APM zum Zwecke der Berücksichtigung des systematischen Risikos.		Grundsätzlich: funktionsorientierte Festlegung des Kapitalisierungssatzes. Übliche Vorgehensweise: Basiszins („landesüblicher Zins“) + subjektiv festgesetzter Zuschlag für systematisches und unsystematisches Risiko – persönliche Steuern – Inflationsabschlag
Zukunftsorientierung:	Bewertung des möglichen Unternehmenswertes auf der Grundlage von geplanten Strategieänderungen.		Grundsatz der Bewertung der vorhandenen Ertragskraft.
Nicht betriebsnotwendige Vermögensgegenstände:	Explizit berücksichtigt.		

Abbildung 70: Vergleich von DCF-Verfahren und Ertragswertmethode

2.8.5 Der Shareholdervalue

2.8.5.1 Überblick

Die Idee der marktwertorientierten Unternehmensführung – allgemein als Shareholdervalue-Ansatz oder auch als „Wertsteigerungsansatz" oder „Wertmanagement-Ansatz" oder „wertorientierte Unternehmenssteuerung"[623] bezeichnet – hat sowohl in der Praxis als auch in der wissenschaftlichen Diskussion erheblich an Bedeutung gewonnen. Dies wird durch eine Vielzahl von Lippenbekenntnissen in Firmenpublikationen und durch empirische Untersuchungen[624] belegt. Mit den Shareholdervalue-Ansätzen werden umfassende Ansätze präsentiert, um den Wert des Investments der Aktionäre zu maximieren. Mittlerweile existieren mehrere Ausprägungen, von denen wohl die Methode des Discounted Cashflow (DCF) als die „Königsmethode"[625] anzusehen ist.

Nach *Rappaport* handelt es sich beim Shareholdervalue-Ansatz um ein Unternehmensleitbild, das die Maximierung der Eigentümerrendite über die Dividenden und Kurssteigerung der Anteilswerte zur wichtigsten Aufgabe des Managements erklärt.[626] Demnach beinhaltet die Definition des Shareholdervalue-Ansatzes alle zielgerichteten Maßnahmen, die den Unternehmenswert steigern. Das Management soll sich insbesondere an den finanziellen Zielen der Aktionäre orientieren, die eine angemessene Rendite des zur Verfügung gestellten Kapitals erwarten.[627]

Im Folgenden sollen die hauptsächlichen Shareholdervalue-Ansätze der Unternehmenspraxis aufgezeigt werden; dazu zählen insbesondere der von Stern Stewart & Co. entwickelte **Economic Value Added** sowie der von der Boston Consulting Group vertretene **Cashflow Return On Investment** (CFROI), wobei nicht auf die einzelnen Maßnahmen und Strategien, die den Unterneh-

---

[623] Vgl. *Bohr, Kurt*: Shareholder Value. In: Akademie 1998, S. 89.

[624] Vgl. C&L Deutsche Revision: Wertorientierte Unternehmensführung. Die Ergebnisse einer internationalen Studie von C&L bei 300 Unternehmen in 13 Ländern zum Thema Shareholder Value. Frankfurt a. M. 1997; Oppenheim Finanzanalyse: Bedeutung und Umsetzung des Shareholder Value-Konzepts in Deutschland – untersucht anhand der Unternehmen des DAX 100, o.O. 1996; WestLB Research: Das Thema Shareholder Value. Dax-Werte Deutschland. Basis für Investitionsentscheidungen, o.O. 1997.

[625] So *Lorson, Peter*: Shareholder Value-Ansätze. In: Jahrbuch für Controlling und Rechnungswesen 1999, hrsg. von *Gerhard Seicht*, Wien 1999, S. 48.

[626] Vgl. *Rappaport, Alfred*: Shareholder Value: Ein Handbuch für Manager und Investoren. 2. Aufl., Stuttgart 1999, S. 1.

[627] Vgl. *Bohr, Kurt*: Shareholder Value. In: Akademie 1998, S. 89.

menswert erhöhen, eingegangen wird, sondern die Berechnung des geschaffenen Shareholdervalue – die positive Differenz des Unternehmenswerts nach der Durchführung und vor der Durchführung der Maßnahmen – im Vordergrund steht.

Das Shareholdervalue-Konzept ist in der Betriebswirtschaftslehre nur zum Teil neu, da in der Investitionstheorie die Entscheidungsregel, Investitionen nur dann durchzuführen, wenn ein positiver Kapitalwert resultiert, ein klassisches Gedankengut ist.[628] Der Ertragswert wurde bisher zur Bewertung von Unternehmungen und Unternehmensteilen herangezogen. Nach dem **Shareholdervalue-Ansatz** wird der **Ertragswert** nun **zur strategischen Steuerung und Kontrolle ganzer Unternehmungen, einzelner Konzerngesellschaften und Geschäftsbereiche** eingesetzt.[629]

Die Shareholdervalue-Konzepte ersetzen eine gründliche und kritische Analyse der Wertentstehung nicht, sie setzen vielmehr eine Fundamentalanalyse[630] voraus.[631]

In der Praxis der Unternehmensberatung und -bewertung haben sich vor allem nachfolgende Shareholdervalue-Konzepte bewährt:

(1) Economic Value Added (EVA);

(2) Cashflow Return On Investment (CFROI);

(3) Discounted Cashflow (DCF).[632]

In **Abbildung 71** (Seite 365) werden diese Ansätze systematisiert und die dazu gehörenden Berechnungskomponenten aufgezeigt.

Neben den oben aufgeführten Modellen wird auch das so genannte Marktwert-Buchwert-Modell als Shareholdervalue-Ansatz propagiert; auf dieses Konzept soll an dieser Stelle nicht weiter eingegangen werden.[633]

Während das EVA-Konzept „primär auf eine (buchhalterische) Periodenerfolgsgröße als Erfolgsmaßstab“[634] abstellt, wird beim CFROI-Konzept und

---

[628] Vgl. *Busse von Colbe, Walther*: Was ist und was bedeutet Shareholder Value aus betriebswirtschaftlicher Sicht? In: Zeitschrift für Gesellschaftsrecht 1997, S. 273.

[629] Vgl. *Busse von Colbe, Walther*: Was ist und was bedeutet Shareholder Value aus betriebswirtschaftlicher Sicht? In: Zeitschrift für Gesellschaftsrecht 1997, S. 274.

[630] Vgl. ausführlich zur Fundamentalanalyse Band III: Finanzwirtschaftliche Entscheidungen, Abschnitt 2.3.3.

[631] Vgl. *Klien, Wolfgang*: Die Praxis der Shareholder Value-Ansätze: Irrtümer, Fallstricke und Anwenderhindernisse. In: Deutsches Steuerrecht 1998, S. 1148.

[632] Vgl. hierzu **Abschnitt 2.8.4**.

[633] Zur Darstellung der Marktwertmodelle vgl. *Bischoff, Jörg*: Das Shareholder Value-Konzept, Darstellung – Probleme – Handhabungsmöglichkeiten. Wiesbaden 1994, S. 88-112.

[634] *Lorson, Peter*: Shareholder Value-Ansätze. In: Jahrbuch für Controlling und Rechnungswesen 1999, hrsg. von *Gerhard Seicht*, Wien 1999, S. 48.

den DCF-Verfahren dem Zeitwert des Geldes Rechnung getragen, da auf Rechentechniken der dynamischen Investitionsrechnung zurückgegriffen wird. Das CFROI-Konzept basiert auf der Methode des internen Zinsfußes, die DCF-Verfahren werden mit Hilfe der Kapitalwertverfahren operationalisiert.[635]

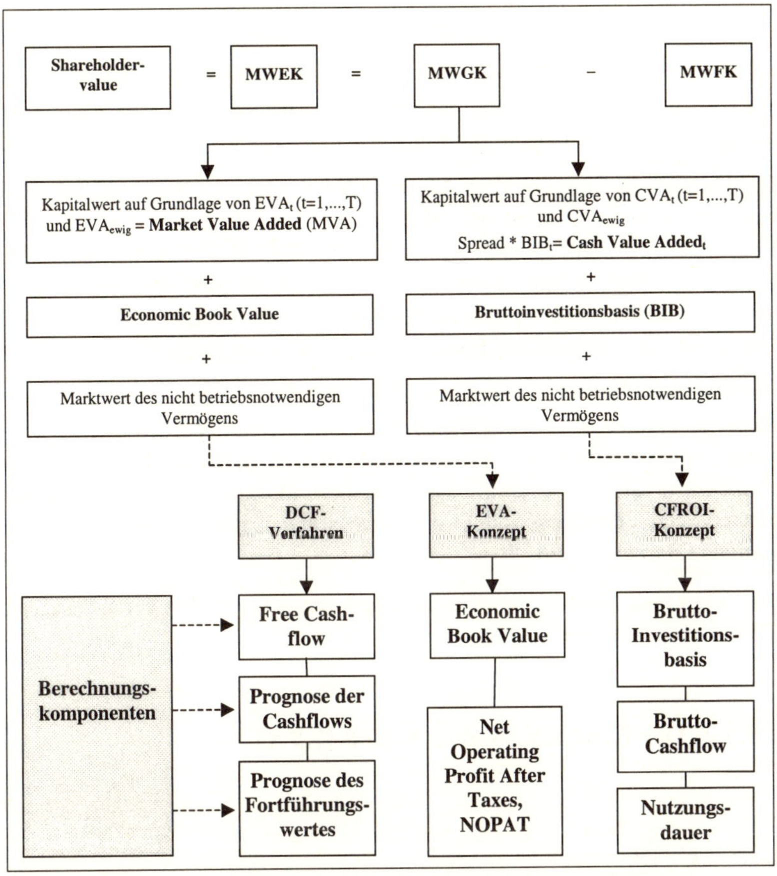

Abbildung 71: Systematisierung der Shareholdervalue-Ansätze

BIB: Bruttoinvestitionsbasis;

CVA: Cash Value Added;

MVA: Market Value Added;

MWEK: Marktwert des Eigenkapitals;

[635] Zu den Ansätzen der DCF-Methoden vgl. **Abschnitt 2.8.4**.

MWGK: Marktwert des Gesamtkapitals;

MWFK: Marktwert des Fremdkapitals;

DCF: Discounted Cashflow;

EVA: Economic Value Added;

CFROI: Cashflow Return On Investment.

Das EVA-Konzept und das CFROI-Konzept können sowohl zur Erfolgsmessung als auch zur Ermittlung des Unternehmenswerts bzw. des Marktwerts des Eigenkapitals herangezogen werden.[636]

Der Shareholdervalue errechnet sich im **EVA-Konzept** – analog zu den DCF-basierten Verfahren –, indem zunächst die EVA-Werte von $t=1,...,T$ und EVA_{ewig} ermittelt und diskontiert werden. Der Kapitalwert ist der Market Value Added (MVA). Zum ermittelten MVA wird der Economic Book Value und der Marktwert des nicht betriebsnotwendigen Vermögens addiert, der Marktwert des verzinslichen Fremdkapitals wird davon subtrahiert.[637]

Ähnlich dem Shareholdervalue nach dem EVA-Konzept errechnet sich der Shareholdervalue nach dem **CFROI-Konzept**, indem der Kapitalwert der geschätzten zukünftigen Cash Value Added ermittelt wird und anschließend die modifizierte Bruttoinvestitionsbasis sowie der Marktwert des nicht betriebsnotwendigen Vermögens addiert und der Marktwert des verzinslichen Fremdkapitals subtrahiert wird.[638]

Im Folgenden werden die Berechnungskomponenten des EVA- und des CFROI-Konzeptes näher erläutert.

2.8.5.2 Der Economic Value Added (EVA)

2.8.5.2.1 Überblick

Ein populärer Ansatz ist der von Stern Stewart & Co. entwickelte Economic Value Added.[639] Das wesentliche Merkmal des EVA ist die vollständige Orientierung an Daten des externen Rechnungswesens.[640]

---

636 Vgl. *Lorson, Peter*: Shareholder Value-Ansätze. In: Der Betrieb 1999, S. 1334-1335.

637 Vgl. *Lorson, Peter*: Shareholder Value-Ansätze. In: Der Betrieb 1999, S. 1334.

638 Vgl. *Lorson, Peter*: Shareholder Value-Ansätze. In: Der Betrieb 1999, S. 1334.

639 Neben dem EVA von Stern Stewart & Co. gibt es noch weitere Added Value-Konzepte, die inhaltlich im Wesentlichen sehr ähnlich sind.

Der Economic Value Added (EVA) wurde von Stern Stewart & Co. markenrechtlich geschützt.[641] Das Konzept dient vor allem der Performance-Messung des Managements. Für eine Periode, i.d.R. ein Jahr, wird eine Periodenerfolgsgröße (EVA) ermittelt, die eine Aussage darüber erlauben soll, ob Unternehmenswert geschaffen wurde oder nicht. Die Maximierung dieser Erfolgsgröße bewirkt tendenziell die Maximierung des Kapitalwertes der Einzahlungsüberschüsse.[642]

Nach *Rappaport* werden die drei folgenden Führungsentscheidungen unterschieden, die Einfluss auf den Shareholdervalue nehmen:[643]

- Entscheidungen des operativen Bereichs;
- Entscheidungen im Investitionsbereich;
- Entscheidungen im Finanzierungsbereich.

Die Periodenerfolgsgröße Economic Value Added (EVA; ökonomischer Mehrwert) fügt diese drei Entscheidungsbereiche in einer Kennzahl zusammen. In **Abbildung 72** (Seite 368) wird der Zusammenhang zwischen Entscheidungsbereichen und ökonomischem Mehrwert veranschaulicht.

Die Erfolgsgröße EVA ist eine so genannte „Residualeinkommensgröße“,[644] die durch den Saldo aus dem angepassten Betriebsgewinn (NOPAT) und den Gesamtkapitalkosten (WACC), die für das betriebsnotwendige Gesamtkapital aufzuwenden sind, bestimmt wird.

Zentrale Berechnungskomponenten des EVA-Konzeptes sind

(1) der betriebsnotwendige **Gesamtkapitaleinsatz**, ausgedrückt durch den Economic Book Value (EBV) bzw. durch die Net Operating Assets (NOA);

---

640 Vgl. *Bühner, Rolf*: Shareholder Value. Eine Analyse von 50 großen Aktiengesellschaften in der Bundesrepublik Deutschland. In: Die Betriebswirtschaft 1993, S. 752 und *Friedlaender, Ernst/Stabernack, Marc G.*: Betriebswirtschaftliche Ansätze zur wertorientierten Unternehmensführung. In: Shareholder Value Reporting, hrsg. von *Michael Müller* und *Franz-Josef Leven*, Wien 1998, S. 43.

641 Vgl. *Rappaport, Alfred*: Shareholder Value: Ein Handbuch für Manager und Investoren. 2. Aufl., Stuttgart 1999, S. 144.

642 Vgl. *Lorson, Peter*: Shareholder Value-Ansätze. In: Jahrbuch für Controlling und Rechnungswesen 1999, hrsg. von *Gerhard Seicht*, Wien 1999, S. 52.

643 Vgl. *Rappaport, Alfred*: Shareholder Value: Ein Handbuch für Manager und Investoren. 2. Aufl., Stuttgart 1999, S. 68.

644 Vgl. *Bühner, Rolf*: Shareholder Value. Eine Analyse von 50 großen Aktiengesellschaften in der Bundesrepublik Deutschland. In: Die Betriebswirtschaft 1993, S. 752 und *Lorson, Peter*: Shareholder Value-Ansätze. In: Jahrbuch für Controlling und Rechnungswesen 1999, hrsg. von *Gerhard Seicht*, Wien 1999, S. 52.

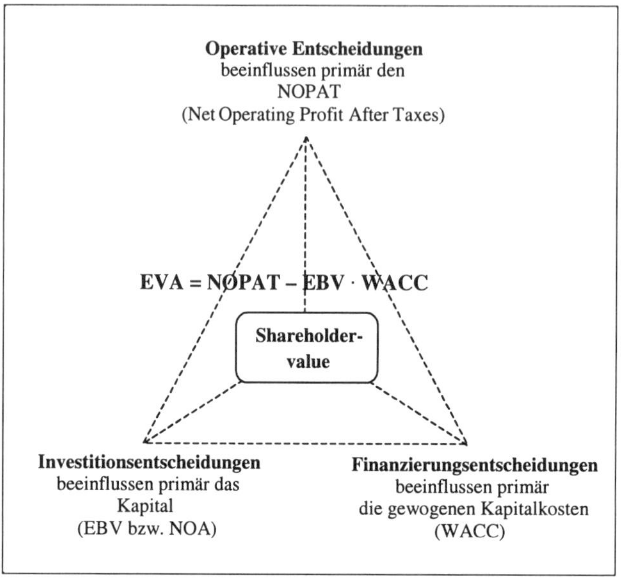

Abbildung 72: Verbindung der Berechnungselemente von EVA mit dem Shareholdervalue[645]

(2) das modifizierte **Betriebsergebnis**, ausgedrückt durch das Periodenergebnis nach Steuern und vor Zinsen (Net Operating Profits After Taxes; NOPAT);

(3) der gewichtete **Gesamtkapitalkostensatz** (WACC).[646]

Die relevanten Berechnungskomponenten werden durch Anpassungen – so genannte Conversions – aus dem Jahresabschluss abgeleitet. Nach *Hostettler* lassen sich die Anpassungen in folgende vier Bereiche unterteilen:[647]

(1) **Operating Conversion**: Anpassungen nach dem Kriterium der betrieblichen Zugehörigkeit;

(2) **Funding Conversion**: Anpassungen der Finanzierungsstruktur an die wirtschaftliche Betrachtungsweise;

(3) **Tax Conversion**: Anpassungen zum Zwecke der Konsistenz der Steuerzahlungen mit dem Betriebsgewinn;

---

645 Modifiziert entnommen aus *Hostettler, Stephan*: Economic Value Added (EVA). 3. Aufl., Bern/Stuttgart/Wien 1998, S. 31.

646 Vgl. bzgl. des WACC auch die Ausführungen in Band III: Finanzwirtschaftliche Entscheidungen, Abschnitt 2.3.3.2.3.2.

647 Vgl. *Hostettler, Stephan*: Economic Value Added (EVA). 3. Aufl., Bern/Stuttgart/Wien 1998, S. 97-105.

(4) **Shareholder Conversion**: Anpassungen an das tatsächliche Eigenkapital durch so genannte Eigenkapitaläquivalente (Equity Equivalents); hier können z. B. nicht bilanzierungsfähige Aufwendungen mit Investitionscharakter wie Forschungs- und Entwicklungsaufwendungen berücksichtigt werden.

2.8.5.2.2 Die Berechnungskomponenten

2.8.5.2.2.1 Der Economic Book Value (EBV)

Der Economic Book Value wird nach dem in **Abbildung 73** dargestellten Schema berechnet.[648]

	Buchwert des Anlagevermögens
+	Buchwert des Umlaufvermögens
–	nicht verzinsliche kurzfristige Verbindlichkeiten
–	marktgängige Wertpapiere
–	Anlagen im Bau
+	passivische Wertberichtigungen auf Forderungen
+	Differenz aus Vorratsbewertung nach LIFO- und FIFO-Verfahren
+	kumulierte Abschreibungen von derivativem Geschäfts- oder Firmenwert
+	kapitalisierte Miet- und Leasingaufwendungen
+	kapitalisierte Forschungs- und Entwicklungsaufwendungen (Abschreibungen auf 5 Jahre)
+	kapitalisierte Vorlaufkosten
=	Economic Book Value (insgesamt investiertes Kapital)

Abbildung 73: Schema zur Berechnung des EBV

2.8.5.2.2.2 Die Net Operating Assets (NOA)

Alternativ kann anstelle des Economic Book Value auch die Berechnung der Net Operating Assets nach *Hostettler* durchgeführt werden, bei welcher die einzelnen Conversions explizit berechnet werden; im Endergebnis führen beide Methoden zu denselben Werten. Vorteilhaft bei dieser Vorgehensweise ist

[648] Vgl. *Lorson, Peter*: Shareholder Value-Ansätze. In: Jahrbuch für Controlling und Rechnungswesen 1999, hrsg. von *Gerhard Seicht*, Wien 1999, S. 55.

insbesondere, dass genau analysiert werden kann, wo die Schwerpunkte des investierten Kapitals liegen und gegebenenfalls Modifikationen angebracht sind.

Ausgangspunkt zur Bestimmung der Net Operating Assets ist die Bilanzsumme. Diese wird um aktivierte, jedoch nicht betrieblich genutzte Vermögensgegenstände gekürzt. Nicht aktivierte, jedoch betrieblich genutzte Vermögensgegenstände werden hinzugerechnet. Diese Vorgehensweise zeigt das in **Abbildung 74** dargestellte Schema.[649]

	Bilanzsumme	
–	aktiviertes, nicht betrieblich gebundenes Vermögen (Dies sind insbesondere marktgängige Wertpapiere, eigene Aktien und Anlagen im Bau, da diese nicht oder noch nicht Teil des betrieblichen Umsatzprozesses sind.)	**Operating Conversion**
+	betrieblich gebundenes, nicht aktiviertes Vermögen (Dies betrifft vor allem Miet- und Leasingaufwendungen, die mit dem Kapitalwert der Aufwendungen einzubeziehen sind.)	
–	nicht zinstragende kurzfristige Verbindlichkeiten (Dies sind vor allem Lieferantenkredite, kurzfristige Rückstellungen, passive Rechnungsabgrenzungen und Anzahlungen von Kunden.)	**Funding Conversion**
–	aktive latente Steuern	**Tax Conversion**
+	Eigenkapitaläquivalente (Dies sind insbesondere: • Passivische Wertberichtigungen auf Forderungen – wegen ihrer meist pauschalen Bildung kann bei Anwendung des true and fair view-Prinzips von diesen nicht ausgegangen werden, daher ist an dieser Stelle eine entsprechende Korrektur vorzunehmen – ; • Differenzen aus der Vorratsbewertung nach der LIFO-Methode – da in Zeiten steigender Preise mit der LIFO-Methode stille Reserven gebildet werden – ; • stille Rücklagen im Sach- und Finanzanlagevermögen; • Aufwendungen mit Investitionscharakter, z.B. Forschungs- und Entwicklungskosten und hohe Werbekosten sowie die kumulierten Abschreibungen auf den derivativen Geschäfts- oder Firmenwert.)	**Shareholder Conversion**
=	Net Operating Assets	

Abbildung 74: Schema zur Berechnung der NOA

Die Wertberichtigungen auf Forderungen werden in den meisten Fällen pauschal gebildet und nicht aufgrund der Beurteilung einzelner Forderungen vorgenommen. Bei Anwendung des **true and fair view-Prinzips** kann wegen

---

[649] Vgl. *Hostettler, Stephan*: Economic Value Added (EVA). 3. Aufl., Bern/Stuttgart/Wien 1998, S. 111-149.

zwingender wirtschaftlicher Betrachtungsweise nicht mehr von einer Pauschalwertberichtigung ausgegangen werden.[650]

Zur Berechnung des EVA werden grundsätzlich die zu Beginn eines Jahres vorhandenen Net Operating Assets herangezogen. Für stark wachsende Unternehmungen kann es jedoch sinnvoll sein, den Durchschnittswert der NOA zu Beginn und zum Ende des Jahres zu wählen.[651]

2.8.5.2.2.3 Der Net Operating Profit After Taxes (NOPAT)

NOPAT stellt den betrieblichen Gewinn nach Abzug der Steuern dar.[652] Ausgangspunkt für die Bestimmung des NOPAT ist das ausgewiesene Betriebsergebnis. Im Betriebsergebnis können jedoch Erfolgsgrößen enthalten sein, die nicht mit der Vermögensgröße Net Operating Assets korrespondieren. Das ausgewiesene Betriebsergebnis ist daher um diese Erfolgsgrößen nach dem in **Abbildung 75** dargestellten Schema zu korrigieren.[653]

	Betriebsergebnis
+/–	Korrekturen aufgrund der Operating Conversion (Z. B. Hinzurechnung der Zinsanteile von Leasingraten, die im Finanzergebnis berücksichtigt werden; Abzug der Miet- und Leasingraten auf nicht betriebsnotwendiges Vermögen, die im Betriebsergebnis enthalten sind.)
+/–	Korrekturen aufgrund der Funding Conversion (Z. B. Veränderungen in den kurzfristigen Rückstellungen.)
+/–	Korrekturen aufgrund der Shareholder Conversion (Z. B. Hinzurechnung der Erhöhung der Wertberichtigungen auf Forderungen, der Abschreibung des derivativen Geschäfts- oder Firmenwerts und Erhöhung des Barwertes der Forschungs- und Entwicklungsaufwendungen.)
–	Cash Operating Taxes (COT)[654]
=	Net Operating Profit After Taxes

Abbildung 75: Schema zur Berechnung des NOPAT

---

650 Vgl. *Hostettler, Stephan*: Economic Value Added (EVA). 3. Aufl., Bern/Stuttgart/Wien 1998, S. 131-132.

651 Vgl. *Hostettler, Stephan*: Economic Value Added (EVA). 3. Aufl., Bern/Stuttgart/Wien 1998, S. 110. Es wird keine Angabe gemacht, ab welchem jährlichen Vermögenswachstum ein Durchschnittswert zu bilden ist, doch ist davon auszugehen, dass ein Vermögenswachstum von mehr als 10 % p. a. ausreichend ist.

652 Vgl. *Hostettler, Stephan*: Economic Value Added (EVA). 3. Aufl., Bern/Stuttgart/Wien 1998, S. 49.

653 Vgl. *Hostettler, Stephan*: Economic Value Added (EVA). 3. Aufl., Bern/Stuttgart/Wien 1998, S. 150-155.

654 Die Cash Operating Taxes stellen theoretische Steuern auf das Betriebsergebnis dar. Dabei wird (in Abweichung von den tatsächlichen Verhältnissen) unterstellt, dass sich die Unternehmung vollständig mit Eigenkapital finanziert und dass sie nur betriebliche Tätigkeiten wahrnimmt.

2.8.5.2.2.4 Die Ermittlung der Gewinngröße Economic Value Added (EVA)

Die Gewinngröße EVA gibt den absoluten Betrag der periodenbezogenen Unternehmenswertänderung an. Diese Größe lässt sich einerseits so bestimmen:[655]

	NOPAT
–	Kosten des Gesamtkapitals (WACC · EBV bzw. NOA)
=	EVA

Andererseits lässt sich eine buchhalterische Rentabilität ermitteln (so genannte ***Stewart*'s Ratio**), deren Auswertung in Form einer Überrendite (**Spread**) erfolgt.[656] Diese Variante hat den Vorteil, dass ein Vergleich zwischen Unternehmungen unterschiedlicher Größe, Kapitalintensität, Finanzierungsstruktur, Länderzugehörigkeit und unterschiedlichem Risikoprofil möglich ist.[657] Die Ermittlung lässt sich so darstellen:

$$EVA_t = \underbrace{\left(\frac{NOPAT_t}{EBV_t} - WACC_t \right)}_{\text{Überrendite}_t} \cdot EBV_t$$

Die Kapitalrendite wird durch den Quotienten NOPAT/EBV wiedergegeben;[658] durch Subtraktion des WACC erhält man die Überrendite, den so genannten Spread. Ein positiver (negativer) EVA bzw. positiver (negativer) Spread bedeutet, dass Unternehmenswert geschaffen (vernichtet) worden ist.

Das EVA-Konzept impliziert für das Management, dass ein Unternehmenswert nur dann geschaffen wird, wenn in jeder Periode ein positiver EVA er-

---

[655] Vgl. *Lorson, Peter*: Shareholder Value-Ansätze. In: Jahrbuch für Controlling und Rechnungswesen 1999, hrsg. von *Gerhard Seicht*, Wien 1999, S. 56. Zur Ermittlung der Gewinngröße EVA mit ausführlichen Beispielen vgl. *Stewart, Benett G.*: The Quest For Value. New York 1991, S. 118-178.

[656] Vgl. *Lorson, Peter*: Shareholder Value-Ansätze. In: Jahrbuch für Controlling und Rechnungswesen 1999, hrsg. von *Gerhard Seicht*, Wien 1999, S. 56 und *Stewart, Benett G.*: The Quest For Value. New York 1991, S. 192.

[657] Vgl. *Hostettler, Stephan*: Economic Value Added (EVA). 3. Aufl., Bern/Stuttgart/Wien 1998, S. 253-254. Die Gleichung zur Ermittlung des EVA wurde unter Zuhilfenahme der *Stewart*'s Ratio in der sog. Spread-Form dargestellt. Mittels Ausmultiplikation des Klammerausdrucks erhält man die sog. Normalform. Vgl. hierzu *Küting, Karlheinz/Heiden, Matthias/Lorson, Peter*: Neuere Ansätze der Bilanzanalyse. In: Buchführung, Bilanz, Kostenrechnung, Beilage 1/2000, S. 32.

[658] Vgl. *Friedlaender, Ernst/Stabernack, Marc G.*: Betriebswirtschaftliche Ansätze zur wertorientierten Unternehmensführung. In: Shareholder Value Reporting, hrsg. von *Michael Müller* und *Franz-Josef Leven*, Wien 1998, S. 41.

zielt wird.[659] Das Ziel der Unternehmenswertmaximierung wird vom Management durch die Maximierung der Kenngröße EVA erreicht, da drei für die Steigerung des Shareholdervalue wichtige Bereiche in einer Kennzahl verdichtet werden.[660]

Der Kapitalwert, der sich auf der Grundlage EVA_t (t=1,...,T) und EVA_{ewig} ergibt, wird als Market Value Added (MVA) bezeichnet und stellt den Geschäfts- oder Firmenwert dar.[661] Der Shareholdervalue als Marktwert des Eigenkapitals kann danach berechnet werden als MVA zuzüglich Economic Book Value (EBV) und nicht betriebsnotwendiges Vermögen, abzüglich dem Marktwert des Fremdkapitals.[662]

2.8.5.2.3 Kritische Beurteilung

Für eine bevorzugte Verwendung des EVA-Ansatzes sprechen folgende Argumente:[663]

- Technische Gleichwertigkeit mit Ansätzen, die auf Basis von Cashflows ermittelt werden;
- innerhalb der Unternehmung bestehen einheitliche Regeln für Jahresabschluss und Performancemessung;
- bessere Kommunizierbarkeit durch Benutzung von Elementen aus der „traditionellen" Buchhaltung; folglich ist die Spitzenkennzahl EVA für externe Investoren plausibel und nachvollziehbar.

Kritisch zu beurteilen sind jedoch:[664]

- Die Reduktion auf eine einperiodige Zielvorgabe, die immer dann zu Problemen führt, wenn das (langfristige) Ziel der Unternehmenswertmaximierung mit zwischenzeitlichen negativen EVA-Werten verbunden ist. Bei negativen Werten gibt es keine Entscheidungsregel im Vergleich zu positi-

---

659 Vgl. *Lorson, Peter*: Shareholder Value-Ansätze. In: Jahrbuch für Controlling und Rechnungswesen 1999, hrsg. von *Gerhard Seicht*, Wien 1999, S. 56.

660 Vgl. *Hostettler, Stephan*: Economic Value Added (EVA). 3. Aufl., Bern/Stuttgart/Wien 1998, S. 319.

661 Vgl. *Hostettler, Stephan*: Economic Value Added (EVA). 3. Aufl., Bern/Stuttgart/Wien 1998, S. 183 und *Lorson, Peter*: Shareholder Value-Ansätze. In: Der Betrieb 1999, S. 1334.

662 Vgl. **Abbildung 71** (Seite 365).

663 Vgl. *Hostettler, Stephan*: Economic Value Added (EVA). 3. Aufl., Bern/Stuttgart/Wien 1998, S. 197-198.

664 Vgl. *Lorson, Peter*: Shareholder Value-Ansätze. In: Jahrbuch für Controlling und Rechnungswesen 1999, hrsg. von *Gerhard Seicht*, Wien 1999, S. 57.

ven EVA-Werten, im Rahmen derer von der Fortführung der Unternehmung auszugehen ist.

- Die Ausgangsgröße zur Ermittlung von EBV, NOA und NOPAT wird um die „wichtigsten“ fünf bis zehn Anpassungen korrigiert; dadurch wird allerdings dem Management nicht die Möglichkeit genommen, durch geeignete Bilanzpolitik das Ergebnis zu beeinflussen.
- EVA-Vergleiche sind nicht durchführbar bei Branchenvergleichen.

2.8.5.3 Der Cashflow Return On Investment (CFROI)

2.8.5.3.1 Überblick

Ein anderer Shareholdervalue-Ansatz ist der von der Boston Consulting Group entwickelte Cashflow Return On Investment (CFROI).[665]

Mit dem Konzept des CFROI werden die bekannten und akzeptierten Methoden der Investitionsrechnung auf die Leistungsmessung (Performance) von Unternehmungen übertragen.[666] Der CFROI ist definiert als der Brutto-Cashflow, den eine Unternehmung relativ zu dem darin investierten Kapital innerhalb eines Jahres erwirtschaftet. Somit wird die Rendite der Unternehmung als deren interner Zinsfuß ausgedrückt.[667]

Zur Beurteilung einer Unternehmung sollen die Struktur der Aktiva, das am Kapitalmarkt zu beschaffende Kapital, die Struktur der Cashflows und die Nutzungsdauer der Aktiva berücksichtigt werden.[668] Die Profitabilität wird durch Gegenüberstellung von CFROI und Gesamtkapitalkosten ermittelt.[669]

---

665 Vgl. *Busse von Colbe, Walther*: Was ist und was bedeutet Shareholder Value aus betriebswirtschaftlicher Sicht? In: Zeitschrift für Gesellschaftsrecht 1997, S. 287 und *Lewis, Thomas G./Lehmann, Steffen*: Überlegene Investitionsentscheidungen durch CFROI. In: Betriebswirtschaftliche Forschung und Praxis 1992, S. 1.

666 Vgl. *Lewis, Thomas G.*: Steigerung des Unternehmenswertes – Total Value Management. Landsberg a. L. 1994, S. 40.

667 Vgl. *Lewis, Thomas G.*: Steigerung des Unternehmenswertes – Total Value Management. Landsberg a. L. 1994, S. 40.

668 Vgl. *Lewis, Thomas G./Lehmann, Steffen*: Überlegene Investitionsentscheidungen durch CFROI. In: Betriebswirtschaftliche Forschung und Praxis 1992, S. 9.

669 Vgl. *Busse von Colbe, Walther*: Was ist und was bedeutet Shareholder Value aus betriebswirtschaftlicher Sicht? In: Zeitschrift für Gesellschaftsrecht 1997, S. 287 und *Lorson, Peter*: Shareholder Value-Ansätze. In: Jahrbuch für Controlling und Rechnungswesen 1999, hrsg. von *Gerhard Seicht*, Wien 1999, S. 48.

Lewis führt folgende Vorteile auf, die eine Betrachtung der Gesamtkapitalrendite anstelle der Eigenkapitalrendite rechtfertigen:[670]

- Ziel ist es, eine typische Rendite der Unternehmung oder des Geschäftsbereichs zu ermitteln und nicht die des Eigenkapitals.
- Der Zusammenhang zwischen Rendite und Einzelentscheidung lässt sich einfacher herstellen.
- Die Aufteilung der Aktiva auf einzelne Geschäftsbereiche ist einfacher als die des Eigenkapitals.
- Die Finanzierungsstruktur der einzelnen Geschäftsbereiche ist vom jeweiligen Management i. d. R. nicht zu beeinflussen.

Die notwendigen Berechnungskomponenten für die Ermittlung des internen Zinsfußes einer Unternehmung oder einer Geschäftseinheit werden aus einem repräsentativen Jahresabschluss abgeleitet. Hierbei handelt es sich um folgende Komponenten:[671]

- Die inflationsbereinigte **Bruttoinvestitionsbasis**;
- den **Brutto-Cashflow** zu laufenden Preisen;
- die erwartete **Nutzungsdauer der Aktiva**.

2.8.5.3.2 Die Berechnungskomponenten

2.8.5.3.2.1 Die Bruttoinvestitionsbasis

Die Bruttoinvestitionsbasis bestimmt sich ausgehend von der Bilanzsumme der buchmäßigen Aktiva wie in **Abbildung 76** (Seite 376).[672]

Die inflationsbereinigte Bruttoinvestitionsbasis umfasst das gesamte, zu einem bestimmten Zeitpunkt in eine Geschäftseinheit investierte Kapital abzüglich der unverzinslichen Verbindlichkeiten in heutigen Geldeinheiten. Rückstellungen werden als unverzinsliche Verbindlichkeiten angesehen.[673]

---

670 Vgl. *Lewis, Thomas G.*: Steigerung des Unternehmenswertes – Total Value Management. Landsberg a. L. 1994, S. 42.

671 Vgl. *Lewis, Thomas G.*: Steigerung des Unternehmenswertes – Total Value Management. Landsberg a. L. 1994, S. 41 und S. 43.

672 Vgl. *Lewis, Thomas G.*: Steigerung des Unternehmenswertes – Total Value Management. Landsberg a. L. 1994, S. 41-62; siehe auch *Küting, Karlheinz/Lorson, Peter*: Erfolgs(potential)orientiertes Konzernmanagement. In: Betriebs-Berater 1997, Beilage 8, S. 17; *Lorson, Peter*: Shareholder Value-Ansätze. In: Jahrbuch für Controlling und Rechnungswesen 1999, hrsg. von *Gerhard Seicht*, Wien 1999, S. 49.

673 Vgl. *Lewis, Thomas G.*: Steigerung des Unternehmenswertes – Total Value Management. Landsberg a. L. 1994, S. 42.

	Buchmäßige Aktiva
–	Nicht-verzinsliche Schulden (Rückstellungen werden als solche betrachtet.)
+	Kumulierte Abschreibungen (Voll abgeschriebene Aktiva, die nicht ersetzt werden sollen, werden mit ihrem Buchwert oder ihrem Zeitwert erfasst.)
+	Inflationsanpassung des abnutzbaren Sachanlagevermögens zum heutigen Geldwert (Die Hochrechnung erfolgt mit dem Deflator des Bruttoinlandsprodukts, da dieser den allgemeinen Kaufkraftverlust der Investoren reflektiert.)
+	Kapitalisierte Miet- und Leasingaufwendungen (Es handelt sich hierbei um eine andere Art der Fremdfinanzierung.)
–	Erworbener Geschäfts- oder Firmenwert
=	Inflationsbereinigte Bruttoinvestitionsbasis

Abbildung 76: Schema zur Berechnung der Bruttoinvestitionsbasis

In die Bruttoinvestitionsbasis sind versteckte Formen der Fremdfinanzierung mit dem Kapitalwert der Miet- bzw. Leasingaufwendungen einzubeziehen.[674]

Die Inflationierung des abnutzbaren Sachanlagevermögens dient der Transformation vergangener Ausgaben in heutige Ausgaben und somit der Vergleichbarkeit mit dem ermittelten Brutto-Cashflow. Die Hochrechnung erfolgt mit dem Deflator des Bruttoinlandsprodukts, da dieser den allgemeinen Kaufkraftverlust der Investoren reflektiert.[675]

Die Behandlung eines derivativen Geschäfts- oder Firmenwertes ist abhängig davon, welchem Zweck die Analyse dienen soll. Besteht das Ziel darin, eine Akquisition rückblickend als Investment zu beurteilen und eine Aussage über die Vorteilhaftigkeit zu treffen, dann wäre ein Verzicht auf den Abzug des Geschäfts- oder Firmenwertes sachgerecht. Steht hingegen die Beurteilung einer Geschäftseinheit im Vordergrund (wie hier implizit unterstellt wurde), so ist der derivative Geschäfts- oder Firmenwert abzuziehen, da dieser nicht von der Geschäftseinheit zu vertreten ist.[676]

---

[674] Vgl. *Lorson, Peter*: Shareholder Value-Ansätze. In: Jahrbuch für Controlling und Rechnungswesen 1999, hrsg. von *Gerhard Seicht*, Wien 1999, S. 49.

[675] Vgl. *Lewis, Thomas G.*: Steigerung des Unternehmenswertes – Total Value Management. Landsberg a. L. 1994, S. 52.

[676] Vgl. *Lewis, Thomas G.*: Steigerung des Unternehmenswertes – Total Value Management. Landsberg a. L. 1994, S. 59-60.

2.8.5.3.2.2 Der Brutto-Cashflow

Der Brutto-Cashflow ermittelt sich wie in **Abbildung 77** dargestellt.[677]

	„Gewinn nach Steuern“ bzw. Ergebnis nach DVFA/SG
+	Abschreibungen auf das abnutzbare Sachanlagevermögen
+	Zinsaufwendungen
+	Miet- und Leasingaufwendungen
+	FIFO- und LIFO-Anpassungen (werden nur in Ländern mit hohen Inflationsraten vorgenommen)
+/–	Inflationsgewinn/-verlust auf Nettoliquidität
=	Brutto-Cashflow zu laufenden Preisen

Abbildung 77: Schema zur Berechnung des Brutto-Cashflow

Es fällt auf, dass im Gegensatz zu der üblichen Ermittlung des (finanzwirtschaftlichen) Cashflow die Bildung und die Auflösung der Rückstellungen nicht in die Berechnung des Brutto-Cashflow einfließen. *Lewis* begründet dies damit, dass „Rückstellungen [...] geschäftsspezifische Verbindlichkeiten und deshalb an das Geschäft gebunden [sind, d. Verf.]. Die Liquidität aus der Bildung von Rückstellungen steht dem Investor also nicht zur Entnahme zur Verfügung.“[678]

Die FIFO- und LIFO-Anpassungen korrigieren die Fehlschätzungen des Wareneinsatzes bzw. des Lagerwertes in Ländern mit hoher Inflation.

Die Nettoliquidität ermittelt sich aus dem Saldo des in den finanziellen Aktiva gebundenen Kapitals abzüglich der nicht festverzinslichen Verbindlichkeiten. Bei einem positiven Saldo ergibt sich im Zeitablauf ein Inflationsverlust, da sich die finanziellen Nettoaktiva real entwerten.

2.8.5.3.2.3 Die Nutzungsdauer

Die Nutzungsdauer des abnutzbaren Sachanlagevermögens bestimmt den Zeitraum, für welchen ein interner Zinsfuß für die Geschäftseinheit berechnet werden soll. Die Nutzungsdauer wird regelmäßig berechnet, indem die histo-

---

[677] Vgl. *Lewis, Thomas G.*: Steigerung des Unternehmenswertes – Total Value Management. Landsberg a. L. 1994, S. 41-42; siehe auch *Küting, Karlheinz/Lorson, Peter*: Erfolgs(potential)orientiertes Konzernmanagement. In: Betriebs-Berater 1997, Beilage 8, S. 17; *Lorson, Peter*: Shareholder Value-Ansätze. In: Jahrbuch für Controlling und Rechnungswesen 1999, hrsg. von *Gerhard Seicht*, Wien 1999, S. 50.

[678] *Lewis, Thomas G.*: Steigerung des Unternehmenswertes – Total Value Management. Landsberg a. L. 1994, S. 61.

rischen Anschaffungskosten durch die jährliche Abschreibung dividiert werden:[679]

$$\text{Nutzungsdauer} = \frac{\text{abnutzbares Sachanlagevermögen zu historischen AK}}{\text{jährliche lineare Abschreibung}}$$

Die nicht abschreibbaren Aktiva stehen der Geschäftseinheit bis zum Ende der Nutzungsdauer zur Verfügung und fließen in Form von Liquidität an diese zurück.

2.8.5.3.2.4 Die Ermittlung des CFROI

Für die Berechnung des CFROI wird ein Cashflow-Profil gebildet, wobei die inflationsbereinigte Bruttoinvestitionsbasis als Anfangsinvestition definiert wird. Es wird unterstellt, dass die Aktiva nur während der Nutzungsdauer des abnutzbaren Sachanlagevermögens Brutto-Cashflows erzeugen. Darüber hinaus geht man auch von einem über die gesamte Nutzungsdauer gleich bleibenden jährlichen Cashflow aus. Am Ende des Planungszeitraumes wird der Wert der nicht abschreibbaren Aktiva hinzugerechnet; somit entsprechen diese dem Veräußerungswert in der Investitionsrechnung. In **Abbildung 78** (Seite 379) wird das Cashflow-Profil anschaulich dargestellt.

Die in **Abbildung 78** (Seite 379) dargestellte Vorgehensweise lässt sich in nachstehender Formel, die derjenigen der Internen-Zinsfuß-Methode ähnlich ist, darstellen:

$$\sum_{t=1}^{n} \frac{BCF_t}{(1+r)^t} + \frac{NAA}{(1+r)^n} = \text{Bruttoinvestitionsbasis}$$

mit:

BCF_t: Brutto-Cashflow in Periode t;

NAA: nicht abschreibbare Aktiva;

r: interner Zinsfuß.

Gesucht wird der (interne) Zinsfuß, mit Hilfe dessen die Summe der auf den Bezugszeitpunkt $t=0$ diskontieren Brutto-Cashflow der jeweiligen Perioden und der nicht abschreibbaren Aktiva genau der Bruttoinvestitionsbasis entspricht.

---

[679] Vgl. *Lewis, Thomas G.*: Steigerung des Unternehmenswertes – Total Value Management. Landsberg a. L. 1994, S. 43.

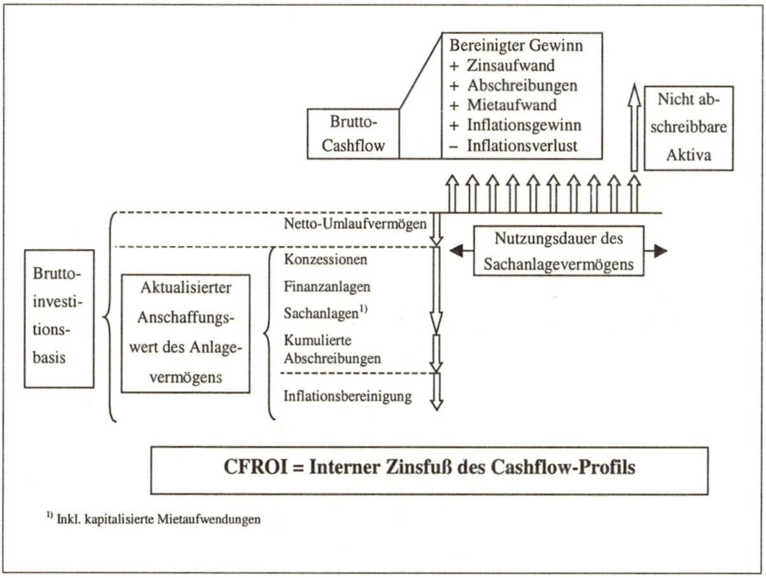

Abbildung 78: Darstellung der Berechnung des CFROI[680]

Die Cashflows werden als Zahlungsreihe interpretiert, aus welcher sich dann der interne Zinsfuß berechnen lässt. Somit gibt der CFROI „den durchschnittlichen Return auf das insgesamt in einem Geschäft investierte Kapital [(Bruttoinvestitionsbasis), d.Verf.] zu einem Zeitpunkt wieder."[681]

Aus dem internen Zinsfuß allein lässt sich keine Aussage über die Vorteilhaftigkeit treffen. Hierzu ist der CFROI einem Vergleichsmaßstab gegenüber zu stellen. Zu diesem Zweck werden die realen Kosten des Gesamtkapitals (WACC) bestimmt und dem CFROI gegenübergestellt. Ist der Spread – die Differenz zwischen CFROI und WACC – positiv, so wird Unternehmenswert geschaffen, ansonsten bleibt der Unternehmenswert gleich (CFROI = WACC) oder er wird vernichtet (CFROI < WACC).

Für das Management bedeutet dies, dass ein zusätzlicher Unternehmenswert durch Steigerung des Spreads bzw. durch Wachstum in Bereichen mit positiven Spreads geschaffen wird.

Nach der Bestimmung des CFROI kann die Veränderung des Unternehmenswerts durch den Cash Value Added (CVA) ermittelt werden. Der CVA ergibt sich, indem die Überrendite mit der Bruttoinvestitionsbasis multipliziert wird.

---

680 Modifiziert entnommen aus *Lewis, Thomas G.*: Steigerung des Unternehmenswertes – Total Value Management. Landsberg a. L. 1994, S. 45.

681 *Lewis, Thomas G.*: Steigerung des Unternehmenswertes – Total Value Management. Landsberg a. L. 1994, S. 44.

Der Shareholdervalue nach dem CFROI-Konzept wird nun ermittelt, indem zum Kapitalwert der geschätzten zukünftigen Cash Value Added (CVA_t mit $t=1,...,T+CVA_{ewig}$) die modifizierte Bruttoinvestitionsbasis (auch als Netto-Investments bezeichnet) und der Marktwert des nicht betriebsnotwendigen Vermögens addiert und der Marktwert des verzinslichen Fremdkapitals subtrahiert werden.[682]

In **Abbildung 79** wird die Ermittlung des CFROI anhand eines Zahlenbeispiels (in Tausend EUR) dargestellt. Die nicht abschreibbaren Aktiva betragen 1.000.000 EUR, der gleich bleibende Brutto-Cashflow beträgt 150.000 EUR über 10 Jahre, die Bruttoinvestitionsbasis liegt bei 1.307.000 EUR.

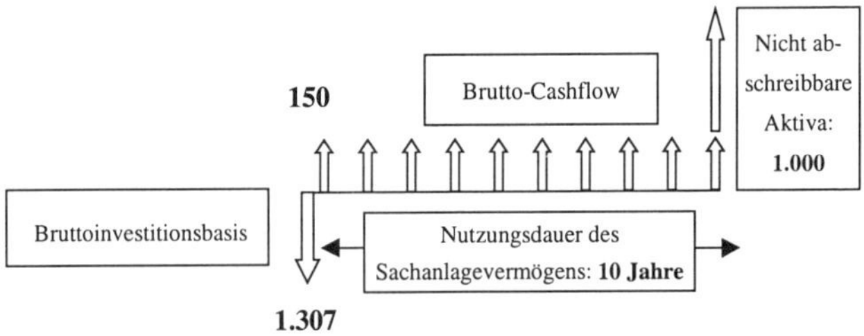

$$\text{Bruttoinvestitionsbasis} = 1.307 = \sum_{t=1}^{10} \frac{150_t}{(1+r)^t} + \frac{1.000}{(1+r)^{10}}$$

CFROI = Interner Zinsfuß **= r = 10 %**

WACC = 8 %

⇒ CFROI – WACC = 10 % – 8 % = **2 % = positiver Spread**

Abbildung 79: Beispielhafte Darstellung der Ermittlung des CFROI und des CVA[683]

---

682 Vgl. *Lewis, Thomas G.*: Steigerung des Unternehmenswertes – Total Value Management. Landsberg a. L. 1994, S. 259. Die Bruttoinvestitionsbasis wird um die wirtschaftliche Abschreibung vermindert; dabei wird nicht eindeutig definiert, was unter wirtschaftlichen Abschreibungen zu verstehen ist. Gemeint sein könnten damit die angemessenen betriebswirtschaftlichen Abschreibungen, die meistens niedriger sind als die zugrunde gelegten, meist aus steuerlichen Gründen verrechneten geometrisch-degressiven Abschreibungen.

683 Modifiziert entnommen aus *Lewis, Thomas G./Lehmann, Steffen*: Überlegene Investitionsentscheidungen durch CFROI. In: Betriebswirtschaftliche Forschung und Praxis 1992, S. 11.

2.8.5.3.2.5 Kritische Beurteilung

Lewis nennt folgende Vorteile des CFROI:[684]

- Bereinigung von buchhalterischen Verzerrungen und Einbeziehung von einer größeren Anzahl von Informationen als bei herkömmlichen Erfolgskennziffern; dadurch hohe Korrelation mit der Entwicklung des Unternehmenswertes;
- Ausschaltung von Inflationseinflüssen durch Inflationsanpassung des Sachanlagevermögens;
- Orientierung am Prinzip des going-concern, da die Summe aller abgezinsten Cashflows mindestens den investierten Ausgaben entsprechen muss;
- Transparenz und Vergleichbarkeit der Geschäfte durch die Anpassungen der Bruttoinvestitionsbasis und des Brutto-Cashflow; dadurch ebenfalls konsistente Basis eines Managementvergütungssystems.

Die von *Lewis* als Vorteil angesehene Orientierung am going-concern-Prinzip ist dahingehend zu relativieren, dass bei einer Inflationierung des Sachanlagevermögens nicht gewährleistet werden kann, dass ausreichende Free Cashflows zur Finanzierung der erforderlichen Ersatzinvestitionen vorhanden sind.

Kritisch anzumerken sind insbesondere folgende Punkte:[685]

- Die Technik der Inflationierung der Sachanlagen, da eine Anpassung, die auf dem Deflator des Bruttoinlandsprodukts beruht, nur in Ausnahmefällen die tatsächlichen Wiederbeschaffungswerte wiedergibt;
- die Annahme konstanter Cashflows über die Nutzungsdauer;
- die Ausklammerung des nicht bilanzierungsfähigen Anlagevermögens, insbesondere hoher Werbekosten und Forschungs- und Entwicklungskosten sowie eines originären Geschäfts- oder Firmenwertes;
- der Verzicht auf langfristige analytische Planung, da der CFROI auf einem „repräsentativen" Abschluss, im Regelfall dem des letzten Geschäftsjahres, beruht und somit vergangenheitsorientiert ist;
- die interne Zinsfußmethode unterstellt die Wiederanlage von freien Mitteln zu dem jeweiligen internen Zinssatz.

---

[684] Vgl. *Lewis, Thomas G.*: Steigerung des Unternehmenswertes – Total Value Management. Landsberg a. L. 1994, S. 46-62.

[685] Vgl. dazu *Born, Karl*: Unternehmensanalyse und Unternehmensbewertung. Stuttgart 1995, S. 216; *Busse von Colbe, Walther*: Was ist und was bedeutet Shareholder Value aus betriebswirtschaftlicher Sicht? In: Zeitschrift für Gesellschaftsrecht 1997, S. 287; *Copeland, Tom/Koller, Tim/Murrin, Jack*: Unternehmenswert. 2. Aufl., Frankfurt a. M./New York 1998, S. 13-14 und *Lorson, Peter*: Shareholder Value-Ansätze. In: Jahrbuch für Controlling und Rechnungswesen 1999, hrsg. von *Gerhard Seicht*, Wien 1999, S. 52.

2.8.5.4 Zusammenfassung

Wichtiger Bestandteil jedes Shareholdervalue-Ansatzes sind die gewichteten Gesamtkapitalkosten. Während die Bestimmung der Fremdkapitalkosten in der Praxis keine Probleme bereitet, wurden für die Ermittlung der Eigenkapitalkosten insbesondere zwei Modelle entwickelt. Beide Modelle unterteilen die Kosten des Eigenkapitals in eine risikofreie Rendite und eine Risikoprämie. Im APM[686] wird der Risikozuschlag nicht wie im CAPM[687] durch eine Einflussgröße, sondern durch mehrere Faktoren bestimmt.

Das EVA-Konzept bezieht sich auf eine Periodenerfolgsgröße, die für eine Teilperiode ermittelt wurde. Die Erfolgsgröße EVA ist eine „Residualeinkommensgröße", die durch den Saldo aus den Net Operating Profits After Taxes (NOPAT) und den gewichteten Gesamtkapitalkosten (WACC), die für das betrieblich gebundene Vermögen (NOA) aufzuwenden sind, bestimmt wird. Die relevanten Berechnungskomponenten werden durch Conversions, die in vier Bereiche eingeteilt werden können, aus dem Jahresabschluss ableitet. Ein positiver EVA impliziert, dass Unternehmenswert geschaffen worden ist.

Mit dem Konzept des CFROI werden Methoden der dynamischen Investitionsrechnung auf die Messung der Performance von Unternehmungen übertragen. Zur Berechnung des CFROI wird ein Cashflow-Profil erstellt, wobei die Cashflows als Zahlungsreihe interpretiert werden. Hieraus lässt sich ein interner Zinsfuß berechnen, der mit den realen Kosten des Gesamtkapitals (WACC) verglichen wird. Bei einer positiven Differenz zwischen dem internen Zins des Cashflow-Profils und dem WACC wird Unternehmenswert geschaffen.

Der DCF-Ansatz beruht auf der Überlegung, dass die zukünftigen Cashflows die zukünftigen Gewinne und Wertsteigerungen der Unternehmung bestimmen. Daher werden die Zahlungsmittelströme der Zukunft mit Hilfe von Wertfaktoren aus Plan-Jahresabschlüssen abgeleitet. Die Prognose künftiger Leistungen wird in eine Detailplanungsperiode und in die verbleibende Lebenszeit der Unternehmung unterteilt. Die so ermittelten Cashflows werden auf den Gegenwartszeitpunkt abgezinst. Grundsätzlich wird das DCF-Kalkül durch den Vergleich von mindestens zwei Kapitalwerten ausgewertet. Durch Maßnahmen, die zu einem höheren Kapitalwert führen, wird im DCF-Konzept Unternehmenswert geschaffen. Stehen mehrere Alternativen zur Verfügung, ist diejenige zu wählen, die den höchsten absoluten Wertzuwachs bedingt.

---

686 Vgl. *Ross, Stephen A.*: The Arbitrage Theory of Capital Asset Pricing. In: Journal Of Economic Theory 1976, S. 341-360.

687 Vgl. dazu Band III: Finanzwirtschaftliche Entscheidungen, Abschnitt 2.2.3.

Literaturverzeichnis

Adam, Dietrich: Investitionscontrolling. 3. Aufl., München/Wien 2000.

Albach, Horst: Investition und Liquidität. Wiesbaden 1962.

Altrogge, Günter: Investition. 4. Aufl., München/Wien 1996.

Bäuerle, Paul: Zur Problematik der Konstruktion praktikabler Entscheidungsmodelle. In: Zeitschrift für Betriebswirtschaft 1989, S. 175-192.

Baldwin, Robert H.: How to Assess Investment Proposals. In: Harvard Business Review 1959, N° 3, S. 98-104.

Ballwieser, Wolfgang: Aktuelle Aspekte der Unternehmensbewertung. In: Die Wirtschaftsprüfung 1995, S. 119-129.

Ballwieser, Wolfgang: Unternehmensbewertung mit Discounted Cash-Flow-Verfahren. In: Die Wirtschaftsprüfung 1998, S. 81-92.

Bamberg, Günter/Baur, Franz: Statistik. 10. Aufl., München/Wien 1998.

Bamberg, Günter/Coenenberg, Adolf G.: Betriebswirtschaftliche Entscheidungslehre. 10. Aufl., München 2000.

Barthel, Carl W.: Unternehmenswert: Der Markt bestimmt die Bewertungsmethode. In: Der Betrieb 1990, S. 1145-1151.

Beckmann, Liesel: Die betriebswirtschaftliche Finanzierung. 2. Aufl., München 1956.

Beike, Rolf/Schlütz, Johannes: Finanznachrichten lesen – verstehen – nutzen. Ein Wegweiser durch Kursnotierungen und Marktberichte. Stuttgart 1996.

Bender, Jürgen/Lorson, Peter: Verfahren der Unternehmensbewertung (II): Das Ertragswertverfahren nach der HFA-Stellungnahme 2/1983. In: Betrieb und Wirtschaft 1996, S. 1-6.

Bender, Jürgen/Lorson, Peter: Verfahren der Unternehmensbewertung (IV): Discounted Cash-Flow-Verfahren und Anmerkungen zu Shareholder Value-Konzepten. In: Betrieb und Wirtschaft 1997, S. 1-9.

Betriebswirtschaftlicher Ausschuß des VCI: Unternehmerische Investitionskontrolle. Herne/Berlin 1974.

Betsch, Oskar/Groh, Alexander/Lohmann, Lutz: Corporate Finance. 2. Aufl., München 2000.

BFH-Urteil vom 22.1.1992, X R 23/89, BStBl II 1992, S. 488-492.

Bieg, Hartmut: Aufgaben, Grundprinzipien und Bestandteile der Finanzwirtschaft. In: Der Steuerberater 1994, S. 456-460, S. 499-504 und Der Steuerberater 1995, S. 15-19, S. 53-60.

Bieg, Hartmut: Betriebswirtschaftslehre 1: Investition und Unternehmungsbewertung. 2. Aufl., Freiburg i. Br. 1997.

Bieg, Hartmut: Betriebswirtschaftslehre 2: Finanzierung. Freiburg i. Br. 1991.

Bieg, Hartmut: Die Verfahren der Investitionsrechnung und ihre Verwendung in der Praxis. In: Der Steuerberater 1985, S. 15-29 und S. 59-77.

Bieg, Hartmut: Schwebende Geschäfte in Handels- und Steuerbilanz. Frankfurt a. M./Bern 1977.

Bieg, Hartmut/Kußmaul, Heinz: Externes Rechnungswesen. 2. Aufl., München/Wien 1998.

Bieg, Hartmut/Kußmaul, Heinz: Grundlagen der Bilanzierung. 4. Aufl., Wiesbaden 2000.

Biergans, Enno: Investitionsrechnung. Verfahren der Investitionsrechnung und ihre Anwendung in der Praxis. Nürnberg 1973.

Bischoff, Jörg: Das Shareholder Value-Konzept, Darstellung – Probleme – Handhabungsmöglichkeiten. Wiesbaden 1994.

Bitz, Michael: Grundlagen der Finanzwirtschaft. In: Studienbriefe der FernUniversität Hagen 000089, Hagen 1999.

Bitz, Michael/Rogusch, Michael: Risiko-Nutzen, Geldnutzen und Risikoeinstellung. In: Zeitschrift für Betriebswirtschaft 1976, S. 853-868.

Bloech, Jürgen: Industrieller Standort. In: Industriebetriebslehre, hrsg. von *Marcell Schweitzer*, 2. Aufl., München 1994, S. 61-147.

Blohm, Hans/Lüder, Klaus: Investition. 8. Aufl., München 1995.

Böcking, Hans-Joachim/Nowak, Karsten: Der Beitrag der Discounted Cash-flow-Verfahren zur Lösung der Typisierungsproblematik bei Unternehmensbewertungen. In: Der Betrieb 1998, S. 685-690.

Börsig, Clemens: Unternehmenswert und Unternehmensbewertung. In: Zeitschrift für betriebswirtschaftliche Forschung 1993, S. 79-91.

Bohr, Kurt: Shareholder Value. In: Akademie 1998, S. 89-92.

Born, Karl: Unternehmensanalyse und Unternehmensbewertung. Stuttgart 1995.

Brauckschulze, Ute: Die Produktelimination. Münster 1983.

Bretzke, Wolf-Rüdiger: Der Problembezug von Entscheidungsmodellen. Tübingen 1980.

Buchner, Robert: Der Einfluß erfolgsabhängiger Steuern auf investitions- und finanzierungstheoretische Planungsmodelle. In: Zeitschrift für Betriebswirtschaft 1971, S. 671-704.

Buchner, Robert: Kapitalwert, interner Zinsfuß und Annuität als investitionsrechnerische Auswahlkriterien. In: Wirtschaftswissenschaftliches Studium 1993, S. 218-222.

Bühner, Rolf: Shareholder Value. Eine Analyse von 50 großen Aktiengesellschaften in der Bundesrepublik Deutschland. In: Die Betriebswirtschaft 1993, S. 749-769.

Büschgen, Hans E.: Betriebliche Finanzwirtschaft – Unternehmensinvestitionen. Frankfurt a. M. 1981.

Büschgen, Hans E.: Grundlagen betrieblicher Finanzwirtschaft – Unternehmungsfinanzierung. 3. Aufl., Frankfurt a. M. 1991.

Busse von Colbe, Walther: Was ist und was bedeutet Shareholder Value aus betriebswirtschaftlicher Sicht? In: Zeitschrift für Gesellschaftsrecht 1997, S. 271-290.

Busse von Colbe, Walther/Laßmann, Gert: Betriebswirtschaftstheorie. Band 3. 3. Aufl., Berlin 1990.

C&L Deutsche Revision: Wertorientierte Unternehmensführung. Die Ergebnisse einer internationalen Studie von C&L bei 300 Unternehmen in 13 Ländern zum Thema Shareholder Value. Frankfurt a. M. 1997.

Christoffel, Hans Günter: Bewertung nichtnotierter Anteile an Kapitalgesellschaften nach dem Stuttgarter Verfahren ab 1993. In: Neue Wirtschaftsbriefe vom 12.12.1994, Fach 9, S. 2639-2672.

Christoffel, Hans Günter: Neue Anteilsbewertung nach den Vermögensteuer-Richtlinien 1993. In: GmbH-Rundschau 1993, S. 715-717.

Coenenberg, Adolf G./Kleine-Doepke, Rainer: Zur Abbildung der Risikopräferenz durch Nutzenfunktionen. In: Zeitschrift für Betriebswirtschaft 1975, S. 663-665.

Copeland, Tom: Why value value? In: The McKinsey Quarterly 1994, Number 4, S. 97-109.

Copeland, Tom/Koller, Tim/Murrin, Jack: Unternehmenswert. 2. Aufl., Frankfurt a. M./New York 1998.

Däumler, Klaus-Dieter: Anwendung von Investitionsrechnungsverfahren in der Praxis. 4. Aufl., Herne/Berlin 1996.

Däumler, Klaus-Dieter: Finanzmathematisches Tabellenwerk. 4. Aufl., Herne/Berlin 1998.

Däumler, Klaus-Dieter: Grundlagen der Investitions- und Wirtschaftlichkeitsrechnung. 10. Aufl., Herne/Berlin 2000.

Dean, Joel: Capital Budgeting. 9$^{th.}$ printing, New York 1978.

Dinkelbach, Werner/Kleine, Andreas: Elemente einer betriebswirtschaftlichen Entscheidungslehre. Berlin u.a. 1996.

Dirrigl, Hans: Konzepte, Anwendungsbereiche und Grenzen einer strategischen Unternehmensbewertung. In: Betriebswirtschaftliche Forschung und Praxis 1994, S. 409-432.

Domsch, Michel: Simultane Personal- und Investitionsplanung im Produktionsbereich. Bielefeld 1970.

Drexl, Andreas: Nutzungsdauerentscheidungen bei Sicherheit und Risiko. In: Zeitschrift für betriebswirtschaftliche Forschung 1990, S. 50-66.

Drukarczyk, Jochen: DCF-Methoden und Ertragswertmethode – einige klärende Anmerkungen. In: Die Wirtschaftsprüfung 1995, S. 329-334.

Drukarczyk, Jochen: Unternehmensbewertung. 2. Aufl., München 1998.

Drukarczyk, Jochen/Richter, Frank: Unternehmensgesamtwert, anteilseignerorientierte Finanzentscheidungen und APV-Ansatz. In: Die Betriebswirtschaft 1995, S. 559-580.

Eilenberger, Guido: Betriebliche Finanzwirtschaft. 6. Aufl., München/Wien 1997.

Eisele, Dirk: Bewertung nichtnotierter Anteile an Kapitalgesellschaften nach dem Stuttgarter Verfahren ab 1995. In: Steuer und Studium 1995, S. 409-412.

Eisele, Wolfgang: Die Amortisationsdauer als Entscheidungskriterium für Investitionsmaßnahmen. In: Wirtschaftswissenschaftliches Studium 1985, S. 373-381.

Engeleiter, Hans-Joachim: Unternehmensbewertung. Stuttgart 1970.

Fischer, Helmut: Bewertung. In: Handbuch des Unternehmens- und Beteiligungskaufs, hrsg. von *Wolfgang Hölters*, 4. Aufl., Köln 1996, S. 59-194.

Franke, Günter/Hax, Herbert: Finanzwirtschaft des Unternehmens und Kapitalmarkt. 4. Aufl., Berlin u. a. 1999.

Friedlaender, Ernst/Stabernack, Marc G.: Betriebswirtschaftliche Ansätze zur wertorientierten Unternehmensführung. In: Shareholder Value Reporting, hrsg. von *Michael Müller* und *Franz-Josef Leven*, Wien 1998, S. 27-44.

Frischmuth, Gunter: Daten als Grundlage für Investitionsentscheidungen. Berlin 1969.

Fritz, Wolfgang/Förster, Friedrich/Wiedmann, Klaus-Peter/Raffée, Hans: Unternehmensziele und strategische Unternehmensführung. In: Die Betriebswirtschaft 1988, S. 567-586.

Georgi, Andreas A.: Analyse der Notwendigkeit einer Berücksichtigung von Steuern in der Investitionsplanung, In: Zeitschrift für betriebswirtschaftliche Forschung 1985, S. 891-911.

Georgi, Andreas A.: Steuern in der Investitionsplanung – Eine Analyse der Entscheidungsrelevanz von Ertrag- und Substanzsteuern –. 2. Aufl., Hamburg 1994.

Gesetz zur Fortsetzung der wirtschaftlichen Förderung in den neuen Ländern vom 18.8.1997, BStBl 1997 I, S. 790-794.

Glier, Josef: Die Vermögensteuer-Änderungsrichtlinien 1995. In: Deutsches Steuerrecht 1994, S. 1836-1840.

Götze, Uwe/Bloech, Jürgen: Investitionsrechnung. 2. Aufl., Berlin u. a. 1995.

Grabbe, Hans-Wilhelm: Investitionsrechnung in der Praxis – Ergebnisse einer Unternehmensbefragung. Köln 1976.

Grochla, Erwin: Finanzierung, Begriff der. In: Handwörterbuch der Finanzwirtschaft, hrsg. von *Hans E. Büschgen*, Stuttgart 1976, S. 413-431.

Gutenberg, Erich: Grundlagen der Betriebswirtschaftslehre. 3. Band: Die Finanzen. 8. Aufl., Berlin/Heidelberg/New York 1980.

Haar, Horst: Änderungen des Stuttgarter Verfahrens durch die Erschaftsteuer-Richtlinien und -Hinweise. In: Steuer und Studium 1999, S. 413-416.

Haberstock, Lothar: Quo vadis Steuerbilanzpolitik. In: Zeitschrift für betriebswirtschaftliche Forschung 1984, S. 464-482.

Haberstock, Lothar: Steuerbilanz und Vermögensaufstellung. 3. Aufl., Hamburg 1991.

Haberstock, Lothar: Zur Integrierung der Ertragsbesteuerung in die simultane Produktions-, Investitions- und Finanzierungsplanung mit Hilfe der linearen Programmierung. Köln u. a. 1971.

Hachmeister, Dirk: Der Discounted Cash-Flow als Unternehmenswert. In: Das Wirtschaftsstudium 1996, S. 357-366.

Hachmeister, Dirk: Die Abbildung der Finanzierung im Rahmen verschiedener Discounted Cash-Flow-Verfahren. In: Zeitschrift für betriebswirtschaftliche Forschung 1996, S. 250-277.

Hafner, Ralf: Unternehmensbewertung bei mehrfacher Zielsetzung. In: Betriebswirtschaftliche Forschung und Praxis 1988, S. 485-504.

Hahn, Oswald: Finanzwirtschaft. 2. Aufl., Landsberg a. L. 1983.

Hansmann, Karl-Werner: Entscheidungsmodelle zur Standortplanung der Industrieunternehmen. Wiesbaden 1974.

Hauschildt, Jürgen: Entscheidungsziele. Tübingen 1977.

Hax, Herbert: Investitions- und Finanzplanung mit Hilfe der linearen Programmierung. In: Zeitschrift für betriebswirtschaftliche Forschung 1964, S. 430-446.

Hax, Herbert: Investitionstheorie. 5. Aufl., Würzburg/Wien 1993.

Heidtmann, Dietmar/Däumler, Klaus-Dieter: Anwendung von Investitionsrechnungsverfahren bei mittelständischen Unternehmen – eine empirische Untersuchung. In: Buchführung, Bilanz, Kostenrechnung, Beilage 2/1997.

Heinhold, Michael: Investitionsrechnung. 8. Aufl., München/Wien 1999.

Heinhold, Michael: Simultane Unternehmensplanungsmodelle – ein Irrweg? In: Die Betriebswirtschaft 1989, S. 689-708.

Helbling, Carl: Unternehmensbewertung und Steuern. 9. Aufl., Düsseldorf 1998.

Henke, Manfred: Vermögensrentabilität – ein einfaches dynamisches Investitionskalkül. In: Zeitschrift für Betriebswirtschaft 1973, S. 177-198.

Heurung, Rainer: Zum Einfluß marginaler Steuersatzänderungen auf Investitionsentscheidungen. In: Der Betrieb 1985, S. 661-670.

Heurung, Rainer: Zur Unternehmensbewertung bei Spaltungsprozessen mit Kapitalstrukturproblemen. In: Die Wirtschaftsprüfung 1998, S. 201-215.

HFA des IDW: Entwurf des IDW Standard: Grundsätze zur Durchführung von Unternehmensbewertungen, IDW ES 1, Stand: 27. Januar 1999. In: Die Wirtschaftsprüfung 1999, S. 200-216.

HFA des IDW: Stellungnahme HFA 2/1983: Grundsätze zur Durchführung von Unternehmensbewertungen. In: Die Wirtschaftsprüfung 1983, S. 468-480.

HFA des IDW: Stellungnahme HFA 2/1995: Zur Unternehmensbewertung im Familien- und Erbrecht. In: Die Wirtschaftsprüfung 1995, S. 522-526.

HFA des IDW: Stellungnahme HFA 6/1997: Besonderheiten der Bewertung kleiner und mittlerer Unternehmen. In: Die Wirtschaftsprüfung 1998, S. 26-29.

Hosterbach, Ernst: Unternehmensbewertung: Renaissance des Substanzwertes. In: Der Betrieb 1987, S. 897-902.

Hostettler, Stephan: Economic Value Added (EVA). 3. Aufl., Bern/Stuttgart/Wien 1998.

Hübner, Heinrich: Die Neuregelung der Anteilsbewertung nach den Vermögensteuer-Richtlinien 1993. In: Deutsches Steuerrecht 1993, S. 1656-1661.

Institut der Wirtschaftsprüfer in Deutschland e.V. (Hrsg.): WP-Handbuch 1998. Band II, 11. Aufl., Düsseldorf 1998.

Jääskeläinen, Veikko: Optimal Financing and Tax Policy of the Corporation. Helsinki 1966.

Jacob, Herbert: Neuere Entwicklungen der Investitionsrechnung. In: Zeitschrift für Betriebswirtschaft 1964, S. 487-567 und S. 551-594.

Jacob, Herbert/Leber, Wilhelm: Bernoulli-Prinzip und rationale Entscheidung bei Unsicherheit. In: Zeitschrift für Betriebswirtschaft 1976, S. 831-834.

Kahle, Egbert/Lohse, Dieter: Grundkurs Finanzmathematik. 4. Aufl., München 1997.

Kern, Werner: Investitionsrechnung. Stuttgart 1974.

Kilger, Wolfgang: Zur Kritik am internen Zinsfuß. In: Zeitschrift für Betriebswirtschaft 1965, S. 765-798.

Klien, Wolfgang: Die Praxis der Shareholder Value-Ansätze: Irrtümer, Fallstricke und Anwenderhindernisse. In: Deutsches Steuerrecht 1998, S. 1108-1112 und S. 1148-1152.

Klinger, Karl: Das Schwächebild der Investitionsrechnungen. In: Der Betrieb 1964, S. 1821-1824.

Köhler, Harald: Finanzmathematik. 4. Aufl., München/Wien 1997.

Köhler, Richard: Zum Finanzierungsbegriff einer entscheidungsorientierten Betriebswirtschaftslehre. In: Zeitschrift für Betriebswirtschaft 1969, S. 435-456.

König, Wolfgang: Die Vermittlungsfunktion der Unternehmensbewertung. In: Moderne Unternehmensbewertung und Grundsätze ihrer ordnungsmäßigen Durchführung, hrsg. von *Wolfgang Goetzke* und *Günter Sieben*, Köln 1977, S. 73-89.

Kruschwitz, Lutz: Finanzmathematik. 2. Aufl., München 1995.

Kruschwitz, Lutz: Investitionsrechnung. 8. Aufl., München/Wien 2000.

Kühn, Richard: Grundzüge eines heuristischen Verfahrens zur Erarbeitung von Planungskonzeptionen. In: Die Betriebswirtschaft 1985, S. 531-543.

Küpper, Hans-Ulrich/Weber, Jürgen/Zünd, André: Zum Verständnis und Selbstverständnis des Controlling. In: Zeitschrift für Betriebswirtschaft 1990, S. 281-293.

Kußmaul, Heinz: Berücksichtigung der Steuern und Geldentwertung in der Investitionsrechnung. In: Der Steuerberater 1995, S. 463-473.

Kußmaul, Heinz: Berücksichtigung der Unsicherheit bei Investitionsentscheidungen. In: Der Steuerberater 1996, S. 63-67 und S. 104-113.

Kußmaul, Heinz.: Betriebswirtschaftliche Beratungsempfehlungen zur Finanzierung mittelständischer Unternehmen. In: Steuerberaterkongreß-Report 1990, München 1991, S. 179-295.

Kußmaul, Heinz: Betriebswirtschaftliche Steuerlehre. 2. Aufl., München/Wien 2000.

Kußmaul, Heinz: Darstellung der Discounted Cash-Flow-Verfahren – auch im Vergleich zur Ertragswertmethode nach dem IDW Standard ES 1 –. In: Der Steuerberater 1999, S. 332-347.

Kußmaul, Heinz: Darstellung der Shareholder Value-Ansätze. In: Der Steuerberater 1999, S. 382-390.

Kußmaul, Heinz: Dynamische Verfahren der Investitionsrechnung. In: Der Steuerberater 1995, S. 302-308, S. 348-353, S. 381-389 und S. 428-436.

Kußmaul, Heinz: Ermittlung des Kalkulationszinsfußes und des Wachstumsfaktors im Barwertkonzept zur Fundamentalanalyse. In: Der Steuerberater 1999, S. 175-184.

Kußmaul, Heinz: Gesamtbewertung von Unternehmen als spezieller Anwendungsfall der Investitionsrechnung. In: Der Steuerberater 1996, S. 262-268, S. 303-312, S. 350-358 und S. 395-402.

Kußmaul, Heinz: Grundlagen der Investition und Investitionsrechnung. In: Der Steuerberater 1995, S. 99-103, S. 135-139 und S. 179-183.

Kußmaul, Heinz: Investitionsprogrammentscheidungen. In: Der Steuerberater 1996, S. 151-154, S. 189-195 und S. 223-230.

Kußmaul, Heinz: Investitionsrechnung. In: Saarbrücker Handbuch der Betriebswirtschaftlichen Beratung, hrsg. von *Karlheinz Küting*, 2. Aufl., Herne/Berlin 2000, S. 147-232.

Kußmaul, Heinz: Statische Verfahren der Investitionsrechnung. In: Der Steuerberater 1995, S. 221-227 und S. 259-263.

Kußmaul, Heinz: Wirtschaftsgut/Vermögensgegenstand. In: Handbuch der Bilanzierung, hrsg. von *Rudolf Federmann*, begr. von *Arnulf Gnam*, Freiburg i. Br. 1960 (Loseblatt), 1998, S. 1-36.

Kußmaul, Heinz/Leiderer, Bernd: Die Fallstudie aus der Betriebswirtschaftslehre: Investitionsrechnung. In: Das Wirtschaftsstudium 1996, S. 236-240.

Küting, Karlheinz/Heiden, Matthias/Lorson, Peter: Neuere Ansätze der Bilanzanalyse. In: Buchführung, Bilanz, Kostenrechnung, Beilage 1/2000.

Küting, Karlheinz/Lorson, Peter: Erfolgs(potential)orientiertes Konzernmanagement. In: Betriebs-Berater 1997, Beilage 8.

Lange, Christoph: Jahresabschlußinformationen und Unternehmensbeurteilung. Stuttgart 1989.

Lewis, Thomas G.: Steigerung des Unternehmenswertes – Total Value Management. Landsberg a. L. 1994.

Lewis, Thomas G./Lehmann, Steffen: Überlegene Investitionsentscheidungen durch CFROI. In: Betriebswirtschaftliche Forschung und Praxis 1992, S. 1-13.

Little, John D. C.: Models and Managers: The Concept of a Decision Calculus. In: Management Science 1970, S. B 466-B 485.

Löhr, Dirk: Die Grenzen des Ertragswertverfahrens – Kritik und Perspektiven. Frankfurt a. M. 1993.

Lorson, Peter: Shareholder Value-Ansätze. In: Der Betrieb 1999, S. 1329-1339.

Lorson, Peter: Shareholder Value-Ansätze. In: Jahrbuch für Controlling und Rechnungswesen 1999, hrsg. von *Gerhard Seicht*, Wien 1999, S. 42-72.

Lücke, Wolfgang (Hrsg.): Investitionslexikon. 2. Aufl., München 1991.

Magee, John F.: Decision Trees for Decision Making. In: Harvard Business Review 1964, N° 4, S. 126-138.

Magee, John F.: How To Use Decision Trees in Capital Investment. In: Harvard Business Review 1964, N° 5, S. 79-96.

Matschke, Manfred J.: Funktionale Unternehmungsbewertung, Band II: Der Arbitriumwert der Unternehmung. Wiesbaden 1979.

Matschke, Manfred J.: Gesamtwert der Unternehmung. In: Lexikon des Rechnungswesens, hrsg. von *Walther Busse von Colbe* und *Bernhard Pellens*, 4. Aufl., München/Wien 1998, S. 278-282.

Maul, Karl-Heinz: Offene Probleme der Bewertung von Unternehmen durch Wirtschaftsprüfer. In: Der Betrieb 1992, S. 1253-1259.

Mellerowicz, Konrad: Allgemeine Betriebswirtschaftslehre. 3. Band, 10. Aufl., Berlin 1959.

Mellwig, Winfried: Besteuerung und Investitionsentscheidung – Steuerlast und Vorteilhaftigkeit von Investitionen. In: Das Wirtschaftsstudium 1989, S. 231-235.

Mellwig, Winfried: Die Erfassung der Steuern in der Investitionsrechnung – Grundprobleme und Modellvarianten. In: Das Wirtschaftsstudium 1989, S. 35-41.

Mellwig, Winfried: Investition und Besteuerung. Wiesbaden 1985.

Mellwig, Winfried: Kompendium für das Examen zum vBP/WP, Band 2: Betriebswirtschaft. 2. Aufl., Hamburg 1994.

Mellwig, Winfried: Sensitivitätsanalyse des Steuereinflusses in der Investitionsplanung – Überlegungen zur praktischen Relevanz einer Berücksichtigung der Steuern bei der Investitionsentscheidung. In: Zeitschrift für betriebswirtschaftliche Forschung 1980, S. 16-39.

Merret, A. J./Sykes, Allen: The Finance and Analysis of Capital Projects. 2nd. Edition, London 1973.

Mertens, Peter: Ertragsteuerwirkungen auf die Investitionsfinanzierung – ihre Berücksichtigung in der Investitionsrechnung. In: Zeitschrift für betriebswirtschaftliche Forschung 1962, S. 570-588.

Meyersiek, Dietmar: Unternehmenswert und Branchendynamik. In: Betriebswirtschaftliche Forschung und Praxis 1991, S. 233-240.

Moxter, Adolf: Bilanzlehre. Wiesbaden 1974.

Moxter, Adolf: Grundsätze ordnungsmäßiger Unternehmensbewertung. 2. Aufl., Wiesbaden 1983.

Mozer, Klaus: Der Kalkulationszinsfuß unter Berücksichtigung der Erfolgsteuern bei Publikumskapitalgesellschaften, insbesondere im deutschen und amerikanischen Steuersystem. Berlin 1972.

Mülhaupt, Ludwig: Finanzielles Gleichgewicht. In: Handwörterbuch der Finanzwirtschaft, hrsg. von *Hans E. Büschgen*. Stuttgart 1976, S. 401-413.

Neus, Werner/Hinten, Peter von: Besteuerung und Investitionsvolumen bei unsicheren Erwartungen. In: Die Betriebswirtschaft 1992, S. 235-248.

Niehues, Karl: Unternehmensbewertung bei Unternehmenstransaktionen. In: Betriebs-Berater 1993, S. 2241-2250.

o.V.: Thema: Das Bernoulli-Prinzip in der Betriebswirtschaftslehre. In: Zeitschrift für Betriebswirtschaft 1985, S. 632-634.

Olfert, Klaus: Investition. 7. Aufl., Ludwigshafen (Rhein) 1998.

Oppenheim Finanzanalyse: Bedeutung und Umsetzung des Shareholder Value-Konzepts in Deutschland – untersucht anhand der Unternehmen des DAX 100, o.O. 1996.

Peemöller, Volker H.: Stand und Entwicklung der Unternehmensbewertung. In: Deutsches Steuerrecht 1993, S. 409-416.

Peemöller, Volker H./Bömelburg, Peter/Denkmann, Andreas: Unternehmensbewertung in Deutschland – Eine empirische Erhebung. In: Die Wirtschaftsprüfung 1994, S. 741-749.

Peemöller, Volker H./Keller, Bernd: Unternehmensbewertung. In: Saarbrücker Handbuch der Betriebswirtschaftlichen Beratung, hrsg. von *Karlheinz Küting*, 2. Aufl., Herne/Berlin 2000, S. 985-1059.

Peemöller, Volker H./Meyer-Pries, Lars: Unternehmensbewertung in Deutschland. In: Deutsches Steuerrecht 1995, S. 1202-1208.

Perridon, Louis/Steiner, Manfred: Finanzwirtschaft der Unternehmung. 10. Aufl., München 1999.

Piltz, Detlev J.: Die Unternehmensbewertung in der Rechtsprechung. 3. Aufl., Düsseldorf 1994.

Rappaport, Alfred: Shareholder Value: Ein Handbuch für Manager und Investoren. 2. Aufl., Stuttgart 1999.

Redley, Rémi: Unternehmensbewertung: Kurzcharakteristika und Bewertung verschiedener Verfahren. In: bilanz & buchhaltung 1994, S. 473-476.

Redley, Rémi: Unternehmensbewertung: Verfahren und Methoden. In: bilanz & buchhaltung 1994, S. 337-343.

Reichmann, Thomas: Controlling mit Kennzahlen – Grundlagen einer systemgestützten Controlling-Konzeption. 4. Aufl., München 1995.

Reichmann, Thomas/Lange, Christoph: Aufgaben und Instrumente des Investitions-Controlling. In: Die Betriebswirtschaft 1985, S. 454-466.

Richter, Frank: DCF-Methoden und Unternehmensbewertung: Analyse der systematischen Abweichungen der Bewertungsergebnisse. In: Zeitschrift für Bankrecht und Bankwirtschaft 1997, S. 226-237.

Richter, Frank: Die Finanzierungsprämissen des Entity-Ansatzes vor dem Hintergrund des APV-Ansatzes zur Bestimmung von Unternehmenswerten. In: Zeitschrift für betriebswirtschaftliche Forschung 1996, S. 1076-1097.

Richter, Frank/Stiglbrunner, Konrad: Anwendung des Unternehmenswert-Konzeptes in Deutschland, Anhang C. In: *Copeland, Tom/Koller, Tim/Murrin, Jack*: Unternehmenswert. Frankfurt a. M./New York 1993.

Rieger, Wilhelm: Einführung in die Privatwirtschaftslehre. 3. Aufl., Erlangen 1964.

Rolfes, Bernd: Dynamische Verfahren der Wirtschaftlichkeitsrechnung. In: Das Wirtschaftsstudium 1986, S. 481-486.

Rolfes, Bernd: Statische Verfahren der Wirtschaftlichkeitsrechnung. In: Das Wirtschaftsstudium 1986, S. 411-417.

Rose, Gerd: Betrieb und Steuer, 3. Buch: Die Substanzsteuern. 10. Aufl., Wiesbaden 1997.

Rose, Gerd: Betriebswirtschaftliche Steuerlehre. 3. Aufl., Wiesbaden 1992.

Rosenberg, Otto: Investitionsplanung im Rahmen einer simultanen Gesamtplanung. Köln u. a. 1975.

Ross, Stephen A.: The Arbitrage Theory of Capital Asset Pricing. In: Journal Of Economic Theory 1976, S. 341-360.

Rössle, Karl: Allgemeine Betriebswirtschaftslehre. 5. Aufl., Stuttgart 1956.

Schaefer, Sigrid: Datenverarbeitungsunterstütztes Investitions-Controlling. München 1993.

Schierenbeck, Henner: Grundzüge der Betriebswirtschaftslehre. 15. Aufl., München/Wien 2000.

Schierenbeck, Henner: Methodik und Aussagewert statischer Investitionskalküle. In: Wirtschaftswissenschaftliches Studium 1976, S. 217-223.

Schildbach, Thomas: Zur Diskussion über das Bernoulli-Prinzip in Deutschland und im Ausland. In: Zeitschrift für Betriebswirtschaft 1989, S. 766-778.

Schildbach, Thomas/Ewert, Ralf: Einige Bemerkungen zur Kritik der Kritik am Bernoulli-Prinzip. In: Zeitschrift für Betriebswirtschaft 1983, S. 583-590.

Schindler, Klaus: Mathematik für Ökonomen. 3. Aufl., Wiesbaden 1998.

Schmidt, Andreas: Unternehmensbewertung ausländischer Gesellschaften. In: Der Betrieb 1994, S. 1149-1155.

Schmidt, Reinhard H./Terberger, Eva: Grundzüge der Investitions- und Finanzierungstheorie. 4. Aufl., Wiesbaden 1997.

Schneeloch, Dieter: Besteuerung und betriebliche Steuerpolitik. Band 2: Betriebliche Steuerpolitik, München 1994.

Schneeweiß, Christoph: Kostenwirksamkeitsanalyse, Nutzwertanalyse und Multi-Attributive Nutzentheorie. In: Wirtschaftswissenschaftliches Studium 1990, S. 13-18.

Schneeweiß, Hans: Entscheidungskriterien bei Risiko. Berlin/Heidelberg/ New York 1967.

Schneider, Dieter: Investition, Finanzierung und Besteuerung. 7. Aufl., Wiesbaden 1992.

Schneider, Jörg: Die Ermittlung strategischer Unternehmenswerte. In: Betriebswirtschaftliche Forschung und Praxis 1988, S. 522-531.

Schult, Eberhard: Betriebswirtschaftliche Steuerlehre. 3. Aufl., München/ Wien 1998.

Schwarz, Horst: Optimale Investitionsentscheidungen. München 1967.

Schwellnuß, Axel G.: Investitions-Controlling. München 1991.

Schwetzler, Bernhard/Darijtschuk, Niklas: Unternehmensbewertung mit Hilfe der DCF-Methode – Eine Anmerkung zum „Zirkularitätsproblem“. In: Zeitschrift für Betriebswirtschaft 1999, S. 295-318.

Seelbach, Horst: Ersatztheorie. In: Zeitschrift für Betriebswirtschaft 1984, S. 106-127.

Seicht, Gerhard: Investition und Finanzierung. 9. Aufl., Wien 1997.

Serfling, Klaus/Pape, Ulrich: Strategische Unternehmensbewertung und Discounted Cash-Flow-Methode. In: Das Wirtschaftsstudium 1996, S. 57-64.

Sieben, Günter: Funktionen der Bewertung ganzer Unternehmen und von Unternehmensanteilen. In: Das Wirtschaftsstudium 1983, S. 539-542.

Sieben, Günter: Unternehmensbewertung. In: Handwörterbuch der Betriebswirtschaft, hrsg. von *Waldemar Wittmann* u.a., 5. Aufl., Stuttgart 1993, Sp. 4315-4331.

Siegel, Theodor: Steuern in der Unternehmensbewertung bei Wachstum und Risiko. In: Der Betrieb 1997, S. 2389-2396.

Siepe, Günter: Die Berücksichtigung von Ertragsteuern bei der Unternehmensbewertung. In: Die Wirtschaftsprüfung 1997, S. 1-10 und S. 37-44.

Siepe, Günter: Unternehmensbewertung. In: WP-Handbuch, Band II, hrsg. vom Institut der Wirtschaftsprüfer, 11. Aufl., Düsseldorf 1998, S. 1-142.

Sierke, Bernt R. A.: Investitions-Controlling im Controlling-System – Darstellung eines integrierten Ansatzes mit Hilfe ausgewählter linearer Dekompositionsverfahren. Korbach 1990.

Steiner, Jürgen: Ertragsteuern in der Investitionsplanung. Zur Frage der Entscheidungsstabilität bei der Vorteilhaftigkeitsanalyse von Einzelobjekten. In: Zeitschrift für betriebswirtschaftliche Forschung 1983, S. 280-291.

Stewart, Benett G.: The Quest For Value. New York 1991.

Stützel, Wolfgang: Liquidität. In: Handwörterbuch der Sozialwissenschaften. 6. Band, Stuttgart/Tübingen/Göttingen 1959, S. 622-629.

Süchting, Joachim: Finanzmanagement – Theorie und Politik der Unternehmensfinanzierung. 6. Aufl., Wiesbaden 1995.

Swoboda, Peter: Investition und Finanzierung. In: Betriebswirtschaftslehre im Grundstudium der Wirtschaftswissenschaft, Band 3, 5. Aufl., Göttingen 1996.

Teichroew, Daniel/Robichek, Alexander A./Montalbano, Michael: An Analysis of Criteria for Investment and Financing Decisions under Certainty. In: Management Science 1965/66, S. 151-179.

U.E.C.-Kommission: Empfehlung zur Vorgehensweise von Wirtschaftsprüfern bei der Bewertung ganzer Unternehmen. München 1980.

Vormbaum, Herbert: Finanzierung der Betriebe. 9. Aufl., Wiesbaden 1995.

Wagner, Franz W.: Der Steuereinfluß in der Investitionsplanung – Eine Quantité négligeable? In: Zeitschrift für betriebswirtschaftliche Forschung 1981, S. 47-52.

Wagner, Franz W.: Die Integration der Besteuerung in die unternehmerische Planung. In: Der Betrieb 1980, S. 553-555.

Wagner, Franz W./Dirrigl, Hans: Die Steuerplanung der Unternehmung. Stuttgart/New York 1980.

Wagner, Wolfgang: Shareholder-Value als Managementinstrument und Aspekte des Konzeptes für die Unternehmensbewertung, Vortrag vom 14.11.1995. In: Rechnungslegung und Prüfung, hrsg. von *Jörg Baetge*, Düsseldorf 1996, S. 311-354.

Walz, Hartmut/Gramlich, Dieter: Investitions- und Finanzplanung. 5. Aufl., Heidelberg 1997.

Wehrle-Streif, Uwe: Empirische Untersuchung zur Investitionsrechnung. Köln 1989.

Weigel, Winfried: Steuern bei Investitionsentscheidungen. Wiesbaden 1989.

Weingartner, Hans M.: Mathematical Programming and the Analysis of Capital Budgeting Problems. Englewood Cliffs 1963.

WestLB Research: Das Thema Shareholder Value. Dax-Werte Deutschland. Basis für Investitionsentscheidungen, o.O. 1997.

Witt, Frank-Jürgen: Investitionscontrolling. In: Handbuch Finanz- und Rechnungswesen, hrsg. von *Joachim S. Tanski*, Band 1, 2. Aufl., Landsberg a. L. 1992, S. 1-32.

Witte, Eberhard: Die Liquiditätspolitik der Unternehmung. Tübingen 1963.

Witte, Eberhard: Entscheidungsprozesse. In: Handwörterbuch der Organisation, hrsg. von *Erich Frese*, 3. Aufl., Stuttgart 1992, Sp. 551-565.

Witte, Eberhard: Phasen-Theorem und Organisation komplexer Entscheidungsverläufe. In: Zeitschrift für betriebswirtschaftliche Forschung 1968, S. 625-647.

Wöhe, Günter: Bilanzierung und Bilanzpolitik. 9. Aufl., München 1997.

Wöhe, Günter: Einführung in die Allgemeine Betriebswirtschaftslehre. 18. Aufl., München 1993.

Wöhe, Günter: Einführung in die Allgemeine Betriebswirtschaftslehre. 20. Aufl., München 2000.

Wöhe, Günter/Bieg, Hartmut: Grundzüge der Betriebswirtschaftlichen Steuerlehre. 4. Aufl., München 1995.

Wöhe, Günter/Bilstein, Jürgen: Grundzüge der Unternehmensfinanzierung. 8. Aufl., München 1998.

Wöhe, Günter/Kußmaul, Heinz: Grundzüge der Buchführung und Bilanztechnik. 3. Aufl., München 2000.

Zangemeister, Christof: Nutzwertanalyse in der Systemtechnik. 4. Aufl., München 1976.

Stichwortverzeichnis